August Thorbecke

Statuten und Reformationen der Universität Heidelberg

Vom 16. bis 18. Jahrhundert

August Thorbecke

Statuten und Reformationen der Universität Heidelberg
Vom 16. bis 18. Jahrhundert

ISBN/EAN: 9783742890511

Hergestellt in Europa, USA, Kanada, Australien, Japan

Cover: Foto ©ninafisch / pixelio.de

Manufactured and distributed by brebook publishing software (www.brebook.com)

August Thorbecke

Statuten und Reformationen der Universität Heidelberg

Statuten und Reformationen

der

Universität Heidelberg

vom 16. bis 18. Jahrhundert.

Herausgegeben von der Badischen Historischen Kommission.

Bearbeitet

von

August Thorbecke.

Leipzig,
Verlag von Duncker & Humblot.
1891.

Einleitung[1].

I. Geschichtliche Vorbemerkungen.

Die Statuten und Reformationen[2]) der Heidelberger Hochschule, welche in diesem Bande veröffentlicht werden, umschließen eine dreihundertjährige Entwicklung derselben. Nur die alte scholastische Zeit der Universität und das neunzehnte Jahrhundert werden von ihnen nicht berührt; dagegen wissen sie von mannigfachen Umgestaltungen, welche die Schöpfung Ruprechts I. vom Anfang des sechszehnten bis zum Ende des achtzehnten Jahrhunderts erlebte, zu berichten. Sechsmal sind ihr in dieser Zeit neue Gesetze gegeben worden, viermal hat sie allein im sechszehnten Jahrhundert eine solche Veränderung erfahren: Beweis genug, wie sehr die Macht allgemeiner Strömungen in ihre Entwicklung eingriff, und wie oft fürstlicher Wille den Gang ihrer Arbeit entscheidend bestimmte. Scholasticismus, Humanismus und religiöse Reform haben sie nacheinander in ihre Kreise gezogen; zunehmende Gewalt des Landesherrn hat dabei schließlich die Wege gewiesen, welche die einst so selbständige Körperschaft gehen sollte. Diese Umwandlungen im einzelnen zu schildern: in ihren Anfängen, ihrer allmählichen Entwicklung, ihrem endlichen Abschluß, dann vor allem in ihrem Wesen und in der von ihnen ausgehenden Wirkung, wird die Aufgabe der Geschichte der Hochschule sein; hier sei nur erinnert an die Hauptvorgänge, welche das erste Verständnis des Zusammenhangs bedingen, oder auch schon im voraus bekannt, daß uns bei der Lückenhaftigkeit der Überlieferung nicht immer die

---

1) Folgende Abkürzungen sind angewendet: A. u. = Annales universitatis (handschriftlich auf der Universitätsbibl. zu Heidelberg); A. f. a. = Acta facultatis artium (ebendaselbst); G-L-A. Karlsr. = Universitätsakten im Generallandesarchiv in Karlsruhe; Winkelmann = Winkelmann, Urkundenbuch der Universität Heidelberg, 2 Bde., Heid. 1886; Hautz = Hautz, Geschichte der Universität Heidelberg, 2 Bde., Mannheim 1864; Toepke = Toepke, Die Matrikel der Universität Heidelberg von 1381—1662, 3 Bde., Heidelb. 1884—89; OH, L, JC, KL, KTh = Statuten Otto Heinrichs, Ludwigs VI., Johann Casimirs, Karl Ludwigs, Karl Theodors.

2) In den Titeln sind beide Ausdrücke angewendet worden, von welchen der erstere in unserer, der andere in früherer Zeit am häufigsten war. Es werden in den Gesetzen selbst gebraucht: Reformation und ordinatio am meisten in OH und L, während später Statuta häufiger wird, das sich ebenso wie Satzungen früher nur seltener (z. B. S. 6, 8, 50, 155) findet. Daneben erscheinen auch: constitutio, consuetudo novissima edita.

Thorbecke, Statuten. 1

Möglichkeit geblieben ist, auch nur die Hauptfäden der Entstehung der einen oder andern Reform bloßzulegen.

Die erste dieser Ordinationen oder Reformationen, die Ludwig V. im Jahre 1522 versuchte, ist uns überhaupt nicht, weder im Original, noch in Abschrift, erhalten; nachdem sie mit dem Universitätsarchiv glücklich aus dem dreißigjährigen Krieg gerettet worden war, scheint sie 1693 in den Flammen des Orleansschen Krieges zu Grunde gegangen zu sein[3]). Doch sind Absicht und Wirkung dieser Umgestaltung aus den freilich spärlichen Nachrichten der Rektorenaufzeichnungen und aus den Akten der philosophischen Fakultät noch erkennbar geblieben. Als Ludwig V. die Regierung (1508) antrat, war der gute Ruf schon von der Universität gewichen, den sie der hingebenden Wirksamkeit verständiger Lehrer der scholastischen Richtung und den Einflüssen des Humanistenkreises zu verdanken hatte, welcher sich in Heidelberg unter der Gunst seines Vaters Philipp zusammengefunden und auch unter den Lehrern der Schule seine Anhänger besaß. Die Nachwirkungen des bayrischen Erbfolgekrieges machten sich damals in ihren materiellen Verhältnissen und in der Zahl ihrer Hörer fühlbar, und das öde Schulgezänk der Realisten und Nominalisten, das Friedrichs des Siegreichen feste Hand durch das weise Gesetz von 1452[4]) für ein halbes Jahrhundert glücklich ferngehalten hatte, erfüllte die Hörsäle der Bursen und ließ sich bis auf die Straßen der Stadt vernehmen. Der Kurfürst mußte bald erkennen, daß die einsichtsvollen Lehrer an Zahl zu gering, zu schwach in einheitlichem Wirken waren, um hier in selbständigem Vorgehen Wandel zu schaffen, daß auch der gute Wille der Artistenfakultät, welche — anders wie in früheren Zeiten — jetzt einer Neuerung zustrebte, nicht ausreichen werde, um den Widerstand einer bequemen Mehrheit, teilweise in den oberen Fakultäten, teilweise in den Bursen, zu brechen. So entschloß er sich, beraten von anerkannten Führern und Anhängern der humanistischen Bildung, wie Wimpfeling, Sturm, Spiegel[5]), die einst in Heidelberg gelernt und auch gelehrt hatten und Kenntnis der persönlichen Verhältnisse besaßen, selbst durchzugreifen und der Universität, ohne ihre Meinung zu erfragen oder ihren Rat zu hören, durch seinen Kanzler Florenz von Venningen eine Reform aufzulegen, unzweifelhaft im Geiste des Humanismus, aber in einer so willkürlichen Weise, daß das korporative Selbstgefühl der Universität bis in die Tiefe aufgeregt und verletzt werden mußte. Es war nicht zu verwundern, daß die Hochschule, wenn sie auch keinen offenen Ungehorsam gegen den ausgesprochenen Willen ihres Fürsten wagte, doch ihre Empfindlichkeit über die erfahrene Mißachtung ihrer herkömmlichen Rechte nicht zurückhielt[6]) und auch der Durchführung des neuen Gesetzes, das freilich in einzelnen Teilen, besonders was die Fakultäten betraf, wie es scheint, nicht sofort völlig ausgearbeitet vorlag, praktische Schwierigkeiten bereitete. Die Akten verraten in der That, daß es nicht immer gelingen wollte, alle Forderungen der Reform durchzusetzen, daß zumal die Rücksicht auf die unzureichenden Mittel — tenuitas fisci ist ein ständiges Schlagwort der Klagen — die kurfürstlichen Räte zwang, auf manche geplante Veränderung ganz zu ver-

---

3) S. Beilage I.
4) S. Winkelmann I, 161—165, besonders 163, Z. 15—44.
5) Winkelmann I, 214—219.
6) Ich muß es mir an dieser Stelle versagen, durch zahlreiche Anführungen aus den Akten das Verhältnis Ludwigs zur Universität zu belegen. Auch sonst beschränke ich mich in den Anmerkungen auf das Notwendigste.

zichten oder sich auf ein vorläufiges, abschwächendes oder hinausschiebendes Nachgeben einzulassen. Der Hauptgedanke der humanistischen Umgestaltung drang allerdings durch: der Schwerpunkt der Lehre in der Artistenfakultät wurde mehr auf das Studium der drei Sprachen und ihrer Schriftsteller gelegt, neben die lateinische traten nun auch die griechische und die hebräische Sprache, und glänzende Namen, wie Hermann von Busche, Simon Grynäus, Jakob Micyllus, Sebastian Münster erscheinen neben andern unter ihren Lehrern; aber der erwartete Um- und Aufschwung stellte sich nicht ein, und die hier und da hervorbrechenden starken Vorwürfe des Fürsten oder seiner Räte über das Sinken der Universität und das Verhalten ihrer Lehrer scheinen nur zu gerechtfertigt. Es war eine Zeit unklaren Schwankens, die durch die zurückhaltende, fast ängstliche Stellung Ludwigs V. zur Kirchenreform noch größere Unsicherheit erfuhr und einen immer bedenklicheren Rückgang der Hochschule mit sich brachte.

Aus diesem unerquicklichen Zustand schien die Universität emporzukommen, als Friedrich II. (1544) an die Stelle seines Bruders trat. Er besaß, was seinem Vorgänger abging, Neigung zur Initiative und Vertrauen in jede neue Unternehmung. Trotz aller Enttäuschungen, an denen sein Leben so überreich war, stellte er doch immer wieder, wie sein getreuer Geheimschreiber und Biograph Thomas Leodius treffend urteilt, „so gern ein Ding auf das Hoffen"[7]. So griff er, von seinem sachkundigen Kanzler Hartmann und dem Theologen Heinrich Stoll beraten[8], mit frischem Eifer die Universitätsreform wieder auf. Sie konnte nur Erfolg haben, wenn er diejenigen Punkte erkannte und im Auge behielt, von denen nach den Erfahrungen der letzten Jahrzehnte das Gelingen abhing. Es kam vor allem darauf an, Klarheit in die religiöse Frage, nach deren Entscheidung das ganze Land drängte, zu bringen; es handelte sich dann darum, dem scholastischen Schulstreite ein gründliches Ende zu bereiten, die Einkünfte der Universität, welche in vielfache Verwirrung geraten waren und den Ansprüchen einer vorgeschrittenen Zeit nicht mehr genügen wollten, zu regeln und zu vermehren, vielleicht auch für eine richtige, schulgemäße Vorbereitung der Jugend, welche sich den gelehrten Studien zuwenden wollte, zu sorgen. Indem sich Friedrich diesen Aufgaben zuwandte, wählte er nicht den Weg, dem Ludwig V. notgedrungen hatte folgen müssen. Er handelte nicht über die Köpfe der Professoren hinweg, sondern forderte von ihnen Gutachten und Berichte über die Änderungen, welche nach dem Urteil der ganzen Korporation oder der einzelnen Fakultäten eintreten sollten; er unterbreitete ihnen wohl auch besondere Vorschläge, wie die des Paulus Fagius[9], und verlangte, ihre Meinung darüber zu hören. Indem er so ein sympathisches Verhältnis zwischen Hochschule und Regierung herstellte, schien er auch nach anderer Seite das Richtige zu treffen. Schon dadurch, daß er wiederholt darauf dachte, die größte Autorität Deutschlands im gelehrten Unterricht, Philipp Melanchthon, zur Unterstützung heranzuziehen, und den Kurfürsten von Sachsen, wenn auch vergeblich, bat, seinen großen Meister zu diesem Zwecke nach dessen pfälzischer Heimat zu beur-

---

[7] Leodius, Annales Palatini continentes vitam et res gestas Friderici II, in der deutschen Bearbeitung: Spiegel des Humors großer Potentaten (Schleus. 1628) S. 237.

[8] Diese werden in A. f. a. IV, 22b als diejenigen bezeichnet, penes quos hoc tempore (1547 31/I) reformatio potissimum erat; bald darauf wird Hartmanns Tod (3/7) als grave vulnus religionis et academiae beklagt (f. 24).

[9] S. Winkelmann I, 234—240; II, 101 Nr. 914, 915.

lauben ¹⁰), gab er den Beweis, daß er kein unnahbarer Gegner der neuen kirchlichen Richtung sei; aber er ließ es auch geschehen, daß am Weihnachtstage 1545 in der Schloßkapelle das Abendmahl unter beiderlei Gestalt ausgeteilt und am 3. Januar 1546 in der Universitätskirche zu Heiliggeist der Gottesdienst nach der Ordnung der neuen Kirche abgehalten wurde, und sprach so, wenn er es auch nicht förmlich eingestand, beinahe eine Art offizieller Anerkennung der kirchlichen Reformation aus¹¹). Damit wäre, wie die Dinge nun einmal lagen, erst die Möglichkeit gegeben gewesen, auf einer sicheren Grundlage weiter zu bauen. Schon waren indessen die Verhandlungen zwischen Regierung und Universität über die Neuordnung der letzteren in Fluß gekommen, bereits hatte Dr. Johann Lange, der erfahrene Leibarzt des Fürsten, der dem Lehrkörper nicht angehörte, am 22. November 1545 seinem Herrn einen auf dessen Befehl ausgearbeiteten, hochbedeutsamen Reformentwurf, der zum Teil erhalten ist¹²), überreicht; schon hatte der Kurfürst, um den Realisten und Nominalisten für alle Zeit „die Wege" abzuschneiden, am 17. Februar 1546 von der Universität verlangt, daß sie alle Bursen, mit Ausnahme des Dionysianums oder der Armenburs, in eine zusammenziehe und in dieser dann von jeder scholastischen Lehrweise absehe, ein Verlangen, dem die Hochschule im November desselben Jahres auch wirklich gerecht wurde¹³); schon war auch eine neue gelehrte Vorschule, das Pädagogium ¹⁴), als Universitätsanstalt vorläufig eingerichtet und unter die Leitung zuverlässiger Schulmänner gestellt worden, und zudem bemühte sich der Kurfürst, dem geschwächten Universitätsfiskus die Erträgnisse kaum noch besuchter oder ganz verlassener Klöster zuzuführen. Aber nur zu bald hemmten die allgemeinen Ereignisse diese vielversprechenden Anfänge oder brachten sie zeitweise zu völligem Stillstand. Der Ausgang des schmalkaldischen Krieges stellte Friedrich II., der dem schmalkaldischen Bunde sich zugeneigt und den Anschluß seines Landes an die neue Kirche nicht gehindert hatte, vor den Zorn des Kaisers; ihn wieder zu besänftigen, war bald sein einziger Gedanke. In einem raschen Augenblicke hatte er zwar noch gewagt, sich damit entschuldigen zu wollen, daß die neue Lehre schon zu tiefe Wurzeln bei Hoch und Nieder geschlagen habe, dann aber war er bereit, in allen kirchlichen Dingen nachzugeben, das Interim einzuführen, sogar eine damit selbstverständliche, wenn auch gemäßigte Reaktion zuzulassen. Natürlich ging damit die für die Umformung der Universität nötige Ruhe verloren; nur das Streben, ihre Einnahmen zu bessern, blieb noch lebendig; es gelang sogar, den Papst, der durch Zugeständnisse den Kurfürsten an die alte Kirche zu fesseln hoffte, dazu zu bestimmen, daß er eine Reihe von Klöstern der Universität einverleibte¹⁵) und die alte Forderung der Ehelosigkeit für jede Universitätsstellung auch seinerseits aufgab¹⁶). Als dann am 21. Oktober 1554

---

10) S. Hartfelders besondere Mitteilungen über diese Berufung in Zeitschr. für Gesch. des Oberrheins (1888), Neue Folge III, 112—19; über alle Beziehungen Mel's zur Univ. Heid. (auch zur Zeit Otto Heinrichs) vgl. desselben Aufsatz in den „Studien der evang.-prot. Geistl. Badens" (1882), VIII, 111—129 u. sein Werk „Philipp Mel. als Praeceptor Germaniae" S. 524—531.
11) Über Friedrichs II. Stellung zur neuen Lehre giebt vor allem G.-L.-A. in Karlsr. Kopialbuch 525ᵇ Aufschluß, wie ich nächstens an anderem Orte mitteilen werde.
12) S. Beilage II.
13) S. unten S. 92 Anm. 1.
14) S. Hautz, Lycei Heidelberg. origines et progressus, Heid. 1846.
15) S. Winkelmann II, 106 Nr. 956, 107 Nr. 958.
16) Winkelmann, II, 109 Nr. 975; A. u. VII, 79 (Curio war der erste verh. Rektor); der erste verheir. Dekan der Artisten war schon 1547 zugelassen worden (A. f. a. IV, 22).

Friedrich auf die Reformation zurückkam[17]), von welcher allein die der Artistenfakultät schon im August 1551 durch Jakob Micyllus zu einem vorläufigen Abschluß gebracht worden war[18]), lagen die Umstände freilich günstiger, als zehn Jahre vorher, vor allem standen ihm eine Reihe hervorragender Lehrer dabei zur Verfügung; doch war er, von Krankheit gedrängt, nur noch imstande, das Sapienzkollegium der Verwirklichung näher zu bringen[19]); die Vollendung des Hauptwerkes mußte er, dessen persönliche Teilnahme am Ende seiner Regierung mehr und mehr zurücktrat, seinem Nachfolger überlassen.

Kein Geeigneterer konnte zu dieser Aufgabe gedacht werden, als Otto Heinrich, der nach dem Tode seines Oheims am 26. Februar 1556 in das „wartend Kurerb" eintrat und so seinem Wahlspruch „mit' der Zeit" zur Erfüllung brachte. In der Reihe der pfälzischen Fürsten nimmt er eine der ersten Stellen ein; keine von den eigenartigen Gestalten, die dieses Geschlecht in so auffallender Zahl hervorgebracht, hat eine solche Anziehung auf seine Zeitgenossen ausgeübt, ist auch nach dem Tode so heimisch in dem Bewußtsein des Volkes geblieben: eine dauernde Nachwirkung vielleicht des Prachtbaues, der seinen Namen trägt und noch als Ruine die Bewunderung aller Beschauer festhält, mehr noch eine Folge der gesegneten Regierung, die freilich kaum drei Jahre umfaßte, aber doch wie ein heller Frühling über das Pfälzer Land dahinzog, reichen Samen streuend und allüberall frische, vielversprechende Keime erweckend. Ein fertiger, durch alle Lebenserfahrungen gegangener Mann kam er zum Kurhut. Alle Strömungen einer an geistigen und weltlichen Anregungen überreichen Zeit hatte er auf sich wirken lassen. Wie der Baum einen Jahresring um den andern legt, so hatten Neigung und Leben, Schicksal und Erfahrung immer neue Seiten seines Wesens geweckt und entfaltet. Von den religiösen Fragen, welche seine Zeit bewegten, war er mächtig ergriffen worden; mit der ganzen Innerlichkeit seiner tief religiösen Natur hatte er sich ihnen zugewendet und war ein Bekenner der Lehre Luthers geworden. Dann hatte er sie auch mit mutiger Überzeugungstreue vertreten, er hatte den Groll des Kaisers ertragen und selbst das Schicksal der Verbannung erduldet, obgleich er sich durch einen Rücktritt, den man ihm nahelegte, leichten Gewinn hätte schaffen können. Aber seine kindliche Frömmigkeit, die ihn jetzt die Wahlsprüche „Herr erhalte mich" und „auf den Herrn ich trau" vorziehen ließ, hielt ihn ebenso ob von der düsteren alttestamentlichen Lebensansicht, die manchen seiner Zeitgenossen erfüllte, wie von jener unduldsamen Verketzerungssucht, welche bald überall das große Wort geführt hat. Ruhig und besonnen, voll Mäßigung und mit klar erkannten Zielen ergriff er die Zügel der ihm zugefallenen Regierung. Er kannte die Stimmung des Landes, und zugleich der eigenen Überzeugung folgend, zögerte er nicht, der Pfalz eine Kirchenordnung im Sinne der Reformation zu geben; schon am 4. April 1556 vollzog sich diese, ohne Störung und Gewaltsamkeit von irgend einer Seite. Dem unsicheren Schwanken in den kirchlichen Zuständen des Kurfürstentums war damit ein wohlthuendes Ende bereitet; auch auf die Universität mußte diese Entscheidung eine beruhigende Rückwirkung üben. Der kirchlichen Ordnung schloß sich die Ordnung der Schule als nötige Folge an. Denn Otto Heinrich erschienen, wie ein Zeitgenosse sich ausdrückt, Kirche und Schule als die Seelen

---

17) Winkelmann II, 110 Nr. 989.
18) Cod. Heid. 358, 98, jetzt Un.-Arch. I, 10, 18 f. 54—76b; Winkelm. II, 108 Nr. 967—9.
19) Winkelm. II, 111 Nr. 994—5.

des Staates, den er regierte. Auch für die Universität gedachte er so einer langsamen, oft aufgehaltenen Entwicklung den endlichen, seit lange ersehnten Abschluß zu geben. Schon als am 12. Juli 1556 die Hochschule dem Fürsten ihren aufrichtigen Glückwunsch zu seinem Regierungsantritt vortrug und das übliche Silbergeschenk darbrachte[20]), sprach er es gerne aus, daß er alles an ihr Emporkommen setzen werde; schon damals war von ihrer Reform die Rede. Ein halbes Jahr nachher, als er am 15. Februar 1557[21]) der Universität den Theologen Peter Boquin zum Professor vorschlug und zugleich andere Schulangelegenheiten, die einer Änderung bedurften, berührte, kam er entschiedener auf seine Absicht zurück: „er erhoffe mit Gottes Hülfe," so äußerte er sich, „eine christenliche vollkommne Reformation zu erster Gelegenheit furzunehmen." Unzweifelhaft kamen damals die nötigen Vorhandlungen in Gang; jedenfalls wurde bald darauf der Ausschuß ernannt, welcher auf Grund des angesammelten Materials einen Entwurf ausarbeiten sollte. Leider sind die Protokolle desselben, welche nachweisbar geführt wurden[22]), verloren gegangen; so sind wir nicht imstande, die Beratungen im einzelnen zu verfolgen, welche, wie uns der Dichter und Arzt Lotichius bekannt[23]), die ganze Hochschule in Aufregung hielten, und bleiben auf wenige und ungenügende Bemerkungen in den Annalen angewiesen, die nicht ausreichen, um einen genaueren Einblick zu gewähren. Der Entwurf war im Herbst fertig gestellt[24]), als es ein glückliches Zusammentreffen fügte, daß Philipp Melanchthon, den Otto Heinrich gern seinen Freund nannte und schon im März des Jahres vergeblich aufgefordert hatte, nach Heidelberg zu kommen und die Umgestaltung der Universität zu leiten, im nahen Worms an dem Religionsgespräch Anteil nahm, auf welchem er die Sache der Protestanten führte. Er war gern bereit, nicht nur die ihm überschickten Vorschläge zur Universitätsreform einer genauen Durchsicht zu unterziehen und mit seinen Bemerkungen zu versehen, sondern auch nach Heidelberg herüberzukommen und in mündlichem Gespräch seine Meinungen genauer zu begründen. Vom 22.—31. Oktober führte er seine Absicht aus; die Universität, an der er selbst einst als frühreifer Student geweilt und sich den ersten gelehrten Titel erworben hatte, wetteiferte mit dem Fürsten, der Melanchthon wie einen Vater verehrte, ihren größten Schüler durch festliche Bewirtung und feierliche Ansprachen zu ehren. Sie legte dann die Urteile, welche er über ihre beabsichtigte Umgestaltung teils in kurze Randnotizen zusammengedrängt, teils persönlich weiter ausgeführt hatte, einer neuen Beratung zu Grunde, die, soweit wir aus den erhaltenen Teilen des Entwurfs schließen dürfen, ohne weiteres seine Meinungen, wie sie gefaßt waren, annahm[25]). Damit schien jeder Zweifel gehoben, jeder Standpunkt beseitigt, die Reformation

---

20) A. u. VII, 237.
21) A. u. VII, 255—7.
22) Das beweisen einzelne Randbemerkungen in dem erhaltenen Bruchstück des Entwurfs (Handschrift C von OH), wo mit den Worten vide protocollum auf ein solches verwiesen ist: f. 93, Blatt vor f. 104, f. 109, 174.
23) Winkelmann II, 114 Nr. 1014; 116 Nr. 1029.
24) Denn er wurde Melanchthon nach Worms zugeschickt, vgl. die Litteratur Anm. 10.
25) Alle Ratschläge Mel.s, welche sich in C finden, sind wörtlich in den Text aufgenommen worden; nur das zu der Einrichtung des Pädagogiums Bemerkte (s. unten S. 104 A.) fiel weg, weil diese Vorschule zur Universität nicht als Anstalt derselben festgehalten wurde; vgl. die Randbemerkung zu C f. 174: ist bedacht, das paedagogium ganz zu underlassen ex multis causis, vide protocollum 22 Dez. a. 57.

der Hochschule durfte als vollendet gelten. Und doch hat es aus Gründen, die sich unserer genauen Kenntnis entziehen, aber vielleicht mit dem Tode des Micyllus [26]), des gewichtigsten Mitarbeiters aus dem Kreise der Professoren, zusammenhängen, noch eines ganzen Jahres bedurft, bis die neu eingesetzte Kommission, in welcher neben Jakob Curio bald Thomas Liebler oder Erast, der auf Otto Heinrichs besonderen Betrieb berufene Arzt [27]), entscheidenden Einfluß übte, zum wirklichen Abschluß gelangt war. Erst am 19. Dezember 1558 war der lang ersehnte Augenblick gekommen, wo klares Gesetz an Stelle schwankender Verhältnisse treten sollte. Die Universität stand an einem Wendepunkt ihres Lebens; sie war sich der Bedeutung desselben wohl bewußt. Die sonst so einsilbigen Aufzeichnungen des Rektors schlagen einen volleren Ton an, indem sie mit ungewohnter Lebendigkeit den Hergang des feierlichen Tages erzählen [28]). Wir erhalten den Eindruck, daß es dem Prorektor Wendelin Heilmann besondere Freude bereitete, auch nicht den kleinsten Zug in seinem Bericht zu vergessen; es verlohnt sich, ihm genauer zu folgen. Der Kurfürst hatte das ganze Kollegium zu sich geladen, er wollte das neue Gesetzbuch selbst in die Hände des Rektors legen. Zum erstenmal seit Gründung der Hochschule, bekleidete ein Sproß des pfälzischen Hauses, der junge Pfalzgraf Georg Johann von Veldenz, dieses Amt [29]): ein für die Wissenschaften begeisterter Jüngling, der in der freudig übernommenen Pflicht mehr als die Wirkung einer seiner Abkunft zugestandenen Ehre sah und in dem Augenblick, welcher ihn zur Vertretung der gelehrten Körperschaft berief, das richtige Wort wohl zu treffen wußte. Er hatte bei der Übernahme des Rektorats auf die Beschleunigung der Reformarbeit gedrängt, und als sein Amt ihm die übliche Verkündigung der Statuten auferlegte, nicht eher geruht, bis sie — wohl noch durch Micyllus, den berühmten Lehrer der griechischen Sprache — eine neue, bessere Form erhalten [30]), die auch in kirchlicher Hinsicht jeden Zweifel des Bekenntnisses ausschloß. Schon weilte der Prinz in der Nähe des Fürsten, als sich die Lehrer, denen er vorstand, vom Hause der Artisten, wo sie sich versammelt hatten, in festlichem Zuge an der breitästigen Linde zwischen Kanzlei und Münze vorbei über den Burgweg hinauf zum Schlosse bewegten, in der Ordnung, welche die Gewohnheit der Hochschule bei solchem Anlasse vorschrieb: voran die Theologen, von dem Prorektor geführt, zuletzt die zahlreicheren Magister der philosophischen Fakultät, zwischen beiden die Juristen und Mediziner. In einem der Prachtsäle der Residenz empfing sie Otto Heinrich und hieß jeden einzelnen mit freundlichem Handschlag willkommen. Dann ergriff der Kanzler Erasmus von Minckwitz für seinen Fürsten das Wort und verkündigte in deutscher Sprache, in welcher stets der persönliche Verkehr zwischen Kurfürst und Universität sich bewegte, mit kurzen, aber klaren Worten Absicht und Wille seines Herrn. Zugleich nahm er aus den Händen des Sekretärs den in rotes Leder gebundenen

---

26) M. starb nach der gewöhnlichen Annahme (Adam, Vitae Germanorum Philosophorum, Heid. 1615, p. 181; Classen, Jac. Micyllus, Frankf. 1859, S. 209; Hautz II, 23) am 28. Jan. 1558; ist der Tag genau, so fand das Leichenbegängnis am Todestage statt (s. Einladung der Universität zu dems. A. u. VII, 291 b).

27) A. u. VII, 297 b, 301 b; über die Stellung der Genannten zur Reform vgl. C f. 135 (abgedruckt S. 78 Anm. 2).

28) A. u. VII, 318ᵃ—320ᵇ (zum Teil abgedruckt bei Büttinghausen, Miscella hist. uniuers. Heid. inservientia 1, 56—59). Der Vorgang ist 1890 von Lindenschmitt auf einem vortrefflichen Bilde, das den Prachtsaal des Heidelberger Rathauses ziert, dargestellt worden.

29) S. über ihn Büttinghausen a. a. O. 47—78.

30) A. u. VII, 284; Büttingh. a. a. O. p. 53.

Band, der die neuen Statuten enthielt und an blauweißen Schnüren das holzumhüllte Siegel des Kurfürsten zeigte, und übergab ihn dem jugendlichen Rektor. „Hier in diesem Buche," so sprach er, „übergiebt Otto Heinrich, unser Kurfürst und Herr, Dir, erlauchtester Prinz, und der ganzen Universität die von Euch so lang erbetene und so heiß ersehnte Reform; er verkündigt sie als das Gesetz, das alle insgesamt, wie jeden einzelnen bindet, und befiehlt, daß Ihr die Ausführung jeder Bestimmung, die es fordert, mit Sorgfalt hütet und überwacht." Und nun verlas der Schreiber Einleitung und Schluß des neuen Gesetzes, in welchem die persönlichen Beziehungen des Fürsten zu der Körperschaft, wie auch sein Wille sich am deutlichsten kundgab; und er fügte ein zweites Aktenstück[31]) bei, in welchem das thatkräftige Wohlwollen Otto Heinrichs für die Hochschule in reichen Schenkungen sich aussprach, und andere Bestimmungen erkennen ließen, wie der Kurfürst mit der vorsichtigen Weisheit des Organisators den Übergang von dem alten Zustand zu den Forderungen des neuen Gesetzes zu vermitteln wußte. Mit hastiger Freude nahm der Pfalzgraf den Band aus den Händen des Kanzlers an sich und suchte seinem und der Hochschule Gefühl in überströmenden Worten Ausdruck zu geben. Von dankbarer Freude erfüllt, zogen hierauf die Gelehrten wieder an Otto Heinrich vorbei, der wieder einem jeden, gleichsam zur Bekräftigung des neu geschlossenen Bundes, die Rechte reichte, einzelnen freundliche Worte zurief. Dann, als sie sich entfernen wollten, hielt sie der Kanzler zurück, und die festliche Bewirtung an der fürstlichen Tafel bewies, daß Otto Heinrich auch in ungezwungener Unterhaltung bei Speise und Trank mit ihnen zu verkehren liebe. Frohbewegt stiegen sie später von der Burg wieder hinab zur Stadt; die Gnade aber des fürstlichen Herrn und die Überzeugung, daß sie einen epochemachenden Tag ihrer Hochschule erlebt, blieb fest in ihrem Gedächtnis.

Es war in der That so, wie die Professoren empfanden: eine lange Entwicklung hatte ihren Abschluß gefunden, der Kampf einer neuen Zeit mit der alten war zu Ende geführt. Als Friedrich I. 1452 sein Gesetz gab, als die ersten Vorläufer des Humanismus Heidelberg erreichten, hatte er begonnen; in den kirchlichen Fragen war ein neues Element der Gegensätze dazu gekommen; hundert Jahre hatte es bedurft, um diesen Prozeß der Auflösung und Neubildung durchzuführen: jetzt endlich war die Entscheidung gefallen. Fürstliche Allgewalt hatte das letzte Wort geredet, vor ihr hatten schon manchmal die verbrieften Sonderrechte der selbständigen Korporation sich zurückziehen müssen; der Humanismus hatte damit für alle Zeit über scholastische Lehrweise, die junge Gemeinschaft augsburgischer Konfession über die katholische Kirche den Sieg davon getragen. Neue heftige Kämpfe waren zuletzt nicht mehr ausgefochten worden, und doch war eine umsichtige Entschlossenheit nötig gewesen, um ohne Überstürzung das Ergebnis einer vieljährigen, oft aufgehaltenen, oft unfertig gebliebenen Umgestaltung zu ziehen und einer indes entstandenen neuen Bildungsweise die frisch geöffneten Wege zu ebnen. Es ist das Verdienst der Reformation Otto Heinrichs, daß sie dabei in organischer Weise vorging, daß sie auf der einen Seite zwar energisch mit der Vergangenheit brach, auf der andern Seite aber doch auch Anknüpfungen an das Bestehende festhielt, daß sie vor allem sich der Erwägung nicht verschloß, wie das Bedürfnis einer neuen Zeit bald weitere Veränderungen der jetzt beschlossenen Gesetze verlangen werde. Die Wirkung dieser weisen Erkenntnis blieb nicht aus. Im Jahre 1558 beginnt eine Epoche des Aufschwunges für die Heidelberger Hochschule, die ihr trotz des konfessionellen Haders, der das Zeichen der Zeit war und auch dem Pfälzer Lande nicht erspart

---

31) S. Beilage III.

blieb, eine wirkliche Blütezeit (1558—1622) brachte. Die Statuten sind in ihr natürlich nicht unverändert geblieben, doch haben in allen ihren Veränderungen die Gesetze Otto Heinrichs in langer Nachwirkung die bestimmende Grundlage gebildet. Freilich haben aber noch mehr als der Zwang der Erfahrung und die Fortschritte wissenschaftlicher Erkenntnis konfessionelle Einflüsse ihre kommenden Umformungen herbeigeführt oder doch den Hauptanstoß zu ihrer Ausführung gegeben.

Otto Heinrich hatte sich zu einem friedlichen Luthertum bekannt, das seinen versöhnlichen Führer in Philipp Melanchthon verehrte; die Glaubensgegensätze der neuen Lehren waren in seiner Reform nicht hervorgetreten. Er hatte vertriebene Hugenotten in seine Lande aufgenommen und ihnen neben den Anhängern der Wittenberger Richtung Amt und Würden gegeben. Sein Nachfolger Friedrich III., der mehr und mehr der Schweizerischen Kirche sich zuwandte, dachte in einer wiederholt geplanten [32]) Revision der Universitätsstatuten doch mehr an Forderungen des Lehrbetriebs und der Verwaltung, als an die Einführung einer einseitigen kirchlichen Auffassung. Ludwig VI. dagegen, der seinem Vater Friedrich 1576 folgte, kehrte eine solche in schroffster Weise hervor und hielt es für seine Pflicht, seine Lande so rasch wie möglich dem starren Luthertum, dem er anhing, zuzuführen; der unselige Grundsatz, welcher die Unterthanen zwingen wollte, dem Glauben ihres jeweiligen Landesherrn zu folgen, kam in rücksichtslosester Weise zur Geltung. In diesem Sinne wurden aus der Leitung der Kirche und Schule alle Reformierten entfernt; in diesem Sinne wurde auch die Universität (am 11. April 1580) umgestaltet. Denn, wenn auch Ludwig VI. das Gesetz, welches nur Lutheraner zu Lehrern und Dienern der Hochschule zuließ, in einigen Punkten milderte und die Möglichkeit zugab, daß ein Kalvinist an ihr bleibe [33]), so lag doch auf der Hand, daß nach seinem Wunsche an der Heidelberger Universität nur diejenigen wirken sollten, deren Glauben mit dem seinigen übereinstimmte. Doch darf seine Reform, von deren Entstehung wir, da die Annalenbände für diese Jahre verloren sind [34]), nur aus dem Berichte Johann Marbachs [35]) an den Rat der Stadt Straßburg etwas Näheres hören — denn die Akten der philosophischen Fakultät gehen auf das einzelne nicht ein —, nicht nur nach ihrer konfessionellen Haltung beurteilt werden; sie zeigt sehr erhebliche Fortschritte im Studienbetrieb und enthält vor allem rühmliche Beweise von der Freigebigkeit des Fürsten [36]), der mit beträchtlichen Beiträgen an Geld und Naturalien dem ungenügenden Fiskus seiner Hochschule zu Hülfe kam. Als Ludwig VI. schon kurze Zeit darauf am 12. Oktober 1583 starb, war es vorauszusehen, daß sein Bruder Johann Kasimir, der als Vormund für den Kurprinzen in die Regierung eintrat und sich ebenso entschieden zum Kalvinismus, wie jener zum Luthertum bekannte, sofort alle Einrichtungen seines Vorgängers wieder umstoßen werde. Während sich diese neue Umwälzung im Lande rascher und widerstandsloser vollzog, weil hier die Richtung Ludwigs nirgends tiefe Wurzeln geschlagen hatte, erfaßte sie die Hochschule langsamer

---

32) 1561: A. u. VIII, 25; 1562: A. f. a. IV, 72; 1574: A. u. X, 103 b; 1575: A. u. X, 171, 173, 180, 182, 185, 196 b; A. f. a. IV, 100 b.

33) Winkelmann I, 313—314 Nr. 207.

34) Die Aufzeichnungen fehlen vom 21. Dez. 1578 bis zum 19. Dez. 1582.

35) Er ist abgedruckt bei Winkelmann I, 314—318 Nr. 208. Einzige Erwähnung in den A. f. a. IV, 108 b, 109.

36) S. besonders L § 40, S. 174—177, außerdem Winkelmann a. a. O.

und zunächst weniger gewaltsam. Nur die theologische Fakultät wurde sogleich von ihr berührt, ihre Lehrer schon 1584 durch reformierte ersetzt und an Stelle ihrer augenblicklich gültigen Statuten, welche von Ludwig VI. herrührten, diejenigen zurückgeführt, welche im Jahre 1575 auf Grund der deutschen Bestimmungen Otto Heinrichs von den Theologen selbst in lateinischer Sprache zusammengestellt worden waren[37]). Doch konnten sich auch die andern Professoren auf die Dauer nicht halten; 1588 zogen es auch die beiden letzten Lutheraner, Clemm und Schlick, vor, Heidelberg zu verlassen; alle Stellen waren jetzt von Kalvinisten eingenommen. Es war natürlich, daß unter solchen Umständen auch das Gesetzbuch, das Ludwig VI. der Universität gegeben hatte, wenn auch seine religiösen Forderungen schon gefallen waren, nicht in Geltung bleiben konnte; es mußte sich mindestens eine prüfende Durchsicht von reformiertem Standpunkt aus gefallen lassen. Schon am 9. März 1587 hatte Johann Kasimir eine solche bei den Fakultäten angeregt[38]); sie wurde sofort von diesen in Angriff genommen, und am 2. August[39]) wurden eingehende Vorschläge dem Regenten zur Grundlage für eine gemeinschaftliche Beratung zwischen kurfürstlichen Räten und Abgeordneten der Hochschule unterbreitet. Erst in der zweiten Hälfte des nächsten Jahres kamen die entsprechenden Verhandlungen in rascheren Gang; am 2. Dezember 1588 erhielt der genehmigte Entwurf die Unterschrift des Administrators. Indessen wurden die neuen Statuten aus Gründen, welche wir nicht kennen, erst im Februar 1590[40]) der Universität als alleingültiges Gesetz verkündigt und von ihr, wenn auch mitunter an eine genaue Einhaltung derselben gemahnt werden mußte[41]), von nun an als Richtschnur ihres Lebens betrachtet. Auch sie greifen auf Otto Heinrichs Ordination als ihre ursprüngliche Grundlage zurück, schließen sich aber zunächst an diejenige Ludwigs VI., von der sie ausgehen und die sie revidieren wollen, an. Wesentlich trennt sie von ihr der religiöse Unterschied, der an manchen Stellen zu gleichlautendem Ausdruck gelangt ist; sonst zeigen die meisten Punkte Übereinstimmung, von 124 Paragraphen erscheinen 75 gleichlautend; in vielen anderen beschränkt sich die Abweichung darauf, eine kürzere und praktischere Fassung zu finden, gleichartige Vorschriften in den verschiedenen Fakultäten in eine zusammenzuziehen, die Forderungen für die gelehrten Würden zu vereinfachen; nur an wenigen Stellen zeigen sich neue oder im Prinzip geänderte Bestimmungen. Jedenfalls brachte auch diese Reform, von der konfessionellen Umwandlung ganz abgesehen, einen Fortschritt in gleichartiger Entwicklung der Wissenschaft und Lehre. Sie entsprach im Augenblick dem Bedürfnis der Hochschule, die sich unter der Thätigkeit hervorragender Lehrer in allen Fakultäten zusehends hob und zu

---

37) Act. fac. Theol. I, 85—92 (Cod. Heid. 358, 61¹), gedruckt bei Hautz II, 421—425; s. unten S. 177 A. 1).

38) A. u. XIII, 171, s. auch Cod. Palat. in Heid. 1854, f. 6ᵇ.

39) A. u. XIII, 191ᵇ ff.

40) A. u. XIV, 281 (s. auch Winkelmann II, 162 Nr. 1362); von da an ist die Reform wirklich Gesetz gewesen; am Ende des Jahres finden z. B. die Wahlen, vor allem zum Senat, in welchem nur noch 4 Profess. der phil. Fak. Sitz haben sollen, statt (A. u. XV, 1). Die philos. Fakultät erhielt ihre Abschrift erst im März 1591 (A. f. u. IV, 136ᵇ).

41) Solche Ermahnungen begegnen sehr häufig für alle neuen Gesetze; die mit besonderem Nachdruck von Friedrich IV. am 3. Juni 1605 ausgesprochene (s. Winkelmann II, 178 Nr. 1473) hat wohl zu der irrigen Ansicht geführt, daß die Ref. Johann Kasimirs erst um diese Zeit Gesetz geworden sei.

keiner Zeit so hohe Immatrikulationsziffern⁴²) aufwies, wie in der Regierung Johann Kasimirs und des vierten und fünften Friedrich. Wie damals die Residenz der pfälzischen Fürsten ein Mittelpunkt kalvinistischer Politik von europäischer Tragweite wurde, so galt die Universität Heidelberg von Frankreich bis Siebenbürgen als die angesehenste Bildungsstätte für die Anhänger des reformierten Bekenntnisses.

Aus dieser bisher nicht erreichten Blüte riß die Schöpfung Ruprechts I. der dreißigjährige Krieg. In den Sturz Friedrichs V. wurde auch seine Hochschule verwickelt; an das Schicksal der Kurfürsten war ja von jeher das „ihrer lieben Tochter", wie sie mit Vorliebe oft die Universität genannt hatten, geknüpft gewesen. Am 11. April 1626⁴³) gebot Maximilian von Bayern, der nunmehrige Herr der Pfalz, den wenigen Professoren, die sich noch in Heidelberg befanden, ihre Thätigkeit einzustellen. Doch auch der Versuch, eine katholische Anstalt zu errichten, wollte nicht gelingen; am 10. Dezember 1681 wurde der Namen ihres letzten Studenten in das Matrikelbuch eingetragen⁴⁴).

Am 7. Oktober 1649 kehrte Karl Ludwig in das zertretene Land seiner Väter zurück. Die Geschichte wird nicht müde werden können zu bewundern, wie rasch es ihm gelang, die Pfalz aus dem Elend, welches das Erbe „ihres Ganges nach Böhmen" war, wieder emporzuheben. Auch die Universität darf nie vergessen, sein Andenken als das ihres zweiten Gründers zu ehren. Denn kaum hatte er angefangen, mit seiner fast ungeduldig hervorbrechenden Arbeitskraft und seinem genialen Blick für alle Fragen der Verwaltung den Schutt der Zerstörung hinwegzuräumen und überall neuem Leben aus den Ruinen zu rufen — für den Süden ein ähnliches Beispiel, wie Friedrich Wilhelm von Brandenburg dem Norden es bot —, so gedachte er, der Wissenschaft an ihrer altberühmten Stätte einen neuen Sitz zu bereiten, und schon am 1. September 1652 verkündete er⁴⁵) der lernenden und lehrenden Welt, daß er „aus landfürstlicher Vorsorg und Eifer, das gemeine Beste zu befördern, sonderlich aber Kirchen und Schulen widerumb in Uffnahmen zu bringen", die zerfallene „hohe Schule" wieder aufzurichten gedenke. Am 1. November fand dann mit einer Feierlichkeit, die jener kargen Zeit fast prunkvoll dünken mochte und eine allgemeine im ganzen Lande sein sollte, ihre festliche Einführung statt⁴⁶), und gern gab Karl Ludwig dabei zu, daß man ihn zum ersten Rektor der verjüngten Universität erwähle. Und wie er die nötigen Mittel zu ihrer Eröffnung und Ausdehnung zu gewinnen wußte, so gelang es ihm auch, die Männer zu finden, welche ihren Namen rasch zu Ehre und Ansehen brachten. Es mußte ihm dann als eine ermutigende Genugthuung gelten, daß schon im ersten Jahre die Matrikel 128 eingeschriebene Namen zeigte⁴⁷). Die erneuerte Schule knüpfte natürlich zu-

---

42) In den Jahren 1500—1556 hatte die Zahl der Inskribierten nur 7mal 100 erreicht; von 1557—1583/84 wurden 22mal über 100, 3mal über 200 eingezeichnet; von 1584/85—1618/19 sind nur 2mal unter 100, 7mal 100—150, 18mal 150—200, 7mal über 200, 1mal 300 eingeschrieben worden; die Zahl 300 ist überhaupt von 1386—1667 nur dieses einzige Mal 1585/88, also unter Joh. Casimir erreicht worden. S. Toepke II, Anhang VII.
43) Toepke II, 308; Winkelmann II, 191 Nr. 1566.
44) Toepke II, 313.
45) Winkelmann I, 387—388 Nr. 248.
46) Die Beschreibung in A. u. XXXI, 1—2: brevis et succincta consignatio solemnitatum, gedr. bei Schwab, Syllabus rectorum II, 2—5 Anm. b.
47) Toepke II, 313—318; das erste Jahr lief vom 22. Nov. 1652 bis 20. Dec. 1653, doch wird in der Matrikel ausdrücklich bemerkt: plurimi autem insuper studiosi hic fuerunt per annum

nächst da an, wo die frühere, deren Fortsetzung sie bilden wollte, gewissermaßen stehen geblieben war, und richtete sich nach den Gesetzen ein, welche vor dem Krieg Geltung gehabt hatten. Doch konnten diese den Lebensanschauungen eines anderen Geschlechts, das unterdessen herangewachsen war, den Bildungsbedürfnissen einer durchaus neuen Zeit auf die Dauer nicht genügen: vor allem dem Fürsten selbst nicht. Ihm, der den Gedanken gewagt hatte, Spinoza nach Heidelberg zu ziehen, der, frei von der beschränkten Einbildung eines allein seligmachenden Bekenntnisses, obgleich Kalvinist, doch den Lutheranern in seiner Residenz eine Kirche errichten half, der in Mannheim der Eintracht einen Tempel baute, damit dieser allen christlichen Konfessionen zum Gottesdienst diene, der während seiner ganzen Regierung der Verwirklichung des Gedankens nachging, eine Vereinigung mindestens der Lutheraner und Reformierten zustande zu bringen: ihm konnte der einseitig konfessionelle Standpunkt der Reformen Ludwigs VI. und Johann Kasimirs nicht gefallen; ihm erschienen in geistlichen Dingen Freiheit und Duldung als die geschichtliche Losung der Zeit[48]). Dazu verlangten die wesentlich veränderten Wege und Ziele wissenschaftlichen Lebens und Forschens ihr Recht, und auch das Streben nach einer genau überwachten, alle Einzelheiten bedenkenden Verwaltung machte sich geltend. Aus diesen Gedanken und Bedürfnissen sind die Statuten Karl Ludwigs vom 11. Juli und 1. September hervorgegangen[49]). Auch für sie sind wir ohne jede Kenntnis der Geschichte und Entstehung; alle Berichte, sowohl die der Universität, wie die der Fakultäten, sind für diese Jahre verloren gegangen. Wir sind auf die Gesetze selbst gewiesen, und sie lassen erkennen, daß wir vor einer neuen Entwicklung der Hochschule stehen. Schon Auftreten und Lebensgewohnheit der lernenden Jugend erscheinen in ihnen anders, als sie früher gewesen sind. Eine bestimmte Tracht, die nur noch für die im Amte thätigen Professoren gefordert wird[50]), ist für die Studenten verschwunden, es bleibt ihnen selbst überlassen, ihre Kleidung zu wählen, der einst verpönte Degen ist nun ihr ständiger Begleiter geworden, für ihre richtige und feine Lebensführung werden die angestellten Exercitienmeister sorgen, und in der Ankündigung der Vorlesungen wird nicht vergessen, von Bereitern, von Sprach- und Fecht- und Tanzmeistern zu reden[51]): kurz, an die Stelle des Scholaren ist der Kavalier getreten. Tiefer greifen andere Bestimmungen ein und lassen das Wesentliche und Epochemachende der neuen Ordnung erkennen. Karl Ludwig, wenn er auch die Ausarbeitung im einzelnen seinen Räten überließ[52]), hat ihr doch den Stempel seines innersten Wesens gegeben. Denn auf ihn, den das christliche Wort Toleranz mit der erlösenden Kraft seines Begriffs früher als seine Zeitgenossen ganz erfüllte, wird es zurückzuführen sein, wenn der einseitig konfessionelle Charakter der Hochschule fiel[53]) und auch der theologischen Fakultät, welche den Standpunkt der reformierten Landeskirche vertrat, Duldung anderer Meinung statt Kampfeslust ans Herz gelegt wurde[54]); er, der feinsinnige

---

et adhuc sunt, qui sua nomina profiteri contumaciter cessant (f. 318); es ist also eine noch höhere Zahl als 128 anzunehmen.

48) S. Dove, Die Kinder des Winterkönigs, Beilage der Allg. Zeitung 1889, Nr. 84.

49) KL S. 298: am 11. Juli sind die Statuten abgeschlossen, am 1. September veröffentlicht worden.

50) KL. S. 253 u. 4 (§ 10).

51) Winkelmann I, 390 u. 1 Nr. 250.

52) Er sagte selbst S. 298 am Schlusse seiner Statuten, daß er statuta academica wegen obhabender anderer hohen geschäften nicht ganz durchlesen.

53) KL S. 252 § 2 Schluß und § 3.

54) KL S. 286 letzter Absatz.

Kenner der Wissenschaft, wird gern den letzten Rest scholastischen Formelwesens beseitigt, neu aufgekommenen wissenschaftlichen Disciplinen eine Stelle geöffnet[55]), auch das Ziel der Lehre nicht in der geistlosen Wiedergabe herrschender Lehrbücher, sondern in freier und doch systematischer Entwicklung wissenschaftlicher Wahrheiten und Erkenntnisse gefunden haben; seiner praktischen, auf die Forderungen des Lebens lauschenden Natur wird es entsprochen haben, wenn überall — für die juristische und medicinische Fakultät tritt es besonders hervor — des Zusammenhangs zwischen Wissenschaft und Leben gedacht wurde; der Meister der Verwaltung endlich wird mit dem Rate nicht zurückgehalten haben, daß in dieser kurzen Zeit nur eine fast ängstliche Kontrolle und selbst das Kleinste berührende Instruktion der Beamten bei sparsamster Wirtschaft das materielle Gedeihen, dessen auch die Arbeit der Schule bedürfe, zurückführen könne. Unter der Wirkung dieses Gesetzes und des unermüdlichen Eifers von Karl Ludwig, dem es glückte, eine Reihe wissenschaftlicher Größen an seine Hochschule zu ziehen, der alle Vorgänge ihres gelehrten Lebens, so weit es ihm möglich war, mit seiner persönlichsten Teilnahme begleitete, nahm die Universität einen neuen, vielversprechenden Aufschwung. Da knickte eine zweite, schrecklichere Katastrophe die Blüte, noch ehe sie zur Entfaltung gekommen war, und zerschnitt mit roher Rücksichtslosigkeit fast alle Wurzeln, an denen ihr Leben hing. In den Flammen des Orleansschen Krieges, deren blutigroter Schein die Königsgestalt Ludwigs XIV. für immer entstellen wird, ging alles, was mühsam neu geschaffen war, wieder zu Grunde. Langsam suchten Land und Stadt und Hochschule aus den wüsten Trümmern einer entsetzlichen Zerstörung sich emporzuarbeiten. Aber unter den Fürsten des Hauses Pfalz-Neuburg fand sich keiner, der Karl Ludwig glich. Eine trübe Zeit begann für die Heidelberger Universität; sie lebte ein Jahrhundert lang ein siechen und dunkles Dasein. Unerquicklicher Religionshader, störende Uneinigkeit und Mißbräuche aller Art, auch Unfähigkeit in der Selbstverwaltung des ausgedehnten eigenen Besitzes erfüllte ihr Leben. Was Karl Ludwig hatte abwenden wollen, daß „nach eigenem Wahn und Gutdünken einer und andern Privatperson oder einer jeden Fakultät oder auch des senatus academici bald dieses und jenes bei unserer Universität eingeführt, bald wieder abgestellt werde", trat ein und kam zur Herrschaft. „Die gewisse Gleichförmigkeit" aber, die er gewünscht hatte, „sowohl im Lehren, als in der Administration der Justiz und der Universitätsmitteln, auch in den akademischen Solennitäten und insgemein in allen eines jeden Amts Geschäften, Schuldigkeiten und Verrichtungen"[56]), war vergessen und verloren. Erst mit dem Regierungsantritt Karl Theodors (1743) machte eine leise Besserung sich deutlicher bemerkbar. Er, der freilich mehr den Glanz der Kunst, als das Licht der Wissenschaft liebte, schien ihr doch ein wirkliches Interesse zuwenden zu wollen. Einzelne Disciplinen, besonders die medizinische, der er schon 1743 neue Statuten gab[57]), und die naturwissenschaftlichen, denen das Jahrhundert bald eine besondere, fast modische Teilnahme schenkte, begünstigte er zusehends; für neue Lehrstühle schaffte er Platz und Mittel, mancherlei eingerissenen Mißbräuchen suchte seine Regierung, suchte die für die Hochschule eingesetzte Oberkuratel mitunter zu steuern. Aber es fehlte an der nötigen Energie, an dem Beharren

---

55) KL S. 287, 288, 295.
56) KL S. 250 (erster Absatz).
57) S. Beilage IV.

in dem guten Willen, durchzugreifen und das Übel an der Wurzel zu fassen, auch an der Erkenntnis, daß mit vereinzelten Maßregeln nicht zu helfen sei, daß es ratsam sei, die Überzahl der Ordensgeistlichen, die mit wenigen rühmlichen Ausnahmen der wissenschaftlichen Anstalt keinen Nutzen brachten, ihren Frieden vielfach störten, zu entfernen. Immer mehr machte sich dabei der Mangel eines alle Glieder bindenden und zugleich auf den Anschauungen des Jahrhunderts stehenden Gesetzes fühlbar. So lag, als die Hochschule sich rüstete, die 400jährige Erinnerung an ihre Stiftung festlich zu begehen, der Gedanke nahe, diesen feierlichen Augenblick zu nützen und unter der Leitung neuer Gesetze das fünfte Jahrhundert der Universität zu beginnen. Darum fand der Vorschlag, den der damalige Prorektor, der Jurist Zentner, die bedeutendste Persönlichkeit an der Hochschule, am 26. April 1786 im Senate machte [58]), daß man „zu größerer Feierlichkeit und zugleich, um Carl Theodor ein ewiges Denkmal zu stiften", ein neues Statutenbuch entwerfe, freudige Zustimmung bei seinen Kollegen, in der Beratung mit den vorgesetzten Behörden wohlwollendes Entgegenkommen und rasche Förderung. Keine der früheren Reformationen ist wohl so glatt und anstandslos zustande gekommen, wie diese. Schon bei der ersten Beratung wurde Professor Wedekind, der allgemeines und deutsches Staatsrecht, Natur- und Völkerrecht vertrat und seit 1762 dem Lehrkörper angehörte, beauftragt, die alten Statuten durchzugehen, die Erlasse und Gesetze des laufenden Jahrhunderts zu vergleichen und mit Rücksicht auf die erbetenen Gutachten der Fakultäten [59]) einen ersten Entwurf zu versuchen; auch die Kommission, die diesen Entwurf dann prüfen sollte und aus dem Prorektor und den Senioren der einzelnen Fakultäten bestand, war sofort bestimmt worden. Der Kurfürst selbst, der seit 1777 in München residierte, sein Stellvertreter in der Regierung der Pfalz, Graf Oberndorff, und die beiden Herren der Oberkuratel, Venningen und Fick, waren mit der Anregung der Universität einverstanden und versprachen rasche Erledigung ihrer Wünsche. Schon am 4. September konnte diese der Oberkuratel, an deren Zustimmung die Ausführung zunächst gebunden war, ihren Entwurf zur Begutachtung vorlegen, gleichzeitig dem Regenten der Pfalz die Vollendung ihrer Vorbereitung anzeigen. Tiefgehende Widersprüche oder aufhaltende Anstände traten nicht hervor; nur die Frage des Ranges der Professoren veranlaßte einige Erhebungen; die berechtigte, aber zurückgewiesene Bitte der theologischen Fakultät reformierten Teils um Anstellung eines dritten Lehrers [60]) brachte keine wesentliche Verzögerung: am 2. Oktober empfahl die Oberkuratel dem Kurfürsten die Annahme des neuen Gesetzes, das Gutachten der pfälzischen Regierung, von Hertling erstattet, sprach sich am 5ten in gleichem Sinne aus. Die Universität hatte alle Veranlassung, nach beiden Seiten ihre besondere Dankbarkeit auszudrücken. Karl Theodor aber fand keinen Grund, von dem Urteil derjenigen, die vor ihm zu prüfen berufen waren, abzusehen; am 14. Oktober unterzeichnete er das neue Statut. So konnte Zentner am 9. November, dem vierten Tage des Jubelfestes, in einer lateinischen Rede [61]), welche die Verdienste des Kurfürsten für Wissenschaften und Künste feierte, besonders auch dieser neuen Wohlthat

---

58) Hauptquellen: Cod. Heid. 385 (Kasten. 62) A (alte Bezeichnung), A. u. 93; G-L-A Karlsr. Nr. 776 u. 777.
59) Nur das medizinische vom 25. Juli 1786 hat sich erhalten.
60) S. 342 A. 1.
61) S. Acta sacrorum saecularium, Heid. 1787, S. 327—349.

desselben gedenken. Erst am 30. November gab die Oberkuratel der Hochschule offizielle Kenntnis, daß der Einführung der neuen Gesetze nichts mehr im Wege stehe; am 2. Dezember veröffentlichte diese die neue Ordnung[62]), ohne sich durch die bald auch von der Regierung energisch zurückgewiesene Einsprache[63]) der Lehrer der katholischen Theologie zu kümmern. Die Reformation vom Jahre 1786 schließt weder eine lange Entwicklung ab, noch bedeutet sie den entscheidenden Sieg einer bestimmten Partei am Ende eines lang geführten Kampfes; auch eine neue Epoche im Leben der Hochschule wird durch sie nicht eingeführt. Ihr Verdienst beruht darin, daß sie der schon vorhandenen Anschauung einen rechtlichen und gesetzmäßigen Ausdruck gab, daß sie die vielfachen Erlasse und Verfügungen inhaltlich zusammenfaßte und so Ordnung an die Stelle der Verwirrung setzte, daß sie trotz mancher im Lande und am Hofe vorhandenen Gegenströmungen die Wirkung der Aufklärung nicht abwies, die Forderung eines bestimmten Glaubensbekenntnisses der Lehrer ausschloß, der Duldung der Religionsparteien das Wort sprach. So war sie bei energischem Wollen und Einigkeit der Lehrer wohl imstande, die oft behandelte Frage, wie man der Universität „emporhelfen" könne, zu lösen. Aber bevor ihre gute Wirkung eine allseitige Besserung herbeiführen konnte, brachen die Stürme des Revolutionskrieges über die Pfalz herein und entzogen der Hochschule mit der Wegnahme des linken Rheinufers, auf welchem ihre Güter lagen, die materiellen Bedingungen ihres Daseins. Kaum gelang es dem milden Sinne der Kurfürsten, den Zentner, der in die Regierung nach München berufen worden war, wach zu halten wußte, die Mittel aufzutreiben, welche sie vor völligem Untergang bewahrten und ihr Leben kümmerlich fristeten, bis sie mit dem Übergang des Landes an Baden (1803) Karl Friedrich in seinen väterlichen Schutz nahm und ihr die Grundlage eines neuen Lebens, eines neuen Aufschwungs verbürgte.

II. Die Handschriften.

I. Die Handschriften der Reformation Otto Heinrichs.

A = Codex Heidelbergensis 389, 14, jetzt Universitätsarchiv I, 10, 3. Diese Papierhandschrift (20 × 31 cm) ist nicht eine Abschrift, wie Hautz II, 14 Anm. 24 anzunehmen schien, sondern das offizielle Original, welches der Universität am 19. Dezember 1558 vom Kurfürsten übergeben wurde; das beweisen die Löcher für die Siegelschnüre, welche ebenso wie die Siegel verloren sind (s. Winkelmann II, 118 Nr. 1049). Der ursprüngliche rote Lederband, der mit dem pfälzischen Wappen geziert war (s. A. u. VII, 318b: libro subrullo coreo obducto et illigato atque sigillo palatinatus obsignato) und samt dem großen Siegel noch im Jahre 1651 bei der Aufzählung der von Peter de Spina zurückgegebenen Handschriften unter Nr. 24 erwähnt wird (s. Cod. Heid. 358, 68, jetzt Univ.-Arch. I, 1, 1 f. 27), ist durch einen unscheinbaren Einband unserer Zeit ersetzt worden. Die Handschrift enthält 268 Blätter, von welchen 257 beschrieben sind; die alte Zählung, rechts unten auf der Seite, beginnt mit dem eigentlichen

---

62) A. u. 93, 422.
63) A. u. 93, 425 fgde.; G-LA Karlsr. a. a. O. 776.

XVI

Text auf dem zweiten Blatt, während die neue, welcher ich gefolgt bin, alle leeren Blätter, also auch das Vorsatzblatt, mitzählt. Die Reformation ist nicht unterschrieben, das Siegel bezeichnete sie als amtliches Aktenstück. Ihr Text liegt dem Drucke zu Grunde.

B = Papierhandschrift (21 × 30 cm), im Besitz des Herrn Mays in Heidelberg (Hautz II, 14 Anm. 24), in dessen großer Sammlung sie die erste, schon vor Jahren gemachte Erwerbung war. Er erstand dieselbe um 8 fl. von einem Heidelberger Antiquar, an welchen sie in wahrscheinlich unrechtmäßiger Weise verkauft worden war; sie stammt aus den Akten der geistlichen Administration (Kirchenrat) und war der kirchlichen Behörde wohl von der kurfürstlichen Regierung übergeben worden. Sie befindet sich noch in dem Originaleinband von grünem Pergament[64]), in welchem sie F. P. Wund in seinen „Beiträgen zu der Geschichte der Heidelberger Universität, Mannheim 1786", beschreibt; er trägt auf einem weiß gebliebenen Teil des Umschlags die Aufschrift: Pfaltzgrave Otto Henrici Reformation der Uniuersität zu Haydelbergk. Die Handschrift enthält 258 Blätter; nach einem leeren Vorsatzblatt folgen 4 Bl. Vorrede, dann 247 Bl. Text, zuletzt 5 leere Bl. Die 247 Bl. sind mit fortlaufenden Zahlen auf beiden Seiten versehen, einmal ist von 275 auf 278 gezählt, so daß die Endsumme (die letzte Seite ist unbeschrieben) 497 (nicht 479, wie Wund a. a. O. S. 47 angiebt) beträgt. Zwischen S. 226 und 227 ist ein Blatt eingefügt, um ein vergessenes iuramentum nachzutragen. Diese Handschrift ist von den Geschichtschreibern der Universität im 18. Jahrhundert allein benützt worden: vgl. Büttinghausen, Miscella historiae uniuersitatis Heidelbergensis inseruentia Heid. 1785 I, 55 und C. C. Wund, Programma memorabilium ordinis philosophici Heidelbergensis. Heid. 1783 II, 25 Anm. 77, der wiederholt A 81, 82, 83 (s. unten S. 92, A 1 u. 103, A 2) aus ihr citiert. Aus den geringen Abweichungen, die ich überall verzeichnet habe, besonders aus f. 249 (s. S. 81 Anm. 1), wo ein Satz stehen geblieben ist, der in A nicht aufgenommen wurde, ergiebt sich, daß wir es nicht mit einem Entwurf (wie Winkelmann II, 118 Nr. 1049 vermutete), sondern mit einer amtlichen Abschrift zu thun haben, welche nur nicht aus A, sondern aus der ersten offiziellen Redaktion genommen ist. Diese ist uns wenigstens teilweise erhalten in C.

C = Cod. Heid. 359, 67 d, jetzt Univers.-Archiv I, 10, 2, Papierhandschrift in fol. (22 × 30 cm). Von den 265 Bl., aus welchen die Handschrift ursprünglich bestand, sind noch 124 Bl., worunter ein leeres Blatt, erhalten. Eingefügt sind 2 Bogen in folio (f. 74 –6 u. 97 u. 98), 1 Folioblatt (f. 254 b) und 6 kleinere Blätter, die letzteren immer zur Aufnahme der iuramenta (nach f. 96, 103, 125, 128, 149, 150) bestimmt. Die Handschrift stellt den Entwurf zu den Statuten Otto Heinrichs dar und ist mit den Ein- und Nachträgen und Veränderungen, auf deren Annahme der Text beruht, nach vielfachen Beratungen in den Jahren 1556–8 entstanden. Leider ist sie in sehr lückenhaftem Zustande auf uns gekommen. Aus dem Universitätsarchiv, in welchem sie am Ende des vorigen Jahrhunderts weder Büttinghausen, noch Wund bemerkten, kam sie, wohl nach der französischen Zerstörung, vielleicht in Frankfurt a. M., wo sich das

---

64) Unter den von Peter von Spina an die Universität zurückgegebenen Archivalien (s. Univ.-Arch. I, 1, 1 f. 27) ist unter Nr. 25 eine Ordinatio Ottonis Henr. auch in grünem Pergament angeführt. Wäre sie identisch mit B, so müßte diese Handschrift viel später in den Besitz der kirchlichen Behörde gekommen sein, was nicht verständlich wäre. Ich halte die angeführte für die Abschrift der ph. Fak. (s. D.).

Universitätsarchiv eine Zeit lang befand (Winkelmann II, 227 Nr. 1848 u. 9), abhanden; wenigstens erwarb sie nach den Mitteilungen von Hautz (Heidelb. Jahrbücher 1852, S. 328 u. 9 und Gesch. der Univers. II, 8 Anm. 11) der Pfarrer Lehmann in Nußdorf bei Landau von einem Freunde, dessen Vater früher in Frankfurt a. M. angestellt war; von ihm kaufte sie (nach gefälliger Angabe des Herrn Oberbibliothekars Zangemeister) die Universitätsbibliothek im August 1853 um den Preis von 44 fl. zurück. Hautz hielt die Handschrift anfänglich, wie seine Bemerkungen auf der Decke des Einbands und auf der ersten Seite beweisen, für eine Reform aus dem Jahre 1545 (so auch Heid. Jahrb. a. a. O. S. 8); später hat er diesen Irrtum, zu welchem ihn eine Bemerkung von C. C. Wund (u. a. O. S. 18 Anm. 57) verleitete, berichtigt (Gesch. d. Univ. a. a. O.), doch ist er bei der falschen Ansicht geblieben, daß sie handschriftliche Notizen von Micyllus enthalte (s. dagegen unten S. 51 Anm. 1, wonach auch Winkelmann II, 115 Nr. 1021 zu berichtigen ist). — Von den 265 Blättern der Handschrift, deren alter Seitenbezeichnung ich gefolgt bin, sind erhalten: F 75 ᵃᵇ), 86 (= OII S. 49), 88—99 (= S. 50 Anm. 1—57), 103—110 (S. 58 Anm. 1—64 Anm. 1), 114—140 (S. 65 Anm. 1—82 Anm. 5), 143—152 (S. 83 Anm. 1—90 Anm. 1), 166—189 S. 97 Anm. 2—113 Anm. 2), 191—193 (S. 113 Anm. 3—115 Anm. 2), 198—200 (S. 118 Anm. 1—120 Anm. 4), 214—216 S. 128 Anm. 1—130 Anm. 3), 231—240 (S. 136 Anm. 2—142 Anm. 1), 242—264 (S. 142 Anm. 2—156 Anm. 1). Es fehlen also: F 1—74 (= OII S. 1—42), 76—85 (S. 44—49), 87 (S. 49—50), 100—102 (S. 57—8), 111—113 (S. 64—5), 130 (leeres Blatt), 141 u. 2 (S. 82 bis 3), 153—166 (S. 90—7), 190 (S. 113), 194—7 (S. 115—8), 201—213 (S. 120—8), 217—230 (S. 130—6), 241 (S. 142) u. 251 (leeres Blatt). Eingeheftet sind die oben bezeichneten Blätter. — Die Handschrift ist im Hauptteil von einem Berufsschreiber geschrieben und dann der Beratung der zu diesem Zwecke eingesetzten Kommissionen, welche mannigfache Änderungen vornahmen (1556—8), unterbreitet worden. In ihnen war vor allem Jakob Micyllus bis zu seinem am 28. Januar 1558 erfolgten Tode thätig; ihm war dabei zugefallen, die lateinischen Eidesformeln zu verfassen, welche mit ausdrücklicher Verweisung auf ihn, teilweise in die zu diesem Zwecke freigelassenen Stellen, teilweise auf besonderen Zetteln, nachgetragen sind (OII S. 51 Anm. 1; 56 Anm. 1, 59 Anm. 3, 74 Anm. 6, 77 Anm. 4, 87 Anm. 2 u. 3, 88 Anm. 2, 120 Anm. 3);

---

65) Die erste erhaltene Seite (welche von den Besoldungen der theol. Prof. handelt) lautet: den andern zweien hensern, uemblich das itzt doctor Mathis Keuler (also 1556) innt und bewonet anff den obern strassen am Hirshhorner haus zu siner saiten gelegen. — Und soll der punct in unsers vettern seliger gedechnus Pfaltzgraff Fridrichs ordination anhebend: „Wir Friderich von gottes gnaden" etc. und sich endend: „datum Haidelberg feria secunda festi pentecostes anno a natiuitate domini 1452" (s. Winkelmann I, 161—5, die angezogene Stelle S. 162, Zeile 17—22) besagendt: so der bemelten zweien pfrunden in dem mehren stifft zu Wormbs und die pfrundt zu Sant German und Maurizen zu Speier eine ledig wurdet, das der eltist doctor theologiae die wahl haben soll, under zweien die eine zu erkiesen und das danach der ander nachgeendt ältist doctor, so er geschickt und durch die uniuersitet presentirt, die ander, so der verrucket gelassen hat, annemen moge, beleiben. Aber wie sollicher punct daselbst uff drei (f. 75ᵇ) person gesatzet, soll er further uff die zween ordinarien verstanden werden, doch das derselben nomination und welung von der uniuersitet, die presentation aber, wie hieuor angehört und beuolhen, durch uns iderzeit geschehe, auch die option und wahl der pfrunden dem eltern ordinarien disser massen zugelassen werde, das er dieselbe innerthalb monatsfrist vollende und ime weitter nit gestattet werde, wie dann nachmals von unserm hern und vettern hochloblicher gedechtnus pfaltzgraff Ludwigen anno 1529 geordnet und versehen worden. — Und sollen disze obgemelten puncte allerding, wie obgeschrieben, gehalten werden, es were dann sach, das wir mit der zeit ein contract oder vertrag mit den außwertigen stifften der obgemelten praebenden halben muß ein ierliche summa ....

auch auf die von ihm schon 1551 neu verfaßten Statuta facultatis artium (s. Winkelmann II, 108 Nr. 967 und unten S. 118 Anm. 1) ist wiederholt und mit richtiger Angabe der Seitenzahlen verwiesen (OII S. 118 Anm. 1, 119 Anm. 1, 120 Anm. 3, 130 Anm. 1 u. 2); von ihm selbst jedoch findet sich, wie die Vergleichung der Handschriften leicht erkennen läßt (s. unten S. 51 Anm. 1), kein Eintrag. Dagegen sind von den anderen Händen, welche Zusätze gemacht haben — ich zähle deren außer der des Kanzlisten fünf — mehrere zu bestimmen, und zwar die von Philipp Melanchthon, Thomas Erast, Jakob Curio. Melanchthon hatte, wie oben bemerkt, während seines Aufenthalts in Heidelberg vom 22.—31. Oktober 1557 den Entwurf einer genauen Prüfung unterzogen und seine Bemerkungen hinzugefügt; in den uns erhaltenen Teilen der Handschrift finden sich seine unverkennbaren Schriftzüge noch 16mal: f. 92b (OII S. 52 Anm. 2), 96b (S. 54 Anm. 5), 97 (S. 55 Anm. 4), 104b (S. 59 Anm. 5), 168b (S. 99 Anm. 2), 172b (S. 101 Anm. 6), 173 (S. 102 Anm. 6), 175b u. 176 (S. 104 Anm.), 182b (S. 109 Anm. 3 u. 4), 185 (S. 110 Anm. 1), 235 (S. 139 Anm. 1), 236 (S. 140 A 1); nach ihm hatte der Mediziner Thomas Erast, der erst seit dem Mai 1558 dem Lehrkörper angehörte, mehrfach Einträge gemacht, deren Schrift aus der Vergleichung mit Annal. Univ. VII, 331b, 334b u. a. wohl zu erkennen ist [s. f. 91 (= OII S. 51 Anm. 1), Blatt nach f. 96 (S. 55 Anm. 1 u. 2), Blatt nach f. 125 (S. 73 Anm. 1), 173 (S. 102 Anm. 7), 253 u. 254b (S. 149 Anm 3), 260b (S. 153 Anm. 2), 264b (S. 154 Anm. 1)]; endlich scheinen auch die A. u. VII. 88 sich findenden Schriftzüge von Jakob Curio (über ihn s. S. 78 Anm. 1) an verschiedenen Stellen wiederzukehren. Diese Vermutung liegt um so näher, als Curio mit Ernst den Auftrag gehabt zu haben scheint, eine letzte Prüfung des Entwurfs vor dessen endgültiger Annahme vorzunehmen; ich schließe das aus einer Randnotiz, die sich f. 135 (s. S. 78 Anm.1) findet: Dom. Curionem und Erastum diese veränderung noch einsten sehen zu lassen, ehe sie mundirt. Von allen Vorschlägen, welche der Entwurf anführt, von den verworfenen wie von den angenommenen, geben die Anmerkungen zum Text von OII genaue Nachricht.

D = Cod. Heidelb. 359, 67c, j. Univ.-Archiv I, 10, 5. Papierhandschrift (21 × 30 cm) in modernem Einband mit der Aufschrift: Ordinatio Ottonis Henrici electoris, welche sich auch auf dem ersten, sonst leeren Vorsatzblatt findet, eine offenbar für die Artistenfakultät, nach den Bestimmungen von OII (s. S. 29, § 27 Schlußabsatz) zwischen 1558 u. 1580 gefertigte Abschrift von deren Statuten (s. S. 91—136); sie enthält im ganzen 62 Blätter: 3 leere Vorsatzblätter, 1 leeres Blatt am Schluß, 58 beschriebene Blätter; vielfache Randbemerkungen geben kurze Bezeichnungen des Inhalts[66]).

2. Die Handschriften der Reformation Ludwigs VI.

A = Codex Heidelb. 358, 98, jetzt Univ.-Archiv I, 10, 6 (Winkelmann II, 143 Nr. 1243). Papierhandschrift (20 × 30 cm) in Originaleinband, der mit rotgefärbtem Pergament überzogen ist und die verblaßte Aufschrift trägt: Churfürst Ludwig statuta 1580; der Rücken fehlt, die 4 Schließbänder aus grünem Stoff

---

66) Auf der Heid. Universitätsbibliothek findet sich noch eine von Hautz veranlaßte Abschrift der Statuten Otto Heinrichs (Cod. Heid. 389, 14ª, jetzt Un.-Archiv I, 10, 4), in welchen auch einiges aus C (hier immer noch als Entwurf von 1545 bezeichnet) aufgenommen ist.

sind fast ganz abgerissen; die blauweißen Schnüre, an welchen das verlorene Siegel hing, sind innerhalb des Bandes noch erhalten. Die Handschrift kam am 19. März 1883 wieder zum Vorschein und in die Universitätsbibliothek zurück, nachdem sie seit Jahrzehnten in einem Schranke des Universitätssekretariats vergessen gelegen war; sie war Hautz (II, 108) unbekannt geblieben; auch Häußer (Geschichte der rheinischen Pfalz II) scheint sie nicht gesehen zu haben. Sie enthält 250 Blätter (3 unbeschriebene Vorsatzblätter, 241 Bl. Text, 5 Bl. Index, 2 leere Bl. am Schluß) und trägt die eigenhändige Unterschrift Ludwigs VI.: Ludwig Pfaltzgraf Churfürst, ist also das amtliche Exemplar, welches er der Hochschule übergab.

B = Cod. Heid. 358,71, jetzt Un.-Archiv 1, 10, 7. Papierhandschrift (21 × 30 cm) im Originaleinband von Schweinsleder, welcher die Aufschrift trägt: Ordinatio Ludovici electoris Lib., 29 Blätter und ein Vorsatzblatt enthaltend. Es ist eine für die philosophische Fakultät (1580) gefertigte Abschrift ihrer Statuten (s. S. 194—210). Auf der Innenseite des Deckels findet sich links oben folgende Notiz, offenbar Aufnahme in die Fakultät betreffend: 1582: Ioannes Bucherus 18. October (s. Toepke II, 103: Nr. 157 J. B. Kirchschlagensis 18. Sept.); Ioannes Paticus 29. Oct. (s. Toepke II, 104: Nr. 186 J. P. Landouiensis, superintendentis generalis in electoratu Palatinatus filius 29. Oct.; er wurde als Austriacus baccal. art. 28. Mai 1583); Simon Nicolaus 30. Oct. Hasn. (s. Toepke II, 103: Nr. 162. S. N. Hallenius Noruegianus 22. Sept., wurde 26. Nov. 1583 baccal., 1. März 1585 mag. artium — Toepke II, 468 —, hatte sich am 24. Okt. 1582 auch bei der theol. Fak. eingeschrieben, Toepke II, 548); Bonifacius Papius 17. Nov. (s. Toepke II, 104: Nr. 211 B. P. Ipphoniensis Francus, wurde 26. Nov. 1583 baccal. art.); Ludowicus Rattelius Symphoniacus 23. Nov. (findet sich nicht in der Matrikel); 1583 Joannes Melchior Weißenberger Gelhusanus 4. Apr. (s. Toepke II, 94: Nr. 51 J. M. W. G. 27. Apr. 1581, wurde 26. Nov. 1583 baccal.).

Auf dem Vorsatzblatt sind links oben die Titel der 28 §§ eingetragen. F. 1 steht links oben in anderer Schrift als die des Textes: Ordinatio Ludovici electoris; fälschlich hat eine andere Hand über Ludovici hinzugefügt Caroli (s. unten S. 194 Anm. 1, dadurch ist auch der Irrtum bei Winkelmann II, 209 nr. 1706 entstanden). Auf der innern Seite des Schlußdeckels findet sich der S. 205 Anm. 2 abgedruckte Eintrag. Vielfach ist durch Anmerkungen am Rande auf den Inhalt der §§ verwiesen; diese und einige sonstige Notizen sind in den Fußnoten zum Text wiedergeben.

3. Die Handschriften der Reformation von Joh. Casimir.

A = Cod. Heid. 358, 89², jetzt Un.-Archiv I, 10, 10 (Winkelmann II, 159 nr. 1340): Originalpapierhandschrift (24 × 35 cm) in Originaleinband, welche mit dem Statutenband von Ludwig VI. 19. März 1883 wieder in die Universitätsbibliothek zurückkam, durch die Löcher für die Siegelschnüre, welche freilich mit dem Siegel verloren gegangen sind, als amtliches Exemplar bezeichnet, enthält 160 Blätter, von welchen 5 nicht beschrieben sind. Der Index auf f. 153 b ist nicht vollständig, er reicht nur bis f. 74. Die Zählung der Blätter bezieht sich nur auf die beschriebenen; dreimal ist dabei ein Fehler untergelaufen: von 60 ist auf 62 übergegangen, doch dann durch Fortsetzung mit 63 dieses Versehen ausgeglichen; in zwei Fällen (110 u. 133) ist dieselbe Zahl 2mal angewendet worden. Der Außendeckel trägt die Aufschrift: Statuta Joh. Casimiri Principis palat. Eingeheftet ist nach f. 40 die Kopie eines Erlasses von Friedrich IV. (s. S. 228 Anm. 3) und nach f. 72 einige Blätter, über welche S. 233 u. 234 berichtet ist.

B = Cod. Heid. 358, 99, jetzt Univ.-Archiv I, 10, 12. Papierhandschrift (20×28 cm) in Originaleinband von grünem Pergament, 26 Blätter (nämlich 1 leeres Vorsatzblatt, 16 beschriebene Blätter, 9 leere Bl.), enthält die Abschrift der Statuten der philosophischen Fakultät. Vielfache Randnotizen verweisen, immer in lateinischer Sprache, auf den Inhalt, ziehen auch Vergleiche mit OH u. L; die wichtigsten sind in den Noten zu S. 240—243 mitgeteilt. Auf der Innenseite des Hinterdeckels ist in vielfach fast unleserlicher Schrift zusammengestellt, welche Abgaben bei der Magisterpromotion zu leisten sind: Qui ad priuatum examen magisterii idoneus iudicatur et admittitur, numerat examinatoribus 1 fl., si non sit baccalaureus, numerat 1½ fl. Daneben: Decanus de hac pecunia examinis sumit duas partes, duplum ratione singulorum (zu ergänzen tentatorum). Darunter: Sumtus magisterii philosophici ante promotionem faciendi a candidatis. In fiscum facultatis artium pauper numerat 2 fl., diues 3 fl. Pedello quilibet candidatus numerat 1 fl.; si non sit baccalaureus, numerat pedello 1½ fl. Promotori suo candidati dant iustum honorarium, nimirum 6 fl. aut thaleronum; si plures sint candidati, quam sex, quisque eorum numerat promotori florenorum unum. Pro ... soluendo quilibet candidatus dat 1 fl. Pecunia haec distribuitur inter examinatores. Pro pireto cuilibet examinatori a candidatis dantur 20 baziones, id est 1 fl. 10 alb. Dann Zusatz: et hoc inter examinatores dividitur. Pro disputationibus perficiendis quilibet candidatus det 6½ alb. Pecunia haec pertinet ad fiscum. Pro tapetiorum usu in fiscum facultatis artium quilibet candidatus dat 2 alb. (über candid. ist geschrieben baccalaur.). Praeterea qui non est baccalaureus, dat 12 nummos. Das ist später gestrichen und dafür ist gesetzt: Statutum est: non baccalaureus numerat 2 alb. Pro refectionibus priuati et publici examinis magistralis debentur examinatoribus 48 baziones siue 3 fl. 6 alb. In priuato examine per sex dies debentur 18 baziones, quolibet die 3 baziones, in publico autem examine per 6 dies debentur 30 baziones. Summa igitur est 48 bazionum. Haec pecunia numerari debet ex fisco facultatis nostrae, sed tamen paulo post mitti, non demum post annum.

C = Cod. Heidelb. 359, 67ª, jetzt Un.-Archiv I, 10, 8: Fragment einer Papierhandschrift (70 Blätter mit moderner Paginierung zu 21×33 cm), welche offenbar nach einem auf fol. 1 gemachten Eintrag von Hautz, auch auf dem neuen Einband als Entwurf der Statuten von Joh. Casimir bezeichnet worden ist; diese Vermutung scheint durchaus richtig (wie auch in Winkelm. II, 159 nr. 1340 angenommen); doch läßt sich für die Frage der Entstehung der Statuten aus der ganz lückenhaften Handschrift nichts gewinnen. Die Erkenntnis wird noch dadurch gehindert, daß die Handschrift außerdem falsch gebunden ist. F. 1—12 = A f. 9 (JC S. 221 Anm. 1) — f. 19b (S. 223 Anm. 4); dann große Lücke; es fehlt A f. 19b —26 (S. 226 Anm. 1). Die nun folgenden f. 13—24 entsprechen A f. 26—39 nr. 8. Die sich anschließenden Blätter (f. 25—36) sind aus dem Abschnitt über die Bursen genommen und im Binden durcheinander geworfen worden. Sie sind (s. S. 228 Anm. 2) so in Ordnung zu bringen: f. 25—29 = A f. 137b—141ª, f. 30 = A f. 143b—144ª, f. 31 u. 32 = A f. 142—143, f. 33—36 = A f. 144b— 147b. Es fehlen also die Blätter, welche A f. 39 nr. 8—70 gleichkommen. F. 37— 70b harmoniert mit A. f. 70—104 (S. 233—239 § 83). Von da an (S. 239 Anm. 2) fehlt alles.

D = Cod. Heid. 358,89, jetzt Univ.-Arch. 10, 9: Papierhandschrift in beschriebenem Pergamentumschlag, der einem Codex theologischen Inhalts entnommen ist; von der verblaßten Aufschrift am oberen Rande ist noch zu lesen: Statuten vom Jahr 1588; am unteren: Codex statutorum uniuersitatis; auf dem Rücken: Joh. Casim. statut. signat. a. 1588. Die Handschrift enthält nach neuer Zählung 203 Blätter (20 × 33 cm), in welchen 5—191 mit den Statuten beschrieben sind, ein Blatt am Schlusse (s. S. 245 Anm. 5) verloren gegangen ist; in der Schreibung der Statuten sind zwei Hände f. 5—17b u. f. 18—191 zu unterscheiden. Die alte, nicht auf jedem Blatte angegebene Zählung bezog sich in Seitennumerierung nur auf die Statuten (1—364). — Die Handschrift ist aus A, und zwar nach dem 3. Mai 1606 abgeschrieben worden und wurde dann offenbar als Handexemplar des Rektors und des Syndikus benutzt. Daß A als Vorlage gelten muß, ergiebt sich aus einigen Auslassungen, welche in A durch Striche angedeutet und in D angenommen worden sind: unsere Handschrift läßt f. 146b den ersten Absatz von A f. 115 bis Und wie wohl etc. weg (JC S. 240 § 94) und hat die Randbemerkung: Paragraphus 1 ist in den statutis ausgelassen worden; in A ist das durch Striche angedeutet. In D f. 148b ist ferner das ganze Kapitel: Von den Stunden und an welcher statt die 6 publicae oder gemeine lectiones sollen gehalten werden (= A f. 117b—119b, S. 240 § 95) mit der Bemerkung cap. III deest weggeblieben, während dies in A wieder durch Durchstreichen der betreffenden Seiten angezeigt ist. Die Urkunden, welche in A nach f. 40b eingeheftet sind (S. 228 Anm. 3), sind hier ebenso in den Text aufgenommen, wie (f. 92) die leges incendiariae, welche sich in A f. 72b als später erst hinzugefügt finden. In der Aufnahme der Urkunden von 1603 und 3. Mai 1606 (S. 229 Anm.) liegt der Beweis, daß die Handschrift erst nach dieser Zeit geschrieben worden sein kann. Möglich ist es, daß dieselbe unter der Wirkung des Erlasses entstand, in welchem Friedrich IV. der Universität am 3. Juni 1605 die Einhaltung der Statuten Johann Casimirs, zu der sie sich am 31. Dezember 1590 und am 8. Mai 1591 verpflichtet habe, in sehr entschiedener Weise einschärft (s. die Stellen in Winkelmann II, 178 nr. 1473). Nach der Wiederaufrichtung der Universität durch Karl Ludwig hat der damalige Universitäts-Syndikus Christian Brinck, dessen Hand sich aus A. u. Band 31 u. 32 ergiebt, den Statuten vielfache Bemerkungen hinzugefügt und die leeren Blätter mit mannigfachen Einträgen versehen. So setzt sich die Handschrift genauer folgendermaßen zusammen: Bl. 1 (auf die Innenseite des Deckels aufgeklebt) enthält Notizen über Steuerfreiheit der Universitätsangehörigen, f. 2 u. 3: Register zu den Statuten nach alter Zählung, welche auch von Brinck herrührt (1—364); f. 4b: Auszug aus einem sonst nicht erhaltenen Senatsprotokoll vom 23. Nov. 1619, decretum: iurisdictionem academiae in studioso, licet non fuerit immatriculatus, propter varias causas esse fundatam et statutum, ut studiosi, qui hic sine inscriptione contra leges versantur, a magnifico rectore vel reprehendantur vel multentur; f. 5—191 Statuten, eingeheftet in sie ist noch f. 85 (alte Zählung zwischen f. 162 u. 163) der Entwurf zu den statuta ac leges uniuers., welche Aufnahme in die Statuten Karl Ludwigs fanden (s. S. 233 Anm. 1 und 280 Anm. 1); dabei sind auf dem ersten, halb abgeschnittenen Blatte eingetragen kurze Berichte über die in Gegenwart des Kurfürsten Karl Ludwig, seines Sohnes oder anderer hoher Persönlichkeiten erfolgte Verlesung dieser statuta reformata in den Jahren 1656—1664 (s. Winkelmann II, 203 nr. 1611); eingeheftet ist ferner noch f. 175 (zwischen f. 338 u. 339 alter Zählung), ein Aktenstück „Officium provisoris", als praesentirt 27. Mai 1602 bezeichnet, das der im Jahre

1603 ins Leben getretenen Neuorganisation des contubernii entspricht (= Cod. Heid. 358,90; jetzt Un.-Archiv I, 3, 40, f. 35—37); auf den an die Statuten angehefteten Blättern findet sich: f. 192 der Schluß des auf dem vorhergegangenen, aber verlorenen letzten Blatte begonnenen Eides der eintretenden Professoren, nämlich: (archi)thesaurio et electori, duci Bavariae, domino et patrono nostro clementissimo, fidem atque obedientiam praestituturum atque illa omnia, quae legibus et statutis huius academiae comprehensa et cauta sunt, imprimis quae professorum officium concernunt, sancte atque religiose servaturum. Ita me deus iuvet trinus et unus. — Praelecta probe novi et intellexi eaque sancte atque religiose me servaturum iuro. Ita me deus iuvet trinus et unus; es folgen die Namen der Professoren und der Tag ihrer Eidesleistung, welche ich abdrucke, weil die entsprechenden Akten teilweise nicht mehr erhalten sind: Ita invarunt: Dr. Lilueschlos 4. Mai 1653; M. Fabricius, Dr. Godofredus de Jena, Dr. Israel 24. Nov. 1653; Sebast. Ramspeck 25. Juli 1655, Dr. Hottinger 8. Aug. 1655, Dr. Spanhemius 11. Oct. 1655, Dr. Burchardus 24. Juni 1656, Dr. M. Stephanus Gerlachius 6. Aug. 1657, Dr. Joh. Frid. Böckelmann 4. Mai 1659, Dr. Jos. Lud. Fabricius, D. Schüttenius, iur. utriusque dr. 15. Oct. 1660, D. Samuel Pufendorf: hic non fuit receptus in senatum, ideo etiam artic. non iuravit; Dr. Reinholdus Blumius, iuris publici ac feudalis prof., iur. 15. April 1663, Joh. Carré rec. 17. Mai 1665, Silvester Jac. Danckelmann pand. prof. ord. 1. Nov. 1666, Georg. Gisbertus Glöckner u. i. d. et iust. imp. prof. ord. 23. Febr. 1667; Joh. Flor. al. Eickel u. i. d. et decretalium prof. ord. 7. Martii 1667; Magnus Wedenhopf iur. publ. et feud. prof. extraord. receptus 7. Febr. 1666; Frid. Mieg 26. Junii 1667. — f. 193—195b: De Fundatione universitatis Heidelbg. compendiosa narratio, praecipua notatu digna seitaque necessaria continens et exponens sequentibus paragraphis, ex oratione a Dn. Dr. Theolog. Georgio Sohnio habita a. 1587 die 30 Nov. in 21 §§, hie und da mit Verweisung auf die Akten und herabreichend bis auf Karl Ludwig, der als alter fundator academiae gepriesen wird (= A. u. XXXI, 597—600b, daselbst von der Hand Brincks geschrieben und von ihm wohl auch verfaßt, in unsere Handschrift eingetragen von dem Kanzlisten, dessen Hand auch in dem gen. Bande der Annalen erscheint; s. über Sohns Rede, die nach Brincks Ansicht also gehalten worden ist, Heinze, „Heidelberger Universitätsjubiläen," Heidelberger Prorektoratsrede 1884, S. 18—22 und Winkelmann II, 158, nr. 1339); f. 196 Anmerkungen zu der narratio; f. 197—9 leere Blätter; f. 200a: Von der appellation, Form des Eydts, so der appellant bei der löblichen universitet zu schwehren schuldig (s. JC S. 234 § 16) mit einem Fall vom 9. Nov. 1660 — f. 201b: ein Fall zu dem § 11 (S. 223): Von der Peen und Straff der Übertreter, vom 31. März 1660. — f. 202a: von der Türkensteuer.

E = Cod. Heid. 389,13; jetzt Un.-Archiv 1, 10, 11: Abschrift in Einband, auf dem Deckel: Copia statutorum principis Joh. Casimiri, auf dem Rücken: Statuta Casimiri; 180 Blätter (à 22×34 cm) enthaltend, von welchen am Anfang 2 leer, dann 155 (mit Seitenzählung) beschrieben, zum Schlusse 23 wieder unbeschrieben sind; die in A eingehefteten, in D aufgenommenen Urkunden aus 1603 u. 1606 (S. 228 Anm. 3) fehlen in E, so daß angenommen werden darf, daß E vorher aus A abgeschrieben wurde.

4. Die Handschriften der Statuten von Karl Ludwig
(s. Winkelmann II, 209 nr. 1706).

A = G-L-A in Karlsruhe Pfalz Specialia, Urk. Heidelberg, Conv. 95, N 1448: Originalpapierhandschrift (24 × 38 cm) in Originaleinband aus gepreßtem Leder, durchlöchert und noch mit blauweißen Schnüren versehen, von denen das zugehörige Siegel aber abgefallen ist, mit der eigenhändigen Unterschrift des Kurfürsten, also das amtliche Exemplar; der Band enthält 2 Vorsatzblätter, dann 120 Blätter mit Text, dann 2 Bl. mit index generalis omnium capitum horum statutorum, auf welche 1 leeres Blatt folgt, während 2 Bl. mit alphabetischem Sachregister den Schluß machen. Dem nachfolgenden Druck liegt diese Handschrift zu Grunde.

B = G-L-A Karlsruhe N 778, das Exemplar der Regierung und der späteren Oberkuratel (s. unten K.Th § 1, S. 302), Papierhandschrift in Lederband, der mit grünen Schließbändern versehen ist und außer einem leeren Blatt am Anfang und Schluß 120 beschriebene Blätter (à 25 × 36 cm) enthält. Auf dem Außendeckel findet sich links oben die Aufschrift: I A ex registratura Mannheim (Hand des 18. Jahrh., wohl nach Errichtung der Oberkuratel in Mannheim 1746 geschrieben, s. Winkelmann II, 262 nr. 2110); darunter in verblaßter Schrift der ursprüngliche Titel: Statuta academiae Heidelbergensis 1672; dann in schöner Schrift: Statuta academiae Heidelbergensis 1672; videantur statuta uniuersitatis nouiora de anno 1786 sub fasciculo 136 hier anliegend (also sind diese Worte nach 1786 geschrieben).

C = Cod. Heid. 358,96, jetzt Univ.-Arch. I, 10, 16: Papierhandschrift in Lederband, Abschrift, enthaltend 175 Blätter (20 × 32 cm): 1 leeres Blatt, 120 Bl. Text, 3 Bl. Index, 13 sonst beschriebene, 4 eingelegte, 37 leere Blätter. Auf die 10 auf die Statuten folgenden Blätter ist eingetragen: f. 124—125: Capita sive statuta a dominis supremam doctoratus theologici lauream suscepturis corporali iuramento firmanda = K Th. § 120, S. 339—340. — f. 126: Rescriptum clementissimum, die Abweisung deren Logicorum von dem Zutritt des studii iuridici vor absolvirtem gänzlichen Lehrjahr betr., welches als ein nachrichtlicher Beytrag hier angerucket wird, vom 7. Juni 1775 (s. K.Th. § 157, S. 349). — f. 127—129: Vereinigung der Kameralschule mit der Universität und sonstig neuer Einrichtung betr., Reskript vom 9. August 1784 (abgedruckt Winkelmann I, 431 nr. 273; vgl. auch ibid. II, 291 nr. 2315). — f. 130—133b: Leges et statuta universitatis Heidelbergensis = KTh. § 100, S. 334—6. — f. 134—5: Capita a reverendis et doctissimis dominis supremae laureae philosophicae candidatis corporali iuramento firmanda = KTh. § 159, 3—6, S. 350. Aus den Einträgen ist zu schließen, daß diese Abschrift vom Rektor amtlich benutzt wurde.

D = Cod. Heid. 358,66, jetzt Univ.-Arch. I, 10, 15: Papierhandschrift in Pappeinband; Aufschrift auf dem Deckel: Statuta universitatis Heidelbergensis sumptibus facultatis philosophicae descripta — Facultatis philosophicae; auf der ersten Seite: Statuta universitatis Heidelbergensis, descripta sumptibus facultatis philosophicae ex parte catholicorum anno 1708; sie enthält 127 Blätter (21 × 33 cm), nämlich: 5 leere, 118 Text, 2 leere, 2 Index, und ist eine so genaue Abschrift von C, daß jede Seite sich in Zählung und Inhalt genau entsprechen; diesem Bestreben zuliebe ist zweimal (f. 101 u. 110) Seitenzählung für Blattzählung eingetreten; einmal, nach f. 74, ist eine Lücke: statuta universitatis 3—14 fehlen, eine Seite und zwei Blätter sind freigeblieben, genau so viel, wie in C für das Ausgelassene nötig waren. Vielleicht rechneten die Katholiken auf eine Änderung der allgemeinen Gesetze der philosophischen Fakultät, welche jährlich zu verkünden waren. Der Umstand, daß C die genau eingehaltene Vorlage für D ist, bestärkt die Vermutung, daß C das amtliche Exemplar der Universität war.

E = Cod. Heid. 358,54 = Univ.-Arch. I, 10,13: Papierhandschrift in Pappband, auf dem Deckel die Aufschrift: Statuta universitatis Heidelbergensis anno 1672 1 Septembris reformata et instaurata; sie enthält 95 Blätter (21 × 33 cm), nämlich: 4 leere, 87 mit Text, 3 mit Index, 1 leeres; auch hier sind, wie in D, f. 57 nur die beiden ersten Teile der allgemeinen Universitätsstatuta (s. S. 280 § 51 Anm. 1) eingetragen, so daß E von D oder umgekehrt abgeschrieben sein wird. Den einzelnen Kapiteln sind kurze Inhaltsangaben beigefügt.

F = Cod. Heid. 364,45, der Bibliotheca Buttiana angehörig: Papierhandschrift in Pappband, 130 Blätter (à 21 × 35 cm) enthaltend, davon 3 leere, 120 für den Text, 3 für den Index, 4 leere zum Schluß. Auf dem ersten, sonst leeren Blatte findet sich der Eintrag: Statuten der Universität Heidelberg v. Pfalzgrafen Karl Ludwig 1672 (Hand des 19. Jahrh.).

G = Cod. Heid. 358,97, jetzt Univ.-Arch. I, 10, 14: Papierhandschrift in neuem Pappband mit der Aufschrift: Akademische Statuten v. Jahr 1672; 82 Blätter (à 21 × 35 cm) enthaltend, von welchen 79 beschrieben, 3 leer geblieben sind. Auf f. 1 links oben ist 1672, dann als Überschrift: Statuta Academiae Heidelbergensis eingetragen. Es ist ein Versehen, wenn diese Handschrift von Winkelmann II, 209 nr. 1706 als Original bezeichnet ist; es ist auch, wie B—F, nur eine Abschrift[67]).

5. Die Handschriften der Statuten von Karl Theodor
(s. Winkelmann II, 297 nr. 2352).

I. = Cod. Heid. 358,98, jetzt Univ.-Arch. I, 10, 17: Das der Universität 1786 überreichte amtliche Exemplar, welches erst 1883 mit L, Handschrift A (s. oben S. XVIII) u. JC Handschrift A (s. oben S. XIX) wieder zum Vorschein kam und deshalb Hautz (II, 297 Anm. 40), der irrtümlich meinte, daß sich weder in Heidelberg, noch in München oder in Karlsruhe eine Abschrift dieser Statuten finde, verborgen blieb; es ist eine mit besonderer Sorgfalt geschriebene Handschrift, welche in einem mit blaßblauer Seide überzogenen Einband liegt und an blauweißen Schnüren das in einer Holzkapsel befindliche große Siegel des Kurfürsten trägt; sie enthält 64 Blätter (à 21 × 33 cm), von welchen eines am Anfang, 2 am Schlusse leer geblieben, 61 beschrieben sind; unter den Statuten befindet sich die eigenhändige Unterschrift des Kurfürsten und des pfälzischen Staatsministers v. Oberndorff.

II. = G-L-A in Karlsruhe N 776, f. 341—507, mit der Unterschrift Karl Theodors, offenbar der von der Oberkuratel eingeschickte Entwurf mit mannig-

---

67) Herr Mays besitzt noch eine im 18. Jahrhundert gefertigte Handschrift (H), die jedenfalls von der Univ. stammt: Ledereinband, 97 Bll. (21 × 32 cm), nämlich: 2 leere Bl., 70 Bl. Text, 3 Bl. Index, 1 leeres Bl., 5 beschr. Bl. (Statutat. fac. med. v. J. 1743, s. Beil IV) 16 leere Bl.

fachen Randbemerkungen, welche meist auf kurfürstliche Reskripte verweisen, und mit Strichen der nicht angenommenen Paragraphen, so § 36 (f. 345), 51 (f. 383), 73 (f. 423), 129 (f. 477).

III. = G-L-A in Karlsruhe N. 777: eine auf 100 Seiten (21 × 35 cm) genau gefertigte Abschrift, der ein Inhaltsverzeichnis nach der Reihenfolge der Paragraphen vorausgeht; auf dem Schild des Einbands heißt es: N 136 Statuta Universitatis noviora de anno 1786. Rescriptum confirmatorium dieser Statuten befindet sich in Fascicul. S. 136 sub rub. die neue Statuta betreff. Auf der linken Seite steht von anderer Hand die Notiz: das Original hiervon liegt in dem großen fasc. ad Nr. 136 hier an, und rechts: Nr. der Fascikel Nr. 136 liegt hier an. Am Schlusse (f. 100) die Bemerkung: Praesentem hanc copiam originali esse conformem attestor Eichholz. Diese Abschrift erklärt sich aus Cod. Heid. 386, 8 (Kasten 119) sub II. Danach meldet der Reg.-Sekretär Eichholz in Mannheim unter dem 1. April 1795 der Universität, derselbe, welcher die Übereinkunft der Abschrift mit dem Original bezeugte, daß er aus der geheimen Registratur Abschrift von den neueren Statuten habe nehmen müssen, weil diese Statuten sich bei seinen Akten nicht fänden und offenbar durch den Tod der beiden Oberkuratoren (wohl Fick u. Venningen) verloren gegangen seien. Er verbindet mit dieser Mitteilung die Bemerkung, daß er der Universität überlasse, ob sie ihm nicht für diese viele Schreiberei etwas Gefälliges erweisen wolle. Am 8. April wies der Rektor Schmitt dem Sekretär, der regelmäßige Gratifikationen an Wein und Geld erhielt, 3 französische Thaler an (s. Winkelmann II, 305 nr. 2418).

IV. Auf der Hof- und Staatsbibliothek befindet sich unter den Papieren des Professors Zentner, der 1786 Prorektor war (Zentneriana 9) auch eine Abschrift, die sich dieser hatte fertigen lassen.

Bei der Bearbeitung dieser Texte ist natürlich von der Reformation Otto Heinrichs, als der ersten, ausgegangen worden; sie ist in ihrem ganzen Umfang zum Abdruck gekommen. Die späteren Ordnungen sind so behandelt, daß jede mit der ihr zeitlich unmittelbar vorausgehenden verglichen und die sich ergebenden Abweichungen verzeichnet worden sind; doch habe ich auch bei den Statuten Johann Casimirs und Karl Ludwigs auf die beiden vorhergehenden verwiesen, so daß es leicht ist, sich über die entsprechenden Bestimmungen der früheren Zeit zu verständigen. Nur bei den Statuten Karl Theodors ist es unterlassen worden, auf die früheren Gesetze zurückzugehen, weil sie mit einer einzigen Ausnahme (§ 48 S. 313) ganz selbständig sind und eine Vergleichung nicht zulassen. — Die Einteilung ist (die Statuten Karl Theodors ausgenommen) nicht in den Texten enthalten, die nur Überschriften zeigen, sondern von mir hinzugefügt worden. — Einige Schwierigkeiten machte die Schreibung; in den Handschriften ist so wenig Einheit, daß nicht einmal ein und dieselbe die gleiche Schreibung zeigt. Da besonders die größte Willkürlichkeit in der Verwendung der großen Anfangsbuchstaben herrscht, habe ich (Eigennamen ausgenommen) von Otto Heinrich bis Karl Ludwig nur die Minuskel angewendet. Zugleich habe ich einige der unsinnigsten Verdoppelungen des sechszehnten und siebenzehnten Jahrhunderts weggelassen, zumal auch in ihnen Folgerichtigkeit in allen Handschriften zu vermissen ist. Die Statuten Karl Theodors sind im allgemeinen so wiedergegeben, wie sie sich in der zu Grunde gelegten Handschrift finden[68]).

Zum Schlusse kann ich nicht unterlassen, den Direktoren des Generallandesarchivs in Karlsruhe und der Universitätsbibliothek in Heidelberg, den Herren von Weech und Zangemeister, und ihren Beamten sowie Herrn Mays in Heidelberg für die freundliche Unterstützung, welche ich auch bei dieser Arbeit zur Geschichte der Universität Heidelberg bei ihnen gefunden habe, meinen aufrichtigsten Dank abzustatten.

Heidelberg, im Oktober 1891.

August Thorbecke.

[68]) Es sei der Merkwürdigkeit wegen hier angemerkt, daß gerade am 1. Januar 1786 Karl Theodor ein Reskript über die Schreibung veranlaßt hatte, welches lautet: „Man nimmt Höchsten Orths wahr, daß Man sich an die Belletrische (!) Schreibart auch bey den Cantzley- und Gerichtsstellen je länger, je mehr gewöhnt und zum Beyspiel das Wort Carl und Churfürst mit den Anfangsbuchstaben K, auch die Lateinischen oder von dem Latein abstammenden Worte nur mit deutschen Buchstaben zu schreiben pflegt (folgt ein Beispiel). Gleichwie aber S. Churf. Durchlaucht an diesen und dergleichen Neuerungen keinen Gefallen trage, so hat Man davon abzustehen und sich hinführo an den gewöhnlichen Cantzley- u. Gerichtsstylum zu halten. Desgleichen auch die Schriften, welche entweder mit blasser Dinte oder allzu eng zusammengezogen oder sonst schwer zu lesen sind, weder selbst verfertigen zu lassen, noch von den Partheyen anzunehmen. (Aus Cod. Heid. 386, 38 C. 163.)

Die Reformation des Kurfürsten Otto Heinrich
vom
19. December 1558.

Handschriften:

A = Originalhandschrift (auf der Universitätsbibliothek zu Heidelberg).
B = Abschrift des Kirchenrates (jetzt im Besitz des Herrn A. Mays in Heidelberg).
C = Entwurf der Reformation (auf der Universitätsbibliothek zu Heidelberg).
D = Abschrift der Statuten der Artistenfakultät (auf der Universitätsbibliothek zu Heidelberg).

Vorrede in die Reformation (B).

Wir Ottheinrich von gotts gnaden pfaltzgrave bei Rhein, des heiligen Römischen reichs ertztruchsefs und churfurst, hertzog in Nidern und Obern Beyrn etc. Bekennen hiemit und thun kunt offenbahr gegen allermeniglich, das wir bei uns selbst, auch mit zeittigem guttem rath ernstlich bewogen und zu hertzen gefurt haben, wie zu pflantzung und erhaltunge christlicher lehre, auch gutter kunste und tugenden hochnöttig ist, christliche wolangerichte gemeine studia, legenten und innige leut ieder zeit bei den kirchen und regimenten zu unterhalten und aufzuzihen, welche gleich als custodes seien der gottlichen schrifte, die bucher und gantze historien christlicher lehre bewahren und zusampt anderen nutzlichen kunsten auf die nachkomen bringen und propagiren. Also, das man daraus allwege tugliche, wolgeschickhte und in gutten sitten geubte und ufferzogene personen nemen und außlesen, zu verwaltung der kirchenempter und weltlicher regirung heilsamlich und mit grossem nutz zu gebrauchen, damit auß mangel solcher leute und instrumenten oder werkzeug, die gott gibt (B: geben), nicht beides zu erbarmlichem abfall und ettwo gantzer verwustung gerathe.

Doher dann und umb diser trefflichen ursachen willen ohne zweifel vom anfang der welt bei den furnemen kirchen studia, alß universiteten gewesen seint, und auch hernacher, wie in den historien klar zu sehen ist, als zu Alexandria, Antiochia, zu Epheso, da der heilig apostell Johannes selbst die schule regirt, deßgleichen zu Smyrna, an welchem ort sein discipul Polycarpus sich gehalten hat. So ist offenbar, was grossen uncosten, arbeit und fleiß vil christliche kheyser, khunige, chur- und fursten daran gewendet, allein in dem eifer und fursatz, das sie neben zeitlichem regiment bepstische Gottesdienst, welche sie fur rechte, ware christliche religion unwissend angenomen, geehret und geglaubet, in bestendigem (f. 3), ewigem gange, zunemen und gedeihen erhalten mochten.

Under denselbigen befinden wir auch unsere liebe uhr- und altvättere, pfaltzgrafen bei Rhein und churfursten loblichen gedechtnus. Dann domit sie ihre sorgfeltigkeit, neigung und begierde, das ewig reich gottes und gemeinen nutz allhie auf erden in ihrer regirunge zu befurderen, scheinen und sehen liessen, haben si vor vilen verlauffenen iaren auf erlangte authorisation der domahle verneinten hochsten obrigkeitten ein frei gemein offentlich studium in diser unser statt zu Heydelberg gestiftet, auch fur sich selbst bestettiget, mit herrlichen privilegien, freiheiten und begnadigungen miltiglich begabet und geziret.

Aber wie sonst alle andere dinge mit der zeit abnemen und veralten und immerdar hulfe und besserung bedurfen, also ist auch diß rümlich werckh von tage zu tage in mancherlei schedliche unordnung und zerruttung gewachsen Und demnach solchs abzuschaffen und furter sovil muglich zu verhütten, hat weilund der hochgeborn furst herr Ludwig, pfaltzgrave bei Rhein, hertzog in Beyern und churfurst, unser lieber vetter, alle obangeregte mengel fleissig erwegen und eine newe reformation stellen lassen, mit angehenckhtem ernstem und gnedigen befelch, das meniglich der universitet verwandt schuldig und verbunden sein solte, sich in undertheniger gehorsamb deren gemeß zu erzeigen.

Als nun aber ein gutte zeit hernacher sein liebd von diesem innerthal abgeschieden und weilund der auch hochgeborn furst herr Friderich, pfaltzgrave bei Rhein und churfurst etc. uff bescheene erinderung vernomen, das unvermeidlich vonnötten, bei der universitet allhie noch weitere versehung zu thun und bevorab ihre gefelle und einkomen zu vermehren, die professores davon desto stattlicher zu besolden, so haben sein lieb sich dohin befliessen (f. 4) und die wege gesucht, das mehrgenannter universitet uberal biß in vierzehenhundert gulden ierlicher renten geordenet und zugelegt ist worden, welche addition und verbesserung wir dann nicht allein stett, vhest und unverbruchlich pleiben lassen wollen, sonder weil wir zu eindrettunge unser von gott dem allmechtigen verordenten churfurstlichen regirung und in embsigem nachdeneklen, wie wir dieselbige zu seinem lob und gemeiner wolfarth mit seiner gnedigen hulfe anstellen und vollenden mochten, under anderm scheinbarlichen bericht empfangen, das zuforderst die facultas theologica nicht dermassen, wie sich bei der hellen lehre des heiligen evangelii, so der ewige, barmhertzige, guttige gott umb seines lieben sohns willen zu diesen letzten zeiten widerumb hat aufgeen und leuchten lassen, wol gebuirt, geordenet und versehen, zudeme das hiruber von neuem allerlei mengel mit haufen eingerissen, auch die bestimpte besoldungen in ietzigen theuren iaren zu gering sein, tugliche legenten zu uberkomen: demnach seind wir in betrachtung unser obligenden hohen furstlichen ampts und vorerzehlten ursachen bewogen worden, auf abstellung solcher gebrechen nicht weniger, dann unsere vorfahren gethan, zu trachten, auch hirinnen gottsfurchtiger, trefflicher leute rath, so in diser sachen vor andern geubt und erfahren, zu suchen und zu gebrauchen.

Und haben hirauff im namen gottes gegenwertige neue ordination oftgedachter unserer universitet zu Heydelberg fur uns, unsere erben und nachkomen (die gleichergestalt hirzu verbunden sein sollen), in vilen nottwendigen stuekhen, auch mit erhöhung der alten und nehsten besoldungen wissentlich, wolbedechtlich und auß eigener bewegung furgenomen;

Befehlen auch hirnuff ernstlich und wollen, das hinfuro dieselbige in allen articulen, puncten und clausulen von allen (f. 5) unserer universitet glidmassen und verwandten, hohen und niedern stands, sovil die einen ieden beruirt, fleissig und treulich volltzogen und gehalten werde, wie hernach volget.

I.

Oeconomi und administration der gantzen universitet. (f. 6.)

(§ 1.) Und erstlich von gemeinem consilio und rath derselben.

Dieweil dann anfenglich in allen politien und regimenten vil und grosses daran gelegen, das diejenigen, so solche politien und regiment füren und handhaben, der gemein mit rath fürgehen, auch alle empter und andere dergleichen ding bestellen und besetzen sollen, geschicklht, verstendig und weiß, auch sonst under ihnen selber rechtschaffen gethan seien, derhalben das zugleich wie in einem schiffe, wo die schiffleut ungeschickht, der winde und des wassers kein gnugsame erfarnng und wissens haben, oder auch sonst das schiff zu halten, zu füren und zu wenden zu gering und schwach sind, nit allein sie selber, sonder auch alle, so mit ihnen im schiff schweben und fahren, undergehen und verderben mussen, also auch in einer commun, statt oder anderer politischer regirung, darinnen der senat und rath uff alle andere underthanen ihr aufsehens sollen und mussen haben, ubel besetzt oder sonst nit gnugsam versehen ist, zu seltzamen zeiten glückh, wolfarth und zunemens oder auch langwiriger bestandt zu volgen pflegen: demnach will sich in anfangs gebuiren, dise unsere furgenommene reformation und erneuerung der schulen von dem gemeinen consilio und rath der gantzen universitet, wie und woher derselbig besetzt soll werden, am ersten zu verordenen und setzen und also hinfurbaß zu dem, was einem rectori, als dem obristen haupt des senats und gantzer universitet, und dann einer ieden facultet und derselben verwandten insonderheit zustendig ist und gepuirt, zu schreiten.

Damit nuhn deshalben was und wivil desselben rathspersonen sein sollen, kein span oder irthumb in zukünftigem erwachse, so haben wir auf zuvor gepflogene statliche berathschlagunge uns entschlossen und wollen, das nuhn hinfurter zu solchen der gantzen universitet senat und rathe auf erstattung gewohnlicher pflichten und eiden gezogen und angenomen werden sollen: aller vier faculteten ordinarii und publici professores, die seien doctores, licentiati oder magistri, und nemlich:

  Drei ordinarii doctores theologiae;
  Vier professores facultatis iuridicae;
  Drei professores medicae facultatis;
  Ex facultate artium decanus mit sampt dem alten decano und derselben
    facultet publicis professoribus, als nemlich graecae linguae, poëtices,
    mathematices, physicae et (f. 7) ethicae und dem obristen regenten
    in der burs oder contubernio.

Doch das ein iede diser personen von ehelichen eltern geboren und zu einem solchen rath tuglich und rümlich, und das alles auß diser ursachen, damit der defect und mangel der personen, so sich vilmahls etlicher verreisung, kranckheit oder ander verhindernussen halben zugetragen, furkhommen und erstattet, der senat und rath der universitet mit mehreren beharrlichen und pleibenden personen iederzeit versehen und demnach alle sachen und hendel dester statlicher betracht und verrichtet mögen werden. Derhalben dann auch, es sei in besetzung der empter, verleihung der lecturen oder sonst in andern versamblungen und rathschlegen obgemelte persohnen alle und iede insonderheit sollen beruffen, des wenigsten sententzs, meinung und stimme gleich so wol als des hochsten, ohne einigen eintrag oder underfahunge der rede (doch das ein ieder sage, was zur sachen dienlich und aller unnutzer vergeblicher gezencklie und geschwetzs mussige) angehört und dorauf, wie die alten statuta disfals vermögen, nach der pluralitet und vile der zusamenstimmenden votorum, und nit nach eins oder zweier furtringender authoritet und ansehens, beschlossen, auch kein decret oder beschluß fur rechtschaffen und creftig angenomen werde, es sei dan durch den gantzen rath oder den mehrern theil desselber. erkhennet und bewilliget.

Hergegen aber, wo etwa einer oder mehr deren, so von dem rectore, wie obgemeldt, beruffen und gefordert werden, außbliben und nit erschienen, und vermeinten nochmals gegen dem sententz oder beschluß der andern zu repliciren oder einredt zu haben, dieselben sollen, es weren dann sonderlich wichtige ursachen vorhanden, weiter nit gehört werden. Wo auch eine oder mehr der obvermelten rathspersohnen, auf erfordern des rectoris sub poena statuti oder simpliciter bescheen, nicht erschiene, soll er oder dieselben deswegen, so oft es sich zutruge, die aufgesetzte gewöhnliche straffe des statuti, das ist zwolf pfenning, erlegen und außrichten. Es were dann, das sich iemands gefahrlicher weise und bevorab, so er sub inramento beruffen worden, des rathgangs entschlagen oder absentiren thete, derselbig soll (er hette dann erhebliche ehehaften, daruber auch rector und universitet erkhennen mögen) nach wolgefallen gemeinen raths einer scherpfer und mehrere straffe zu gewarten haben und zu unnachleßlicher erstattung derselben mit ernst angehalten werden.

Und in summa soll alle ataxia und unordnung, dardurch ein ieder seins gefallens zu leben und keiner oder wenig dem rectori, wie sich gepürt, gehorsamb zu leisten oder auch seins eigen ampts, demnach er pillich solt zu pflegen und außzuwarten ihme selber fürnemen möchte (f. 8), hiemit aufgehoben und abgeschafft sein; oder so einer sich solcher unordnung und ungehorsambs befleissen wolt, solchs ihme zu underlassen und mussig zu stehen ernstlich undersagt werden.

Weiter ordenen, setzen und wollen wir auß nachgemelter ursachen, das nun hinfurter alle und iede wochen ein gewisser tage und sonderlich der mittwoch nachmittags (dieweil derselbig tage ohne das, wie hernach volgt, von allen publicis lectionibus gefreihet sein soll), allein darzu furgenomen werde, das daruff ordinarie das consilium oder rath der universitet versamblet und gehalten, damit sich ein ieder, beide die zum rath gehören und so fur demselben etwas zu schaffen oder furzupringen haben, darzu geschickt machen mögen, und man desto weniger lectiones durch die vilfeltige convocationes und versamblungen der universitet mit hechstem nachtheil der studiosen zu versamnen und zu underlassen habe; es were dann, das ettwan eilende, unverzugliche sachen furfilen, mit denen es der gelegenheit nach gehalten werden, wie es dann auch mit erprechung verschlossener brife dise maß haben solle, das der rector in geringen sachen fur sich selber oder, so solche brife von uns oder andern in wichtigen handlungen an die universitet außgangen und gegeben weren, in beisein eins oder zweier der eltisten erbrochen, verlesen und, so die sache ein eilende antwort bedurfte, alsbald die seniores oder furnembsten auß allen facultatibus in gleicher anzahl neben denienigen, so zu einer ieden handlung verordenet, beruffen, und da es an gantzen senatum universitatis zu bringen nit nöttig erachtet, alßdann auch sich mit den erforderten consiliariis der antwort rathlichen entschliessen soll; herwider aber: wo einiche handlungen und sachen den verzug leiden mögen, dieselbige biß uff den nehsten rathstage uffschieben und alßdann an gemeine universitet gelangen lassen.

Es soll aber der rector, was die fiscos belangt, mit den procuratoribus derselben, was die bewe, mit den baumeistern, was wein und korn, mit den weinund kornmeistern, so fern sollichcs an ihne gelanget, verrichten und beratschlagen und nachmalß, was mitlerweil gehandlet worden, den gemeinen rathstage fur der gantzen versamblunge referiren und erzelen, damit die gantze universitet aller händl und sachen iederzeit wissens haben möge.

Und im fall, das der rector uff den gemeinen und bestimpten rathstage insonderheit nichts hette furzutragen, so soll er doch den rath zusamenkomen lassen und sonst die gemeinen sachen (sofern dieselbigen verzug nicht leiden konten) (f. 9) der universitet nütze und abgänge betreffend, wie sich solchs iederzeit zutragen wurde, bedeneklien und berathschlagen, damit das zunemen der gantzen schulen zu fürderen und hergegen allen schaden und nachtheil zuvor khomen; und in solchen versamblungen des raths, so sonst insonderheit nichts mehr zu handeln oder zu berathschlagen, soll alßdann einer ieden rathspersohn erlaupt und bei seinen pflichten hiermit eingebunden und befohlen sein, was dieselbig iederzeit gespuirt oder gemerkht, das zu ehren, nutzs und guttem oder hergegen zu vercleinerung, schaden und nachtheil der universitet möchto gereichen, solchs in gemein furzupringen und anzuzeigen.

Und so sich dann under solchen ettwas mißverstand, ungleichheit oder was das anderst were, zutrüge, derhalben sie die persohnen zweispaltig wurden, oder sich sonst unter einander zu entschliessen nit wussten, oder widerumb etwas furfiele, das zu nutzen und furderung der schulen sie fur dienlich ansehe, sollen sie dasselbig iederweil an unß oder unsere räthe gelangen lassen, mit deren wissen darinnen zu handln und zu schaffen.

(§ 2.) Puncten und artickl, darauf ein ieder, so in den rath der universitet wurd angenomen, soll beeidiget werden:
1. Quod sit legitime natus;
2. Quod ad consilium universitatis iussu rectoris, praesertim autem sub fide et religione iurisiurandi vocatus, adesse, rogatusque sententiam, illud dicere velit, quod ad commodum et utilitatem reipublicae pertinere videbitur, eidemque ratio atque animus, ab omni cupiditate atque affectu alienus, quovis tempore subministrabit;
3. Quod, quae in senatu secrete ac tacite tractata fuerint, eadem illa secreta ac tacita habere neque foras, praesertim si detrimentum aut damnum aliquod inde metuendum sit, evulgare velit.

(Cum clausula solenni.)

(§ 3.) Von erwehlung des rectoris (f. 10).

Nachdem aber ferner gleich wie einem ieden leib sein haupt, also auch einem ieden senat und rath eines vorgengers und richters vonnötten, durch welchen alle sachen, wie sich gepuirt, dem rath furgetragen, sententzs und urthl exequirt und zu entlicher volnstreckung gebracht, auch den gehorsamen gebuirlicher schutz und hulfe erwiesen, den ungehorsamen aber ordentliche und rechtmessige straff auferlegt werden, so ordenen, wollen und setzen wir: das hinfurter iedes iars (in vigilia Thomae apostoli) ein rector der universitet unsers studiumbs allhie zu Heydelberg durch dero gantzen senat uud rath derselben universitet zu gewöhnlicher zeit und statt, wie von alters her (ohnangesehen welcher seiten oder wegs, das ist realium oder nominalium [welche secten wir auch hiemit gentzlich abgethan und aufgehaben wollen haben] derselbige seie), doch mit iärlicher verenderung der profession und facultetcn, sovil solchs muglich und tuglicher geschickhter personen halben iederzeit bescheen kan, erwählt soll werden, auch derienig, so obgemelter massen erwehlet worden, alsobaldt nachdem ihme solchs angesagt und verkhundiget, innerhalb tagsfrist oder vier und zweintzig stunden das rectorat mit gewohnlicher pflicht annehmen, oder aber innerhalb benanter zeit zweinzig floren Rheinischer wehrung zur straffe erlegen und betzahlen, doch das keiner fur außgang siben nehstvolgenden inren zu solchem ampt widerumb oder zweimahl ohne sonderliche nottwendige ursachen getrungen, oder unpillicher, gefahrlicher weise hoher und weiter dann andere beschwerdt werde.

Und zu solchem ampt und rectorat sollen und mogen hinfurter under den doctorn, licentinten, magistern, unserer universitet verordenten, lesenden persohnen nit allein dieienigen, so noch ledig und nubeweibt, sonder auch die eheliche weiber haben, dergleichen auch aus denen, so nit ordinarii oder publicae personae, als fursten, grafen, herren, doctores und andere, so der universitet glider und verwandten, und zur verwaltung solchs ampts fur gnugsam geschickht und tuglich geachtet, gekoren und zugelassen werden; iedoch und nachdeme in solchem fall, do der universitet verwandten, fursten, grafen und herren zu rectoren erwöhlet, denselben adiunctos zuzugeben pfleglichen herkhomen, (f. 11) so solle in gemeinem rath, alßbald der erwöhlt furst, graf oder herr das rectorat angenomen, der adiunctus ex senatu universitatis per suffragia auch erwöhlt und dem rectori (sonst aller anderer persohnen ausgeschlossen) zugeordnet werden.

(§ 4.) Puncten und artickell, so ein ieder new erwölter und angeender rector iuriren oder schweren soll.

Quod velit offitium suum, quoad poterit ac sciet, fideliter persequi, omnia ad utilitatem et laudem cum universae scholae, tum singularum facultatum sine dolo et fraude administrare neque in praeiuditium aut damnum ullius facultatis per se vel per alios, aperte vel occulte, quicquam moliri, sed pari favore ac studio omnes ac singulas illas fovere et quod ius cuiusque est, id integrum atque illaesum pro virili sua parte servare; leges praeterea et constitutiones universitatis, privilegia item et immunitates, quoad fieri potest, tueri, audentes contra aliquid pro eo atque facti ratio postulabit, coërcere, bonos provehere, nocentes punire, denique quidquid ad profectum et incrementum scholae totius et singulorum eidem scholae coniunctorum pertinere videbitur, in universum accurate ac sedulo facere conari.

Item, quod velit intra primum magistratus sui mensem statuta ac leges universitatis convocatis ad hoc sub iurisiurandi religione omnibus ac singulis scholae discipulis ac membris pro suggestu publice recitare; bibliothecam ac libros universitatis recognoscere et recensere, intra dies quatuordecim a festo pascae proximos domus quoque et aedificia universitatis, adhibitis ad hoc architectis sive opificibus, inspicere; postremo peracto inm magistratu ad rationes accepti impensique reddendas primo quoque tempore paratus instructusque esse, et si quid fisco idem debebit, id omne in eundem sine aliqua procrastinatione ac mora referre[1]).

So nun solcher eid zugegen und in beisein der universitet und derselben consiliarien bescheen, soll ihme, dem new erwöhlten rectori, alßbald von dem alten rectore das sigillum universitatis, der scepter oder stab, die (f. 12) bucher der acten und statuten und, was weiters einem rectori zugehörig, zugestellet und uberlifert werden.

Desgleichen soll er der rector, laut der statuten und seins iuraments, den ersten monat seiner regirung die statuten universitatis in beiwesen aller gelider

---

1) Der Eid ist abgedruckt von F. P. Wund in „Beiträge zu der Geschichte der Heidelberger Universität", Mannheim 1786, S. 153 und 154.

und underthanen derselben universitet publiciren und furlesen; nach demselben, was ihme weiter eingebunden und befohlen, außrichten und versehen und also furtan das gantz iar hinauß das angenomen rectorat besten vleiß, vermögens und wissens verwalten und tragen und in solchem rectorat biß zu ende desselben iars verharren und pleiben.

Es were dann sache, das einem gemeiner universitet nutzes und notturft halben, in ansehung seines wolhaltens solch ampt biß in das zweit iar (doch mit seinem gutten willen und ohne einiche beschwerde) prorogirt und erstreckht, oder hergegen er selber umb seiner (uber vorgeende ermahnunge, auch zimliche von gemeiner universitet auferlegte straffe) unfleissiger regirung oder anderer ehehaftigen ursachen willen desselben entsetzt würde; in welchem fall alßdann des vergangenen iars rector (soferr er de consilio sive senatu universitatis und vorhanden ist) das iar vollend hinauß das ampt zu versehen und zu regiren schuldig sein soll; wo aber derselbig nit vorhanden oder aus dem consilio und rath der universitet nit were, so soll alßdann die universitet einen andern an des abgegangenen statt subrogiren und wehlen.

Allermassen soll es auch gehalten werden, so ein rector mit tod abgienge. So aber einer bei leben doch verreisens oder kranckheit oder anderer nottwendigen ursachen halben abwesend were, oder sunst dem ampt nit fursteen könte, soll, wie obgemelt, der alt rector desselben neuen statt verdretten. Oder wo solches obermelter ursachen halben nit sein könte, er der new und ordenlich rector mit vorwissen und bewilligung der universitet einen andern an sein statt, doch der de consilio universitatis und vormahls rector selb gewesen seie, substituiren, welchem alßdann alle andere persohnen und glider der universitet gleichermaß alle gepuhrliche gehorsamb und trew zu erzeigen, er auch sententz, urtheil und straffe, beider, was die universitet und derselben ordnungen und statuten, oder auch andere und äusserliche gerichtshendl und (f. 13) sachen belanget, furzuwenden und zu verrichten, und in dem menigliche ihme schuldigen und pillichen gehorsam leisten soll nit weniger, als dem ordinarie und rechtmessiglich erwehltem rectori selbst, dessen statt er vertritt und verwaltet.

(§ 5.) Von besoldung des rectoris.

Dieweil aber ein iede arbeit ihres lohns würdig und muhn hinfuro des rectoris gescheft von tag zu tage, nit allein diser unser ordination, sonder auch der newen gefell und derselben verwaltungen halben, sich erstrecken und mehren, so setzen und ordnen wir, das vil gemeltem rectori fur sein fleiß, arbeit und muhe furthin ierlichen pro honorario, das ist zur verehrunge, sollen ausgericht und gegeben werden zweintzig gulden, nemlich zehen gulden ex fisco veteri, die andern zehen gulden auß dem newen fisco, damit die straffe deren, so sich des ampts und der arbeit weigern, und die verehrung des dienst und der gutwilligkeit hierin verglichen werden.

(§ 6.) Von erkiesung der assessorn und beisitzer des rectors im consistorio.

Damit aber ein rector seinem ampt und bevelch dester stattlicher nachkomen und obligen, die sachen und hendl, seinem rectorat anhengig, dester fuglicher, auch nit mehrer authoritet und ansehens ausrichten möge, so ordenen und wollen wir, das furthin umb mehrerer authoritet und ansehens, auch grüsser furdernus der sachen willen einem ieden rectori acht persohnen, die von der universitet unsers studiumbs hie zu Heydelberg seien, nemlich der alt des vergangenen iars gewesen rector, so ferr derselbig vorhanden und es sonst seiner persohn halben gesein kan, oder wo nit, ein ander erfahrner und verstendiger demselben gemeß; nachmals aber aus der iuristen facultet und profession viere, und auß einer ieden der dreien faculteten einer, deren allersampt der halb theil aus dem senat und rath der universitet, der ander theil aber von der gemein, sonderlich von den collegiaten oder andern stipendiaten (dieweil solche mehr als die andere gemeine persohnen pleiblich), so am geschickhsten und verstendigsten, (f. 14) auch ihrer persohn und alters halben ettwas ansehenlicher sein, gleich nach seiner des rectors bescheener erwehlung in der nehsten und ersten convocation altem gebrauch nach zu beisitzern zugeordnet und gegeben werden; doch das in solcher erkhiesung der angeregten assessorn kein gefoerde, noch ungleichheit gebraucht, und wo einer oder mehr auß ihnen abgiengen, dieselben iedeßmahls auß der abgangnen faculteten, auch solcher condition und geschicklichkeit wie die vorige gewesen, wiederum ersetzt werden.

So nun solche assessores gewehlt worden, sollen sie alßdann und, ehe sie das erst gericht besitzen, dem rectori mit handgebenden treuen, auf erinuerung des vorigen dem rectori und der universitet gethanen eids zu vestiglicher volltzihung ihres ampts geloben und versprechen, das sie in allen sachen und hendln, so an sie gelangen werden, ihres pesten verstands und vermugens ohn alle geverde, gunst, lieb, neid oder haß rathen und sprechen, kein schenkh oder gab[1]) ansehen, sondern, was einem ehrbaren mann zusteet, desselben sich frei und unpartheiisch gegen iederman halten wollen.

Dieweil dann billich, das den bestimbten consiliariis oder beisitzern umb ihre arbeit und muhe auch ein zimliche besoldung und ergetzligkheit widerfehret, so wollen wir, das zu allen und ieden gerichtstagen und session einem ieden, so gegenwertig ist, pro honorario acht pfenning gereicht und geben, und herwiderumb auch, wo derselben einer uff erforderu des rectors als contumax und ungehorsamb nit erscheine, ihme gleichermassen acht pfenning zur peen und straffe, dem fisco zu guttem, abgenomen werden sollen.

(§ 7.) Was sich ein ieder, so in die universitet aufgenomen wurdt, verpflichten und halten soll.

Dieweil aber des rectors ampt beide zur conservation und handhabung der statuten, lehr und gutter sitten, und die gerichtliche sachen und späne der universitet verwandten zu verhören und, sovil an ihme ist, zu verrichten, sich erstreckt, wollen wir demnach, was die furnembsten puncten und statuten, so die studenten, weß grads oder titls sie seind, und auch derselben statuten uberdretter peen und straffe in gemein und further, wie es mit der iurißdiction soll gehalten werden, erzelen und verordnen.

Setzen derhalben anfenghlichs und wollen, das (f. 15) ein ieder, er sei doctor, licentiat, magister, bacularius oder anderß, so sich in und an unser universitet begeben will, in vierzehen tagen[2]) oder uffs lengist dreien wochen nach seinem anklhomen hieher, sich dem rectori der universitet antzeigen, darauff wie gepührlich intituliren und einschreiben lassen und der universitet gewöhnlichen eid thun soll. Dann ohne denselben eid soll keiner als ein glid der universitet

---

1) B: nemen und ansehen.
2) Am Rand die Notiz: statutum 1 fol. 47: in dies 20 (siehe unten pag. 29).

geacht sein, noch werden, auch ihrer gnaden, freiheiten und privilegien nit geniessen, noch zu einigen standt, wesen, wirden oder lecturen zugelassen werden. Es soll auch der rector keinem kein schein oder urkunt seines studirens oder lebens geben, er seie dann zuvor gemeltermassen intitulirt oder eingeschrieben worden, hab auch von seinem decano, magistro oder praeceptore beide, seins lebens und seines studirens, ein gewisse kuntschaft oder zeugnus darzuthun und zu weisen, ausgenomen fursten, grafen und dergleichen herrnkinder, welche bei ihrer intitulation anstatt des eids bei glübden oder handgebenden trewen, so sie dernhalben thun, sollen gelassen werden.

Welcher massen es auch mit denen, so noch under ihren iaren und unmündig sein, zu halten ist, doch das dieselben nachmalß, so sie zu ihren tagen und rechtmessigem alter komen und sich der universitet weiter gebranchen wollen, den andern gleich sich mit eiden verpflichten und halten.

Juramentum generale studiosorum[1]).

Ego N. religiose ac sancte iurando promitto: me universitatem et scholam Heydelbergensem pro parte mea virili, ad quemcumque statum pervenero, promovere velle, statuta ac leges eiusdem, quoad potero sciamque, servare, rectori aut vices eius gerenti, in quibus honestum est ac licet, obedire, vocatum in iudicium comparere et sententiae obedire, ab omni seditione, conspiratione, iniuria ac vi contra universitatem aut eius rectorem suscepta aut etiam suscipienda abstinere, lites atque causas, si quas cum quibus eidem universitati coniunctis habuero, iudice rectore persequi, denique ex hac schola et urbe, nisi aere alieno, si quod fecero, dissoluto aut iis, quibus idem debebitur, satisdato, non discedere. Ita me Christus iuvet ac sacrosanctum eius evangelium.

(f. 16.) Welcher nun also in die universitet aufgenommen wirdt, der soll fur die intitulation dem rectori, so er eines gemeinen oder burgerlichen stands, wie von alterhero, zehen creutzer geben; so er aber ein furst, ein graf, ein herr oder dergleichen were, wiewol es bißhero fur ein gebrauch gehalten, das ein solcher ein gulden entricht, soll es doch zu seinen ehren und wolgefallen sein, was er deßwegen thun wolt, und alles solches gelt also distribuirt und getheilt werden, das von den dreissig pfenningen zween albus der fiscus universitatis, ein albus der rector, die übrigen sechs pfenning der pedell empfahen, nach welcher außtheilung und proportion auch der gulden oder was von fursten, grafen, herrn und dergleichen gegeben were, auszutheilen ist; facit: vom gulden der universitet dreitzehen albus: $6\frac{1}{2}$ ₰, dem rectori sechs albus: $7\frac{3}{15}$ ₰, dem pedellen funf albus: $1\frac{3}{4}$ ₰ [2]).

Begebe sichs aber, das ettwan eheleut, so eigene haußhaltung hetten, oder ihrer der universitet gebreuchlichen und dienstlichen handtierungen nach sich dabei zu halten und alhie heußlichen niderlassen wolten, die sollen zuvor ihres wandls und haltens bericht sampt gebuirlichen abschieds-urkunt von den orten und enden, sie zuvor gewesen, wissen darzuthun und ohne das, es hett dann sondere erhebliche ursachen, mit nichten aufgenommen werden.

Zum andern: dieweil sich vilmahls zugetragen, das ettliche fur studenten sich dargeben und einschreiben lassen, und nachmahls weder lectiones gehört, noch

---
1) Der Eid ist im Jahre 1560 eingetragen in Matrikel Band III (Cod. Heidelb. 358, 51) f. IV und danach abgedruckt in Toepke, Die Matrikel der Universität Heidelberg, Heidelb. 1884 I. 551.
2) Der Absatz ist abgedruckt in Toepke a. a. O. I, LIV.

anderer tugenden beflissen, sonder ihres willens gelebt, in den tabern und wirtsheusern hin und wider mehr dann in der schulen gesehen worden und darneben ettwa andere mit ihnen verführet und verderbt haben; damit gemeiner studenten wolfarth und uffnemen durch solche unerbare underschleuffung hinfurter ohnverhindert pleibe, wollen wir, das ein ieder, so sich uff unser universitet begibt und derselben privilegien geleben will, zuvor und und ehe er uffgenomen wurdt, dem rectori sein studium und furnemen, und uff welche faculteten er sich zu begeben willens sei, antzeige; und so er dann ihme eine aus den dreien obern facultatibus furgenomen, soll er demnach sich weiter bei dem decano der angenomen facultet auch antzeigen und einschreiben lassen und furter in derselben furgenomenen faculteten täglichen, so man ordinarie liest, zum wenigsten zwo lectiones hören.

So er aber noch ein iunger und angehender student und derhalben, wie prenchlichen und auch vonnötten, (f. 17) den artibus oder kunsten der philosophi noch anhengig were, soll er entweder in der burßen oder contubernio under der regenten disciplin und zucht sein, cost und wohnunge haben, oder aber, so ihme sollichs auß pillichen ursachen beschwehrlichen und zu thun ungelegen, sonst und ausserhalb dem contubernio bei einem doctor, licentiaten oder magister sein disch und wohnung haben, denselben oder ein andern der universitet verwandten zu einem privat und eignen praeceptori, der ihne als ein discipl erkhenne und, wo es vonnötten, verspreche, annemen, welchen privatum praeceptorem auch er der discipulus alßdann bei dem rectori, ehe dann er eingeschriben und uffgenomen wirdt, glaubwürdiglich antzeigen und ernennen soll. Es were dann sach, das einer alhie seine eltern oder andere nehstverwandte freunde hette, oder auch, das einer vom adl oder sonst von reichen, ansehenlichen leuten, der sich mit der cost und wohnung in der burß nicht betragen, sonder an anderen orten solchs zu haben begeben und eindingen wurde; denen soll nicht verbotten sein, bei denselben ihren eltern, freunden oder kostherrn die kost und wohnung zu haben, doch das sie auch darneben, und nit weniger als andere discipuli, ire praeceptores in oder ausserhalb dem contubernio, wie obgemelt, bestellen und erkhennen.

Hergegen so sollen solche praeceptores, sie seien inn oder ausserhalb der bursen, ihre discipel und schuler vleissig zum studiren anhalten, inen keines vagirens, keins nächtlichen außschweifens zu unnutzer gesellschaft oder sonst ungebürlichen orten und enden, noch auch ihres eigenen furnemens und mutwillens zu leben und damit ihrer eltern furgestreckht gelt üppicher und unnutzer weise zu verschwenden gestatten, sonder sie in gebuirlicher zucht und straff halten, so lang biß sie das magisterium erlangen. Oder aber, wo sie deren fur sich selber nit mechtig oder gewaltig gnug wusten zu sein, und kein zucht oder straffe an ihnen den discipln wollte statt haben oder helfen, sollichs dem rectori als ihrer ordentlicher obrigkeit anzeigen und in summa keinen fur ihr discipul oder schuler erkhennen oder leiden, oder auch desselben einige kuntschaft und zeugnus iemandt geben, der nit seine lectiones, wie obgeschriben, horet und sich aller andern unser statuten gehorsam und gemeeß erzeigte, bei straff und peen eines gulden, welchem solcher magister oder praeceptor, der diser unser ordnung entgegen lebt, dem rectori unnachleßlichen soll verfallen sein, welches gelt alßdann halb der universitet fisco und halb dem rectori soll zugetheilt werden.

Und soll hiebei auch aufgehaben und verpotten (f. 18) sein der mutwillen derienigen, so ohne redliche erhebliche ursachen ire praeceptores verlassen und von einem zu dem andern laufen. Dergleichen soll auch kein magister oder praeceptor, was grads oder titls der ist, leichtlich einen iungen discipl annemen, der vorhin einem andern in zucht und disciplin befohlen gewesen und wider desselben willen ohn ehehaftige ursachen von ihme abzuweichen und zu einem andern zu zihen furhabenß sein würdt.

Zum dritten: wiewol von unsern vorfaren und eltern lobseliger dechtnus fleissiger, gutter meinung bedacht und vilfeltiger weise underschieden und furgeschriben worden, wie sich ein ieder der universitet verwandter seinem stand und titl nach tragen und kleiden solle, und wir selber auch gern sehen möchten, das sich dieienigen, so der lehr und kunst sich rühmen, anderst und ansehenlicher dann der gemein mann in ihrer kleidung und tracht hielten, sonderlich aber dieienigen, so empter und titl in der schulen tragen, welche bevorab in den publicis actibus ire gepuirliche und ordentliche gezierde und geschmuckh nit also gar in abgang komen lassen solten; iedoch angesehen gegenwertiger zeit brauch und gelegenheit, lassen wir dasselbig alleß uff dißmal beruhen, gepieten aber hieneben gantz ernstlicher meinunge, das alle die, so sich unser universitet privilegien und löblichen heerkomen gebrauchen und fur studenten gehalten sein wollen, sich aller üppicher und mutwilliger tracht und kleidung, so unnutzer, uberflussiger weise zerschnitten, gethailet, verkurtzet oder sonst zerlumpet umb den leib, arm und schenkhel hangen, der landßknechtischen, unflettigen sitten ähnlicher, dann alß sich studenten und gelehrten leuten gepuirt und wol ansteet, gemacht seint, gentzlichen abthun und enthalten, sich aber in ehrliche burgerliche kleider und röckh, die ihnen, was uber den knühen hieoben ist, bedeckhen und einem erbaren zuchtigen menschen wol ansteen, kleiden sollen, dann es ja ein unstandt und verweißlich ist, dieienigen, die ihrer profession, kunst und lehr halben sollen und wollen anderen leuthen furgezogen sein und der erbarkeit gleich als ein exempel und bildung tragen, dieselben sich weniger zucht, scham und mässigkeit als andere und ungelerte leuthe befleissen und gebrauchen.

Dergleichen wollen wir auch hiemit verbotten haben alle lange und ungepürliche wehr oder waffen, deren sich die studenten ettwo und (f. 19) nicht allein bei nächtlicher weile, sonder auch des tags und offentlich gebrauchen und tragen.

Dann dieweil die Musae mit dem Marte nichts gemeins oder zu schaffen haben und der studenten arma und waffen nit ferrum oder gladii, sonder libri und calami sein, sollen sie sich diser gebrauchen und der andern enthalten; uff der gassen und wo sie zu schaffen haben, des tags fridlichen, des nachts auch mit gepuirlichem licht und laternen ohne geschrei, unstimmigkeit, onlust und betrubnus anderer leuth ihre strassen zihen; zuletzt auch under inen selber einer mit dem andern und ingemein alle under ihnen, weß tilß oder stands sie seindt, einig und bruderlich leben, keiner dem andern gefahrlichen oder schmehlichen nachreden oder schreiben, alle conspiration, parthien und faction, so zum bösen angefangen oder nachmahls gerathen möchten, vermeiden und flihen.

(§ 8.) Von peen und straffe der ubertretter.

Wo aber einer die obgenante satzungen und stuckh mutwilliger weise uberdrette, unzimliche kleidung und waffen truge, zenckisch, taberniner, spiler, nachtfarer und der statuten und geburlicher mandat und gebott des rectoris und der universitet verächter were, dardurch andern zu dergleichen ungepühr exempl und bewegnus möcht gegeben oder auch andere ubelthat und mißhandlungen weiter volgen wurden, dieselben sollen erstlichen nach gnitlicher vermahnunge, ein ieder umb ein gulden mulctirt oder gestrafft, nachmals aber, so dieselbig straffe nit hette verfangen, oder die sachen sonst ettwas grössers und wichtigers were, mit dem kercker ettlich zeitlang nach gestalt des exceß gezuchtiget und zur gehorsamb angehalten, zuletzt, und wo solchs auch nit helfen mugen oder wollen, von gebrauch, freiheiten und gemeinschaften der universitet gentzlich oder ein zeitlang nach gelegenheit der sachen abgesondert und ausgeschlossen werden, welchem alsdann keiner unser universitet verwandter bei vermeidung gleicher peen und straffe einichen furschub thun oder underschleiffung geben soll.

Dergleichen soll auch keiner zu keinem titl oder grade oder einichem ehrlichem standt oder dienst der universitet aber kurtz oder lang zugegen oder (f. 20) abwesend von einicher faculteten promovirt und zugelassen werden, der sich oberzelter stuckh und untugenten nit gemässigt und enthalten, oder so er begriffen oder ettwas beschuldigt worden, derhalben mit dem rector und der universitet sich zuvor versöhnet und vertragen hette; welches wir hie also ernstlicher meinung befohlen und nit allein dem rectori, sonder auch allen der universitet decanis, consiliariis und andern verwandten hieruber fleissig zu halten und zu handhaben wollen eingepunden haben.

Und dieweil die ungehorsame und eigener mutwillen von tag zu tag heufiglich zunimbt, und ettwa diejenigen, so vom rectore citirt und beschickht werden, sich verhalten, verleugnen oder auch sonst nit erscheinen wollen, so sich dann begebe, das einer seiner schuld oder begangener mißthaten halben bei dem rectore beclagt, citirt oder arrestirt zu werden angeben, angelangt und begert worden, und derselb durch den pedellen ersucht, sich verhielte, verleugnet oder anderer weise, wie das were, ungehorsam erzeigte, soll alßdann der rector zu weiter und pesserer beides der inquisition und persecution seins ampts den schultheissen umb seine dihner und hulffe anzusprechen und dieselben zu seiner gelegenheit fur sich oder dem cleger und arrestanten damit zu verhelfen und zu dihnen, zu geprauchen haben.

Ferner: wo auch einer aus dem arrest oder verpott hinwegzuge und ausflüchtig wurde, mit demselben soll und mag rector und universitet dermassen nach gelegenheit der sachen handln, wie hernach von den contumacibus und gerichtsungehorsamen geordnet und beschieden.

Dergleichen sollen auch diejenigen, so einichem zu solcher ungehorsamb und ubertretung furschub thun oder underschleifung geben, oder so sie, vom rector durch den pedellen angesucht, den schuldigen oder abtrunnigen verhalten und beschönen wurden, gehalten und gestrafft werden.

Und damit nuhn solchem allem dester fleissiger nachkomen, mehre und bessere gehorsamb, frid und (f. 21) einigkeit allenthalben gehalten werde, so sollen rector und universitet sich deß vor wenig iaren in der burß erbaueten carceris zur handhabung gutter gesatz und ordnungen gebrauchen. Und haben wir darneben unserm faut und schultheissen (als die ohne das altem herkhomen nach der universitet zu seinen fellen verwandt sein sollen), auch allen und ieden burgermeistern hie zu Heydelbsrg macht und befelch geben, wo iemand der universitet verwandten sich gegen unsern und des rectors mandat setzen, demselben entgegen zu leben und zu handln ettwas furnemen wurde, dem rectori alßdann in solchen sträfflichen sachen in oder ausserhalb der statt, wie obgemelt, behulflich zu sein, sonderlicher aber, wo einer oder mehr deß nachts uff der gassen mit schreien, toben und anderer ungepuhr begriffen würde, solchen anzunemen biß uff den nehstvolgenden morgen, doch mit seiner maß und gepuir bewahren und alßdann dem rectori in sein custodien und straff zu uberlifern und stellen, welches wir hiemit also angetzeigt wollen haben, und es nach publicirung diser ordnung auch der rector offentlich verkunden soll, damit sich ein ieder desselben wisse zu halten.

Wann dann in solchem fall die pedellen oder darzu verordneten persohnen und knecht des weltlichen arms die verwürcker und ubertretter zu greiffen notturftig sein wurden, und derhalben inen uff des rectors ersuchen hirinnen beistendige hülfe bewisen werden, damit alsdann diß orts kein gezenckh oder streit solcher knecht gehabter muhe halben entstee und sie dester williger seien, so soll inen mit rath des rectors ein zimliche belohnung zu geben gemacht und doch nit ubersetzt werden, welche furter, so einer uff des clegers angeben in haft angenomen worden, derselbig cleger den obgemelten knechten zu entrichten verbunden sein soll.

Ließ aber der rector oder die universitet von oberkeit und ampts wegen einen gefengklichen annemen, soll alsdann den knechten von der universitet fisco ihres gepührenden lohns vergnugung bescheen.

Doch wo der eingelegt hernach straffbar oder auß redlichen ursachen angenomen sein sich erfinden würde, soll er alsdann nit allein genannten knechten das einlaggelt, sonder auch allen andern deßhalben erlittnen kosten, der zu ermessigung des rectoris und der universitet hiemit gestellet ist, erstatten und außrichten. (f. 22).

(§ 9.) Von der iurisdiction des rectoris.

Dieweil aber dem rectori nit allein der universitet hendel, das ist die erhaltung der statuten und straff derselben ubertretter, sonder auch die gerichtsspäln und sachen, so der universitet verwandten under sich selber oder ausserhalb gegen den burgern oder frembden haben, anzuhören und zu verrichten befohlen, damit dann niemand mangl oder uffzug des rechten sich hab zu beclagen, so soll ein ieder rector sampt seinen beisitzern und dem notario (so hirzu bestellet sein soll) alle wochen einmal und neunlichen uff den sambstag nach mittag, so ferr sonst kein ferine, vacantien oder andere nottwendige ursachen solchs verhindern und wheren, ordinarie zu gericht sitzen, der partheien, so sich zu recht begeben, sachen und hendl sampt seinen assessoribus nach pestem seinem vermögen ieder zeit verhören und verrichten.

Und sollen solliche tage seins gerichthaltens allwegen zuvor bestimpt werden, also das ein ieder, so desselbigen notturftig, wissens habe, wann und zu welcher zeit durch den rectorem gericht gehalten werde.

Es soll auch ein gutter schleuniger proceß in allen hendln und sachen gehalten werden, damit sich niemand desselben orts hab zu beclagen und der rector allen muglichen fleiß anwenden, die sachen und action, so fur ihme angefangen, in iarsfrist seines rectorats zu vollenden und sie nit, es beschee dann auß chehafter notturft der sachen, uff den nachkomenden rector wachsen lassen oder verschieben; dernhalben dann auch der proceß so vil muglichen abbrevirt und eingetzogen und die unnöttigen dilationes, exceptiones und dergleichen abgeschnitten und nicht gestattet, sonder ein mitl zwuschen dem plano und ordinario iedertzeit diß orts gehalten werden (f. 23).

(§ 10.) Von den contumacibus oder ungehorsamen.

Welliche parthei uff des rectors citation und verkunthen gerichtstage ohn redliche rechtmessige ursach außpleibt und ungehorsamb erscheint, die soll zum ersten mahl zween albus, zum andern vier albus und zum dritten mahl sechs albus zu peen und geltstraffe ihres abwesens halb verfallen, darzu der andern partheien ihren uffgewandten costen unnachlesslichen zu bezalen schuldig sein. Und solche mulcta soll nachmahls in fiscum universitatis, damit die honoraria der assessorum zu erhalten, gelegt werden, und diß alles in geringern sachen und hendln.

Wo aber einem bei dem eide gebotten were und er sich frevenlicher weise dagegen sperret, uff deß rectors gethane citation oder auch in uffgelegter straffen leistung oder andern dergleichen fellen in seiner ungehorsam beharret, denselben soll der rector anfangs zweimahl in valvis ecclesiae oder collegii per publicum mandatum und zum dritten mahl peremptorie citiren und dorin dem verbrecher oder halßstarrigen terminum satisfactionis ernennen. So er dann weiter ungehorsamb erscheint oder außtrunnig wurde, soll alsdann derselbig nach erkantnus rectoris und beisitzer oder auch totius universitatis senatus umb seiner verprechung willen ettlich iar oder ewig von der universitet und der statt Heydelberg gemeinschaft proscribirt und verwisen werden.

So aber ein solcher verbannter oder verwisener sich uber des rectors proscription und verweisung benenter zeit heimlich oder offentlich in der statt erhielte, soll der schultheiß zu Heydelberg durch der statt dhiner uff und nach des rectors ersuchen denselben zu gefengklicher verhafftunge pringen und dem gepranch nach oder wie er deß von unß und unsern erben bescheiden würde, straffen und darnuf der statt verweisen.

(§ 11.) Von peen und straffe deren, so gerichtlichen uberwunden und damnirt werden.

Gleichermassen soll es auch mit der straff (f. 24) derienigen, so gerichtlichen ihrer mißhandlung uberwisen und condemnirt worden, angestellt und furgenomen werden; und so klic in civilibus in straffe und peen gefallen, alsdann erstlichen sie nach dem sententzs und bescheid des richters zu halten. Wo aber einer denselben sich frevenlich entgegensetzt und in der oder dergleichen mißhandlungen böser und trutzlicher weise beharret, soll der widersetzer, gleich wie oben von den ubertrettern der statuten gemeldt, mit dem kercker und zuletzt der unnachleßig beharrlich trutz und mutwillen mit der relegation oder entlicher verweisung, alles nach gelegenheit der sachen, coërcirt und gestrafft werden.

(§ 12.) Ettliche gemeine puncten, den rector und seine assessores belangend.

Weiter ist auch unser meinung, das ein ieder unsers studiumbs rector, in gerichtlicher übunge und ufflegunge, der universitet verwandten straffe mit rath und wissen seiner zugeordneten assessorn handln soll, es weren dann geringe sachen und hendl, die mag ein rector allein oder mit rath ettlicher deren, so er aus oberzelten seinen acht beisitzern nach gelegenheit der sachen ieder zeit zu ihme erfordern mage, verhandln und ußrichten. (f. 25).

Item: Wann oder zu welcher zeit dem rector grosse schwehre sachen oder hendl furfallen, dorin sich das consistorium zu definiren beschwerdte, soll der rector, umb mehr persohnen zu den vorigen consiliariis ihme zuzuordnen, bei der universitet anhalten, die man ihme auch iederzeit und nach gestalt der handlunge ungeweigert zugeben soll; wo es aber ihnen nochmahls und weiter zu wichtig und schwehr sein wolt, alsdann die sachen gemeiner universitet (welches doch umb der appellation willen nit leichtlich bescheen soll) furtragen, oder auch, und do es derselben unerheblich und zu wichtig fallen wurde, an uns oder unsere großhofmeister, cantzler und rethe gelangen, darunder nach der gepuir haben zu bescheiden.

(§ 13.) Von der appellation.

Was nun fur sachen vor dem rectori und seinen zugeordneten beisitzern schweben, derer werth nit uber zweintzig gulden zu achten ist, in denen soll niemand macht haben, von unsers studiumbs rectoris ergangenem sententz und urtheil zu appelliren. Wann aber einer in sachen, so uber solche summen sich erstreckhen möchte, appelliren wolt, soll er dem rectori, damit die leut nit umbgetriben, noch gefehrlicher weise uffgetzogen werden, ein eide fur geverde, genant iuramentum calumniae, thun, das sein furhabende appellation mit keinem betruglichen fursatz oder geferde, sonder aus notturft und, das er unverkhurtzt pleibe, gescheo.

Die erst staffel solcher appellation soll anfengklichen nicht weiter dann an die universitet gezogen werden. Wolte aber ein parthei volgents ferner und von der universitet appelliren, soll ihr dasselbig in sachen, achtzig gulden werth belangendt und gar nicht darunder, zugelassen werden, doch das der appellant abermahls obgemelten eide mit caution und sicherung fur gefehrlichs uffzihen dem gegentheil thue und ihme dem appellanten allwegen ein zeit benant werde, innerhalb deren er solche appellation anhengig mache.

Wo sich aber ein parthei des obgemelten eids mit der appellation weigern oder darwider setzen wolt, soll der andern behaltenden partheien (f. 26) gepuirliche vollnstreckhung des ergangenen urthls ohne einig weiter uffhalten widerfahren und gescheen.

Der letzt gradus aber, und von der universitet zu appelliren, soll bescheen an unser hofgericht mit vorgeender obberuirter eidserstattung und sonst einige weiter appellation gar nicht zugelassen sein.

(§ 14.) Von visitierung der bursen, collegii und Dionisianerhauses.

Item wöllen wir, das ein ieder rector sampt dem alten und neuen decano der artisten facultet und sonst zweien den eltisten und dem consilio universitatis verwandten seinen consiliariis oder assessoribus zu ieder fronvasten oder zum wenigsten alle halbe iar einmahl das collegium artistarum, Dionisierhauß und die andern bursen visitire, bei den regenten und andern beides ihr und der studenten leben und wesen mit fleiß inquirier und erlerne, demnach das ubel und die uberfahrer gepuirlicher weise straffe, sie zur lehre und tugenten vermahne und anhalte, auch was fur fohl und mangel allenthalben seie, erforsche und erkhundige und, waß er desselben fur sich zu verrichten nicht gnugsam, nachmahls und zur vesten gelegenheit an die universitet lasse gelangen, welche alßdann aufsehens haben soll, damit alle ding in seinem rechten und gepurlichen wesen und gang erhalten werden.

(§ 15.) Von fahrlessigkeit und üblm leben der professorn.

Item es soll auch der rector sampt den vier decanis volkomne macht haben, ein ieden unser universitet doctorn, licentiaten, magistrum oder andern, so uff die lecturn und zu lesen angenomen und bestellet, so er eins oder mehr unfleiß oder verkörlichs leben spüren wurde, zu beschickhen, ine deshalben zu rede zu stellen und anfangs brüderlich zu underweisen, und wo solchs nit verfahen wolt, es sei mit gelt oder abzug (f. 27) an seiner besoldung zu straffen,da von dem rector und seinen mitrüthen das drittheil und das übrig in gemeinen seckhel der universitet gefallen soll.

Zuletzt: wo solche straffe auch nit verfahen, noch einiche pesserung volgen wolt, soll der rector solchs an die gantz universitet pringen, die denselben zu höher straffe mag anhalten; oder wo es die notturft erfordert. mit unsern wissen, doch uff vorgeende gnugsame verhöre, erkhundigung der wahrheit und rechtmessige erkhantnus, seiner lectur und standes priviren und entsetzen.

(§ 16.) Vom fisco universitatis, wie es mit derselben, auch anderer facultet gemeinen seckhln in gemein soll gehalten werden.

Nachdem alle universiteten und convent gemeinlichen, wie hoch dieselben begabt und gefreiet seint, wo sie nit zu ihrem furrath ein vleissigs uffmereken und gemeine verwahrung haben, bald in abfall erwachsen und die lenge nit bestehen, vil weniger uffgeen mögen, so haben wir insonderheit verordenet, und ist unser meinung, das vilbestimpte unsere universitet einen fiscum oder gemein aerarium haben soll, darein alle gemeine gefell, theil an gelt. peen und anderß vermöge diser ordnung nachvolgender weise treulichen gelegt und verwahrt werde, damit die persohnen, zu den lecturen verordent, ihre belohnung stattlichen empfahen, auch andere notturft und obligen der universitet erhaben und abgewendt mögen werden.

Und soll solcher der universitet gemeiner fiscus mit funf underschiedlichen schlossen verwarth und zu iedem schloß ein besonderer schlussel, also das keiner des andern schloß uffthue, gemacht werden, deren der rector einen und der vier facultcten dechan ein ieder einen in seiner behaltnug haben und ir ieglicher nach seinem abdretten vom ampt dem nachkomenden rectori oder decano uberantwurtten sollen. Es soll auch beuelter fiscus durch die obbenanten funf persohnen iederzeit samentlichen geöffnet und verschlossen, desgleichen, was an gelt darein gehörig, in ihrem allerseits beisein eingelegt und verwaret werden. (f. 28).

Und obgedachter massen soll auch ein iegliche facultet fur sich ein eigen fiscum oder seckhl zu solcher facultet einkomen und zur notturft zu gebrauchen haben.

Und sollen beide, der rector sampt der universitet und ein iede facultet. insonderheit ihrer gemeinen einkomens, ausgebens und dergleichen ihrer gepflegten handlungen der gantzen versamblung der universitet in beisein unser verordenten iedes iars zu veränderung des rectors einmahl gebuirliche rechnung und volkomenliche uberliferung zu thun, auch aller sollichen gethanen rechnungen uns bei den vernelten unsern zugeordneten ieder zeit ein registerle zu ubergeben schuldig sein.

Aber hieneben, sovil die andern fiscos einer ieden facultet und derselben einkommens insonderheit belangen thut, ist unser meinung und wille, das ein iede facultet und derselben persohnen bei ihren gethanen pflichten von dem gelt, so sie in den promotionen, dispensationen oder dergleichen empfahen und einnemen, das dritttheil in den gemeinen der universitet fiscum uberantworten sollen und dann das ander dritttheil in einer ieden facultet gemeinen seckhl zu legen schuldig sein, solcher facultet nutzen damit zu schaffen, beschwerde abzulegen und keins wegs zu der persohnen eigenem gesuch und vortheil zu wenden; das letzt drittheil aber soll under einer ieden facultet zugewandte persohnen (wie sich gepuirt) getheilt werden.

(§ 17.) Von dem collectore.

Damit aber auch der universitet gefelle und einkhomen uffrichtiglich eingebracht werden und unverschwendet pleiben, so sollen die von der universitet versamblung oder rath ein geschickhte, redliche, vertrauete persohn zu ihrem gemeinen uffheber oder einsambler bestellen, der bei seinen derhalben gethanen pflichten und eide alle gefelle, zinß und gulten, der universitet zugehörig, fleissiglich einpringe und samble, dieselben dem procuratori fisci alßbald und ohn allen verzug zustelle und uberantwurte, auch von solchem nichts ubernacht bei ihme oder in seinem hauß behalte, und was er iederzeit derhalben verzehrt oder uncostens uffwendt, alßbald und bei frischer gedechtnus dem procuratori verrechne oder verzeichnet gebe. (f. 29.)

Es soll auch diser collector oder einsambler verpunden sein,' alle iar (und biß ettwan ein anderß abgehandelt und erlangt werden mage) bei allen stiften und pfarren, dabei der universitet einkhomen und gefelle seint, fleissig zu erkhundigen, wie die corpora bei einem ieden ort erstlichen der frucht und nachmals des weins halben gesatzt werden, und solcher satzung glaubwürdige antzeigung dem procuratori und den korn- und weinmeistern schrifftlichen zu ubergeben; folgends auch alles, waß er derhalben an frucht und wein einnimpt, obgemeltem procuratori und den zweien korn- und weinmeistern unverzuglichen litern, mit einer schrifftlichen verzeichnus, wo, was und zu welcher zeit er ein iedes empfangen habe, damit der procurator solchs alles möge dester baß und mit weniger muhe und arbeit verrechnen. dessen ihme alßdann der rector und die universitet für seine gehabte muhe, arbeit und sorg iedes iars ein ̄zimliche besoldung aus dem fisco oder gemeinem seckhl der universitet nach gelegenheit zu bezahlen, ordnen und verschaffen sollen.

(§ 18.) Juramentum a collectore universitatis corporaliter praestandum:

Quod rectori atque toti senatui universitatis se obsequentem ac fidelem praebere, commodum universitatis provehere, damnum avertere, et si quod ab aliis machinari senserit, indicare illud velit;

Quod proventus annuos in pecuniis, vino, frumento aliisve rebus constitutos ubicumque provenientes, quoad fieri potest, minimis impendiis ac summa fide diligentiaque colligere, collectos in propriam utilitatem non convertere, sed intra spatium naturalis diei fisci oeconomo seu provisori domus Dionysianae, eniuscumque ex his duobus intexerit, pecuniam quidem annumerare ac cetera in suum quaeque locum certum referenda curare velit;

Quod frumenti ac vini apud universitatem existentium diligenter curam gerere et vasa (f. 30) similiaque penus domestici instrumenta in usus necessarios diligenter custodire, ac si quid oportuno et idoneo tempore vini frumentive cum commodo universitatis venundari queat, eius rei statim procuratorem fisci submovere velit;

Quod in redemptionibus annuorum censuum sive perpetuorum, sive temporalium ipse per se nihil statuere aut annuere, sed ubi opus fuerit, vel procuratori vel rectori, ut cum universitate de causa deliberent, subindicare eorumque iudicio ac decreto stare velit;

Quod accepti et expensi in singulos annos pro recepta hactenus consuetudine rationes reddere et quod ex rationibus illum debere compertum fuerit, statim exolvere velit;

Quod offitio suo singulis annis circiter Joannis Baptistae festum corum rectore universitatis renunciare idemque, si in eo perseverare animus sit, denuo petere et obtento illo, vigore antea prestiti iuramenti, quo perpetuo offitii sui tempore obligatus manebit et fidelem et sedulum se administrum exhibere velit.

Und damit ein ieder collector an seinem ampt desto fleissiger und ernstlicher aufsehens hab, demselben auch treulicher gelebe und nachkome, so wollen wir ihme neben der zuvor gehabten besoldung, als nemlich von wegen der collecturn duodecim praebendarum acht und zweintzig gulden, der capellen zu Neckergemunde gefelle zehen gulden und dann deß Dionyß oder armen burß virzehen gulden noch ferrer, und zu einer zubuß achtzehen gulden aus dem alten fisco, oder, so es derselbig nicht ertruge, dem neuen fisco ierlichen zu reichen hiemit verordnet haben.

(§ 19.) Von dem procuratore fisci.

Wiewol aber die bewahrung und verwaltung obgenants fisci dem rectorn sampt den vier dechan furnemlichen vertrauet und befohlen sein soll, so erfordert doch die notturft einen gemeinen desselben fisci (f. 31) procuratorn oder schaffner zu haben, welcher zu iederzeit alle und iede ierliche einkhomen und gefelle von dem collectore oder einsamler empfahe, uffhebe und davon den ordinariis und professoribus ihre stipendia und besoldungen reiche, auch desselbigen allen der universitet ierliche rechnung thue.

Hierumb so ordenen wir und wollen, das rector und universitas mit gemeinem rath iederzeit ein solchen procuratorem fisci, wie auch hievor der prauch gewesen, aus den persohnen der universitet bestelle und halte, welcher gemelten fiscum verrechne, desselben einkhomen und gefelle von dem einsambler einneme und empfahe und dieselbe furter mit allom fleiß, wie obstect, uffhebe und bewahre, davon zu iederzeit der betzahlung den professoribus und wem solches weiter geordnet oder gepuirt, einem ieden laut seiner bestallung treulichen und ohn allen uffzug an guter muntzs und landßwehrung ihre besoldungen außricht und betznhle, dorinnen khein eigen nutzsen, vortheil oder gewin suche, noch prauche, und waß alsdann nach ieder betzahlung uberlaufft und im rest pleibt, das alles getreulichen in den gemeinen secklhel oder fiscum universitatis, wie obgemelt, uberantwurt zu werden verschaffe, auch desselben ierlichs der universitet in beisein unser darzu verordenten rethe oder dhienern klare und uffrichtige rechnung thue.

Damit aber nit allein obgemelter procurator sambt einem oder zweien allein, sonder auch die andern persohnen des raths und gemeiner versamblung der universitet aller derselben einklhomens uffsteigens, abnemens und ander dergleichen gelegenheit iederzeit wissens haben, und demnach, was dem gemeinen nutzen dhienlich und gut, desto besser bedencken und befttrdern mögen: so soll obgenanter procurator alle iar ein specificirte verzeichnus, dorin begriffen der nehsten computation oder rechnung receß, was an gelt, frucht, wein und außstendigen gefellen und schulden vorhanden, der universitet iederzeit, so man die empter von neuem pfleget zu besetzen, alßpald ohne einichen verzug und weigerung uberantworten und zustellen, dorauß alßdann die korn- und weinmeister, was ihnen hirinnen zu verwalten, auch die baumeister, was deß gemeinen fisci vermögen sei, zu erlernen und demnach in allen iren sachen und hendln, ihren befelch betreffend, sich zu richten und zu schicklhen haben. (f. 32.)

(§ 20.) Puncta a procuratore fisci universitatis bona fide promittenda.
I. Quod proventuum pecuniam a collectore pro tempore sibi oblatam et praesentatam in usum suum non convertat;
II. Quod eam pecuniam fideliter sine personarum respectu aut favore legentibus personis, quibus e fisco dependi solent, stipendia sua elargiatur, quod si non semper tantum pecuniae aderit, quaulum dependi deberet, secundum proportionem et praesentis pecuniae et stipendiorum expensio fiat;
III. Quod viginti sex albos pro uno floreno dependat requisitusque ab universitate suae administrationis rationem faciat.

(§ 21.) Von wein-, korn- und baumeistern.

Uff das auch alles einkhomen, was an wein, korn und andernn gefellig, desto stattlicher und vleissiger, auch mit wenigerm argwohn und verdacht iederzeit versehen, versorget und gehandhabt, dergleichen die heuser und bew der universitet in mehrer achtung und pesserrn baw erhalten und nit alleß zu eins oder zweier gutbednncklien und gefallen allein gestellt werde, so setzen wir ferner und wollen, das neben obgedachtem procurator allwegen zween quaestores oder praefecti rei frumentariae (welche bißanhero allein weinmeister geheissen worden), dergleichen auch zweeu aediles oder baumeister gehalten und diser massen gewöhlet sollen werden:

Nemlich, das derselben ein ieder sein ampt zwei iar lang trage und versehe und aber alle iar ein ander und newer anstatt des ältern surrogirt und dem pleibenden zugegeben werde, damit allwegen der iunger von dem ältern sich erlernen und hergegen der älter dem iungern aller vorgehandlten sachen bericht und auleittung geben möge. (f. 33.)

Und mit solcher obgenanter frucht-, wein- und baumeister wissen und rath soll alleß, was zu verkauffen, anzulegen oder in der universitet zu bauen ist, iederzeit verkaufft, angelegt und gebauet, auch andere sachen und handl, so sich hieher erstrecklien, verricht werden und fur sich selber allein oder stillschweigendt weder procurator, noch collector oder iemand anderß, es sei an wein oder korn, ettwas einnemen, fassen oder hiugeben, sonder was sich desselben halben zutragt, iederzeit zuvor an die wein- und kornmeister gepracht, derselben meinung und willen angehört, und was dann sie samptlichen beschlissen, dem soll also und anderst nit nachkomen und gevolgt werden. Dergleichen auch was zur underhaltung und pesserung der bewe und henser der universitet gehörig und vonnötten sein wirdt, daruber soll der baumeister und werckhlent bescheid gehört und demselben gelebt werden, und sonst niomand fur sich selber oder allein hirin ettwas furnemen oder auch zu verhindern oder uffzuschieben macht haben.

Wo dann ettwas solcher obgenanter handl nnd sachen halb furfiele, das sich die bemelten wein-, korn- und baumeister allein nit underzihen wolten oder wussten, soll dasselbig alsdann an die gantze universitet gebracht, welche volgends, wo es derselben auch zu schwehr oder wichtig sein wolte, solchs furter an unß oder unsere rethe iederzeit gelangen und daruber bescheid empfahen mögen.

So oft aber die beruirte korn- und weinmeistern oder auch sonst fur rathsam und nöttig angesehen wurde, frucht oder wein hinzugeben und zu verkauffen, sollen hirinnen die persohnen der universitet, als da seint alle ordinarii professores und oeconomi oder pröbst der burßen und collegien, die praerogative und den furkauf haben, derhalben fur andern allwegen bedacht und, wie von alters her gehalten, auch ihnen sollichs iederzeit zuvor durch den pedellen oder collectorem angetzeiget und verkundiget werden.

Zuletzt, damit auch die persohnen der universitet zur zeit der theurung mit gepuirlicher notturft versehen und underhalten, so wollen wir, das obgenante korn- und weinmeister die sachen sovil muglichen dahin richten und schickhen, damit man zu iederzeit an korn und wein, bevorab aber an korn, ein zimlichen furrath habe und nit dasienige, das man zu der noth nit entperen khan, (f. 34) liderlichen und onnoth hingehen oder verkhaufen laßen;

Und solchen ietztgedachten furrath dester pesser und füglicher zu erhalten, sollen rector und universitas hinfur dahin bedacht sein, das si ein eigenen speicher oder kornkasten bekomen oder selbst anstellen, auch ihre eigene bequeme keller allzeit haben, obgemelte frucht und wein, sobald die gefallen und eingebracht, sovil pesser zu verwahren und demnach den wein durch einen fromen, getreuen bender, die frücht aber durch ein mütter oder kornmesser, ein iedeß, wie sich gepuirt, treulichen versehen und zu nutzen behalten lassen.

Es sollen aber die korn- und weinmeister nit liderlichen einem ieden uff sein ansuchen und begehren korn oder wein verkauffen und zusteen lassen, sonder, solang es die notturft des fisci oder die gelegenheit der waaren nit erfordert, dieselbig uff ein vorrath und biß zu theurn zeiten behalten nud uffheben, damit so alßdann uff dem gemeinen marckh solcher notwendiger ding nicht zu bekomen, den persohnen der universitet hiemit verholfen und gedihnt werde.

Und fur solche arbeit, muhe und sorge sollen dem procuratori, den baumeistern, beiden wein- und kornmeistern, auch dem mutter und bender ihre gewohnliche gepurende besoldung nach ermässigung rectoris und der universitet, was fur pillich angesehen und geacht mag werden, geordnet und gemacht und volgends iedes iars aus der universitet gemeinem seckhl oder fisco ausgericht und betzahlt werden.

(§ 22.) Von verleihung der universitet lecturn.

Damit aber in verleihung der lecturn, unser universitet zugehorig, einicher irrthumb kunftiglichen nicht einfalle, oder sich betrug und gefahr darunder begeben thue, so ist unser meinung und wollen, wann derselben lecturn eine oder mehr in den dreien obern faculteten vaciren oder ledig sein werden, das rector und universitas zu einer ieden vacirenden lectur zwo tugliche gelerte, erbare und darzu (f. 35) geschickhte persohnen vermitlst ihrer pflicht und eide, hindangesetzt alleß gunsts, lib, freundtschaft, feindschaft, neids, haß oder unwillen, auch gaab, miedt, geschenckh und alles andern, und allein der universitet fromen, wolfarth und aufnemen zu bedrachten, zu derselben lecturn unß in schrifften und mit außfurunge gnugsamer ursachen, sie darzu bewegendt, nominiren und antzeigen, aus denselben zweien eine nach unserm gefallen haben zu presentiren.

Nachdem aber und alß wir in erfahrung komen, sich vilmahls in solcher election und verleihunge der lecturn zugetragen, das umb der succession, zu zeiten auch substitution et praestitae pro aliis operae causa und dergleichen viler praerogativen willen, so ettliche zu den lecturn zu haben vermeinen, dieselben praerogativen mehr dann der gemeine nutzen der universitet angesehen und demnach die lecturn so mit duglichern und geschickhtern persohnen leichtlich und wol hetten mogen bestelt werden, ettwan desto geringer und liderlicher versehen worden sein, nicht zu kleiner verachtung und abfall diser universitet: so ist demnach unser ernstlicher strenger befelch und meinung, das in den electionibus, nominationibus und verleihungen der lecturn hinfuro alle successiones, adiunctiones, coadministrationes actutis und andere praerogativen, waß namen auch dieselben haben oder bekomen mögen, gentzlichen uffgehaben, abgestellet und weiter in keinen wege gelten noch angesehen, sonder sollen zu allen und ieden electionibus und in verleihungen der lecturen dise zwei stuckh, so ettwo die alten fromen Christen und nachmals, deroselben exempl nach, auch der kheiser Alexander, Mammeae[1]) genant, in besetzung der empter bedacht haben, und nemlich, an dignus, an iustus aliquis sit, das ist, ob einer des ampts würdig, auch sonst fromm und erbar seie, deren das ein die kunst und geschickligkheit, das ander das leben und die sitten belanget, anfengklichen und zum furnombsten betrachtet und sonst weiter kein praerogative angetzogen noch furgewendet werden, damit deren hinlässigkeit, so sich uff solche vortheil und vortüge verlassen, hirdurch begegnet und furkomen und hinwider die anderen zur tugent, fleiß, rechter lehr und kunst bewegt und angereitzt, und also auch die lecturn (f. 36) mit dapfern, gelärten und auffrichtigen leuthen zu sonderm ruhm und auffnemen der universitet mögen versehen werden.

So unß dann solchergestalt der zweien gewehlter und nominirter persohnen eine gefellig und alß gnugsam geschickht und tuglich ansihet, wollen wir dieselbige, wie sich gepuirt, an rectorn und universitet presentiren lassen. Wo aber hergegen wir bei unß dieselbige nominirte persohnen auß gutten, dapfern und redlichen ursachen, unser furstliches gemut bewegendt, alß nit gnugsam geschickht und tuglich ermessen wurden, oder aber wir sonst in erfahrung kemen, das bei solcher election und nomination anderst dann obgemeldt und ettwaß gefährlicher weise, heimlich oder offentlich practicirt und gehandelt, dardurch ettwo ein tugliche persohn ubergangen und ein untuglicher fur und eingedrungen worden, alßdann wollen wir, das auff unser, unser erben und nachkomen ferrer erfordern unß andere und mehr tuglichere persohnen benent werden mit dem furbehalt, den betrug oder gefahr, so einicher in erster election und nomination gepraucht, gepuirends ernsts zu persequirn und zu straffen.

Wo auch zu einichen zeiten an geschickhten persohnen in verwaltung der lecturn mangel erscheinen wurde, soll und mag man dieselben mit unserm furwissen auswendig von audern universiteten zu disem unserm studio hieher beruffen und pringen lassen, damit iederzeit die lecturn der universitet mit stattlichen und tuglichen persohnen zu lob und rhumb diß unsers studiumbs besetzt und die befurderung der bekanten und verwandten persohnen nit höher noch mehr als der nutzs und fromen, auch die dignitet und auffnemen der gantzen schulen betracht und angesehen werde.

Und disen sampt den nehsten vorgehenden zweien puncten und artickhln soll man ieder zeit, ehe man zu der wahl und nomination schreitet und die suffragia oder vota collegirt, dem gantzen consilio und rath der universitet offentlich furlesen, uff das sich meniglich desselben zu halten und hirinnen sein eigen conscientzs oder gewissen zu bewahren habe.

Wo auch einer befunden wurde, der sein stimmen umb gelt, gunst oder anderß einem verkaufft (f. 37) oder vertrostung gethan, auch herwiderumb ungunsts, haß und neids halben entzogen oder sonst anderst, dann obstect, hirinnen gehandlt hette, der soll seins ampts, so er eins truge, oder des raths, so er allein consiliarius were, entsetzt, und derienige, so gelt, gift oder gaaben zu erlangen einiche lectur oder condition ausgeben hette, solcher lectur oder condition beraubt und hinfurbaß als untuglich und unwirdig des raths gehalten werden.

---

1) B: Mammeae filius.

(§ 23.) Welliche lecturen perpetuirt oder nit perpetuirt sein sollen und von den praebenden.

Dieweil auch bis anhero ein underscheidt der perpetuirten und der wandlbarn oder nicht perpetuirten lecturn gehalten worden, doruff sich ettwan die persohnen verlassen und vilmahls anderst, dann sich wol gepuirt, angemast, undernomen und gelebt haben, demnach ist unser meinung und wille, das hinfuro alle ordinarii und legenten, sie seien diser oder iener profession und facultet, diß orts gleich bedacht und gehalten und keinem hirinnen mehr vortheils, dann dem andern zugelassen, noch gestattet werden solle, sonder, wo sich uber kurtz oder lang derselben persohnen eine irer lectur und ampts halben zu gar ungeschicklıt und fahrlessig oder auch ihres lebens und haußhaltens gantz leichtfertig, ergerlich und ihrem stand oder profession ungemäß hielte, wollen wir uns dieselbig alßdann mit gemeinem rath und wissen rectoris und der universitet irer lectur zu entsetzen und sie einem andern, so tuglicher und erbarer wandlß und wesens were, zu verleihen, vorbehalten, dardurch den unfleiß und fahrlessigkheit, auch alles ergerlichs leben und haußhalten abzustrickhen und zu verhuiten; iedoch soll in solchem fall, als oft es sich zutregt, das einen professorn oder andere persohn, welche der universitet mit diensten verwandt, oberzelter oder anderer ursachen halben von der lectur oder ampt abzuschaffen beschlossen, derselbigen persohn solchs ein halb iar zuvor angekhündigt werden, deßgleichen auch im gegentheil (da einer sein munus zu übergeben gedechte) sie zu thun schuldig sein solle (f. 38). Und damit solchs alles dester stattlicher sein furgang haben und mit wenigerm eintrage beschechen möge, so wollen wir mit rath und zuthun der universitet mit den stifften und capitln, bei denen noch ettliche den lecturn angehengte praebenden schweben, und ettwan umb der professorum condition und qualification willen neben dem, das die uber solche possessiones erlangte privilegia angefochten werden, zu erster unser gelegenheit handln und verschaffen lassen, das solcher prebenden ierlichs einkomen frei, ledig, ohne einiche der persohnen habilitet und possession in den gemein fiscum gefallen und gereicht mogen werden. Wie wirs auch hiemit und auf den fall solcher abhandlung also, ietzt alß dann, und dann alß ietzo, ordnen und verschaffen, und darzu was in mitler weil von solchen pfrunden an einem oder dem andern ort gefallen wurdet, zu der universitet altem fisco einzuzihen befehlen, damit zu unserm, auch des rectoris und gemeiner universitet (beides nach seiner gepuir und gelegenheit) guttem willen und gefallen stee, alle lecturn iederzeit nach dem pesten mit wolgeschickten persohnen zu versehen. Es were dann, das wir oder unser erben ietztgemelter ordinarien oder legenten einen umb seiner besondern geschicklıgkeit und kunst willen sein lebenlang zu solcher lecturn bestellen und er sich gleichermaß zu pleiben verpinden wurde.

Doch soll auch keiner herwiderumb einicher seiner lecturen ohn redlich ehhaft ursachen entsetzt oder verstossen werden, sonder solchs iederzeit zu unser und der universitet erkanntnus und erwegung gestellt sein. Dergleichen sollen auch dieienigen, so nuhn vil iar mit guttem, ernstlichem vleiß iren lecturen vorgestanden und abgewartet haben, bevorab, da sie zu ihrem alter, unvermuglichkheit oder schwachheit des leibs komen, vor andern und, wie hernach gemelt wirdt, bedacht und von den lecturen (wo sie anderst die zu verwalten noch vermuglich weren) nit leichtlich abgesetzt werden.

Wo auch aller obgenannter ordinarien und professorn, die weren doctors, licentiati oder magistri, und in welcher facultetn das were, einer oder mehr, mit zeitlichen leibs (f. 39) kranckheiten beladen würden, also das man sich seiner oder derselben widerkomenden gesundheit nit zu verhoffen, sollen er oder die mit rath der universitet, zeit werender kranckheit, durch geschickte substituten ihre lectur zu verwalten macht haben. So aber einer in chronicam oder harte langwirige kranckheit seins leibs erwuchse oder sonst eines hohen, unvermuglichen alterß were, so wollen wir iederzeit, damit die lecturen mit nachtheil der audienten die lenge nit unversehen pleiben, sampt dem rectore und der universitet rhtbig werden, wie sein lectur bestelt, und er dannocht der obliegenden kranckheit halben seiner notturftigen leibsnarung nit entplöst werde und imselben auch insonderheit dieienigen, so sich in ir wesen und leben wol gehalten haben, troulichen bedenckhen.

Und hierumb dieweil in khöniglichen stift alhie zum heilgen geist ettliche canonicatprebenden biß anhero der universitet zugeordenet gewesen, dergestalt, das die geistlichen stipendiaten und ordinarien unserer universitet, wann sie zu hohem alter und schwachheit komen und ihren lecturen nit mehr stattlichen fur sein und obligen mögen, solcher prebenden eine zu adoptirn und anzunemen gehabt haben, bedenkhen wir doch pillich und christenlich sein, das solche benefitia nit zweien oder dreien allein, sonder in gemein allen ordinarien und legenten umb gleicher ursachen, erlebten alters und unvermugligkeit willen, zu gut komen und deroselben benefitien ein ieder zu seiner notturft, wie obstect, sich zu erfreuen haben möge. Ordnen und wöllen hierauf, das nun hinfurter alle dieselben drei benefitia und prebenden der universitet gentzlichen zugeeignet und pleiben, auch deren einkhommen, gefelle und zugehörungen, es sei in corpore oder an der presentza, in den gemeinen seckhl und fiscum der universitet gefallen sollen. Wie wir auch zu bestendiger translation und incorporation solcher canonicat alle brifliche urkunden, register und dergleichen, darzu gehörend, der universitet von dem stift zum heilgen geist zustellen und uberreichen lassen, damit nuhmehr zu ewigen tagen ihres gefallens und zu nutz der universitet zu schalten und zu walten und (f. 40) insonderheit die alten schwachen kranckhen und unvermugliche, umb die universitet und studia wol verdhiente persohnen, welcher profession oder facultet die auch seien, ire lebtagen auß, zu underhalten und zu versehen, also das man einer ieden solchen persohnen gegen abdrettung gehabter lecturen deroselben praebenden mit ihren einkhomen und zugehörungen eine verordenen und gedeihen lassen solle.

Wurde aber ein persohn, und insonderheit die sich treulich, ehrlich und fleissig in ihrem ampt und beruff gehalten, in der universitet diensten mit tod abgehen, auch woib und kind oder deron eins hinder ihme verlassen, damit dann solche des verstorbenen wittwe und weisen iu diesem leidigen fall ettwas ein ergetzligkeit und erquickhung haben mögen, so setzen, ordenen und wollen wir, das die besoldung, so der abgestorbene vornahls gehabt, ein viertel iar nachdihnen und seiner wittwen und khindern (wie obstect) solche zeit über unweigerlich gereicht werden solle.

Item: das auch die iungen angeenden persohnen alhie in unserm studio dester fuglicher uffwachsen mögen, so wollen wir mit gantzem ernst, das hinfur kein regent einicher burßen oder communiteten zusampt der regenterei mit dem collegio artistarum, noch andern der universitet zugehörigen lecturen oder stipendien versehen werden, sonder die zeit er regent pleibt, sich seins zugeordneten solds und theils benugen lassen soll.

Dergleichen soll es auch mit den andern ordinariis und professoribus gehalten und in kein persohn mehr, dann ein stipendium oder beneficium, der universitet zugehörig, gewendet werden, damit dester mehr persohnen ihr enthaltung und versehung bei der universitet ieder zeit haben mögen.

Hergegen aber soll zu einer lecturen auch nit mehr dann ein professor oder lector einßmals hinfurter presentirt oder sonst durch die universitet verordenet werden, sonder die lecturn unzertheilt und unzertrennt pleiben, in betrachtung, das solchs mehr zu unlust und verdruß der audienten und zuhörer, dann der (f. 41) schulen zu guttem vilmahls gereicht und gedient hat, dieweil einer heut, der ander morgen, auch keiner wie der ander pflegt zu lesen, darzu die materi und argumenta der profession oder bucher zerrissen und die lectores, so ettwa die pesten und der schul am nutzlichsten furstehen mögen, umb schmehlerung der stipendien willen sich anderstwo umbzusehen und bestellen zu lassen verursacht und getrungen werden.

Zuletzst: und zu mehrer bestendigkheit der lecturen, fride und einigkeit der professorn, auch umb minder einwurtzelung untrüglicher und umformblicher lehre willen, so ordenen und setzen wir, das keiner in unserm studio ichts zu lesen furnemen, noch im selben zugelassen werden soll, er seie dann zuvor darzu ordentlicher weise, wie sich gepuirt, komen, auch von unß oder dem rectore und universitet verordenet oder approbirt worden und lese in seinen zugeordenten buchern, oder waß ihme iederzeit von gemeiner universitet zu lesen ufferlegt, vergündt und zugelassen wirdt. Dann ie unser endtliche meinung, das in unserm studio ein ieder legent und ordinarius bei seinen zugeordenten büchern, desgleichen ein iede facultet bei ihrer zugehorigen materien pleiben und kheiner zu des andern buchern oder materien schreitten, noch greifen, auch keiner des andern zeit oder stundt (dorinnen ohne und zuwider unserer ordination offentlich zu profitiren und zu lesen) ihme selber furnemen solle. Welcher aber das frevenlichen uberginge, derselbig soll seiner lecturen, so er eine hat, entsetzt, oder so er derselbigen keine hette, hinfuro in der universitet zu keiner, weder lecturn, noch andern digniteten promovirt und zugelassen werden, doch das solchs alleß ieder zeit uff vorgehende gnugsame rechtmessige erkanttnus deß rectoris und der universitet, damit keiner in solchen gefahrlicher weise gestrafft werde, beschee.

(§ 24.) Von den heusern und bewen der universitet.

Wiewol hievor von weilund unserm lieben (f. 42) herrn vettern pfaltzgrafen Ludwigen churfursten lobseliger dechtnus nutzlichen und wolbedachts raths geordenet und befohlen worden, damit der universitet incorporirte heuser und gebeue in guttem zimblichem wesen und bau erhalten und iederzeit gebessert, sonderlich auch, das aller ordinarien und legenten heuser, collegia, bursen und, waß weiter der gemeinen universitet eingeleibt, iedes iars durch die verordente der universitet besichtiget, und so ettwas an denselben mangelhaft oder ungebauet befunden, die inwohner oder inhaber dahin gehalten solten werden, solchen mangl zu keeren und zur pesserung zu bringen; oder wo solchs fur unrathlich und ungelegen angesehen wurde, sie die gemeine universitet solche heuser in bau und pesserung zu richten und zu erhalten uff sich nemen und alsdann den inwohnenden persohuen ierlich ein zimblichen zinß oder pension dargegen uffzulegen und denselben zinß furter in gemeinen fiscum der universitet zu antworten macht haben solte, so befinden wir doch, das sollicher ordination und satzung bißanhero wenig nachkomen und gelebt, und das obgenante heuser und bew der universitet von tag zu tag ie lenger und mehr schadhaftig werden und verfallen, wellichs dann nit allein der universitet mit der zeit zu grossem schaden und abgang reichen und dhienen möchte, sonder auch unß, von wegen deformirung der statt gebew und andern ursachen, schwehr, nachtheilig und unleidlich.

Hirumb so ist unser gantz ernstlich meinung und wollen, das anfengklichen alle bew und heuser, so beides durch nachlitssigkeit oder verachtung der einwohner und verhengung der universitet zu schaden komen und baufällig worden, alßbald widerumben uffgericht und in ein besserung von gemelter universitet durch ierliche hulfe und steur der new erlangten gefelle und einkhomen gebracht werden und alßdann alle iar, wie vormahls geordenet, besichtiget, und was einem ieden einwohner zu bauen oder bessern gebuirt und zusteet, das er dasselb innerhalb der nehstvolgenden visitation bawe und pessere. Wo nit, soll alßdann die universitet durch ihre baumeister solchen mangl und schaden wenden und erstatten und den costen von den innwohnenden persohnen (f. 43) erfordern, oder wo sich die erlegung des costens sperreten, denselben an ihrer besoldung oder ierlichen gefelle abzihen und inhalten sampt der straffe, so solchen seumigen und ungehorsamen persohnen daneben nach erkhanttnus deß rectors und der universitet ufferlegt werden soll. Auf das auch die inwohner desto weniger ursach haben, hirinnen ausflucht oder entschuldigung zu suchen, alß ob ihnen dises oder ienes pauen zu lassen nicht gebürte, so soll ein ieder einwohner oder usufructuarius uff seinen costen das hauß sampt seiner zugehörde, in tach, auch die esterich, fenster, öfen, schloß, thur, laden, wetterteehlein, in gutem wesentlichen standt zu erhalten, deßgleichen andere sumptus voluptarios und utiles zu tragen, universitas aber alle grund- und hauptbew, auch andere necessarios sumptus als khündl, abgefaulte pfosten, balckhen, wende, durchzüge und waß sonst althers halben baufellig ist, zu machen schuldig sein.

Und damit demselben dester stattlicher nachgesetzt und volgung gescheen möge, ist auch ferrer unser meinung und wille, das vilgemelte unsere universitet zween baumeister auß ihrem rath und consilio hinfurter, wie obsteet, ordenen und haben solle, deren ein ieder zwei iar lang sollich ampt trage, aber alle iar ein ander und neuer an des ältern statt gewehlt und dem iungen zugegeben werde, gleicher weise, wie wir hievor von den korn- und weinmeistern auch gesetzt haben; welche alsdann beide bei einer ieden visitation oder besichtigung der heuser selbst zugegen sein und sampt dem rectore, decano facultatis, notario oder pedellen und den zweien werckhleuten umbher gehen, waß mangelhaft oder baufellig merckhen und aufschreiben lassen und den einwonern einem ieden nach seiner gepuir die verzeichneten und erkhentten mengl zustellen, auch dasienig, so in nehster vorgeender visitation zu bauen oder bessern befohlen, aber nit ausgericht worden, alßbaldt ausgericht und gebauet zu werden, bei ihren der universitet gethanen pflichten verschaffen und demnach den costen von den einwohnern oder derselben gefellen, einkhomen oder stipendien wider erholen, unangesehen alle (l. 44) derselben einrede und widersperren, dann uns nit gelegen wil sein, unserer stat bew und heuser umb etlicher fahrlessigkeit oder auch eigen nutz willen in abgang und verderben wachsen und komen zu lassen.

Und hieneben wollen wir auch, das wie einem ieden ordinarien oder legenten ein behausung von der universitet wegen zugeordenet wurdt, er dieselbig behalten soll, es were dann, das einer mit dem andern gutlichen wechßlet, sollichs auch mit des rectoris und der universitet wissen und zulassen beschee, doch nit lenger dann desselbigen lebtagen oder so lang er die lectur inhat, nach seinem abschiede aber oder absterben soll iedes hauß wider an seine vorgeordente statt und lectur wachsen und komen.

(§ 25.) Von den gärten der universitet.

Als dann bishero und in craft nehster reformation pfaltzgrafen Ludwigs churfursten seligen drei gärten in den obern dreien facultatibus geordnet und gemeinglich von den decanis deroselben faculteten ingehabt und genossen worden, anietzt aber und vermöge diser unser reformation die offitia decanatus wandelbar und von iaren zu iaren verendert werden sollen, ordnen und setzen wir demnach, das hinfurbaß dieselben drei gärten beruirten dreien faculteten pleiben und allwegen ein ieder senior und primarius lector facultatis, solang er seiner lectur fursteen wurdt, deroselben einen zu besitzen, zu geniessen und zu gebrauchen haben. Dergleichen auch ist unser meinung, das der vierdt garten, zum hauß Dionysii gehorig, einem ieden provisori desselben hauses verpleibe und, die zeit er den dienst tregt und verwaltet, er sich desselben gebrauchen und geniessen soll, doch das auch die obgemelten drei seniores und provisor ein ieder seinen inhabenden garten in guttem wesen erhalten und die in abgang nicht komen lassen an heusern oder allem andern, wie sich das gepuirt und preuchlich ist. Und soll auch (f. 45) hiemit abgeschnitten sein, den inhabern diser gärten das ampelgelt ferrer zu reichen oder nachzulassen, sonder da einiche beschwerunge auf den gärten stunde, dieselbig durch die niessende inhabere außzurichten verschafft werden.

(§ 26.) Von einigkeit und gemeinem friden zu erhalten.

Damit auch allenthalben unserer universitet gutte freuntschaft und gleichheit gepflanzt und alle zwitracht ausgereuttet werden möge, so ordenen wir und wollen mit allem ernst, das keiner der universitet verwandter, waß wirden oder stands der seie, kein andere persohn derselben, dergleichen kein facultet die ander, auch kein communitet die ander in einicherlei sachen, sonderlichen aber, so man einem oder einer derselben ettwas zu eigen geben, stiften oder sunst iemand furdern wolte, irren oder verhindern sollen.

Welcher aber oder welche dasselb mit mutwillen uberschritten und uff ermessung des rectoris und seiner consiliarien schuldig erfunden wurden, die sollen mit nachvolgender straff mulctirt oder gestrafft werden, nemlich: ein sonder oder eintzliche persohn, so es ein student ist, ein gulden, ein bacularius artium zween gulden, ein magister vier gulden, ein bacularius der obern faculteten funf gulden, ein licentiat acht gulden und ein doctor zehen gulden, der contubernien aber und bursen eine das viertheil und ein facultet das drittheil, daran sie die andere verhindert hat, erlegen. Und soll solch gelt gentzlich in gemeinen fiscum der universitet gefallen.

(§ 27.) Von gemeinen statuten und ordnungen der universitet, und wie ferr dieselben sollen oder mögen geändert werden.

(f. 46) Dieweil aber auch zu erhaltung einigkeit und gemeines fridens vil daran gelegen, das ein richtig strackh regiment und ordnung durchauß gehalten und der geringer von dem gewaltigern nit ubersetzt oder beschwerdt werde, und aber ettwa hievor ein iede facultet, insonderheit auch ettliche besondere persohnen (so auß eigener angemaster authoritet die universitet ihres gefallens zu regiren understeen durfen) ire statuten fur sich selbst gemacht, geändert und ihres willens gesetzt haben, dardurch aber andere faculteten und persohnen beschwerdt und zu unnöttigen dingen oftermahls vernrsacht und getrungen worden, demnach ist von uns bedacht, wollen auch und schaffens hiemit gantz ernstlich, das nach uffrichtung und publicirung diser unser ordination die universitet in gemein und insonderheit ein iede facultet, dergleichen auch das collegium artistarum und Dionisinnerhauß ihre besondere statuta und ordnungen, so bisanhero ein iede commnnitet oder facultet fur sich gehabt, mit fleiß ersehen, auch mit diser unser reformation conferirn und vergleichen, und was zu vil oder unpillich, auch diser unser reformation inverleipte einer ieden facultet satzungen, statuten und iuramenten ungemeß dorinnen erfunden wurde, sollichs abthun, waß zu wenig oder sonst mangelhafft nach laut diser reformation corrigirn, erstatten und verbessern, sonderlichen aber, wo sie diser unser ordination und satzungen entgegen und zuwider, keineswegs fur autentica oder tuglich halten, noch darauf handln; auch hinfurter dieselben durch einiche facultet, collegium, bursen oder andere der universitet verwandten weder endern, abthuu, mehren, noch mindern, oder auch dargegen dispensiren sollen, es beschee dann mit unserm oder unser erben und nachkomen wissen und willen, wellichs wir alsdann auß redlichen, ansehenlichen und gnugsamen ursachen solchs zuzulassen, zu bewilligen und zu authorisiren oder nit, uns wollen vorbehalten haben.

Es sollen auch iedes iars, gleich wie die statuten universitatis und facultatis artium, also auch der andern faculteten, item aller heuser oder bursen eigene statuten ihren discipulis und einwohnern zum wenigsten einmahle und nach ausgang der vacantien in der ersten wochen offentlich recitirt und furgelesen werden, damit sich desselben ein ieder zu richten und halten und niemand mit der ignorantia oder (f. 47) unwissenheit derselben habe zu entschuldigen.

Daneben soll auch ein iede facultet, contubernium und burßen obgemelter ihrer statuten copi oder exempla der universitet in ihren gemeinen fiscum oder aerarium zu verwahren, damit sie denselben auch wissens haben mögen, zu beantwurten schuldig sein, welches wir hiemit ihnen allen und einem ieden insonderheit, so weit ihne solchs gepuirt, in seine gethane pflicht uffgelegt und eingepunden wölln haben.

(§ 28.) Volgend hernach die gemeinen statuten, so iärlichs öffentlich recitirt und allen der universitet verwandten ingemein sollen fürgelesen werden.

Statuta ac leges universitatis[1]).

I. Ad universitatem iam primum venientes intra diem vicesimum apud rectorem nomina sua profitentor, insiurandumque consuetum atque solenne iuranto[2]).

Eum, qui apud rectorem professus non est, neque regentes contuberniis neque caeteri praeceptores habitatione mensave accipiunto.

Damnatum proscriptumque aut alias infamem nullus nniversitati coniunctus recipito aut clam secum foveto[3]).

II. Qui superiores facultates sequuntur, apud decanum quisque suum nomen aut studia sua (f. 48) profitentor eidemque dicto audientes sunto, locis praeterea inhonestis atque suspectis ne habitanto[4]).

---
1) Sie sind abgedruckt bei Wund a. a. O. pag. 155—163, und zwar aus B.
2) Eine etwas spätere Hand verweist auf supra pag. 13 und 14 (s. oben S. 10).
3) Randnotiz verweist auf supra pag. 18 alt. facie (s. oben S. 14).
4) Randnotiz verweist auf supra fol. 15 und 16 (s. oben S. 12).

Philosophiae autem et humaniorum artium discipuli in contuberniis sub regentibus aut foris non aliter quam cum doctoribus, licentiatis aut privatis magistris ac praeceptoribus suis degunto.

Cum parentibus aut genere proximis qui habitant, praeceptores privatos quisque suos habento.

A magistris ac praeceptoribus suis, nisi eorundem consensu ac iustis de causis, a rectore et universitate quoque, si opus eo sit, cognitis et approbatis ad alios nulli transeunto.

Discipulos alienos promissione ac verbis aut alio quovis modo inductos atque illectos magistri ac praeceptores nulli ad se traducunto, etiam sponte ac ultro transeuntes causa incognita ne recipiunto.

III. Lectiones discipuli, ut minimum, binas, causa iusta ac necessaria non prohibente, quotidie audiunto [1]).

Discipulum otiosum, desidem ac vagum lectionesque ac disputationes nullas frequentantem magistri ac praeceptores nulli ferunto.

Minerval, contubernales ii, qui infra magisterium sunt, aureum quottannis regentibus solvunto. Caeteri immunes habentor.

IV. Vestitu honesto atque civili omnes ingrediuntor.

Vestibus scurriliter [2]) aut militari licentia dissectis aut variegatis aut etiam supra modum abbreviatis incedentem discipulum quidem regentes ac praeceptores caeteri a contuberniis et societate suorum prohibento: sin idem magister aut superioris gradus fuerit, ab actibus scholae solennibus ac publicis arcetor (f. 49).

V. Armatus gladio vel cultro longiore in scholam aut per publicum nullus ingreditor.

A vi et iniuria omnes abstinento.

Provocans alium ad pugnandum, ex academiae societate excludatur [3]).

Noctu absque lucernis post primam noctis facem per viam nulli ambulanto, neque poti ultra tempus vagantor, neque clamoribus ac turbis molesti aliis sunto.

Publicum custodem, aut vigilem ant apparitorem, nulli cedunto neque magistratum aliquem vi invadunto. Qui contra fecerit, proscriptionis damnas esto.

Nec fores quisquam alienas effringito, nec virginem mulieremve rapito, aut rapienti adesto, aut ipse lenocinium exerceto. Qui contra fecerit, eadem illa ac superiore poena damnator.

VI. A consuetudine et conversatione improborum omnes abstinento.

In ganeis ac lustris cum potoribus, alcatoribus caeterisque asotis ac perditis ne versantor, vino neque ipsi sese ingurgitanto, neque alios ad potandum urgento.

A societatibus ludisque publicis gladiatorum ac lanistarum sese continento; neque choreas publicas, nisi ad nuptias legitime vocati, neque encenia et commessationes paganorum temere atque extra urbem frequentanto.

VII. Principi honorem suum ac debitum omnes habento.

Circa arcem illius neque crebrius obambulando, neque curiosius quicquam explorando suspectos sese reddunto.

---

1) Randnotiz: supra pag. 15 (s. oben S. 12).
2) Randnotiz: supra fol. 17 (s. oben S. 19).
3) Später durch Ueberschreiben der betreffenden Vokale geändert in: excluditor.

Piscationes, venationes aut aucupia in iis, quae principis sunt, nulli instituunto aut instituentibus assunto.

Ministros quoque et satellites eiusdem neque verbis (f. 50) lacessunto, neque opere provocanto.

VIII. Ab iis, quae civitatis sunt, vim abstinento, publicum nihil frangunto aut alio quovis pacto laedunto.

Muros civitatis temere ne ascendunto; qui ascenderit, ne transilito. Si transilierit, proscriptionis damnas esto.

IX. Privatorum quoque civium ac incolarum urbis huius hortos aut vineas, invito aut nesciente domino, nulli ingrediuntor.

Praediis ac possessionibus civium aut eorum ministris ac villicis iniuriam aut damnum ne inferunto.

Damnum, quod quis dederit, ei, cuius interest, et quanti, resarcito.

X. Pari modo domi et in contuberniis agunto; nullus alterum laedito, concordiam et pacem omnes servanto.

Quod quisque oeconomo debet, intra mensem proximum ab eo, quo debere coepit, quod regentibus aut praeceptoribus ad proximas quisque rationes, quod caeteris quibuscumque omnino ante abitum atque discessum suum sine omni tergiversatione ac fraude persolvito.

Fenestras, fores, fornaces et id genus in publicis aedificiis aut privatis habitationibus neque frangunto ulli, neque comminuunto aut alia quavis ratione violanto.

Corruptum, fractum aut laesum aere proprio restituunto.

Claves adulterinas nulli habento, neque fores contuberniorum clam vel noctu, regentibus ignorantibus aut prohibentibus, ulli aperiunto.

Si quid malitiose aut petulanter a quoquam tale factum fuerit non aere solum, sed et carcere mulctator.

XI. A rectore per apparitorem sive pedellum vocati, omnes ac singuli parento (f. 51).

Ad causae testimoniive dictionem citati praesto adsunto.

Rebelles et contumaces qui fuerint, primo quidem aere, mox carcere puniuntor; malitiose autem perseverantes aut etiam in maioribus gravioribusque delictis comprehensi atque conuicti proscriptione aut relegatione pro rei factique conditione damnantor[1]).

Tabulas sive literas rectoris quatuorve decanorum alicuius sigillo obsignatas et pro foribus templi aut contuberniorum affixas ante tempus nulli refringunto aut alio quovis modo violanto.

XII. Pietatem colunto omnes.

Blasphemi ne sunto.

Caeremonias et res divinas a Christo et apostolis eius institutas ac traditas sobrie casteque frequentanto.

(§ 29.) Von des rectors pedellen.

Damit aber des rectoris dienst, auch gemeiner universitet actus solennes et ordinarii mit geburlicher dignitet und dapferkeit gehalten, derselben zugehöer getreulichen und rechtschaffen verricht, auch allen statuten und satzungen desto fleissiger und volkomenlicher nachgesetzt und außgewart möge werden, so er-

---

1) Randnotiz: supra fol. 22 (s. oben S. 16).

fordert die notturft, das hirzu ein gemeiner dihner deß rectoris und der universitet, welcher pedellus genant, mit sondern pflichten angenomen und bestellet werde.

Hirumb, so lassen wir es diß orts bei dem alten brauch und hergebrachten gewonheiten pleiben, das solcher pedell iederzeit von dem rectore und der universitet mit gewohnlichen gebuirenden gelubden angenomen und uff puncten und artickhl, wie volgt, obligirt und verbunden werde:
1. nemlich: das er wölle dem rector und der universitet seins vermögens und wissens alle trew und gehorsam leisten;
2. die heimligkeit derselben, sovil ihme bewust, nit (f. 52) außbringen oder offenbaren;
3. des tags ein mahl ordinarie und sonst, so vil es vonnötten, den rectorem heimsuchen, seins geheiß und befelchs gewertig sein und demselben mit allem fleiß und ernst nachkomen;
4. uber nacht ohne deß rectors wissen und willen aus der statt nit pleiben oder verreisen;
5. in allen actibus publicis, darzu der rector in oder ausserhalb der schulen pflegt erfordert zu werden, demselben mit dem baculo oder stab, wie sich gepuirt, furgehen und uff den dienst warten;
6. auch sonst in den promotionibus oder publicis disputationibus der obern faculteten allen ordinarien, personen und legenten ihre gepuirende locum und statt antzeigen und ihnen biß an denselben furgeen;
7. den consiliariis und räthen der universitet, auch allen doctoribus, licentiatis und magistris ihre angehorende gepurende reverentzs und ehre erpieten und beweisen;
8. weiter auch die auditoria der dreien obern faculteten, dergleichen die gemeine bibliothecam oder librei der universitet sauber und rein halten, die schlussell derselben bibliotheckhen (so er sie vom rector empfangen) niemand weiter zustellen oder behändigen, auch niemand anderß dorein ohne sonderlich bewilligung und befelch des rectors fur sich selber führen oder komen lassen;
9. und in summa, was zu schaden und nachteil der universitet reichen oder dihnen möchte, dasselbig alleß, sovil an ihme ist, wenden und keren.

Und fur solche eingedingte, ufferlegte dienst und pflicht soll ihme von der universitet ein iarliche zimliche besoldung, nach gelegenheit der persohnen und zeit, verordnet und gemacht, insonderheit aber in den promotionibus der obern faculteten von den promovendten, wie hernach folgt, ausgericht und betzahlt werden, nemlichen:

in theologica facultate: von einem baclarianden einen gulden, von einem licentiaten zween gulden und von dem, so doctor promovirt wirdt, vier gulden.

In facultate iuridica: vom baculariat in der rechten einem ein gulden, in beiden rechten (f. 53) aber zween gulden, von der licentiatur in einem rechten zween gulden, in beiden rechten drei gulden und von dem doctorat in einem rechten drei gulden, in beiden rechten aber funf gulden.

In medicina: von einem baculario ein gulden, von der licentiatur zween gulden und von dem doctorat drei gulden.

Und solch obgemelt gelt und betzalnung, nachdem ein ieder arbeiter und dhiener seins lohns würdig, ordenen und wollen wir, das ein ieder, so obgemelter massen in unserm studio und desselben facultetcn promovirt will werden, soll obgenantem pedellen, ehe und zuvor er die promotion oder insignia empfahet, gutlichen vergnugen und ohne das nit zugelassen werden, sonst alle andere uffsetzs und ersteigerung, so derhalben möchten ferner furgenomen werden, hiemit hingelegt und uffgehaben.

(§ 30.) Von dem notario und sindico der universitet.

Uff das auch der universitet consistorium und gerichtzwang desto ordenlicher stattlicher versehen und gehalten, dergleichen die geschefft, so in oder ausserhalb unser statt Heydelberg die universitet und ihr einkomens und gefelle belangendt, es sei mit recht oder sonst ußgeführt und verrichtet mögen werden, haben wir nach gnugsamen bericht und gelegenheit der universitet gnediglich erwogen, hierzu einer sondern gemeinen persohnen vonnötten sein, wollen und ordnen auch darauf, das hinfurter ein discipulus iuris, oder so muglich, ein magister artium, der beides eins syndici und notarien ampt verwese, von dem rectore und universitet ieder zeit umb ein ierliche zimliche besoldung bestellet, mit gepuirlichen pflichten und eiden angenomen und widerumb ohne sonder wichtige ursachen solchs seins dhiensts nit beurlaubt oder abgesetzt werden soll.

Und dieser notarius oder syndicus soll nit allein im consistorio und bei den rechtfertigungen der gerichtshendl, sonder auch bej allen consiliis und rathschlegen des rectors und der (f. 54) universitet (auf obgemelte verpflichtung, waß er secreta und heimligkeitten erfüre oder innen wurde, dieselbigen nit weiter außbringen und offenbahren) sampt andern consiliariis sitzen, die vota, suffragia und sententias, auch andere der universitet decreta und beschlūß in schrifften verfassen und prothocolliren und demnach gleich als ein gemeiner registrator alle der universitet und der gerichts acta und handlungen in ihre ordnung pringen und richten, damit, waß ieder zeit nit allein gerichtlichen, sonder auch in andern der universitet furfallenden sachen gehandelt, beschieden und beschlossen wurd, fleissig und ordenlich in die acta referirt und gebracht, und ein ieder rector, was vor und in seinem ampt sich zugetragen und beschcen, ohn sondere mühe und arbeit wissen und sich demselben nach so vil besser zu gerichten und zu halten haben möge.

Es soll auch gemelter notarius oder syndicus, nachdem nuhmer die universitet mit vilen und neuen gescheften von tag ie mehr und mehr beladen würdt, zu allen andern und außwendigen sachen und hendlen, so obgemelte unsere universitet beides der alten und der neuen gefelle und einkhomen halben iederzeit anlangen, mögen geschickht und geprauncht werden, dieselben uff gegebenen befelch oder sonst seins pesten vermugens und wissens, es sei gerichtlichen oder anderst, zu betheidigen und zu verrichten schuldig sein, alleß uf gemeiner universitet costen.

Ferner auch: waß zeugen-vorhörung, abschrift der urtheil und bescheid, item kundtschafft und literas testimoniales, so under des rectors sigill ausgehen und gegeben werden (doch demselben an seinem sigelgelt und gerechtigkeitten unabbruchlich) belangt, dasselbig in schrifften, so oft solchs begert oder gefordert wurdt, verfertigen und (retentis copiis apud acta, oder aber das, weß einem ieden zugestellt, aufgezeichnet werde) umb gewöhnliche gepuirliche belohnung, denen es zusteet, hingeben und folgen lassen, und in summa, was weiter einem notario und syndico zugehorig, alleß und ein iedes nach seiner gepuir außrichten und vertretten. (f. 55.)

(§ 31.) Juramentum syndici et notarii.

Das er wolle dem rector und gemeiner universitet getrew und hold sein, derselben schaden warnen, fromen und bestes werben, auch alleu und ieden der universitet ordinarien und professoren aller faculteten zugleich ehrerbietig sein, darzu alle der universitet herrligkeit und gerechtigkheiten, in waß orth die weren, getreulichen schirmen, versprechen, handhaben und verantwurten nach allem seinem besten vermögen ohn alle gefeerde.

Volgends: das er wolle bemelter universitet und deren gemeiner seeklıl gescheffte in- oder ausserhalb rechtens uff der universitet befelch und instruction zum getreulichsten handln und außrichten mit rathen, reitten, reden und schreiben, was einem rector und gemeiner universitet vonnötten, sich willig geprauchen lassen, auch die rathbeschlüß, dabei er sein würdt, treulichen verfassen und beides derselben und sonst aller seiner handlung und sachen, die universitet belangendt, ein eigen prothocoll halten.

Zum dritten: sovil das notariat betrifft, das gerichtbuch und prothocoll beider rechtlicher und guitlicher sachen und gescheflften in seinem gang und wesen halten und getreulichen compliren, auch alle brifliche urkunth concipirn, die alten zinß und gultbrif der universitet, wo vonnötten, vidimiren, renoviren und registriren, waß sich auch sonst zwuschen der universitet persohnen innen oder ausserhalb gerichts zutragen wurdt, alß verträge, acta, bei- und endurtheil, copien, commissiones, instrumenta, contractus, inventaria, praesentationes, investituras und waß dergleichen alleß, alß hiruff gedingter syndicus, notarius und gerichtschreiber umb gepuirliche der partheien, oder wem solchs gehort und gepuirt, belohnung uffrichten und verfertigen.

Und zuletzt: die heimligkeiten der universitet und derselben gericht nicht offenbahren, und so er von dem dienst abkeme, alle und iede hendl, acta, brif, prothocollen der universitet zustellen, nichts hinterhalten, auch ohne wissen und erlaubnus des rectors uber drei tage aus der statt nit pleiben oder ligen und, (f. 56) waß er in der universitet geschefften verzehrt, desselben iederzeit zu seiner widerkhunft dem procuratorn fisci ein gewisse und treuliche verzeichnus zustellen und ubergeben, alles treulich, sonder gefeerde.

(§ 32.) Von der universitet bibliothekhen oder librarien.

Nachdeme das nöttigst und furnemist instrument und werckzeug deren, so sich uff die studia der freien kunst und waß derselben anhengig, begeben, die scriptores und derselben bucher, alß ohne die weder die kunst und rechte lehr erhalten, noch erlangt und gelernet mag werden, und aber nit eins ieden vermogen, ein eigene bibliotheckh oder librari fur sich selber zu zeugen oder zu bestellen, so will sonderlichen vonnötten sein, das uff einer offenen gemeinen schulen auch eine offene gemeine bibliotheckh angeschickht und erhalten werde, dorinnen dieienigen, so ettwa mangl an buchern haben, sich erkundigen und besuchen und durch gemeine hülfe ihr eigen mängl und notturft in ihren furgenomenen studiis und kunsten einsetzen und wenden mögen.

Dieweil dann, wie wir bericht, nach gelegenheit diß orts ein zimliche anzahl gutter bucher, sonderlich aber in inro vorhanden, auch ein bequeme wolgelegene statt und behausung zu solcher bibliotheckhen alhie in unser schulen von alters hero verordenet, also das man nuhmehr ohne sonderliche muhe und mit geringem costen obgenante bibliotheckh oder librari von inr zu iar mehren und endtlichen in ein volkomnen standt und wesen pringen möchte, so ist demnach unser meinung und will, das rector und die universitet hirzu ettliche verordnen sollen, welche dieselben der universitet gemeine und alte bibliotheckhen alßpald nach diser unser ausgegangner und uffgerichter ordination mit fleiß besichtigen, derselben bucher ein iedeß nach seiner facultet und profession in ein richtige ordnung pringen, auch (f. 57) dieienigen, so in der kirchen zum heilgen geist, der universiteten angehorig, und doselbst ohn alle achtung verstreuet und muessig ligen, zu den andern in ein corpus redigirn und verfugen.

Und demnach dieselbe alle und ein iedes insonderheit mit gepuirlichen kettenlin und schloßern anschmiden, versichern und verwahren lassen und die schlussell dem rectori in sein gewahrsam und trew ubergeben und lifern, volgends aber von iar zu iarn von dem residuo, so iederzeit an betzahlung der salarien und stipendien ubersteet, nach desselben gelegenheit fur ein gulden zehen oder zweintzig bucher, in ieder facultet ein stuckh oder zwei, doch das dieselben gutte, alte, beruimpte und nutzbarliche authores seien, darzu ferrer kauffen und also dieselbige mit der zeit erweitern und mehren.

Und zu solcher bibliotheckhen sollen furnemlich die drei der obern faculteten decani sampt dem rectore schlussel haben, welche auch iedes iars zu des rectoris gelegener zeit sampt ihm dem rectore obgemelte librari besichtigen, waß dorin mangl oder vonnötten, erkünden, merckhen und erstattet zu werden verschaffen sollen.

Ferner soll auch einem ieden ordinarien und professori publico uff sein ansuchen und begern ein schlussel vergündt werden, aber mit diser condition und maaß, das er bei seinen gethanen pflichten zusage und verspreche, das er wolle ohn alle gefeerd, betrug und argelist sich solcher bibliotheckhen gebrauchen, derselben bucher seiner notturft nach und anderst nit ersuchen, neben ihme niemand frembdß oder, wer der universitet nit verwandt und glopt ist, hineinführen, und so er sunst oder auch auß den verwandten iemand hirein mit sich gefuret, uff denselben aehtung haben und fur ihne mit hinauß geen, die thüre der bibliotheckhen nach ihme wider beschlissen und bewaren. Auch so es sich begebe, das er sein lectur oder ampt ubergeben und sich anderswohin thun wurde, dem rectori den schlußl wider zustellen und uberlifern.

Hirneben soll auch keinem, weder rectori, noch decano oder auch andern ordinariis und professoribus gestattet werden, einich buch auß der librari zu tragen und sich desselben fur sich (f. 58) doheime zu prauchen; sonder so einem ettwas vonnötten zu suchen oder abzuschreiben, soll er dasselbig fur sich selber in der librari oder durch ein vertrauten dhiener und der universitet verwandten ausrichten oder schreiben lassen, damit die librari an ihr selber gantza und unverrückht pleibe und zu ieder zeit ein ieder, so derselben notturftig, sich deren unverhindert zu geniessen und zu gebrauchen habe.

Zuletzt: wo auch einer begriffen wurde, der heimlicher gefährlicher weise fur sich selbst oder durch ein andern eins oder mehr bucher diser vilgemelter librari entfrembdet oder mutwilligen eins oder mehr bletter auß einichem buch gerissen oder geschnitten hette, derselbig, er sei hohes oder nidern standß, professor oder anderer, soll alsbald ohn alle einrede und weitere disputation von dem rectore ab universitate excludirt, proscribirt und verwisen werden.

Und diese constitutiones, die bibliotheckhn betreffendt, sollen uff ein tafeln mit klaren verstendtlichen buchstaben geschrieben und bei dem eingang obbenanter bibliotheken uffgehenckht und angeschlagen werden, damit sich derselben meniglich hab zu berichten.

(§ 33.) Von einem gemeinen hospital oder siechhauß antzurichten.

Item demnach sich auch oftermahls begibt, das der universitet verwandten, gesinde, mitgde oder knecht, auch andere arme studenten in kranckheiten fallen und derhalben ettwo ein zeit lang zu beth ligen mussen, und aber deroselben herrschaften heuser oder wohnungen vilmahls nit gelegenheit oder raum haben, solche kranckhe persohnen bei sich und in ihren heusern geschicklichen zu halten und mit gepuirlicher wartung versorgen und versehen zu lassen, demnach ist ferner unser meinung und wille, das rector und universitet sollen ein fleissigs nachdeneken haben, ettwo ein hauß an ein besondern ort der statt oder sunst bequemlichen (f. 52) und gelegen zu bekomen oder zu kaufen, dorinnen ein gemein hospitale oder siechenhauß der universitet anzurichten und zu verordenen, damit wie uff andern universiteten und hohen schulen der brauch ist, den kranckhen studenten, famulen oder dinstbotten iederzeit durch eigene, hiezu bestelte oder desselben hauses einwohnende persohnen gepuirliche, billiche wartung möge bescheen, und nit die armen durch mangl ihrer nottwendigen handtreichunge und aufwartung, wie ettwan geschicht, zu verschmachten und zu verderben unbillicher, unchristenlicher weise verursacht werden.

Und nachdem wir das vorlangst hinderlegt strittig gelt, so von den vacirenden lecturn und prebenden versamblet gewesen, der universitet allein zu disem prauch und erbauung eins hospitals gnediglich zuwenden lassen, befehlen wir demnach hiermit ernstlich, das rector und universitet dasselbig gelt endtlich darzu und sonst in andere wege gar nicht geprauchen, damit in zutragenden kranckheiten gemeine haußleut, auch der universitet gewandten gesinde sampt den armen studiosis sich desselben haben zu getrösten, wir und unsere erben auch ferrern uberlauffs mögen enthaben sein, wollen wir unß also zu rector und universitet zu verordnen gentzlichen versehen.

II.
(Die Fakultäten.)
(A. Die theologische Fakultät.)

Von der theologen fakultet insonderheit.

Nachdeme wir nun bis anhero von demienigen, so den rectorem und die gantz universitet in gemein belangt, unsern willen und meinung erclert, erfordert nachmahln die ordnung, das wir fortschreiten und (f. 60) von einer ieden facultet insonderheit, wie es mit und in derselben soll gehalten werden, antzeigen und vermelden.

Und dernhalb, als die gantz universitet in viertheil oder underscheid, welche man facultates nennet, von alterß hero underschieden und getheilet, deren die erste theologica, die ander iuridica, die dritte medica, die vierdt und letzt der artisten facultet genent, wollen wir erstlichs von der theologica als der furnehmbsten anfahen und unser gemut derselben halber ferner ercleren.

(§ 34.) Vom consilio und rath diser facultet.

Damit wir aber hievor angestellter ordnung weiter nachvolgen und von dem consilio und rath diser faculteten, und mit waß persohnen derselbig iederzeit besetzt und erhalten soll werden, unsern anfang nemen, so ordenen, setzen und wollen wir, das nuhn hinfurter umb pesser einigkeit willen alle diser facultet ordinarii, das ist bestelte und angenomene publici lectores vel professores den gradum doctoratus auf einer allgemeinen universitet alhie oder anderßwo erlangt, und so ferr sie sonst ihrs herkomens, lebens und wandlß halb ehrlich gelert und tuglich, solcher facultet regenten und gelopte und geschworne consiliarien sein, auch in allen diser facultet sachen zugleich erfordert, gepraucht und zu gemeiner niessung sollen zugelassen werden. Und soll under diser facultet sigill und namen anderst und weiters nicht ausgehen, dann was durch alle drei doctores oder professores ordinarios und regenten diser facultet einmutiglich oder aber durch das mehrer theil ist beschlossen worden, ausgenomen was iura decani seind, das ist die urkunth und testimoniales der completion und erlangten titl oder graduum, welche dem decano insonderheit und von ampts wegen, gleich wie in allen andern faculteten, zu geben gepuiren.

Es sollen auch ietztbemelte drei doctores ordinarii, was in diser facultet zu thun (f. 61) und zu verrichten ist, ohne einichem affzug und verhinderung und nemlich alle negotia scholastica, als da seind disputationes, praesentationes, promotiones und dergleichen actus durch sich selber und umb einander treulichen und fleissig verwalten, versehen und ausrichten und also auch sie drei in allen andern Amptern, geschefften deroselben einkomen, nutzungen und emolumentis promotionum oder anderns nach laut diser unser ordnung zugleich gepraucht und zugelassen werden.

(§ 35.) Juramentum, ab eo, qui in collegium theologicae facultatis recipitur, praestandum.

Quod apud rectorem professus sit;
quod sit legitime natus;
quod nulla infamia notatus sit;
quod decano facultatis, in quibus honestum est ac licet, obedire, facultatem et commodum eius, quoad sciet ac poterit, promovere velit;
quod ad consilium, a decano vel vicem eius gerente accersitus, sententiam sanam ac certam, ut quaeque succurret, sine animi privata affectione aliqua dicere, consiliorum ac facultatis secreta caelare velit;
quod denique doctrinas, a scriptis propheticis et apostolicis sine corruptelis iuxta consensum ecclesiarum Augustanae confessionis intellectis alienas, neque ipse docere aut spargere, neque, aliis docentibus, consentire aut easdem provehere tuerique velit[1]).

Dieweil aber nun ein lange zeit her ein sonderer mangel und gebrech, an beharrlichen und qualificirten diser facultet persohnen alhie in diser unser universiteten gespuirt worden, so sehe unß auch nit fur ungerathen an, das allwegen neben den obgenanten professoribus (f. 62) ein gelerter magister oder mehr affgetzogen und mit dem stipendio, so dise facultet zu verleihen hat, oder ettwo sonst durch andere prebenden und pfründgefellen zu beharrlichem pleiben underhalten wurde, damit, wann ettwo der ordinarien einer verschickt, mit todt oder sonst abgienge, oder auch iemands von unser schul an ein ander ort beruffen oder begert wurde, dise facultet mit geschickhten, duglichen leutten versehen und bereit erfunden wurde. Dann dieweil die iungen angehende leuth, so bishero mit obgenantem stipendio versehen und erhalten worden, gemeinlich unbestendig und

---

1) Der Eid ist abgedruckt bei Wund a. a. O. S. 163 und 164.

dise underhaltung allein zu ihrem nutzen and gelegenheit annemen und geprauchen, in der facultet aber wenig furtfahren und beharren, achten wir demnach, es solte obgemelter fundation oder auch andern geistlichen gefellen nichts entgegen oder nachtheilig sein, so solch gelt uff diejenigen, so nuhn zu ihren tagen und besserm verstand, auch mehrer bestendigkeit komen, angelegt und gewendt wurde.

(§ 36.) Vom dechan diser facultet.

Dieweil aber, gleichwie zu der gantzen universitet gemeinen verwaltung und regirung ein rector, also auch zu einer ieden facultet ein uffseher und vorsteer (so man ein dechan nennet) iederzeit soll und muß geordenet und gesetzt und ein analogi oder gleichmessigkeit des gantzen leibs und seiner glider hirinnen gehalten werden, doch bishero der prauch gewest, das allwegen der eltist professor theologiae solchs ampt an sich genomen und verwaltet, welchs aber uns umb allerhand ursachen willen gar nicht fur bequeme, noch nutzlich ansthet, darzu auch in andern wol constituirten schulen dermassen nit üblich oder gewöhnlich ist: ordnen, wollen und setzen wir demnach, hiemit befelend, das alles und eins ieden iars, nachdem und alßbald der obrist magistratus der universitet und nemlich der rector eligirt ist, von und aus den doctoribus theologiae, so in diser facultet rath gehörig, ein decanus per vota et suffragia erwehlet, und das auch in solcher election auf die erbar und geschicklichkeit der persohnen und nicht einig andere praerogativen, als davon in verleihungen der lecturn vermeldet (f. 63) worden, gesehen, da auch der electus schuldig sein soll, solchs decanat unweigerlich anzunemen und zu verwalten.

Da sich aber in solcher wahl oder auch andern diser facultet gescheften zutrüge und begebe, das die vota oder stimmen gleich, oder die wehlende und votirende persohnen under sich selber spältig würden, soll demnach die sache an die gantze universitet gebracht und gestellet werden, welche durch ihre stimmen der andern gleichheit wenden, auch alle spaltung und uneinigkeit hinlegen und verrichten sollen, und in solchem die theologi der universitet sententz, bescheid, stimme und meinung zu gehorchen und zu geleben schuldig sein.

So nuhn solcher dechan, wie obstect, gewehlet, soll er alßbald dem zuvor gewesenen decano in beisein der andern persohnen das gewöhnlich und gepuhrlich iurament, wie das von worten zu worten hernach volget, leisten und schwehren und doruff von der facultet, was einem decano zustendig, ihme zugestellt und uberantwort werden, iedoch, wo sichs begebe, das in diser facultet das decanat in wenig iarn nach einander widerumb per electionem anff ein persohn wachsen wurde, welche dasselbig zuvor auch, uff die nachvolgende capitl geschworen, verwaltet hette, wollen wir, das auff solchen fall allein die handttrew auff beruirte capitl genomen und der eide nicht erwidert werden soll.

(§ 37.) Juramentum decani.

Quod commodum facultatis, quoad sciet ac poterit, tueri; constitutiones ac leges eiusdem integras et illibatas conservare; nihil in iis citra legitimum universitatis consensum novari aut mutari pati easdemque publice quotannis in schola recitare; disputationes praeterea, cursus, promotiones, et quae reliqua facultatis propria sunt, ut suo quaeque tempore ac modo fiant, procurare; facultatis res gestas in acta eiusdem referre; sigillo facultatis absque collegii consensu temere nusquam uti et, si ultra mensem ab urbe abesse (f. 64) ipsum aliquando oporteat, idem illud cum fisco facultatis seniori ac proximo eiusdem facultatis ordinario servandum et custodiendem dare; denique quidquid ad offitium et iuram decani pertinet, id omne pro virili sua parte fideliter ac diligenter exequi velit.

Nach bescheener solcher verpflichtung und beeidigunge soll obgemelter dechan, damit alleß, waß zu iederzeit die lectiones, disputationes, auch die promotiones belangt, fleissig und rechtgeschaffen ausgericht und versehen werde, ein stettigs und ernstlichs uffsehen haben, die neuen discipl annehmen, intituliren und einschreiben, inen deß iars zum wenigsten ein mahl der facultet statuten und satzungen in derselben schul offentlich furlesen und demnach alle derselben defect, mengl und ubertrettung, wie gepuirlich, corrigiren und straffen und also hinauß biß zu end seins amptz oder, do er sonst seines ungepuirlichen regirens und ergerlichen lebens halben seines ampts, dignitet nnd verwaltung entsetzt wurde (dann wir unß und unsern nachkommenden sollichs iederzeit wollen vorbehalten haben), in demselben furtfahren und beharren.

(§ 38.) Wie und waß fur professores in diser facultet sollen und mögen angenomen werden.

Dieweil dann in diser faculteten insonderheit und zum fordersten die heilge schrifft, das ist furnemlichen beide des alten und neuen testaments bucher und schrifften, sollen gelernt und desselben eins durch das ander oder durch sich selbst außgelegt und erclert werden, derhalben dann ferrer vilfoltiger scribenten und subtiler auslegungen also hoch nit vonnötten, so achten wir demnach auch zur gelegenheit diser unser schulen fur gnugsam sein und wollen, unangesehen was ettwa hievor furgeschlagen und geordent, aber doch wenig in das werckh (f. 65) gepracht worden, das hinfurter dise facultet bei der alten zal der dreien professorn pleiben und doruber oder weiter in theologia publice zu lesen, niemand uffgestellt oder angenomen werden soll.

Damit aber gleichwol diser facultet und nottwendigen außbreitung und beforderung christlicher lehr halben kein gebrechen oder mangel gelassen und beider testamenten schrifft und inhalt sambt demienigen, so zum anfang und eingang solcher lehr vonnötten, iederzeit furgetragen und gelehrt werden möge, so sollen die ersten zween ordinarii oder professores, der ein fur und fur in dem alten testament, der ander in dem nouen lesen, der dritt aber[1]) den methodum diser profession oder facultet, so man sonst locos praecipuos oder communes theologiae nennet (dergleichen Ambrosius, Augustinus de spiritu et litera und ettwa andere tractirt haben, und was derselben gleichen zum fundament der rechtschaffenen und wahren theologi nutzbar und dinstlich) iederzeit furnemen und lehren.

So aber eine oder mehr aus den obgemelten dreien lecturn vaciren und ledig sein wurden, soll er alßdann mit der election und bestellung deroselben, wie hievor in dem ersten theil unser ordination gemelt und befohlen[2]), gehalten werden, nemlich, das weder senium oder aetas, noch successio oder andere praerogativen, waßerlei die sein mögen, angesehen, sonder altzeit, ob einer derselben lectur und profession seiner khunst und lehr halben wirdig, oder auch seins lebens halben darzu duglich und annemlich seie, gefragt und bedacht werden.

Insonderheit aber, dieweil dise facultet dieienig ist, durch deren verstandt, lehr, bescheid und urtheil allerlei streit, spän und unainigkheit, so sich oftermals

---

1) B hatte ursprünglich (f. 129) den dann wieder durchgestrichenen Zusatz: welchem wir hier seins titels oder gradts halben kein mafs wollen gestelt haben, doch das er zum wenigsten seie bacularius.
2) Siehe oben § 22, S. 22 und 23.

der religion halben in der kirchen und dem gantzen reich zutragen und erhalten, sollen und müssen disputirt, erörtert und, so vil muglich, verricht werden, so will sich demnach gepuiren, das man in derselben lecturn versehung und bestellung sonderlichen fleiß und ernst anwende, das man iederzeit bekomen und haben möge erbare, fromme, gelerte und verstendige persohnen, die nicht allein in der schrifft, christlichen caeremonien und gebreuchen, erfahren und (f. 66) gelehrt seien, sonder auch, was sich iederzeit gelegenheit nach gepuiren leiden oder nit leiden will oder möge, verstehen, erkhennen und geschickhlichen furbringen und darthun khunden und wissen und, wie der heilig Pauluß sagt, das wort gottes recte secare, das ist rechtschaffen und richtiger weiß außtheilen und underscheiden, das politicum oder weltlich von dem geistlichen, das unnöttig von dem nöttigen absondern und ein iedes nach seiner gelegenheit bedencklhen und richten.

Hirumb so ist unser meinung und wollen, das hinfurt diser faculteten erste zwo lecturen, so an ihm selber die hochsten und grössten, auch zum reichlichsten biß anhero und noch besoldet werden, iederzeit mit allem fleiß und ernst sollen bedacht und, sovil muglich, zu der ersten, das ist des neuen testaments, dieweil dasselbig anfengklichen in der griechischen sprachen beschriben, keiner, er sei dann derselben gelehrt und erfahren; zu der andern aber, das ist des alten testaments, dieweil dasselbig in hebraischer sprachen zum ersten und pesten beschriben, gleichermassen keiner, er sei dann derselben hebraischen zungen kundig und gelehrt, welche sprach er auch neben dem alten testament profitiren soll, wie hernach gesetzt wirdt, hinfurter uffgenomen und bestellet werden. Und in fall, das solche persohnen hie in unser schulen und bei den unsern zur zeit der vacirenden und ledig steenden lecturen nit zu bekomen weren, sollen und mogen alßdann dieselbigen anderßwoher, wie hievor gemeldt, mit unserm rath beruffen und gefordert werden, damit unsere universitet und derselben studia iederzeit mit rechtgeschaffenen und gelerten leuten versehen und die stipendia, sonderlich aber obgemelter zweier lecturn, nit vergeblichen und zu unnutzs hingelihen, welchs wir hie allen der universitet persohnen und räthen mit ernstlicher meinung und ermahnung ihrer pflicht eingepunden und befohlen wollen haben.

Und diser artickhl oder punkt, die election betreffendt, soll iederzeit und ehe dann man zu der wahl schreitt und die suffragia oder vota colligirt, der gantzen versamblung der universitet offentlich furgelesen werden, damit sich meniglich desselben wisse halten und ein ieder sein conscientzs oder gewissen zu bewahren.

Wo dann eine solliche und hirzu tugliche persohn zu (f. 67) einer lectur, wie obsteet, erkorn und gewehlt worden, soll dieselbig oder dieselbigen, so deren zwo weren, uns angetzeigt und nominirt und further, waß gepuirlich und preuchlich, bescheen, auch durch unß, soferr si uns annemlich und gefellig, der universität praesentirt und demnach zu obgemelter lecturn gewohnlicher geptthr angenomen werden.

Und sodann solcher gewehlter und praesentirter professor oder lector angenommen und in des vorgewesenen statt eingesetzt worden, soll er darauff seine lection, welche die ist, mit allem fleiß an die hand nemen und versehen, sein text und furgenomen materien bestes seines vermögens und verstands außlegen und ereleren, sich in kein wege mit unnöttigen, unnutzen fragen, getreumbden opinionen, verwirten sophismaten, noch weitlenfigen außfurungen und uberentzigen glossematen bekhümmern, sonder, wie obgesagt, sein text fleissiglich und verstendiglichen exponiren und außlegen mit approbirter schrifften, wo vonnötten, und kurtzen außztlgen verkleren, auch zufallende zweiffel zu desselbigen verstandt dhienende, zum geschicklichsten und wahrhaftigsten solviren und entschliessen, das uberig den scolasticis und derselben legenten und anhang, auch sonst sich der Augspurgischen confession und deroselben apologi sampt unser kirchenordnung der lehr und ceremonien halb gemeß zu verhalten ihme lassen befohlen sein.

(§ 39.) Von den lectionibus und zu welchen stunden ein iede soll gehalten werden.

Ferner, nachdeme diese facultet mit dreien lectoribus, wie obgemelt, bestellt und versehen soll werden, ist derhalben unser meinung und ordnen, das hinfuro allwegen der primarius professor die erste lection aus dem newen testament, beiweilen aber auß ettlichen der furnembsten propheten, sommerszeiten deß morgens frue von acht uhren an bis auf neun, (f. 68) deß winters aber von neun uhren biß auf zehen und durch die wochen vier tage, das ist montags, dienstags, donnerstags und freitags von dem ersten und primario doctore oder ordinario gelesen und dermassen, wie zu nehst hievor angetzeigt, halte und verricht. Und soll der mittwoch sampt dem sambstag ledig und frei gelassen werden, damit sich die lectores zu erholen und weiter zu belesen zeit und muß, auch andere anligende gescheft ieder zeit hirneben zu verrichten haben; es were dann sache, das in einer wochen ettwo andere feirtäge oder vacantzen sich zutrugen, alsdann und an derselben statt soll der mittwoch nicht frei sein, sondern doruff alß zu andern tagen gelesen werden.

Zum andern: wiewol biß daher bei diser universitet der prauch gewesen, das die hebraische sprach zu der artistenfacultet gezogen, wie dann dasselbig nicht unzimliche ursachen gehabt, iedoch auf erinnerung, das dise hebraische sprach mehrern theilß umb der heiligen geschrift willen gelebrt und studirt wirdet, dorzu si auch sonderlich nutzlich und nottwendig, und darumb bei vilen universiteten teutschen landß zu der theologischen facultet verordnet ist, so haben wir auß disen redlichen bewegnussen auch dise sprach zu derselben facultet zihen und anstellen wollen, demnach hiemit setzendt, das nuhn hinfurter der secundarius lector in facultate theologica zu einer ieden wochen funf lectiones versehen, und nemlich: zwo in grammatica hebraea, die er für und für repetirn soll, und drei in expositione grammatica und theologica psalmorum oder genescos oder deuteronomii oder Esaiae oder proverbiorum Salomonis oder minorum prophetarum. Und solche lectiones der grammatick und theologi wirdet dieser ordinarius zu sommerszeiten deß morgens von sechs uhren biß siben, und zu winters zeiten von siben uhrn biß auf achte, also umb und nacheinander zu verrichten haben, das er am dienstag und freitag in hebraeo, aber die andern tag, als montags und donnerstags, in expositionibus, wie obgemelt ist, die studiosos zu lehren und zu underrichten wiße. Wo aber er der stunden und außtheilung beider (f. 69) profession hebraeae linguae und theologiae halb enderung furnemen wolt, soll dasselbig anderst nit dann mit diser facultet, auch der guntzen universitet furwissen und gutachten bescheen.

Der dritt professor oder lector, welchem die methodica oder principia, das ist die ersten und gemeinsten artickhl und puncten der theologi oder christenlicher lehr zu expliciren und außzulegen ufferlegt und befohlen ist, soll iederzeit des iars nachmittag von einer uhrn bis uff zwo seine lection ausrichten und volnbringen und sich hieneben befleissen, solche obgemelte principia und gemeine locos der theologi allwegen auß der apostolischen schrifft oder aber den eltisten berumbsten und der apostelzeit und lehr am nehsten und gleichmessigsten lehrern zu nemen, furzugeben und zu lehren.

Damit aber nicht einem ieden professori freigelassen, ietzt dieses, darnach ein anderß zu lesen, oder auch von dem, wo er angefangen hette, unvollnendt desselben eins anderß buch an hand zu nemen, auch keiner dem andern zuwider sich zugleich einer lection oder authoris underzihe und sonst alle uneinigkeit und zwitracht zwischen disen professorn vermitten werde, ordenen und wollen wir, das der decanus und consilium facultatis die lectiones nach inhalt diser unser reformation iederzeit dispensirn[1]) und verordenen, darzu auch, do man zu den disputationibus die propositiones publicirn wolte, benente decanus und consiliarii dieselben zuvor ersehen und sich daruber vergleichen, oder aber, do der lectionen, disputationen oder sonst in doctrina und andern sachen zwuschen ihnen ungleicher verstandt und uneinigkeit furfiel, dasselbig sie an gemeinen rath der universitet oder, wo noth, auch an uns, unser erben und nachkomen gelangen, darauff gepuirlichen außschlags haben zu gewarten.

Wir wollen und ordenen auch hieneben, insonderheit umb mehrer fruchtbarkeit und nutzen willen der studiosorum, das ein ieder der obgemelten ordinarien und legenten seine zugeordente lectiones, gleichwie auch alle (f. 70) andere actus eigener persohn mit bestem fleiß und embsiger furbereitung allwegen vollnbringen und durch kein substituirten zu versehen furnemen sollen, es were dann zu zeiten seines erlaupten und erlangten abwesens oder scheinbarlicher obligender leibsschwachheit, und das er weiter und mehr dann drei lectiones, wie hernach in eim besondern puncten volgt, underlassen und derhalben dieselbe durch ein andere tugliche persohn, wie er auch zu thun schuldig sein soll, continuiren und versehen lassen muist.

Sonst ob wol bißhero die theologi ihre lectorium in der capellen sanct Mariae virginis gehabt, bedencken wir doch, das umb allerhandt gelegenheit willen dasselbig des orts zu verruckhen und in der kirchen, zur sapientz gehörig, aussethalb deß chors am bequemlichsten anzurichten sei, derulhalben auch rector und universitet zu furderlichster gelegenheit darauff bedacht sein solln, der enden das auditorium theologicum anzustellen und zuzurichten.

(§ 40.) Von besoldung der dreien professorn in theologia, auch von den heusern[2]).

Nachdem aber ein ieder arbeiter umb angewendten fleiß und muhe willen auch pillichen belohnet wirdt, so setzen und ordenen wir, das nuhn hinfurter einem ieden diser professorn eine gewisse und bestendige besoldung gemacht und zu zweien fristen, als auff Joannis Baptistae und Nativitatis Christi getheilt, ierlichs entricht und betzahlt werden. Und erstlichs soll der primarius professor zu ierlicher besoldung aus dem alten[3]) fisco universitatis empfahen: zweihundert und funfzig gulden, ieden gulden zu zweintzig sechß albus gerechnet, mit sampt dem hauß auf der obern strassen zur einen seiten an den Hirschhorner hof stossend, oder so er lieber wolt, das hauß bei unser liben frauen capellen, dann ihme disfals die wahl gelassen, doch so er deren eins angenomen, das er furter dorin verpleibe und weithere option nicht zu thun habe.

---

1) B übergeschrieben: dispouieren (f. 139).
2) Der auf einem in C nach dem ersten Blatt (bezeichnet f. 75) eingeklebten Bogen erhaltene Entwurf ist unverändert in den Text übergegangen. Er ist jedenfalls nicht von Micyllus geschrieben.
3) B f. 142 alherigen statt alten.

Secundarius professor soll gleichfals aus (f. 71) dem alten fisco haben zu ierlicher besoldung zweihundert gulden obgemelter wehrung und das hauß an der genanten capellen oder, so der primarius professor dasselbig angenomen hette, alßdann das hauß am Hirschhorner hofe gelegen.

Des dritten professoris ierliche besoldung, so auch aus dem alten fisco universitatis gereicht werden, soll sein hundert und sechtzig gulden bemirter wehrunge[1]) und die behausung, so neben doctoris Tilemanni Hesshusii behausung steet, wie dann von alters hero der dritte theologus solche behausung auch besessen hat.

Alß aber wir berichtet worden, das solche summen[2]) gelts, auf der dreien professorn in theologia besoldungen laufend, bei dem alten fisco universitatis nicht zu finden und darumb die notturft erfordert, demselben mit steurung und pesserung seiner inkhomen zu helfen, dise und andere ausgaben desto leichter zu tragen und zu erschwingen, so meinen, setzen und ordenen wir anfengklichs, das alle die gefelle, nutzungen und einkhomen der praebenden und canonicaten in den thumb- und andern stifften zu Wormbß, zu Speir, auch hie zu Heydelberg, zu Wimpffen, Moßbach, Neustatt sampt allen andern, wo die gelegen und vor unverdencklichen iaren bei der universitet herpracht und besessen seint, darzu auch und weitterß der pfarren zu Guntheim, Kalstatt und Pfeffingen neben den beiden thurnussen, auf den zollen Bacharach und Kheiserßwerde ierlichen fallendt, sampt allen andern gefellen und nutzungen, das sei an presentzen, gulten, fruchten, wein oder andern, wie das namen haben möchte, und es biß auf disen tag zu underhaltung diser und anderer faculteten professorn gedihnt und gehört hat, gar nichts ausgenomen, nach publicirung diser ordnung hinfurbaß zu allen zeiten in des bemelten alten fisci seckhel eingezogen, imbursirt und verrechnet, auch davon den professoribus theologiae und andern, so weith sich solch einkhomen und gefelle erstreckhen, ihre geordente besoldungen bei diser unser reformation sollen gereicht und betzahlt werden.

Wir wollen unß auch mit guttem rath und zuthun unser universitet bestes vleiß (f. 72) bearbeiten, bei obgemelten thumb- und andern stifften, auch an orten und enden, solchs weiters vonnötten sein möcht, ein gewisse und namhafte summam gelts fur und anstatt der bemirten canonicat und prebenden zu erlangen und außzubringen, damit furter der fiscus seiner einkhomen und gefelle bestendige wissenschaft habe und sich desto weniger bevortheilung bei den stifften sei zu besorgen.

Und aber diß alleß wollen wir auch, die obgedachte und andere mehr ausgaben dieses fisci umb sovil besser zu erschwingen, noch ein stattlichs einkhomen von geistlichen guitern, alß die furnemlich hiezu dienen solln und gehören, zu der universitet schaffen und verordenen, damit dieselbig mit gelehrten und weitberumbten ehrlichen leuten iederzeit wol bestellt und darnß zu sondern uffnemen, loblichem rhum und ehren möge erwachsen.

In mitler weil aber, so ettwan bei dem alten fisco an ausrichtung der obvermachten besoldung ettwaß abgangs und mangelß erscheinen sollt, wie wir doch nicht hoffen wollen, soll derselbig mangl auß dem neuen fisco biß auf fernere verordnung erstattet werden.

---

1) In C (Entwurf, Bogen vor f. 86) hiess es ursprünglich: und wiewol demselben von alters hero kein gewisse behausung verordnet, wollen wir doch, dass er das haufs auf der undern strassen, so zu dem canonicat, welches zuvor meister Hans Saitz besessen, gehört, so lange besitzen und inne haben soll, bis das ein andere behausung erbaut oder sonst hierzu erlangt werden mag.
2) B f. 142: Summa.

(§ 41.) Von disputationibus, in diser facultet ordinarie zu halten.

Dieweil aber in allen kunsten, und derselben satten und volkomenen verstand zu erlangen, vil und hoch an der übung gelegen, sonderlich aber in diser facultet zu rechter klarer erkhantnus viler ort und puncten der heilgen schrifft die disputationes, das ist gelehrter lenth frag und antwort, nit allein furderlich, sondern auch ettwo vonnötten, demnach ist iederzeit und in allen schulen diß stuckh anfengklichen und am fürnembsten bedacht und in allen faculteten ettliche gemeine disputationes, so zu bemelter zeit iedes iars gehalten sollen werden, angericht und geordnet worden.

Nachdem aber in iungster ordination unsers hern vettern seliger dechtnus pfalzgrafe Ludwigs etc. die zal derselben disputation in diser unser universitet ettwas grösser und weitleuftiger ernennt und derhalben solcher ordnung und meinung bisanhero wenig gelebt worden, haben wir uns nach viler hiruber gehabten deliberation auch unser schulen und dieser zeit gelegenheit nach entschlossen und obgenante (f. 73) disputationes in einer ieden faculteten in ettwas ein geringere und kleinere anzahl pringen und stellen lassen, wollen dernhalben, das nun furtan in diser faculteten der theologi zu iedem halben iar ordinarie ein disputation furgenomen und gratis ohne beschwerung und entgeltnus des respondenten gehalten werde, dorinnen der president, so einer auß den professoribus sein soll, aus seiner gehabten und vorgelesenen materi ettliche kurtze propositiones verfasse, dieselben zuvor dem decano und consilio facultatis zu besichtigen uberantworte, furter und nach approbation diser facultet solche propositiones einem seiner eltisten auditori und der faculteten discipl, gleich alß repetirender weise und form zu verantworten und zu verfechten, behendige und befehle, zu welchem ihme auch der dechan iederzeit behulflich sein soll, und wo kein respondent, der fur sich selber zu disputiren willig und bereit were, vorhanden, aus den eltisten discipln einen darzu erfordern und ex offitio anhalten und dann auch er selbst seinem ampt und der gepuihr nach bei solcher disputation zugegen sein, wo sich ettwaß unlust oder unfuhr zutragen wolte, demselben wissen zu begegnen und abzuwehren und zuletzt, so ettwa ein question oder derselben puncten einer nit gnugsam erelert und erörtert worden, die oder denselbigen zu endtlichem rechten beschluß und verstand den audienten und zuhörern zu gut selber zu gerichten und furzupringen.

Und zu solchem disputiren oder argumentiren sollen nit allein die discipl und angehende theologi, sonder auch doctores, licentiati und so ettwan hospites und frembde, diser und andern faculteten anhengig und verwandt, zugegen weren, zugelassen und verehrt werden, doch daß altzeit gepuirlicher frid und einigkeit gehalten und alle furträge und gegenrede mit vernunfft und geschickhlichkheit bescheen, auch keiner den andern mit unnöttigem geschwetze verhindere, oder sonst die zeit unnutzlichen hinpringe, welchs wir hiemit dem dechan mit fleiß zu verhuiten in sein ampt wollen befohlen haben.

Diese zwo ordinnariae disputationes sollen iedes iars, die eine uff sambstag nach dem heiligen pfingstag, die ander uff sambstag nach Andreae (f. 74), oder so sollichs ein feirtag were, den nehsten zuvor oder hernacher gehalten und allwege acht tag zuvor die positiones den professoribus umbher zugeschickht und sonst pro foribus auditorii oder scholae angeschlagen werden.

Es soll auch mit dem presidiren ein richtige ordnung gehalten werden, und derienig, den die ordnung betrifft, ohne verzug und verenderung der zeit sein ampt selber verwesen oder zur straffe ein gulden verfallen sein und erlegen, welcher gulden nach der proportion und außtheilung der andern negligentzs und deren straffe further auch soll ausgetheilt werden, es were dann, das einer von wegen kranckheit oder anderer nottwendiger verhindernus selber nit khöndte zugegen sein, soll ihme alßdann zugelassen sein, einen aus den andern doctorn oder professorn an sein statt zu bestellen.

Und dise disputationes sollen, wie obgemelt, ordinarie gehalten werden und under allen professoribus einer ieden facultet umbgehen, ausgenomen deß decani selbigen iars, der soll des presidirn gefreiet sein, und die andern zween die disputationes in diser facultet halten. Ohne das soll allenthalben gleichheit gehalten und keiner fur dem andern, er sei dann dechan, hirinnen exempt oder freigelassen werden.

So aber nuhn die außtheilung des ierlichen einkhommenß, wie hievor in dem ersten theil gemelt, geendert und dem fisco ettwaß weiterß dann bisanhero zugeordenet worden, damit solche disputationes ordinariae destor fleissiger gehalten und besucht werden, soll man dem presidenten iederzeit auß dem fisco ein gulden zu geben verordenen. Mit den andern disputationen oder repetitionen aber, so von den promovenden extraordinarie und pro gradu accipiendo bishero angestellt und gehalten worden, lassen wir es nochmaln bei dem alten prauch pleiben, doch das dieselben nit uff obbenante täge gelegt oder an statt derselben gezelt, oder auch lenger dann deß repetenten gelegenheit leiden will, hinderhalten und uffgezogen werden.

(§ 42.) Von den lateinischen sermonibus, so die theologi uber iahr zu thun pflegen. (f. 75.)

Und nachdeme bisher der brauch gewesen, das die discipell oder auch die professores theologiae umb mehrer übung und geschickhligkheit willen uff ettlicher festabent ihre latheinischen sermones gepflogen zu halten, lassen wir dasselbig auch pleiben, und wollen, das dieselben furnemlich uff die vigilias nativitatis Christi, paschatis, pentecostes, item purificationis, visitationis, annunciationis Mariae et Joannis Baptistae mit zucht und milssigkeit ohne meniglichs hönen und außrichten hinfur gescheen sollen.

(§ 43.) Wann und zu welcher zeit in diser und allen andern faculteten vacantzs soll und mage gehalten werden.

Damit aber auch einer ieden zeit und arbeit ihre maß und ergetzligkeit zugelassen und die gemutter beides der lehrer und zuhörer ettwas recreirt und erleichtert und hergegen die scherpfe und der fleiß uff das zukhunftig und volgend erwegkht und gebessert mogen werden, so haben wir diser sampt den andern faculteten ihre zimliche und ordentliche vacantzen zugelassen, aber dieselben, wie hernach volgt, ettwas geendert und geordnet, nemlich so sollen hinfurter in allen faculteten nachgeschribene tage von allen ordenlichen und publicis lectionibus gefreiet und geleiert werden:

Alle sontag; vom abent s. Thomae, als daruff die election rectoris et decanorum gehalten werden soll, biß auf den dritten tag nach nativitatis Christi; der christag und, wie obsteet, der iarßtag, genant circumcisionis; der oberst epiphania genant; in der carwochen: von mittwochen an biß auf mittwochen nach dem ostertag inclusive; der ostertag, und wie itzgemelt, die himelfart Christi; der pfingstag sampt volgendem montag; purificationis Mariae; verkundigung Mariae, genant annunciationis; visitationis Mariae; aller aposteln täg; Joannis Baptistae; Michaelis archangeli; alßdann solche feiertäge fast alle bei unser kirchenordnung bestimpt sein. (f. 76.)

Item noch mehr soll in einer ieden wochen durchs gantz iar, dorin der obgemelten ferien kleiner begriffen were, noch furfiele, der mittwoch gantz anstatt des festi Jovis in allen faculteten zur recreation der professorn und legenten, auch der auditorum et discipulorum und dann der sambstag um der artisten disputation, auch marktags willen gefreit sein.

Alß auch hoch vonnötten, das der universitet rechnungen alle und ein iedeß iar besonder neben unsern darzu verordenten in beisein des gantzen raths der universitet verhört werden, auch hinfurt nit mehr, wie zuvorn, auf ungleiche zeit des iars, sondern alle uff den letzsten tag decembris an und ausgehen sollen, und sehr nutzlich, das ein gewisser tag und zeit, darüff solchs geschee, bestimbt werde, darnach sich meniglich wisse zu richten; so wollen wir, das furbaßhin solche der universitet rechnung ierlich von dem montag nach Estomihi inclusive biß uff den montag nach Invocavit exclusive angestellt und abgehört werden soll, auf das die offitialen, so rechnung zu thun haben, zwischen dem letzsten decembris und diser zeit ihre außsteende schulden vollends einpringen und ihre rechnungen desto ordentlicher und fleissiger stellen mugen; und hirumb soll obgenannte zeit von Estomihi biß uff Invocavit under die ferias hiemit auch gezogen sein [1]).

Item: nachdeme bishero die grosse vacantzs von nativitatis Mariae biß uff Lucae gehalten und hergegen die caniculares, so sonst allenthalben gefreiet, hie in unser universitet gelesen worden, und aber des gantzen iars kein ungelegener zeit beides zu studiren und zu lehren, dann dieienige, so die hitzs des tags am grössten und alle sinne und glider der menschen am schwächsten seint, haben wir nach sonderlicher hiruber gehabter deliberation beschlossen und wollen, das hinfurter solche grosse vacantzs getheilet und vier wochen derselben, als von Margarethae, das ist dem dreitzehenden iulii, an biß auf Laurentii, den zwolften augusti, gehalten, die ander vierzehen tage aber, so lang der herbst ist, als nemlich von vigilia Michaëlis biß uff alterum Dionysii, zur herbst vacantzs sollen gerechnet werden.

Und dise und alle obgemelte vacantzen sollen die (f. 77) drei obern faculteten, keine ausgescheiden, sambt den publicis professoribus artium et linguarum zugleich halten, aber weder die facultates, noch professores samenhafft oder gesondert fur sich selbst, oder auch mit rath der universitet ohne unser zulaßen einige vacantzs weiter zu extendiren oder von neuem zu machen und einzufuhren, gar nicht understeen, sonder es bei diser unser ordnung bestehen und pleiben lassen, als lib einem ieden seie, unser schwere ungnad zu vermeiden. Dann wir auch hiemit alle andere zuvor eingewurtzlte festa collegii oder privata, und waß dergleichen ferien zu unnutzlicher verlihung der zeit erfunden oder erdacht worden und noch erfunden oder erdacht werden möchten, hiemit gentzlichen aufgehebt und abgethan haben wollen.

Es sollen auch die nachfeir und vacantzen, so bishero in den obern faculteten nach den repetitionibus oder disputationibus den volgenden tage furgenomen und gehalten worden, hiemit uffgehaben sein, und weiter derselben

---

1) B f. 153 hatte ursprünglich am Rande folgenden, dann gestrichenen Zusatz: Item, so man den herbst anhebt zu lesen, volgendts die neckst vierzehen duge oder, wie es sich gewonlich zudregt, von vigilia Michaelis bis uff alterum sine postridie Dionisii. Siehe das Ende des nächsten Absatzes.

keine gestattet werden, dann allein in den promotionibus licentiaturae und doctoratus, in welchem doch allein der facultet, dorin die promotion bescheen, der nachtage umb der uffrechnung willen zugegeben und freigelassen werden wolle.

(§. 44.) Vom straffe der versaumbten disputation und lection in theologia.

Damit aber obgemelte verordente lectiones und disputationes in diser facultet iederzeit dester stattlicher und fruchtbarlicher volntzogen werden mögen, so setzen und wollen wir mit sonderm ernst, das ein ieder obgemelter ordinarius oder lector theologiae seine lectiones eigener persohn versehen, derselben keine ohn sonderliche und gnugsame ursachen oder erlaubnus des rectoris und der universitet zu underlassen macht haben soll.

Wo aber ohn redliche gnugsame ursachen eine oder mehr lectiones durch den ersten oder andern ordinarium versaumbt und ubergangen, soll derffur ein iede versaumbte lection zur straffe einen halben gulden zu betzahlen und geben schuldig sein, darvon zwei drittheil in (f. 78) den gemeinen fiscum universitatis, das ubrig drittheil in ihren der theologen gemeinen seckhl oder fiscum sollen gelegt werden. Der dritt theologus aber, dieweil seine besoldung ettwaß dann der andern geringer, soll fur ein iede versaumbte lection ein ortt einß gulden zur straffe geben und betzahlen.

Wann aber einer mit erlaubnus und bewilligung des rectoris und der universitet verreisen wurde, oder sonst kranckheit oder anderer nottwendiger verhinderung halben selbst seine lection ettliche und mehr dann drei tage, welchs doch oftermahls oder auch gefehrlicher weise nit gescheen soll, selber nit außrichten und versehen khondte oder wurde, soll er einen andern duglichen seiner profession und titls an sein statt zu stellen oder substituiren macht haben; doch das derselbig beides der universitet und facultet annehmlich und zu leiden sei. Wo er aber solchs ubergienge und selber an sein statt keinen andern bestellet, soll alsdann rector und die universitet ein andern an deß abwesenden statt zu bestellen und zu besolden haben und den kosten an demselben ordinario oder derselben lectur gefellen uffs nehst und furderlichst wider einkomen.

Gleichermassen soll es auch mit den disputationibus ordinariis gehalten werden; so eine versaumbt oder zu benenter zeit von irer einem nit gehalten wurde, das alsdann derselbig ordinarius oder professor, dem solche disputation zu halten gepuirt hette, ohne alle einrede ein gulden zur straffe in beide fiscos, wie obgemelt, zu erlegen verfallen und schuldig sein soll.

(§ 45.) Von den lectionen, deren so nit ordinarii professores seind.

Item wo auch diese obernenten ordinarien oder sonst anderer diser facultet verwandten einer beide, zu furderunge und nutzen der zuhorer und schuler, und umb seiner eigenen ubung willen ettwas weitterß, dann man sonst ordinarie pflegt zu expliciren und zu lesen, furnemen wolte, soll ihme sollichs (f. 79) nit abgeschlagen oder gewehret werden, soferr das er interpretire oder lese, waß leidlich und tuglich ist, und mit vorwissen des decani und zu denen stunden, so sonst publice in diser facultet und profession ordinarie weder disputirt, noch gelesen wurdt, und so er auch solchs absque pretio und vergeblichen zu thun begert, mag er publice und in einem offenen auditorio solche lection volnbringen und halten. So er aber ein besoldung derhalben von den audienten begert, soll er in privato oder daheimen in seiner behausung lesen.

(§ 46.) Von der intitulation, auch promotionibus in theologia und erstlichen von dem baculariat.

Und dieweil dise facultet under allen andern die erste und zu erhaltung christenlicher lehr die nottwendigiste zu allen zeiten gezelt worden, und derhalben derselben professores und lehrer pillich sollen aller andern khunst, sonderlich aber deren, so man die freien künst nennet, erfahren, gelehrt und geübt sein, demnach so ordenen und setzen wir ernstlicher meinung, das keiner in diser facultet zu procediren oder einichen titl oder grad anzunemen soll zugelaßen werden, er hab sich dann erstlichen bei dem decano diser facultéten derhalben angetzeigt, und wie von alter her gepreuchlich, auf erstattung hernach volgenden capitl intituliren oder einschreiben lassen, sei auch zuvor in artibus magister hie oder anderstwo promovirt worden. Wo aber einer nit magister were und aber doch zu procediren begehrt, soll er zwei iar weiter und lenger, dann ein ander, biß uff den ersten und nehsten gradum des baculariats zu compliren schuldig sein. (f. 80.)

(§ 47.) Capita quaedam ab iis, qui nomen suum apud decanum profitentur, bona fide promittenda.
1. Quod nomen suum apud rectorem professi sint;
2. quod statuta ac leges facultatis theologicae servare, commodum et utilitatem ciusdem promovere;
3. quod decano, in quibus honestum est ac licet, obedire, magistros ac professores caeteros en, qua decet, observantia, prosequi velint;
4. quod lectiones theologicas summa diligentia frequentare, disputationes ex ordine aut iussi etiam extra causam promotionis perficere seque modestos atque probos discipulos, uti par est, exhibere velint.

(§ 48.) Von dem examine und examinatoribus.

Wiewol bei diser facultet bis doher der brauch gewest, das die promovenden bacularii und licentiati durch besondere exercitia probirt und sonderlich, das sie ihre disputationes, orationes und cursus (wie mans nennet) halten und compliren mussen, wie es auch umb der nutzlichen übung willen nochmahln, wie hernach volgt, dabei pleiben lassen, wollen wir dennocht, das auch die promovenden beider graduum, ehe ihnen dieselbigen conferirt, zuvor in den articulis fidei und andern nottwendigen stueckhen unser wahren christlichen religion fleissiglichen examinirt werden, durch alle professores diser facultet, welche auch ein scharpfs aufmerckhens haben sollen, dieweil an diser facultet hoch und trefflich vil gelegen, damit die gradus den untuglichen und unwurdigen nit conferirt, in bedenckhung, weß grossen schadens und merckhlicher gefahr darauß khunftiglich entstehen möcht, und hirumb sollen auch (f. 81) die professores theologiae dise nachgemelte verpflichtung dem decano facultatis fur angehendem examine zu erstatten schuldig sein.

(§ 49.) Statuta examinatorum, bona fide promittenda.

Quod offitium suum diligenter persequi velint, neminem indignum admittere aut contra idoneum ac dignum gratia vel odio vel alia aliqua privata animi affectione reiicere aut eisdem de causis alios aliis anteferre, sed pariter ad cruditionem et vitam uniuscuiusque respicere, sententiam a decano rogati libere et sine dubitatione aliqua dicere, pari voluntate atque animo erga omnes adfectus esse, secreta examinis enclare, caetera omnia cum ratione et modestia agere.

(§ 50.) Vom baculariat.

Welcher nun in diser facultet das baculariat[1]) annemen will und magister in artibus ist, der soll zuvor drei iare, welcher aber nit magister, funf ior mit fleiß alle gepnirende lectiones bibliorum und andere visitirt, gehort und studirt, auch, so er magister ist, zweimahl zum wenigsten, so er aber nit magister, einmahl ordinarie und ferrer zuletzst pro gradu und fur sich auch einmahl extraordinarie under diser facultet praesidenten, einem ordinario oder professori, respondirt haben.

Es were dann, das der zeit oder anderer defect halben mit einem insonderheit dispensirt wurde, welchs doch ohne sondere erhebliche ursachen und der persohnen furtrefflichen kunst und geschickhligkheit halb, sonst in einigen andern wege nit soll bescheen oder gestattet werden.

Als oft auch einer ordinarie respondirt, soll (f. 82) dasselbig gratis und ohne entgeltnus bescheen, so er aber pro gradu extra ordinem respondirt, soll er nach altem pranch und herkhomen dem praesidenten ein gulden pro prandio und ein ort in die kuchen, sonst weiter nichts zu entrichten schuldig sein.

Deßgleichen soll auch ein ieder, so das baculariat begert, zum wenigsten zweimahl, oder so er nit magister were, viermahle ein lateinische sermon uff der festabendt oder vigilien, eine, davon hieoben gesagt, uff befelch und ordnung des decani gethan haben, dieweil solchs zum prauch und ubung des kunftigen predigampts sonderlichen nutzlich und dienstlich.

So nnn solchs, wie obsteet, bescheen und alßdann derienig, so sein completion, disputationes, sermones latinos[2]) etc. außgericht und volnbracht, bacularius begehrt zu werden, so soll er fur der facultet erscheinen, daselbst sein petition und begehren anpringen und, so er nach gehaltenem examine fur tuglich erkant und zugelassen worden, volgends disc nachvolgenden puncten geloben:

Capita seu statuta baculariandorum theologicae facultatis bona fide promittenda.

Quod gradum ac titulum hunc alibi repetere atque iterare nolint;

quod, priusquam gradum ac titulum accipiant, facultati et eius pedello ea, quae ex hac constitutione novissima iisdem debentur, persolvere, accepto titulo mox prandium honestum ac liberale, quibus convenit, praebere velint;

quod titulo accepto in hac schola neque docere aliquid deinceps, neque disputare publice velint, nisi eius rei a decano et facultate impetrato consensu;

quod statuta, iura et consuetudines facultatis tenere atque defendere, commodum ciusdem et utilitatem promovere, decano, in quibus honestum est ac licet, obedire, magistros et professores cneteros reverentia debita prosequi velint. (f. 83.)

Und dieweil ettwan hievor disc iurament und dergleichen ettwaß zu scharpf und spitzig, auch uff außtruckliche persohnen und namen unnöttiger weise gestellet, dardurch dann vil der promovenden abgeschreckht und sich anderswohin promovirens halber zu thun verursacht worden, so ist deshalben unsere meinung, das niemand ettwaß weiters denn hieoben gemeldt, und danu, das er in der lehr und ceremonien sich der Augspurgischen confession sampt deroselben apologi,

---

1) Hier beginnt der Entwurf wieder. C f. 86 (nach alter Zählung).
2) Hier fehlt ein Blatt (f. 87) vom Entwurf.

Thorbecke, Statuten. 7

auch unser kirchenordnung gemeeß halten wölle, zu geloben oder schweren angefochten und betrugen werde.

Und nach solcher obligation und verpflichtung, so der baculariand angenomen und sein¹) titl oder grad, das ist die erlaubnus und macht zu cursiren, in beisein der magister diser facultet von dem dechan empfangen, soll er alßdann denselbigen und uff diß mal ein maß clareth oder Hypocratis²) und ein libra confect oder zuckher sampt einer maß gemeines weins zur verehrung, der facultet aber in den fiscum zu erlegen funf gulden und dem pedellen ein gulden, wie das iurament mit sich pringt, zu betzahlen und weiter nichts zu geben schuldig sein. Mit dem prandio zu der promotion lassen wir es pleiben, doch das fur ein persohn nit mehr dann ein disch geladen werde.

(§ 51.) Von der licentiatur.

Wiewol nun zu unsern zeiten, wie wir bericht werden, der alte pranch und die gewohnheiten, das dieienigen, so bacularii in diser facultet werden und furter zu compliren gedencken, das erst iar hernacher die bibel zu lesen verbunden und derhalben cursores genandt, volgends das ander iar die sententias und derhalben sententiarii, endtlich aber zu anßgang deß zweiten iars und nach vollendten sententiis formati genent worden, nuhmer in ein abgang erwachsen und bei vilen universiteten (f. 84) underlassen werden, so ist doch unser meinung und wollen, demnach disc facultet die furnembst und derhalben langwirigs lesen, fleiß, muhe und arbeit vonnötten hat, das nicht desto weniger dieienigen, so nach erlangtem baculariat furter zu der licentiatur in diser facultet zu studiren willens, auch drei gantzer iar, es werde dann mit ihnen auß pillichen ursachen dispensirt, mit embsigem fleiß die zugeordnete lectiones, wie vorgemelt, visitiren und horen sollen, zu dem mitler zeit³) einmahl oder zwei ordinarie und zuletzst pro gradu extraordinarie, gleich wie obsteet, respondiren, auch ein ieder sein cursum bibliorum und andere ihnen von der facultet ufferlegte nutzliche und christliche bucher lesen und zum wenigsten iedeß iars einmahl ein lateinische sermon, wie obgemelt, uff befelch des decani zu halten verbunden sein. Und soll bemelter bacularius zu der licentiatur gleichermassen wie der, so zum baculariat studirt, die ersten und ordinarias disputationes vergeblichen zu thun haben, fur die letzt aber pro gradu und extraordinarie seinem praesidenten den gewöhnlichen gulden außrichten. Darneben aber sollen uffgehaben sein alle refectiones vespertinae und andere uncosten, so pro admissione und in principiis et auspicationibus librorum die cursores ettwa haben entrichten und auslegen mussen, damit niemand zuvil beschwerdt und die gradus und titl diser facultet derhalben underlassen pleiben.

Doch uber solche alleß sollen die promovenden weder zu der licentiatur, noch zum baculariat zugelassen werden, sie seien dann zur licentiatur zum wenigsten ihres alterß uber die funf und zweintzig iare und zu beiden gradibus zuvor von der facultet erbarß, zuchtigs und redlichs lebens und wandlß erkant, darzu uff der selbigen erwegen mit gnugsamer lehr zu annehmung des begehrten stands duglich und wurdig geacht und erfunden worden.

Das aber keinem solte erlaubt sein (wie dann hievor in den alten statutis⁴) begriffen) mitler zeit, dieweil er zur licentiatur complirt, (f. 85) ettwa ein standt,

---

1) Der Entwurf beginnt mit f. 88 wieder.
2) H. = Mischwein (von ὑπό und κρᾶσις). Würzwein (frauz. hypocras, dtsch. hippocras: Wein mit Zucker, Zimt und andern Gewürzen).
3) C f. 89.
4) S. Winkelmann, Urkundenbuch der Univers. Heidelberg 1886 I, 22.

als ein pfarr, predicatur oder dergleichen, anzunemen und hieneben zu versehen, sonder ein ieder, der compliren wolte, stättigs hie bei der schulen verharren und leben und alle lectiones teglichen visitiren und besuchen.

Hirauff ist unser meinung und wollen, wo einer were, der sein curß oder desselben das mehrertheil vollendet hette und mitler zeit hirumb in der nähe oder auch anderßwo ein pfarr, predicatur oder dergleichen seiner gelegenheit und underhaltung halben uff sich neme zu versehen, das derselbig, so er nachmals begert, licentiam zu empfahen, nit soll derhalben gefahrt oder außgeschlossen, sonder ieder zeit einer solchen geschickligkheit, kunst, lehr und leben angesehen und bedacht, und demnach, so er sonst erbar, duglich und genugsam geschickht befunden, mit ihme dispensirt werden.

So dann solchs auch, wie obgeschriben, ausgericht und vollendet und der bacularius zur licentiatur begert zugelassen und promovirt werden, soll er fur der facultet erscheinen, daselbst seine petition und begehrens furtragen und umb die praesentation anhalten.

Uff welches, so er von der facultet hiezu duglich und wirdig angesehen und geacht worden, soll der eltern einer von gemelter facultet ihnen alßdann dem cancellario oder seinem verweser praesentiren und darstellen, welcher ihme furter annemen und statt und zeit ernennen soll, wann und wo er die licentiatur zu empfahen und furter mit ihme, wie geprenchlich und von alters herkommen, haben zu handln.

Aber ehe dann er, der licentiandus, den titl und grad empfahet, sollen ihme dise puncten und iurament furgehalten werden:

Juramentum licentiandorum corporaliter praestandum[1]).

Quod licentiam alibi non repetere, nec insignia doctoralia alibi quam in hac schola et a magistro sive doctore iuxta consuetudinem et morem facultatis accipere velint;

quod accepto titulo nihil a scriptis propheticis (f. 86) et apostolicis sine corruptelis iuxta consensum ecclesiarum Augustanae confessionis intellectis alienum neque ipse docere aut spargere, neque aliis docentibus consentire aut easdem provehere tuerique velint;

quod denique statuta, iura et consuetudines facultatis huius tenere atque defendere, commodum et utilitatem eiusdem promovere, decano, in quibus honestum est ac licet, obedire, magistros ac professores caeteros reuerentia debita prosequi, concordiamque ac pacem inter eosdem servare atque alere velint.

Hoc iuramento praestito simul etiam bona fide continuo promittant, quod priusquam gradum ac titulum accipiant, facultati et eius pedello ea, quae iisdem

---

1) C f. 90ᵇ am Rand: vide formam iuramenti a Micyllo conscriptam. Auf den für den Eid hier freigelassenen Raum ist von einer andern Hand, als der, durch welche der Entwurf im allgemeinen geschrieben ist, aber nicht von Micyllus selbst (wie z. B. eine Vergleichung mit Annales uniuersitatis Heid. — Cod. Heid. 361, 7 — VII, 209 ff. leicht ergiebt) der Eid eingetragen. (S. darüber die Einleitung.) Er ist später noch einmal geändert worden; die Änderungen sind von Erast geschrieben. Der ursprüngliche zweite Absatz ist gestrichen und sein Inhalt durch den lateinischen Schlussabsatz: Hoc iuramento — praebere uelint ersetzt. Der jetzige zweite Absatz lautete ursprünglich: quod accepto titulo nihil hereticum aut seditiosum et a confessione Augustana eiusdemque apologia alienum, neque ipse docere, neque ab aliis sparsum ac traditum propagare velint. Die nun beliebte Fassung entspricht dem Schlussatz des Eides, welcher beim Eintritt in den Rat der theol. Fakultät geleistet wurde (S. oben S. 37), und des iuramenti aduenarum und ist offenbar durch die dort (S. 54) verzeichnete Bemerkung Melanchthons veranlasst.

ex constitutione hac novissima debentur, persolvere, accepto titulo mox prandium honestum ac liberale, quibus convenit, praebere velint.

So nun der licentiand solche puncten oder artickhl geschworen, soll ihme alßdann die licentin, das ist die macht, magister oder doctor zu werden, nach alter ordnung und gewohnheit gegeben werden.

Und so alsdann die praesentation, davon hievor gemeldt, uff einen besondern tage beschee und die licentiatur auch uff einen besondern, so soll der licentiand zur praesentation (darzu allein die magistri oder doctores mit dem cauceollario sollen berufften werden) ein pfund confect oder zuckhers, ein maß clareth und sonst ein ander maß gemeins weins und weiter nichts zu geben schuldig sein.

Zur licentiatur aber, das ist zu dem actu und empfahung der licentzs, so dieselbig in der capelln geschicht, soll der licentiat auß deß cantzlers oder desselben verwesers hauß in die capellen beleitet werden; so aber der actus anderßwo gehalten wurde, aus der capellen, dahin zuvor die magistri facultatis und andere zusamen kommen sollen, und der licentiat in seiner gepurlichen kleidung sampt anderen baculariis einher gehen, nach dem empfangenen grad, aber neben dem rector nach altem prauch zu gehen verordnet werden. (f. 87)

(§ 52.) Vom doctorat[1]).

Sovil nun ferrer das doctorat belangt, soll es wie von alters her gehalten werden. Nemlich: das derienig, so das doctorat empfahen will, erstlichen dem fisco diser facultet funf und zweintzig floren, zuvor und ehe er promovirt wurdt, davon hievor im ersten theil gemeldet, entricht, dergleichen auch, was dem pedellen zustendig, ausricht und betzale. Sonst waß weiter disen actum beruirt, lassen wir es bei der alten ordnung und hergebrachtem prauch pleiben.

Doch das man in diser facultet insonderheit ein fleissigs auffsehen uff die gelegenheit der persohn habe und niemand leichtlich zum doctorat, er sei dann eins rechten gestandenen alterß und verstands, auch sonst seines lebens, herkomens und wesens ehrlich, unbeleumpt und unsträfflich, nach dem spruch, der da sagt: Sie luceat lux vestra coram hominibus, etc.[2])

(§ 53.) Von den prandiis und clenodiis[3]).

Antreffend die prandia, so bei eines ieden gradus promotion in diser facultet bis hieher gehalten worden, haben wir im selben aus sondern bewegnussen den

1) C f. 92.
2) Vgl. Evang. Matth. V, 16. — Im Entwurf: C f. 92ᵇ stand ursprünglich: Und dweil zu dissem grad und actum alwegen uff den vorgeenden abend ein sonderer actus, den man verperias genant (vgl. Winkelmann, a. a. O. I, 23, Hautz, Gesch. der Univ. Heidelberg II, 385 ff., Thorbecke, Gesch. der Univ. Heidelberg 1, 114) gepflegt zu halten, darinnen ettwa mehr leichtfertigkeit und gespött getrieben, dann die nutzbarkeit angesehen und bedacht worden, so achten wirs darfur, das nit hoch daran solte gelegen sein, ob schon sollche vesperien und vexationes gar eingestellt und underwegen bliben. Aber im fhall das man dieselben furthin zu halten gedecht und furnemen wolte, so soll hierinnen ein solche maß und bescheidenheit gehalten werden, das das unnutze, unnötige fatzwerkh und gespeie unterlassen pleibe (f. 93) und sunst ettwann ein nutzliche materien, quaestion oder vermanuung, darlurch die zuhörer zur tugent und nit zur leichtfertigkeit verraitzt und angefürt mochten werden, wie dann disser facultet und dissem actu onedas und insonderheit zusteet, furgenomen und tractirt werde. Dergleichen soll auch von dem gallicinio oder hauenkampf, so den volgenden morgen in dem actu und under der promotion pflegt gehalten zu werden, verstanden, damit alle leichtfertigkeit hindan gesetzt, ernst und gottesforcht furgewendt und gesucht werde. Melanchthon schrieb an den Rand (f. 92ᵇ): „soll dieselbige gewonheit gantz abgethan sein". So wurde der ganze Passus gestrichen und damit die Sitte abgeschafft.
3) Im Entwurf (C f. 93) stand zuerst: Was aber die prandia betrifft und die clenodia,

costen zu messigen furgenomen, damit ettwan denienigen, so mit armut vorhin beladen, zu abhaltung von diser facultet studien und promotionen sovil weniger ursachen furstehen mogen, angesehen das auch der kirchen und gantzen christenheit notturft erfordert, vilmehr zu disen studiis befurderung zu beweisen, als verhinderung einwachsen zu lassen.

Und dernhalben, so einer oder mehr persohnen den ersten gradum bacularcatus empfahen werden, der oder dieselben weiters nicht pflichtig sein, dann dem rectori universitatis mit sampt den professoribus theologicae facultatis und den pedellis auff den tag der promotion ein praudium zu reichen. (f. 88)

Aber es wurde gleich einer oder mehr in licentiatum theologiae promovirt, sollen der oder dieselben ferrer niemands zum prandio beruffen und laden dann den rectorem sampt der vier faculteten publicis professoribus, auch dem decano facultatis artium, die pedellos, es were dann, das die promovenden ihre nahend verwandte, freundt darzu erforderten, in dem bei disen noch andern promotionen ihnen kein maß gegeben ist.

Ob aber ferrer einer oder mehr den gradum doctoratus erlangten, der oder dieselben sollen uber die ietztgedachte persohnen, so in promotione licentiatorum zugelassen sein, auch die ubrigen persohnen senatus universitatis mit sampt einem gantzen rath der statt Heydelberg zum prandio laden, aber sonst weder in promotione bacularioram, licentiatorum, noch doctorum einichs nachtmalh oder coenam zu reichen gar nit pflichtig sein, dann wir die coenas als uberflussigen costen damit gentzlichen abschaffen und mit nichten gestatten wollen.

Doch sollen die clenodien, wie das preuchlich herkomen, in promotionibus doctorum, denen sie gepuiren, gegeben und erstattet werden.

(§ 54.) Von dem fisco diser faculteten [1]).

Und nachdem einer ieden versamblung uffwachsen erfordert, zu ihrem einkomen und furrath ein gemeinen seckhl zu haben, so ordenen wir und wollen mit sondern ernst, das durch die verwalter diser facultet ein fiscus oder beheltnus, dorin alle gemeine einkomen und gefelle der facultet gelegt, derselben obligen, damit abzuwenden, ihren nutzen zu schaffen und andere notturftige enthaltung zu verrichten fur und fur, wie auch hievor meldung bescheen, gehalten werde.

Zu solchem fisco sollen drei underschiedene schloß (f. 89) mit dreien besondern schlusseln, deren keiner das ander schloß offene, gehalten und dem dechan sampt den zweien ihme zugeordneten professoribus dieselben schlussel in ihre

---

lassen wir noch zur zeit bei den alten herkhommen beruben, damit solliche actus und promotiones mit gepuirlichen solenniteten und herlicbkeiten beschehen und gehalten werden. Doch das iederzeit maß hierinnen und nemlich uff dise weise geprauchet werde: erstlichen, das der bacnlarius nit weiter, dann hievor gemeldet, beschwerd werde, der licenciat aber, so er allein oder selbander promouirt wurde, nit mehr dann die uniuersitet, das ist die professores aller faculteten sampt dem rector und den zweien pedellen zu berueffen und laden verbunden und schuldig seie; wo aber irer der promouirten uber ernante anzal ettlich vil oder mehr weren, alsdann das prandium, wie von altersher, doch mit ermässigung des kostens, nachdem iederzeit der promouenden vil oder wenig selndt, gehalten, die coenae aber oder nachtmal gentzlichen abgethan und hingelegt werden. Welchermassen es auch von den prandiis (f. 94) zum doctorat soll angenommen und verstanden werden, in welchem gleicherweiß iederzeit die anzale und gelegenhait der promouenden bedacht uud demnach der kosten erstrekt oder eingezogen, wenig oder vil dazu gefordert und geladen werden, damit nit umh solliches unnötigen kostens willen die promouenden abgeschrekt und die gradus und titel in ein abgang nnd underlassung gepracht werden. Statt dieser Bestimmungen sind die im Text enthaltenen an den Rand geschrieben und ist mit den Worten: vide protocollum auf diese uns nicht erhaltenen Akten verwiesen.

1) C f. 94.

verwahrung zu gepuirender uffschlissung, die allwege durch sie alle drei namentlich bescheen soll, zugestellt und gegeben werden.

Und zu pesserer underhaltung diser faculteten sollen dechan und die obgemelten verwahrer des fisci ierlichen ihres einnemens und außgebens, so von der facultet wegen bescheen, der universitet und unsern darzu verordenten gepurliche rechnung zu thun und desselben ein registerlein zuzustellen schuldig sein.

Damit aber nit eigennutzige theilung der besondern persohnen gesucht und der gantzen universitet, auch diser facultet gemeines secklüß zunemen geschmehlert werde, auch ein ieder seins gepurenden theilß benugig seie, so ordnen und wollen wir, das die verwandten persohnen diser facultet bei ihren gethanen gelubden alles gelt, waß sie in den obgeruirten promotionen, dispensationen und dergleichen sachen, die gemeine facultet belangen, empfahen, ußgenomen renthen und gulten, ob sie deren ettwaß uberkhomen hetten oder noch uberkhomen wurden, nachvolgender maß theilen und uberantworten sollen: nemlich das drittheil der universitet in ihren gemeinen fiscum zu legen, und das ander drittheil[1]) in ihrer facultet gemeinen seckhel, wie obsteet, zu geprauchen konen lassen; aber das letzst drittheil[2]), damit der facultet persohnen oder verwandten ihrer arbeit, muhe und angekberten vleiß auch ettwas zimlicher ergetzligkeit empfahen, under sich, wie sichs gepuirt, zu theilen[3]).

(§ 55.) Wie es mit frembden und zukomenden doctoribus diser facultet soll gehalten werden[4]).

Item so ein frembder doctor theologiae (f. 90) sich hieher in unser universitet zu thun und in dise facultet angenomen zu werden begehrt, soferr er nit bullatus ist, sonder in einer universitet, wie gepreuchlich, promovirt und seiner promotion geburliche zeugnus pringt, soll derselb (so er, wie in andern faculteten, seine disputation und, waß derselben anhengig, gehalten, auch ad fiscum facultatis drei gulden und dem pedellen universitatis ein gulden gegeben hat) zugelassen und nach gethaner gepurlicher pflicht uffgenomen werden.

Juramentum advenarum, qui titulum aliquem alibi consecuti sunt[5]).

1. Quod apud rectorem professi sint;
2. quod nulla infamia notati;

---

1) In C f. 95ᵇ hiess es ursprünglich statt das ander drittheil: von den andern zweien drittheilen das viertheil (das ist der ganzen summen sechstheil).

2) In C 95ᵇ hiess es ursprünglich: die uberige drei viertheil der obgenannten zweier drittheil, das ist der ganzen summen halbenheit.

3) In C f. 95ᵇ folgte noch eine nota, welche bei der endgültigen Feststellung weggelassen wurde: Es were denn sach, das fur rathsam angesehen wurde, das man zu mehrer befurderung der ordinarien disputation, so ierlichen hinfurth gehalten sollen werden, zu ieder derselben disputation dem presidenten sampt dem decano und den argumentanten eine verehrung, wie obsteet, verordnen thete, welche nach alsdann entweder dem fisco uniuersitatis der sechstheil von dem (f. 96ᵃ) einkommens der promotionen und dem fisco facultatis das drittheil und den personen facultatis das halbtheil, wie von alters her bescheen, oder aber bergegen beiden fiscis die zwei drittheil und den personen das ubrig drittheil, dweil dieselben stipendia nunmehr ettwas erstreckt und gebessert, zu gleicher außtheilunge solt und mocht zugeordnet werden.

4) C f. 96.

5) In C f. 96ᵇ stand ursprünglich: Juramentum aduenarum: Quod statuta facultatis et quae deinceps in eadem legitime statuantur, seruare; magistros eiusdem facultatis reuerentia ea, qua decet, prosequi; decano, in quibus honestum est ac licet, parere et ab eodem ad consilium accer-

3. quod titulum sine gradum suum testibus idoneis aut literis fide dignis probare possint ac velint;
4. quod recepti intra mensem alterum disputationem publicam ex more scholae facere, alias nihil citra consensum facultatis neque disputare neque docere¹);
5. quod doctrinas a scriptis propheticis et apostolicis sine corruptelis iuxta consensum ecclesiarum Augustanae confessionis intellectis alienas neque ipsi tradere aut spargere, neque aliis tradentibus consentire aut easdem provehere tuerique velint²);
6. quod statuta ac leges facultatis servare, commodum et utilitatem eiusdem promovere, decano facultatis, in quibus honestum est ac licet, obedire, magistros ac professores caeteros honore ac reverentia debita prosequi velint.

Hoc iuramento praestito simul etiam bona fide continuo promittant, quod, priusquam recipiantur, ea, quae facultati, pedello et professoribus facultatum singularum debentur, iuxta ea, quae novissime constituta sunt, persolvere velint. (f. 91)

(§ 56.) Ein gemeiner punct das ampt diser facultet belangend³).

Es soll auch dise der theologorum facultet bei ihren pflichten schuldig sein, ieder zeit fleissigs uffsehens zu haben bei allen predigern in unser statt Heydelberg, es seie im stift, pfarr oder clostern, das dieselben in ihren predigen nichts ungeschickhts oder ungereimbts wider die reine und lautere evangelische und apostolische lehre und rechten, wahren, christlichen glauben⁴), das der Augspurgischen confession, wie obsteet, sampt derselben apologi, zugegen sein wurde, furnemen oder lehren.

Wo es aber von einem oder mehr derselben uberfahren oder unzimlicher weise beschehen wurde, dem oder denselben solchs uff beschickhung gutlichen undersagen, davon abzustehen vermahnen, und wo das nit bei ihnen verfahen wolte, dasselbig ieder zeit mit wahrhaftigen bericht, ohne allen neidt, haß und unwillen, anbringen, furter durch unß furstlichs und gepurlichs einsehens zu abwendung desselben zu verschaffen.

---

situs, sententiam suam ingenue ac libere sine ulla priuata animi adfectione (f. 97) dicere; secreta facultatis celare neque denique hereticum et a fide christiana alienum quicquam uel ipse dicere, uel ab aliis traditum ac sparsum tueri velit. Offenbar gab die Bemerkung Melanchthons auf Seite 96ᵇ: Nota: fiat mentio certae confessionis, ut supra dictum est, Veranlassung zu einer Umarbeitung, welche auf einem vor f. 97 eingeklebten Blatt sich findet und ohne Zweifel von Micyllus herrührt. Auch diese neue Fassung wurde wieder, und zwar von Erast geändert.

1) Punkt 4 lautete ursprünglich: Quod priusquam recipiuntur, ea, quae facultati, pedello et professoribus facultatis singulatim debentur, iuxta ea, quae novissime constituta sunt, persoluere velint. Diese Worte sind dann gestrichen und durch den nach Punkt 6 gemachten Zusatz ersetzt worden. Er rührt, wie die Schrift zeigt, von Erast her.

2) Die erste Fassung lautete: Quod hereticum aut seditiosum et a confessione Augustana alienum aliquid neque ipse docere aut spargere, neque ab aliis sparsum ac traditum propagare velint. Am Rande stand: Nota: Kirchenordnung. Erasts Hand hat den aufgenommenen Wortlaut an die Stelle gesetzt.

3) C f. 97ᵃ.

4) Melanchthon hatte bemerkt: nihil contra communem harum ecclesiarum confessionem. Darauf hin wurde nach „christlichen glauben" eingeschoben: das der Augsburgischen confession, wie obsteet, sampt derselben apologi zugegen sein würde.

(§ 57.) Statuta ac leges facultatis theologicae [1]).

1. Qui theologicae facultati siue doctrinae sese tradere gradumque ac titulum in ea aliquem obtinere cupiunt, principio nomina sua apud decanum profiteantur eidemque, in quibus honestum est ac licet, obedire velle promittant.
2. Iidem lectiones professorum, praecipue autem ordinarias, diligenter ac sedulo audiant, disputationes et sermones latinos, priduanis solennium festorum diebus fieri solitos, frequentent, respondere in disputationibus aut sermones latinos iussi facere, decano obtemperent. Qui contra fecerint, poenam persolvant; si poenam legitime impositam persolvere detrectarint, a numero discipulorum excludantur.
3. Baculariatum in hac facultate ambientes, si magistri artium fuerint, triennium; si secus, (f. 92) quinquennium lectiones ordinarias, disputationes et caetera huius facultatis propria frequentent, nisi super eo cum aliquo dispensatum fuerit.
4. Iidem sermones imperatos faciant; in disputationibus iussi respondeant, ordinarie quidem ex offitio et sine impensa, extra ordinem autem et pro gradu respondentes, praesidenti florinum in prandium et quartam partem familiae ex veteri instituto ac more persolvant.
5. Ad baculariatum admissi priusquam titulum accipiant aut cursum, hoc est lectiones imperatas, ordiantur, facultati quidem quinque, pedello autem florinum unum persolvant; accepto autem titulo professoribus huius facultatis secundum ea, quae novissime constituta sunt, praebeant.
6. Bacularii qui sunt, cursus ac lectiones suas fideliter perficiant, tempora earundem in acta referri procurent; sermonibus ac disputationibus magistrorum diligenter ac sedulo intersint; iuxta locum et ordinem quique suum cum respondente disserant, argumenta idonea ac sana in medium adducant.

---

1) Die im Entwurf befindlichen: „Gemaine statuten dieser facultet" sind durch Micyllus völlig umgearbeitet und in Abschrift auf einem Bogen unter neuer Überschrift zwischen f. 97 u. 98 eingeheftet worden. Die verweisende Randnote lautet: huc transscribantur statuta ac leges theologicae a domino Micyllo conscriptae. Der Entwurf hatte 10 Paragraphen [f. 97ᵇ—99]; 1—3 stimmen im ganzen mit §§ 1. 2 der neuen Redaktion; 4—10 sind wesentlich verschieden; sie lauten: 4: Bacularius theologiae, in alia aliqua uniuersitate creatus, si in hanc nostram facultatem recipi cupiat, dummodo de gradu ac titulo eius certo constet, facultatis statuta, quaeque in eadem deinceps statuentur, seruare se nelle Iureiurando promittito; 5: Magistri facultatis huius, item licenciati et bacularii quottannis singuli sermonem latinum idque priduanis maiorum festorum diebus potissimum faciunto, iisdemque argumenta pia et ad eruditionem utilia tractanto; 6: in disputationibus et titulorum collationibus ordo magistrorum, ne quis alio granius aut plus oneretur, seruator; qui locum suum ipso tenere aut ordinem persequi necessitate aliqua prohibitus fuerit, in locum suum substituito; 7: Sermonum ac disputationum uices circa initium uacationum siue feriarum a decano distribuuntor; in his ad respondendum bacularii potissimum adhibentor; quibus deficientibus, reliquis atque inferioribus discipulis, praecipue autem stipendiariis idem munus mandator; 8: Qui disputationem instituet, baculario siue discipulo responsuro themata positionesque disputandas ante mensem unum atque alterum tradito, iisdemque curato, ut neque respondens positionum explicationem, neque ipse illarum oppugnationem ultra dimidium horae extendat; 9: Qui contra disputantem argumentabitur, modestiam seruato, a iniuriis et contentione verborum inutili abstineto, argumenta et obiectiones, a respondente parum satis aut commode solutas, ipse pro auditorum utilitate et fructu ad plenum explicato et soluito; 10: Qui declamarunt aut responderunt, eorum nomina in acta facultatis referuntor, i demque si hoc ordine ac statis temporibus fecerunt, nullis sumptibus aut expensis grauantor, sin extra ordinem et pro gradu responderunt, aureum praesidenti in prandium et quartam aurei partem in culinam veteri instituto ac more persoluunto.

7. Licentiam accepturi ab eo, quo bacularii facti sunt, per triennium lectiones professorum ordinarias audiant caeterumque illa, de quibus modo dictum est, persequantur, nisi temporis causa cum aliquo dispensatum fuerit.
8. Iidem etiam ordinarie quotannis pro eo, ac iussi fuerint, respondeant, orationes latinas faciant, extra ordinem autem et pro gradu respondentes praesidenti, ut supra, florenum in prandium et familiae quartam partem floreni persolvant.
9. Qui examinatus et ad gradum aliquem admissus fuerit, examinatoribus quidem refectionem more veteri, cancellario autem ad praesentationem (f. 93) libram saccari confecti et cantharum Malvatici sive Cretici tantundemque reliquis praesentibus et per decanum accersitis dabit, solus quidem ac per se ipse, si solus examinatus ne praesentatus sit, proportione autem sua, quoties alii ac plures in eodem examine eademque praesentatione fuerint.
10. Ad licentiam admissus, priusquam hanc a cancellario accipiat, facultati florenos decem, pedello duos persolvat; accepta autem eadem, prandium pro eo, atque novissime constitutum habetur, honestum ac liberale praebeant.
11. Qui summum in hac facultate gradum, hoc est doctoris insignia ac titulum, accipient, facultati quidem florenos viginti quinque, pedello quatuor persolvant, reliquis autem tum universitatis quam facultatis personis et quibus aliis hoc ipsum debetur, prandium iuxta constitutionem hanc novissime editam praebeant.

B. Von der iuristen facultet insunderheit.

Wiewol unsere alten und vorfahren in ihrer ordination und satzungen dise der iuristen facultet in zwei theil, nemlich das canonicum oder geistlich recht und das weltlich, civile genant, underschieden und getheilt und demnach deren iedem insonderheit sein ordnung und maß gestellet und furgeschriben, so haben wir doch angesehen gegenwertiger zeit leufft und unser schulen gelegenheit, obgenante beide stuckh und underscheid zusamen gezogen und sie under einem titl und namen, waß beiderlei profession, lehrern und schulern zu halten und zu leisten seie, in gemein anzuzeigen und zu bescheiden furgenomen.

(§ 58.) Vom consilio und rath diser facultet. (f. 94.)

Und anfengklichen das consilium und eigenen rath diser facultet betreffend, damit rechte einigkeit und gleichmessigkeit zu ieder zeit erhalten werde, so ordenen und setzen wir, das neben den doctoribus und ordinariis alle andere canonisten und legisten, so in diser universitet mit lecturen versehen und angenomen, unangesehen ob sie doctores oder licentiaten, so ferr sie sonst ihres herkomens und lebens ehrlich und tuglich seint, sollen diser der iuristen facultet consiliarii gelobt und geschworen sein und darauff in allen derselben facultet sachen, hendlen und rathschlegen zugleich gefordert und gepraucht, auch zur gemeinen niessung zugelassen werden.

Desgleichen soll auch under der bemelten facultet sigel und namen nichts anderß oder weiterß außgeen, dann waß durch sie alle oder den mehrertheil beschlossen worden ist, ausgenomen, was die iura decani, das ist die urkunth und testimoniales der completion und erlangte titl betreffen ist, welcher versiglung dem dechan insonderheit und von ampts wegen gepuirt und zusteet.

Es soll aber doch hieneben ein ieden fur sich selber zu advociren und ratschlagen, so fur solchs eines ieden gelubden nit entgegen und zuwider, oder auch seinem offitio mit studiren und lesen in der schul unverhinderlich ist, niemand benommen sein.

Damit auch zu ieder zeit alle diser facultet geschefte, als promotiones, praesentationes, disputationes und dergleichen actus ausgericht und ohne verzug oder hindernuß versehen werden, wollen wir, das gleich, wie hievor [1]) von den theologis gemelt und angetzeigt ist, zu den andern emptern und gescheften, auch deroselben einkhomen und genuß sollen die obgemelte professores alle (waß titlß oder gradus sie seind) zugelassen und gepraucht, die promotiones aber und derselben gefelle, sovil daran den professoribus gepuiren wurd, allein den doctoribus, als die solche promotiones halten und verrichten mussen, verpleiben, davon auch der institutist, wo der ein doctor were, nicht außgeschlossen sein soll. (f. 95.)

(§ 59.) Juramentum ab eo praestandum, qui in collegium huius facultatis recipitur.

Quod apud rectorem professus sit;
quod sit legitime natus;
quod nulla infamia notatus sit;
quod decano facultatis, in quibus honestum est ac licet, obedire, facultatem ipsam et commodum eius, quoad sciet ac poterit, promovere velit;
quod ad consilium a decano vel vicem eius gerente accersitus, sententiam sanam ac certam, ut quaeque succurret, sine animi privata affectione aliqua dicere, consiliorum ac facultatis secreta caelare velit [2]).

(§ 60.) Vom dechant der iuristen facultet.

Wie wir nun bei der theologen facultet gesetzt und geordnet haben, also ist auch hie unser meinung und wollen, das hinfur zu ieder zeit der dechan diser facultet aus derselben professoribus soll dem [3]) gantzen consilio und rath ehegemelter faculteten per suffragia und vota ierlichs gewehlet und hirin kein succession oder praerogativa netatis oder senii, sonder, nachdem ieder zeit einer am verstendigsten und gelehrtisten, auch zu solchem ampt zu verwesen am duglichsten gefunden wird, angeseen werden, also das hinfurter solche ampt nicht auf eines lebtagen oder sonst lange zeit gesetzt, sonder von iarn zu iarn durch die electio umbgewechßlt werden soll.

Und so sie, der iuristen facultet professores doctores und andere, under ihnen selber hirinnen spaltig oder sonst die vota und suffragia in der antzahl gleich stehn wurden, soll alsdann die sach an die universitet furderlichen gelangen, welche die gleichheit der stimmen durch ihr votum oder suffragium wenden, auch sonst alle andere spän, so sich der election oder anderer sachen wegen zutrugen, hinlegen und furkhomen und in solchem die iuristen der universitet zu fall oder endscheid zu gehorchen schuldig sein. (f. 96.)

So dann solcher dechan von iarn zu iarn gewehlet, soll er volgends sein gewohnlich und gepurliche pflicht thun und der facultet, wie hienach volget, schweren und demnach in sein ampt dretten und ein fleissigs uffsehen haben. damit ieder zeit, was die lectiones, disputationes, promotiones und dergleichen belangt, zum besten ausgericht, die neuen discipl dieser facultet eingeschriben, die

---
1) S. oben S. 37.
2) Der Eid ist gleich dem der Theologen, nur dass der Absatz über die Religion fehlt: s. oben S. 37.
3) Hier beginnt C mit f. 103 wieder; die Blätter 100—102 fehlen.

andern zu respondiren angehalten werden, auch ihnen ierlichen und innerhalb dem ersten monat einmahl die statuten diser facultet furlesen und demnach derselben ubertretter gepurlicher maß straffen, und also biß zu ende seines ampts mit handhabung diser facultet ehr, wolfart und aufgang, auch deroselben gesatz und ordnungen beharren und regiren¹).

Wo aber sich ein dechan seines ampts mißbraucht, mehr oder weniger thette, dann ihme gepuirt, oder sunst seins besen, ergerlichen lebenß halben der universitet oder einicher faculteten beschwährlich oder untreglich were, soll mit ihme, wie in dem ersten theil dieser ordination²) von den legenten und professoribus gemeldet ist, iederzeit gehandlet werden.

(§ 61.) Juramentum decani corporaliter praestandum.

Quod commodum facultatis, quoad sciet ac poterit, tueri, constitutiones ac leges eiusdem integras ac illibatas conservare; nihil in iis citra legitimum universitatis consensum novari aut immutari, pati, easdemque publice quotannis in schola recitare, disputationes praeterea, cursus, promotiones et quae reliqua facultatis propria sunt, ut suo quaeque tempore ac modo fiant, procurare, facultatis res gestas in acta eiusdem referre, sigillo facultatis absque collegii consensu temere nusquam uti, et si ultra mensem abesse ipsum ab urbe oporteat, idem illud cum fisco facultatis seniori ac proximo eiusdem facultatis ordinario servandum et custodiendum dare, denique quidquid ad offitium et curam decani pertinet, id omne pro virili sua parte fideliter ac diligenter exequi velit³).

Aber hiebei wollen wir dieienigen persohnen, so zu dem decanat zu mehrmahln gewehlet worden, erwiderung deß leiblichen eids anff (f. 97) obgesetzte puneten und iurament und allein, das si dieselben in solchem fall mit der handtrew loco iuramenti zu sagen, gelassen haben, es were dann, das einer den leiblichen eid zuvor disses ampts halb nicht erstattet hat, der soll sich auch in offnemung deß decanats solchs zu thun nit weigern.

(§ 62.) Wie vil und was fur professores in diser facultet sollen erhalten werden⁴).

Wiewol bei unsern vorfaren disc facultet sonderlichs fleiß bedacht und mit vilen professoribus oder lesenden persohnen versehen worden, der meinung, als solten hiedurch die discipl und iungen iuristen dester mehr gefurdert und die schul mit grosserem namen und ruf berumbt und bekannt gemacht werden, so haben wir doch die sach an ihr selber, auch unser schulen gelegenheit hieneben eigentlich bedacht und befunden, das, so in diser faculteten fur und fur vier fleissiger und rechtgeschaffener lectores seint, deren einer in secundo decretalium⁵), die andern drei in iure civili teglichen und ohne sonderliche uffschube ihre lectiones halten und volbringen werden, sich diser facultet und derselben studiumbs

---

1) Nach regiren stand im Entwurf f. 103ᵇ folgender Absatz: Wo auch im rath funden und fur gut angesehen wurde, das, gleich wie uff andern ettlichen universiteten, das decanat von iar zu iarn verändert und die personen abgewechselt solten werden, soll es allermassen hie in disser faculteten, wie hievor von der theologie angezeigt und gesagt, gehalten werden. Die Bestimmung konnte weggelessen werden, weil sie durch die vorausgehenden erledigt war.

2) S. oben S. 23.

3) Der Eid ist gleichlautend mit dem der Theologen (s. oben S. 38); das bezeugt eine Randnotiz in C auf dem vor f. 134 eingeklebten Blatt, welches den Eid, für welchen Raum im Text freigelassen war, enthält: totum hoc iuramentum per omnes facultates quale est, vide Domini Micylli compositionem.

4) C f. 104.

5) In C f. 104ᵇ stand ursprünglich in iure canonico; auf Melanchthons Bemerkung wurde in secundo decretalium geändert.

niemand pillicher weise zu beklagen haben solt. Setzen derohalben und wollen, das nun hinfurter in diser faculteten ieder zeit vier lectores oder professores seien, der erst codicem[1]), der ander secundum librum decretalium, auch sonst an andern buchern und tituln, so diser zeit dhienstlich und unser wahren christlichen religion nit zuwider; doch wo er ein anderß lesen wolt als secundum decretalium, das er solchs zuvor decano et facultati inridicae, die sachen zu erwegen und zu bedenckhen, ob es nutzlich und ohne verletzung unserer christlichen religion bescheen möge, furpringe und ohne derselben facultet wissen und rath ausserhalb des secundi decretalium fur sich selbst nichts furnemen; der dritte das pandect, der viert und letzte aber die institutiones lesen sollen.

Und sollen solcher legenten der codicist, decretalist und pandectarius allesampt doctores sein, der institutist aber zum wenigsten licentiatus. (f. 98) So sich aber volgends begibt, das diser lecturen eine vaciren und ledig sein wurde, soll alßdann mit der wehlung eins andern lectoris anstatt deß abgangenen, wie hievor in dem ersten theil diser ordination[2]) und nachmahls von den theologen[3]) befohlen und gebetten ist, gehandlt werden, nemlich das zu ieder zeit gefragt und betracht werde, wer derselben lecturen seiner geschickhligkeit nach würdig, auch seines lebens und desselben erbarkeit halben darzu tuglich und annemblich seie, nßgeschlossen und hindangesetzt aller succession und praerogntiven, so hievor gepraucht und furgewandt oder auch in zukunftigem nffgebracht und furgewendt werden möchten, und so alßdann solcher obgemelter persohn eine oder mehr vorhanden, soll dieselbig oder derselben die zwo furnembsten nominirt, unß angetzeigt und furter durch unß dieienig, so uns fur die peste oder gelegenste ansicht, praesentirt und angenomen werden.

Wo aber derselben zeit in unser universitet klein solche persohn, wie obsteet, gefunden wurde, damit dann obgenante universitet nit in abgang oder verkleinerung ihres namens und geruchtes erwachse, soll an statt deß abgangenen professoris ein andere und frembde, hierzu geschickhte und tugliche persohn von aussenher gesucht und mit unsern rath beruffen werden; welchs wir hiemit dem allem getreues ernstes fleiß nachzusetzen, strenglichen wollen befelhen und beides dem decano und dem rectori disen puncten, die election betreffend, iederzeit vor der wahl im consilio und rath offentlich zu verlesen lassen, sich ein ieder im votiren darnach wisse zu gerichten, nfferlegt haben.

(§ 63.) **Von den lectionibus und zu welcher stunden ein iede soll gehalten werden[4]).**

Die erste lection soll in codice des sommerß zu sechsen, winters aber zu siben uhren vormittag fur und fur die wochen uber von derselben lectnrn professor und doctor an obgemelter statt und uff obernante tage, allermassen wie zunehst hernach von dem canonisten gemeldet, gehalten und gelesen werden.

Die ander lection in decretalibus soll der (f. 99) canonist von einer uhren nachmittag biß auff zwo uhren in der iuristen gewohnlichem auditorio durch die gantze wochen uber halten, doch das der mittwoch, so sonst die wochen kein feiertag oder vacantzen einfellet, an statt deß, so man biß dohero festum Jovis

---

1) In C f. 104ᵇ stand zuerst: „deren der erst die libros decretalium, der ander codicem, der dritte das pandect u. s. w.; dann ist geändert worden wie der text angiebt; auch in § 63 war die professur in decretalibus ursprünglich in C als die erste bezeichnet.
2) S. oben S. 22.
3) S. oben S. 39.
4) C f. 105ᵇ.

genant hat, und der sambstag umb der disputation und anderer ursachen willen bei diser facultet frei und ledig gelassen seien.

Die dritte lection soll in pandectis des sommers furmittag von achten biß uff neun uhren und zu winters zeiten von neuen biß uff zehen uhren gelesen werden [1]).

Alß aber zuvor die lectio pandectarum under ettliche professores vertheilet, dardurch auch ervolget, das die anzahl der professorum bei diser facultet gemehret und derselben ettliche zu unsern cantzleigescheften gepraucht und gezogen worden, aber den auditoribus iuris allerhand versaumnus zugewachsen, und also diser universitet nit geringe vercleinerung zugestanden, so wollen wir hiemit die zuvor gewesene anzahl der professorum auß obgemelten und anderen mehr vernunftigen ursachen disfals bekurtzen und es bei dem ietztgemelten eintzigen pandectario dergestalt beruhen und pleiben lassen, das derselbig solcher seiner lecturn stettigs und unnachleßlichen fleiß zu allen und ieden zeiten, do man vermöge diser unser reformation lesen solle, abwarten und mit unsern cantzlei- und hofgerichtsgescheften gentzlichen unbemuhet und unbeladen sein soll, wie wir auch die andern drei professorn von ihren lecturen zu gemelten unsern sachen zu zihen gar nicht verstatten wollen, sonder es sollen dise vier professores fur und fur zu den geordenten stunden, ohne einiche unsere verhinderung, auch ohne ihrer selbst gesuchte ursachen, unseumblichen ihren lectionibus furstehen, die der gepuhr nach laut diser ordnung getreues fleiß versehen und den studiosis iuris ob ihnen den professoribus einichen unfleiß, versaumnus und verhinderungen sich zu beclagen kein ursach geben.

Dieweil aber auch nur ein professor digestorum sein wurdet und doch die digesta gantz weitleuftig und groß, soll derselbig professor ihme befohlen sein lassen, sich eines (f. 100) ordentlichen und solchen methodi in docendo zu ge-

---

1) C f. 106ᵇ—108 ursprünglich: „Aber hierüber ist unser will und ernstliche meinung: Nachdem bifs anher allwegen zween pandectisten gehalten worden, welche zu underschiedener zeit und stunden, einer in digesto veteri, der ander in digesto nouo gelesen haben, und aber dieselben lectiones, dweil disse lectores, uns mit dinst verwandt, unser geschefft und cantzlei halben, vilmals underlassen, und die auditoris des vergeblichen wartens halben unlustig und verdrossen worden: damit hinfurter sollichem allem vorkhomen und begegnet werde und die auditores an ihrem studium unnerhindert pleiben, die lectores aber ihrem ampt dester vleissiger nachkhommen und obligen mögen (f. 107), dafs hinfurther, und so lang wir anders nichts ordnen, (welches doch zu unserm willen difs orths steen solle), disse obgemeltte zwen pandectisten, so viel disse lection belangt, für ein person sollen gezelt oder gehalten werden; und einer ein tag umb den andern, gleich wie hieuor von den theologis beschehen, in obgenanten pandecteu oder büchern lesen, doch dafs deren ein ieder aus den gemeinisten und breuchlichisten titel, nit allein digesti veteris oder noui, sonder auch infortiati iederzeit einen für sich neme und denselben, wie hernach volget, methodice tractir und furgebe. Es were denn sach, das wir in unsern gescheften disser einen ein zeit lang anderstwohin verschickhen und brauchen wurten, welchs doch one sondere nottwenlige ursach nit beschehen soll, in welchem fhall alsdann der auder in seiner materien furtfharn und teglichen gleich den andern zu lesen bifs uff des andern und obgemelten widderkhunft schuldig und verbunden sein sol. Und damit sollicher satzzug desto stattlicher möge nachkhommen werden, so wollen wir den unsern auch hieneben beuelhen, das sie disse obgenannte professores uff die tage und stundt, daruff ihren einem ieden zu lesen gepurt, nemlich dem ersten des montags und donnerstags, dem andern den dinstag und freitag oder auch den mittwochen, so deuselbigen an statt eines feiertags oder vacierenden tags gelesen wurde, sollen ongefordert und mit den canzleigescheften unuerhindert pleiben lassen, aufsgenomen zu den zeiten unsers honegerichts, uff welche tage man one das nit mehr dann zwo stunden iedes tags, eine in iure (f. 108) canonico, die ander in institutionibus pfleget zu lesen". Dazu gehört eine Randbemerkung f. 106ᵇ: Stee zu weitterm bedenken, ob man einen oder zwee lectores haben wolt, denn disser allein uff gegenwertige zeit gestellet. Man brach, wie der Text zeigt, mit der bisherigen Übung.

prauchen, damit er uber die gepurende nottwendigkeit in einer materien nit zu lange verharre, sonder die furnembste titulos ac materias necessarias durch die gantze digesta iederzeit an hand neme, also das er in wenig iaren dieselbigen digesta moge absolviren, wie dann davon hernach ferner gemeldt und geordnet ist.

Die[1]) vierdte lection soll in institutionibus nach mittag zu dreien uhren an obgemelter statt und tägen gehalten werden.

Und sollen dise lectiones solcher gestalt und massen bescheen, das der institutist seine titl und materien methodice explicire und auff das furderlichst vollende, also das er alle halbe iar ein buch absolvir und außlese, damit ein new und angeender iurist die gantzen institutiones zum lengsten in zweien iaren möge außhoren und erlernen.

Dergleichen soll weder er, noch die andern doctores mit vergeblichem und unnöttigem dictiren oder ad pennas lesen die zeit hinpringen und die auditores aufhalten, sonder noch gebrauch und exempel der alten ein ieder seines furgenomenen titlß die leges, so eins inhalts sein, zusamenzihen und richten: erstlichen diejenigen, so ad definitionem tituli oder materiae gehörend, nachmals die, so zur theilung oder underscheide, und furthan, waß similia oder contraria, auch wo dergleichen an andern orten gefunden werden, kurtzlichen und ohne lange commentaria antzeigen und in ein compendium oder methodum redigiren und pringen, wie ettwa Accursius und vor ihme Azo und andere zu thun sich beflissen haben.

Insonderheit aber soll sich der codicist als der furnemist professor und doctor befleissen, das er ieder zeit sein furgenomene materi nit allein, sovil deß gegenwertigen titlß inhalt betrifft, sonder durch das gantz corpus beider rechten ersuche und fure, damit, was allenthalben von derselben materien angezeigt, gemeldt und beschlossen, er in ein summen pringe, und der auditor oder schuler ohne sondere arbeit und lange zeit zu verstand und erfahrung der rechten komen, endlichen auch die gantze schul (f. 101) sampt dem professore hindurch gepriesen und gefurdert werden muge.

(§ 64.) Von besoldungen der professorn diser faculteten[2]).

Und fur solche arbeit und muhe, sovil den canonisten belangt,[3]) wollen wir, das einem ieden professori decretalium oder canonisten ierlicher besoldungen gereicht werden sollen zweihundert gulden sampt der behausung, oben an der eckh der Judengassen und neben dem collegio artistarum gelegen, die demselben professori, so lang er diser lectur fursteet, soll pleiben[4]). Dagegen aber sollen die

---

1) Von da an bis zum Schlufs des Paragraphen ist der Entwurf (C f. 108—109) unverändert geblieben.
2) C f. 109.
3) C f. 109 fuhr fort: „lassen wir es noch zur zeit bei der alten besoldung pleiben, nemlich das er einnemme und habe die gefelle, so von wegen des canonicats im hohen stüft zu Speier nunher iärlichen gereicht und vom capittell erlegt werden, sampt der pfrunden und deren presentzs hie zum hailigen gaist, auch den gewönlichen thail an den gefellen zu Bacharach, Keisserswerdt und Newstadt sampt dem eckhaufs oben in der Judengassen, doch mit seiner beschwerden, so baws halben vor ettlichen iaren daruff erwachsen." Diese Bestimmung wurde gestrichen und dagegen die im Text enthaltene an den Rand gesetzt.
4) Danach folgte in der Verbesserung des Entwurfs ursprünglich f. 109: doch dem ietzigen professori Dr. Wendalino Heilman, so die zeit er die lectur verwesen wurdt, seiner noch habenden besoldung wegen unvorgreiflich. Das ist durchgestrichen und die Randbemerkung hinzugefügt: vide protocollum, sol mundlich angezeigt werden. — Wendalin Heilman von Reichartshausen gehörte der Universität seit 1515, 15. Juni, wo er immatrikuliert wurde, an, hatte seine philosophischen (baccal. 1516, mag. artium 1518) und juristischen (baccal. 1521, licenc. 1524) Studien in Heidelberg gemacht,

pfrunden und alle andere gefelle, der presentz zum heilgen geist, uff den zollen zu Bacharach und Keiserswerd, zu Neustatt oder anderswo, wie davon zuvor gemeldt ist, zu dem alten fisco eingezogen werden.

So vil aber den codicisten belangt, demnach die lectur codicis allwegen die furnemist gehalten worden [1]), setzen wir und ordenen, demselben ordinarie zu ierlicher besoldung zweihundert gulden, deren die hundert fl. ihme aus dem alten fisco, wie bis anhero, die uberigen aus den neuen gefellen, so hievor zur universitet gewendet oder noch ferrer khomen mogen, sollen gereicht werden, und hieneben das eckhauß an der Augustinergassen zu seiner bewohnung [2]).

Die weil aber die lectur codicis gemeinen studenten keiserlicher rechten insonderheit hoch erspriesßlich und derhalben mit einem besondern dapfern und berumpten manu, wie obgemelt, zu versehen notturftig ist, so ordenen wir ferrer und wollen, wo man ein solchen sonder erfahrnen rechtgelerten bestellen und uberkhomen mage, das man denselben, unangesehen anderer zuwachsenden persohnen, das ist ohn alle succession und praerogative, so iemands hirin vermeint zu haben, wie vilmahls gemeldt, annemen soll. Und damit er sich derselben anzunemen desto (f. 102) williger gemacht werde, soll man auch uber obgenante und ordentliche besoldung mit ihme uberkomen, wie das der zeit und der persohnen geschickligkeit und gelegenheit nach sich wole fugen und die notturft mocht erfordern; es geschee auch solche letzahlung der ubermaß gleich aus den neuen gefellen, so iungst erlangt und wir neben und mit diser reformation weiters darzu hiemit verordnet haben.

Was aber disfals den pandectisten [3]) antrifft, soll desselben besoldung sein zweihundert gulden, welche dann ihme, in betrachtung zuvor zween pandectisten gewest, auß dem alten fisco leichtlichen mogen entricht werden, solt aber darane mangel erscheinen, mag man denselben auß dem newen fisco erstatten lassen. Er soll auch under dem hause, das uff der undern strassen gegen dem collegio

---

war hier Lehrer in beiden Fakultäten, 1537 prof. novorum iurium (Annal. univ. VI, 126 b), 1543 prof. decretalium (Annal. univ. VI, 337) gewesen, hatte 1525 das Dekanat der philosophischen, wiederholt das der juristischen Fakultät, 3mal das Rektorat (1531, 1537, 1543) bekleidet, war 1557/8 Prorektor, also gerade in dem Jahr, in welchem die vorliegende Reformation erschien; er starb, ein fast Siebzigjähriger, 12. Mai 1561 und wurde in St. Peter begraben (Annal. univ. VIII, 42, Adami Apograph. pag. 59).

1) Danach stand im Entwurf f. 109 b noch: auch derselbig professor alle tag fur und fur, wie obsteet, zu lesen verpflichtet.

2) In dem Entwurf f. 109 b folgte die dann gestrichene Bemerkung: Und soll furthann kein geistlicher stand, allwege einer weltlichs stands zu sollicher lectur, wie dann in der nechsten reformation hieuor auch versehen, uffgenomen werden.

3) C f. 110 b anfänglich: Die zween pandectisten belangendt, dweil dieselben beide gleiche lectiones und aber doch, so vil die schul belangt, weniger und geringer arbeitt, dann der codicist oder canonist iederzeit haben, damit dann ein billiche analogi und gleichait zwuschen den obern und undern lectionen gehaltten werde, achten wir far billich und setzen, das ir einem jeden . . . gulden ierliche besoldunge uofsgericht und bezalt sollen werden, und ferner dem einen das haufs uff der oberen strassen, so itzundt doctor Johann Empfinger inhat, dem andern aber ein ander gelegene behausung, so der uniuersitet zugehorig oder zustendig ist, eigeraumpt werden. Dafür wurde der am Rand vermerkte obige Text gesetzt, entsprechend der schon früher angegebenen Entscheidung über den Lehrer der Pandekten. — Joh. Empfinger, alias Faber de Empfingen, 1525, 23. Dezember als bacalarius artis Ingolstadensis immatrikuliert, 1526 mag. artium., zugleich regens contubernii novi, 1526 alumnus iuris, 1529 licenciatus iuris utriusque, 1533 decanus fac. artium (welche Würde er als uxoratus 1534 wieder aufgab), 1534 doctor iuris, 1534 professor digesti noui (Annal. uniuers. VI, 14 b), 1543 beurlaubt als cancellarius episcopi Frisingensis (Annal. uniuer. VI, 308 b), 1549 prof. digesti veteris (Annal. uniuers. VII, 37 u. 40), 1554/5 als ordinarius in iure rector, 1558 pensioniert (Winkelmann, Urkundenbuch II, 115 nr. 1025).

artium uber gelegen und der halben Schwabenbursch die option und wahl haben, in welchs er will, zu zihen, doch wo er das eine erwehlet und angenomen, alsdann zum andern keinen regreß mehr haben.

Doch in allwege unß, unsern erben und nachkomen vorbehalten, wo ettwo ein besonder berumbter gelehrter man were, desselben besoldung nach gelegenheit der persohnen und zeit alletzeit zu bessern und zu mehren, gleich[1]) wie wir auch die gantze bestallunge und praesentirung diser zweien lecturen uns vorbehalten haben.

Dem institutisten, so bißanhero nit mehr dann funftzig gulden ierlicher besoldung gehabt, setzen wir und ordenen, in betrachtung beider der arbeit und der zeit, das ihme hinfurter soll ierlicher besoldung ausgericht und gegeben werden hundert und viertzig gulden, die aus dem alten, und das ubrige aus dem neuen fisco, und dieweil derselbig bisanhero kein eigene behausung gehabt, wollen wir, das er der obgemelten heuser eineß, so der pandectist nicht wurde bewohnen, so lang er die lection institutionum verwaltet, soll zu gebrauchen und zu geniessen haben; und dieweil dise lectur auch bisanhero durch angeende iuristen versehen worden, (f. 103) und aber gleich so wol oder auch mehr, wie die rechtverstendigen wissen und sagen, dann die andern, eines fleissigen, gelehrten und erfahrnen professoris oder lehrers bedurfen, wo sich dann zutruge, das hierzu ein erfahrner licentiat oder doctor angenomen wurde, mag man mit demselben seiner bestallung halben auch weiter und uber das ordinarium stipendium handln und uberkomen, damit iederzeit dise facultet mit rechtschaffen und tuglichen leuten bestellet und versehen und die schule in ihrem ruff und bei ihrem hergebrachtem lob und namen möge pleiben.

Neben disem allem haben wir auch zu mehrer ernstlicher aufwarttunge und fleissiger anhaltunge der professorn bedacht und verordenet, das dise obgesetzte lecturn, sonderlichen aber die in weltlichen rechten, kheins wegs uff die legenten oder professores perpetuirt, noch denselben ihr lebenlang zugestellet werden, sonder sollen dieselben zu freier willkhur stehn, und so lang sich ein ieder in seinem lehren, wandl und wesen fleissig, geschickhlich und ehrlich thut halten, ihme auch solche lectur und ampt zu versehen und zu geniessen vergundt werden und pleiben.

Doch sollen dieienigen, so vil inr mit hohem, treuem ernst und fleiß gedihnt und den lecturn furgestanden, wann sie zu ihrem alter und unvermuglighkheit komen, insonderheit vor andern bedacht und nit liderlichen und ohne sonderliche grosse ursachen von ihren lecturn verstossen werden.

(§ 65.) Von disputationibus, so in diser facultet ordinarie sollen gehalten werden.

Dieweil aber in allen kunsten zu erlangen das gröste und meinst an der übung gelegen, hieneben auch, wie der poet sagt, allwegen zween mehr dann einer sehen, damit die lernenden persohnen in beiden rechten desto fruchtbarlicher uffwachsen mögen, so ordnen und wollen wir, das nun hinfuhro in diser faculteten ierlichen soll viermahl, (f. 104) und darunder zum wenigsten einmahlen ex decretalibus ordinarie disputirt, auch im selben diß maß gehalten werden, das die professores oder lectores diser obgenanten facultet einer umb den andern zu hernach bestimpter zeit ohne alle weigerung und verzug praesidire, sein gelesene

---

1) C zeigt hier eine Lücke; es fehlen drei Blätter: 111, 112 u. 113.

materi oder titl in ettliche khurtze propositiones verfasse und dem respondenten zu verantworten, bei gutter zeit zustelle und ubergebe, zu welchem ihme der dechant soll behulflich sein, und wo sonst kein respondenten vorhanden, die fur sich selber zu respondiren willens weren, aus den eltisten discipln ieder zeit einen ex offitio darzu fordern und anhalten, auch selber bei den disputationibus zugegen sein, wo sich ettwaß unlusts erheben wolte, demselben wehren und so ettwaß nit gnugsam erortert oder ausgelegt were, dasselbig den audienten und zuhörern zu gut weiter und volkomenlichen zu verstehen geben und erkleren.

Und zu solchem disputiren sollen nit allein die discipel oder angehende iuristen, sonder auch die licentiaten und doctores, und so ettwa hospites und frembde diser und anderer facultet verwandte persohnen vorhanden weren, zugelassen und verehret werden, doch das solchs alleß mit gepurlicher bescheidenheit geschee, welchs wir hiemit dem dechan in sein ampt wollen eingepunden und befohlen haben.

Die zeit und tag diser disputation sollen sein die sambstag, oder, so der sambstag ein feirtag were, der nehst komende mittwoch nach Epiphaniae, Quasimodogeniti, Chiliani und Dionysii.

Und sollen dise disputationes ordinarie gehalten, auch dem praesidenti ein gulden ex fisco facultatis iuridicae verehrt werden, wie dann auch ein ieder lector oder professor, den die ordnung betrifft, ohne verzug und aufschub der zeit zu praesidiren, oder wo er solchs ubergienge, alsbald ein gulden zur straffe zu erlegen schuldig sein, und derselbig gulden furter nach der analogi und proportz der andern versemmnus und negligentien straffgelt ausgetheilt werden soll; es were dann, das einer kranckheit oder (f. 105) anderer nottwendiger chafften ursachen halben verhindert wurde, so soll doch derselbig ein andern praesidenten, diser facultet professorem oder lectorem, an sein statt erbetten und darstollen.

Es soll auch zu solchem praesidirn kein professor oder lector (ausgenomen deß, so im selben iar das decanat tragen und verwalten wurde) exempt oder befreiet sein[1]).

Mit den andern disputationibus, so extraordinarie und pro gradu bescheen, soll es ohne besonderß honorarium aus der facultet fisco und gentzlichen, wie von alter hero, gehalten werden, doch das dieselben nit uff obbenente tage gelegt oder anstatt der ordentlichen disputationen gezelt werden.

Und dieweil ettwo klag komen von denen, so gern wolten pro gradu nach vollendter completion ihre repetitiones halten, und aber offtermahls uber ihre gelegenheit von den praesidenten ungutlichen, auch mit nicht ohne vernachtheilung der universitet auffgezogen worden, damit dann hinfurter solchem begegnet und die schul hiedurch nit verkleinert, noch in abgang kome, so ordenen wir ernstlicher meinung und wollen, das ein ieder diser facultet professor und lector, welches titlß oder gradus der seie, so das offitium praesidendi extra ordinem an ihnen khompt, und ein discipl, der sein zeit und cursum pro gradu aliquo complirt und vollendet hat, sein repetition zu thun bei dem dechan ansucht, daß alsdann derselbig professor, sein und der gantzen facultet ungehindert, endtlich und unweigerlich inwendig einß monats fristen solchem discipl zu praesidiren schuldig sein, und deshalben weiterß, noch anderßt, dann die gewohnliche gepuhrliche verehrnng ist,

---

1) Hier beginnt C wieder mit f. 114. Doch war ursprünglich beabsichtigt zu schreiben: Es were dann, das, wie obgemelt, das decanat von iar zu iar umbher ginge und die personen abgewechselt wurden; in welchem fhal iedes iar der decanus soll des presidium frei gelassen, sonst aber und one dasselbig gleichait hierinnen gehalten werden.

dem repetenten nicht abnemen, sonder es bei demselben gentzlichen beruhen und pleiben lassen soll.

(§ 66.) Von den vacantzen diser facultet[1]).

Das auch diese facultet in beiden rechten ein zimliche ergetzligkeit und fristung ihrer arbeit gewinnen möge, so wollen wir, das sie sich der obgeordenten (f. 106) feirtäge, festen und vacantzen allermassen, wie die in facultate theologica angesetzt[2]), und sonst gar keiner andern zu feiru, zu geprauchen und zu halten sollen undernemen, sondern ihren emptern und lecturn, wie sich gepuirt, mit stettem, embsigen fleiß obligen und abwarten[3]).

Dann wir sonst alle weitere new erfundene vacantzen und nachfeir, wie ettwo hievor nach den repetitionibus und disputationibus den volgenden tag gehalten werden[4]), vil weniger auch von wegen anstellung besonderer ratschläge und dergleichen sachen mit nichten zuzulassen oder zu gestatten gedenckhen; da auch einer oder mehr solche ferias furnemen oder einzuführen hinfurbaß understehen wurden, die sollen neben unser ungnad auch das straffgelt, von den versaumenden lectorn geordnet, zu erlegen angehalten werden, doch ausgenomen in promotionibus doctorum et licentiatorum, in welchen der nachtage den professoribus diser facultet der uffrechnung halb bevor und frei stehen; welchs wir dann auch allen andern faculteten in promotionibus doctorum et licentiatorum auß angetzeigten ursachen vergunden und zulassen.

(§ 67.) Von straff der versaumpten lection und disputation in iure[5]).

Verners zu empsiger volnfarung der geordenten lecturn und anderer derselben anhangenden übungen, damit durch verschonung keinem zu fahrlessigkheit und versaumnus ursach gegeben werde, das dann nit zu kleinem nachtheil und verhindernus der studenten und zuhörer dhienet, ordenen und setzen wir, wafin einer uber die obgemelten zugelassene feirtage, festa und vacantzen ohne erlaubnus oder redliche gnugsame ursachen, nach erkhantnus deß rectoris und der universitet, seine lection underlisse, das derselbig, so er der obersten dreien ordinarien und professorn einer were, fur ein iede versaumpte lection zur straff iedeßmal einen gulden, der institutist aber umb deßwillen, das er geringer besoldet ist, ein halben gulden zu betzahlen und zu geben schuldig sein, und von solchem straffgelt iedeßmal die zwei theil in gemeinen fiscum universitatis, das dritte und uberige theil aber in der iuristen gemeinen seckhell gelegt werden (f. 107)[6]).

---

1) C f. 114[b].
2) S. oben S. 45 u. 46 (§ 43).
3) C f. 115 fuhr in der ersten Anlage fort: Hieneben aber, angesehen, das allen studirenden personen in disser facultet nit kleine fruchtparkeit und nahrung irer kunst von vleissiger verbör der gerichtlichen sachen und practickh entsteen mage, ordnen wir ferner und setzen, das hinfur in disser facultet zu zeiten unsers alhie werenden hoffgerichts in ieglichen rechten iedes tags nit mehr dann ein lection, nemlich in iure canonico vormittag des morgens, und in weltlichen rechten in institutionibus zu seiner zeit und stunden nach mittag durch derselben lectores sollen und mogen beschehen und ghalten werden, damit die studenten die ander und uberige zeit unser hoffgerichtliche übunge mögen besuchen und hören.
4) In C f. 115[b] ist dieser Absatz kurzer gefasst gewesen; die Worte von vil weniger — ausgenomen in promotionibus und der Schluss sind hinzugefügt.
5) C f. 115[b]—117: Der Entwurf ist fast wörtlich beibehalten.
6) C f. 116 ursprünglich: Der Institutist aber, dweil sein besoldung ettwas geringer ist und das lesen mehr dann der andern, soll fur ein iede versaumpte lection ein halb gulden zur straff zu geben verfallen sein.

Wann aber einer mit erlaubnus und bewilligung des rectoris verreisen wurde oder sonst kranckheit oder ander nottwendiger verhinderung halben seine lection ettliche und mehr dann zween oder zum hochsten drei tage selbst nit ausrichten und versehen könte, soll er ein andern duglichen seiner profession und titlß oder zum wenigsten ein licentiatnm an sein statt zu substituiren und zu stellen macht haben, doch das derselbig beideß der universitet und facultet annemlich und zu leiden seie.

Wo er aber solchs ubergienge und selber an sein statt keinen andern darstellet, soll alsdann der rector und die universitet ein andern an des abwesenden statt bestellen und besolden und den kosten an dem ordinario oder seinem stipendio uffs nehst und furderlichst widerumb einkhomen. Sonst und ohne obgemelte ursachen soll kleiner durch ein andern seine lection ausrichten, sonder eigener persohn dieselbig versehen, damit alle lectiones und materien desto fuglicher und ordentlicher continuirt und ausgefuhrt mogen werden.

Gleichermassen soll es auch mit den ordinariis disputationibus gehalten werden, und derienig, so derselben eine underlässt, er sei doctor oder nit, so oft er solchs thut, ein gulden zur straffe ohn alle einrede, denselben in beide fiscos, wie obgemelt, auszutheilen, zu betzahlen und zu erlegen schuldig sein.

(§ 68.) Von den extraordinariis und priuatis lectionibus consultorum[1]).

Wir wollen auch umb mehrer exercitation, rhum und geschreies willen der lesenden und zuhorenden persohnen, das ein ieder doctor oder licentiat, in diser facultet lesend, neben den andern geordenten lection und stunden zu gelegen zeiten ein oder mehr titl in rechten offentlichen und vergeblich zu lesen und zu interpretirn macht haben soll, deßgleichen auch ime in privato oder seiner behausung uff wolgefallen und zimliche belohnung derienigen, so es begehren wurden, obgemelter massen zu lesen unbenomen sein soll, (f. 108) doch das solchs geschee under den stunden, so man sonst ordinarie nicht pflegt zu lesen.

(§ 69.) Von der intitulation und volgends von den promotionibus der iuristen[2]).

Das auch dise facultet ihrer verwandten gelegenheit und zahl desto besser bericht empfahen und haben moge, so wollen wir, das ein ieglicher, der in beiden oder einem rechten will studiren, soll anfengkblich von gemelter facultet dechan eingeschrieben oder intitulirt werden.

Es soll auch obgemelter dechan neben der intitulation den angeenden iuristen seiner vorigen studia und derselben empfangenen titl und grad halben befragen und verhören und, sodann derselbig magister artium nit were, auch sonst in philosophia, sonderlich aber in der ethica und dialectica nit fast gelehrt und erfahren were, soll er zu erlangung deß ersten gradus ein iar lenger zu studiren und compliren dann ein ander, und neben den institutionibus auch die ethicam, alß aus deren alle principia und causae iuris et aequitatis fliessen und hergenomen seint, das erste iar zu visitiren und zu hören vermahnet und angehalten werden. Sonst soll der eingeschrieben und angeend iurist weiter nicht angeloben oder verpflicht werden.

---

1) C f. 117ᵃ u. ᵇ; im Entwurf gleichlautend.
2) C f. 117ᵇ—118ᵇ gleichlautend.

Capita quaedam ab iis, qui nomen suum decano facultatis iuridicae profitentur, bona fide promittenda¹).

Quod apud rectorem professi sint²); quod statuta ac leges facultatis iuridicae servare, commodum et utilitatem eiusdem promouere; quod decano, in quibus honestum est ac licet, obedire, ac professores caeteros ea, qua decet, obseruantia prosequi velint (f. 109).

(§ 70.) Von dem examine und examinatoribus.

Es ist billich und notwendig, das man die gradus niemandß conferir, mau hab dann eineß geschickhligkeit per examen priuatum genugsam erlernt und erfaren; dernhalben ist unser ernstliche meinung, das in allen gradibus diser facultet iederzeit ein examen gehalten, daruber auch die professores facultatis iuridicae alle gelobt sein sollen, wie nachvolgt:

Capita ab examinatoribus bona fide promittenda³).

Quod offitium suum fideliter persequi velint, neminem indignum admittere aut contra idoneum ac dignum gratia vel odio vel alia aliqua privata animi affectione reiicere, aut eisdem de causis alios aliis anteferre, sed pariter ad eruditionem et vitam uniuscuiusque respicere, sententiam, a decano rogati, libere et sine dubitatione aliqua dicere, pari voluntate atque animo erga omnes affecti esse, secreta examinis caelare et caetera omnia cum ratione et modestia agere.

(§ 71.) Von dem ersten gradu des baculariats⁴).

Sovil aber den ersten gradum in dieser facultet, das ist das baculariat, betrifft, wiewoll alß wir bericht, derselbig hie in diser obgenanten facultcten nit also hoch oder sonderlichen vonnotten, wollen wir doch denselben lang herbrachter übung halben und insonderheit, dweil vil conditiones solchen gradum erfordern, uff welche keiner, er sei dann in der beiden rechten oder zum wenigsten einem bacularius, pflegt oder kan angenomen werden, nit abstellen oder gentzlich fahren lassen, sonder ordenen und setzen, das ein ieder diser facultet student, wann er magister artium ist und in der rechten einem begert, bacularius promouirt zu werden (f. 110), im selbigen rechten zwei iarn; welcher aber in beiden rechten obbestimpten gradum anzunemen begehrt, zum wenigsten drei iar hie in diser oder andern universiteten sein studium mit verhorung der lection und andern. waß sich gepuirt, fleissiglich vollbracht haben, darzu, so er anderßwo studirt hette, gnugsame urkhunth seins studirens und complireus darlegen, auch uffs wenigst zweimal ordinarie, welchs, wie hievor von der theologen facultet geordenet⁵), vergeblichen und ohne entgeltnus deß respondenten gescheen soll, und zum dritten, pro gradu extra ordinem (darfur er hie zu diesen grad zu erlangen nit mehr oder weiterß, dann dem praesidenten ein gulden und ein ort zu geben schuldig) ein disputation oder repetition nach altem prauch und gewohnheit der schulen zu halten pflichtig und verbunden sein soll.

---
1) In C f. 118ᵇ mit anderer Schrift au den Rand geschrieben; ebenso § 70.
2) In C a. a. O., in A und in B f. 213 stand ursprünglich die Einzahl. Der Eid stimmt mit dem der Theologen in f. 47, 1—3 (S. 48) überein.
3) Wie bei den Theologen (s. oben § 49. S. 48).
4) Der Entwurf (C f. 118ᵇ 120ᵃ) stimmt wörtlich überein.
5) S. oben S. 49.

Es were dann, das mit einem insonderheit dispensirt wurde, welches doch nit soll ohne sondere erhebliche ursachen und der persohnen alter und anderer geschickhligkeit ansehens in einichem wege bescheen oder zugelassen werden. So aber einer nit magister artium, auch sonst in ethicis und dialecticis nit genugsam gegrundet und erfahren, mit demselben soll es der zeit und anderer ding halben, wie zu nehst hieuor angetzeigt, gehalten werden.

Wann nun einer nach solcher zeit und completion den gradum baculariatus, wie obgemelt, anzunemen und in einem rechten promouirt zu werden begert, soll er zuuor und ehe die promotion geschicht, vier gulden; so er aber in beiden rechten wolt promouirn, sechs gulden der facultet zu erlegen schuldig sein und hoher oder weiter nit ubersetzt werden, wie dann hieuor von hochloblicher gedechtnus beiden pfalntzgrafen Friderich und nach ihme pfaltzgraf Ludwigen, unsern vettern seligen, auch geordent worden.

So aber die promotion bescheen, soll alsdann der promouirt bacularius oder auch, so ihrer mehr dann einer weren, ein prandium nach altem geprauch und gewohnlicher solennitet halben zu geben, aber darzu niemand weiter dann seiner facultet doctores und professores sampt dem rectore (f. 111) universitatis zu laden und zu beruffen schuldig und hieneben alle andere uncosten und eingerissene mißprauch abgethan und hingelegt sein.

(§ 72.) Von der licentiatur[1]).

Ferner: so einer, wie obsteet, bacularius worden und furter zur licentiatur schreiten will, soll derselbig, so er in einem rechten wil promouirt werden, zwei iar, so er aber in beiden, drei iar nach dem empfangnen baculariat seine gepurliche lectiones gehört, zum wenigsten zweimahl ordinarie und zum letzsten extraordinarie pro gradu in disputationibus oder repetitionibus respondirt haben; auch wie von alter der brauch gewesen und die vocabel lytae et prolytae[2]), damit diejenigen, so uns in das vierdt und funft iare den rechten obgelegen und dorinnen sich geübt haben, ettwo genennet worden, ausweisen und anzeigen, ein titl in iure, so er in einem rechten, oder so er in beiden gedenckht licentiaturam zu nemen, zuvor und neben den andern und ordinariis lectionibus, oder auch in der grossen vacantzen, so er sonst kein pesser gelegenheit hett mogen haben, gratis zu expliziren und außzulegen schuldig sein und anderß (es wurde dann mit ihme auß pillichen ursachen dispensirt) zu der licentiatur nit gelassen werden.

Und hie soll es abermahls mit den ordinariis und extraordinariis disputationibus aller ding, wie obgemelt, gehalten und niemand weiter beschwerdt werden.

So dann ein bacularius iuris nach volnbrachtem curß und lauf seiner gepurenden completion begert, in licentiatum promovirt zu werden, soll er zuuor und ehe er promouirt würd, der facultet, so er in einem rechten allein licentiam wil nemen, zwolf gulden, so er aber in beiden rechten zu promouiren willens ist, achtzehen gulden und weiters der promotion halben nichts auszurichten verpunden sein.

Und[3]) so alsdann die promotion geschicht, soll (f. 112) er der promouendus, da er allein oder selbander ist, dem rectori, den professoribus und ordinariis,

---

1) C f. 120.
2) Lytae (λύται) und prolytae (προλύται) hiefsen die Rechtsschüler des 4ten u. 5ten Jahres; das Studium der λύται erstreckte sich nach der Ordnung Justinians auf 10 Bücher des 4ten und 5ten Teils der Pandekten, die Προλύται sollten Privatstudien über den Codex treiben. S. Schulin, Lehrbuch der Geschichte des Röm. Rechts, Stuttg. 1889 S. 122.
3) Die Stelle von Und so alsdann — so setzen, ordenen und wolln wir lautete in C f. 121 ursprünglich: Und so alsdann die promotion geschicht, solle er, so er allein oder selbander ist, ein

auch aller faculteten consiliariis sampt den beiden pedellis ein prandium, aber sonst weiter niemandß ichtwaß zu geben schuldig sein; so aber der promouenden mehr alß einer oder zween sein wurden, alsdann sollen aller faculteten doctores, licentiati und magistri artium, sampt andern von alters her preuchlich gewesen ist, zum prandio beruffen und geladen werden¹).

Und damit die promouenden an ihren repetitionen, auch anderm furhaben mit furwendung diser oder andern ursachen nicht gehindert, noch auffgehalten, so setzen, ordenen und wollen wir, ernstlichen befehlendt, das hinfuro, so oft einer hie in diser schulen nach vollendter completion und, waß sich derhalben zu thun gepurt, oder auch ein frembder, so anderswo sein curß und zeit volnbracht und derhalben glaubwürdige urkunth und zeugnus ufflegt und zeigt, zu promouiren begehrt; und sich derhalben dem examini zu underwerffen, auch den obgenanten gepurenden kosten der promotion und des prandii zu erlegen und auszurichten bei dem decano und der facultet erbeut, soll zum lengsten innerhalb vier wochen ohn allen eintrag und uffzug der ordinarien und professorn, so ferr er sonst seiner lehr und lebenß halben ehrlich und duglich gefurdert, und es sei in disem oder anderm grad, alßpald promouirt und die sache mit ihme wider sein willen nit dahin, biß das noch andere weiter herzukomen, gericht und verzogen werden.

Dergleichen soll es auch mit den repetitionibus ad gradum gehalten werden, das hinfuro einem ieden discipl der rechten, er hab hie oder anderswo complirt, so er begert ein repetition zu thun, sollichs vergönnt und ohn alle weitere obligation oder verpflichtung zugelassen werden; auch aus den professoribus derienig, an deme die ordnung ist, ihme dem repetenten uffs lengst innerhalb einem monat umb sein gewohnliche verehrung zu praesidirn schuldig sein und hirinnen weiter khein zwang oder neurung furgenomen werden. (f. 113.)

Nachdem wir aber droben deß bacularinats, welchs, wie wir bericht, diser facultet nit also hoch vonnötten, bei vilen auch gar in ein abgang komen, meldung gethan, so sich nun demnach zutruge, das einer, so das obgemelte bacularinat nit empfangen oder angenomen hette, und aber doch in licentiatum zu promouiren begerte, soll derselbe erstlichen sein zeit und curß, wie obsteet, volnbracht, das ist, so er in der rechten einem wolt procediren und, wie obgemelt, magister artium oder sonst geschickht und duglich gnug were, funf iar, so er aber in beiden rechten wolt promouirt werden, sechs iare complirt, auch nachdem er auß den institutionibus forthan geschritten, alle iar nach erforderung des decani einmahl ordinarie und zuletzt auch pro gradu extra ordinem respondirt haben. zu welcher repetition er, wie bisanher, gehalten worden, anstatt deß underlassenen bacularinats alle seiner facultet ordinarius und professores sampt dem rectore und dem pedellen in prandio zu gast haben, und aber sonst weiter nichts auszurichten

---

prandium der universitet, das ist dem rectori, den professoribus und ordinariis aller faculteten sampt den beiden pedellis und weitter niemands zu geben schuldig sein: wo aber irer, das ist der promouirten, mehr dann obgenant weren, soll es nach altem brauch gehalten werden; doch das iederzeit die gelegenheit und anzal der personen und dennach ein massigung des kostens angestelt werde. Und dweil auch etwa sich begeben, das promouenden vorhanden gewesen, die nach vollbrachter completion irer gelegenheit und dinst, darzu sie bestelt oder angenomen worden, oder auch anderer ursachen halben begert, gefurdert und promouirt zu werden, und aber inen sollichs durch furgewendeten uffschub und verzug der professoren und ordinarien zu irem gefallen und begeren nit hat mogen widerfharn, dardurch dann uit allein sie verursacht sich anderstwohin zu thun und daselbst ir furnemen zu volnpringen, auch die facultet und gantze schule hiedurch in ein vercleinerung und abgang gepracht werden, so setzen etc. Von da an ist der Entwurf (f. 122ᵃ—123ᵇ) geblieben.

1) Am Rand in A: Si plures erunt promouendi.

oder zu geben schuldig sein soll, endtlichen auch ein titl in iure, so er in einem rechten, oder zween titulos, das ist, aus iedem rechten einen, so er in beiden promouiren will, explicirt und, wie obgemelt, ausgelegt haben. Nachmalß aber, zuvor und ehe er den gradum empfahet, der facultet, so er in einem rechten licentiam nimbt, achtzehen gulden, oder, so er in beiden promouirt zu werden begehrt, vier und zweintzig gulden ausrichten und erlegen, und alßdann soll es mit der promotion und dem prandio, wie obsteet, allerding gehalten werden.

(§ 73.) Vom doctorat[1]).

Weiter so auch einer in diser universitet licentiat worden und ferners gedenckht zur hochsten dignitet des doctorats zu schreiten, soll er, so er in einem rechten allein begert promouirt zu werden, zweintzig gulden, so er aber in beiden will (f. 114) doctoriren und den obgemelten titl empfahen, dreissig gulden der facultet derhalben erlegen und betzahlen. Sonst soll es mit dem prandio und den clinodiis, wie von alter und der clinodien halb von uns fur zweien iaren ungefehrlich ein rescript an dise facultet ausgangen ist[2]), aber doch nach der persohn antzahl und gelegenheit aller ding ein maß gehalten werden.

Wo aber einer ausserhalb diser uniuersitet licentiat worden und demnach alhie in unser obgemelter universitet begehrt das doctorat zu empfahen, so soll derselbig, so er sich einem neuen examini nit will underwerffen, ein titl oder zween, zuvor und ehe er den gradum empfahet, zu lesen und zu expliciren, oder ia zum wenigsten sein disputation fur sich selber zu halten schuldig sein, und alsdann mit ihme deß gelts halben, so er der faculteten, es sei in einem oder beiden rechten, entrichten und betzahlen soll, auch aller andern ding, gleich wie obsteet, gehalten werden.

Item: welcher weder gradum des baculariats, noch der licentiatur empfangen und aber doch in iure canonico vier, im weltlichen funf, oder, so er in beiden wolt promouirt werden, sechs iar die lectiones fleissiglichen visitirt, in disputationibus ordinarie und extra ordinem respondirt und, was weiter sich gepurt, alleß, wie obsteet, ausgericht und complirt hette, were auch demnach also gelehrt und geschickht, das er in einem oder beiden rechten nach erkantnus dißer facultet des doctorats vehig und wirdig sein möchte, derselbig soll das doctorat sampt der licentiatur ohne vorgeend baculariat zu begehren gut macht haben, und von gemelter facultet, so er also befunden wurde, zu ihnen beiden samentlich zugelassen und promouirt werden. Aber umb solch promotion soll er der facultet in der rechten einem dreissig gulden, und so er in beiden rechten den gradum empfächt, funfzig gulden zu betzahlen schuldig sein.

Und damit die promouenden nit zuvil (f. 115) beschwerdt, noch zu ubrigem costen gefüret werden, so wollen wir, das ieder derselbigen ausserhalb obgeschribener expenß der erzelten gradus: baculariats, licentiatur und doctorats, sonst von allen andern beschwerden und collecten, so ettwa von den alten eingefurt worden, frei und entlediget sein soll. Doch das dem pedellen uninersitatis, wie obsteet, sein zugeordent gelt entricht, auch zur praesentation, welche ieder zeit nach anzahl und gelegenheit der promouenden angestellet und zu iedem rechten und desselben vollendten examini nit mehr dann eine, es seien der promouenden wenig oder vil, samptlichen gehalten werden soll, dem cancellario universitatis

---

1) C stimmt (f. 123 b — 125 b) mit Ausnahme des letzten Absatzes, der aber nicht im Sinne verändert worden ist, überein.
2) Am Rande in A: refert se ad prius datum rescriptum; dieser Erlaß ist nicht erhalten.

seine iura und gerechtigkeit und nachmahlß in annemung deß gradus die hißhero gewohnliche prándia, wie oben erzehlet, gehalten werden.

Wir ordenen und wollen auch insonderheit, das keiner in diser der iuristen facultet also leichtlichen zu den obernanten gradibus und darzu weder in licentia, noch in doctoratu oder den beiden gradibus zugleich uff einmahl uber sechs personen (ohne unßer furwißen und besondere dispensation) nicht zugelassen oder promouirt werden, sonder es soll allzeit eines ieden geschickhligkheit, darzu sein hergepracht leben und wesen durch die doctores bei ihren pflichten, damit sie der universitet verwandt, unangesehen alles gunsts, gaben, freundtschaft oder anderß, mit hochstem erustem fleiß wol erkundiget werden, demselbigen noch haben zu bedenckhen, ob einer solchen standß wurdig oder nit wurdig sei, welches auch die doctores und examinatores zu ieder zeit des examinis einander selbst fleissiglich erinnern und vernahmen sollen, diser unser ordnung desto mehr und pessern genugen zu thun; wie wir auch fur uuß, unser erben und nachkomen furbehalten, do es anderst furgenomen wurde, gegen den uberfahrern ernstliche straffe furzuwenden. (f. 116).

(§ 74.) Juramentum baculariandorum in facultate iuridica bona fide praestandum[1]).

Quod gradum hunc alibi repetere atque iterare nolint;
quod priusquam gradum ac titulum hunc accipiant, facultati et eius pedello ea, quae ex constitutione nouissima iisdem debentur, persoluere, accepto autem eodem, etiam prandium, quibus id debetur, praebere velint;
quod, titulo accepto, neque legere aliquid publice, neque disputare velint citra decani et facultatis consensum neque denique quicquam eorum facere, quae ad praeiuditium et damnum collegii pertinere videbuntur;
quod commodum et dignitatem facultatis promouere, statuta et leges eiusdem seruare, decano, in quibus honestum est ac licet, obedire, caeteros doctores et professores reuerentia sua ac debita prosequi velint.

(§ 75.) Juramentum licentiandorum facultatis iuridicae corporaliter praestandum.

Quod licentiam alibi repetere et iterare nolit[2]);
quod[3]) insignia doctoralia alibi quam in hac schola idque iuxta consuetudinem ac morem facultatis accipere nolit[4]);
quod neque legere aliquid publice, neque disputare, neque alio quouis modo facere velit, quod ad praeiuditium et damnum facultatis eiusdemque collegii pertinere videbitur;

---

1) Die beiden folgenden Eide sind in C auf einen nach f. 125 eingeklebten Zettel von anderer Hand eingetragen. Der erste Eid stimmt fast wortlich mit dem entsprechenden der Theologen (S. oben S. 49). Im Text des Entwurfs war der Raum fur iuramentum promouendorum freigelassen.

2) Die sonst übliche Mehrzahl ist in A nachträglich in die Einzahl verändert; in B und C steht die vorzuziehende Mehrzahl.

3) In A ist neque vor insignia, das sich in C s. a. O. und in B findet, gestrichen und am Schluss uelint in nolint geändert. In B ist der Eid, der offenbar vom Abschreiber vergessen war, auf einem vor f. 227 eingefügten Zettel von anderer Hand nachgetragen.

4) In C folgte ursprünglich: Quod, quae facultati et eius pedello debentur, priusquam licentiam accipiant, persoluere; licentia accepta, prandium, quibus idem ex nouissima constitutione debetur, praebere velint.

quod denique facultatem et eius commodum promouere, statuta ac leges eiusdem seruare, decano, in quibus honestum est ac licet, obedire, caeteros doctores et professores reuerentia sua ac debita prosequi velit. Hoc iuramento corporaliter praestito (f. 117) continuo bona fide promittant, quod, quae facultati et eius pedello debentur, priusquam licentiam accipiant, persoluere, licentia accepta praudium, quibus idem ex nouissima constitutione debetur, praebere velint¹).

(§ 76.) Vom fisco diser facultet²).

Wiewol oben³) under dem tittel, vom fisco der universitet meldend, ettlich puncten, wie es mit ieder facultet gefellen und gemeinem seckhl gehalten werden soll, von uns verordnet worden, so wollen wir doch sollichs unb minder ubersehung und mehrer erinnerung willen alhie wider erholhen, und setzen mit sondern ernst, dieweil die gelegenheit und notturft einer ieden commun erfordert, gemeine verwahrung zu ihrem gefell und furrath zu haben, das in diser facultet der iuristen ein fiscus oder seckhl, dorin alle derselben gemeine gefelle und einnemen gelegt, further der facultet nutzen damit zu schaffen, obligen und beschwerde abzuwenden, auch andere derselbige gepurende ausgabe davon zu entrichten, ieder zeit gehalten werden soll.

Und damit auch mit solchem treulich und uffrichtiglich umbgangen und gehandlt werde, so soll gemelter fiscus mit dreien underschiedlichen schlossen und besondern schlusseln, deren keiner das ander schloß zu offenen geschicklit seie, verwarth werden, und der dechan sampt zweien von der facultet zugeordneten doctoribus oder licentiaten ihr ieder solcher schlussel einen versehen und behalten; also, wann die notturft den fiscum oder seckhel zu offenen erfordert, das es durch sie alle drei samenthaft zugang und beschee.

Es sollen auch dechan und seine zugeordente pflichtig sein, iedes iars ihres einnemens und ausgebens, so sie also von der facultet (f. 118) wegen gethan, dem rector und der gemeinen uniuersitet in beisein unsers verordenten einem oder mehr erbare und gepürliche rechnung zethun mit uberantwortung der registerlein, wie oben von der gemeinen uniuersitet klarlichen außgetruckt ist.

Und das nit durch eigennüttzige theilung der besondern persohnen der gantzen uniuersitet auch diser facultet gemeines secklß zunemen geschmehlert werde und ein ieder seins gepurenden theilß benugig sei, so ordenen und wollen wir, das die verwandten persohnen diser facultet der iuristen bei ihren gethanen pflichten alles gelt, was sie in den obgenanten promotionen, dispensationen und dergleichen sachen, die gemeine facultet belangendt, empfahen, ausgenomen renten und gulten, ob sie deren ettwas hiebevor uberkhomen oder noch uberkhomen wurden, nachvolgender massen theilen und uberantworten sollen.

Nemlich: das drittheil der uniuersitet in ihren gemeinen fiscum zu antworten und dann das ander drittheil⁴) in ihrer der iuristen facultet gemeinen seckhl legen und khomen zu lassen.

Damit aber auch diser facultet persohnen oder verwandten ihrer arbeit muhe und angekherten vleiß ettwas zimlicher ergetzligkheit empfahen mögen, so

---

1) Dieser Absatz ist im Entwurf von der Hand Ernsts hinzugefugt. In ihm ist in A die Mehrzahl nicht geändert.
2) C f. 126.
3) S. oben S. 18 (§ 16).
4) In C f. 127ᵇ war ursprünglich vorgeschlagen: und von den andern zweien dritthail das vierthail, das ist der gauzen summen sechsthail.

solle der letzt drittheil[1]) von der gantzen summen solcher außtheilung volgends under dieselbigen, wie sichs gepurt, getheilt werden—

(§ 77.) Von den frembden diser facultet doctoribus[2]).

Von den frembden und zukomenden diser facultet doctoribus, wie wir droben[3]) von den theologen gesetzt und bescheiden, also ist auch hie unser meinung, so derselben einer sich hieher in unsere universitet zu thun nnd zu diser facultet aufgenomen zu werden begert, so ferr (f. 119) er dann nit bullatus ist, sonder in einer universitet, wie geprenchlich, promouirt und desselben gepurliche glaubwirdige urkunt und gezeugnus darlegt und furzeigt[4]), soll derselbig, nach volubrachter disputation und ausrichtung zweier guldin der facultet und dann eines gulden dem pedellen universitatis sampt waß er sonst weiterß zu volnzihen schuldig, zu diser facultet uff nachvolgende verpflichtung aufgenomen und zugelassen werden.

Juramentum alibi promotorum seu advenarum corporaliter praestandum[5]).

Quod apud rectorem professi sint;

quod nulla infamia notati;

quod gradum ac titulum suum in schola privilegiata acceperint eiusque rei fidem testibus idoneis aut literis fide dignis facere possint ac velint;

quod recepti facultati florenos duos, pedello unum, decano libram saccari unam iuxta consuetudinem nouissime editam persoluere velint;

quod intra mensem alterum ab eo, quo recepti fuerint, repetitionem capituli aut legis alienius pro eo atque studii, cuiusque ratio feret, pro more et instituto scholae facere, alias citra consensum aut etiam in praeiuditium facultatis nihil neque legere publice, neque disputare velint;

quod denique commodum et dignitatem facultatis promouere, statuta ac leges eiusdem seruare, decano, in quibus honestum est ac licet, obedire, doctores et professores caeteros honore ac reuerentia debita prosequi velint. (f. 120.)

(§ 78) Statuta facultatis iuridicae, singulis annis discipulis proponenda[6]).

1. Qui studia iuris sequi in iisque gradum ac titulum aliquem consequi volent, principio apud decanum nomina sua profiteantur, eidemque, in quibus honestum est ac licet, obtemperare velle promittant, lectiones ac professores suos diligenter audiant, vestitu et moribus honestis utantur.

2. Iidem repetitiones, disputationes, principia et caeteros actus facultatis ac professorum solennes frequentent, locum atque ordinem, quique suum sedendo atque argumentando teneant, caeteraque ea, quae discipulum diligentem ac bonum decent, cum fide et diligentia prosequantur.

---

1) In C a. a. O. stand aufänglich: so sollen die uberigen dritthail der vorigen zweyer, das ist der ganzen summen halbthail. Von diesen Alsanderungen abgesehen ist der Entwurf festgehalten worden.

2) C f. 128.

3) S. oben S. 54.

4) In C f. 128ᵇ lautet ursprunglich das folgende: das derselbig soll, so er, wie in andern faculteten seine disputation und was derselben anhengig, aufsgericht und gehalten, auch ad fiscum facultatis . . . gulden und dem pedellen uniuersitatis ein gulden aufsgericht und bezalt hat, zugelassen und nach gethaner gewonlicher pflicht uffgenomen werden.

5) In C ist f. 128ᵇ Raum für das iuramentum freigelassen und dann dasselbe auf einen eingefügten Zettel eingetragen.

6) In C f. 129 am Rande: transscribuntur huc ex Micylli compositione.

3. Qui baculariatum ambiunt, iidem, si magistri artium fuerint, in hac vel alia schola privilegiata ordinarie legentes, in altero quidem iure per biennium, in utroque autem per triennii spatium audiant. Qui magistri non fuerint, annum superioribus adiiciant, nisi super eo cum aliquo fuerit dispensatum.
4. Iidem autem et, temporibus a decano definitis, in disputationibus respondeant, ordinarie quidem absque sumptibus et impensa sua, extra ordinem autem et pro gradu honorarii loco praesidenti florenum in prandium, familiae quartam partem floreni persoluentes, aut si malint, prandium praesidenti una cum reliquis eiusdem facultatis ordinariis et rectore ipsi praebentes.
5. Bacularius in altero tantum iure futurus, facultati florenos quatuor, pedello unum persoluat, in utroque autem iure promouendus facultati quidem sex, pedello autem duos, accepto autem titulo, sive alterius sive utriusque iuris bacularius fuerit, prandium collegio atque professoribus pro eo, atque novissime constitutum est, praebere idem debet. (f. 121.)
6. Qui vero ad licentiam contendit, bacularius existens, in altero quidem iure biennium, in utroque autem per triennum lectiones ac professores suos audiat; si vero bacularius non sit, in altero quidem iure quadriennium, in utroque autem per sex annos lectiones ac studia sua prosequatur.
7. Idem et in disputationibus ordinariis pro eo, atque iussus fuerit, respondent extra ordinem autem et pro gradu semel. In qua disputatione, ut supra, florenum praesidenti in prandium, quartam partem floreni eiusdem familiae, vel rursum, si ipse malit, praesidenti caeterisque eiusdem facultatis doctoribus et ordinariis cum rectore prandium ipse iuxta morem hactenus servatum persoluat.
8. Priusquam autem ad examen veniat, pro cursu idem suo titulum vel partem eius ex digestis vel decretalium secundo, pro eo atque studii ipsius ratio feret,' a decano sibi adsignatum, in schola publice exponat atque explicet, nisi 'per facultatem huius rei causa cum eo fuerit dispensatum.
9. Qui examiuntus admissusque fuerit, examinatoribus quidem refectionem solitam, cancellario autem ad praesentationem libram saccari confecti et cantharum Cretici sive Malvatici tantundemque reliquis praesentibus a decano vocatis ex veteri instituto et more praebeat; solus quidem ac per se ipse, si solus examinatus praesentatusque fuerit, proportione autem sua ac debita, si alii ac plures cum eo examinati praesentatique habebuntur.
10. Licentiam accepturus, si bacularius idem sit, in altero quidem iure duodecim florenos, in utroque autem decem et octo; sin idem bacularius non sit, in altero quidem decem et octo, in utroque autem iure viginti quatuor persoluat.
11. Idem et pedello, priusquam licentiam accipiat, de altero quidem iure florenos duos, de utroque autem tres exoluat; mox accepta licentia prandium, pro eo atque novissime constitutum est, universitati et caeteris, quibus debebitur, praebere debet.
12. Qui summum in hac facultate titulum (f. 122) accipiet, si quidem alterius iuris doctor creabitur, facultati florenos viginti, pedello tres

numerare debet; si vero utriusque, facultati triginta, pedello quinque, mox, acceptis insignibus, prandium quoque et clinodia iis, quibus ex constitutione novissima ea debentur, praebenda procuret.

(C. Die medicinische Fakultet.)
Von der facultet der artzet insunderheit [1]).

Ferner und damit die nutzlich nnd heilsame kunst der artzenei, so durch sonderliche begnadigung des allmechtigen zu fristung, widerbringung und verlengerung menschlicher gesundheit erfunden und außgebreitet worden, in unser universitet nit weniger dann die andern loblichen verordente khunste fruchtbarlichen und mit fleiß gelehrt, gepflantzt und mitgetheilet werde, so setzen und ordenen wir, das es in derselben facultet uff nachvolgende weise und maß soll gehalten werden.

(§ 79.) Vom consilio und rath diser facultcten. (f. 123.)

Anfenglichen sovil das consilium und rath diser facultcten belangt, ordenen und setzen wir, das gleich wie in den andern zweien facultcten der theologen und iuristen, also auch hie in diser der medicorum facultet sollen alle [2]) derselben professores und ordinarii den titl doctorum haben und ihres herkomens und lebens ehrlich und also geschickht sein, das sie das consilium und den rath diser facultet repraesentiren und verwalten, darzu sie auch gelobt und geschworn und demnach in allen sachen, hendln und rathschlegen diser facultet zugleich gefordert und gebraucht sich gemeiner niessung diser facultet zu erfrewen und zu geniessen haben.

Desgleichen soll auch under obgemelter facultet sigell und nahmen nichts anderß oder weiters ausgehen, dann was durch sie die consiliarios alle oder den mehrer theil beschlossen worden, ausgenomen was dem decmo ampts halben als die urkunt und testimoniales der erlangten titl oder completion fur sich insonderheit zu geben uud zu versigln eigent und gepurt.

Und damit ieder zeit diser facultet geschefft, als da seint promotiones, praesentationes, disputationes und dergleichen actus ohne alle verhindernus und uffzug außgericht und versehen werden, so sollen allermaß, wie hievor von den theologis und iuristen angetzeigt [3]), zu den andern gescheften, promotionen, auch derselben einkomen und genuß obgemelte professores alle zugleich [4]) zugelassen und gepraucht werden.

(§ 80.) Juramentum ab eo, qui in collegium medicae facultatis recipitur, iurandum [5]).

Quod apud rectorem professus sit;

---

1) Die Statuten der medic. Fakultät sind aus A abgedruckt worden von Otto Becker in den Anmerkungen zu seiner Prorektoratsrede v. Jahr 1876: „Zur Geschichte der Mediz. Fakultät in Heidelberg" S. 30—38. – C f. 131.

2) In C (f. 131 ᵇ) war vorgeschlagen, dass auch licenciati zugelassen wurden.

3) S. oben S. 37 u. S. 58.

4) C f. 132 fuhr ursprünglich fort: unangesehen, ob sie doctores oder licenciati seien, zugelassen und gepraucht, die promotiones aber und derselben untzen allein den doctoribus, wie hievor der branch gewesen, zugeordnet und heimbgestellet, und so dann der methodist oder letst professor auch ein doctor were, derselbig dem andern difs orths gleich gezelt und gehalten werden.

5) Im Entwurf ist (C f. 132 ᵇ) dieser Eid später eingetragen. Er ist fast gleichlautend wie der entsprechende bei den Theologen (oben S. 37) und Juristen (oben S. 58).

quod sit legitime natus;
quod nulla infamia notatus sit; (f. 124)
quod decano facultatis, in quibus honestum est ac licet, obedire, sententiam sanam ac certam, ut quaeque succurret, sine animi privata affectione aliqua dicere, consiliorum ac facultatis secreta caelare velit.

(§ 81.) Vom dechan diser faculteten.

Gleicherweise soll es auch mit dem decanat gehalten werden, und wie wir droben von den theologen[1]) und iuristen[2]) gesatzt und geordent, also wollen wir, das auch hie in diser facultet der dechan von dem gantzen consilio oder rath alles und iedes iars per suffragia und vota, hindangesetzt aller succession und praerogativen, so iemandt hirinnen vermeint zu haben, gewehlet und auß obgenanten professoribus der gelehrtist, verstendigist und erfahrnest zum dechan gesetzt und gemacht soll werden, und so sie die eligenten oder professores under inen selber der election und wahl sich nit konten vergleichen, soll abermalß die sache an die gantz universitet gebracht und durch dieselbe alle ungleichheit und spän diser oder auch anderer sachen hingelegt und verrichtet werden und in solchem die medici der universitet zu gehorsamen schuldig sein.

So nun ein dechan, wie angetzeigt, gewehlt, soll er volgends sein gewohnliche und gepurende pflicht der facultet thun, und wie hieunden volget, schweren und demnach in sein ampt tretten und ein fleissigs uffsehen haben, damit ieder zeit, was die lectiones, disputationes, promotiones und dergleichen geschefft belanget, zum fleissigsten und furderlichsten ausgericht, die newen discipell diser facultet eingeschriben, die andern zu ihren gepurenden offitiis und responsionibus (f. 125) angehalten werden, auch ihnen ierlichen und innerhalb deß ersten monats seins ampts die statuten diser facultet und insonderheit das inramentum Hippocratis offentlich und in ihrem auditorio furlesen und darauf derselben ubertretter in gepuirliche straffe nemen und also biß zu end seins ampts furtfahren und regiren[3]).

Dergleichen, wo sich auch ein dechan seins ampts mißprauchte, mehr oder weniger thette, dann ihme gepuirte, oder sonst seins bösen und ergerlichen wesens und lebens halben beides der universitet und seiner facultet beschwehrlich und nit zu leiden were, soll mit ihme dermassen, wie hievor im ersten theil diser unser ordinatiou davon gemeldt und gesatzt, gehandlt werden.

(§ 82.) Juramentum decani facultatis medicae[4]).

Quod commodum facultatis, quoad sciet ac poterit, tueri, constitutiones ac leges eiusdem integras ac illibatas conservare, nihil in iis citra legitimum universitatis consensum novari aut mutari pati, easdemque publice quotannis in schola recitare; disputationes praeterea, cursus, promotiones et, quae reliqua facultatis

---

1) S. oben S. 38.
2) S. oben S. 58.
3) In C f. 133b fand sich der Zusatz: Wo anch im rath funden wurde, das der obern facultcten decanat sollte, gleich wie in vilen andern schulen der brauch ist, under den personen umbher gheen und abgewechselt werden, so soll es in disser facultet allermassem und gestalt derhalben, wie von den andern zweien hievor gemeldt, gehalten werden. Er war nach den schon gegebenen Bestimmungen überflüssig.
4) Am Rand in C f. 134: Transscribuntur huc ex Micyllo etc. Der Eid ist später eingeschrieben. Er entspricht dem der theologischen (S. oben S. 38) und juristischen (S. oben S. 59) Fakultät.

propria sunt, ut suo quaeque tempore ac modo fiant, procurare, facultatis res gestas in acta eiusdem referre, sigillo facultatis absque collegii consensu temere nusquam uti, et si ultra mensem ab urbe abesse ipsum aliquando oporteat, idem illud cum fisco facultatis seniori ac proximo eiusdem facultatis ordinario servandum et custodiendum dare, denique quidquid ad offitium et curam decani pertinet, id omne pro virili sua parte fideliter ac diligenter exequi velit.

Begebe es sich aber, das einer aus diser facultet professoribus zuvor das decanat getragen und daruber geschworen hette und doch widerumb uber kurtz oder lang darzu erwehlt wurde, wollen wir zu (f. 126) verhuitung des villfeltigen schwehrens zugeben, von demselben allein auff erinnerung zuvor disfals erstatten eids die handtrew zu nemen und damit ihme nach furgelesenen obgemelten capitibus iuramenti das ampt zu befehlen.

(§ 83.) Wievil und was fur professores in diser facultet sollen gehalten werden[1]).

Wiewol nun dise profession und facultet nit minder dann der iuristen weitleufftig und groß und derhalben nit weniger lehrer und professores dann dieselb pillich haben solte, iedoch angesehen und bedacht unser schulen gelegenheit und derselben alten herbrachten prauch, lassen wir es auch noch bei den dreien professoribus pleiben. Ordnen und setzen hieneben, dieweil die gantze rationalis oder dogmatica medicina, sonst gewohnlichen leib- und wundartznei genandt, in dreien stueckhen furnemlich begriffen, deren das erste, in welchem das fundament und grundfeste der gantzen kunst sich erhelt, physiologica, das ander pathologica, das dritt und furnembste theropeutica genennet, und dieselbe allesampt ihren volgenden und anhengigen differentien und aftertheilungen in den buchern Hippocratis und Galeni volkomenlich furgeben und verfasset[2]), auch dise facultet mit dreien underschiedlichen lectoribus oder professoribus, welche alle doctores sein sollen, ieder zeit bestellet und versehen werden[3]), das demnach der erste und

---
1) C f. 134 b.
2) C f. 135 am Rand die Note: D. Curionem und Erastum diese verendrung noch einsten sehen zu lassen, ehe sie mundiert. — Jacobus Hoffmann oder Hofenius de Hasfurt s. de Hofheim, postea Curio dictus (Toepke I, 497), immatrikuliert 16. Aug. 1514, baccal. artium de via antiqua 1515, mag. artium 1518, 1525 paedagogus comitis de Henneberg (Annal. un. V, 70 b), 1540 als mathematicus in Mainz genannt (Annal. un. VI, 225, Winkelmann, Urkundenbuch II, 94 nr. 859), 1550 I rector, damals physicus, medicus et mathematum professor, stirbt 30. Juni 1572 als primarius facultatis medicae professor.
3) Der Entwurf in C f. 135—6 ist von da bis: und so dann diser lecturen eine u. s. w. vielfach geändert und gekürzt worden; die Änderungen sind von Erast eingetragen. Der Entwurf lautete ursprünglich: deren die ersten zween doctores, der drit zum wenigsten licenciat sein soll; und weitter der erste und furnembst die bucher, so zum furnemisten stueckh obgenauter aufstheilung, das ist der therapeutica gehoren, alsda seindt alle die so zu den dreyen partibus oder stueckhen derselben, διαιτητική, φαρμακευτική und χειρουργική genennet, dhienen, welche in dem methodo Galeni, sonderlich aber in dem dritten, vierdten, fünfften, sechsten, item dreizehnten und viertzehnten buch und summatim in den zweien ad Glauconem, auch bei dem Hippocrati in den buchern de ratione victus in morbis acutis und de compositione medicamentorum localium, bei dem Almasoro in nono, Avicenna canone quarto fen. prima, Aegineta libro sexto und dergleichen tradirt und gelert werden. Der ander aber dieienigen, so zur pathologi, das ist zu erkantnus, aigenhafft und natur allerlei krankheiten zu erlernen und erkhennen dinstlich und gehorig, als da seindt insonderhait die drey bucher Galeni unter dem titell artis, darinnen die gantze medicin summarie begriffen, die sechs bucher de differentiis et causis morborum et symptomatum, item die sechs bucher de locis affectis, die zwei bucher de differentiis febrium, desgleichen die bucher epidemiorum Hippocratis und die bucher Galeni de diebus criticis und dergleichen. Der dritte und letzst was zur phisiologi,

— 79 —

obrist lector in therapeutica lese: de medendi methodo lib. XIV[1]); de morbis localibus Tralliani[2]) et tertium Aeginetae[3]); de ratione victus in morbis acutis[4]), de compos. med. secundum locos[5]), de ratione curandi per sanguinis missionem[6]): Galeni. Secundus in pathologia: de febrium different. Galeni[7]), de different. et causis morborum et symptomatum lib. 6[8]); de locis affectis[9]), aphorismi[10]), prognostica[11]). Tertius in phisiologica: De natura Hipp. cum com. Galeni[12]); Galeni de temperamentis[13]); de naturalibus facultatibus[14]); de motu musculorum[15]); de utilitate respirationis[16]); de usu partium utiliores[17]), ars parva[18]).

Doch soll allwegen pro captu auditorum et ratione temporum und in erwegung anderer umbstende facultas medica macht haben, hirinnen, was am nutzlichsten sein mochte, ihne statuiren.

Und so dann diser lecturen eine oder mehr ledig steen und vaciren wurden,

---

das ist dem ersten grundt und anfang diser kunst dienendt, als Hippocratis libri de natura corporis humani, Galeni anatomica, item de facultatibus naturalibus, de usu partium, de textura corporis humani, de tuenda sanitate, de ratione victus, item Avicennae canonis primi fen. quarta und dergleichen, furnemblich explicirn und lesen, und diß alles disser gestalt und massen, das was nit sonderlich zu der medicin nutzlich und vonnöten, umbgangen und underlassen, herwider, was obscur und dunckhell, mit vleis erklert und anfsgelegt, das uberig ein iedem in sein priuat- und aigen studium und lection heimgestellt und gelassen werde. Die hier genannten Schriften sind, soweit sie nicht in den folgenden Anmerkungen Erklärung finden, der Reihe nach folgende: Galenus, τῶν πρὸς Γλαύκωνα θεραπευτικῶν oder ad Glauconem de medendi methodo l. II; Almasor (c. 850--923), Ketaab altib oder liber medicinalis l. X, von denen das neunte, die Pathologie enthaltend, wiederholt allein herausgegeben wurde; Avicenna (980—1037): El-Kánún fi al-tibb, canon medicinae, in 5 Büchern, welche in: finnin (Einzahl = fann) = Hauptteile, makálab — Unterteile, fasl — Kapitel zerfallen; der angeführte Teil enthält allgemeines über die Fieber; Hippocrates, ἐπιδημιῶν oder epidemiorum l. VII; Galenus, περὶ κρισίμων ἡμερῶν oder de diebus criticis l. III; dann: περὶ ἀνατομικῶν ἐγχειρήσεων oder de anatomicis administrationibus l. IX., ὑγιεινῶν λόγοι oder de sanitate tuenda l. VI.

1) Galeni (geb. 131, gest. 201 - 210), θεραπευτικῆς μεθόδου od. methodi medendi libri XIV, das therapentische Hauptwerk.

2) Alexander von Tralles (525 - 605); aus dessen Werk: βιβλία ἰατρικὰ δυοκαίδεκα (ed. Gompylus Par. 1548 fol.).

3) Paulus von Aegina (c. 630); sein Werk: ὑπόμνημα oder ἐπιτομῆς ἰατρικῆς l. VII (Venet. 1528 fol.); das 3te Buch enthält die Lokalpathologie.

4) Eigentlich ein Werk des Hippocrates (460 - 377 v. Chr.): περὶ διαίτης ὀξέων oder de ratione victus in acutis.

5) Περὶ συνθέσεως φαρμάκων τῶν κατὰ τόπους oder de compositione medicamentorum secundum locos l. X.

6) Ist wohl: Περὶ φλεβοτομίας θεραπευτικὸν βιβλίον oder de ratione medendi per venaesectionem.

7) Περὶ διαφορᾶς πυρετῶν, de differentiis febrium l. II.

8) Zwei Schriften Galens: περὶ διαφορᾶς νοσημάτων, de differentiis morborum und περὶ τῶν ἐν τοῖς νοσήμασι αἰτιῶν, de causis morborum.

9) Περὶ τῶν πεπονθότων τόπων, de locis affectis l. VI.

10) Ἀφορισμοί des Hippocrates.

11) Προγνωστικόν, eine dem Hippocrates zugeschriebene Schrift.

12) De natura hominis, περὶ φύσιος ἀνθρώπου des Hippocrates cum commentario Galeni.

13) Περὶ κράσεων, de temperamentis l. III.

14) Περὶ δυνάμεων φυσικῶν, de facult. naturalibus l. III.

15) Περὶ μυῶν κινήσεως, de motu musculorum l. II.

16) Sonst: περὶ χρείας ἀναπνοῆς, de respirationis usu. Erust hatte in C f. 135^b respira: geschrieben, das ist in A irrtümlich in respirator aufgelöst worden.

17) Zu utiliores ist wohl libros zu ergänzen; gemeint ist: περὶ χρείας τῶν ἐν ἀθρώπου σώματι, de usu partium corporis humani l. XVII.

18) Τέχνη ἰατρικὴ oder ars parva; die Mikrotechne der Araber ist die am meisten gelesene oder kommentierte Schrift Galens; welche eine kurze Zusammenfassung seines ganzen Systems enthält.

soll es allerding mit derselben bestellunge und den neuen lectoribus hie aus unser schulen anzunemen, oder so die alhie zu finden nit weren, anderswoher zu beruffen, wie hievor von den theologen und iuristen geordenet[1]), gehalten werden, abgeschnitten und hindangesetzt alle succession und praerogativen, so derhalben mochten uffgepracht und furgewendt werden, und allein angesehen und betracht zu ieder election obgemelte zwei stuckh, das ist, ob derienig geschicklit genug und darneben erbar und fromme sei, so angenomen soll oder begert zu werden.

Hieneben: dieweil auch die furnembsten und eltisten diser kunst scribenten und lehrer, als Hippocrates, Galenus und andere, in griechischer sprachen geschriben und die nachkommenden gemeinglich alle ihren grund und anfang auß denselben alten gezogen und genomen haben, derhalben dann der griechischen sprach erkhantnus und verstand einem medico, sonderlich aber einem professori und legenten vonnötten, hirumb so wollen wir und ordenen, das hinfurt keiner leichtlichen zu diser profession und einicher in diser facultet lecturen angenomen und uffgestellet soll werden, er sei dann der griechischen sprach gelehrt und erfahren, damit deren ein ieder (f. 128) seiner lehr ursprung und ersten anfang gründlichen verstehen und dargeben, unsere schul und universitet hiedurch mit rechtschaffenen, gelehrten professoribus ieder zeit versehen und demnach bei den auswendigen und frembden in ein namen und ruf gepracht werden möge.

(§ 84.) Von den lectionibus und zu welcher stund ein iede soll gehalten werden.

Sovil nun die zeit und stunden diser obgenanten legenten und professorn betreffendt, ordenen und setzen wir, das, nachdeme dieselben professores nit allein der schulen zu dhienen verpflicht sein, sonder auch den kranckhen diser statt zu rathen und helfen macht haben und derhalben die stunden vor mittage ihnen das grösste theil freigelassen werden sollen, der erst lector diser facultet, so die theropeutica zu lesen verordenet, deß sommerß von achten biß uff neun, des winterß aber von neuen biß uff zehen sein lection in den autoribus und büchern, davon oben angetzeigt, volbringen und haben soll, der ander professor oder doctor, so die pathologien, und was zur selben erkantnus gehört, zu leren, wie obsteet, geordenet, solle von einer uhr nach mittag biß zu zweien sein lection zu halten verpunden sein. Der dritt professor, welcher auff die phisiologien, dorinnen die principia und elementa diser kunst gelernt werden, bestellet, soll nach mittag von dreien uhren biß uff vier sein lection volnbringen und halten. Und diß alleß die wochen uber uff die tage, auch sonst allermassen und gestalt, wie hievor von den theologis und iuristen ernent und vorgeschriben worden[2]).

Und nachdeme das alte auditorium diser der medicin facultet den andern auditoriis der universitet zu weit und an eim unbequemen ort den audientibus entlegen, davon dann auch in unsers herrn und vetters pfaltzgrafen Ludwigen churfursten etc. seligen reformation meldung beschicht, so wollen wir, das das itzige heußlein, dorin (f. 129) bisanhero gelesen worden, zum nutzlichsten verkaufft, das kauffgelt an ein ander hauß oder gebew, der gemeinen universitet und andern auditoriis neherer und bequemer gelegen, wie sonst in andern universiteten allenthalben gemeinlichen beschicht, verwendt und angelegt werde[3]). Und dann,

---

1) S. oben S. 40 u. S. 60.
2) S. oben S. 41 u. S. 60 u. 61.
3) Der Schlufs lautet in der ersten Fassung des Entwurfes (f. 138ᵇ): further in der medicin darein zu lesen, und was weitter disser facultet zustendig, zu verrichten und volnbringen.

das hinfurter, wann die theologi ihr auditorium, in der kirchen zur sapientz gehörig, anstellen, die medici in sacello diuae virginis under der iuristen schul, oder aber und biß daß theologicum auditorium zugericht, in benelter sapientz kirchen ihre lectiones und actus volnpringen und halten, doch sollen rector und universitet zum furderlichsten in der sapientz kirchen das auditorium zurichten, als dorin wir umb gutter vernunftiger ursachen willen die theologischen lectiones, und was dem anhangt, haben verordenet.

(§ 85.) Von besoldung obgemelter professoren.

Was aber die besoldung diser ordinarien und professorn anlangt, welche anfengklichen uff geistlichen praebenden verwisen, nachmalß aber dieselben praebenden der universitet incorporirt und sie die professores aus gemeinem fisco betzahlt worden, lassen wir es bei iungster unsers liben hern und vettern pfaltzgraf Ludwigs seligen reformation und ordnung pleiben. Setzen aber und wollen, demnach dieselben obgemelte professores bisanher ettwas genaw und schmal besoldet worden, das hinfurter der erste professor diser facultaten zu ierlicher besoldung hundert und achtzig gulden, (macht auß dem alten fisco hundert und aus dem neuen achtzig gulden) darzu er auch das hauß gegen den barfussern uber gelegen, zu seiner wohnung; der ander professor und doctor hundert und sechtzig gulden, macht auß dem alten fisco achtzig und aus dem newen auch achtzig gulden ierlicher besoldung, sampt der behausung gegen dem pfarrhauß uber[1]); der dritte aber ordinarie hundert virtzig (f. 130) gulden und die halbe Schwabenbursche oder, so der pandectarius dieselbige erwehlet, die behausung uff der andern strassen gegen dem collegio artium über haben soll.

Doch das zu ieder zeit der persohnen gelegenheit, kunst und geschickligkeit hieneben bedacht und demnach mit demselben, wie hievor von den iuristen gemeldt[2]), gehandlt und uberkhomen werde.

Und mit disen lectarn und stipendiis soll es gleichermassen gethan sein, wie droben[3]) von den iuristen angetzeigt und gemeldt ist, nemlich das solcher professor keiner perpetuirt, sonder nachdem ein ieder sich halt, also soll er selber

---

1) Der Entwurf (C f. 138—139) hat mannigfache Veränderungen, teilweise durch Erast erfahren; der Zusatz nach „gegen dem pfarrhaufs uber, darinnen izund D. Curio seine wonung hatt" (von Ernsts Hand) ist in A (f. 129 b) wieder gestrichen worden, aber in B f. 249 geblieben, ein Beweis dafür, dafs B nicht aus A abgeschrieben ist (siehe das Nähere in der Einleitung). Besonders scheint die Wohnungsfrage Schwierigkeiten gemacht zu haben. Für den zweiten Professor hiefs es ursprünglich (f. 139): „sampt einer behausunge, wo es mage gesein, in der Schwabenbursen oder, wo nit, ein gulden oder zwanczig, darfur sin behausung ime selber zu bestellen, oder was die gelegenheit der zeit und betheuwrunge der heuser erfordert"; dafür wurde zuerst vorgeschlagen zu setzen: „sampt einer behausung, die neben des secundarii theologi oder professoris wonung auf der oberen strassen gelegen ist und hiebeuor auch zu disser facultet gehört hat", dann hatte man vorgezogen zu setzen: „allein nachdem ietziger zeit zu disser, wie auch der nachvolgenden lectur kein eigne behausung furhanden, sol die uniuersitet bedacht sein, aus der bursch in der Judengassen zwo underschiedliche häusliche wonungen zuzurichten, in deren einer des secundus medicus underhalten werde"; zuletzt wurde die im Text enthaltene Entscheidung getroffen. Für den dritten Professor war zuerst vorgesehen (f. 139 b): „und eine behausung oder so vil gelts, dadurch er moge ein zimbliche behausunge versolden", das wurde zunächst geändert in: „und fur eine behausung 12 gulden ex nouo fisco uniuersitatis" dann in: „und die ander behausung von der Schwabenburfs, wo dieselbig, wie obgemelt ist, abgesondert wurde, oder aber ierlichen 12 oder 14 gulden, darumb er eine zimbliche behausung bestellen und verzinsen möge"; zuletzt brachte Erasts Vorschlag endgültige Entscheidung.
2) S. oben S. 63.
3) S. oben S. 64.

von der universitet wider gehalten, auch diejenigen, so der facultet lange zeit gedhienet, ihren lecturn fleissig furgestanden und zu alter und unvermugligkeit ihres leibs khomen, pillicher und freuntlicher weise bedacht werden.

(§ 86.) Von disputationibus diser faculteten.

Wiewol nun in dieser facultet hievor und ehe wir dise ordination furgenomen, gleich wie in den andern zweien obern faculteten, vil zeit und tage den ordinariis disputationibus zugeordnet und ernennet, und aber derselben keine oder gar wenig gehalten worden, so haben wir dieselben wider eingezogen und damit sich beide die professores der arbeit und muhe nit zu beclagen und hergegen die discipell und lernende persohnen dester fleissiger und geübter uffzuwachsen und in ihrem studio zuzunemen haben, ordenen und setzen wir, das nun hinfuro iedes iars, gleich wie in der theologen facultet[1]), zwo disputationes, nemlich eine uff sambstag nach Invocavit, oder so es nit gesein khondte, den nehsten mittwoch hernacher, und die ander uff sambstag nach Assumptionis oder dem nehst volgenden mittwochen sollen ordinarie gehalten, und herinnen dise ordnung und weise furgenomen werden, das die lectores oder professores einer umb den andern zu bestimpter zeit ohne alle weigerung und verzug praesidiren, die gelesene materi[2]) oder auch, da ettwan unversehenliche kranckheiten und seuchen, auf derselben principia, causas (f. 131) und accidentia etc. zu besser ergründigung[3]) solcher kranckheiten ettliche propositiones verfassen, und dieselben dem respondenten zu verfechten bei gutter zeit zustellen, zu welchem alsdann einem ieden der dechan soll behulflich sein, und wo sonst kein respondenten vorhanden, auß den eltisten audienten und discipln ieder zeit einen ex offitio hirzu erfordern und anhalten, auch selber bei solchen disputationibus zugegen sein und demnach allermassen, wie hievor[4]) von den theologen und iuristen angezeigt ist, sich verhalten.

Es sollen auch zu solchen disputationibus nit allein die discipl zu argumentirn[5]), sonder auch die licentiaten, doctores und, so ettwa fremhde, diser und ander facultet anhengig, zugegen weren, zugelassen und verehrt werden.

Zu dem: so soll kein professor diser facultet deß praesidirens exempt oder gefreiet sein, sonder an welchem die ordnung, derselbig soll ohne allen uffschub seiner gepuir nachkomen, auch fur sollichs praesidirn ein gulden aus diser facultet fisco zu einer verehrnug haben. Da aber einer nicht praesidirn wurde, der solle fur sein negligentzs und ubertrettung, als oft er solchs underlässt, ein gulden zur straffe geben, es were dann, das einer kranckheit oder ander nottwendiger ursachen und gescheft halben selber zu praesidiren verhindert wurde, welcher alßdann ein andern diser profession doctor an sein statt zu substituiren oder stellen macht haben, neben deme auch der dechan, so iedes iars dem ampt furstehet, des praesidirens soll uberhaben sein, sonst wie hievor[6]) von den andern zweien faculteten angezeigt und bescheiden, gleichheit durchauß gehalten werden.

Aber mit den andern disputationibus, so man pro gradu und extra ordinem pflegt zu thun, soll es allermassen, wie obstect und von alter hero gepreuchlich

---
1) S. oben S. 44.
2) Das Folgende bis „zu besserer ergründigung solcher kranckheiten" ist späterer Zusatz (C f. 140 b).
3) B f. 252: erkundigung.
4) S. oben S. 44 u. S. 65.
5) Im Entwurf (C) fehlen die Blätter 142 u. 143.
6) S. oben S. 45 u. S. 65.

ist, ieder zeit gehalten, doch das dieselben nit uff obgemelte tage und zeit, so den ordinariis disputationibus zugeordnet sein, gelegt oder anstatt derselben gezehlt undt gerechnet werden.

(§ 87.) Von ettlichen andern stucken, so zur underweisung und übung der discipel diser facultet gehörig. (f. 132.)

Uff das auch die geordenten legenten der artznei desto berumbter ihre studenten und schuler desto getreulicher underweisen, desgleichen ihre angenomene kranckhen dester baß versehen werden, so wollen wir, das die gemelte scholar der artznei nit allein in der theorickh und der bucher lehr, sonder auch in der practickh underwisen und eingefuhrt werden, und derhalben, so sollen die ordinarii und legenten dieselben ihre schuler, so sonst erbars, guts wesens und wandlß, dessen auch begirig, uff ihr derselben ansuchen und begehren, ie zu zeiten an gepurende ende, und da man solchs leiden mag, zum krancken mit sich fuhren, experientza des pulß, der wasser und ander dergleichen kranckhen zufelle und verwandlungen sie mit getreuem fleiß zu berichten, dieselben angenscheinlichen zu weisen, auch zu dem examen deren, so der lepra halben suspect seint, zuzulassen nit abschlagen.

Dergleichen, damit die scholar erkhunden und erlernen mögen aller zur artznei gebreuchlicher simplicium, als kreutter, samen, frucht, plumen, wurtzln, saft, gummi, furnemlich aber der treibenden solutinen form und gestalt, so wollen wir, das unsere apotheckher deß iars zum wenigsten ein mahl auff ansuchen disser facultet decani alleß, was si von obgenanten simplicibus haben und zu besichtigen gefordert wurden, ohngeweigert sollen zu sehen und zu beschauen geben.

Item: es sollen auch die scholar angehalten werden, das sie deß iars zu gelegener zeit herbatum, das ist die kreuter und derselben pluet, samen und wurtzln zu colligiren und erlernen, selber inß feldt und auff den augenschein zu gehen sich befleissen.

Und dieweiln ohnmüglich, ohne des menschen corpers innerlicher glider, eingeweid und gebein erkhantnus des menschen[1]) kranckheit zu indiciren, erkhennen und curiren, auch alleß, waß zur chirurgi gehört, recht und grundtlich zu versteen und erlernen, und aber solcher ding erkhantnus nit allein durch das lesen und hören, sonder villmehr durch den augenschein und eusserliche demonstration soll und muß erlangt werden, (f. 133) demnach wollen wir neben obangetzeigten stuckhen und puncten, das uff diser der medicorum facultet angeben und costen den discipln und lehrenden personnen zu gut tabulae anatomicae, ein sceletos, item die description anatomiae porci et cophonae[2]) oder dergleichen zuwegen gebracht und stettigs vor augen gehalten werden.

Zudem: so wollen wir bei unsern amptleuten, vogt und schultheissen verschaffen, das zu gelegenheit uff ansuchen der facultet sollen die corpora derienigen, so zum todt verurtheilt und mit dem schwerd gericht, oder auch anderer, so sunst an kranckheiten, deren ursachen ohn innerliche inspection und berichtigung nit konnen erlernet oder erkant werden, umbkomen und gestorben, soverr solchs fuglichen und mit gunst der verwandten bescheen mage, zur anatomei, die geschee

---

1) Hier beginnt der Entwurf wieder: C f. 143.
2) O. Becker wusste (a. a. O. 38, Anm. 3) cophonae nicht zu erklären; offenbar rührt der Name von zwei berühmten Salernitaner Ärzten her, Copho dem älteren und jüngeren, von welchen einer die berühmte anatomia porci verfasste. (vgl. Häser, Lehrbuch der Geschichte der Medizin ed. 3. Jena 1875 I, 661, 676; Puschmann, Gesch. des medic. Unterrichts Leipz. 1889 S. 170).

universaliter oder corporaliter, ihnen sollen vergönnet und in repositorio craniorum oder sonst an gelegen orten dem collegio medicorum und andern, so sich der chirurgi und wundartznei undernemen, zu anatomiren und innerlichen zu besichtigen zugestellet und ubergeben werden, damit nichts, so zur institution und underweisung diser nottwendigen und heilsamen kunst dienet und furderlich ist, underlassen und hinderhalten pleibo.

(§ 88.) Von diser facultet vacantzen [1]).

Sovil aber die vacantzen betreffendt, wollen wir, das dieselben in diser facultet gleich wie in den andern sollen gehalten werden, ausgenomen so ein professor oder doctor eins krancken halben wurde verreisen und dernhalben ein lection oder ettlich versaumen, das er dieselben entweder durch einen andern bestellen, oder so er wider zu hause kompt, uff die vacirende tage, sofern dieselbige nit offentliche feirttge seint, und es sonst bequem und gelegen ist, soll zu erstatten schuldig sein, auch weiter oder ferner fur sich selber kein feirtag oder vacantzen machen. (f. 134.) [2])

(§ 89.) Von straffe der versaumpten lection [3]).

Damit auch unser angesetzte lecturen desto vleissiger und embsiger volntzogen und die auditores minder vergeblichen uffgehalten und verhindert werden, so ordenen und wöllen wir, das ein ieglicher der obgeschribenen ordinarien und legenten diser facultet ihre zugeordente lecturen alwegen in eigener persohn und durch keinen substituten versehen sollen. Doch umb gebrauch und practickh derselben willen haben wir zugelassen, das ihrer ein ieder zur zeit seins verreisens zun kranckhen zwo oder zum hochsten drei lectiones underlassen möge, aber solchs doch nit oftermalß und gefahrlicher weise, wie hievor auch von den andern faculteten angezeigt und gesatzt worden.

Wo einer aber weiter und uber ernante zeit verreisen und anderer nottwendiger verhindernuß halben sein lection selber zu thun uffgehalten und verhindert wurde, welchs ihme doch ohne vorwissen des rectors und der universitet nit erlaupt oder zugelassen sein solle, so wollen wir, wie obstect, das derselbig sein lectur durch ein andere dugliche und geschickhte persohn zu verrichten und volnfuren macht haben, auch schuldig sein solle. So er aber solchs zu thun eigens furnemens und willens underlisse, oder auch sonst ohne redliche gnugsame ursachen ein oder mehr lection versaumpt und ubergienge, soll er alsdann, so er der zweier obersten ordinarien einer were, fur ein iede lection ein gulden, der dritt professor aber ein halben gulden zur straffe verfallen sein.

Dergleichen soll es auch mit den disputationibus ordinariis gehalten werden, und derienig, so derselben eine underlässt, oder so er seiner practickh und cur halben abwesend were, dieselben durch ein andern seiner facultet mitgenossen nit bestelt und verricht, ein gulden, so oft solchs beschicht, zu unnachleßiger straff betzahlen. Welchs verfallen straff und peen gelt soll der dritte theil in den eigen fiscum diser facultet, die andern zwei drittheil aber in den gemeinen seckhl der universitet zu besser underhaltung derselben ausgetheilt und gelegt werden. (f. 135.)

---

1) C f. 143ᵇ.
2) Der Schlufs in C f. 144: „auch kein priuilegien oder eigene freihaitten hiewidder suchen oder anßpringen", ist weggeblieben.
3) C f. 144.

Item, es soll auch gleich wie in den andern faculteten, so ein professor oder ordinarius uber obgenante zeit abwesend were und seine lectur durch ein andere dugliche persohn nit bestellet und versehe, die universitet solche lecturen durch ein andere gelegene persohn zu bestellen und alsdann den kosten und lohn desselben bestalten[1]) von des abwesenden stipendio und besoldung, soferr er selber denselbigen nicht entricht, wider einzukhomen und zu erhohlen macht haben.

(§ 90.) Von den extraordinariis lectionibus diser facultet[2]).

Hergegen aber soll auch ein ieder doctor oder anderer diser facultoten neben obgemelten geordenten lectionen doch zu gelegenen zeiten und under andern ungeordenten stunden sich zu exerciren, auch umb rhumbs und geschreiß willen eins oder mehr bücher in der artznei offentlich und dasselbig vergeblich, oder so er solchs pro precio und umb vergeltnus uff ansuchen und wolgefallen der schuler und audienten thun wolte, in privato und seiner behausung, doch, wie obsteet, zu andern stunden, dann man sonst ordinario pflegt zu lesen, zu interpretiren und lesen macht haben, doch das solchs uff keine offene fest und feirtage der kirchen beschee.

(§ 91.) Von der intitulation und promotion diser facultet persohnen[3]).

Mit der intitulation soll es gleichermassen, wie oben in iuridica facultate geordnet ist[4]), gehalten werden, und keiner fur ein discipl diser facultet gezelt oder zu einichem titl oder grad promouirt werden, der sich uit anfangs bei dem decano angetzeigt und einschreiben lassen.

Weiter uff das in diser facultet die persohnen und auditores, dieweil menschlichs lebens uffenthaltung und zeitliche wolfarth daran gelegen und grosse gefahr daruff steet, nit liderlich promouirt, sonder zu gnugsamer lehr und geschickhligkeit uffwachsen mogen, so ordnen und wollen wir, das keiner ad gradum (f. 136) bacalariatus gelassen werden soll, er sei dann eins gutten, erbarn wandlß und lebenß, darzu hab hie in unser universitet oder anderßwo in einer berumpten schulen nach dem magisterio in artibus zwei oder drei iar studirt, sein lectiones volnfurt, auch solchs gnugsamlich darthun kunth und zu dem in solcher zeit zum wenigsten zweimahl ordinarie und das dritt mahl pro gradu extra ordinem respondirt, es were dann, das mit einem der zeit halben seins alters oder sonderlichen verstands und geschickhligkheit halben dispensirt wurde, welchs doch ohne sonderliche ursachen nit soll bescheen.

Und mit solchen disputationibus soll es abermalß, wie droben von den iuristen angetzeigt[5]), gehalten werden, nemlich das die ordinarie vergebens und ohne entgeltnus des respondenten gehalten werden, pro gradu aber der respondens dem praesidenten ein gulden zu geben schuldig sein soll.

Wo aber einer magister artium zuvor nit worden were, auch sonst der philosophia und insonderheit der phisica nit, nach dem sich gepuirt, erfahren, soll derselbig ein iar weiter und lenger zu compliren, auch das erste iar die phisicam in der artisten schulen neben den geordenten diser facultet lectionen zu horen

---

1) B f. 260: bestallten.
2) C f. 146.
3) C f. 146ᵇ.
4) S. oben S. 67.
5) S. oben S. 68.

angehalten werden, allermassen wie droben von den angehenden iuristen gesetzt und geordenet ist¹).

So nun einer nach gethaner und vollendter solcher completion den titl und gradum des baculariats empfahen will, soll derselbig, ehe er den gradum annimpt, der facultet funf gulden erlegen, nach empfangenem grad seinen professoribus sampt dem rectore universitatis ein prandium geben, sonst weiter oder höher, ausgenomen was dem pedellen zustendig und verordenet, nichts ubersetzt oder auszurichten getrungen werden.

Welcher aber furbaß zur licentiatur procediren und denselben gradum annehmen will, der soll nach dem baculariat auch zwei iahr studirt und sein curß volnbracht, auch in disputationibus ordinarie und ohne entgeltuus zweimahl, zuletzt aber (f. 137) extra ordinem pro gradu allermassen, wie hievor von dem baculariat angetzeigt und verordnet, respondirt und neben dem allem in buchern, so ihme durch die facultet und ihre statuten uffgelegt werden, als da seint aphorismi Hippocratis, Avicennae 4. Fen. primi²), Galeni de eo, quod oporteat medicamentum purgare und dergleichen gelesen haben; welche lectiones dermassen sollen angericht werden, das sie, soferr muglich, entweder in der vacantzen oder so ettwa ein doctor verreiset oder mit kranckheit uberfallen wurde und derhalben desselben lection stillstunde, gelesen und gehalten werden.

Und so er alsdann den titl der licentiatur begehrt, soll er zuvor, und ehe er promouirt wurdt, der facultet zehen gulden erlegen, nach der promotion aber, so er allein oder selbander were, der universitet, das ist aller facultetn professoribus und rathspersonen sampt dem rectore und den pedellen, allermassen bei der iuristen facultet disfals verordenet ist³), aber sonst weiter niemandts, ein prandium geben. Wo aber ihrer der promouirten mehr dann obgemelt weren, dasselbig, wie von altershero, außrichten, sunst und weiter dann, was dem pedellen zustect und die vorgeende praesentation belanget, mit deren es, wie droben von den iuristen⁴) geordenet und bescheiden, zu halten ist, nichts ubersetzt oder beschwerdt werden.

Wo sich auch zutruge, das einer ohne das baculariat zum titl der licentiatur zugelassen zu werden begehrt, soll es gleichermassen wie mit den iuristen⁵) gehalten werden: nemlich, so er magister artium ist, das er vier iar complirt, dorinnen viermahl, es wurde dann auß ehehaften ursachen mit ihme dispensirt, ordinarie, und zuletzst extra ordinem pro gradu respondirt, nach welcher repetition er an statt des guldens und des underlassenen baculariats seine ordinarios und professores sampt dem rectore und dem pedellen zu gast haben soll, auch neben obgemeltem allem die lectiones, so ihme von der facultet ufferlegt, ausgericht und gelesen, und alsdann, zuvor und ehe er promouirt wurde, der facultet funfzehen gulden ausgericht und erleget habe und demnach mit (f. 138) ihme allerding wie mit andern diß titlß und gradts promouirten gehalten werde.

So aber einer diser oder vorgemelter weise licentiat worden und furter zum doctorat zu procediren begeret, soll er zuvor, und ehe er promouirt, der facultet funfzehen gulden außrichten und betzahlen, furter zu der promotion, wie von alter preuchlich, das prandium und was weiter demselben anhengig, außzu-

---

1) S. oben S. 67.
2) S. oben S. 79 Anm. 10 u. S. 79 Schluss der Anm. 3 zu S. 78.
3) S. oben S. 69 u. 70.
4) S. oben S. 70.
5) S. oben S. 70.

richten und zu geben verschaffen. Doch das ieder zeit nach anzahl und gelegenheit der persohnen hirinnen ein maß gehalten und niemand zu hoch angelegt werde. Wo aber einer nit gradatim zum doctorat furtschreiten, sondern zu einem mahl solchen obgenanten gradum und stand ohne vorgeends baculariat annemen und empfahen wolte, solle ihme das unbenomen sein. Doch das er zuvor nach erlangtem magisterio in artibus funf iar in medicina studirt, sein cursum complirt, respondirt, gelesen und sich allermassen, wie hievor von denienigen, so ohne das baculariat und licentiam nemen, geordent und gesetzt ist, gehalten habe, nach welchem er alsdann, so er der facultet dreissig gulden, ehe und zuvor er den gradum empfahet, erlegt und betzahlt hat, soll und mag zugleich zur licentiatur und darauff zum doctorat zugelassen und promouirt und furter in allen andern dingen, wie obstoet, gleich den andern promouenden gehalten werden.

Es soll auch keiner zu obgenanter graduum einichem zugelassen oder promouirt werden, ob er schon alle vorgesatzte ding ausgericht und gethan hette, er seie dann zuvor durch die facultet, regenten und legenten derselben, oder weme es zueigent, das sie dann, wie in andern universiteten, zu thun und keinswegs zu underlassen schuldig sein sollen, in der practickh nach iedes stands erhohung und gelegenheit zimlicher weise underwiesen und angefüret worden, welchs wir alleß zu ihrer ermessigung gestellet haben wollen. (f. 139.)

(§ 92.) Capita¹) quaedam baculariandorum medicae facultatis, bona fide praestanda²).

Quod gradum hunc alibi repetere atque iterare nolit;

quod priusquam gradum ac titulum accipiat, facultati et eius pedello ea, quae ex constitutione nouissima iisdem debentur, persoluere, accepto autem titulo etiam prandium, quibus conuenit, honestum ac liberale dare velit;

quod neque praxin medicinae, praesertim hac in urbe, incipere velit, nisi prius libellum practicum a doctore aliquo ordinario audierit, aut ipse publice iussus explicuerit, neque rursum profiteri aliquid publice, nisi consensu decani et facultatis ad hoc impetrato;

quod denique comodum et utilitatem facultatis promouere, statuta et leges eiusdem scruare, decano, in quibus honestum est ac licet, obedire, caeteros doctores et professores, ea, qua decet, reuerentia prosequi velit.

(§ 93.) Capita seu statuta licentiandorum in facultate medica corporaliter iuranda³).

Quod licentiam alibi non repetere ac iterare velit;

quod neque insignia ac titulum doctoralem alibi, quam in hac schola, et iuxta consuetudinem ac morem facultatis accipere velit;

quod, prius quam licentiam accipiet, ea, quae facultati pedello et caeteris debentur, exoluere, mox, accepta licentia, prandium, quibus idem ex nouissima hac constitutione debetur, honestum ac liberale dare velit;

---

1) In A ist aus Versehen zuerst der Eid der Licentianden (f. 139), dann der der Baculari_anden (f. 139ᵇ u. 140) geschrieben.
2) In C f. 150ᵃ war Raum für die Eide freigelassen, doch sind sie auf einem eingeklebten Blatt eingetragen. Am Rande die durchgestrichene Notiz: Transcribantur ex Micylli compositione ulterius.
3) In C am Rand auch hier: et hoc iuramentum transscribatur ex Micyllo.

quod, licentia accepta, neque praxin artis suscipere, nisi libellos practicos ante a decano vel ordinario aliquo audierit, vel ipse publice docuerit; neque ad leprosorum inspectionem et cognitionem accedere, nisi per doctores, ad quos ea res peculiariter pertinet, accersitus fuerit;

quod denique commodum et dignitatem facultatis tueri, statuta et leges eiusdem seruare, decano, in quibus honestum est ac licet, obedire, doctores ac professores caeteros sua ac debita reuerentia prosequi velit. (f. 140.)

(§ 94.) Von den frembden doctoribus [1]).

Mit den frembden und zukomenden doctoribus, so derselben ettwa sein wurden, die sich in unser vniuersitet zu thun und in dise facultet uffgenomen zu werden begehren, soll es gleich wie in den andern faculteten, soferr sie sonst ihres herkomenß und lebens ehrlich und duglich, auch in einer vniuersitet, wie gepuhrlich, promouirt und nit bullati seind, darzu, zuvor und ehe si uffgenomen werden, ein disputation, wie preuchlich, gehalten und demnach der facultet und dem pedellen, was von alter her gewohnlich, ausgericht und betzahlt, gehalten werden.

(§ 95.) Juramentum alibi promotorum, qui ad facultatem medicam admitti petunt, corporaliter praestandum [2]).

Quod apud rectorem professus sit;
quod nulla infamia notatus sit;
quod gradum ac titulum suum in schola (f. 142) priuilegiata acceperit eiusque rei fidem testibus idoneis vel literis fide dignis facere possit ac velit;
quod, quamprimum receptus fuerit, facultati florenos duos, pedello unum pro locatione persoluere velit;
quod ab eo, quo receptus fuerit, primo quoque tempore disputationem publice ex more scholae facere velit;
quod neque ad inspectionem leprosorum in hac urbe aut vicinia eius accedere, nisi per eos, quorum interest, ad hoc vocatus, neque ulli alicui eiusdem collegii doctori quicquam detrahere, sed omni modo concordiam et pacem sociorum fovere atque alere velit;
quod denique facultatem ipsam et eius commodum promouere, statuta et leges eiusdem seruare, decano, in quibus honestum est ac licet, parere, caeteros doctores ac professores sua ac debita reuerentia prosequi velit.

(§ 96.) Von den feriis und vacantzen.

Es sollen auch bei diser facultet andere ferien oder vacantzen nicht gemacht werden, dann die bei der theologischen und iuristenfacultet angestellt und zugelassen sein.

(§ 97.) Von diser facultet fisco [3]).

Damit auch dise facultet der artznei ein furrath und auffwachsen ihrer gefelle gleich den andern bekomen möge, so ordenen und setzen wir, das in

---
1) C f. 151ᵃ.
2) In C f. 151ᵃ ist im Text Raum zum Eintrag des Eids gelassen, dann derselbe auf einem eingelegten Zettel eingeschrieben worden und zwar mit der Randbemerkung: Describantur iuramenta ex Micyllo, ubi prius lecta fuerunt consiliariis et probata.
3) In C f. 150ᵇ am Rand: Disse zwei titul von dem fisco und den feriis mag man nach den

derselben auch ein gemeiner seckhell oder behaltnus ieder zeit soll gehalten, dorin alle gefelle und einkhomens, ihr der facultet zugehorig, gelegt und gleichermassen, wie von den andern facultoten geordnet, mit dreien underschiedlichen schlossen und derselben schlussel, welcher der facultet deehan sampt den andern zweien geordenten professoribus ein ieder einen fur sich insonderheit haben soll, verwarth und ierlichs der universitet in beisein unser verordenten verrechnet und, so derselben noch etwaß extantzs, eingebracht und uberliefert und daruber ein registerlein zu ieder rechnung unß zugestellt und ubergeben werden.

Dergleichen soll es auch, was die division und außtheilung der gefelle und einkhomens (f. 141) belangt, gleich den andern faculteten, und wie es damit bei unser reformation verordnet, gehalten werden.

(§ 98.) Ettliche gemeine diser facultet stuck oder puncten. Und erstlichen von den apotekhen[1]). (f. 142[b]).

Dieweil auch die kunst der hochberumbten artznei durch unfleissige bereitung und bestellung der materialien und spetierum in der apoteckhen vilmals nidergetruckht und verkleinert würdt, zudem es den kranckhen zu unwiderbringlichem schuden und nachtheil reicht, so ordenen und wollen wir mit sondernn ernst, das die obgesetzte ordinarii und professores der artznei bei ihren gethanen pflichten vor ieder Frankhfurter fasten und ostermessen, auch darnach, so die materien einkauft, und alle iar in beisein unser verordneten die apoteckhen allhie zu visitiren, die materialia mit getreuem embsigen fleiß zu besichtigen und probiren, auch gutte erfahrung zu thun, das sie uffrichtig, frisch und kreftig seien. Wo sie aber ettwas mangelß an denselben oder das sie untuglich und verlegen weren, befunden, sollichs dem apoteckher ieder zeit (f. 143) zu undersagen und vermalnnen, das er dieselben mit gutten, frischen, gerechten und notturftigen materialen ersetze und erstatte. So es aber von dem apoteckher uit beschee, sie die obgemelten ordinarii nach weiter besichtigung uns ferrer einsehens dorinnen zu haben anzubringen schuldig und verbunden sein sollen.

(§ 99.) Von den empiricis, iuden und landführern.

Kunth und offenbar ist es, das die medicin oder artznei aus den naturlichen freien kunsten und der philosophi ihren ursprung hat und ohn derselben verstand die artznei weder gelehrt, noch recht gepraucht kan werden, und aber hin und wider juden, pfaffen, munch, auch weibsbilder, so uff keiner universitet erzogen oder einiche der freien künst gelernt haben, sich der artznei underzihen und mit grossem und unwiderbringlichem schaden der menschen oftermahls beide innerliche und eusserliche schäden und kranckheiten des leibs zu curirn und heiln sich annemen und underwinden, auch vil falsche, erdichte artznei und zaubereien nicht ohne kleine gottslesterung und der naturlichen mitl, von gott dem menschen zu gutem erschaffen, verachtung erdichten und prauchen, deren und dergleichen ursachen halben auch der ehrwürdig Erhardus[2]), bischof zu Wormbß seliger ge-

---

nachuolgenden setzen. In A sind die Paragraphen, welche zunächst ohne Rücksicht auf diesen Vermerk abgeschrieben waren, durch Zeichen (A, B, C) in die richtige Reihenfolge gebracht. In B ist § 93 als der erste eingeschrieben, § 95 u. 96 sind nachträglich als aufeinander folgend bezeichnet.
1) C f. 152.
2) Sollte heifsen Eckhardus; der Befehl ist aus dem Jahr 1404: vgl. Schönmetzel, Tentamen hist. fac. med. Heid, 1769 Anm. 0; Thorbecke, a. a. O. S. 96 u. 97.

dechtnus, vor anderthalbhundert iaren ohngefehrlich, wie zu erachten, bewegt worden, das er im gantzen bistumb Worms und alß weit sein iurisdiction gereicht, den pfaffen, juden, weibern und landfahrern die practickh der artznei ernstlichen und bei grosser straff verbotten hat. Hirumb und damit unsere underthane vor solchem beides leibs und der seelen verfuhrung und betrug verhütet werden, so wollen wir ernstlicher meinung, das hinfurt keinem juden, pfaffen, munch, auch keinem weibßbild oder andern (f. 144) landfahrern zu practiciren und sonderlich physice die kranckhen zu curirn gestatt oder vergunstiget soll werden, es sei dann, das derselbig uff einer universitet studirt und gepromonirt worden seie, oder alhie in unser universitet zu Heydelberg uff quaestiones und frage, ihme von diser facultet decano zu bestimpter zeit benent, offentliche verhöre leiden möge. So man ihne alsdann gnugsam gelert und erfahren befind, soll ihme zu practiciren, doch das er sich bekanter und approbirter recepten und artznei gebrauch, nit abgeschlagen oder gewehrt werden¹).

So aber ein chyrurgus in sonderlichen kranckheiten, als im stein, kropf, bruchschneiden, starrenstechen und dergleichen, sich fur erfahren und derselben kunst bewerth außthete und beruembte, soll ihme solcher kranckheit cur und practickh vergunstiget und zugelassen werden, aber doch, das er vom pacienten vor endung seiner versprochenen cur und heilung klein gelt oder belohuung forder oder empfange.

(§ 100.) Statuta communia facultatis medicae, singulis annis a decano promulgenda.

1. Qui medicinae studiis in hac schola sese tradere ex iisque honorem ac titulum aliquem referre volunt, principio nomina sua apud decanum profiteri debent eidemque, in quibus honestum est ac licet, obedire velle promittere, lectiones ac professores suos diligenter audire, vestitu et moribus honestis ac studioso dignis uti.
2. Iidem repetitiones, disputationes, principia et caeteros facultatis ac professorum (f. 145) actus solennes frequentent, locum atque ordinem, quique suum sedendo, auscultando aut etiam argumentando teneant, caeteraque ea, quae discipulum diligentem ac bonum decent, cum fide et diligentia persequantur.
3. Qui ad baculariatum contendunt, si quidem magistri artium fuerint, per triennium, sin iidem artium magistri non fuerint, per quaternos annos in hac vel alia aliqua schola priuilegiata ordinarie legentes audiant, nisi de eo cum aliquo fuerit dispensatum.
4. Iidem doctoribus disputantibus singulis annis ordinarie semel et id absque sua impensa aliqua respondeant; extra ordinem autem et pro gradu, quod ipsum quoque semel faciendum est, respondentes, praesidenti florenum in prandium et quartam partem floreni familiae praesidentis expendant, aut si magis placeat, ipsi prandium praesidenti et reliquis eiusdem facultatis ordinariis, adhibito et rectore, ut hactenus seruatum est, praebeant.
5. Ad baculariatum admissi, priusquam titulum accipiant aut cursum siue lectiones imperatas ordiantur, facultati quidem florenos quinque, pedello unum exoluant; mox, titulo accepto, prandium, quibus ex hac constitutione nouissima debetur, praeberi curent.

---
1) Hier hat der erhaltene Entwurf eine Lücke; es fehlen f. 153–165.

6. Bacularii, recens creati, cursum ac lectiones sibi adsignatas cum fide ac diligentia perficiant easdemque intra tempus finitum atque praescriptum absoluant, disputationes doctorum frequentent, in iisque argumentando ac disserendo sese exerceant.

7. Licentiam qui ambiunt, haec eadem per biennium ab eo, quo bacularii creati sunt, diligenter ac sedulo factitent, quotannis ordinarie in disputationibus, ad hoc vocati, respondeant idque sine impensa sua; extra ordinem autem et pro gradu respondentes, id quod semel faciendum est, praesidenti florenum in prandium et quartam partem (f. 146) floreni familiae persoluant, aut, si malint, ipsi prandium praesidenti et reliquis eiusdem facultatis doctoribus, adhibito rectore, praebeant.

8. Examinati et ad gradum aliquem admissi qui fuerint, examinatoribus quidem refectionem veteri more, cancellario autem ad praesentationem libram saccari confecti et cantharum Cretici sive Malvatici tantundemque reliquis praesentibus, per decanum vocatis, donent.

9. Qui licentiam accepturus est, priusquam hanc accipiat, facultati florenos decem, pedello duos persoluet, accepta autem eadem, mox prandium quoque secundum ea, quae nouissime constituta sunt, praebendum curet.

10. Qui summum in hac facultate honorem ac titulum, hoc est doctoris insignia et nomen, accipit, facultati quidem florenos quindecim, pedello tres exoluat, caeteris autem, quibus hoc ex constitutione huc nouissima debetur, et clinodia solita et prandium honestum ac liberale praebeat.

(D. Die Artisten-Fakultät.)

Von der artistenfacultät insonderheit[1]).

Damit wir nun endtlichen uff die facultet der artisten komen, dieweil dieselbig oberwehlter ordnung nach die letzst, aber ihres inhalts und begriffs die grosseste und weitleufigiste, auch nutz und übung halben die erste und nottwendigiste under allen, derhalben, das ohn dise alle andere weder verstanden, noch gelehrt oder auch recht gepraucht konnen werden, und aber dieselbig nun ein lange zeit hero vil änderung, einbrach und anstöße erlitten, auch ettliche derselben angehorige ding, so vorhin ettwas verdunckhlet und nubekant gewesen, mit der zeit (wie wir bericht) an tag gepracht und besser bekant worden: disem allem nach will sich gepuren, das wir von sollicher facultet ettwas weiters, dann bisanhero von der andern bescheen, unsern willen und (f. 147) meinung erclären, und was wir derselben halben erdacht und entschlossen seien, ferner und mit mehrern worten außfuhren und verordenen.

(§ 101.) Von einem wege und gleicher lehr in diser faculteten zu halten.

Und erstlichen, damit ein gutter richtiger wege der lehr und übungen diser facultet furgenomen, auch frid und einigkeit der persohnen iederzeit gefurdert und erhalten werde, so ordenen und setzen wir, nachdem vor diser zeit zween wege der lehr, realium und nominalium genant, mehr zu unnutzem gezeuckh, dann zu einicher befurderung der faculteten und derselben kunst rechtgeschaffener und wahrer erkantnus von ettlichen müssigen und rhumgeitzigen

---
1) Damit beginnt D.

leuten erdicht und eingefürt, nachmalß aber von vilen, exempls und ruefs halben mehr dann vorgedachts nutzens, angenomen und erhalten, und endtlich die iungen angeende studenten und schuler von ihren burßen und derselben verwaltern dohin gehalten und getrungen worden, das dieselben zuvor und ehe dann sie zu rechtem verstandt und alter komen, haben solche secten und wege der iren zu volnfuiren und halten sich versprechen mussen, dardurch nachmalß vil uneinigkeit und zwitracht nit allein der lehr und derselben opinion und wahn halben entstanden, sonder auch bei den hertzen und gemütern der personen dermassen erwachsen und von iugent an eingewurtzlt und bekliben, das solcher zwispalt bei vilen biß an ihr ende gewehret und nimermehr hat konnen ausgeroutet werden. Derhalben dann solche wege abzuthun und hinzulegen ettlich mahl vor diser zeit furgenomen, iungst aber von unserm liben vettern pfaltzgrafen Friderichen etc. seliger gedechtnus zu eingang desselben churfurstlicher regirung gleicher bewegung und ursachen willen alle der universitet burßen und contubernia zusamen gezogen und aus dreien ein contubernium anzurichten und in einen gleichen wege der lehre dorinnen zu halten befohlen worden [1]), das demnach solche derhalben bescheene (f. 148) verordnung hinfurt soll stet, vhest und unverpruchlich gehalten und darwider von keinem nichts gesucht oder furgenomou, auch in der wahl und besatzung der lecturen und anderer digniteten und emptern alle underscheid obgemelter zweir wege und secten hindan gesetzt, ein ieder, so sonst zu disem oder ienigem ampt tuglich und geschicklht, onangesehen vilgemelter wege oder einicher vermeinter praerogativen, nominirt, praesentirt, angenomen und keiner dem andern einicher secten halben furgetzogen werden.

(§ 102.) Von dem consilio und rath diser faculteten.

Sovil aber das consilium und den rath diser facultet belangt, lassen wir es bei der nehsten, hievor von unserm herrn und vettern pfaltzgraf Ludwigs churfursten, loblicher gedechtnus, derhalben gesatzten ordination pleiben.

Nemlich: das, nachdem die uberflussige menig der rathgebenden personen mehr zu verhinderung dann befurderung aller gescheft und sachen dhienend und oftermahls vill gutter rathschlege durch dieselben zahl und menig zuruckh getriben werden, hinfur in diser facultet rath nit mehr dann zwölf consiliarii und geschwornen rethe sein sollen. Wollen aber hieneben, dieweil nuhmer nit mehr dann ein contubernium ist und sein soll, das zu solchen obgemelten consiliarien erstlichen alle professores publici derselben faculteten, als da seint linguarum, item der mathemathick, poëtickh und philosophi professores sampt den regenten, nachmahls aber die ubrigen, so weiter an obgestimpter zahl mangln oder geprechen wurden, sollen aus den obristen und eltisten magistern, so sonst bei und nebeu obgenanten regenten und professoren in diser facultet gefunden werden, so verr die allesampt und besonder ein ieder herkomens und anderß lebens und wesens halben ehrlich und hirzu tuglich, auch nach empfangenem magisterio sein biennium hie oder anderßwo uff der schulen complirt, unangesehen alle alten der zweier secten und wege gewonheiten und preuch gewehlet, mit (f. 149) gepuirlichen pflichten angenomen und eingesetzt sollen werden, damit die personen dises collegii oder raths ettwaß beharrlicher pleiben und die geschefft diser facultet durch derselben kundige und erfahrne ieder zeit versehen und verricht mogen werden.

---

[1]) 1546, am 17. Febr. von Friedrich II. verlangt, (Annal. uniuers. t. VI, f. 420 b), im November ausgeführt (Acta fac. artium — Cod. Heid. 358, 75 — IV, 16, 20 b); vgl. Hautz, Gesch. der Univers. Heidelb. I, 432 f.

Doch wo under obgenanten professorn, regenten oder andern magistern ein sonder furtreffliche persohn were, deren an obgenanter zeit des biennii ettwaß manglt, soll mit derselben der zeit halber zu dispensiren der facultet hiemit nichts benomen sein, sonst sollen alle ding, wie obstect, gehalten werden.

Wo auch einer aus diser facultet consiliariis an ein höhern stand erwuchse und in der obern facultcten einer lector und demselben nach, wie oben gesetzt und von unß geordent, derselben obern facultcten consiliarius und geschworn sein wurde, soll er alsdann, er sei doctor oder licentiat oder anderß, diser der artisten facultet weiter nit verpunden sein, sonder zu erstattung der zahle ein anderer an sein statt gewehlet und angenomen werden.

(§ 103.) Juramentum consiliariorum.

1. Quod apud rectorem nomen professus sit;
2. quod nulla infamia notatus sit;
3. quod in consilium facultatis cooptatus et re ipsa ei interesse soleat;
4. quod congregationibus uniuersitatis, quoties, inbente rectore vel vicem eius gerente, et praesertim sub religione iurisiurandi accersitus fuerit, interesse velit;
5. quod interrogatus sententiam sanam ac certam, ut quaeque succurret, sine priuata animi affectione dicere velit;
6. quod secreta uniuersitatis non velit efferre. (f. 150.).

(§ 104.) Vom dechan diser faculteten.

Und aus obgemelten consiliariis soll abermalß der dechan diser facultet, gleich wie in andern faculteten, gewehlet, aber iedeß iars dermaßen, wie hievor von dem rector der universitet gesagt, in vigilia Thomae apostoli, nachdem obgemelter rector erkhoren worden, alßbald abgewechßlt und verändert werden.

Damit aber der facultet geschefft und sachen mit besserm nutzen von derselben geschefft erfahrnen und kundigen persohnen ieder zeit ausgericht und versehen mogen werden, so ordenen und setzen wir hieneben, das diser facultet dechan hinfurt alle zeit aus den eltisten diser facultet consiliariis (welchs alter[1]), demnach ein ieder in die facultet und derselben cousilium oder collegium khomen und uffgenomen, unangesehen waß standß oder würden derselbig hie zwuschen worden, gerechnet und getzehlt) soll genomen und gewehlet werden, doch mit solcher maß und gestalt, das keinem derselben innerhalb siben iaren solch decanat und ampt wider oder zweimal ohn sonderliche nottwendige ursachen ufferlegt und zu tragen befohlen werde, damit sich der arbeit und mühe niemand fur andern hab zu beclagen, und doch das ampt bei denienigen, so der facultet hendl erfahren und wissens haben, ieder zeit pleibe.

So nun solcher dechan gewehlet, soll er sein gewohnliche glübde der facultet und derselben consiliariis, wie hernach steet, thun, und uff solchs den baculum und das sigill sampt den buchern actorum et statutorum von dem vorigen und gewesenen dechan alßpald empfahen, die statuten facultatis zu seiner zeit und, ehe das erst examen der promouenden pflegt furgenomen werden, offentlich[2]) uff dem auditorio in schola artium alle samptlichen gleich den magistris und den baculariis den alten pranch, dardurch man den magistriis die ihren besonder pflegt zu lesen, umb mehrern wissens und ansehens willen bindangesetzt,

---
1) In D f. 4 am Rande: Alter.
2) In D f. 4ᵇ am Rande: tempus legendi statuta.

publice und, wie recht, recitiren und vorlesen, von dannen an biß zu ende deß iars, gleich wie (f. 151) hievor von dem rectore angetzeigt, in seinem ampt verharren, und was dasselbig und die gethanen pflicht mit sich pringen, mit allem fleiß außrichten und versehen und er selber allermassen seins lebens und wesens halben, gleich wie von der andern facultet dechan hievor geordnet und gesetzt, gehalten werden.

Wo sich auch begebe, das ein dechan verreisens oder anderer nottwendiger verhindernuß halben sein ampt selber nit verwesen köndte, so soll alsdann der alt oder nehst gewesen dechan desselben abwesenden statt vertretten und alle sachen, so dem dechan zusteend, mitler zeit, soferr er selber auch vorhanden, ausrichten und versehen. Wo aber der obgemelt alte dechan nit vorhanden, soll der recht und ordenlich dechan, zuvor und ehe er verruckht, selber, oder so er solchs kranckheit halben nit vermöcht, durch ein andern, in beisein seiner zugeordenten consiliarien oder beistende, oder sonst zweien oder dreien der eltisten diser facultet persohnen ein andern an sein statt zu substituiren und zu stellen gleichermassen und weise, wie hievor¹) von dem rectore geordenet und bescheiden, schuldig sein.

(§ 105.) Juramentum decani.
1. Quod velit offitium suum, pro eo atque sciet ac poterit, fideliter persequi, statuta facultatis servare, tueri, et intra diem decimum quintum magistratus sui, hoc est, intra festum Epiphaniorum recitando promulgare.
2. Quod in pompis solennibus caeterisque facultatis actibus, tam privatis quam publicis, velit ipse quidem dignitatem suam tueri, magistris atque discipulis aliarum facultatum, insignibus doctoralibus noudum ornatis, ordine et loco antcire, exercitiis (f. 152) et disputationibus facultatis huius coram adesse, quae contra statuta ac leges fiunt, solita poena multare, aut, si factum ipsum gravius fuerit, ad facultatem de eodem referre, eodemque affectu et modo erga omnes sese habere.
3. Quod temporibus constitutis examinis et cognitionis potestatem utrumque gradum ac titulum ambientibus velit facere, locum et tempus iisdem definire, ipse examini eorundem adesse, quaeque secreto ibidem geruntur, caelare, sententias examinatorum deinde colligere, secundum eam, quam plures dixerint aut approbauerint, pronunciare, eodemque modo in caeteris facultatis huius consiliis et convocationibus sese gerere.
4. Quod tempore functionis suae pecuniam ad facultatem ex promotionibus aut etiam aliunde cedentem velit colligere, rationesque accepti et impensi iuxta quintum decimum finiti magistratus sui diem reddere, easdem a superiore decano intra totidem dies initi magistratus sui exigere pecuniamque ab illo acceptam, adhibitis duobus iis, quibus claves fisci committuntur, ad eundem fiscum referre neque eundem vel ipse vel per alios absque consensu totius collegii facultatis aperire.
5. Quod si per tempus aliquod peregre profecturus sit, aut valetudinis aliave causa offitium suum persequi ipse nequeat, id ipsum superioris anni decano indicare aut, si is quoque absit, adhibitis consiliariis suis consuetis aut duobus aut tribus eiusdem facultatis senioribus in locum suum alium, qui vices absentis sustineat ac gerat, substituere velit.
6. Quod eodem tempore, quo rector bibliothecam universitatis inspiciet et recensebit, ipse cameram seu bibliothecam inferiorem innisere ac

---
1) S. oben S. 9.

recognoscere velit, claues eiusdem nemini, nisi legitima fide ac cautione accepta, credere neque librum ex eadem quenquam privatim ac domi utendum dare, denique et caetera facultatis instrumenta et utensilia eadem fide (f. 153) recensere et si quae recens empta fuerint, nominatim perscripta in librum statutorum referre.

Und dieweil solche diser facultet dechans gescheffte ierlichen vil und muhsam, auch von tag zu tag, sonderlich aber der sapientz und derselben inspection halben sich mehren und zunemen, so soll obgemeltem dechan zu ierlicher verehrung fur sein gehapte muhe und arbeit zwolf gulden, die vier, wie von alter hero, aus dem fisco facultatis, die andern acht gulden auß den neuen gefellen ausgericht und betzahlet werden.

(§ 106.) Von den zugegebenen oder beistendern diser facultet dechan.

Damit auch obgemelter dechan seine eigene zugegebene consiliarios und beistender habe, die mit ihme in dem rath der universitet zu sitzen, auch andere gescheft der facultet zu verrichten haben, so ordnen und setzen wir, das die publici professores diser facultet, nemlich linguarum, mathematices, poëtices, physicae, ethicae und dann der oberst regens in contubernio, wie zu eingang diser reformation vermeldt[1]), perpetui consiliarii universitatis sein, und neben dem decano facultatis der universitet rath zu besitzen haben sollen, alleß auß ursachen, so zuvor von unß seint erzehlt worden; dieselben persohnen sollen auch andere der facultet schlechte und geringe hendel, damit die andern nit in einer ieden sachen alle zugleich allwegen bemuhet und an ihren studiis gehindert werden, zu verrichten ihnen angelegen sein lassen.

Wo sich aber schwere, treffenlichen sachen zutrugen und daran gemeiner facultet ettwas sonderlichs gelegen, sollen dieselben durch den dechan und alle geordente consiliarien samenthaft verhandlt (f. 154) und ausgericht, oder so es denselben auch zu wichtig were und es die notturft erfordert, von ihnen furbaß an den rector und die uniuersitet gebracht werden, mit denen alßdann gründlichen, auch zum fruchtbarlichsten, wie sichs wol gepurt, zu handln und zu beschlissen.

Und nachdem zur administration und verwaltung unser stiftung des hauß sapientiae der dechan sampt zweien ältern diser facultet persohnen oder consiliarien ernennet und verordnet, damit in zukhunftigem derhalben kein streit oder späen sich thue erheben, so ordnen und wollen wir, das iedes iars, nachdem der dechan gewehlet, alßpaldt demselben zwo persohnen, deren allwegen die eine der alt oder nehstgewesen dechan, die ander aus den ubrigen vorgenannten beistendern des dechants sein sollen, gewehlet und zugegeben werden, und er mit denselben das volgend iar hinauß alle der sapientzs gescheft, sovil derselben ihne und die facultet nach laut der ordination und fundation belangen thut, ausrichten und versehen, auch wo ihme und obgemelten verordenten ettwas zu hoch oder schwer zu verrichten sein wolte, dasselbig furter an die gantze facultet pringen, und so alsdann dieselbe der sachen sich auch zu gering und schwach befunde, endtlichen an unß und unsere räthe gelangen lassen solle.

Fur welche zeit, mühe und arbeit iorlichen dem dechan vier, den andern zweien iedem drei gulden auß den neuen gefellen, wie wir dann weiter in der fundation der sapientzs institution verordnet, ausgericht und betzahlt sollen werden.

---

1) S. oben S. 5.

(§ 107.) Von den lecturn und professoribus diser faculteten.

Dieweil nun dise der artisten facultet die gantze philosophi und kunste, so man die freien kunst nennet, in sich begreift und (f. 155) beschleusst und derhalben pillich und vonnötten, das dieselben alle, sovil sollichs muglich, darneben auch die sprachen, ohne welche die philosophi, noch das mehrer und höher theil der oborn faculteten recht verstanden, explicirt oder ausgelegt werden können, in obgemelter faculteten furgetragen und gelehrt, auch demnach mehr professores, dann in den andern faculteten iederzeit gehalten und besoldet werden müssen und sollen: so setzen wir und wollen mit sonderm ernst, das hinfurter zu allen zeiten in diser faculteten funf publici professores seien, als nemlich einer, welcher linguam graecam, wie bis anhero auch gewesen, offentlich profitir und lehre, der ander aber soll ethicam, der dritt physicam, der vierdt mathematicam und der funft poeticam und oratoriam publice lesen und dociren, und ob wol alle professiones variarum liguarum, latinae, graecae et hebraicae, zu diser facultet proprie gehörig, derhalben auch von unsern vettern pfaltzgrafen Ludwigen churfursten etc. seligen dieselben drei sprachen under disem ordinem oder facultatem bei voriger reformation geordenet, haben wir doch uff bescheone erinnerung zu gemut zogen, das die hebraische sprach, so man linguam sanctam nennet, furnemlich zu der heilgen geschrifft von nötten, darumb wir dann bewegt worden, dieselbige sprach auch zu der theologischen facultet zu ordenen, dergestalt, das nun hinfürter durch der theologorum einen hebraicae linguae rudimenta, und waß weiter zu grüntlicher crclerung derselben die notturft erfordert, tradirt, gelehrt und profitirt werden sollen.

Damit auch in verordnung diser funf professorn und lecturn unser ernstlicher wille und meinung destmehr gespuirt werde, so wollen und setzen wir, das sich diser unser ordination, sonderlich aber die lecturn der philosophi und mathematickh belangend, so durch unsere vorfahren loblicher gedechtnus dem exempl viler andern hochberumpten uniuersiteten und schulen nach, den rechtschaffenen studiis und derselben (f. 156) befurderung zu guttem, erstlichen in diser unser schulen offentlich zu lesen und zu lehren eingesetzt und geordnet, keiner obgenanten unser uniuersitet verwandter entgegen setzen oder denselben und ihren verordenten stipendiis einichen eintrag heimlichen oder sonst, in welchen wog es seie, zu thun understehen, sonder vilmehr zu erhaltung derselben allen ernst und fleiß furwenden sollen.

Dergleichen soll auch keiner gelitten noch geduldet werden von denienigen, so ihnen umb mehrer authoritet und ansehens willen nichts, dann dabei sie erzogen und uffgewachsen seint, wollen gefallen lassen, sonder es soll zu aller zeit dasienig, so zu nutzen und auffwachsen der schulen und aller ehrlichen gutten khünst profession dhienen mag, betracht und gefurdert werden, dann dieweil, wie hievor angetzeigt, die volgend zeit allwegen der vorgeenden schulerin ist und vil ding von den nachkomenden in allen studiis und übungen weiter dann bei den alten erklert, gepessert und gemehret, auch dasienig, so vormahls in keiner oder in kleiner achtung gewesen, herfur an tag gebracht und erweitert zu werden pfleget, demnach haben wir nit, waß bei Priamus oder Evanders zeiten gescheen oder in prauch gewesen, sonder was unser uniuersiteten und derselben befurderung, ehr, nutz und wolfahrt sein mago, anzusehen und zu bedenckhen furgenomen und darauff dise unsere reformation, welcher, so bei den alten kein fheil oder mangel gespuirt worden, hie nit vonnötten gewesen were, uffgericht und hinfur derselben zu geleben geordnet und befohlen.

Wollen[1]) derhalben, gleich wie droben von den andern faculteten auch gesatzt, so oft solcher obgemelten lecturn eine vaciren oder ledig sein wurde, das, demnach dise facultet der andern allen gleich alß ein fundament und grundtfeste ist, uff welches, do es nit wol gelegt, anderst oder weiters nichts rechtschaffen oder fruchtbarlichen gebauet kan werden, solche obgemelte lecturn nit eigennutzlicher weise per successiones, adiunctiones und andere dergleichen praerogativen, dardurch vilmahls die gelehrten und geschickhten ubergangen und (f. 157) widerumb die unnützen und untuglichen furgezogen worden, hingelauhen und gleich wie auf der wacht man fur man getzehlet, bestellet und besetzet werden, sonder zu ieder zeit die vacirende und ledige lecturn erstlichen bei diser facultet consiliariis, als denen, die mit solchen künsten und sprachen teglichen umbgehen und derhalben pesser, dann andere davon iudiciren und urtheilen können, furgenomen und bedacht, furter aber ein persohn oder zwo nominirt und der universitet furgeschlagen werden, welche alsdann aus denselben eine, so fur die tuglichst und solcher lectur am würdigsten geacht und befunden wird, annemen und nach gethaner, gepuirlicher pflicht uff solliche vacirende lectur ohn alle gefahr, eigne affection und bewegnusse praesentiren und einsetzen sollen.

Wo sichs auch begebe, das hie in unser schulen kein rechtschaffene tugliche persohn zu einer oder mehr obgemelten lecturen und professionen gefunden wurde, soll dieselb anders woher[2]) beruffen und bestellet werden, und keins wegs hierin der eigennutz und der persohnen willfahrung mehr, dann der schulen befurderung und fromen gesucht werden, und diß alleß, sovil die furnemisten stuck und künst der philosophi und der sprachen belangt.

Was aber den ersten oder understen theil obgemelter philosophi, das ist zu der grammatic, dialectic und rethoric gehorig, dieweil derselben praecepta und elementa allwegen anfengkhlichen und zum ersten mussen gelernet werden, und das iung volckh, dem solche obgemelte praecepta furgegeben, sich selber noch nit weiß anzuhalten und zu regiren, und derhalben der übung mehr dann der blossen erkantnus vonnötten hat, lassen wir es diser zeit bei dem alten prauch pleiben, nemlich[3]), das dise obgemelte drei künste doheime in der bursen von derselben regenten, aber doch dermassen und gestalt, wie hernach geordenet, gelehrt und exercirt sollen werden.

Aber mit solchen regenten der burß setzen wir und wollen, abermahls gantz ernstlicher meinung gepietend, das es dise (f. 156) gestalt haben soll, und nemlich: soll[4]) derselben anfangs und zum ersten keiner angenomen werden, er sei dann biß in funf und zweintzig iar alt, hab sich auch mit disputiren und andern scholasticis exercitiis mitler zeit dermaßen geubt und erzeigt, auch sonst sein leben also herbracht, das er von meniglich fur erbar, gelert und solches ampts der regenterei nit unwürdig geacht werde.

Es soll auch die underschleiffung der adiuncten und condministranten und, was dergleichen newe erdichte namen ettliche iar hero uffgebracht, oder auch weiter auffgebracht möchten werden, damit ettwa dieienigen, so sonst wol koudten, verbessert werden, gunsts und anderst halben zu solcher regenterei verwaltung eingetrungen und demnach nit allein der burß nachtheil und verkleinerung, beides

---

1) Dieser Absatz ist abgedruckt von C. C. Wund in Programma memorabilium ordinis philosophici Heidelb. 1783. Pars II, 26 Anm. 82 aus B.
2) Hier beginnt der Entwurf (C f. 166) wieder.
3) In D f. 10 am Rande: philosophiae pars intima ubi et a quibus tradi debet.
4) In D f. 10ᵇ am Rande: regentes quales recipi debent.

ihres namens und einkhomens, zugefugt, sonder auch die libertet und freiheit der election denienigen, so solche gepürt, ufgehaben und entzogen pflegt zu werden. hiemit gentzlich abgethan, verbotten sein und in keinen wege weiter zugelassen oder gestattet werden, sonder so oft ein regenterei vacirt oder ledig stect, dasselbig erstlich und furnemlichen an dise¹) der artisten facultet und ihre consiliarios samptlichen auß obgemelten ursachen gelangen; welche alsdann auß ihnen oder andern alten magistris zwo persohnen, so sie bei ihren gethanen pflichten am ehrlichsten, gelertisten und diser verwaltung am würdigsten achten, erwehlen und benamen, dieselben furter der universitet furtragen und nominiren und alßdann gemelte universitet aus den furgetragenen und benambten iedertzeit (ausgeschlossen aller eigener adfection, gunst, gabe, haß oder neid) die duglichste annemen und in die vacirende oder stillsteende statt der regenterei mit gewöhnlichen und gepurlichen glubden einsetzen und komen lassen.

Und soll hiewider keinem, wer der were, hinfurter verhengt oder gestattet werden, eigens furnemens in diser unser ordnung einicher weiß ettwaß zu mehren (f. 159), mindern oder ändern, oder auch einiche satzung weiter zu machen oder furzunemen, sonder alles dermassen, wie gemeldt und furgeschriben, beides von den regenten und den andern der universitet und facultet persohnen, vest und unverbruchlich gehalten werden.

Sonst mögen die regenten under inen selber, so einer abgeet, einer dem andern, so verr sie sonst sich rechtschaffen und unsträfflich gehalten, auch ihrer kunst und geschickhligkeit halben desselben nit unwürdig seind, uff ermessigung und approbation diser facultet succediren und in der ordnung von den andern lecturen und conditionen zu den obern und höhern schreiten.

Und herwider, wo sich einer zu unfleissig oder unmessig und ungeschickht²) hielte, soll derselb seins ampts uff erkantnus der universitet wider entsatzt und beraubt werden, uff das iederzeit das contubernium rechtschaffen und gnugsam mit tuglichen persohnen versehen und die discipel nit zu fahrlessigem, üppigem und schädlichem leben und wesen durch das exempel ihrer lehrer und praeceptorn dem gemeinen spruch nach: qualis praeceptor, talis discipulus angefurt und verroitzt werden³). (f. 160—2)

(§ 108.) Von den stunden, und an welcher statt die funf publicae oder gemeine lectiones sollen gehalten werden⁴).

Sovil nun die zeit und stunden der funf offenen und gemeinen lectionen, davon obgemelt, auch die statt daran, deren ein iede soll gehalten werden, antrifft, so ordenen und setzen wir, das derselben die erste, das ist der griechischen sprachen, zu somers zeiten von zwei uhren biß uff drei⁵), des winters von siben biß uff achte vormittag in der capellen hinfuro gehalten und iederzeit die beste authores, als da seint: Homerus, Hesiodus, Theocritus, Apollonius, Sophocles, Euripides, Aristophanes, Pindarus, Aratus etc., item Demosthenes, Plato, Thucidides, Herodotus, Xenophon und dergleichen gelesen, gleichwie auch derselben sprachen

---

1) In D f. 10ᵇ am Rande: Regentium nominatio.
2) In D f. 11ᵇ am Rande: Regentes quando non ferendi.
3) In A sind die Blätter f. 159ᵇ, f. 160, f. 161 freigelassen; mit f. 162 fährt § 108 weiter. In C f. 168 und in B f. 309 folgt ein für iuramentum regentum freigelassener, aber nicht ausgefüllter Raum.
4) C f. 168ᵇ.
5) In C f. 168ᵇ war ursprünglich für den Sommer 7—8, für den Winter 8—9 Uhr angesetzt.

grammatic, sovil die ethymologi belangt, aus dem Demetrio¹), Chrysolora et Urbano²), die construction aber aus dem Apollonio, Gaza oder Georgio Lecapeno³) diser zeit furgelegt und gelehrt sollen werden.

Die ander gemeine lection soll vor mittag in physica⁴) des sommers von achten biß uff neun, des winters aber von neun biß uff zehen in der artisten auditorio offentlichen ieder zeit gehalten werden, damit nit allein dieienigen, so ad magisterium compliren und under den regenten wohnen, sonder auch alle andere, sie seien in oder ausserhalb der burßen, denen sollichs ihrer furgenomenen faculteten halben vonnötten, dieselben ohne entgeltnus in gemein visitiren und hören mögen, und⁵) soll die physica lectio genomen werden aus dem Aristotele oder denienigen, so den Aristotelem in ein compendium pracht und am nehsten und pesten ersatzt haben, als diser zeit seint: die principia causae, motus, elementa und mixtiones, item de anima Melanthonis⁶), meteorologica Plinii⁷), Pontani⁸) und dergleichen.

Die dritt lectio publica ist ethica⁹), deren professor zu sommers und winters zeiten von ein uhrn biß zu zweien lesen soll und hirin deren autorum sich gebrauchen, welche die furnembste seint, als Aristoteles (f. 163) ad Nicomachum, Cicero de finibus bonorum et malorum und dergleichen, doch hirinn wie auch in traditione physicae den rechten methodum Aristotelis underhanden zu behalten und nicht zu verwerfen.

Die vierdt lection under den funf gemeinen lectionen soll nachmittag von dreien¹⁰) uhren biß uff vier in der artisten schulen offentlich in mathematicis gehalten werden, und soll diser lector die arithmetic, geometri und astronomi ein tag oder ein halb iar umb das ander lesen, nemlich zum ersten die arithmetic volgends sphaeram Procli¹¹) oder Joannis de Sacro Busto¹²), deß andern iars

---

1) Demetrius Chalkokondyles (geb. 1424 zu Athen, gest. zu Mailand 1511), seine Grammatik: Ἐρωτήματα (Mediol. 1493). — Manuel Chrysoloras (geb. c. 1350, gest. 1411): ἐρωτήματα (Venet. 1484) — Urbanus Bolzanius Bellunensis schrieb eine viel gebrauchte griech. Grammatik (Venet. 1497), welche Melanchthon in der Vorbemerkung zu der seinigen sehr lobte (vgl. Hartfelder, Phil. Melanchthon als Praeceptor Germaniae Berlin 1889, S. 256).
2) Urbanus ist erst auf Wunsch von Melanchthon hinzugefügt. Melanchthon hatte an den Rand geschrieben (C f. 168 ᵇ): Malim legi Urbanum et componi syntaxin ab ipso Micyllo, in qua essent et annotatae phrases aliquae et particularium usus ἄν, εἶ etc.
3) Apollonius Dyskolos (2 Jahrh. n. Chr.): περὶ συντάξεως, de syntaxi (ed. princ. ap. Aldum Venet. 1495). — Theodorus Gaza (1398—1478): γραμματικὴ εἰσαγωγή (Venet. 1495). — Georgios Lekapenos (14. Jahrh.): ἀττικισμοὶ τῶν λογίων.
4) Im Entwurf (C f. 169) stand: Philosophi.
5) Im Entwurf (C f. 169) folgt: Und sollen die physic und ethic ein tag umb den andern, oder so sollichs nit mobt gefellig sein, ein iar oder halb iar und das ander (doch das solliche abwechselung iederzeit gehalten und diser theil keines uber iars friste underlassen pleibe) gelesen werden, die physic aus dem Aristotele u. s. w.
6) Commentarius de anima, Viteb. 1540; Hartfelder a. a. O. S. 238.
7) Plinii, hist. natural. l. II.
8) Pontan, Meteororum liber.
9) Ursprünglich lautete der Entwurf (C f. 169 ᵇ): Die ethic aber furnemlichen aus dem Aristotele ad Nicomachum, underweilen auch aus den buchern Ciceronis de finibus und dergleichen, doch das allwegen der rechte methodus Aristotelis under den benden pleibe und in den schulen gelert werde.
10) Im Entwurf hatte man (a. a. O.) zuerst von einer uhrn biß uff zwo, dann von zweien uhrn biß uff drei angesetzt.
11) Proclus Diadochus (410—485): σφαῖρα (ed. Tannstätter oder Collimitius 1510, oft zusammen mit Aratus z. B. J. Walder Bas. 1536).
12) Joh. de Sacro Busto: Joh. v. Holywood in Yorkshire (gest. c. 1244 od. 1256), latinisiert: de

gleichermassen primum Euclidis oder elementale Jonnnis Vogellini[1]) und die theoricas[2]) planetarum, damit ein ieder, so ad magisterium complirt, innerhalb zweien iaren ieder der mathematick kunst ein stuck zu hören und zu erlernen habe, und so diser professor sich die arbeit nit wolt dhaurn lassen, möchte er auch obiter neben der arithmetic von der music, sovil derselben theorickh und die proportiones harmonicas belangt, ettwas anzeigen.

Der funft professor, dem poësis und historiae insonderheit befohlen, soll seine lection von siben[3]) uhrn vor mittag biß uff achte ieder zeit halten und alletzeit die pesten und furnemisten poëten fur die hand nemen, derselben nit allein die vocabel und historien, so ettwan seltzam und unbekant, sonder auch die tractation und sonderlich, was die scansion und prosodi der verß belangt, fleissig expliciren und antzeigen, damit das iung und angehende volckh die art und eigenschaft solcher scribenten lerne erkennen, metra oder verß von der prosa underscheiden. Es mag aber diser professor zun zeiten auch ex historia vera, als aus dem Livio ettliche bucher[4]) und Caesarem fur die hand nemen, doch das er bei den besten und berumptisten, und die eins interpretis oder auslegers bedurfen, ieder zeit pleibe und, was trivialia seint, den contubernis und paedagogisten befehle. Dergleichen soll und mage genanter professor auch ettwan ein fabel aus dem Plauto furnemen der verß und derselben scansion halben (f. 164) und das artificium, so er bei dem Aristotele und Horatio hat furgeschriben, dorinnen anzeigen[5]).

Was aber die andere kunst der philosophi, das ist die dialectic, rhetorickh und grammatickh betrifft, wiewol dieselben nit weniger fleiß bedurfen und zum furnembsten ieder zeit explicirt und gelert und derhalben auch deren ein iede mit einem besondern und offentlichen professori gleich den andern bestellt werden sollten, iedoch, so wir unser schulen, auch der ingent diser zeit gelegenheit ansehen und bedencken, lassen wir es bei der herbrachten ordnung und weise pleiben. Nemlich: das dieselben in einem ieden contubernio, sovil die praecepta und erste derselben institution belangt, exercirt und gelernt werden; wollen derhalben, das zur ersten stund des tags, das ist sommers zeiten von sechsen biß auff siben, des winters aber von siben biß uff achte, die dialectickh von dem

---

Sacro Bosco; sein astronomisches Hauptwerk: de sphaera, auch sphaera materialis (herausg. z. B. von Melanchthon Wittenb. 1531), vgl. S. Günther, Gesch. des mathemat. Unterrichts im deutschen Mittelalter, Berlin 1887 S. 184 f., Suter, die Mathematik auf den Universitäten des Mittelalters. Zürich 1887, S. 29, Hartfelder a. a. O. S. 309.

1) Johann Voegelin von Heilbronn, 1528 Professor der Mathematik in Wien, stirbt 1549; das hier angeführte Buch: elementale geometricum ex Euclidis geometria decerptum Viennae 1528 u. öfter. Vgl. Aschbach, Gesch. der Wiener Univers. Bd. III, Wien 1888, S. 231—3.

2) Theoricae, wohl des Georg von Peurbach (1423—1461), vgl. Günther a. a. O. S. 235 fgde. und Allg. deutsche Biogr. 25, 559—561.

3) C f. 170 hatte zunächst 2—3, dann 4—5 Uhr angesetzt.

4) Im Entwurf (C f. 170 b) war auch Sallustius, Suetonius und Tacitus genannt.

5) Im Entwurf waren fünf Professuren vorgeschlagen: Griechische Sprache, Philosophie, Mathematik, Poesie, Hebräische Sprache; die Lection der hebräischen Sprache wurde schliesslich der Theologie zugeteilt (S. oben S. 40 u. 41). Im Entwurf (C f. 170 b) lautet der ursprüngliche Vorschlag: Die funfft und letzste der gemeinen und offenen lection der hebräischen sprachen soll alternis in der grammatick hebr. und den psalmen Dauidis, proverbiis Salomonis oder andern dergleichen nutzbarlichen exempell von dreyen uhrn ane biss zu vieren in der capellen (dann geändert in artisten auditorio) gehalten werden. Und zu diser lection sollen alle dieienigen vermant und angehalten werden, so sich zur theologi begeben wollen, dernhalben dann auch dise lection uff ernante stundt und statt furnemlichen gesaczet und geordnet ist, damit dieselb die iungen und zukünfftigen theologi neben andern derselben faculteten lectionibus frey und unuerhindert hören mogen. Und difs alles, souil die lectiones publicas belangendt u. s. w.

eltisten regenten in contubernio die wochen uber vier tag, gleich wie von den andern und obern faculteten und lectionibus gemeldet, gelesen und exercirt werden, doch der massen und gestalt, das derselbig lector ein halbe oder zum wenigsten das drittheil der stunden die gemeinsten definitiones, divisiones oder regulas der nehsten gethanen lection von denen, so noch nit bacularii seint, memoriter zu recitiren[1]) wider erfordere und anhöre, und alßdann furter mit seiner explication schreite, dieselbe deutlich und kurtzlich, alleß unnöttig dictiren und glossiren hindangesetzt und underlassen, prosequire, damit die ingent zum fleiß und ernst angehalten und demnach zu den publicis lectionibus und exercitiis dester geschicklhter und vehiger gemacht, auch die künst und derselben authores oder scribenten bei pesser und kurtzer zeit absolvirt und zu ende mögen gebracht werden.

Und dise lection der dialectic soll furnemlich aus dem Aristotele, oder dieweil derselbig in der burßen und fur die angeenden studenten zu lang und weitleuftig, aus denienigen, so dem Aristoteli (f. 165) am nehsten nachgevolget und desselben lehr in ein compendium oder kurtzen außzug gepracht und gezogen haben, gelert und gelesen werden, als so man die universalia und praedicamenta aus dem text Porphirii[2]) und Aristotelis oder den gantzen methodum simplicium, das ist gemelte universalia praedicamenta und derselbigen prauch und tractation in den definitionibus und divisionibus aus dem Melanthone[3]), item de propositionibus et argumentationibus aus dem Melanthone, die modales und mixtiones syllogismorum aus dem Sturmio[4]), de inventione medii aus der dialectic Caspari Rudolffi[5]), die locos dialecticos ex topicis Ciceronis, de demonstrationibus ex Sturmio, de locis sophisticis ex Melanthone vel Sturmio, de usu et ratione disputandi ex Sturmio etc. zu lesen furneme, welchs dann die regenten und lectures diser kunst zu thun selbst schuldig sein und keiner seines eigens sinnes und furnemens ettwaß hirinnen änderen.

Doch[6]) wo ettwo ein bequemes buch oder dialectica vorhanden oder nachmaln an tag komen wurde, dorin obgemelte ding und stuckh alle oder das mehrer theil fein ordentlich und volkomenlich et succincta aliqua methodo begriffen, sollen die regenten sich zu demselben halten und also aus einem autore liber als auß vielen die praecepta tradiren, aber dennoch dabei die oberzelte autores, wie ein ieder zum fleissigsten und geschickhlichisten sein materiam tractirt, nicht verachten, sonder ie zu zeiten absoluto continuo aliquo dialectices libro, alsdann auch ettwa den Sturmium de demonstratione etc. oder waß dergleichen andere autores weren, wie zuvor davon ist antzeigung bescheen.

Gleichermassen soll die rhetorickh und derselben exempel nach mittag zur ersten stunden, das ist von zwolf uhren biß uff eins, von dem andern regenten

---

1) Der Zusatz ist offenbar nach der nachher gestellten Forderung Melanchthons später hinzugefügt (s. C f. 171 b).
2) Porphyrios (233—305): εἰσαγωγὴ εἰς τὰς Ἀριστοτέλους κατηγορίας.
3) Die Dialektik M.'s ist in 3 Ausgaben erschienen: Compendiaria dialectices ratio, Leipzig 1520; dialectices Phil. Mel. libri IV ab auctore ipso de integro in lucem conscripti ac editi, Hagenau 1528; erotemata dialectices, continentia fere integram artem, ita scripta, ut iuventuti utiliter proponi possint Vit. 1547; vgl. Hartfelder a. a. O. S. 211 f.
4) Partitionum dialecticarum libri quatuor 1548 (libri I. II 1539; III 1543).
5) C. Rudolph (gest. 1561, Professor zu Marpurg): dialectica aucta et recognita, vgl. P. Freher, theatrum virorum eruditione clarorum Norinb. 1588 fol. 1460.
6) Der folgende Absatz ist später dem Entwurf zugefügt. Melanchthon hatte erklärt (C f. 172 b): Malim tradi unum continuum librum usitate, interdum vero, absoluto eo, tradi aut Sturmii libellum de demonstratione aut alium non obscurum librum, und soll die ingent die praecepta von wort zu wort recitirn.

in der communitet stuben cum exercitio et redditione[1] eorum, quae pridie lecta sunt, memoriter bevorab, sovil die praecepta belangt, explicirt und gelesen werden, und sollen allwegen die praecepta und exempel ein tag umb (f. 166) den andern oder ein virthl iars umb das ander' furgenomen und mit einander abgewechßlt werden.

Und die praecepta ex partitionibus Ciceronis, ex secundo Melanthonis[2]) de figuris et imitatione, ex Apthonio[3]) de expositione chriae, gnomes, ethologiae, loci communes etc., ex Hermogene[4]) de ergasia epicherematis, de compositione periodorum et de idaeis und ex Erasmo[5]) de copia rerum, die exempel aber ex orationibus Ciceronis und Livii furnemblichen[6]) zu ziehen und mit fleissiger anzeigung usus praeceptorum et artificii, tam dialectici, quam rhetorici, zu proponiren und furzugeben.

Und soll es der professor rhetorices gleichermassen halten, wo ettwan ein plenior methodus (wiewol die partitiones Ciceronis nicht wol zu verbessern seint) furstunde, denselben an die hand zu nemen, und also aus einem gantzen buch die praecepta zu tradiren und dann daneben auch, dweil ettwan die tractation chriarum, epicherematum und dergleichen locorum nicht mit andern praeceptis docirt werden, dieselbigen auß anderen buchern und autoribus furzutragen, also das auch die ingent zum exercitio, beide in recitandis memoriter praeceptis et scribendo, angehalten werden, wie hernach weiters volget.

Die grammatickh aber, so der regenten nicht mehr dann drei, soll zur letzsten stunden, das ist sommerß zeit des abents von vieren biß auf funf, aber winters zeit von dreien biß auf viere[7]) exercirt und gelesen werden, und soll solche repetition von dem dritten und iungsten regenten dermassen, wie hieoben von der dialectic angetzeigt, versehen, dieselbige mit anforderung der exempel und mitlaufender exercitation der declination und coniugation, wie sie von dem Melanthone[8]) verfasst, iederzeit furgegeben und gelert, auch die griechische etymologi, sovil muglich, zu bestimpten tagen mit eingefurt und exercirt oder mit der lateinischen ein tag umb den andern abgewechßlt werden.

Im fall aber, das der regenten, wie zu diser zeit, vier gehalten wurden, so soll dise lection getheilt werden und der vierdte oder letzte regent die lateinische grammatic deß abends die letzte stunde vor essens in der communitet stuben fur die bacularianden und andere iungen angeende studenten exerciren,

---

1) Im Entwurf C f. 172ᵇ stand ursprünglich repetitione; die Forderung Melanchthons hat wohl die Änderung veranlasst.

2) Die Rhetorik Melanchthons erschien unter drei verschiedenen Titeln: De rhetorica libri III, Vit. 1519; institutiones rhetoricae, Hagen. 1521; elementorum rhetorices libri II, Vit. 1531 und 1542; die letzte Ausgabe scheint hier gemeint; vgl. Hartfelder a. a. O. S. 220 fgde., 342.

3) Aphthonios aus Antiochia (4. Jahrh.): προγυμνάσματα.

4) Hermogenes aus Tarsos: unfser seinen προγυμνάσματα, die damals nur in der Bearbeitung Priscians bekannt waren, ist wohl noch an seine Bucher περὶ εὑρέσεων (de inventione) und περὶ ἰδεῶν (de formis oratoriis) gedacht.

5) De duplici copia verborum ac rerum commentarii duo in Erasmi opp. ed. Beatus Rhenanus Basel 1540—I Vol. I, 135, mit der Vorrede Melanchthons Hag. 1529.

6) Der Entwurf (C f. 173) schlofs ursprünglich mit den Worten „hergenommen und gelesen werden", dann wurde geändert. Am Rand hatte Melanchthon bemerkt: Sic et certum librum rhetoricum legi malim et interdum addi librum aliquem Ciceronis, und dann wieder hinzugefügt: die ingent soll die praecepta von wort zu wort recitirn. Das wurde in dem nächsten, erst spater zugefügten Absatz berücksichtigt.

7) Der Zusatz über die Winterstunden ist von Ersts Hand hinzugefügt (C f. 173).

8) Grammatica latina Hag. 1525 und öfter an andern Orten, vgl. Hartfelder S. 260 fgde.

der dritt regent aber des morgens vor essens under der stund, so man sonst in philosophia liest, wie obsteet, der griechischen praecepta sampt den fabulis Aesopi insonderheit furlesen und repetiren, zu zeiten auch paraeneses Isocratis, batrachomyomachiam Homeri, dialogos Luciani minores und dergleichen umb mehrer übung und anreitzung willen darzwuschen furnemen und die iungen bacularianden die griechischen nomina und verba zu decliniren und coniugiren fleissig anhalten und üben.

Aber[1]) in allewege wollen wir, das man sich in der grammatic deß anlesens und heufigen dictirens enthalte und zu allen und ieden tagen von den studiosen die praecepta grammatices unnachlessigs fleiß repetire, auswendig aufzusagen, dann ohne das sonst schwehrlich und langsam die grammatic gelernt, vil weniger aber die exempla, fur und fur zufallendt, von der iugent recht accomodirt werden mogen, sonst aber soll bei diser facultet stehn, ein oder zween grammaticos zu haben, wie das gelegenheit des einen oder des andern persohnen wol wurd geben und erforderen.

Wo[2]) nuhn diser ordnung ernstlichen nachgesetzt und die grammatic beider sprachen fleissig und zu underschiedenen stunden und zeiten, wie gemeldt, gelehrt, auch nachmalß mit der exercitation des schreibens und componirens, wie in den schulen gepreuchlich, gepracticirt wurdet[3]), so erachten wir, das es einichen weitern gemeinen oder sonderlichen paedagogiumbs gar nicht bedurfe, sonder die außwertige kinder und iugent sampt denen, so im contubernio wohnhaftig, mit den bursalibus neben den offenen und (f. 168) gemeinen lectionibus der mathemathic, philosophi, poëtic und der griechischen sprachen nur volkomenlichen, reichlich und gnugsam versehen sein, es weren dann Alphabetarii oder Donatisten, die werden bei der stattschulen und sonst ihre underweisung auch finden mögen.

Hirauff[4]) den regentibus ernstlich befehlend, das sie desto mehrern fleiß in docendis ac tractandis praeceptis trivii, auch den exercitiis scholasticis furwenden, damit dieienigen, so ettwan den publicis lectionibus diser facultet zu schwach und gering, in disen kunsten in kurtzer zeit, als vil muglich ist, begrundet und erfahren und nicht underlassen werde, das neben der lehr auch zu pflantzung gutter sitten vonnötten und erschießlich sein kan, dann wir sonst die paedagogia, als ettwan deren zuvor vil geordenet worden, umb oberzelter ursachen willen hiemit aufgehaben und abgethan haben wollen[5]).

---

1) Der folgende Absatz ist später zum Entwurf hinzugesetzt worden (C f. 174).
2) Dieser Absatz ist gedruckt bei C. C. Wund a. a. O. p. 26 Anm. 81.
3) Der Entwurf fuhr ursprünglich fort: Solt es unsers erachtens weitter keins gemainen oder sonderlichen pädagogiumbs bedurffen, sondern die burfs sampt iren einwonern — genugsam versehen sein; dabei war von zwei Sprachen, der griechischen und hebräischen die Rede (C f. 174).
4) Dieser Absatz ist später dem Entwurf zugefügt worden. (C f. 174.)
5) Im Entwurf folgte (C f. 174—177) ein Abschnitt: Von dem paedagogio, und wie es damit solle gehalten werden. Er ist hernach weggelassen worden; eine Randnotiz auf f. 174 sagt darüber: Nota: ist bedacht, das paedagogium gar zu underlassen ex multis causis, vide protocollum 22 Decemb. anno 57. Der Abschnitt, zu dem auch Melanchthon Bemerkungen hinzufügte, lautete: Weiter aber, wo es fur rathsamer und nutzer angesehen wurde, dafs, dweil sich vilmals zutregt, sonderlich aber zu dissen zeitten, das die iungen studenten, so hieber zur schulen und lehr geschickt werden, auch unserer burger und ettwa anderer ehrlicher leuth kinder, so in die bursen zu gehn begern, obgemelten lectionibus noch zu iung und schwach erfunden werden, und dernhalben der lateinischen grammatick und deren übungen ettwas ferners noch vonnöten haben, demselben nach ein eigen und sonderlich paedagogium fur sollich unerfharene und ungeübte iungen solte angericht und ghalten werden: so ist derwegen unser wille und mainung, das sollich paedagogium bei der

(§ 109.) Von besoldungen aller obgemelter lecturen und regenten¹).

Dieweil aber zu underhaltung solcher obgenanter professorn und regenten vonnötten, das dieselben mit ehrlicher besoldunge, ein ieder nach seinem stande und verdienst, versehen werden, demnach auch unangesehen gegenwertiger zeit vilfeltiger beschwehrnus und notturft, ordenen und setzen wir, das den vier bursen und gleich als under einem dach solle gehaltten und von dem contubernio viler beweglichen ursachen halben nit abgesondert, sonder solcher paedagogus den andern regenten gleich gezelt, auch gleichermassen wie dieselben angenomen und besoldet werden; und alsdann er selber sampt einem collaborator, welcher ein magister oder zum wenigsten magistrand sein, und anderst dann mit vorwissen und bewilligung der faculteten nit uffgenomen und bestellet werden soll, das paedagogium an einem gelegenen orth in der bursen versehen und halten, aber doch seine eigene und underschidene lectiones, wie hernach volgt, exerciren und haben. Und so es alsdann dem kosten und der besoldung, das ist dem fisco oder gemeinem seckhel, zu hoch und schwer lauffen wolt, wann man neben dem paedagogio vier regenten begünde oder furthüre zu halten, mochte man demnach den leczsten oder vierden regenten underlassen und dem dritten und iungsten aus der lateinischen grammatickh allein die construction nnd prosodi, uss der griechischen aber die etymologi des abends zur leczsten stunden alternis, wie obsteet, zu lesen und exerciren heimgeben und beuelhen. Mit dem paedagogio aber, so dasselbig furgenomen und angericht wurde, soll es iderzeit disser weise und ordnung nach gehaltten werden: nemlich das darinnen ides tags vier lectiones, zwo vormittag und zwo nachmittag, alttem brauch nach ghaltten werden; die erste des morgents sommers zeiten umb sechß, des winters zu siben, darin die etymologica praecepta uſs der grammatick Melanthonis oder dergleichen gelesen und von den iungen von wort zu wort ides ein halbe stunde, wie zu solchen schulen gepreuchlich, recitirt und gelernt werden sollen (es hiess ursprünglich: furgelesen und repetirt ides ein halb stunde, wie in solchen schulen gepreuchlich, werden sollen; auf Melanchthons Bemerknug: „von den iungen von wort zu wort recitirt werde" ist dann geandert worden): die auder des sommers von achten bifs uff neun, des winters von neun bifs uff zehen, darinnen epistulae Ciceronis oder de amicitia et senectute, item offitia, zu zeiten auch ein fabell ans dem Terentio oder Plauto den iungen sollen furgelegt, daraus declinationes und coniugationes, und was denselben augehörig, ides, wie obsteet, ein gute halbe stundt exercirt und gemacht werden. Die dritte lection soll nachmittag von zwolffen bifs nach einer uhren oder von einer bifs uff zwo uhrn ghalten und darinnen die praecepta syntaxis (f. 175ᵇ schrieb Mel. unten an den Rand: vellem in paedagogio et musicae exercicium esse und oben an den Rand von f. 176ᵃ: sollen die regeln syntaxis von wort zu wort recitirt werden) und prosodiae ans obgemelter grammatickeu furgelesen und wider repetirt demnach, wie obgemelt, werden (dafur wurde nach der Forderung Melanchthons gesetzt: und wieder, wie obgemelt, recitirt werden). Die leczste soll des sommers von vieren bifs uff fünff, des winters von dreien uff vier ghaltten und darinnen den iungen bucolica Virgilii, Calphurnii Nemesiaui uud dergleichen, item epistulae Horatii prioris libri, Ouidii libri de ponto et tristibus furgelesen und, wie obgemelt, die halbe stundt hinaus cum exercitio constructionis und prosodiae repetirt werden; und difs alles die gantzen wochen über, aufsgenomen den mittwochen und den sampstag, uff welche nemlich den mittwochen und sampstag vormittag die iungen sollen ire furgegebene materieu und teutsche argument ins latein gepracht, wie hernach volgt, uffweisen und zeigen, den sampstags aber nach mittag ein caput im catechismo repetireu und horen; und disse lectiones und exercitia sollen also under den paedagogen und seinem collaboratorn aufsgethailt werden, das deren ein Ider des tags zwo lectiones versehe, der eine die praecepta lere und repetire, der ander die autores, beide aber des mittwochs und sampstags die scripta der discipell recognosciren und besichtigen, die excefs und fharlessigkeit straffen und hieneben alles, was einem frommen schulmeister zustendig, sich befleissen. Dafur dann ein iglicher iunger oder schuler alle halb iar zu past ein halben gulden gleich wie die andern contubernales und bursanten, und dann weiter, was sich fur solchs einem iden einwoner der bursen pro rato gepurt, oder so es ein aufswerdiger were, den gantzen winter ein orth oder dritthail (nach auzale der meiuung) eins gulden erlegen und bezalen soll; ufs welchem past der collaborator oder helffer entricht und besoldet und (f. 177) das uberig zu dem andern past under die regenten sampt den paedagogen, wie hernach steet, zugleich gethailt werden. Und also difs paedagogium, wie obgemelt, in der bursen in ein sondern gemach ghaltten werden, so lang bifs ein aigene stuben in obgemelten bursen gebawet wurdt, welche auch zu bauwen die universitat, so baldt sich ettwas aufs den newen fisco erobert und fur sich gespart wurdt haben, furnemen solle. In B ist nach § 108 eine Seite freigeblieben (f. 323).

1) In C f. 177.

regenten, das ist dem dialectico, rhetorico und beiden grammaticis[1]), ierlichen einem ieden neben den accidentalibus, so sie sonst von der burßen und derselben einwohnern vermög dießer unser reformation einkomen haben, fur seine arbeit und muhe funftzig[2]) gulden, deren die zweintzig auß dem alten, die andern dreissig aus dem newen fisco gefellen außgericht und betzahlt werden sollen.

Dem mathematico aber, dem poëten und dem professori griechischer sprachen, die, weil dieselben gemeiniglichen beweibt, darzu ihre (f. 169) professiones gantz weitleuftig und derhalben mehr obligens und studirens, auch viler bucher und anderß kostens vonnötten haben, ordenen und setzen wir ordinarie und ihr iedem zu ierlicher besoldung hundert zweintzig gulden[3]), doch wo ettwan berumbte, dapfere und furtreffliche gelehrte leuth zu diser oder anderer lecturen einer oder mehr bestellt, solle auch muß, unserm erben und nachkomen unbenomen sein, mit wissen und consenß der universitet dieselbige ettwas reichlicher zu verehren und zu besolden, der schulen solche dapfere menner zu erhalten und auch ihren vleiß und trew dardurch sovil mehr zu erweckhen und zu scherpfen.

Dergleichen den beiden philosophis[4]), so ferr dieselben sonst ihrer kunst und lehr halben berumbt und ein ieder zu seiner profession tuglich und geschickht, wollen wir auch nit weniger dann ieglichem hundert gulden zu ierlicher besoldung reichen laßen, doch soll zuvor alle gelegenheit, beides der zeit und der persohnen, vleissig bedacht und demnach mit einem ieden seiner bestallung halben zum pesten gehandlt werden[5]).

Und mit diesen stipendiis allen in gemein soll es abermahls in diser facultet gleichermassen wie in den obern gehalten werden, nemlich: das ein ieder professor oder regent, nach dem er sich seins diensts und lebens halben helt, er selber wider von der universitet gehalten werden, das ist, es soll derselben keiner uff einicher lectur oder regenterei perpetuirt sein, sonder, so sich einer seins ampts unfleissig oder auch seins lebens halb ergerlich hielte, soll derselbig uff erkhantnus des rectors und der universitet seins ampts oder dienst entsetzt und hergegen, so sich einer rechtgeschaffen und wol in seiner lectur gehalten und in derselben

---

1) Im Entwurf war noch hinzugefügt: sampt dem paedagogo (C f. 177 b).

2) Im Entwurf anfänglich nur 40 (C f. 177 b), dem entsprechend auch aus dem neuen Fiskus nur 20 fl. entnommen werden sollten.

3) In C f. 177b hiefs es ursprünglich: Wollen aber hieneben, das iederzeit derselben personen qualitet, das ist geschickhlichkait, rueff und namen, betracht und demselben nach, so einer bei dem ordinario sich nit wufste zu erhalten, sollíche obgenante summa ettwas weitters erstreckt und gemehrt werden soll, wie wir dann disser zeit mit ettlichen disser und anderer faculteten professoribus zu beschehen verschaffen und beuolhen haben, welcher von uns uffgerichter besoldungen wir hiemit nichts benommen, sondern dieselben vil mehr (doch uff zwo personen allein) confirmirt und bestetigt haben wollen. Dieser Passus wurde durch den Schlufs des Absatzes (bis scherpfen) ersetzt.

4) Im Entwurf war zuerst (C f. 178) hinzugefügt: und der hebraischen sprachen professori.

5) In C f. 178 folgte ursprünglich folgende Bestimmung, welche dann mit den übrigen über das Pädagogium in Wegfall kam: Mit der paedagogen synergo oder collaboratori soll es, wie obgemelt, gehalten werden: nemlich, dass derselbig ufs dem gemeinen past des paedagogii und der regenten erhalten und ime iärlichen fur sein besoldung dauon ... gulden, der disch im contubernio oder zwantzig gulden daruor, so er anderst wo sein disch hette, aufsgericht und bezalt werden; wo aber sich anfangs des past nit alsoweit erstrecken wurde, das ein collaborator dauon erhalten möcht werden, oder er, der collaborator, seines vleis und geschickhlichait halben ettwas weitters und mehrers, dann obstect, würdig were, soll die uniuersitet auff mittel und wege bedacht sein, wie solchem defect und mangell zu rathen, und was an past und einkhomen der regenten und des paedagogii zu wenig, aufs dem nenen fisco erstattet und erfullet werden.

in langwirige kranckheit deß leibs oder dergleichen unfall geriethe, pillicher und freuntlicher weise bedacht und ohne sonderliche ursachen nit verstoßen werden.

Und damit auch ieder der obgenanten regenten und professorn seinem ampt desto statlicher und unverhindert nachkomen muge, so wollen wir und schaffen hiemit ernstlich (f. 170), das hinfuro kein regent einicher burßen oder communiteten soll zusampt der regenterei mit dem collegio artistarum, noch anderer der universitet zugehorigen lecturen oder stipendien versehen werden, sonder, so lang er ein regent pleibt, soll er sich seins zugeordenten soldes und einkomens begnügen lassen. Welchermassen es auch mit den andern professoribus gehalten und derselben keiner zu zweien lecturn zugleich, es were dann, das einem umb mangels ordenlicher professur willen ein andere lectur neben seiner zu verwalten ein zeitlang befohlen wurde, zugelassen werden.

(§ 110.) Von übungen und disputationibus der artisten facultet[1]).

Dieweil aber in allen studiis und kunsten die theorie und blosse underweisunge an ihr selber nit sonderlich furtreglich oder ersprießlich, wo nit der brauch und übung darzu gethan werden, und derhalben in allen faculteten vilerlei übungen, furnemblich aber die disputationes eingesetzt und geordenet werden, damit dasienig, so durch das lesen und hören dem verstand und gedechtnus eingepildet, ferner durch den prauch und übunge confirmirt und gleich als bestettiget und bevestiget wurde, hirumb so wollen wir, das die ordentliche und gewohnliche disputationes, so in diser faculteten uff die sambstäg pflegen gehalten zu werden, in ihrem prauch und wesen sampt den bißhero geprauchten honorariis und besoldungen pleiben, aber hinfuro, alle fahrlessigkeit und mißbreuche derselben hindangesetzt sein, und damit solche form und weiß angestellet und angenomen werden soll, wie volget:

Erstlichen soll der dechan diser facultet dem magistro, welchem zu praesidiren befohlen wird, sollichs allwegen ein tag oder vierzehen zuvor, damit er sich hierzu bereiten und schickhen konne, ansagen lassen, welcher alßdann aus allen den kunsten und stuckhen, so zur philosophi gehören, als du seint (f. 171) grammatica, dialectica, rhetorica, ethica, physica und mathematica einer ieden ein thesin oder quaestion, die da disputabilis sei, und neben denselben auch ein gemein problema oder fragstuckh, dergleichen bei dem Aristotele, Plutarcho, Alexandro Aphrodisseo[2]) und andern von allerlei materien gefunden werden, umb mehrer lusts und anreitzung willen in kuertze verstendtliche propositiones verfassen, dieselben erstlich dem decano zu besichtigen, volgends ein iede insonderheit einem eigen respondenten, deren die ersten drei baculariandcn und, was zur grammatic, dialectic und rhetoric gehört, verantwurten, die andern magistranden sein und die ubrigen quaestiones vertheidigen sollen bei guter zeit, das ist den nechsten montag oder dienstag zuvor, damit sie sich daruber zu belesen haben, zustellen und ubergeben; auch den nechsten freitag zuvor in foribus auditorii artistarum, damit sie abgeschriben werden, und die argumentanten sich darauf besuchen und rüsten mögen, deß morgens vor essens und zu ende der letzsten lecturen, so daselbst gehalten würdt, publiciren und anschlagen, volgends den sambstag nach altem prauch obgenante theses zu aufang der disputation für sich

---

1) C f. 179 b.
2) Alexander aus Aphrodisius (c. 200 n. Chr.), ὁ Ἐξηγητής oder ὁ πρότερος Ἀριστοτέλης genannt.

selber in utramque partem deduciren, alle obiectiones, so er vermeint, dargegen uffbracht mogen werden, praeoccupiren und ableinen, auch nachmahls, zuvor und ehe die argumentanten vorhanden sein, damit das auditorium nit ledig oder mussig stee, mit seinen respondenten selber disputiren, furter aber und biß zu ende der disputation die respondenten, soferr ein ieder khan, fur sich selber assumirn und obiecta dissolviren lassen, er aber, so der respondenten einer erlege, denselben ersetzen und die furgeprachten argumenta zu widerlegen, freuntliche anweisung geben.

Und zu solchem praesidiren sollen nit allein die nebst promovirten magistri, sondern auch, wo derselben weiter keiner vorhanden were, alle der Sapienz und domus Dionysii, auch des gemeinen contubernii einwohner und regenten, wo es vonnötten, pflichtig und verbunden sein, damit ieder zeit diß exercitium statlichen gehalten und in pillichem prauch und ansehen pleibe (f. 172), auch alle sambstäg, ausgenomen, so die obern faculteten ihre ordinarias disputationes haben, außgericht und gehalten werden, doch das ein richtige ordnung hirinnen furgenomen und keiner weiter dann der ander beschwerdt werde.

Wo auch einicher magister, so von dem dechan zu praesidiren erfordert, sich ohne sonderlich erhebliche ursachen und des dechans wissen und verwilligen eussern oder sperren wurde, soll derselbig zur straffe dem decano alßpaldt ein halben gulden zu erlegen schuldig und pflichtig sein, welches gelt halb dem fisco facultatis und halb dem decano soll heimfallen, oder wo solchs offtermahls und gefahrlicher weise beschee, solcher ubertretter furter und solang, biß das er sich mit der facultet versuenet und seiner misshandlung derselben ein abtrag thut, zu keinem publico actu oder prandio, wie ein magister, beruffen oder zugelassen werden.

Und soll auch ein ieder praesident seine respondenten selber besprechen und mit sich pringen, damit alle unordnung und unlust, so sich derhalben und sonderlich zu zeiten des angeenden oder nähenden examinis pflegt zu begeben, hirdurch verkhommen und uffgehaben werde, oder so er dieselben fur sich mit bestellen oder haben köndte, den dechan darumb ersuchen, welcher imo alsdann ex offitio solche aus denen, so zu den gradibus und derselben erlangung compliren, zugeben und verordenen soll. Weiter soll auch obgemelter praesident denienigen, so ihme respondirt haben, alßpald uff derselben ansuchen ihres respondirens ein testimonium geben, welches sie nachmahls, wann sie zum examini zugelassen werden, weisen und ufflegen mögen, sunst aber keinem deren, so sich selber, zu respondiren unerfordert, neben andern eintringen, fur ein respondenten erkennen oder ihme einiche desselben urknut geben.

Und uber das soll auch ein ieder decanus ihme einen besondern indicem machen, denselben allemahl mit sich zur disputation hinauff (f. 173) nemen und doselbst die argumentanten, quo magistro praesidente, quo die et anno sie respondirt haben, sich selbst einschreiben lassen, wellichs registerlein auch der decanus wol verwahren, in disputationibus der iugent list und faulkheit oder aber frombkeit und fleiss desto besser haben zu observiren, auch furter zu ausgang seins iars dem andern volgenden decano dasselbig registerlein neben anderm uberantwortet werden[1]).

Herwiderumb sollen auch die magistri argumentantes sich aller zucht und messigkeit in dem disputiren gebrauchen, ihre argumenta, so rechtschaffen und gegrundt sollen sein, mit bescheidenen, verstendtlichen und fridlichen worten fur-

---

[1]) Dieser Absatz ist später dem Entwurf zugefügt worden (C f. 182ᵇ).

pringen und nit zenckhischer höhnischer weise einer den andern, gleich wie die
badermutgdt, zu zorn und unlust verreitzen, sonder allzeit hirinnen dem zuhörer
und desselben nutzen zu dihnen sich befleissen.

Weiter, nachdem auch hievor der gepranch gewesen, das zu zeiten der
vacantzen in canicularibus hat ein gemeine disputation¹) von allen knnsten, das
quodlibet genant, gehalten, wollen wir dieselbig disputation de quolibet als die
wenig nutzens, wol aber vil vergeblichen prachts und ostentation zusampt leicht-
fertiger schumpfirung auff sich gehabt, hirmit gentzlichen uffgehebt und abgethan haben.

(§ 111.) Von den eigenen und sonderlichen ubungen der regenten²).

Nachdem aber obgemelte disputationes denienigen, so nun ettwas erfahren
und gelert, mehr dann den nenen und angeenden studenten und schulern furtreglich und dienstlich, und aber die pilligkeit, auch die notturft erfordert, das
man dem iungsten, gleich so wol als dem erwachsenen, einem ieden nach seiner
gelegenheit, dihne und furderlich seie, hirmub so ist ferner unser meinung und
wille, das gleich wie der sampstag zu den offentlichen disputationibus verordenet,
also der mittwochen zu den einheimischen und sonderlichen übungen in der
burßen gericht und gepraucht werde; ordenen derhalben und setzen, das allen
und ieden monat oder ie von vierzehen tagen zu vierzehen tagen auf den mittwochen vormittag, da sonst von den andern faculteten und professorn vacantzs
gehalten wurdt, alle die, so noch nit baenlarii seint, zum schreiben angehalten
und exercirt, denselben von dem regenten, (f. 174) so zur grammatic verordenet,
alternis vicibus, so ihrer zween weren, oder do nur einer sein wurde, durch denselben allein ettwan acht tag zuvor ein argument, beides zu versificiren und in
soluta oratione³) zu begreiffen, furgegeben und alßdann zu seiner zeit, das ist,
an mittwochen darnach volgend, offentlich in der communitet stuben wider erfordert, ubersehen und emendirt werden.

Und solche argument der prosa sollen nach lehr und answeisung deren,
so bei den alten die progymnasmata furgeschriben haben, als da seint bei den
Latinis Fabius und Priscianus⁴), bei den Graecis Theon⁵) und Aphthonius⁶), zu
den versen aber am furnembsten loci communes, das ist gemeine spruche und
sententz oder khurtze fabeln und narrationes, als da sein Aesopi und dergleichen,

---

1) Der Entwurf fuhr ursprünglich so weiter: ein gemeine disputation (C f. 183) von allen
kunsten, de quolibet genant, zu halten, wiewol dieselben mehr zu last und recreation, dann zum
nutzen ider zeit geraicht und gedienet hat, lassen wir es doch uff dismal derselben halben beruhen,
wollen sollichs hiemit weder uffgehaben, noch zu halten gebotten haben; doch das dieselbige, so
man sie anzurichten rathig und willens wurde, zu drei oder vier iaren einmal gehalten und niemandt wider sein gelegenheit derselben zu presidirn oder respondirn getwungen werde, und diß
alles, so vil die offentliche disputationes und exercitia disser der artisten facultet belangen thut.
Melanchthon bemerkte (am Rand von f. 182ᵇ): potius prorsus omittatur illa disputatio de quolibet,
quia multum habet vanae ostentationis et scurrilitatis, et pauca explicantur. Man folgte dieser
Meinung, und so fiel diese Disputation; vgl. Thorbecke, Geschichte der Univ. Heidelberg I, 65*. In
D f. 19ᵇ am Rande zu dieser Stelle: Quodlibetica disputatio sublata.

2) Ursprünglich war (C f. 182) noch hinzugefügt: und des paedagogii.

3) Im Entwurf (C f. 183ᵇ) war diese Übung für jede Woche vorgesehen; Melanchthon
schlug vor: ein ieden monat zweimal; danach wurde geändert.

4) Priscianus (5tes Jahrh.): progymnasmata — praeexercitamenta rhetorica (ed. H. Keil,
gramm. lat. III.).

5) Aelius Theon aus Alexandria: προγυμνάσματα.

6) S. oben S. 102 Anm. 3.

item narrationes ex historiis biblicis et sanctorum [1]), sampt was zu der materi der epigrammaten, epitaphiorum und derselben gleichen dienstlich ist, iederzeit genommen und den iungen furgegeben werden.

Nachmittags aber uff obbenante mittwochen und auch von vierzehen tagen zu vierzehen [2]) tagen sollen von zwolfen an biß uff zwo oder drei uhren ungefehrlich disputationes und declamationes privatae oder contubernales gehalten werden, dorinnen sich dieienigen, so nun bacularii seint, und nach dem titl des magisterii streben, sonderlichen und zum furnembsten üben und exerciren; und insonderheit, sovil die disputationes belangt, soll der oberst regent oder dialecticus denselben vor sein den respondenten verordenen, die positiones, welche aus der [3]) dialectica, rhetorica, physica doctrina, spherica, ethica, theologica mogen gestellet werden, den respondenten die nehste acht tag zuvor ubergeben, auch am selben tage des morgens, ehe dann man isset, in der communitet stuben dieselben anschlagen lassen, und der regens selber nachmahls bei der disputation und, das alle ding ordentlich zugeen, ein fleissigs auffsehens zu haben, auch in furfallenden zweiffeln der disputanten dieselben zu solviren und zu expliciren biß zum ende gentzlich verharren und pleiben.

Und zu solchen disputationibus sollen anfengklichen die eltisten magistranden, nachmals aber die andern, ieder nachdem er lang (f. 175) oder kurtz bacularius gewesen, zu argumentiren angehalten und sonst keine entschuldigung oder enteusserungen von den disputationibus, dieselben nicht zu halten oder duvon zu pleiben, von iemands angenomen, noch gestattet werden [4]).

Dergleiche so solle auch nicht underlassen werden, die baculuarios ordine nacheinander anzuhalten, damit allen monat zweimahl, das ist ie von vierzehen tagen zu vierzehen tagen, ein declamation contubernalis von eim ieden derselben bacularien memoriter recitirt, formandae actionis exercendaeque memoriae causa, und das auch solchs beschee, nit auf den mittwochen, da sonst die disputation solt furgenomen werden, sonder seint darumb die disputationes und declamationes ie von vierzehen zu vierzehen tagen verordent, damit alternatis vicibus dieselbigen alle acht tag gehalten, und soll den declamationibus der ander regent oder rhetoricus furstehn, auch dahin sehen, damit die declamanten rechtschaffene und ehrliche materias entweder selbst nemen oder von ihme furgegeben werden, als ex historiis und laudes virtutum, bonorum principum, doctorum virorum und dergleichen in genere demonstrativo, deliberativo vel iudiciali, darüber sich auch dieser regent befleissen soll, sovil muglich, ettwan zween bacularios, welche ein argument, der ein affirmative, der ander negative tractiren, auch eins tags und

---

1) Die Worte item narrationes — sanctorum sind von Melanchthon (C f. 184) eingeschaltet.
2) Auch hier hatte Melanchthons Hat: „ein ieden monat zweimal" Berücksichtigung gefunden. (C f. 184.)
3) Die folgenden lateinischen Ausdrücke hat Melanchthon an die Stelle von: Grammatick, Dialectickh und Rethorickh" gesetzt. (C f. 184 b.)
4) Der Entwurf (C f. 184 b) fuhr fort: Zu den declamationibus aber sollen allwegen zwen aus den obgenanten bacularien verordnet werden, deren der eine das furgegeben argument affirmative, der ander negative außfhuire und tractire und sovil muglich memoriter actionis formandae gratia promunire. Und sollen sollche argument furnemlich in genere demonstrativo, deliberativo und statu coniecturali furgegeben und der ganze actus dem zweiten regenten oder dem rhetori iederzeit beuolhen werden. Dieser Absatz wurde durch den nun folgenden ersetzt. Melanchthon hatte am Rande bemerkt: In zweien monaten ein mal soll einer unter den gelertisten bacularjis ein formliche declamation memoriter recitirn und sollen ehrliche materien genomen sein aus den historien und laudes virtutum et bonorum principum et doctorum virorum.

gleich nach einander auswendig recitiren, aufzustellen, alleß zu mehrerm lob des regenten und pesser übung der studiosen. Und zu disen actibus oder exercitiis contubernalibus soll allwegen ein glockhen gelenttet werden und die contubernales alle, sie seien bacularii oder anders, auch dieienigen, so ausserhalb der bursen wohnen und compliren wollen, zusamenkomen, damit die bacularii zur übung getzogen und widerumb die baculariandi zu dem, dohin sie volgends auch zu komen und sich gleichermassen zu exerciren verhoffen, angefuirt und gereitzt werden. Den sambstag aber sollen, was bacularii und baculariandrn seint, die publicas (f. 176) disputationes vor mittag visitiren[1]) und dann nach mittag von zwolf uhren biß uff eine durch den eltisten regenten, oder wenn solchs durch decanum und senatum facultatis aus den regenten von halben iarn zu halben iarn aufgelegt und befohlen wurde, ein stuckh des latini catechismi Lutheri vel Melanthonis furgenomen und explicirt werden, das die iungen ordenlich die summa christlicher lehr lernen, und mag man darzu auch geprauchen das lateinisch examen Meckelburgense[2]), aber die ubrige zeit des sambstags soll die iugent zu pflegung des leibs notturft mit waschen, zwagen, baden und dergleichen haben zu geprauchen.

Neben obgemelten übungen und exercitiis ist auch dise nit die geringst, das die studiosi sich befleissen, fur und fur, wo sie wohnen oder beieinander sein oder komen, lateinisch zu reden und sich der muttersprach, biß sie zu denen komen, die anderer sprach unerfahren seint, zu enthalten, hierumb dann wir den regenten ernstlich einpinden und befehlen, darob nicht weniger mit sonderm ernst zu halten und zu hand haben, auch in der burß den inwohnenden sonderlichen nit zu verstatten, als ob sie in einer deutschen schulen weren, das lateinisch reden anßzuschlagen, sonder sollen die regenten, welche dawider thetten, dieselbigen der gepur und unnachlesslich straffen.

---

1) C f. 185 fuhr ursprünglich fort: angehalten werden, nachmittag aber soll die erste stundt, das ist von zwolffen bifs auff eine, ein capitel in sacris furgenomen und dissen beiderlei, discipeln und studenten, explicirt und furgelesen, volgends die uberige zeit zur notturfft des leibs, als waschen, baden, zwagen und was dergleichen freigegeben werden. Was Melanchthon f. 185 za capitel in sacris bemerkt: „ein stuck catechismi furgenohmen werden, das die inngen ordenlich die summen christlicher lehr lernen, und mochte darzu gebraucht werden das latinisch examen Mekelburgense" hat Aufnalme in den Passus gefunden, welcher an die Stelle des oben angeführten gesetzt wurde. Was dann im Entwurf folgte und sich auf das Padagogium bezog, wurde ganz weggelassen: dweil, wie die Randnotiz f. 185b sagt, kein paedagogium sol gehalten werden, haec expuncta sunt. Das Gestrichene lautete: Gleichermassen sollen auch die paedagogumeni des mittwochs und den sampstag vor mittag, wie hienur gemeldet, mit schreiben exercirt und angehalten werden, welchen der paedagogus uff benante tag und zeit allwegen ein deutsch epistola oder sententzs, nach der rhetorischen art gestellet, furgeben, sie aber volgends den nechsten der obgenanten tage dasselbig argument, vom deutschen in das latein von inen gepracht, uffzeigen und weisen. Nachmittag aber sollen gemelte paedagogisten entweder sampt den andern die priuat-disputation in der bursen zu visitiren angehalten werden, oder so es fur rathsamer angesehen wurde, ihr eigen exercitium als in musica oder arithmetica oder sunst ein sententzs (f. 186) oder spruch in versen oder prosa oratione umb einander latine zu recitim haben und damit geubt werden. Des sampstags aber soll inen aus dem catechismo ein capittell oder stuckh furgegeben und repetirt und alsdann die uberige zeit zur recreation, auch allerlei notturfft des leibs ledig und frei gestellet werden. Und damit obgemelte paedagogumeni auch der sprachen desto fertiger und zu reden keckher und getröster werden, so sollen dieselben, sie seien innen oder ausserhalb der bursen wonhafit, latein zu reden vleissig und ernstlich angehalten, auch das ir uher, sonderlich aber zur zeit der grossen vacantzen ettwan ein lateinische comoedi oder fabell zu recitim oder spielen angericht und underwiesen werden.

2) Examen ordinandorum v. Jahre 1552, vgl. Richter, Die evangelischen Kirchenordnungen des 16ten Jahrh. Weimar 1846 II, 115, 178.

(§ 112.) Von diser facultet vacantzen[1]).

Sovil die vacantzen diser facultet und die professores publicos betrifft, lassen wir es bei dem hergeprachten brauch pleiben, neinlich: das diser facultet professores den andern der obern faculteten lectoribus und ordinariis, davon hievor gemeldet und geordenet, gleich gehalten werden, doch das die festa collegii, so man hievor gehalten, hingelegt und sie die professores derselben keine weiter oder ferner uffrichten oder (f. 177) auch einichen einbruch oder nenerungen hirinnen zu machen macht haben sollen.

Was aber die burß oder contubernium[2]) belangt, dieweil man darin die iugent, welche in stetter übung soll und muß gehalten werden, und derselben nutzen mehr dann, was ein ieden insonderheit mocht annemblich und gelegen sein, bedencken soll und muß, wollen wir denselben kein weitere vacantzen, dann was unsere kirchenordnung mit sich bringet[3]), zulassen und verhengen.

Doch soll ihnen hieneben unbenomen sein, zur zeit der kirchweihung ein tag oder zween, auch den herbst, so lang man pflegt zu lesen, das ist zehen oder zum meisten vierzehen tage, still zu steen und sampt den andern professoribus und ordinariis zu feirn. Wurden auch in andern facultatibus disputationes gehalten und under den regenten einer oder mehr sein, welche in solchen disputationibus argumentiren wolten, den lassen wir zu, das sie auch, solang solche disputationes weren, denselben mögen beiwohnen und außwarten.

(§ 113.) Von versammuns und derselben straff[4]).

Und zu bestendiger volnstreckung diser unser verordenten lection ordnen wir und wollen, das ein ieder professor, regent oder sonst verordenter legent soll sein zugeeignete lectiones und exercitia iederzeit selber und eigener persohn zu volnbringen und exerciren verpflicht und schuldig sein.

Wo aber einer ohne sonderliche gnugsame ursachen, auch ohn vorwissen und bewilligung des rectoris gefahrlichen oder frevenlicher weise seine lectiones oder exercitia underliesse und selber nit versehe, der solle zur straff ein ort eins gulden, so er ein publicus professor, oder ein halb ort, so er ein regent[5]), fur ein iede lection verfallen sein, welches gelt gleichermassen, wie in den obern faculteten, dem fisco universitatis und dem fisco facultatis zugetheilt und heimgewiesen werden soll. (f. 178.)

Dergleichen auch, wo einer ettlich tag lang, das ist uber zween oder zum hochsten drei tage, mit furwissen und erlaubnus rectoris, verreiset oder sonst anderer geschefft oder verhindernuß halben seine lection und, was ihme weiter zu thun gepurt, durch ein andern nit bestellet, soll abermahls, gleich wie droben von den andern faculteten gesetzt, der rector und die universitet ein andern an der abwesenden statt zu bestellen und zu besolden, und solchen kosten und solden an des abwesenden stipendio wider einzukomen und zu erholen macht haben.

1) C f. 186 b.
2) Der Zusatz paedagogium im Entwurf (C f. 186 b) musste naturlich wegbleiben.
3) Im Entwurf (C f. 187) war hinzugefügt: das ist: die sontag und andere gebottene fest- und feiertage sampt den feierabendt nachmittag, so oben under dem titell der theologen facultet benennet worden.
4) C f. 187.
5) Der Zusatz oder paedagogus (C f. 187 b) musste natürlich wegbleiben.

(§ 114.) Von den privatis und extraordinariis lectionibus diser faculteten ¹).

Wo auch ein magister were, der neben den obgemelten lectionibus und exercitiis in diser facultet zu gelegenen und sunsten unverordenten stunden sich zu exerciren, auch umb rhum und gutten geschreis willen eins oder mehr bucher in den siben freien künsten und derselbe anhengigen scribenten offentlich und vergebenlich zu lesen und interpretiren begert, soll ihme solchs nit abgeschlagen oder gewehret werden, sunsten soll ihme in privato oder seiner eigenen behausunge uff der audienten oder schuler wolgefallen umb ihre zimliche belohnung zu lesen und zu interpretiren unbenomen sein, soferr er solchs ohne sonderliche semulation und zu andern stunden, dann dergleichen bucher, kunst oder sprachen publice und ordinarie gelesen werden, zu thuu furnimbt.

(§ 115.) Von den promotionibus diser faculteten ²).

Wiewol nun vil iar hero in unser schulen und auch bei andern der brauch eingerissen, das die nenen und angehenden studenten, so sie erstlichen uff die universitet komen und deponirt worden, gemeinlichen alsopald anfahen und nach den gradibus oder titln, unerforscht und unangesehen, was verstands und geschicklichkeit ein ieder seie, streben (f. 179) und demnach derselben publicas lectiones zu hören und zu compliren furnemen, so werden wir doch bericht, das solchs nit bei allen oder auch zu allen zeiten in übung gewesen, sonder das bei den alten dieienigen, so erstlichen zur schulen komen und neulichen uffgenomen worden, aufengklichen ettwas hinder sich gehalten und, ehe dann man ihre geschickhligkeit und verstand erlernet, nit also leichtlich zu den titln und derselben completion zugelassen worden seint.

Damit nun solchem mißbrauch begegnet und die iugent, sonderlichen aber dieienigen, so ettwa doheimen noch nit vil studirt oder einiche rechte grundfeste gelegt haben, ihres furnemens nit betrogen werden, auch die titl und gradus hiedurch nit in abgang und verachtung komen, so haben wir gedacht und furgenomen, wie es gleich von anfang und der ersten deposition mit den neuen studenten gehalten werden, und welcher massen ein ieder zu den gradibus procediren und uffsteigen solle, unsern willen und meinung ferner zu erkleren.

(§ 116.) Von der deposition ³).

Und anfenglichen von der deposition zu melden, wiewol wir achten, dieselbe von den alten nit gar ohne ursachen eingesetzt sei, so konnen wir doch den itzt eingerissenen mifsbrauch nit loben, dieweil solche depositiones nunmehr zu einem unnutzen gespeie und fatzwerckh geratten, doraus dieienigen, so deponirt werden, mehr zu beurischer unzuchtiger barbarei angereitzt und bewegt, dann das sie davon abgewendet und entzogen werden, deswegen dann nit fast hoch daran gelegen, obschon dieselbe hinfur gar und gantz abgestellet und underlassen wurde. Dieweil wir aber nit gesinnet seint, alleß, was hievor im prauch gewesen, gentzlichen abzuschaffen, sonder vilmehr, so vil als muglich, was in ein abgang komen oder sunst mifsbraucht worden, wider uffzurichten und uff ein

---

1) C f. 188.
2) C f. 188 ᵇ.
3) C f. 189. Ein Teil dieses Abschnittes ist abgedruckt in Thorbecke a. a. O. 50 ª, Anm. 81.

besser ban zu richten, so wollen wir die deposition noch zur zeit pleiben lassen; ordenen aber, wollen und schaffen damit (f. 180) ernstlichen, das hinfuro alle beurische, unzuchtige, barbarische gespewe, wort, werckh und bossen hindangesetzt und underlassen, aber allein die substantialia diser ceremonien, als da sein deiectio cornuum, evulsio dentium[1]), vocis sive cantus periculum und dasselbig alles mit lateinischen worten, wie[2]) studenten zustect, sollen und mögen geübt und getriben werden, wie dann auch der depositor zu ende solcher deposition obgenanter ceremonien ein stuckh nach dem andern in ipso actu auslegen und dem deposito derselben bedentnus ercleren und antzeigen und ihnen dabei erinnern soll, das er hinfurter alle ferotiam, welche durch die hörner, alle malevolentiam und mordacitatem, so durch die zeen, alle immundicien, so durch die distorta und grobe unrichtige glidmas oder membra, auch alle inhumanitet und barbarei, so durch die unarttige stimme und gesang bedeutet werden, nuhmehr gedenckh von sich zu thun und hinzulegen, und was dargegen ein philosophum und gelerten menschen zieret und demselben wol ansteet, als da seint gutigkeit, uffrichtigkeit, keuschheit, zucht, gerechtigkeit, freuntligkeit und aller guten kunst und tugenten lieb und gunst an sich zu nemen und in denselben sein leben und wesen zu beharren, da auch der depositor von ihme dessen zusage erlangt, als dann ihnen zu dem magistro oder regenten, welcher dabei ist, weisen, und soll alsdann derselbig magister den knaben examiniren in grammatica und catechismo und in dialectica, so der knab sovil studirt hat, und darnach ihn absolviren und als einen studenten annemen und zu gottesforcht und zum studio vermahnen.

Nachdem auch der magister oder regent des knaben und studiosen geschickbligkeit und verstandt in dem examine befindet, darnach soll er denselben zu diser oder andern lectionibus, deren er notturftig und vähig, verordenen und nicht leichtlich zulassen, das er fur sich selbst zu andern lectionibus begebe, es sei dann, das er alsopald etwas nutz geschafft und zu höhern studiis würdig geacht wurde, (f. 181) dann auch die erfahrung lehret, wie schädlich es sei, quasi per saltum durch alle kunst herdurch wuschen, und da man die eine gnaulichen angesehen, alspald die verlassen und auf ein andere sich begeben und einmischen, dieselbig so wenig als die vorige haben zu begreifen.

Und soll hieneben kein neuer student andere, so hohere lectiones, dann ihme erstlichs bei der deposition oder nachmahls durch die visitatores zugeordnet werden, fur sich selber zu compliren oder publice zu visitiren und zu hören[3]) macht haben, damit beides die studia in ihrem ansehen und werth pleiben und der ataxia und unordentlichem vagiren der iungen studenten hirdurch begegnet und gewehret werde.

Und solche deposition soll in eines ieden contubernio, das ist, so einer ein Dionysianer were, im Dionys, so er ein Sapientist, in domo sapientiae, sunst aber und durchaus furnemblichen in contubernio maiore gescheen. Es were dann, das ettwan einer vom adell oder sonst nambaftigen lenten herkomen, seinen eigenen praeceptorem hette, demselben soll nit abgeschlagen sein, in seiner herberg solche deposition zu halten, doch das dieselbig obgemelter weise von dem gemeinen depositore in beisein eines regenten iederzeit gehalten und der bursen ihre gepuhrliche gerechtigkeit derhalben geleistet werde.

---

1) Im Entwurf (C f. 169 b) war noch hinzugesetzt gewesen: einundatio oris, et faciei, rectificacio membrorum.
2) In C fehlt hier ein Blatt: f. 190.
3) Hier beginnt C wieder mit f. 191.

Es sollen auch solche depositiones, soferr sie in der bursen bescheen, allein den mittwochen und sampstag zu ende der disputation oder lection nachmittag und nit alle tag die wochen uber gehalten werden, damit derselben halben keine lectiones oder exercitia weiter versaumbt oder underlassen werden¹).

So dann einer, wie obstect, deponirt und under die studenten uffgenomen worden, soll er dem depositori anfengklichen funfzehen albus, wie von alter hero preuchlich, ausrichten und erlegen, von welchen alsdann drei (f. 182) dem depositori und seinem gesellen, vier dem fisco bursae oder contubernii, die ubrigen achte den regenten zugleich sollen zugetheilt werden und pleiben, umugesehen, was hievor fur gewonheiten und prauch hirinnen gewesen; es were dann das einer in der Sapientzs oder dem Dionys anfengklichen deponirt wurde, mit demselben soll es nach ordnung und prauch des hauß und stipendii gehalten werden²).

(§ 117.) Von den bacularianden³).

Dieienigen, so obgehörter massen deponirt, examinirt und dafur geachtet werden, das si nit mehr in trivialibus scholis oder paedagogiis zu halten, sonder in der burs der regenten lectiones hören mögen, wo dieselbigen pro gradu compliren wollen, sollen sie in dem contubernio die drei lectiones⁴) grammaticae, dialecticae und rhetoricae, ausserhalb aber, und von den publicis professoribus diser faculteten, den poeten und graecum lectorem täglichen visitiren und hören. Dergleichen auch alle disputationes⁵) publicas, so des sambstags in diser facultet gehalten werden, sovil ihnen muglich, ersuchen, bei denselben biß zu ende oder mehrern theils der zeit beharren, auch zuvor und, ehe si den gradum begehren zu empfahen, in ieder der dreien obgenanten kunst offentlich respondirt haben, sunst aber und doheimen in der burs allen exercitiis, so den bacularianden mit schreiben und anders uffgesetzt, fleissig nachkomen und obligen.

---

1) In C f. 191ᵇ folgt eine mit der Bemerkung: „paedagogium nullum erit" weggestrichene Stelle; sie lautete: Und so dann, wie hievor gemeldt, ein eigener paedagogus fur die iungen angeenden studenten bestelt und ghalten wurde, solt demselben in sein ampt eingebunden und befolhen werden, soliche depositiones zu versehen, dieselben durch die seinen, in seinem selbs oder seines collaborators (so der magister were) beisein und gegenwurtigkeit dermassen, wie hievor beschrieben, iederzeit zu verwalten, gleich wie wir bericht, das etwan vor dissen zeiten einem, so deshalben magister bacchantorinae genant worden, heimbgestelt und befohlen gewesen.

2) Der nächste Paragraph im Entwurf (C f. 192 β), welcher uberschrieben ist: Von den Grammatisten oder Paedagogisten, blieb nach dem schon bekannten Beschluss uber das Paedagogium weg. Er lautete: So aber nun einer nach ergangener deposition uff seine gethane responfs und antwurt dem paedagogio zugewiesen worden, soll er also furthan bei derselben verordenten lectionibus und exercitiis, wie obgemeldt, sich halten und bleiben, bifs das er durch die visitatorvs, so alle iar zum wenigsten das paedagog und die bursen zweimal visitiren, derselben discipell, studia und praeceptores besichtigen und anhören sollen, weitter oder hoher verruckt und gesatzt wurdt. Doch wo er nit zu gar ungeschickt und unerfharn, soll und mag ine der paedagogus zu der lateinischen lection der poeten zugleen und zuhören neben andern gestatten und vergönnen, sunst soll er ihm fur sich selb und eigens willens nichts haben furzunemen. Und fur sollche lectiones sollen obgenante paedagogisten zu iedem halben iar dem paedagogo, sie seien innen oder ausserhalb der bursen, ein halben gulden zu past geben, welcher zu dem andern past und gefell der regenten soll eingeworffen und dauon der synergus oder collaborator des paedagogii, wie obstect, erhalten werden. Ufsgenomen was der bursen, item der ordinariorum und professorum famuli seint, welche disses und anders pasts frei und unbeladen sollen ieder zeit gelassen werden.

3) C f. 193.
4) D f. 26ᵇ am Rande: lectiones.
5) D f. 26ᵇ am Rande: exercitia.

Es soll auch keiner zum baculariat zugelassen werden, er seie dann seins alters uber die vierzehen[1] iar, hab obgemelte lectiones pro gradu anderthalb iar oder zum wenigsten, soferr er sonst alt und geschickht genug, ein gantz iar lang beides ausserhalb und in dem gemeinen oder seinem eigenen contubernio visitirt, gehört und complirt, auch derhalben den regenten ierlichen ein gulden pro honorario oder zu past, ausgenomen was Dionysianer collaboratores uff der Neckerschulen, Sapientisten, ordinariorum professorum und der bursen famuli seint. Wo einer nun solchs alles usgericht, sich auch (f. 183) sonst mit seinem wesen und leben erbarlich gehalten, mag er alsdann zur zeit des examinis dem dechan und der facultet uff ihr usschreiben sich anzeigen, soll er ohn alle weitere[2] entgeltnus zugelassen werden und die exaction pro consensu et consilio regentum hiemit uffgehoben sein. Wo auch einer aus oder innerhalb der bursen nit gesinnet were, pro gradu zu compliren und aber doch der regenten lectiones begert zu hören, soll ihme solchs unbenomen sein, doch das er den ordentlichen past, das ist ierlichen ein gulden, er sei bacularius oder nit, betzahle.

(§ 118.) Von den magistranden.

Dergleichen, so einer nach empfangenem baculariat zu dem magisterio gedecht furter zu schreiten, soll derselbig zwei iar lang innerhalb seim contubernio die drei lectiones der regenten umb mehrer übung willen derselben, ausserhalb aber von den publicis professoribus uber die vorgenante lectiones den philosophum und mathematicum mit fleis und teglichen visitirt und gehort haben.

Ferner soll er auch alle disputationes publicas, wie oben von den baculariandis angezeigt, visitirt, dorinnen viermahl, das ist in physicis, ethicis, mathematicis und andern problematibus ieglichen zum wenigsten einmahl, das ist in summa viermahl respondirt, daheimen aber und in der burs, so oft ihme solchs von seinen regenten ufferlegt, beides declamirt und disputirt, auch derhalben, so er kein Dionysianer, collaborator uff der Neckerschuln, Sapientist oder einiches ordinarii professoris oder in der bursen famul were, den regenten contubernii maioris sein gepuhrlichen und verordenten past oder honorarium, das ist ein gulden ierlichen, ausgericht und betzahlt haben.

Sonderlich aber soll keiner zu disem grad des magisterii zugelassen werden, er seie dann umb seine zweintzig iare ohngefehrlich, damit nit diser gradus und volgends die gantze facultet, als die solche titl und meisterschafft zu lehren iungen kindischen und unerfahrnen leuthen pflegt zu vertrauen, in ein verachtung und verkleinerung (f. 184) gepracht werde, es were dann, das ettwa ein sonder berumpter und mit kunst furtreffenlicher begabter iunger mensch furstuende, mit demselben möcht umb ein iar oder anderthalb und sonst weiter mit keinem dis orts dispensirt werden.

Dergleichen sicht uns auch nit fur ungerathen an und wollen, das diejenigen, so da wollen oder begehren zu magistriren, zuvor die nehstvergangne vacantzen in den canicularibus, gleich wie in andern faculteten gebreuchlich, ettwas kurtzs in den artibus oder derselben authoribus und exemplis publice und gratis als fur ihren curs umb mehrer übung und geschickhligkeit willen zu erlangen, zu profitirn und lesen angehalten werden.

Wo dann einer sollichs alles, wie obstect, geleistet, sich auch sonst aller-

---

1) In D f. 27 am Rande: aetas und dann: tempus auditarum lectionum publicarum.
2) In C schliesst hier f. 193; f. 194—197 fehlen.

ding ehrlich und wol gehalten, soll er furter zu dem examen des magisterii zugelassen und ferner mit ihme, was ordenlich und gepreuchlich, (auch unerforderten consenß oder consilii der regenten sampt was sonst bishero deshalb eingefordert worden, welchs abermahls hiemit abgeschafft und uffgehoben sein soll) gehandlet werden.

(§ 119.) Von den tentatoribus, und wie es in beiden examinibus soll gehalten werden.

Sovil nun die zeit des examinis und, wie oft des iars beide promotiones baculariorum und der magistrorum gehalten werden soll, belangt, lassen wir es bei der nechst hievor gemachten ordination pleiben, nemlich das des iars vier promotiones[1]), zwo der baculariorum uff Martini und ascensionis, und zwo der magistrorum uff trium regum und visitationis Mariae furgenomen und gehalten werden.

Aber die examinatores oder tentatores betreffendt, dieweil derselben zu iedem examen, beides des baculariats und des magisterii, alwegen neben dem dechan sechs gewehlet worden, deshalben dann beides die persohnen der facultet (f. 185) mit viler und unnöttiger arbeit und versaumnus der zeit und die examinanden oder candidaten mit schwehrem costen beladen worden, ordnen und setzen wir, das hinfuro zum magisterio umb mehrer ansehens willen die vorige und herprachte zahl der tentatorn und examinatorum pleiben, zum baculariat aber nit mehr dann vier ausserhalb und neben dem dechan zu examiniren gewehlt und verordenet werden sollen, onangesehen welcher bursen, contubernii oder anderer condition dieselben seien, soferr sie sonst von dem consilio oder collegio facultatis seind.

Und dise obgemelte examinatores oder tentatores sollen ein ieder, so er erstlichen zu einem tentator gewehlet würdt, mit dem gewöhnlichen iurament, in statutis diser facultet begriffen, ernstlichen beladen und zum hochsten bei solchen gethanen eiden erinnert werden, das er keinen promovenden weder aus gabe, gunst oder freundtschaft, noch hass, neidt oder ungunst, auch sonst keinerlei dergleichen ursachen willen zum baculariat oder magisterio zulassen oder reiicirn wolle, er sei dann zu solchem grad gnugsam geschickht oder hergegen untüglichen erfunden und ermessen worden, wie solchs alles mit weiterm inhalt dem obgemelten iurament einverleipt ist. (f. 186.)

(§ 120.) Formula seu capita iuramenti, ab iis, qui primum inter examinatores eligunter, religiose ac sancte faciendi.

1. Primum (iuret examinator) quod offitium suum tam publice quam privatim examinando fideliter velit persequi:
   Neminem, qui non sit idoneus ac dignus, gratia vel invidia, spe lucri vel cupiditate nocendi, aut alia denique quacumque animi affectione commotus admittere, aut contra idoneum ac dignum existentem simili aliqua perturbatione ac fraude impedire, sed absque discrimine atque aequaliter omnes ac singulos examinando atque explorando nullius neque eorum, quibuscum habitat, neque quorum curam ipse privatim gerit, seorsim atque ante alios rationem habere, neque etiam materiam

---
1) In D f. 28ᵇ: tempora promotionum.

atque argumentum alicui, de quo ipse postea interrogatus expeditius ac melius respondeat, privatim ac clam subministrare.

2. Quod ad examinandum sive id publice, sive privatim fiat, neque armatus contra quam decet atque honestum est (suspitionis evitandae gratia) accedere, neque eorum aliquem, qui eidem examini faciendo cooptati sunt, clamoribus aut verbis rixosis insolenter lacessere aut alia quavis petulantia atque protervitate irritare velit, sed de iis, quae ad methodum ac summam earum artium, de quibus agetur, pertinent, per vices sedato animo et cum modestia interrogare, quaeque inter examinandum privatim atque secreto aguntur dicunturve, tacita omnia occultaque habere.

3. Quod sententiam suam sine aliorum calumnia aut contumelia aut qualicunque tandem offensione vere ac libere, deposita omni animi affectione, dicere, quosque admittendos aut reiiciendos indicarit, de iis aperte ac categorice sine aliqua conditione aut dubitatione pronunciare velit, ut ex eo decanus sententias certas (f. 187) ac planas colligere et secundum eos, quorum pars numero vincet, semoto omni dolo ac fraude statuere concludereque possit.

4. Quod neque illa, quae de iis, qui iam examinati sunt, inter examinatores privatim atque secreto statuuntur, evulgare, neque eos, qui vel recipiendi vel contra repellendi videbuntur, verbo vel nutu vel alia quacunque significatione prodere ac manifestare velit, sed integra ac salva omnia, donec examen finitum, et ii, qui recepti sunt, collocati quoque fuerint, fide ac taciturnitate sua servare.

5. Quod neminem intra candidatos recipere sive ad examen admittere velit, qui non satisfecerit praeceptoribus suis pro lectionibus atque opera sua quique argumentum professionis sive intitulationis, quam vocant, apud rectorem suae certum non attulerit, aut etiam studiorum ac vitae testimonio idoneo caruerit, denique qui facinoris alicuius nefarii ignominia atque infamia notatus fuerit, aut quem alias, praesertim autem inter eos, qui superioris honoris ac magisterii titulum ambiunt, receptum atque probatum iri ipse desperet.

6. Postremo quod in collocandis examinatis diligenter animadvertere quoque velit in noctivagos, aleatores, asotos, discolos et refractarios, praeterea etiam eos, qui neque vestitu et cultu, qui studiosos decet, incedere neque superiores ac magistratus suos ea, qua par est, observantia prosequi ac revereri consueverunt, quique armati obambulantes pacem publicam perturbant, domus mulieresque suspectas frequentant aut denique solutioris vitae gratia aliasve ob causas ad rectorem et in iuditium crebro ac saepe citati aut etiam carcere multati fuerint, ita ut huius (f. 188) generis homines vel postremo loco ipsi vel inter postremos atque a fine quam proxime utique collocentur.

(§ 121.) Vom proceß, so in examine baculariorum[1]) soll gehalten werden.

Wiewol unnöttig, das wir diser oder einicher faculteten ein weis und form ihres examinirens furschreiben, hetten auch dasselbig, wie pillich und gern, ihnen

---

1) In D f. 314 am Rande: baccalaureandorum.

den examinatoribus in ihren befelch und zu ihrem gefallen, gleich wie in den undern und obern faculteten, heimgeben und vertrauen sollen; jedoch dieweil wir erfahren, das sich hirinnen tegliche veränderung und neuerungen pflegen zuzutragen, haben wir bedacht, neben anderm auch dis orts ein gewisse maß und regell, deren man sich hinfurter halten solle, kurtzlichen zu begreifen und zu stellen.

Derhalben so nun die tentatores, wie obsteet, gewehlet und geordenet und das examen offentlichen promulgirt und verkhundiget worden, sollen erstlichen dieienigen, so sich obgenantem examini underwerfen und zu erlangung des (f. 189) titls des baccalariats verhört zu werden begeren, den volgenden tag zu bestimpter stunden samptlichen fur dem dechan und der facultet erscheinen, doselbst durch ihrer einen ihr begehren furtragen und alsdann uff erinnerung der statuten, ein ieder insonderheit, sein namen, praeceptorem, wohnung, wie lang und was er fur lectiones beides in contubernio und ausserhalben visitirt und gehört, treulichen und ohn alle geferde antzeigen, auch wie offt er publice respondirt hab, dessen der praesidenten geschriben kundtschaften ufflegen und weisen, und so er alsdann den statutis der facultet gnug gethan haben, auch sonst seines lebens und wandls halben fur duglich erknnt und uffgenomen worden, volgends mit gewöhnlichen gluhden, so in den statutis der facultet verfasst, zu dem examen und verhöre seiner kunst und lehr zugelassen werden.

Weiter aber sollen sie den regenten oder iemand anders nichts zu thun oder pro consilio, wie bisanher, ein neuer eingetrungener prauch gewesen, ettwas zu geben schuldig sein.

(§ 122.) Artickel oder puncten, so die examinanden mit handgebenden trewen globen sollen [1]).

1. Quod infamis non sit;
2. Quod qune inter examinandum secreto agentur, foras evulgare nolit;
3. Quod si reiici quempiam ipsorum continget, eam rem nullus ullo modo per se vel per alios dicto factove ulcisci velit.

So nuhn solchs alles, wie obgemeldt, beschecn, sollen alsdann die examinanden ein ieder insonderheit furgenomen [2]) und zwo stund lang, die eine in beiden grammaticken, so sie bis anher complirt haben, die ander in der dialectic und rhetoric, doch methodice und summarie ohn einicherlei disputation und (f. 190) weitleufftige umbschweiffe examinirt und befragt werden, es geschee solchs gleich uff einmahl und samptlichen oder zu underschiedenen zeiten und stunden, das ist, das man erstlichen ein ieden durch aus ein stundt in der grammatickh, und wan dasselbig examen herumb ist, nachmals wider ein ieden ein stund in der dialectickh und rhetorickh verhore und examinire.

Ferner aber und zu ende obgemelter verhöre, ehe dann man beschleusst, soll den examinatis iedem ein argument einer episteln oder proposition uff rhe-

---

1) Damit beginnt C wieder: f. 198, am Rande: Vide lib. stat(utorum) facultat. fol. 26 fa.b Dieses Statutenbuch ist erhalten in Cod. Heid. 358, 48: in demselben ist f. 54 der neuen Zählung mit besonderer Paginierung eingetragen: Constitutiones ac leges collegii facultatis artium, in hanc elegantiam et ordinem pulcherrimum redactae, opera et exquisito indicio D. Jacobi Micylli, graecae linguae professoris longe clarissimi, de literis melioribus optime meriti, in altero decanatu Joannis Dozleri Leontorii, liberalium artium magistri et in collegio principis earundem professoris tum primarii. Anno a nato mundi assertore Christi 1551. Die angefuhrten Statuten zeigen nur inhaltliche Übereinstimmung und sind in latein. Sprache abgefasst.

2) In D f. 32ᵇ am Rande: quod examinari debeant.

torische weise zu tractiren furgegeben und sie alle samptlich die letzte stunden vormittag solliche furgegeben argument zu verfertigen eingeschlossen, und volgends nach derselben inspection und besichtigung zu dem beschluß und der collocation geschritten werden.

Und soll disc location der bacularianden unangesehen, was hievor umb der zweierlei secten und wege willen darwider geordenet und beschlossen worden, nach eines ieden kunst und lehr, so man aus dem respondiren, sonderlich aber aus dem schreiben, welchem kein blodigkeit oder schrecken, gleich wie in dem verhoren und reden, einiche verhindernus pflegt zu pringen, abnemen und erlernen kan, angestellet und geordenet werden, damit die iugent zur kunst und tugent durch die ehr und den vorzugk angereitzt und erweckht, und so man hernach zum examen des magisterii kompt, eines ieden vorgeende kunst und fleis hirdurch offenbar und desto leichtlicher bekant werde.

Aber ehe und zuvor sie die bacularianden locirt und geordent werden, sollen sie versprechen, das ein ieder wolle mit seinem loco und statt zufriden sein, dargegen nichts weitters furnemen sampt andern artickhln und puncten, so in den statuten verleipt seint.

(§ 123.) Capita seu puncta ante collocationem promittenda [1]).

1. Quod loco atque ordine assignato velint esse contenti; (f. 191)
2. quod gradum seu titulum, nisi impetrata eius rei a decano facultate, religioseque ac sancte promissis iis, quae veteri instituto ante collationem tituli promitti debent, accipere nolint;
3. quod priusquam titulum accipiant, pecuniam fisco facultatis debitam persolvere ac numerare decano, aut si Dionysianus quis fuerit, aliusve eorum, qui hac in parte immunes sunt, ubi ad fortunam meliorem pervenerint, eandem hanc pecuniam fiscique incturam resarcire velint;
4. quod facta locatione examinatoribus caenam, pedello autem quini florenum, hoc est, singuli tres ursatos pro collocatione persolvere velint;
5. postremo, quod titulum hunc sub eodem promotore accipere, omnes communesque sumptus sustinere, neque quisquam ab aliis, nisi valetudine aut alia aliqua calamitate impeditus, discedere velit.

Und fur solch examen, muhe und arbeit soll ein ieder examinand, zuvor und ehe er in das examen gehet, ein halben gulden erlegen [2]), welches gelt under die examinatores zugleich getheilt und allwegen der dechan fur zwo persohnen gerechnet werden soll.

Zu ende aber des examinis, ehe dann die location geschicht, soll ein ieder, so zugelassen und durch den pedellen beruffen worden, dem pedellen fur das evangelium [3]) nach altem geprauch ein batzen, nach der location aber (wie bei obgemelten puncten vermeldet) ein ieder drei batzen und volgends samenthaftig und uff gemeinen costen den examinatoribus sampt dem pedellen ein coenam oder nachtmahl und sonst weitters des examinis halben nichts auszurichten, noch zu betzahlen schuldig sein.

Und sollen hiermit auch alle morgen und underzechen, so ettwan hievor mit vilen unnutzen kosten den examinanden ufferlegt und zugerechnet worden,

---

1) C f. 199 verweist auf Liber statutorum f. 27; D f. 33 Zusatz: a baccalaureandis.
2) In D f. 34 am Rande: pecunia pro examine.
3) In D f. 34 am Rande: pro euangelio, und dann locatione.

abgeschafft und verpotten sein und weitter derselben nichts dann, (f. 192) was aus dem fisco facultatis von alters her hierzu erlegt pflegt zu werden, das ist iedes tags, so lang das examen weret¹), drei batzen zugelassen werden.

Wo auch einicher dechan oder examinator, regent oder anderer begriffen wurde, der dem zuwider lebte und die examinanden weiter oder anderst, dann hieoben gemeldt, es geschee öffentlich oder heimlicher weise, beschwerdte und ubersätze, der soll zur straffe solchen den examinanden ufferlegten unpillichen costen fur sich ausrichten und betzahlen und furter zu solchem ampt nit mehr gepraucht werden.

Ferner: so nuhn obgemelter massen das examen und die location ausgericht und volnbracht, sollen die zugelassene und locirte bacularianden von dem dechan, zuvor und ehe die promotion geschicht, gefordert werden, doselbst²) der facultet ihre gewöhnliche pflicht thun und das gelt, so einem ieden fur das bacularint, beides in fiscum und ad enthedram, zu erlegen gepurt, dem dechan also bare und ohne verzug ausrichten und betzahlen, demnach und sonst anderst nit zur promotion und empfahung des titls zugelassen werden.

(§ 124.) Capita quaedam a baculariandis, qui iam collocati sunt, antequam a decano potestatem accipiendi tituli obtineant, data fide promittenda³).

Quod gradum atque titulum hunc iuxta morem et institutum facultatis accipere velint eundemque alibi non repetere;

quod priusquam titulum accipiant, ea, quae facultati debentur et pedello, exolvere, accepto autem eodem prandium secundum ea, quae novissime constituta sunt, (f. 193) facultati et eius collegis praebere;

quod accepto gradu sive titulo nihil publice legere vel disputare velint, nisi id ipsum sciente ac consentiente decano;

quod facultatem ipsam et commodum eius promovere, statuta et leges eiusdem servare, decano, in quibus honestum est ac licet, obedire, caeteros quoque magistros sua quemque ac debita reverentia prosequi velint.

(§ 125.) Von dem gulden, ad cathedram genannt⁴).

Nachdem aber bisanhero nach iungster unsers liben vettern pfaltzgraf Ludwigen churfurstens etc. seliger dechtnus ordination dieienigen, so in diser facultet promovirt werden, dem fisco facultatis nit mehr, dann ein bacularius ein gulden, ein magister zwen gulden zu geben verpflicht und aber davon nit allein die Dionysinner (welche von tag zu tag zunemen und ie lenger ie mehr werden) sonder auch andere vil ausgenomen, auch nach iungster unsers vettern pfaltzgrafen Friderichs seliger dechtnus ordnung hievon in zukhunftigem alle Sapientisten sollen gefreiet werden, derhalben dann der facultet fiscus in ein abgang teglichen erwechst und mit der zeit dahin komen möchte, das er seine uffgesetzte gepühr

---

1) In D f. 34 am Rande: pecunia a fisco pro examine.
2) In D f. 34ᵇ am Rande: collocati qua conditione ad promotionem debeant admitti.
3) Im Entwurf (C f. 200ᵇ) ist dieser Paragraph später zugefugt. Am Rand: Nota: huc pertinent capita bona fide promittenda, quae in libro statutorum continentur fol. 28 fa.ᵇ; dann Nota: Domini Micylli compositio.
4) Von hier an fehlen in C 13 Blatter.

und kosten, so ierlich uff die disputationes und anders gehet, nit mehr erhalten oder ertragen konnen wurde, hergegen aber der gulden, den man cathedralem nennet, welcher von alters hero von allen promovenden, unangesehen, ob deren einer reich oder arm, ein Dionysianer oder anders, zugleich erlegt und, under die persohnen facultatis oder zwelf regenten alle zugleich getheilet zu werden, gegeben; und aber nun ettlich iar hero allein von den vier regenten, so nach der bursen vereinigung plieben, eingenomen und getheilet, aber (f. 194) doch die mühe und arbeit des decanats, des examinirens und, was weiter dieser facultet uber iar zu verrichten gepurt, den ander dieser facultet persohnen gleich so wol, als den regenten ieder zeit ufferlegt worden, dieweil dann auch vormahls von obgenantem gulden und desselben anstheilung ordnung furgenomen, aber demselben bisanhero geordenter massen nicht nachkomen worden, und wir nuhn in diser unser ordination den obgemelten regenten ein andere pessere und gewissere besoldung hinfur ierlichen zu reichen und auszurichten verschafft und befohlen haben. Hierumb und aus oberzelten ursachen, so wollen wir ernstlich, das obgemelter gulden ad cathedram hinfur iederzeit dem dechan diser facultet, zuvor und ehe die promotion beschicht, neben dem andern gelt, so ad facultatem gegeben wurdt, erlegt und ferner, wie hernacher unter dem titl vom fisco diser facultet geordenet und bescheiden wirdt, ausgetheilt werden soll.

Und damit sich die regenten der arbeit des promovirens nach der translation und veränderung obgedachts guldens ad cathedram nicht zu beschweren oder dernhalben zu beclagen haben, so ordenen und setzen wir ferner, das hinfur der promotor aus allen personis facultatis artium ieder zeit nach ihrer ordenung constituirt soll werden, doch mit diser bescheidenheit, da es deme, welchen die ordnung also betrifft, unbequem und entgegen, sich darzu geprauchen zu lassen, soll er an seine statt einen andern darzu zu bestellen gut, fug und macht haben.

Und solchem promotori der bacularorium soll fur seine arbeit und muhe von dem dechan aus den gefellen facultatis ein gulden[1]) gereicht und betzahlt werden, mit welchem er auch zufriden sein und weiter von den promovenden, es sei fur die quaestiones oder sonst, wasserlei namen dasselbig haben möchte, nichts fordern oder einichen uffsatz und neuerung nicht machen. (f. 195.)

(§ 126.) Von dem prandio der baculariorum.

So nun, wie obsteet, alle ding ausgericht, auch die promotion der bacularien uff bestimpten tage gehalten und volnbracht worden, sollen alsdann die promoti denselben tag alsopald dem dechan und der facultet sampt andern, denen solchs, wie hernach volget, gepuirt, ein prandium zu geben, wie von alters hero, schuldig sein.

Dieweil aber nuhn vil iar hero grosser mißbrauch und vil unnöttiges kostens eingerissen und von tag zu tag, wie wir bericht werden, noch alltzeit zunimbt und auffsteigt, zu dem, das auch sonst alle ding, sonderlich aber, was zur essenspeiß dhienet, ie lenger, ie mehr betheurt und schwer zu bekomen, derhalben dann vil studiosen solche gradus zu begehren und derselben titln zu erlangen abgeschreckt und hinderstellig gemacht werden, so ist unser ernstliche meinung und wollen, das hinfur in der promotion baculariorum, der seien vil oder wenig, niemand weiters[2]) dann die facultet und derselben professores, regenten und ge-

---

1) In D f. 36 am Rand: promotori quid pro labori sit dandum.
2) In D f. 37 am Rand: ad prandium qui uocari debent.

lopten persohnen oder consiliarien sampt dem rectore, syndico und notarien und beiden pedellen zu den prandiis geladen und beruffen werden sollen.

Dergleichen soll auch in promotionibus baculariorum kein coena[1]) furter gehalten oder die promovirten dasselb zu betzahlen schuldig sein, und dieweil diser unser ordnung nach nit viles oder weidenfftiges ladens vonnötten, wollen wir, das hinfurter der pedell mit zweien oder zum hochsten mit dreien baculari- anden (welche der dechant aus den promovenden darzu verordnen wurde) den nehsten tag zuvor umbher gehen, die obgenannten persohnen, wie gepreuchlich, von ihrer und der andern promovenden wegen laden und dann dem pedellen der- halben durch alle promovenden ein ort eins gulden entricht, aber sonst desselbigen abents weder den examinatoribus, noch iemands andern einiche coena oder nacht- mahl (wie bisher bescheen) zu noch mehrer ringerung des costens nicht gegeben (f. 196) werden soll, allermassen wir auch hiemit verordenen, so die auffrechnung des prandii beschicht, desselbigen tags nur ein prandium dem decano, examina- toribus und promotori auf der promovirten costen zu reichen und sonst denselben oder iemands anderm einichs coenam, gelt oder anders gar nicht zu geben oder zu erstatten.

Wo auch der dechan, promotor oder examinator einer oder mehr under- steen wurden, hirinnen einiche practic, neuerung oder weitere uffsatzungen zu erdenckhen und zu suchen, oder sonst wasserlei weise solche gescheen mochte, anzurichten, dardurch die promovirten ettwa weiter, dann obsteet, beschwert und ubernomen wurden, derselbig soll solchs ungepurlich auffgelegt und ubernomen gelt und kosten fur sich zu erstatten und betzahlen schuldig sein, und furter zu solchem ampt, dorin er der zeit were gar nicht gezogen, noch gepraucht, sonder als ein unwürdiger gentzlichen entsetzt sein und pleiben.

Item: dieweil auch der prauch gewesen, das die promoventen ein Diony- sianer am prandio zu erlegen frei gehalten haben, lassen wir es pleiben, so der promoventen uber neun sein, das alwegen ein arme persohn, es sei ein Dionysianer oder sonst einer, doch das er seins studirns und tleis halben solchs werth und würdig seie, frei gehalten werde; wo aber die zahl der promoventen geringer were, sollen si solchs zu thun nicht schuldig sein, welchs wir dann auch zu gleicher gestalt, wie alhie vom baculariat gesetzt, im magisterio wollen gehalten haben.

(§ 127.) Vom process, so in examine magistrandorum soll gehalten werden.

Verners aber die magistranden und derselben examen belangend, sovil daz erst und privat tentamen betrifft, soll es allermassen, von anfang bis uff die erste praesentation, gleich wie von den bacularianden (f. 197) geordent und gesatzt, gehalten werden, allein das die magistranden, zuvor und ehe si zum privato examine zugelassen, neben andern gewohnlichen puncten, wie nachvolget, auch ihres alters halben gefragt, damit sie nit zu iung und kindisch zu disem titl pro- movirt und befurdert.

Capita a baculariis magisterium ambientibus ante privatum examen data fide promittenda.

Principio bona fide unusquisque in se recipiat atque affirmet, se infamem non esse.

---

1) In D f. 37 am Rande: coena in baccalaureatu abrogata, dann: pedello pro labore.

Deinde promittat, quod ea, quae inter examinandum privatim atque secreto dicta factave fuerint, nullo modo foras efferre atque evulgare velit.

Postremo, quod si propter ignorantiam atque imperitiam suam aut malam famam aut denique quamcunque probabilem atque idoneam causam (quod deus avertat) reiici ipsum, sive alium quemvis forte contingat, eam rem non solum nullo pacto neque per se ipse, neque per alium, dicto vel facto, aperte vel tacite, quocumque tandem modo persequendo laedendove unum vel plures, facultatem vel universitatem ulcisci; verum etiam, si quem alium tale aliquid machinari atque etiam invito et nolente se, qualemcumque vindictam atque ultionem instituere molirive intelliget ac sentiet, illum ipsum pro ea religione ac fide, qua uni universitati et eius rectori obligatus est, deferre atque indicare velit, atque haec omnia citra dolum et fraudem ita, ut inter aequos ac bonos fieri aequum est.

Nachmals aber und auff solche vorgeende verpflichtung, so das privatum examen oder tentamen angefangen, soll ein ieder insonderheit drei gantze stunden, die erste in der dialectic und rhetoric, die ander in der phisic und ethic, die dritt und letzte in der mathematic furnemblichen examinirt und verhöret werden. (f. 198.)

Nachdem aber sollich tentamen vollendet, sollen die, so furter zu dem offenen examine zugelassen, durch den pedellen beruffen[1]), und so sie demselben seine vererung fur das proficiat ausgerichtet, auch den tentatoribus ihres gunsts und geneigten willens gedanckht, alsdann uff bestimpte stundt zur praesentation gefordert und doselbst dem cancellario der universitet oder seinem statthalter offerirt und mit einer commendation durch der tentatorn einen augetzeigt und befohlen und weiter nunb zeit und statt zu dem volgenden examen gebetten werden.

Und fur solche bis doher in tentamine gehabte muhe sollen die candidati, zuvor und ehe si in das tentamen komen, ein ieder fur sich ein gulden den tentatoribus erlegen, welches gelt nachmahls unter die tentatores und den dechan zugleich getheilt und der dechan fur zwo persohn gerechnet werden. Zu ende aber des tentaminis sie samptlichen zur praesentation dem cancellario oder seinem statthalter ein maß clareth und ein pfund zuckhers und ein ieder dem pedellen ein patzen fur das proficiat und nach gehaltener praesentation den tentatoribus allen samptlichen ein nachtmahl und sonsten weiters nichts, weder pro consilio den regentibus oder anders iemand, zu geben schuldig sein.

Nachdem dann die erste praesentation gescheen und das offentlich examen von dem cantzler oder seinem verweser uffgethan und erlaupt worden, sollen alsdann die examinanden ihrer vorgethanen gelübde, so sie zu anfang des tentaminis den tentatoribus gethan, wider erinnert nnd gleichermassen von dem cancellario, wie vorhin von dem dechan, mit erstattung der pflicht auff nachgeende puncten angenomen werden.

(§ 128.) Capita a baculariis privatim examinatis ac praesentatis, priusquam ad publicum examen descendant, cancellario (f. 199) aut vices eius gerenti data fide promittenda. Sunt autem eadem fere, quae et privatim examinatoribus promittuntur.

Principio unusquisque bona fide in se recipiat atque affirmet, se infamem non esse.

Deinde promittat, quod ea, quae inter examinandum a magistris disputando aut a baculariis et candidatis respondendo dicta factave fuerint, caeteraque huius

---

[1]) In D f. 39 am Rande: examen iudiciumque iuste sit instituendum.

generis privatim atque secreto ad examen pertinent, neutiquam foras efferre atque evulgare velit.

Postremo quod si forte propter ignorantiam atque imperitiam suam aut malam famam aut denique quamcumque probabilem atque idoneam causam reiici (quod deus avertat) vel ipsum vel alium quemvis contingat, eam rem non solum nullo pacto neque ipse per se, neque per alium dicto vel facto, aperte vel tacite, quocunque tandem modo persequendo laedendove unum vel plures, facultatem vel universitatem nlcisci, verum etiam, si quem alium tale aliquid machinari atque etiam invito et nolente se qualemcumque vindictam atque ultionem instituere molirive intelliget ne sentiet, illum ipsum pro ea religione ac fide, qua rectori atque universitati obligatus est, deferre atque indicare velit, atque haec omnia sine dolo et fraude ita, ut inter aequos ac bonos fieri aequum est.

Auf erstattung aber solcher pflicht sollen die candidati sechs tage nach einander offenlich, den ersten in der dialectic, den andern in der rhetorie, den dritten in der phisic, den virdten in der ethic, den fnnften in der mathematic, den sechsten und letzten in den methaphysicis und sonst allen zufelligen fragstucklen, so man das omne scibile pflegt zu nennen, examinirt und befragt werden.

Und so dis alles obgemelter massen bescheen, soll man zuvor und, ehe das examen beschlossen und die ander praesentation gehalten (f. 200) wurdt, den letzten morgen ie zweien und zweien magistranden ein thema oder quaestion, welche der ein affirmative, der ander negative tractirn und bestreiten sollen, furgeben und daruff nach solcher disputation der beschluss examinis ervolgen.

Aber[1]) nach dem beschluss des examinis sollen die examinatores mit sonderm ernst und fleiss die cognition der examinirten furnemen, alsdann: auch, nachdem ein ieder seiner geschickhlichkeit halben tuglich und wurdig ist, die location examinatorum et admissorum beschreiben und uffzeichnen, doch dieselbige location ehe nicht promulgiren, dann es haben die examinati (sovil deren ad hunc gradum zugelassen weren) zuvor, wie preuchlich, gedanckht, volgends aber und zu der zeit der praesentation die location durch den pedellen offentlich proclamiren und ein ieden an seine deputirte statt verordenen lassen, darumb dann auch ein ieder examinatus, so zugelassen ist, dem pedellen ein patzen fur das proficiat nusrichten soll, doch das auch ante publicationem locationis die examinati et admissi dise nachgesetzte puncten und artickhl bei hand gebenden treuen verheissen und angelobt haben.

(§ 129.) Capita ante locationem data fide promittenda.

I. Quod loco atque ordine quisque suo ita, ut ab examinatoribus locatus atque ordinatus fuerit, contentus esse velit;

II. Quod licentiam sive potestatem accipiendi tituli a cancellario aut vicem eius gerente accipere nolint, priusquam decano pecuniam facultati debitam persolverint ac numerarint, exceptis tamen Dionysianis et famulis contubernalibus, et si qui alii eius conditionis sint, ac eorundem Dionysianorum libertate hac parte utantur. (f. 201.)

III. Quod quae examinatoribus pro honorario, pedello pro collocatione et deinceps pro licentia accipienda debentur, suo quaeque loco ac numero sine detractatione persolvere velint.

So nun sollichs auch, wie obsteet, ausgericht und bescheen, soll alsdann die ander praesentation gehalten werden, zu welcher die magistranden alle und ieder

---

[1]) In D f. 41 am Rande: Ordo locationis.

insonderheit, wie sie von den examinatoribus zuvor und in der geheim locirt und ihrer kunst und geschickhligkeit nach geordnet werden, offentlich beruffen und ausgeschriben werden, und demnach der erst ein gulden in golt, der ander drei ort eins gulden, der dritt und volgends die anderen alle hernach ein ieder ein ort dem pedellen pro locatione in das beckhen erlegen.

Dorauff sollen si abermals dem cancellario oder seinem verweser durch der examinatoren einen offerirt und befohlen und furter umb die licentiam von demselben uff benannte zeit zu empfahen gepetten werden. Aber ehe und zuvor der cantzler sein antwort gibt, sollen die magistranden alle und ein ieder insonderheit der universitet uff nachvolgende puncten und artickhl einen leiblichen eide erstatten.

(§ 130.) Juramentum magistrandorum corporaliter praestandum coram cancellario in ultima praesentatione.

1. Quod magisterii titulum, accepta licentia iuxta morem et consuetudinem facultatis in hac schola, accipere eundemque alibi nusquam repetere atque iterare velint;
2. Quod artes honestas ac liberales pro suo quisque ingenio ac facultate provehere, ornare ac (f. 202) tueri velint, nullius generis disciplinae dogmata recepta vera et usitata odiose ac petulanter labefactare, ab iis, qui pacem et tranquillitatem studiorum sophisticis et seditiosis disputationibus perturbant, abstinere, honorem ac dignitatem magisterii accepti neque prostituere, neque moribus molestis ac pravis deformare velint;
3. Quod denique facultatem ipsam et commodum eius promovere, statuta et leges eiusdem servare, decano, in quibus honestum est ac licet, obedire, caeteros quoque magistros sua quemque ac debita reverentia prosequi velint.

Hoc iuramento corporaliter praestito simul etiam bona fide continuo promittant:

Quod antequam licentiam accipiant, facultati et eius pedello, quae iisdem ex hac novissima constitutione debentur, persolvere, accepto autem magisterio quoque prandium secundum ea, quae novissime constituta sunt, praebere velint.

Nach diser beschechnen beeidigung aber soll alsdann der cancellarius oder sein verweser den examinirten die zeit, zu deren sie die licentiam empfahen sollen und mögen, ernennen.

Und umb des willen soll auch ihme dem cancellario nach altem geprauch von den examinatis und ad licentiam admissis samptlichen die verehrung mit einer maß clareth und ein pfund zuckhers uberantwort und einem ieden examinatori mit sampt dem cancellerio ein ehrlichs und gepurlichs birreth verehrt und begabt, auch nach gehabter praesentation abermahls, wie hievor, zu einem nachtmahl geladen, weiter aber, außgenomen, was dem pedello fur sein gerechtigkeit gepuirt, die examinati nichts zu betzahlen oder zu geben beschwerth, noch verpunden werden.

Und demnach in kurtzen iaren ein grosser mißbrauch mit vilem uncosten und beschwehrnus der promovenden eingerissen, das beide die tentatores und examinatores teglichen ihre morgen und underzechen gehalten, darzu (f. 203) geste geladen und derselben expens und entgeltnus zu erlegen den promovenden zugerechnet und heimgewiesen haben, ordenen und setzen wir, das hinfur solche zeche und unnutze expens und costen sollen abgestellet und underlassen werden, und die tentatores und examinatores mit den ietzt verordenten besonderen verehrnugen sich benugen lassen und zufriden sein, auch weiter, es sei in dem tentamine oder examine, den promovenden dis orts nichts uffrechnen bei peen und straff, wie hievor vom baculariat derhalben geordnet, gesetzt und benennet worden ist.

Jedoch unbenomen des, so bishero in den tentaminibus aus der facultet fisco zu den refectionibus gereicht, das auch hinfurbas unabgethan sein soll; aber in den publicis examinibus umb der zukomenden frembden leuth willen geben wir zu, das aus dem fisco facultatis eins ieden tags, so lang dasselb examen diser unser ordnung wehrt, funf batzen geordenet und verzert werden mogen, doch das damit alle andere uncosten abgeschnitten und deswegen weder die promovenden, noch iemands anders einicher beschwehrung zu gewarten habe, es wolte dann der examinator einer aus seinem seekhl weiters zehren, das solte ihme die orts, doch ohne verhinderung des examinis, zimlicher massen zu thun unbenomen sein.

Dergleichen auch, dieweil in den praesentationibus nit wenig mißprauch und uncosten eingerissen, also, das in kurtzen iaren die sach dohin geraten, das ettwan dieselben am costen höher oder in gleich so hoch als die prandia uffgestigen und gemehrt worden, demnach so ist unser will und meinung, das solchen unnutzen costen hiemit zu ringern, hinfurter zu der ersten praesentation niemand weiter dann die artistenfacultet sampt dem rectore und den ordinariis diser artistenfacultet professoribus, zur andern aber die obgemelten rector und ordinarii aller faculteten und aus unser cantzlei nach altem prauch die gewohnlichen personen (ausgeschlossen aller vermeinten gerechtigkeit der regenten und derselben fautorn, auch der geste, so die tentatores und examinatores, dergleichen auch ettwan andere mit sich hinein zu schleppen (f. 234) gepflogen und in summa aller andern personen, so hierin nit specifice bemeldt seien) geladen und beraffen und in summa die sachen dis orts allerding dermassen angestellet und gerichtet werden, damit die promovenden durch beide praesentationes bei obgemelter straffe und peen, hievor in dem baculariat ernennet, nicht ubermessig und unnotturftiglich verkostiget oder beschwehrungen zu besorgen haben, welche rechnung ieder zeit der dechan sampt den examinatoribus, zuvor und ehe die praesentationes geschehen, bei ihnen selber uberschlagen und alsdann nach anzahl und vermögen der promovenden dieselben anstellen sollen.

Wann aber das examen allerding vollendet und die praesentationes, wie obsteet, gehalten worden, sollen alsdann die magistri praesentati und admissi, zuvor und ehe der ernente tage licentiam zu nemen erscheinet, von dem dechan gefordert und ihnen doselbst die gewohnliche artickhl und puncten, deren sie sich der facultet zu thun verpflicht haben, furgelesen werden, welche sie auch darauf mit handgebenden trenen geloben, und das gelt, so sie der facultet zu erlegen geschwohren, das ist ein ieder drei gulden, die zween von alter her und den dritten, so der facultet nach transferirtem cathedrali, wie obsteet, zugewachsen, oder so einer ein Dionysianer, Sapientist oder anderer were, so des gelts ad facultatem zu geben gefreiet und privilegirt, des obgenanten gelts das halb theil dem decano bar und ohne verzug erlegen und betzuhlen und also volgends zur promotion und empfahung des titls mit vorgehender licentiatur zugelassen werden. Und zu solcher promotion soll abermahls der dechan ein promotorem aus den regenten, oder so es derselben keinem wolte gelegen sein, aus den andern diser facultet personen, dieweil nunmehr der gulden ad cathedram der gantzen facultet heimgewisen ist, zu verordenen und zu bestellen schuldig sein, welchem alsdann zween gulden fur sein belohnung ex fisco und durch die promovenden oder magistranden samenthaft ein ehrlich gepuhrlich bireth nach altem herkomen (f. 205) zur verehrung gegeben und zugestellet werden, mit welchem er also zufriden sein und weiter von denselben promovenden nichts weder fur die quaestiones oder auch anderß begehren, fordern oder einichen andern neuen uffsatzs erdenckhen oder machen soll.

Es sollen auch diejenigen, so promovirt werden, iederzeit in ihrem gepührlichen ornat und braunen bireten nach ordnung und altem herkomen der schulen erscheinen und nit also liderlicher, spöttischer weise aus ihren insignibus und zierden ein unnutz gespeihe und fatzwerckh machen, sonder ein ieder sein titl ansehen, betrachten und wie gros solche dignitet an ihr selber, auch hievor allezeit von den alten geacht und gehalten worden, fleissig und mit ernst bedenckhen.

(§ 131.) Capita a magistrandis apud decanum data fide promittenda.

I. Quod decreta sive statuta facultatis artium, quoad sciet ac poterit, servare facultatemque ipsam, ad quemcunque statum pervenerit, pro virili sua parte tueri ac promovere velit;

II. Quod neque gradum ac titulum magisterii, in hac schola et ab eo, quem decanus et facultas ad hoc delegerint, acceptum, alibi repetere atque iterare, neque deinceps in eadem hac schola publice aliquid, nisi cum consensu decani et temporibus a facultate concessis, profiteri, docere ac disputare velit;

III. Quod ornatu vestituque deinceps honesto ac literato conveniente uti, ab omni protervitate et insolentia barbarica ac stratiotica abstinere, denique qaecumque magisterii dignitatem et gratiam hanc decent, ea persequi ac facere velit;

IV. Postremo quod, quae honorarii loco debentur, ut pro usu tapetiorum facultati bini rotati, pedello pro laboribus terni nummorum (f. 206) solidi, pro se ac singulatim quisque persolvere, decano autem, examinatoribus et quibus aliis hoc idem debetur, una cum reliquis eodem tempore eundem honorem ac titulum accipientibus convivium honestum ac liberale secundum ea, quae novissime constituta sunt, praebere, in id, quod res et rationes postulabunt, pro sua quisque portione contribuere, ibidemque neque insolenter atque immodeste aliquid agere, neque quod ad damnum ac detrimentum alterius, aut etiam ad dedecus et ignominiam scholae pertinet, vel ipse facere, vel per alios moliri aut fieri ullo modo curare velit.

(§ 132.) Von dem prandio der magistrorum.

Sovil das prandium der magistrorum belangt, ordenen und wollen wir, das darzu ferner niemands geladen noch zugelassen werde, dann rector universitatis, decanus facultatis artium sampt dem gantzen collegio derselben facultet, auch alle ordinarii professores der universitet sampt den persohnen aus der cantzlei, auch schultheiss und burgermeister zu Heydelberg und die beide pedellen.

Und wie hievor von dem bacularait gemeldet, so soll der gross uncosten in den caenis und machtmahln, so bishero aufgewendet, auch gemessiget sein, dergestalt, das uff dem tag der promotion niemand weiters, dann das gantz consilium facultatis artium, derselben publici professores und regenten contubernii oder bursae principis mit sampt dem rectore und seinem pedellen ad caenam beruffen, zuvor aber und uff den tag, da man zum prandio zu laden pfleget, niemand weiters, dann dieienigen, so mit dem promotore und pedellen geladen haben, deren auch nit uber funf sein sollen, mit einem nachtimbs ihrer gehabter mühe ergetzung zu empfahen haben; und in summa sollen dechan und die examinatores dermassen die sachen zuvor uberschlagen, die zahl und summam der gest, beides zu dem prandio und in caena, also anstellen und vergleichen, das die promovirten zum leidlichsten gehalten und uber die gephüre (f. 207) laut der ordnung nicht beschwerth werden.

So soll auch der pedell zu iederzeit des prandii und caenae umbher geen und die, so geladen sein, uffzeichnen und vermerckhen, dieienigen aber, so sich eigens furnemens und willens selber eingetrungen, erkhundigen und den würth anzeigen, welcher alsdann denselben oder dieselben insonderheit besprechen und das verzehrt gelt, so hoch solch prandium oder caena verdingt ist, von ihnen und gar nicht von der facultet oder den promotis zu fordern und einzunemen haben soll.

Sonst aber mit der uffrechnung lassen wirs allerdings gleich, wie hie oben von dem baculariat verordenet, auch disfals verpleiben.

Item: nachdem in diser facultet der standt und grade der bacularien, so ettwa buttellarii, wie etlich halten wollen, genant werden (welches wort nach alter frantzosischer sprachen dieienigen bedeuten soll, so als newe und angeende kriegslent das erst mahl an die schlacht getretten und gegen ihrem feind gefochten haben) fur sich selbst numehr und zu unsern zeiten nit also hoch oder furtreglich, sonder allein gleich als ein staffell und underscheid, dardurch die obern und eltern studenten von den undern inngern abgetheilt und underschieden, pflegen gehalten zu werden, gleich wie auch die Pythagorischen discipell ein zeitlang zuhörer allein, nachmahls aber mathematici und physici genent worden, derhalben dann auch bei ettlichen schulen der pranch, das obgemelter titl und grad gar underlassen und keinem insonderheit und allein, wie sonst gewöhulich ist, gegeben würdet, hierumb so wollen wir nit gewehrt oder verpotten haben, so ettwa ein sonder berumbter gelehrter und verstendiger mann hiehero keme oder vorhanden, der da noch nit bacularius were und aber doch das magisterium zu erlangen begert, das mit demselben uff ansuchen und erkentnus der universitet der dechan und die facultet deshalben dispensiren und, wie bei der iuristen facultet der branch, ihme das magisterium (ohne empfahung des bacularials) solenniter gereicht und conferirt werde, doch das er zuvor fur sein baculariat ein disputation in artibus halte, dem dechan und dem praesidenten sampt dem pedellen daruff ein (f. 208) prandium gebe und nachmals, so er promoviren will, der facultet sechs gulden, das ist wenig mehr, als sunst beide gradus erdragen, in den fiscum ausrichte und betzale.

Es soll aber in solche dispensation der rector und universitet nit leichtlichen verwilligen, es sei dann die persohn, so solchs begert, uber die zweintzig iar und sonst ihrer geschicklighkeit, kunst, guter sitten, wandls, lebens und ansehens halb[1]) dermassen gethan, das sie meniglich hietzu tuglich und solcher dispensation würdig erkhennen und halten thue.

Dergleichen soll auch sonst nit leichtlich zu einichem grad, es seie der zeit oder versaumpten lection und exercitien halben, nit iemand dispensirt werden, sonder zu beiden grad und titln die ingent angehalten, das sie ihre verordente lectiones visitiren, ihre exercitia ausrichten und complirn und in solchem keinem ohne sonderliche ursachen ettwas nachgelassen werden.

---

1) Hier beginnt C wieder mit f. 214.

Wo auch einer promovirt zu werden begert und er der zeit, versaumpten lection oder underlassenen exercitien halben, ettwas mangelhaftig were, mit dem soll und mag man, sovil die zeit und lection belanget, nach ermessigung der facultet handln und ihme pro disputatione ein geltstraff ufferlegen, aber fur ein iede underlassene responsion (welcher doch uber eine oder zum hochsten zwo nit sein, auch derhalben ohne sonderlich erhebliche ursachen nit dispensirt werden soll) zur straffe ein ort eins gulden ernstlichen erfordert[1]) und durch ein ieden dechant, zuvor und ehe die promotion geschieht, dem fisco ohn einiche weitere vertheilung allein zuzueigen und zu verreichen eingetzogen werden.

Und nachdem ferner auch ein alter hergebrachter prauch, das ein ieder neuer promovirter magister zu bewehrung und beereftigung seines titls ein disputation zu halten verbunden und verpflicht wurd, aber vilmahls gescheen, das ettliche ohnangesehen solcher verpflichtung und unerstattet, was sie zu thun schuldig gewesen, hinweg und davon getzogen seint, doraus dann ettlich mahl gevolget, das die facultet aus ihrem (f. 209) fisco zu nit geringem abgang derselben besondere magistros disputatores bestellen mussen, hierumb und solchem zufurkomen, so wollen wir, das ein ieder magistrand, zuvor und ehe ihme der gradus conferirt wurdet, dem dechan ein ort eins gulden fur solche obgemelte verpflichte disputation erlegen, und so er nach empfangenem titl alsdann seine disputation selber ausricht, alsdann solch ort von eim ieden decano wider zu gewarten und gleich andern alten praesidentibus magistris zu empfangen haben solte; weiter aber soll er disfals nichts zu erlegen schuldig sein.

(§ 133.) Von den extraordinariis lectionibus und frembden magistris[2]).

Wie wir hievor von den andern faculteten bescheiden und zugelassen, das ein ieder doctor, so hie promovirt oder sonst von seiner facultet auffgenomen und derselben gelopt ist, soll macht haben, ettwas publice gratis, oder privatim umb ein belohnung zu lesen, doch das solchs zun zeiten und stunden, so sonst andere derselben facultet ordinarii und professores ledig sein, auch niemand zu trutzs oder nachtheil beschee, also setzen wir und ordenen, das auch in diser facultet ein ieder magister, so alhie promovirt, oder sonst uff gepuhrliche kuntschaft und testimonia seins titls und grads von der facultet uffgenomen und derselben gelopt ist, möge ettwas aus den artibus liberalibus der philosophi und derselben exempln oder authoribus zu zeiten und stunden, do man sunst ordinarie in diser facultet nit pflegt zu lesen, privatim und in seiner wohnung umb gelt, publice, aber gratis, doch mit vorwissen und bewilligung des decani, zu profitiren und zu lesen furnemen.

Dergleichen auch, wo ein frembder und anderswo promovirter magister hieher keme und von der facultet angenomen zu werden begerte, soll ihme solchs nit abgeschlagen werden, doch das er zuvor, wie obstect, seine gepührliche (f. 210) testimonia des titls und nahmens ufflege und weise, dem decano zween gulden in fiscum erlege, dabei sein gepurliche eide und pflicht thue, auch dem pedellen seine gerechtigkeit ausrichte und nachmols, so er uffgenomen worden, erstlichen ein disputation publice und gratis, die man pro loco nennet, und ferrer sich auch den andern magistern, wie sich gepuirt, ähnlich und gleichmessig halte. Also auch, so ein bacularius anderswo promovirt worden und alhie bei unser universitet

---
1) B hat (f. 400) „ernstlichen erfordert" ans Ende gesetzt.
2) C f. 214 b.

under diejenigen, so gleichs titls seint, sich aufzunemen begerte, soll er der facultet seine gepurliche gelübde thun und dem fisco einen gulden, auch dem pedello sein gerechtigkeit ausrichten und erlegen und alsdann den andern unser universitet bacularien gleich gehalten werden.

(§ 134.) Juramentum adventitiorum magistrorum[1]).

I. Quod artium facultatem promovere, statuta decretaque eius, quoad sciet ac poterit, servare, decano, in quibus honestum est ac licet, obedire, partium studia, quaeque ad dissolvendam concordiam ac pacem huius ordinis pertinent, neque alere neque sectari, denique non solum facultatem, sed et universitatem Heidelbergensem pro virili sua parte tueri atque defendere velit;

II. Quod statim ab eo, quando receptus fuerit, proposita ad disputandum quaestione una vel pluribus, disputandi copiam magistris caeteris facere, obiectionibusque illorum respondere, ipsas autem positiones, antequam in medium allatae fuerint, decano inspiciendas exhibere, nec nisi illaesas et integras ita, ut a decano visae fuerint, disputandas proponere; (f. 211.)

III. Quod neque authorem aut scriptorum aliquem publice intra annum profiteri aut legere, neque quaestionem aliquam sive ipse repetendo, sive alteri respondendo disputare velit, nisi decano et facultate super eo consultis et eorum consensu ac voluntate impetrata.

Deinde bona fide promittat:

IIII. Quod receptus decano facultatis duos florenos ad fiscum referendos, pedello autem honorarii causa quartam auri partem persolvere velit.

(§ 135.) Capita baculariorum adscriptitiorum bona fide promittenda[2]).

I. Quod statuta sive decreta facultatis, quoad sciet ac poterit, servare, decano, in quibus honestum est ac licet, obedire, collegium atque magistros eiusdem facultatis honore debito prosequi, totam denique tam universitatem hanc, quam facultatem, ad quemcumque statum perveniet, promovere velit;

II. Quod publice neque in philosophia, neque in caeteris autoribus profiteri aliquid aut enarrare velit, nisi eius rei accepta a decano potestate, iisque temporibus et horis, quibus alias publice et ex more scholae non legetur;

III. Quod vestitu velit uti honesto ac literato convenienti neque supra conditionem ac statum suum sese efferre neque ea, quae magistrorum propria sunt, sibi usurpare.

Postremo bona fide promittat:

IIII. Quod simul atque receptus fuerit, decano unum florenum ad fiscum facultatis referendum, pedello autem decani partem aurei quartam persolvere velit[3]). (f. 212.)

---

1) C f. 215ᵇ; mit Verweisung: vide lib. statut. f. 37ᵃ.
2) C f. 216ᵇ, mit Verweisung: vide lib. statut. f. 38ᵇ.
3) Hier tritt wieder eine Lücke in C ein; es fehlen f. 217—230, 14 Blätter.

(§ 136.) Vom fisco diser facultet.

Wie wir nun hievor von der universitet ingemein und den dreien oberen faculteten einer ieden insonderheit gesetzt und befohlen, das derselben ein iede zu ihrem nutzen und furrath ein eigenen fiscum oder behalter haben, dorin sie ihre gemeine gefelle und einkomens hinlegen und bewahren soll, also ist auch hie diser der artisten facultet halben unser ernstliche meinung und wollen, das dise obgemelte facultet, gleich den andern, ein eign seckhl oder fiscum allzeit habe, dorinnen sie, was von allem ihrem der facultet einkomen ierlichen gefellet, erlegen und denselben fiscum mit dreien underschiedlichen schlossen, deren schlussel keiner das ander schloss uffthue, bewahren und obgedachter schlussel einen dem dechan, die andern zween sonst zweien erfahrnen und alten diser facultet consiliarien zustellen uud vertrauen; welche alsdann, so oft die noth den fiscum uffzuschliessen erfordert, alle drei denselben samptlichen und keiner ohne den andern eröffnen, auch nachmahls deuselben samenthaft wider zu schliessen und ein ieder seinen schlussel widerumb in seine verwahrung zu sich nemen; und so ihrer einer verreisen oder sunst abwesend sein wurde, obgedachten seinen schlussel nit dem decano, sonder einem andern der facultet consiliario, damit in dem fleissig und uffrichtiglich gehandlt werde, bis zu seiner widerkunft zustellen und behendigen sollen.

Item: zu mehrer bestendigkeit und uffwachsen diser facultet sollen der dechan sampt obgemelten seinen zweien zugeordneten nit allein, wie gemeldt, die gefelle und einkomens der facultet, so in den fiscum erlegt, zu verwahren, sonder auch der dechan iedes iars davon der facultet gepurende ausgab und obligen zu erlegen und auszurichten, desgleichen eins ieden iars einnemens und ausgebens dem rector der universitet, auch unseren iederzeit zugeordneten rüthen, wie dessen auch droben[1]) von ordnungen des rectors klerliche satzung bescheen ist, gepurliche rechnung und vergnugens zu thun schuldig sein. (f. 213.)

Wiewol aber hievor in nehster ordination von unserm vettern pfaltzgraff Ludwigen churfursten seliger gedechtnus von den gefellen aller faculteten und derselben austheilung ein gleichlautender bescheid und satzung verordent und gemacht, und wir droben in dem ersten theil diser unser reformation, sovil obgemelte austheilung belangt, diser faculteten halben insonderheit kein weitere meldung gethan haben, iedoch und umb allerhand ursachen willen uns darzu bewegend, sonderlichen aber, damit in allen vier faculteten gleichheit gehalten, auch die persohnen facultatis artium, als denen furnemlich vil mühe und arbeit durchs iar diser facultet und auch der sapientzs wegen zustect, etwas ergetzligkeit desselben geniesslichen zu empfahen: so ist unser ernstlicher will, meinung und befelch, das nuhn hinfurter solcher gulden, den man ad cathedram nennet und bishero durch die regentes bursarum von den promovenden eingetzogen worden ist, in diser facultet seckhl gefallen und durch ein ieden decanum eingetzogen, auch sampt andern der facultet gefellen verrechnet und dann furter die austheilung diser facultet unstendigen gefelle, dorunder dann auch der gulden ad cathedram begriffen ist, volgender massen furgenomen und gemacht werden, und nemlich: so soll das drittheil aller derselben gefelle in der universitet fiscum, das ander drittheil in diser facultet fiscum, davon die beschwehrungen derselben facultet auszurichten, und so was uberstunde, mit nutzen anzulegen, aber das letzte drittheil den persohnen diser facultet under sich in gleiche portiones zu vertheilen gefallen. Wo aber die facultet einicher persohnen in mangl stunde, soll derselben manglenden persohnen portion dem fisco heimbfallen und sonst under die andern persohnen mit nichten

1) S. oben S. 18, § 16.

zu theilen understanden werden, wie auch wir hiemit des decani praerogativam (dardurch er fur zwo persolmen in der theilung gestanden und in ansehen, das er bei diser unser reformation in andere wege mit pesserung seiner besoldung versehen ist) wollen abgethan haben. (f. 214.)

(§ 137.) Ettliche gemeine puncten diser faculteten.

Damit auch der nutzen diser facultet in alle wege bedacht und gefurdert werde, so ist unser meinung, das, wie hievor von dem gantzen rath und consilio facultatis geordnet, also auch insonderheit in diser facultet der dechan zum wenigsten des iars zweimahl, das ist iedes halb iar einmahl, bald nach gehaptem magisterio oder, so der eins underlassen plibe, zu ende des februarii und augusti ein gemeine versamblung und convocation der facultet anstellen und halten solle, darin nit allein er der dechan, sondern ein iede persohn nach der andern, was sich fur mangls oder defect mitler zeit der facultet halben zugetragen, auch was hergegen obgemelter facultet zu gutem komen und reichen möchte, oder auch sonst einer enderung und pesserung bedorft, furpringen und antzeigen sollen.

Und so sich alsdann ettwas zutrüge, dem sie selber zu begegnen oder auch zu befurderen nit gnugsam oder durch die statuten verhindert wurden, sollen sie dasselbig zu nechster gemeiner convocation der universitet an die universitet langen lassen, und so dann dieselbig dorinnen auch nicht zu statniren oder beschliessen wüßte, oder das ohne uns zu thun nit macht hette, soll solches furtter an uns oder unsere rethe gepracht und mit derselben wissen und rath der sachen gerathen und verholfen werden.

Damit aber solcher satzung desto vleissiger und stattlicher nachkomen werde, so wollen wir hieneben, das ein iede der facultet gelobte persohn, so oft sie zu solcher convocation einer ungehorsam sein und auspleiben wurde, ein ort eins gulden[1]) in gemeinen fiscum der facultet zu unnachlesslicher peen und straffe soll verfallen sein, sie wußte dann ehehaftige und nottwendige ursachen und verhinderungen anzuzeigen und klerlichen darzuthun, welche alsdann gehört und zu ermessung und erkantnus des dechan und der facultet sollen gesatzt werden. (f. 215.)

(§ 138.) Statuta facultatis.

1. Principio in hac facultate artiumque doctrina et studio versantes, sive magistri, sive discipuli, secundum rectorem proxime decano suo, in quibus honestum ac licitum est, obediunto, statuta ac leges facultatis servanto, ipsam denique facultatem, quoad scient ac poterint, promovento.
2. Discipuli, quique infra magisterium sunt, suos ac certos praeceptores habento; extra contubernium, nisi apud doctores, licentiatos, magistros aut parentes, non degunto.
3. Qui gradnum causa in proposito studiorum curriculo aliquo versantur, e paedagogumenis egressi, per sesquiannnm aut, ut minimum, annum integrum lectiones, grammaticam, dialecticam et rhetoricam intra contubernium quique suum audiunto, foras autem ac publice ex professoribus poëtam graecumque frequentanto.
4. Qui extra contubernium habitant, exceptis famulis, et qui cum parentibus vel cognatis degunt, quarta temporis definiti parte curriculo longiore multantor.
5. Iidem autem etiam privatim atque intra contubernium quique suum

---

1) In D f. 50ᵇ am Rande: Poena negligentium connocationes.

scribendo, foras autem et in publicis disputationibus seorsim de singulis artibus, in quibus versantur, ut minimum semel, hoc est in universum ter, respondendo exerceantur.

6. Infra decimum quartum annum nati ad bacculariatus petitionem nulli veniunto.

7. Qui vero, gradu ac titulo priore accepto, ulterius ad magisterii dignitatem contendunt, annos, ut minimum, binos in curriculo studiorum, ad eum gradum proposito, deinceps complento; domi atque intra contubernium suum lectiones artium dicendi prosequentes, foris autem ac publice professores ethicae, physicae et mathematicae audientes. (f. 216.)

8. Exercitia quoque iidem disputandi ac declamandi intra contubernium, quoties a regentibus ac praeceptoribus iussi fuerint, obeunto, foris autem et in publicis disputationibus ex artibus huic gradui peculiariter propositis quater respondento.

9. Ante annum vicesimum ad hunc gradum, nisi singulari aliqua de causa, nulli facile promoveantur.

10. In contubernio degentes aut foris cum degant, contubernalium tamen lectiones sive gradunm causa, sive alias audientes, pro honorario et minervalium loco regentibus singuli quotannis aureum persolvunto.

11. Moribus et vita modesti omnes degunto; sermone alio quam latino et pudico inter se nulli loquuntor, nec vestibus, nisi honestis et ab omni militari lascivia et protervitate alienis, utuntor.

12. Magistri qui sunt, neque profiteri docereve aliquid publice, neque disputare sine consensu decani audento.

13. Qui publice docent aut disputant, neque id temporibus ac horis facultatis ordinariis, neque in alterius alicuius detrimentum damnumve faciunto.

14. Praesidentes iidem in disputationibus themata ex artibus huic facultati coniunctis ac debitis proponunto; hieme septima, aestate sexta mane auditorium ingrediuntor, respondentes ipsi secum ad themata singula singulos adducunto, disputandique copiam et facultatem magistris omnibus, etiam hospitibus ac peregrinis concedunto.

15. Disputantes contra modeste agunto, argumenta et obiectiones verbis dilucidis et planis proponunto, neminem procaciter aut contumeliose dictis incessunto, omnia denique ad utilitatem et fructum auscultantium accomodunto.

16. Qui contra fecerint, poena a decano legitima consuetaque, hoc est, dimidio aurei multantor, (f. 217) aut si delictum ipsum gravius fuerit, ad collegium et arbitrium facultatis deferuntor.

(§ 139.) Von diser facultet bibliotheken.

Nachdem auch von alter her dise facultet der artisten ihre eigene und besondere bibliotheckhen und derselben statt und platz oder behausung unter der andern der universitet bibliotheckhen mit aller zugehöre gehabt, die bucher aber, so darinnen gewesen, einstheils, wie wir bericht, entfrembdet und vereussert, die andern aber nit sonderlichen mehr geachtet und in ihrer ordnung, wie sie solten, gehandhapt werden, demnach so ist unser meinung und wollen, das nach uffgerichter und publicirter diser unser ordination alspald die facultet aus ihrem collegio oder rhat zween erwehlen und verordenen sollen, welche sampt dem dechan die ubrigen und zerstreuten bucher diser facultet zusamenlesen und besehen; was noch gut, nutz und preuchlich ist, an sein statt und ordenung, wie sichs gepuirt, widerumb legen und mit schloss und kettlein, wie von alter her, anschnidten und bewahren lassen, die ubrigen aber, so alters halben oder sonst in ein abgang komen und nit mehr zu brauchen oder lesen dienstlich oder fruchtbar sein, uffheben und in ein alten kasten zusamen hinlegen sollen.

Und damit solche bibliotheckh von iar zu iar gepessert und mit gutten, diser facultet zugehorigen und nutzlichen buchern wider erstattet und besetzet werden möge, so wollen wir ferrer, das obgemelte facultet iedes iars nach gethaner rechnunge ein vleissigs uffmerckhen habe, was ihres fisci vermögen, und wie weit es sich uber die ierlichen expens und costen, so uff diser facultet disputationes, examina und andere gepühre gewendt pflegen zu werden, erstreckhe, und demnach, so ettwas merckhlichs am rest oder in residuo were, ohn welches das volgend iar sein gepurliche expens und costen gnugsam haben und erhalten könnte und (f. 218) möchte, von demselben residuo oder rest ierlichen fur ein gulden oder zehen gutte, alte, bewährte und tugliche authores in beiden sprachen zu kaufen verordenen und dieselben von Franckhfurth oder, woher solchs uffs nehst und mit wenigstem costen am besten gescheen kan, pringen, furter einbinden und neben den andern diser facultet buchern, ein iedes an sein gepurende statt, legen und gleich den andern mit kettlein anschmidten und versichern lassen.

Und zu solcher bibliotheckhen soll furnemlichen der dechan die schlussel haben, welcher auch iedes iars die zeit, so der rector die ober der universitet bibliotheckhen pflegt zu besichtigen, alspald hiemden dise der artisten facultet nach laut einer besondern tafel oder register, so in der bibliotheckh daruber angehenckht sein soll, besehen und ersuchen, uff die bucher, ob dieselben noch alle furhanden und gepurlicher massen bewahrt, auch was derselben am meinsten vonnötten und weiter zu kauffen, ein fleissigs uffmerckhen haben, dasselbig furter an die facultet zu gelegener zeit langen und demnach daruber decerniren und beschliessen lassen.

Ferner: soll auch einem ieden diser facultet geschwornen professori publico oder regenten uff sein ansuchen und begehren ein schlussel zugelassen und vergünnet werden, doch das er alsdann seiner der facultet gethanen pflicht auff volgende statuta erinnert werde und derselben nach verspreche, das er sich solcher bibliotheckhen ohn alle gefeerde, betrug und argelist wolle gepranchen, derselben bucher seiner notturft nach und anderst nicht ersuchen, neben ihme niemands frembdes und, was der facultet nit gelopt ist, hinein füren, und so er sunst iemand mit sich hinein gefurt hette, uff denselben acht haben und vor oder ohne denselben nit heraus gehen, und so er heraus geet, die thuren der bibliothecken alsbald nach ihme wider zuthun und beschliessen; auch so es sich begebe, das er sein lectur oder ampt ubergebe und sich anderswohin oder auch in ein andere facultet begeben wurde, dem decano den schlüssell, so er hiezu gehapt, getreulichen und unversehrt wider zustellen und uberantworten wölle.

Hieneben soll auch keinem, weder decano, noch andern professoribus oder regenten gestattet (f. 219) werden, einich buch aus dieser librari hinaus zu tragen und sich desselben fur sich doheime zu prauchen, sonder, so einem etwas vonnötten zu suchen oder abzuschreiben, soll er dasselbig fur sich selber in der librari oder durch ein vertrauten und der facultet verwandten dhiener ausrichten und schreiben lassen, damit die bibliotheckh an ir selber gantz und unverruckht pleibe und zu iederzeit ein ieder, so derselben notturftig, sich deren unverhindert zu geniessen und zu brauchen habe, auch ander unrath, so sich ettwan disfals zugetragen, hiemit gewehrt und verkomen werde.

Zuletzt: wo auch einer begriffen wurde, der heimlicher gefahrlicher weise fur sich selber oder durch ein andern einiches buch diser bibliotheckhen entfrembdet oder mutwilligen eins oder mehr bletter aus einichem buch gerissen oder ausgeschnitten hette, derselbig, er sei hohes oder nidern stands, professor oder anders, soll alspald ohn alle einrede und weitere deliberation von der facultet bei der universitet angetzeigt und beclagt und ferners von dem rectore und der universitet excludirt, proscribirt und verwisen werden.

Und dise constitution, die bibliotheckhen betreffen, sollen auch uff ein tafeln mit grossen verstendtlichen buchstaben geschriben und neben oder bei den eingang vilgemelter bibliotheckhen angeschlagen oder gehenckht werden, damit sich derselben meniglich wisse zu halten und zu bewahren. (f. 220.)

(§ 140.) Capita ab eo, qui claves bibliothecae a decano accipit, fide data promittenda.

I. Primum quod ingredi bibliothecam atque in ea versari velit bona fide, sine dolo ac fraude, indeque exeundo fores fideliter claudere ac observare, neque claves acceptas cuiquam alteri, nisi iurato, committere;

II. Quod introducere neminem velit, cuius integritatem ac fidem habeat suspectam, et ex caeteris si quem introduxerit, ante eundem non exire, nisi alio, eidem bibliothecae iurato, post se intus ac sui loco relicto atque substituto;

III. Quod si ad tempus peregre abiturus aut etiam prorsus discessurus sit, claves easdem decano aut vices eius gerenti bona fide restituere velit, neque eas alteri cuiquam, ne iurato quidem, sine eiusdem decani consensu ac voluntate tradere. (f. 221.)

(§ 141.) Vom pedellen diser faculteten und seiner besoldung.

Als auch löblichen in diser facultet herkomen, das sie zu ihrem geprauch und notturftigen sachen ein gemeinen dhiener und pedellen gehabt, so lassen wir es bei demselben althergeprachten prauch pleiben, wollen auch, das solcher pedell sein zugehorigen dienst und gepühr allermassen ausrichten und versehen soll, wie dasselbig in gemelter facultet statuten, auch in seiner beeidigung, hernach volgend, gesatzt und von puncten zu puncten begriffen und verleipt ist.

Und fur solche mühe und arbeit ordenen und setzen wir, angesehen und betracht allerlei notturft und beschwerdnussen, beide der persohnen und der zeit, das hinfur solchem disem der facultet pedellen fur sein besoldung an statt des fronfasten und rechnung gelt, so ihme ettwa bei den alten zugeordnet gewesen, ierlichen sollen ausgericht und betzahlt werden in fixo und gewisser betzahlung zehen gulden, deren die vier aus der facultet fisco, wie von alter hero, die andern sechs aus des neuen der universitet fisci gefellen gereicht sollen werden, und sonst accidentaliter oder zufelligs einkomens, wie hernach volget.

Anfangs in locatione baculariorum soll ein ieder baculariand, ihrer seien gleich wenig oder vil, dem pedellen pro locatione drei patzen zu geben schuldig sein, nachmahls aber in promotione derselben ein ieder drei schilling pfenning.

Furter in locatione magistrandorum soll der erst magistrand ein gulden in goldt, der ander drei ort eins gulden, der dritte ein halben, der virdt und nach ihme die andern alle ein ieder fur sich einen orth eins gulden. Nachmahls in promotione ad licentiam soll ein ieder licentiand drei schilling pfenning geben, dergleichen in promotione ad magisterium soll auch ein ieder magistrand drei schilling pfenning geben.

(§ 142.) Juramentum pedelli corporaliter praestandum.

I. Quod facultati et eius collegio velit fidelis esse, commodum eiusdem, quoad sciet ac poterit, promovere, damnum avertere, secreta caelare;
II. Quod decanum eiusdem facultatis quotidie offitii causa invisere, dicto eius parere, neque foris et extra urbem, invito aut nesciente illo, pernoctare velit;
III. Quod magistros omnes honore debito prosequi iisdemque in actibus solennibus (quibus ipse ex offitio intererit) praeire, suum cuique locum assignare, neque ullum aliquem magis altero fovere aut contra commodum alicuius impedire velit;
IIII. Quod omnibus universitatis actibus solennibus, quibus decanus aut, qui vices decani gerit, ex offitio interesse solet ac debet, cum baculo praesto adesse, neque inde discedere, aut stationem suam relinquere velit, quamdiu alter idemque universitatis pedellus eodem loco manebit, nisi eodem tempore decani et facultatis suae negotiis aliis atque diversis avocetur legitimisve de causis alibi retineatur;
V. Quod in examinibus eorum, qui ad graduum honores facultatis huius contendunt, magistris examinatoribus per so ipse ac sedulo adesse ministrareque velit, impensas ac sumptus factos cum fide recensere, in praesentationibus quoque aliisque cuiuscumque generis prandiis et refectionibus facultatis, ut fideliter ac vere omnia gerantur supputenturque, curare, neque in commodum suum, aliorum autem damnum ac fraudem quicquam intercipi, subduci aut alias fraudulenter agi sciens permittere ne pati;
VI. Quod reditus facultatis ac nomina fideliter colligere, collectam pecuniam decano quam primum ac statim numerare ac tradere, utensilia quoque facultatis sibi commissa diligenter asservare, eorum, quae usu et aetate attrita aut alias corrupta atque amissa interierunt, (f. 223) rationem decano reddere, auditorium quoque facultatis huius et bibliothecam conversam mundamque habere velit;
VII. Postremo, quod post electionem novi decani ad primum facultatis conventum apud eandem facultatem quotannis comparere velit, conditionemque ac munus suum, si eo animo sit, ut retinere[1]) idem cupiat, deinceps atque ultra sibi prorogari, ab eadem facultate rogando postulare.

(E. Von den Burßen.)

(§ 143.) Von[2]) den burßen, und wie es darinnen beides mit der disciplin und oeconomi soll gehalten werden.

Dieweil wir nun hievor geordnet und gesetzt, das alle diejenigen, so in artibus studiren und noch nit magistri oder andern faculteten zugeschriben seint, in der burßen oder dem contubernio maiori oder principis, so ettwan die realisten burß geheissen, als vil solchs fuglichen und ohne eins ieden beschwehrnus be-

---
1) A verschrieben retire, B (f. 425) richtig retinere, ebenso D f. 58ᵇ; mit diesem Absatz schliesst D.
2) C f. 231 (beginnt wieder).

scheen kan, ihre wohnung und cost haben und in gepurlicher zucht und disciplin gehalten werden sollen, demnach will sich wol eigen, das wir von derselben disciplin und, wie sie angestellet werden soll, ettwas weiter alhie antzeigen und in demselben unsern willen und meinung ferners ercleren.

Nachdem aber die gantze underhaltung der burßen furnemlich in dreien stuckhen steet, deren das erst die lectiones und derselben (f. 224) angehorige exercitia, das ander die zucht und disciplin, das dritte die occonomi und haushaltung belangen, und wir aber der lectionen und exercitien halb, dorinnen die studiosi, ausser und innerhalb der burßen wonendt, geübt und angehalten sollen werden, hievor under dem titl der artisten facultet unser gemüt und meinung notturftiglich disfals eröffnet und nochmahln ernstlichen wollen, das der enden verordnete lectiones und exercitia also unverruckht und durch die regenten und meniglich gantz unverändert pleiben und gehalten werden, so will nuhn mehr erheischender ordnung nach vonnötten sein, das wir auch in den ubrigen beiden stuckhen, der disciplin und occonomi halben, besondern bescheid, maaß und ordnung geben, alles zu mehrerm bestand und erhaltung rechtschaffener underweisunge beide in der lehr loblichen sitten mit sampt träglicher underhaltung der wol vermögenden und armen studiosen, wie dann solchs alles hernach volgen wirdet; was aber weiter die disciplin und occonomi belangen thut, von demselben wollen wir hie dis orts ferner handln und bescheiden.

(§ 144.) Von erhaltung der disciplin und zucht[1]).

Und aufenglichen, dieweil nit allein pillich, sonder auch vonnötten, das ein ieder schuler seinen praeceptor, ein iedes hausgesinde sein patremfamilias oder hausvatter erkenne, demselben gehorche, und was desselben ordnung und befelch ieder zeit ist, dem also nachkome und gelebe; demnach so wollen wir, das ein ieder neuer bursant, so er erstlichen in die burß uffgenomen wirdet, dem eltisten derselben magister und regenten, als dem hausvatter, sich antzeige, oder so es einer oder mehr nit thetten, dieselben durch die regentes darzu angehalten werden, damit sie demselben obristen magistro mit handgebenden treuen versprechen, alle ehrliche gehorsame zu leisten, die statuta des contubernii zu halten und daraus endlichen nit zu scheiden oder weichen, er hab dann alles dasienig, so er dorinnen verzehrt oder sonst schuldig worden, gütlichen entricht und betzahlt, auff maß, wie nachvolget.

(§ 145.) Capita bona fide promittenda ab iis, qui in contubernium recipiuntur[2]).

I. Quod regentibus contubernii, in quibus honestum est ac licet, parere, neque contra eos insurgere iisque perverse obloqui et oggannire ullo modo velint;
II. Quod statutis ac legibus eiusdem contubernii obtemperare, nihil contra moliri aut molientibus aliquid adesse atque opitulari velint;
III. Quod eorum, quae ad contubernium aut eius usum et supellectilem pertinent, neque alienare aliquid, neque comminuere, neque alio quovis modo violare ac laedere, sed damnum, si quod casu dederit, suis

---
1) C f. 231ᵇ.
2) C f. 232.

impensis ac sumptibus resarcire, neque quemquam, a quo eius rei causa apud regentes delatus fuerit, verbo factoque ulcisci velit;

IIII. Quod neque discedere e contubernio velit, nisi persolutis omnibus iis, quae vel regentibus, vel oeconomo praepositove debebit, idque cum bona gratia et sine ulla ludificatione; sin autem insciis regentibus aut oeconomo discedat, tum ad regentum omnium commonefactionem se intra tempus ab ipsis praefinitum huc sistere et aes alienum, quod debuit, exolvere teneatur. (f. 226.)

Ferners dieweil dann alle communiteten und burßen derhalben uffgericht und gehalten worden, das man nit allein dasienig, so die lehr und kunst belangt, dorinnen lernen, sonder auch die iugent zu gutten sitten und tugenten anfüren und underweisen und derhalben dieselbige iugent under der forcht und disciplin, so lang, bis sie zu ihren tagen kompt und sich hinfur selber zu regiren und furen weiß, uffgezogen und geleitet werden soll [1]): demnach so ordenen und setzen wir, das alle einwoner der burßen erstlichen und dweil vor allen dingen die ehr und der willen gottes gefurdert, auch alle unsere studia und übungen anfengklichen dorzu geordnet und gericht sollen werden, uff die sontag, auch andere feir- und festtage, bei unser kirchenordnung vermeldt, des morgens frui in die kirchen zu gehen, doselbst bei der predigt und andern christenlichen caeremonien und übungen zu beharren, angehalten und zu solchem alwegen durch die glockhen ein stund zuvor uffgeweckht und vermahnt sollen werden. Und wo einer dasselbig zu thun ungehorsamer freventlicher weise underliesse, demselbigen volgend den gantzen tag kein wein weder extra, noch zum dische zu geben gestattet werden [2]).

Zum andern: sollen auch obgemelte der burßen einwoner alle andere tage angehalten werden, das sie des morgens frui zum wenigsten ein stund zuvor, und ehe die ersten lectiones pflegen gehalten zu werden, uffsteen, ihre haar, antlitz und hende richten und waschen und alsdann, sopald die volgend stund schläget, ein ieder an sein zugeordente statt seine lection doselbst zu hören, oder was sich sunst nach ordnung der zeit zu thun gepuirt, auszurichten mit gepurlichem fleis erscheinen.

Gleicherweis sollen sie auch die andern stunden und lectiones, ein ieder nach seiner condition und ordnung, zu visitiren und hören, auch ire exercitia zu leisten und halten iederzeit gewisen, angehalten und durch die glockhen darzu beruffen werden. (f. 227.)

Wo aber einer solchs zu thun fahrlessiger weise ubergienge, so soll derselb zu ordentlicher straffe fur ein iede lection vier pfenning in den fiscum contubernii erlegen, oder, so er mit mutwillen und uffsatz solchs oder auch oftermals underliesse, mit dem kerckher oder sonst nach erkantnus der regenten gestrafft werden.

Zum dritten: damit bose gesellschaft und derselben underschleifung gewehret und furkomen werde, so wollen wir, das ein ieder discipel, so sein disch und wohnunge in der burßen hat, doselbst zur zeit des essens, abends und morgens

---

1) In C f. 233 die Randbemerkung: Nota, utile foret, has constitutiones, in latinam linguam conuersas, in tabulam quandam inscribi et parieti adfigi, ut, quotidie iuuentuti quasi ob oculos positae, diligentius obseruarentur.

2) Im Entwurf (C f. 233b) folgt der dann gestrichene Passus: Dergleichen sollen obgedachte contubernales oder einwoner der bursen vermant und angewiesen werden, das sie die sonn- und feiertag die predigen und derselbigen anhengige ceremonien besuchen, darbei sich zuchtiger erbarer weiß halten und sich allen ding als die gottesforchtigen und dieienigen, so der freien und edlen kunsten anhangen und demnach ettwas erbarers und bessers wandels geflissen und gehalten sollen sein, erzaigen und uben.

erscheinen und ohne des obristen regenten oder ordinarii wissen und verwilligen ausserhalb zu anderer gesellschaft oder gastung nirgend hinaus gehn, vil weniger sich selber zu laden macht haben soll.

Und damit das unnutz und unzüchtig geschwetz, so sich uber dische ettwa pflegt zu begeben, hingelegt und hergegen die sinne und gedanckhen der iugent zur zucht und gutten exempln angereitzt und erweckht werden, so ordenen wir hieneben und setzen ferner, das obgedachte discipel und einwohner der burßen, der ordnnug nach einer umb den andern, oder so es fur pesser angesehen wurde, iederzeit ein famel ettwas aus den alten historiis sacris oder profanis (welchs zu des eltern regenten disposition und befelch steen soll) beides des abents und morgens zu disch zu lesen angehalten werden sollen.

Darneben soll auch iederzeit des essens zum wenigsten einer aus den regenten zugegen und uber dische sitzen und das benedicite und gratias durch den lectorn[1]) gesprochen zu werden verschaffen und sonst allerding ein uffsehens haben, das zucht allenthalben gehalten, unzucht und mutwillen underlassen werden.

Zum vierden ordnen und wollen wir, das alle einwohnende discipell der burßen des abents[2]) zum lengsten, so man die wechter gloekhen leutet, in der burßen und in ihren cellis oder habitationen sein sollen, die thüren der burßen alsbald, nachdem die wechterglockhen (f. 228) ausgelent ist, unerwartet allermeniglichs zugeschlossen und furter oder weiter keinem, er were ungister oder discipl, uffgethan werden.

Dergleichen soll auch obaugetzeigter ursachen halben kheinem discipul und einwoner gestattet werden, das er eigens furnemens und willens des nachts ausserhalb der burßen sein uffenthalt habe oder schlaffe, sonder, so er desselben zu thun pilliche und gnugsame ursachen hette, soll er dieselben dem obristen regenten oder ordinario antzeigen und alsdann von demselben hirinnen, wess er sich halten soll oder möge, bescheids gewarten und demselben nach halten. Wo aber einer solchs mutwilliger weise und eigens furnemens ubertrette, der soll zur straffe ein halben gulden in fiscum contubernii zu geben schuldig sein, oder so es oftermahls von ihme beschee, mit dem kerckher gestrafft und entlich der burßen verwiesen und ausgeschlossen werden.

Und demnach sich ettwan (wie wir bericht) zugetragen, auch aus den alten statuten wol abzunemen ist, das ettliche magistri und andere neben den regenten eigene schlüssel zu diser oder andern burßen gehapt, des nachts ihres gefallens aus- und eingangen oder, so sie kein schlussl haben mögen, die schloss und thürn der burßen beschediget und zerschlagen, auch zu zeiten in andere verpottene wege sich daraus nächtlicher weil abgestolen und demnach allerlei unlust und mutwillen getriben haben, so ist unser ganz ernstliche meinung, das hinfur ausserhalb den regenten und, wem es weiter gepurt, keinem inwohner diser oder anderer collegien und burßen, er sei magister oder anders stands, einicher schlüssel zu den düren erlaupt oder vergunnet werden soll. Wo aber einer solche schlussel oder anstatt derselben die, so man dietterich nennet, oder andere dergleichen verbottone instrument hette und prauchte, oder auch, wie obsteet, die schloss und dhüren mutwilliger weise beschedigt und sich sonst in andere wege deren nachts entcussern wurde, der soll alspald ohn weitleuftige disputation oder verzug fur den

---

1) Im Entwurf (C f. 235) hiess es anfänglich: für sich selber oder durch ein andern gesprochen; auf Melanchthons Bemerkung: „soll der lector mensam benedicite und gratias sprechen", wurde geändert.
2) B hat f. 434 auf dem Rand den Zusatz: im sommer in neun uhren.

(f. 229) begangenen frevel durch die regentes incarcerirt, furter solchs dem rectori et universitati angetzeigt und ettlich tag nach ermessigung der universitet im kerckher verwahrlichen gehalten, auch daneben allen schaden, so er der burßen zugefugt, zu erstatten verpflicht und verpunden werden. Wolte aber an einem oder mehr solche straffe nicht helfen oder verfahen, sollen dieselben alsdann aus der universitet relegirt werden¹).

Allermassen soll man es auch mit denienigen, so ettwas mutwilliger weise, als fenster, öfen, dhuren, läden und dergleichen verwusten und zerbrechen, verhalten, welche neben erstattung des gethanen schadens, darzu die regentes und auf den fall auch rector und universitet sie mit ernst vermögen sollen, fur den begangenen frevel und mutwillen auch der straff des kerckhers nach gelegenheit der sachen sollen zu gewarten haben.

Zum funften wollen wir, das alle einwoner der burßen, es sei aus oder innerhalb des contubernii, sich under ihnen der lateinischen sprachen gebrauchen, aller barbari und unzuchtigs geschwetzs, sonderlichen aber des fluchens und gottslestern enthalten und mussigen. Wo aber einer solchs verachtet und ubergienge, soll derselbig, so er anderst denn lateinisch geredt hette, fur iede rede ein halben albus in fiscum contubernii geben; so er aber auch gefluecht oder sunst unflettige, unzuchtige wort getriben hette, anfengklichen zur buß ein ort eins gulden erlegen, und wo solchs nit verfahen wolte, furtter mit dem kerckher gestraft werden.

Hieneben setzen und wollen wir auch ernstlicher meinung, das man keinen, der sich anderst, denn hievor in den gemeinen statuten der universitet begriffen, tregt oder kleidet oder auch mit langer und verbottener wehr einher zeucht, in der burßen gedulden, noch leiden, sonder wer sich der schulen und derselben privilegien geprauchen will, der soll sich aller erbarer und zuchtiger dracht, auch gutten, sittsamen, fridlibenden wandls befleissen und hergegen aller üppiger, mutwilliger, (f. 230) landsknechtischer wehre nnd kleidunge, als da seint die vilfaltigen zerschnittenen hosen, kurtze verhawene röckh und mäntel, so die genaulichen die knie erreichen, die spitzige, uffgewelbte huit und dergleichen abthun und meiden, auch hirinnen keiner seiner eltern oder landsbranch entschuldigung furwenden, oder deren sich zu prauchen, noch zu behelfen haben.

Und damit ein ieder discipell und einwohner der burßen seinen studiis, lectionibus und exercitiis dester embsiger und fleissiger obzuligen verursacht und angehalten werde, so soll keinem derselben furthin, insonderheit aber under den stunden, so man pflegt publice oder in der burßen zu lesen, disputirn oder declamiren, auszuschweiffen, spacieren, uff der bruckhen, fur den apotheckher und an andern dergleichen plätzen und orten mussig zu stehen oder zu sitzen verhengt werden, sonder die ubertretter erstlichen mit der geltstraff, wie hievor benennet, nachmals mit dem kerckher und endtlichen mit verweisung der burßen oder auch nach gelegenheit der that der universitet gestrafft und gezuchtiget werden.

Gleichermassen und bei gleicher peen und straf soll auch keinem zu einichem dantzs, er sei dann ordenlichen und ehrlichem geprauch nach darzu geladen, noch ausserhalb der burßen zu andern gesellschaften und zechen, sonderlich aber an verdechtliche ort und zu verdechtlichen, unverschampten persohnen zu geen oder widerumb dieselben zu sich hieneín zu furen, mit denen zu spielen, zechen oder dergleichen handlung furzunemen erlaupt und gestattet werden, sonder,

---

¹) Im Entwurf (C f. 236) lautete der Schluss ursprünglich: der solle gentzlich der bursen entsetzt und ausgeschlossen werden. Melanchthon schrieb an den Rand: „auß der uniuersitet religirt werden"; danach wurde geändert.

wo einer ein ehrlichen, gutten freund hette, mit demselben soll er zu zeiten und stunden, so man sonst nit liest oder disputirt, in der stille und mit zuchten ein halb oder gantz kanten wein nach gelegenheit der persohn und ernessigung des obristen regenten oder praeceptoris und weiter nit zu trinckhen, noch aus der burß ein zech oder wirtshaus anzurichten macht haben.

Sonst sollen alle underzechen, schlaftrunckh, und was dergleichen compotationes seint, hiemit uffgehaben sein, und in der burß und under den discipln kein unzeittige zechen oder (f. 231) auch uber die zeit zu verhinderung und belästigung der andern weiter gestattet werden.

Zum letzsten: so soll auch fride und einigkheit in gemein gegen den nachburn und in der burßen durchaus gehalten werden, keiner den andern mit worten oder werckhen ernstlichen oder schimpflicher weise, als mit unzeittigem singen, pfeiffen, klopffen oder dergleichen beleidigen, sonder, so einer ettwas gegen den andern hette, dasselbig an die praeceptores und regenten langen lassen, welche ieder zeit die sachen verhören und den ubertretter und schuldigen nach gelegenheit der sachen straffen sollen.

Und uber solchen satzungen, zucht und disciplin sollen die regenten alle und ein ieder fur sich zu halten allem dem, wie obsteet, nachzukomen, insonderheit die undern und mitln regenten uff die bacularien und baculariuden, der oberst oder primarius uff alle in gemein, unangesehen wes stands oder grads ein iexler seie, ein uffsehens zu haben, auch die obgemelten statuten des iars zum wenigsten ein mahl oder zwei, und nemlichen umb Joannis baptistae und zu weihennaehten, damit sich deshalben niemand mit der unwissenheit zu entschuldigen habe, publice in der communiteten zu recitiren und furzulesen, darzu auch dieselben, latine verfasset, in einer tafeln in der communitet anschlagen zu lassen schuldig und pflichtig sein, welchem obersten regenten wir hiemit auch wollen macht und befelch geben haben, wo sich einer bei nächtlicher weile oder auch sonst anderst, dann hievor geordent und befohlen worden, halten und daruber ein unlust oder uffruhr erregen wurde, denselben in hafft anzunemen und ihn im kerckher bis uff den morgen, oder so es bei tage geschee, bis uff die zukhunft und gelegenheit des rectoris zu bewaren und alsdann dem rectori die sachen, wie oblaut, anzuzeigen und in sein straffe ferner zu uberantworten.

Es soll auch obgemelter primarius oder obrister regent des abends, nachdem die dhüren der burßen zugeschlossen worden, sampt den andern (f. 232) regenten umbher gehen und alle kamern nach einander visitiren, wes sich ein ieder discipel halte, ein vleissig uffsehen haben, uber die zeit keinem einiche zech oder gesellschaft zu halten gestatten, die schlussel zur burßen iedes abents von dem famulo empfahen und bewahren und weiter keinem, er sei magister oder anderß, ohne sonderliche ursachen das thor eröffenen lassen, sonder, was in obgesatzten statuten begriffen, dasselbig also gestracklis zu halten verschaffen, die peen und straffe von den ubertrettern, auch andere gefelle und einkomens der burßen fordern, einpringen und, was davon dem fisco der burßen zugehorig, in denselben erlegen, das uberig aber, wo ein iedes hingeordnet ist, furtter uberantworten und dasselbig alles iedes iars dem rectori und der universitet in beisein unser darzu verordenten, wie pillich und ehrlich, verrechnen.

Und damit iederzeit der gemein nutzen der burßen und derselben discipl gefurdert moge werden, so wollen wir, das ein ieder regent ihme sein ampt der regenterei am furnemisten anligen lasse, demselben principaliter und vor allen andern nachkomen, und so er sunst ein anders studium neben der regenterei furhette, dasselbig als ein necessorium achten und gar nichts nach seiner eigenen gelegenheit und nutzen mehr, dann nach der burßen ordnung und zu derselben befurderung und wolfart anstellen und richten, auch, wie hievor gesetzt, keiner zweierlei condition oder stipendia zugleich haben.

Und fur solche inspection, vleiß und muhe soll ein ieder einwoner der burßen, ausgenomen was famuli seint, wie obsteet, ein gulden pro honorario oder pastu zu geben schuldig sein, welchs gelt den regenten neben ihrer hievor bestimpter besoldung gefallen und under sie alle zugleich getheilt und der obrist regent fur zwo persohnen gezehlt werden.

Nachdem auch bis anhero gemeinlichen iunge leuth zu regenten angenomen und gesetzt worden, welche das mehrer theils zu regiren und lehren (f. 233) noch ettwas unerfahren und derhalben auch weniger autoritet und ansehens bei den schulern pflegen zu haben, und aber ein ieder in demienigen der beste meister ist, wie man sagt, damit er am lengsten umbgangen und sich geubt hat: hierumb, so ist weiter unser meinung und willen, so sich mit der zeit begebe, das sich obgenanter regenten einer, so nuhn zu seinem alter und erfahrung komen, ettwo lenger, dann bishero preuchlich gewesen, an disem ampt der regenterei zu pleiben und sich uff ein andere und hohere faculteten weiter nit zu begeben gedechte, das demselben nach gelegenheit der zeit und persohnen seine besoldung uber die hievor gesetzte summen ettwas erstreckht und gepessert werden soll. Dann obgleich die obgedachte summa einen iungen angeenden und eintzlichen menschen zu seiner underhaltung und notturft fur gnugsam geschetzt[1]), so konnen wir doch hieneben wol erachten, das ein erfahrner und betagter man sich mit solcher besoldung ferners und weiter zu sollicher arbeit und muhe nit gern oder leichtlich wurdt bestellen und verpinden lassen, welchs wir hie der iugent und derselben zucht und disciplin damit zu dihnen neben andern auch wollen angetzeigt und befohlen haben.

Und in summa ordnen und wollen wir, das iederzeit der obrist regens eines gestandenen alters, auch ehelichen und ehrlichen, stilles lebens und wesens sei, uff den die iugent ein pillichs auffsehens habe, und er selber auch nach aller gepur und bescheidenheit, was zu thun oder lassen sei, verstee und wisse, welchem auch beide die discipl und die andern regenten in allem, so zur regirung der burßen gehörig, behulflich sein und nach diser unser reformation allen gehorsam leisten, dorumb ihme dann und so derselbig regent diser unser ordnung nach qualificirt und sein ampt vleissiglich verrichten wurde, die hirin vermoehte besoldung ettwas gesteigert und dagegen die unnöttige ausgabe und belohnung der superintendenten collegii principis solle gespart werden. (f. 234.)

(§ 146.) Von der oeconomi oder haushaltung der burßen.

Sovil aber weiter die oeconomi und haushaltung der burßen belangt, so ordenen und setzen wir aufengklichen, damit die gemach und wohnungen in baw und pesserung erhalten und die gantze communitet dester fuglicher gehandhabt möge werden, das ein ieder inwoner der burßen, ausgenomen die regenten und famel, des iars aus seiner habitation nach altem prauch sein pension oder zins auszurichten und zu betzahlen, auch dieselbige habitation, wie er sie angenomen hat, widerumb zu stellen und sich anders wohin nit zu thun, er hab[2]) sich dann

---

1) In C fehlt ein Blatt: f. 241.
2) C beginnt wieder mit f. 242.

desselben halben mit dem oeconomo oder obristen regenten allerding vertragen, schuldig und verpunden sein soll.

Und nachdem hievor ein unordnung und mißprauch hirinnen gewesen, also das derienige, so ein gemach fur sich allein bestanden, nit mehr dann die andern, deren ettwan drei oder vier samenthaftig dergleichen gemach ingehabt, doraus zu geben gepflogen, und widerumb dieienigen, deren vil ein gemach bestanden, ein ieder fur sich gleich so hoch als derienig, so sollich oder dergleichen habitation allein ingehabt, angeschlagen worden, hierumb und uff das sich hinfur solcher ungleichheit niemand hab zu beclagen, so setzen und orden wir, das furthin ein gewisse benente pension oder zins uff ein iedes gemach, als nemlich: uff ein kammer uff den undern zweien bodamen des iars zween gulden, uff ein stuben und kammer zusamen vier gulden sollen geschlagen werden, welche pension derselben einwohner zu ieder zeit, es sei gleich einer allein oder mehr in einem gemach, ein ieder pro rato, das ist, so einer allein, den gantzen zins allein, so ihrer aber mehr weren, ein ieder, nachdem ihme an der gantzen summen gepuirt, ausrichten und bezahlen sollen, und hierin kein weitere steigerung gemacht oder einiche ungleichheit gepraucht, auch zu ieder visitation von den visitatoribus ein vleissigs einsehen derhalben gehalten werden.

Und damit die universitet, welche solche (f. 235) burßen in dach und mauren oder wenden halten soll, und neben dem die oeconomi, welche die einbewe, als fenster, öfen, dhüren und laden erstatten und pesseren sollen, ein iedes hievon ihren gepurenden theil empfahen, so wollen wir ferner, das dises gelts und einkomens das erste drittheil dem fisco universitatis, das ander drittheil dem fisco contubernii (von dem weiter hienach gemeldet wirdt), das ubrige drittheil aber den regenten in gemein (doch das abermals der obrist regent, so derselbig auch oeconomus sein wurde, fur zwo persohnen in der anspeuth gerechnet sei) zugetheilt und heimgewisen und desselben allen ierliche rechnung der universitet durch obgemelten oeconomum gethan werden soll.

Zum andern: dieweil bis anher des disch halben vilfaltige klag hin und wider gangen, derhalben dann auch vile sich desselben beholfen und ausserhalb der burßen ihre underhaltung, disch und wohnung gesucht haben, so sihet uns fur gut und bequem an, achten auch dasselbig der gantzen oeconomi am furtreglichsten und fruchtbarlichsten sein, das hinfur in dieser burßen zweierlei disch gehalten, deren einer fur die magistros und dieienigen, so von ihren eltern oder sonst in andere wege ettwas hilbiger und reicher dann die andern seint, der ander aber fur die gemein burß und die, so allein den truckhen dische und die köste ohne getranckh zu betzahlen sich verdingen, und das es mit dem obern disch also gehalten werde, nemlich, das uff die sontag, donnerstag oder, wo sich in der wochen andere hohe fest und feirtäge zutrugen, des morgens ein gesotten brue und fleisch, ein zugemüss und ein gebrattens, des abents aber erstlichen ein briessen, nachdem dasselbig die zeit und fleischschranden gibt, nachmals ein gersten oder reis und zum dritten ein gericht von gesottem fleisch, mit negelein oder saffran abgewurtzt, gegeben werde; die andern tage aber und die wochen uber zu iedem imbs erstlichen ein gutte, geschmeltzte suppen, nachmals ein gemüs von ruben, kraut, hirsen, erbsen oder linsen, nach gelegenheit der zeit und tage eins umb das ander, dorinnen geschmackhs und schmeltzung halben ein (f. 236) gut stuckh dürr oder grünen fleisch, eins pfunds schwer, gesotten und zuletzt ein gericht gesotten fleisch, ie fur zwo persohnen ein pfundt gerechnet, desgleichen auch des abends erstlichen ein suppen, darauff ein pfund fleisch, zum andern ein gemüs von habermehl, birn oder opffeln, alles nach gelegenheit der zeit und mit verenderung der tage, und entlichen widerumb ein essen fleischs, wie des morgens, furgetragen und gespeiset werde. Des feiertags aber und den sambstag[1]) an statt des fleischs iederzeit ein essen durrer oder gruner fische, nachdem es der marckht geben wirdt. Und zu solchem dische soll zu gemeinen iaren ein ieder persohnen ein quart oder virdtertheil einer alten massen weins und darneben brott, sovil vonnötten, ordinarie gereicht werden. Wo aber ein magister oder anderer were, dem solcher wein gastung oder anders aus redlichen ursachen nit genug were, demselben mag extra ordinem ettwas weiters umb sein bar gelt zugelassen werden, doch das hirinnen alles unnutz und unzeitlich zechen allermassen, wie obsteet, vermitten pleibe.

Fur solchen disch soll ein ieder, so sich desselben geprauchet, die wochen zu gemeinen iaren funfzehen albus geben und denselben des sambstags zu abent also bare dem famulo, so darzu bestellet, darlegen und betzahlen, oder so er dasselbig zu thun nit hette, sich derhalben mit dem probst oder oeconomo durch burgschaft oder andere mittl vertragen, welcher auch keinem lenger dann bis uff das nehst virtl iar borgen, dergleichen auch keinen verrucklhen oder hinwegzihen lassen soll, er hab dann alles, was er in die burßen fur disch, kost, habitation und anders schuldig ist, ausgericht, betzahlet und vergnuget.

Gleichermassen mit den andern und under dischen soll es auch gehalten werden, uff welche die wochen uber alle tag abents und morgens erstlichen ein suppen, nachmals ein gmus, des morgens von kraut (f. 237), ruben, hirsen, erbsen oder linsen, des abends von gersten, habermehl, reis oder milchspeis, eins umb das ander nach gelegenheit der zeit, und ferner ein gesotten fleisch, uff ein ieden disch fur acht persohn vier pfund gerechnet. Des sontags aber zu mittag erstlichs drei oder vir pfund fleischs zur suppen oder under dem genuss und zur dritten drachten ein gebrattens von vier pfunden fleisches und an guttem ausgebachen rockhen brott fur ein iede persohn ein quart oder virthl eins gemeinen laibs, der uff vier pfennig, oder ein halben leib, der uff zwen pfenning gebachen ist, furgetragen und gereicht werden soll. Und fur solchen disch, darzu man kein wein reichen wirdt, soll ein iede persohn die wochen zehen albus geben, und es der betzahlung halb allerdings, wie obsteet, gehalten werden. Wo auch einer an dieser disch einem were, der zum imbs oder nachtmahls wein begerte, demselben soll solchs unabgeschlagen sein, doch das er uber disch nit mehr dann ein medium oder zum hochsten ein totum fur sich neme und dasselbig also bar betzahle oder anderer weise den oeconomum oder probst derhalben zufriden stelle.

Was nuhn zu solcher haushaltung gehört, als dürr fleisch, butter, speckh, holtz und licht, das soll alles durch den oeconomum von solchem dischgang und desselben wochentlichen einkomen bestellet und erhalten, auch alle wochen von iedem dische ein albus eingetzogen und zu erhaltung der utensilinm und kuchengeschirs hinder sich in den fiscum contubernii gelegt und nachmahls alle viertheil iars in beisein der regenten, furter iedes iars ein mahl fur der universitet in beisein unser darzu verordenten von dem oeconomo oder obristen regenten verrechnet und, was uberlaufend, in den fiscum contubernii zu underhaltung, wie obsteet, der utensilium und erstattung der nachbuss, so sich zur zeit der theurung brott oder anderer (f. 238) kuchenspeiss halben zutragen möchte, (doch das hirinnen uffrichtig getrenlich und ohn alle gefeerde ieder zeit gehandelt) hingelegt und verwahrt werden. Und dieweil hievor die studenten, so erstlichen in die burßen komen, ein ieder sechs albus zu erhaltung kuchengeschirs geben, der-

---

1) Der Zusatz: desgleichen auch uff andere gebottene fastage in C f. 244 wurde gestrichen.

gleichen die regenten aus ihrem zugehorigen gelt das holtz in die kuchen betzahlen mussen, so wollen wir, das hinfur beide obgenante beschwehrungen der regenten und der bursanten abgethan und die utensilia aus dem wochengelt, wie obsteet, erhalten, ferners aber, was holtz und licht, sovil die kuchen und den dischgang belangt, aus obgemeltem kostgelt gekaufft und verrechnet werden. Was aber sonst die andern lignalia und der communiteten beholtzung uber winter betrifft, fur welche hievor ein imponent oder inwohner der bursen ierlichen zwolf albus, ein extraneus aber, so die communitet allein zur completion und derselben lectiones gepraucht, sechs albus pflegen zu geben, setzen und ordenen wir, demnach nun das holtzs in seinem werth uffgestigen, das ein ieder, so in der burßen wohnet, und der communitet stuben uber winter sich gepraucht, sovil als ihme pro rato an der gantzen summen, so denselben winter zu einheitzung der communitetstuben fur holtzs vernutzt worden, gepflrt, erlegen, die auswendigen aber ein ieglicher den gantzen winter desselben ein drittheil, oder so er allein den halben winter in die burßen gangen were, halb sovil geben und betzalen und sonst keiner weiter gesteigert oder beschwerdt werden soll.

Es sollen auch die regenten oder pröbst hirinnen kein finantzs oder vortheil suchen oder brauchen, sonder was deren einem ieden zu seiner stuben beholtzung iederzeit vonnötten, fur sich und aus seinem eigen seckhl zu khauffen schuldig sein und deshalben die kuchen und gemeine communitet frei und unbeschwerdt pleiben lassen.

Dergleichen sollen auch der koch und die famuli (f. 239), welcher doch uber zween, oder so der dische mehr dann vier weren, uber drei nit sein sollen, aus dem gemeinen kostgang erhalten und mit dem koch und der kochin zum nachtische zugelassen werden.

Und damit die burßen und derselben kostgang dester beharrlicher besteen und ihren fortgang haben moge und die kuchen aus verschuldung und fahrlessigkeit derselben verwalters oder probsts willen nit geschmehlert oder verhindert werde, so wollen wir, das ein ieder probst, er sei ein regent oder sonst ein anderer, zu ieder fronvasten seinen becklher und metzger soll abbetzahlen und weiter oder lenger kein schuld derhalben ansteen oder uffwachsen lassen.

Ferner soll auch ein ieder probst zu rechter zeit, was ihme zur haushaltung vonnötten, als holtz, wein, speckh und durrfleisch, auch was zum genuß als gersten, erbsen, linsen, habermehl, hirsen und dergleichen, zu seiner zeit und mit nutzs einkauffen, damit er iederzeit sein furrath habe und nit dorfe den höekhen zu haus laufen.

Und nachdem unser universitet und deroselben genossen und verwandten alles ungelts neben andern burgerlichen beschwerden gefreiet, so soll obgemelter probst die burßen und derselben kostgenger mit guttem landwein versehen, denselben zu rechter und bequemer zeit einkauffen und demnach in die burßen und den studenten, aber sonst niemand weiters, die alte maß nach gemeinem schlag und gelt, wie desselben weins gleichen hie auß in der statt von den burgern uff die gassen ieder zeit ausgeschenckht wurd, zu verkauffen und zu geben schuldig sein und hierinnen weiter kein gefeerd oder eigenen nutzen suchen.

Desgleichen des brots halben sihet uns auch nit fur unrathsam an, das der probst iedes iar nach der ern oder, wann es sonst im besten kauff ist, sein korn einkauffe, dasselbig uffschutte und davon iederzeit, waß und wivil ihme vonnötten sein würdet, selber bei einem hausßbeckher, oder wo es ihme sonst angelegen sein (f. 240) wolt, bachen, auch wo das korn allein zu unessig und unartig were, dasselb mit der speltzen zu pesserem prauch und nutzen mischen lasse.

Wo nuhn der eltist regent solche probstei neben der oeconomi und verwaltung des gantzen haus ausrichten und versehen wurde[1]), wie wir dann solchs hiemit also statuiren und ordenen, soll demselbigen alles, wie obgemelt, befohlen und vertrauet, auch umb seiner muhe willen aus der universitet neuem fisco und, damit die kostgenger sich ubermessiger beschwehrung nicht zu beclagen, ierlichs auff zehen gulden zu belohnung gereicht werden, doch auff ein versuch, und wo khunftig sich die sachen verendern, alsdann auch in andere wege ihme eine besoldung ohne beschwehrung des fisci universitatis zu schöpfen und zu erlangen.

Solte sich aber zutragen, das ein frembder, welcher kein regent were, zu solcher probstei zu verwalten angenomen und bestellet werden muß, soll demselben alsdann alle obgemelte probsteien administration und versehunge unverrechnet und uff sein gefahr heimgestellet werden, doch das zu nutzs und erhaltung des kuchengeschirrs, brottducher, und waß dergleichen were, iede wochen ein albus, wie obstect, von iedem disch abgezogen und in den fiscum des contubernii uberantwort, dergleichen auch die famuli sampt dem koch oder der köchin zum nachtische zugelassen, er selber aber der probst alle ding, die kuchen und probstei belangend, wie obgeschriben, speiß, getranckhs und ander ordnung halb gentzlich unverendert zu lassen und zu halten verpflicht und verpunden werde.

(§ 147.) Von dem koch und probst famellen[2]).

Es soll auch ein ieder probst, er sei regent oder anders, den koch oder köchin anzunemen haben, denselben oder dieselbe aus gemeinem dischgelt besolden, auch neben dem ieder zeit sich befleissen, (f. 241) das solliche koch oder köchin ihres wesens fromme, sauber und zu solchem ampt tuglich und geschicklıt seie, so es ein köchin were, auch eines zimlichen und unverdechtlichen alters seie, und so sich zutruge, das solcher koch oder köchin mit einichem einwohner der burßen zu unfriden oder uneinigkeit erwuchse, das alsdann solcher span und zwitracht fur dem obern regenten ausgetragen und auch das gesinde und andere sich desselben austrags haben begnugen zu lassen.

Gleichermassen soll auch des probsts famel oder pincern von dem probst angenomen und bestellet werden, welcher dem koch mit holtz und wassertragen handreichung thun und zur zeit des essens die dische deckhen, brott und wein ufftragen, auch sonst, so iemand extra ordinem wein und brott begert, uff und nach befelch des obersten regenten und vermöge der statuten, sonst aber und ausserhalb solchs befelchs weiters nicht reichen soll.

(§ 148.) Von den andern famulis der burßen[3]).

Die andern famel aber, so man communes oder contubernii nennet, welche von alters hero die communitet des winters zu wermen, beides des sommers und winters sauber und rein zu halten, auch des feiertags zur morgenpredig und die wochen über zu den lection der regenten zu leuten verpunden gewesen und hinfurter pleiben sollen, dieselben soll der eltister regent und oeconomus iederzeit anzunemen und widerumb, nachdem sich deren ein ieder halt, zu beurlauben haben. Welche allesampt dem obgenanten probst, famel oder pincernen ihre habitation,

---

1) Der Entwurf fuhr ursprünglich fort (C f. 248): welches wir dann am liebsten sehen und haben mochten, solt demselbigen solches zugestellet, beuolhen und, wie bißher angezaigt, vertrauwet und zur belonung der disch frei und nachgelassen werden.
2) C f. 248ᵇ.
3) C f. 249.

dergleichen auch ihre lectiones oder completiones frei und vergebens in der burßen, ihren disch und underhaltung aber neben dem koch oder der köchin von dem nachtisch haben sollen.

Und dise sollen in allem, waß ihnen gepurlich (f. 242) zu thun, dem obersten regenten gehorsamb zu leisten schuldig sein, der burßen nutzen furdern, und waß demselben zuwider, getreulich und mit allem fleiss abzuwenden, zufurkomen und, wo sie demselben fur sich selber zu ring oder schwach weren, dem obgedachten obersten regenten anzuzeigen pflichtig und verpunden sein.

(§ 149.) Von dem fisco des contubernii [1]).

Damit aber uff alle wege der underhaltung und gemeinem nutzen der burßen gedienet und zum brauch und notturft derselben ein zimlicher furrath von tag zu tag gesamblet und erobert werden möge, davon nit allein, waß kuchengeschirr und andern hanßrath belangt, sonder auch die gemach an dhüren, läden, schlossen, fenstern und öfen in baw und pesserung, wie hievor gemeldet, zu erhalten, so ordenen und wollen wir, das hinfur, gleich wie in andern comınuniteten und gesellschaften, also auch in obgemelter burßen ein gemeiner fiscus oder seckhl soll gehalten, darein alle der burßen einkomen, als da seint das viertheil von den beanalibus, das drittheil von den pensionibus oder zinsen der habitation, das wochengelt, so man von einem ieden dische zu erhaltung der utensilium hinder sich, wie obsteet, legen soll, dergleichen auch alle straffen und penalgelt der ubertrettnen statuten, sovil derselben die burßen und ihre einwoner belangt, ein iedes nach seiner ordnung und austheilung, von dem obristen regenten oder oeconomo, welcher solches alles, wie hievor gesatzt, einpringen soll, uberantwort, gelegt und uffgehaben, auch ierlichen fur der universitet und unsern darzu verordenten, gleich wie andere gemeine aller faculteten einkomen und gefelle, verrechnet werden. (f. 243.)

(§ 150.) Von der Dionisianerburß, und wie es darinnen soll gehalten werden [2]).

Dieweil auch alhie in unser schulen ein communitet oder contubernium, genant domus sancti Dionysii, von gottsfurchtigen und ehrliebenden leuten aus christlichem eifer fur ettlichen iaren uffgericht und gestiftet, dorinnen ettliche arme studenten, so sonst von ihren eltern oder auch anderswoher, ihre furgenomene studia zu volnfuhren, kein oder gar wenig underhaltnug haben, eingenomen und uffgetzogen werden, und nun derselben antzal von tag zu tage uffsteiget und wechsst, auch iunge angeende persohnen, so noch under ihren iaren seint, durch die praesentation der stiffter oder derselben nachkomen uff die stipendia vilmahls praesentirt, und aber hergegen die alten statuten und geordente disciplin hindan gesetzt, die iugent ihres eigens willens zu leben und halsturriger weise der alten ordnung und disciplin sich entgegen zu setzen, nuhn vil iar hero furgenomen und noch teglich beginnet furzunemen, demnach haben wir auch dises orts ein einsehens thun und neben den alten statuten obgemelts collegii oder Dionysianerhaus ettwas ferners und weiters von dem, wie sich ein ieder dorinnen halten soll, ordenen und setzen wollen.

Sovil dann nuhn die election oder praesentation obgedachter Dionysianer betrifft, lassen wir es bei dem althergeprachten brauch und ordnung beruhen,

---

1) C f. 250.
2) C f. 252; entweder ist ein leeres Blatt 251 ausgefallen, oder es liegt ein Versehen in der Zählung vor.

19*

nemlich, das deren neu gestifften stipendien fundatores oder derselben erben und nachkomen, demnach deren iedern das ius patronatus oder praesentandi vorbehalten worden, solche stipendia, wie bisauhero, ihres gefallens zu conferiren und die ihren dorauff zu praesentiren macht haben sollen.

Dergleichen sollen auch die collationes, so hievor bei den vier decanis gewesen, bei denselben pleiben und einem ieden sein ius oder gerechtigkeit hirinnen frei gelassen sein, doch das iederzeit ein unterschied und uffsehens der (f. 244) persohnen gehalten und nit dieienigen, so zu den studiis und freien kunsten unartig und untuglich seint, praesentirt und uffgenomen, darneben auch den einsatzungen und conditionen der stipendien (sovil deren unser wahren christlichen religion der Augspurgischen confession nicht zuwider) volnstreckhung gethan, ein ieder zu den studiis oder facultetcn, so in den fundationibus verleibt und benant, angehalten und getzogen, auch sonst alle andere eigenschafft und puncten, so in den statuten begriffen, stett und unverruckht zu halten obligirt und verpunden werde.

Aber[1]) die stipendia belangend, welche zuvor ihren fundationen nach durch die gewesenen regenten der dreier burßen als realium, novae und Suevicae (so itzt in ein collegium zusammengezogen) conferirt worden, wollen und schaffen wir, das dieselbige nuhn hinfurbaß durch dechant und gemeinen rath der artisten facultet, wann deren eins oder mehr vacirt und unversehen steend, offentlichen publicirt und auff anhörung der petitorn furnemlichs uffmerckhens geschee uff die famulos collegii principis, auch domus Dionysii und contubernii, so ferre sie habiles, dieselbige fur andern damit zu bedenckhen, bevorab do derselbigen famulorum einer von den regenten und praeceptoribus seins wolhaltens und neigung oder geschickhligkeit zun studiis gepurliche unaffectionirtes zeugnus und urkunt haben und furlegen wurde; wo aber kein famulus vorhanden, soll alsdann anderer armen iungen geschickhligkeit und frömbkeit erwogen, dieselben mit solchen stipendien zu begnaben; doch in dem allem sich, als vil muglich, den fundationen gemeß zu verhalten, und das des Joannis Nortan[2]) stipendium in allweg bei der regenten collation verpleibe.

Damit aber der disciplin und zucht, auch den studiis dises hauß dester ernstlicher und fleissiger nachkomen und frommer leut allmussen und gutthaten nit üppiger mutwilliger weise hingepracht und verzehrt werde, auch denienigen, so ihre zeit in der pflöckh, uff der bruckhen, fur den apoteckhen oder in den wirts- und scherkeusern durch faulheit (f. 245) und mussiggang verschlaudern und ohne frucht verzeren, hirdurch begegnet und abgewehret, so ordenen und wollen wir hinfurter alle obgenante Dionysianer dahin mit ernst anzuhalten, das sie daheim und in ihrem contubernio teglichen drei lectiones, gleich wie in dem grossen contubernio, das ist des morgens zur ersten stund die dialecticam, nachmittag zu zwolffen die rhetoricam und des abents zu vieren die grammaticam vi-

---

1) Im Entwurf (C f. 253) lautete dieser Absatz zuerst: Aber dieienigen praesentationes, so ettwan den abgeschafften bursen und derselben regenten, dweil dieselben noch gethailet waren, zugeordnet und einverleipt gewesen, sollen hinfur, nachdem nun nit mehr dann ein burß oder contubernium und desselben regenten vorhanden, dem dechan und der gantzen facultet heimgestellet und ufferwachsen sein, damit derselben fundation weitter der bursen halben kein abbruch geschehe und das gantze collegium der artisten anstatt der abgethauen bursen oder secten iederzeit gerechnet werde; doch das in solichen praesentationibus die famuli der bursen, so sich uff anzaigunge und urkundt der regenten wole gehaltten, insonderhait und fur andern allwegen bedacht und befurdert werden.

2) Mag. Joh. Schindkauff Northam ex imper. oppido Hallis machte diese Stipendienstiftung 1509 22./VI., vgl. Annal. univ. IV, 153, Cod. Heid. 358, 52, f. 28ᵇ; 358, 52ᵃ f. 9ᵇ.

sitiren und hören, auch durch solche praeceptores die iugent mit quotidianis repetitionibus auditarum lectionum sampt andern exercitiis scholasticis fleissiglich geubt werden. So aber einer diser Dionysianer derselben lection eine ohn sonderliche rechtgeschaffene ursachen underliesse, derselb alsdann seines disches, so oft er das thette, unverzuglichen privirt werde[1]).

Dergleichen sollen auch alle andere exercitia als mit schreiben, reden, disputiren und declamiren in disem contubernio privatim und insonderheit gleich wie in der grossen burß geubt und gehalten und ihnen den Dionysianern solchs nit weniger, als ob es in gemeinen disputationibus beschee, zu ihrer completion gerechnet werden.

Zu welchen lectionibus und exercitiis zu halten und zu versehen allwegen die drei eltiste magistri dises hauß, unangesehen, ob sie lang oder kurtzs in dem hauß gewesen, soferr sie sonst hirzu tuglich und mit andern emptern nit beladen, verordent und verpunden sein sollen.

Und aus denselben allwegen der erst oder eltist die oeconomi und verwaltung des hauß, auch die probstei, so ferr ihme solchs sonst wolte gelegen sein, zu versehen haben. Die andern zween aber dem oeconomo oder obristen zugethan und in allen sachen und hendln zu verrichten behulflich und underworfen sein.

(§ 151.) Juramentum oeconomi[2]).

Quod utilia collegii Dionysiani sive domus pauperum procurare, inutilia contra praetermittere, res eiusdem domus ad commodum et utilitatem eius bona fide custodire, inventarium de rebus ad dictum collegium pertinentibus facere, et de sua administratione et offitio gesto ante octavam beati Joannis baptistae rectori et decanis omnibus una cum provisore huius domus rationem velit reddere cum integra residuorum adsignatione.

Atque haec rectori et quattuor decanis iurabit.

Damit[3]) aber sie die obgemelte drei magistri sich sollicher arbeit und mühe nicht zu beschweren oder zu beclagen, so wollen wir, das zu den stipendiis, deren sie ohne das zu geprauchen und zu geniessen haben, einem ieden under ihnen noch acht gulden aus dem neuen fisco gleich als eine zubusse ierlichen soll gegeben, neben dem auch ferner dem eltisten aus disen dreien magistris von wegen der oeconomi (soverr er die verwaltet) alle iar zur verehrung gereicht werden zwolf gulden, auch ex novo fisco universitatis, dieweil sonst der fiscus domus Dionysianae also beschaffen, das es ettwo mißlich sein möchte, ob derselbige hirzu etwas köndte erstatten, damit also die praeceptores den tisch volkomlich haben, auch ihrer mühe und arbeit ergetzligkheit empfahen mugen.

Und zu mehrer furderung und underhaltung aller disciplin und zucht dises hauß, so sihet uns fur gut an und wollen, das der eltist magister und oeconomus dises hauses allwegen ein betagte, gestandene persohn seie, er sei gleich, welcher facultet er wolle, damit die iungen desto mehr acht und uffsehens uff ihne haben, er selber auch mehr verstands und geschickhligkheit zu regiren habe und nit kinder uber kinder gesatzt und die disciplin durch verachtung der persohnen relaxirt und uffgehaben werde. Einem solchen wolbetagten, ehrlichen und gelehrten

---

1) In A am Rande: Poena neglectae lectionis.
2) C f. 254ᵇ.
3) Der Absatz ist in C nach mehrfachen Veränderungen von Erast auf ein eingefügtes, als f. 254ᵇ bezeichnetes Blatt geschrieben worden.

man soll auch nit allein das hauß, sonder die gantze provision, verwaltung und verrechnung aller gefell sampt derselben anhengigen nutzbarkeit befohlen werden, onangesehen was hievor desselben halben gesatzt und gehalten worden.

(§ 152.) Capita quaedam a Dionysianis loco iuramenti bona fide asseveranda, antequam ad haec stipendia utenda, fruenda recipiantur¹).

I. Quod rectorem et universum magistratum scholae debita reverentia prosequi ac colere seque morigeros et modestos in omnibus rebus bene moratum adolescentem decentibus praebere velit;

II. quod ex annuis proventibus et reditibus, sive propriis, sive paternis, non plus quindecim florenis in annum accipiat accipereve habeat ac possit;

III. quod provisori domus caeterisque magistris senioribus ac praeceptoribus, in quibus honestum est ac licet, obedire velit; (f. 248)

IIII. quod domum ipsam et eius commodum promovere, damnum et incommodum, quod sciet ac poterit, prohibere velit;

V. quod statuta ac leges eiusdem domus pro virili sua parte servare neque ipse contra aliquid molientibus adesse, favere aut opitulari velit;

VI. postremo quod si fortunam lenulentiorem nactus fuerit aut ad statum meliorem aliquem pervenerit, beneficii ex hac domo accepti meminisse et de facultatibus ac bonis suis ad eandem domum provehendam et locupletandam pro modo ac facultate sua contribuere aliquid velit.

(§ 153.) Statuta domus Dionysianae ²).

1. Quoniam in omnibus negotiis ac rebus primum ac praecipuum esse debet, ut regnum dei quaeramus, eoque omnem operam ac studia nostra referamus, ea de causa instituto ac lege perpetua omnes huius contubernii consortes, tam magistri, quam discipuli, diebus dominicis caeterisque feriis sacris ad contionem mane in templum veniunto, ceremoniis legitime institutis adsunto; qui absens fuerit, prandio eius diei careto.

2. Caeteris autem diebus iidem contubernales mane surgentes, ablutis manibus et ore, pexo capillo, precationesque prius recitata, suis ac debitis horis publice quidem professores quique suos audiunto, privatim autem ac domi tum lectiones, tum exercitia pro eo, atque haec vel illa instituta sunt, visitanto, quod cuique iniunctum erit, (f. 249) persequuntor; qui studio malitioseve contra fecerint, prandio aut coena toties privantor.

3. Disputationes quoque publicas iidem frequentanto, in quibus, qui infra magisterium sunt, audiendo et respondendo, magistri autem in artibus quidem, ut minimum alternis sabbatis singuli, in reliquis autem facultatibus pro eo, atque institutum ac ratio cuiusque fert, argumentando sese exercento.

---

1) C f. 255ᵇ.
2) C f. 256; die Statuten sind abgedruckt von F. P. Wundt in Beitrage zu der Gesch. der Heidelberger Universität, Mannh. 1786 S. 165—172.

4. Qui ad gradum aliquem obtinendum curriculum suum confecerint, eundem gradum ac titulum, quatenus idonei fuerint, proxima creatione suscipiunto, suscipere detrectantibus praesertim, si a quatuor decanis aut maiore eorum parte admoniti fuerint, stipendium abrogator.

5. Magisterii titulum ac gradum, si qui consequuti fuerint, eorum nisi ad certam aliquam facultatem iuxta praescriptam fundationis stipendiique formulam alligati fuerint, pars tertia theologiam, tertia medicinam et tertia iuris scientiam deinceps sectator; qui theologiam sectantur, quinquennium, qui medicinam aut iuris scientiam, quadriennium ab excepto magisterio, nisi fundationis praescriptum ac formula contra aliudve iubeat, eadem hac domo eodemque stipendio deinceps fruuntor; qui studium propositum iniunctumque prosequi recusabunt, a consortio domus stipendioque removentor.

6. Nulli artes aut disciplinas vetitas exercento neque ea, quae a pietate ac religione vera dissentiunt, ullo pacto tuentor.

7. Conditionem aliam ac meliorem extra hanc domum adepti, locum suum in eadem domo aliis cedunto neque geminis eodem tempore stipendiis fruuntor.

8. Ad mensam in prandio coenaque singuli coram adsunto; extra domum aut foris, nisi praeceptorum consensu, nusquam ad prandia vel caenas aut etiam alias commessatum eunto, (f. 250) neque rursus alienos aut exteros simili de causa introducunto; qui contra fecerint, primo quidem privatione mensae, mox carcere, postremo relegatione a domo pro praeceptorum et provisoris arbitrio puniuntor.

9. Ad easdem mensas a principio benedictio, ad finem gratiarum actio dicentor; medio tempore unus aliquis per vices historiam sacram ex bibliis recitato, caeteri, cum silentio et modestia vescentes, auscultanto; cuius rei arbitrium penes seniores magistros ac praeceptores esto.

10. Vesperi post pulsum campanae fores contubernii claudunto, domi atque intra cubicula quique sua manento, neque post idem tempus cuiquam vel exeundi, vel ingrediendi potestas conceditor; qui foris pernoctaverit, nisi iusta et necessaria causa id egerit, carcere punitor, si saepius idem fecerit, domo excluditor.

11. Extra contubernium, qui contubernii huius consors sit, nullus habitato, neque extra urbem quisque sine provisoris consensu longius triduo aut, inconsulto rectore, ultra dies quindecim morator; absens qui fuerit, quoquo modo fuerit, portione sua interea careto; qui vero etiam mense diutius abfuerit, nulla eius rei potestate a rectore et quatuor decanis impetrata, periculum amittendi stipendii ac loci sui sustineto.

12. Sermone inter se latino et pudico omnes utuntor; a blasphemiis, execrationibus, omni praeterea obscoenitate, tam rerum, quam verborum abstinento; qui contra, fecerint ordinarie quidem prandio vel coena eius diei privantor, si delictum gravius fuerit, pro facti conditione ac modo puniuntor.

13. Vestitu civili ac honesto omnes incedunto; sagis, pileis et caligis stratioticis, hoc est contra, quam studiosos ac literatos decet, dissectis, abbreviatis aut laciniosis nulli utuntor, neque gladios aut arma intra urbem militaria (f. 251) gestanto; qui contra aliquid ausi fuerint, primo quidem carcere, mox exlusione domus prohibentor.

14. Mulierem impudicam aut aliam quamcumque personam suspectam

intra contubernium nullus adducito, aut clam secum habeto, neque foras cuiquam egredi nisi ad loca honesta licitum esto.

15. Vagantes in foro aut inter hortos, otiose sedentesve in ponte aut ad pharmacopolia aut etiam in tonstrinis et tabernis delitescentes, praesertim iis temporibus et horis, quando in scholis docetur aut disputatur, aleas, item choreas, aut gladiatorum ludos publicos sectantes, primo quidem in triduum mensa privantor, postea carcere multantor; quod si peccare pergant, ultimo etiam domo excluduntor.

16. Neque claves ad fores contubernii aperiendas praeterquam tres magistri seniores iidemque praeceptores ulli habento; ex caeteris, qui fores contubernii noctu clam vel vi, vel alio quovis pacto aperiunt aut aliquo exibunt, primo quidem carcere, mox exclusione puniuntor.

17. Eodem modo et qui ex caeteris rebus ad domum eandem pertinentibus aliquid amoverit, fregerit aut violaverit, principio quidem damnum datum, si id casu aliquo dederit, restituito; sin idem studio malitioseve fecerit, carcere quoque coërcetor, aut si saepius idem peccatum iterarit, a contubernio et domo relegator.

18. Postremo pacifice modesteque inter se omnes degunto, nemo alterum dicto factove laedito, laesus aut iniuria aliqua adfectus ad praeceptores deferto; a quibus qui nocens inventus fuerit, pro facti qualitate et modo punitor; aut si causa ipsa gravior fuerit, ad provisorem et deinceps, si neque hic suscipere solus illum voluerit, ad rectorem et universitatem refertor. (f. 252.)

Und[1]) damit obgemelte statuten den stipendiaten, magistris und allen andern desto mehr einpildet und sich ein ieder darnach wisse zu gerichten, sollen dieselben nit allein uff ein tafel ingrossirt und in gemeiner stuben oder communitet angeheftet werden, sonder es ist auch unser ernstlicher befelch, wille und meinung, das zu allen und ieden quartaln oder virthl iarn, so man bisher die vier fronvasten genennet, und nemlichen uff Mathei evangelistae et apostoli, auff den ersten sontag des advents, auff Matthiae apostoli und auff den pfingstmontag eins ieden tags zu zwolf uhren nach dem morgenmahl durch die drei magistros oder praeceptores und ie einen nach dem andern ein oration de necessitate et observatione legum oder dergleichen halten, dornuff die statuta in aller dises hauses stipendiaten und einwoner beiwesen offentlich verlesen und expliciren, also auch meniglich zu gehorsam und treulicher volnzihung derselben vermahnen und adhortirn und dabei die ermelten magistri und sonderlichen der oeconomus iederzeit ein fleissigs uffsehens haben, das solche ordnungen und statuten gehalten, auch keiner in disem hauß oder uff diser stipendio einem gelitten werden, der sich anderst, dann gepurt, mit kleidung, tracht, zechen und auschweifung, beide des nachts und tags, thut finden lassen, dann dise stipendia den armen und studirenden persohnen, nit trägen, faulen oder mussig geenden leuten uffgericht und gestifft worden.

Es sollen auch neben disem obgedachte seniores und magistri iedes abends, nachdem das contubernium zugethan und beschlossen worden, umbher geen und alle gemach visitiren, ein fleissigs uffmercklhen haben, wer daheimen seie oder nit, keinem andern kein schlussel zu dem haus zu haben, noch vil weniger aus-

---

1) C f. 258ᵇ lautete ursprünglich: Und solliche statuten und satzungen sollen des iars zum wenigsten ein male oder zwei offentlichen in der communitet stuben allen einwonern disses haus furgelesen werden, damit sich niemandt mit der unwissenheit derselben zu entschuldigen habe und die obersten oder ältesten drei magistri, sonderlichen aber der oeconomus u. s. w.

serhalb zu pernoctiren und zu schlaffen gestatten, auch sonst, womit ein ieder umbgee oder sein zeit zupringe, ein fleissigs einsehens haben, kein unzeittige zechen oder anderß, dardurch iemands geergert, verfuirt oder auch sonst molestirt und an seinen studiis verhindert möchte werden, einichem zulassen oder vergönnen, sonder, was sich solches verbottener weise zutregt, dasselbig nach (f. 253) ordnung und ausweisung der statuten straffen oder, so ihnen solchs zu schwer wolt sein, ferner an den provisorem gelangen lassen, welchem, so es weiter allein zu wichtig sein wurde, soll es furthan an den rectorem und die universitet gepracht werden, und gentzlichen alle ungehorsamb und mutwillen gepurlicher und pillicher massen gestrafft und gewehret werden.

Dieweil auch bis anhero der prauch gewesen, das ein ieder new ankommender Dionysianer pro introitu uff ein ieden dische ettliche pfund gebrattens und kantten weins zu geben verbunden gewesen, und aber in demselben ein solcher mißbrauch eingerissen, das, nachdem die zahl von tag zu tag zugenomen, auch hieneben ein ieder einen gast hat wollen laden, und die summa am wein aufgestigen und gemehrt worden, mancher uff solchen introitum mehr hat wenden mussen, dann er ein halb iar vor seinem gantzen stipendio einkomen haben mögen, demnach so ordenen und wollen wir, das hinfur ein novitius oder angeender Dionysianer fur sein introitum uff ein disch vier pfund gebrattens und ein virtl weins geben und weiter keinem weder zu fordern, noch zu geben nichts gestattet werden soll.

Es soll auch keinem der andern einwohner diß haus, einichen gast fur sich zu laden, und damit der andern kost und tranckh zu schmeblern, erlaupt sein, es were dann, das derienig, so solchen introitum gipt, seiner freund oder vorgewesenen praeceptorem einen oder zween oder auch die seniores domus, den provisorem oder sonst aus den ordinariis oder publicis personis einen dem haus zu ehren und befurderung hierzu beruffen und laden wurde, in welchem doch alle zeit ein maß gehalten und niemand weiter, dann wie obsteet, beschwerd und uberladen werden soll.

(§ 154.) Vom provisore dises hauses[1]).

Weiter sovil den provisorem dises hauses (f. 254) betrifft, lassen wir es bei der hergebrachten ordnung und gewohnheit pleiben, nemlich, das derselbig alle gefell und einkhomeus obgenannts haus einnemen, alle wochen davon, was sich gepuirt, dem probst darzelen, auch sonst, was den hausrath, kuchengeschirr und anderß, so in dem haus zu pessern oder erstatten ieder zeit vonnötten, ein uffsehens haben und dem hause zum besten fursein, desselben allen ierlichs gepürliche rechnung fur der universitet und unsern hierzu verordenten thun, und fur solchs neben anderm den garten, so disem hause zustendig, so lang er sollichs ampt verwesen thut, ohne einichen eintrag der universitet oder der vier faculteten einhaben und geprauchen, auch ihme weiters ierlich zwolf gulden gereicht werden sollen[2]).

(§ 155.) Juramentum provisoris domus Dionysianae[3]).

Quod fidelis esse velit contubernio domus Dionysianae, commodum eius promovere, incommodum ac damnum, quoad sciet ac poterit, avertere ac prohibere, caeteraque iuxta praescriptum ac formulam institutionis eiusdem prosequi;

---
1) C f. 260.
2) Die letzten Worte sind von Erast in C f. 260ᵇ hinzugefügt.
3) C f. 260ᵇ verweist: require infra in fine folio 264 iuramentum prouisoris.

quod reditus eiusdem domus collectos et ad se delatos in utilitatem domus et personarum sive stipendiariorum eius, pro eo atque statuta eius monent, expendere, nemini absenti quicquam dare, denique totius accepti et expensi rationes quotannis rectori et universitati reddere, et si quid reliquum ex iisdem ipse debeat, quamprimum idem parataque pecunia dissolvere.

Es soll aber und mage der provisor dises der Dionysianer haus sein eigenen collector, wie bis anhero gepreuchlich gewesen, haben, welcher ime alle gefelle und einkomens des Dionyß einbring und sambte, auch alle andere sachen verrichte, gleich wie hievor von der universitet collectore gesatzt und geordenet ist, und derhalben aus den gefellen des haus sein belohnung empfahen. Aber der provisor, (f. 255) wie sein inrament inhelt, soll alle einnahme und ausgabe zu ieder computation selber verrechnen und, was derhalben dem fisco ieder zeit zugewachsen, uberantworten und erlegen, doch [1]) soll weder er der provisor, noch collector fur sich selbst ohn vorwissen der vier dechant oder zum wenigsten des rectoris keine gult ablosen lassen oder anlegen.

(§ 156.) Von dem probst und dische in disem contubernio [2]).

Dergleichen, was den dischgang und die probstei dises hauses belangt, lassen wir es auch bei hergebrachtem pranch besteen und pleiben, nemlich das der probst alle wochen das ordinarium nach anzahl der persohnen bei dem provisore holen und, was er daruber uff brott, fleisch und andere kuchenspeis, in welchem er sich der ordnung und massen, wie hievor von dem andern und geringern dische des contubernii maioris geordnet und befohlen ist, gleichformig und geneß halten soll, iede wochen ausgeben und uffgewendet, alle sambstag nach essens fur den dreien senioribus oder dem provisore verrechnen, den exceß oder addition alspald den volgenden abend anzeigen und von den persohnen uffheben und keinem ohne burgschaft oder auch weiter, dann ein virtl iars borgen, damit beide, beckher und metzger, zu iedem virtl iars betzahlt und demnach das haus in seinem wesen beharrlichen pleiben und erhalten moge werden.

Es soll auch solchem probst nit benomen sein, allwegen ein fass oder zwei weins bei sich in des hauses keller zu legen und zu halten, davon den magistris, auch andern persohnen zur notturft, doch uff bewilligung und ermessigung der praeceptorn, umb bar gelt und anderst nicht zu geben haben. (f. 256.)

(§ 157.) Von betten und anderm hausrath dises contubernii [3]).

Es sollen auch weiters provisor und die seniores dises hauß acht haben und verschaffen, das die bettung, und was denselben zugehörig, in gutem wesen erhalten, alle iar einmahl bestrichen, was derselben abgehet, iede zeit gebessert und erneuert und dasselbig alles aus gemeinem seckhel des hauß erlegt und betzahlt werde. Dergleichen soll es auch mit dem kuchengeschirr, dischtuchern und andern gehalten und deren iedes mit nutzen einkaufft, gebessert und in seinem wesen aus obgenantem fisco oder seckhel erhalten werden.

(§ 158.) Vom fisco dises contubernii [4]).

Wie nun hievor von dem contubernio maiore geordenet und gesatzt, das dasselbig sein eigen fiscum haben und denselben der obrist regent oder oeconomus

---

1) In C f. 264ᵇ sind die Schlussworte von Erast hinzugefügt.
2) C f. 260ᵇ.
3) C f. 261ᵇ.
4) C f. 261ᵇ.

verwalten und verrechnen soll, also wollen wir auch von disem des Dionysianer hauß befohlen haben, das desselben provisor ein gemeinen fiscum oder seckhell haben und verwalten und darein, was von den abwesenden persohnen ieder zeit dem wochengelt abgetzogen, auch von deren wegen, so straff halben der dische privirt werden, eingehalten, auch andere weise dem hauß erspart und zu gut hinder sich gelegt wurdet, zu underhaltung des hausraths und der eingebew hingelegt, bewahret und ierlichen fur den universitet und unsern darzu verordenten, wie obstect, verrechnet werden sollen. (f. 257.)

(§ 159.) Von der librari [1]).

Und dieweil von alter hero auch ein eigene librari oder bibliotheeckh in disem hauß gewesen und aber nach veranderung des hanß und der alten secten in ein abgang komen, so wollen wir, das provisor und die seniores, was von solchen buchern noch vorhanden, zusamen suchen und wider in ein ordnung richten und bringen; und so ettwas mit der zeit weiter' hierzu legirt und gegeben wurde, ein iedes nach seiner gelegenheit zu den vorigen verordenen und mit gepurlicher versicherung verwahren sollen.

Und zu solcher bibliotheekhen sollen die drei seniores allein schlüssel haben, von welchen die andern magistri und persohnen, so sich solcher bucher geprauchen wollen, dieselben begeren und empfahen und mit aller massen und verpflichtigung, wie hievor von der universitet und faculteten bibliothecken gesetzt und befohlen ist, dieselben den obgenanten senioribus wider zustellen und uberlifern und sonst weiter kleinen insonderheit einich buch fur sich in sein gemach oder anders wohinaus zu tragen, nemen und zu prauchen gestattet werden.

(§ 160.) Von der visitation diser burßen [2]).

Und damit alle obgenante statuten, satzungen und ordination dester fester und fleissiger gehalten und volnstreckt werden, so wollen wir, das rector universitatis sampt dem alten und neuen decano und aus seinen assessoribus oder consiliariis zweien den eltisten alle iar zum wenigsten zweimahl umbher geen und beide die burßen und das Dionysier hauß, wie hievor in dem ersten theil diser unser reformation [3]) geordnet und gesetzt ist, visitiren und besichtigen, was dorinnen mangels oder fehls gespuirt, auch (f. 258) anderungen mitler zeit sich begeben, vleissig inquiriren und erforschen und demnach dasselbig fur sich selber straffen und wenden, oder, so solchs ihme sampt seinen zugethanen zu schwehr sein wolte, ferner an die universitet gelangen lassen, welche auch bei ihren pflichten, damit sie der universitet und derselben consilio oder rath zugethan seint, ob disen und allen vorgemelten statuten, puncten und ordnungen ernstlich zu halten, auch dem provisori, den senioribus und andern regenten, so sie ettwas mangls an inen befunden, einzutragen und sie gentzlichen ein ieden seinem ampt und befelch strackhs wegs nachzukomen, anzuhalten schuldig und verpunden sein sollen.

Und damit rector und universitet desselben dester mehr ursach gewinnen und nit, wie bishero, vil ding schend und wissend hinschleichen lassen, so wollen

---

1) C f. 262.
2) C f. 262ᵇ.
3) Am Rand in A: supra pag. 25, wo auf diese Stelle in einer Notiz verwiesen ist. (Siehe oben S. 17.)

wir, do wir ettwas mangls hirinnen befinden würden, allwegen aus unsern räthen oder dienern einen zu solcher visitation verordenen und ernstlichen befehlen lassen, sampt dem rectore und seinen zugeordenten in gemeltem collegio Dionysiano helfen uffsehens zu haben, das die statuta desselben uffrichtiglich volnzogen und gehandhabt werden, mit verstrickhung, wo er oder dieselben ettwas unordentlichs und mangelhaftigs vermerckhten, in welcher gestalt das were, dem rectori und der universitet anzuzeigen, mit begehre, dorein zu sehen, zu bessern und abzuwenden, sampt angehenckhter drawe: wo das nicht beschee, muste ers aus schuldigen pflichten an uns oder unsere räthe gelangen lassen, welches er liber vermitten sehe. Und so solchs nit verfaugen wolte, ferner bei seinen gethanen pflichten an uns oder unsere räthe einsehens dorein zu haben anzubringen. (f. 259.)

Beschluss[1]).

Dieweil dann nun wir pfaltzgrave Ottheinrich churfurst dise obgeschribene newe ordnung auff vorgehabte zeittige und fleissige beratschlagung mit furtrefflichen leuten also bedacht, gesetzt und statuirt, die christliche, wahre, reine lehre von der menschen ewigen seligkeit und ihrem eusserlichen wandl gegen gott, auch gutte nutzliche kunste dem allmechtigen zu ehren und gehorsam, unserer kirchen, furstenthumben und landen so wol, als der universitet selbst zu trost, uffnemen, gedeien und wolfarth dardurch zu erbauen und außzubreiten, auch anderen auswendigen nach dem willen gottes in gleichen sachen damit freuntliche und gnedige befurderung zu erzeigen: so ist unser ernster will und meinung fur uns, unsere erben und nachkomen, die pfaltzgraven bei Rein und churfursten sein, das solche ordination in allen ihren articuln, puncten und clauseln, inmassen dorinnen steet und begriffen ist, von allen und ieglichen verwandten und glidmassen vil ernanter unser academia, sie seien gleich hohes oder nidrigen stands, so ferr die einen ieden berurt, getreulich, fleissig, auffrichtig und volkomblich, ohn einichen abbruch gehalten und volnzogen werden soll und sich niemands uberal understehen, ettwas zu handln und zu suchen, das disem zuwider sein, oder zu schmehlerung, verhinderung und verletzung gelangen muge, als lieb ihme ist, unser und unserer erben schwere ungnade, auch unnachlessliche straffe zu vermeiden.

Wir behalten auch uns und gemelten unseren erben hiemit bevor, dise ordination mit wissen und rath des rectoris und universitet zu verminderen, vermehren und veranderen, wie sollichs iedesmal nach gelegenheit aller umbstende ietztgedachter universitet am nutzlichsten, besten und bequemsten sein mag.

Des zu wahrer uhrkund haben wir unser insigel hieran zu henckhen wissentlich (f. 260) verschaffet. Gescheen zu Heydelberg uff montag den neunzehenden monatstag decembris, nach Christi unsers liben herrn und seligmachers gepurt tausent funfhundertfunfftzig und acht iare.

---

1) Fehlt in C.

Die

Reformation des Kurfürsten Ludwigs VI.

vom

11. April 1580.

Handschriften:

A = Originalhandschrift (auf der Universitätsbibliothek zu Heidelberg).
B = Abschrift der Statuten der philosophischen Fakultät (ebendaselbst).

Abkürzungen:

OH = Statuten von Otto Heinrich.
L = Statuten von Ludwig VI.

(Vorrede.)

Wir Ludwig von gottes gnaden pfaltzgraf bey Rhein, des heyligen römischen reichs ertzdruchseß und churfurst, hertzog in Bayrn etc. bekhennen und thun khundt offenbar, alß wir uns vleißig erinndert und zu gemüt gefuert, wie ernstlich der allmechtig ewig und guettige gott im alten testament der oberkheit eingebunden und bevolhen habe, das sie ob dem wahren, von gott selbst eingesetzten und angeordneten gottesdienst steiff halten und in demselbigen das wenigste nicht, weder zur rechten, noch zur linkhen, abweichen solle, inmaßen solches auß vilen biblischen historien, insonderheit aber auß dem 17ten capitl des funften buchs Mosis, in welchem das ambt eines ieden frommen regenten und oberkheit beschriben wirdt, khundt und offenbar ist; und aber die ware christliche religion rein und lautter nicht khan fortgepflantzt werden, wofern die liebe (f. 1^b) iugendt nicht von irem ersten unmündigen alter an in solcher auferzogen und mit embsigem ernsten vleiß zu gottes wort angehalten und undterwisen wirdt, so haben ie und allezeit christliche regenten und potentaten dahin getrachtet, das wolangestelte schuelen aufgerichtet wurden, in welchen die heranwachsende iugendt in warer gottesfurcht undterrichtet und zu allen christlichen ehrlichen tugenden und gueten khunsten auferzogen und geubet wurde.

Daher dann nicht allein im alten testament der Juden synagogen ir ursprung bekhomen und baldt nach unsers herrn und heylandts Christi himelfahrt furtreffliche schöne schuelen von den aposteln selbst und derselbigen nachkommenden zu Antiochia, Epheso, Smyrna, Alexandria aufgerichtet, sonder auch hernacher, da der höchste gewalt, das römische reich, auf ettliche christliche potentaten khommen, beide die studia und gelerte leut in (f. 2^a) großem werth gehalten und mit herrlichen privilegiis befreiet und erhalten worden seindt; darauß volgendts die studia universalia und privilegiata erwachsen, in welchen nicht allein allerlei begnadigung, freiheiten und beneficia gelerten leuten mitgetheilt, sonder auch die iugendt durch angestellte gradus dignitatum et honorum, die da nirgendts anderst alß allein bei solchen universiteten zu erlangen gewesen, zu mehrem vleiß, ernst und ubung beide der tugent und gueten khunsten gereitzt und aufgemundert worden. Wie dann neben vilen andern christlichen potentaten, kaysern, konig, chur- und fursten von unsern löblichen vorfahren und altvättern auch alhie in diser unserer stadt Heydelberg ein generalstudium gestiftet und mit vilen herrlichen privilegien (f. 2b), freiheiten und begnadigungen begabt und gezieret worden ist. Fur welche vilfaltige christlicher potentaten guetthaten billich alle fromme christen sich dankhbar erzeigen und dem allmechtigen gott, welcher durch dises mittel die studia erhalten, uns fur greulicher barbarey behuettet und die gantze heilige schrift neben vilen andern alter christlichen lehrer monumentis und buechern auch auf uns kommen lassen, von hertzen danckhen sollen, denn eben dises der rechte weg gewesen, durch welchen zu diser letzten zeitten der allmechtige gott doctor Luthern in der hohen schuel Wittemberg erwecklet und das helle licht evangelii, so undter dem antichristlichen babstumb und seinen greueln gantz verdunkholt gewesen, widerumb angezündt und in der gantzen welt hatt wöllen leuchten lassen.

Es ist aber nicht ohn, das wie sonst (f. 3a) alle andere guete constitutiones und ordnungen mit der zeit in ein abnemen und undtergang gerathen, das auch in solchen herrlichen, wol angerichten generalstudien allerlei unrath, schedliche unordnung und zerrüttung, ubel gebrauchte und selbst angemaßte gewonheit uberhandt genomen, derwegen sich iederzeit die hohe oberkheit ires generalstudiums, sovil immer möglich, mit ernst und christlichem eifer angenommen, wie dann solches von unsern löblichen vorfahren, sonderlich aber von weilandt pfaltzgraf Ludwigen und pfaltzgraf Ottheinrichen, beiden churfursten milter und seligster gedechtnuß, unsern lieben vettern, beschehen, in maßen solches nicht allein ire nutzliche wolangeordnete und publicirte reformationes außweisen, sonder auch ire herrliche, reiche und namhafte donationes und verbesserung ierliches einkhommens an rendt und gülten bekreftigen.

Dieweil dann, wie vermeldt, khundt (f. 3b) und offenbar, auch an im selber unleugbar, das die hohen schulen furnemlich der ursachen halben angestellt worden, das durch dieselbige der kirchen gottes desto besser muge gecholffen und die ware religion fortgepflantzt, die irthumbe aber außgerottet werden, so ist albereit von unserm lieben vettern pfaltzgraf Ottheinrichen, churfursten lobseliger dechtnuß, dahin christlich und vleißig gearbeitet worden, damit die papistische greueln, beide in kirchen und schulen, abgeschafft und dagegen die ware christliche religion aufgenommen und angerichtet wurde.

Alß aber hernacher[1] durch ettliche unruige leut, falsche, irrige, gottes hellem klaren wort und unserer christlichen religion, der Augspurgischen confession widerwerttige und ungereumbte opiniones in kirchen und schulen außgebreittet und dasselbige in die liebe iugendt mit merckhlichem schaden eingegossen worden, also hat uns die hohe, unvermeidliche noth dahin gedrungen, das, wie vor der zeit die (f. 4a) kirchenreformation von uns christlich furgenommen und gluckhlich zu endt gebracht worden, das wir gleichergestallt zu der academiae reformation greiffen, ettliche namhaffte mengel abstellen und mit gewißen satzungen das statutenbuech haben verbessern mueßen. In welchem werckh und furnemen aber wir fur uns (wie wir dann ein solchs mit dem lieben gott teuer bezeugen konnen) nichts gesuecht haben, noch uns angemaßt, alß allein was iederzeit wir die churfursten, pfaltzgrafen etc., alß fundatores und patroni academiae, ius und authoritatem in die academiam gehabt haben, nichts iren priuilegiis, so sie von unsern voreltern empfangen, entgegen und zuwider furgenomen, sonder vilmehr dieselben vermehret und erleuttert, und auch, was wir zu befurderung der ehre gottes, zu

---

[1] Die folgenden Worte sind spater durchgestrichen worden; die Vermutung liegt nahe, dass dies zur Zeit der in reformiertem Sinne vorgenommenen Statutenanderung unter Johann Casimir geschehen ist.

fortpflantzung der ewigen warheit und zu erhaltung fride, rechts und einigkheit in kirchen, schuelen und der (f. 4b) gantzen churfurstlichen pfaltz uns unsers von gott anbevolhenen ambts halber anzuordnen, zu setzen und zu befelhen uns schuldig erkhandt haben.

Dieweil wir dann auch nit mit geringer donation und auction alle stipendia erhöhet haben und merckhlichen gebessert, auch zu undterhaltung des contubernii und domus Dionysianae ein namhaffte addition und contribution verordnet, das hierauß unser gegen der academia gnedigst gemuet desto mehr herfurleuchten und iedermann bekhandt sein solte, also sind wir der gnedigsten zuversicht, es werden alle und iede unserer universitet zugethane glidmassen solches von uns zu underthenigstem dankh annemen. Wie wir dann hieruf ernstlichen befelhen und wöllen, das diser unserer pfaltzgraf Ludwig churfursten etc. renovirten und verbesserten reformation in allen und ieden articuln, puncten und clauseln von allen unserer universitet glidmaßen und verwandten hohes und niders standts, sovil einem ieden dieselbe berurt, ernstlich nachgelebt, vleißig und treulich volzogen und gehalten werde, wie hernach volget. (f. 5a.)

(§ 1.) Von der religion und glaubens sachen[1]).

Und erstlichs: Nachdem die schuelen anderst nit, dann ein seminarium sind, darauß furtters die kirchen und weltliche regiment besetzt und also ecclesiastica und civilis politia genommen wirdt, damit dann in der religion, so nach dem ernsten gebott und bevelch unsers lieben herrn und seligmachers Jhesu Christi meniglich, insonderheit aber uns alß einer obrigkheit zuvorderst angelegen sein soll, ein christlicher einhelliger consenß und verstandt, sowol in den schuelen, alß den kirchen, tam inter docentes quam discentes sein und mit gotteshilf und gnad bestendig bleiben moge, die ware reine christliche lehr und gottesdienst in unserm churfurstenthumb desto mehr erhalten, in geistlichen und weltlichen regimenten guete rhue, fridt und einigkheit ohne gezeuckh gepflantzt und unsere uns von gott anbevolhene underthanen desto weniger durch die newe, irrige und von (f. 5b) dem wortt gottes frembde lehren und opinionen verfuert und befleckht werden, so bevelhen wir hiemit bei vermeidung unserer hochsten ungnad und wollen ernstlich, das hinfurter kheiner zu einicher profession, lectur, stipendio oder anderm ambt und dienst, so die universitet zu verleihen hat, zugelassen oder angenommen werde, er habe dann neben andern articuln oder puncten, welche seinen dienst beruren, auch gelobt und geschworen, das er unserer waren christlichen religion, wie dieselb in gottes wort begriffen und der Augspurgischen confession, Schmalkaldischen articuln, catechismo Lutheri und unserer Kirchenordnung repetiert und verfasst, beides mit hertzen und mundt zugethan seie und hinfurtter sein wölle, auch kheinerlei opinion diser unserer warhafften göttlichen lehr entgegen beifallen, vil weniger durch sich selbst oder die irigen pflantzen, vertheidigen, noch verfechten, noch sich dessen in einichen weg undterstehen wolle, wie solch statutum generale hernacher gesetzt würdet. (f. 6a.)

(§ 2.) Lex omnium facultatum professoribus et ministris communis.

Verae religioni et pietati in verbo dei traditae et in Augustana confessione, Schmalcaldicis articulis, catechismo Lutheri nostrarumque ecclesiarum constitutione repetitae omnes et recepti et recipiendi addicti sunto, nullam opinionem hisce contariam vel privatim, vel publice quisquam proponito, propagato aut defendito.

---

[1] Dieser und der nächste Paragraph finden sich nicht bei O H; § 2 ist gedruckt bei Winkelmann, a. a. O. I, 313 mit Ausführungsbestimmungen (s. auch Winkelmann II, 143 nr. 1242).

I.
Oeconomi und administration der gantzen universitet.

(§ 3.) Und von gemeinem consilio und rath derselben.

F. 6ᵇ—11ᵃ = OH § 1, S. 5—7 mit Ausnahme auf S. 5, Ende des 2ten Absatzes: Ex facultate artium: die siben professores publici alß: logicus, rhetor, physicus, ethicus, mathematicus, graecus und poëta. (f. 7ᵇ.)

(§ 4.) Puncten und articul, darauf ein ieder, so in den rath der universitet würdt angenommen, soll beaidiget werden.

F. 11ᵃ—11ᵇ = OH § 2, S. 7, der Zusatz am Schlusse: cum clausula solenni fehlt.

(§ 5.) Von erwöhlung des rectoris.

F. 11ᵇ—12ᵇ = OH § 3, S. 7—8, die Erwähnung der viae realium und nominalium (S. 7 Ende) ist jedoch weggelassen.

(§ 6.) Puncten und articul, so ein ieder new gewelter und angehender rector iurirn oder schweren soll.

F. 13ᵃ—15ᵃ = OH § 4, S. 8 u. 9, nur ist S. 8 im drittletzten Absatz statt „intra dies quatuordecim a festo pascae proximos" mense Maio gesetzt und vor „domus quoque" mense Februario eingeschoben.

(§ 7.) Von besoldung des rectoris.

F. 15 = OH § 5, S. 9, doch ist die Verteilung der Besoldung auf den alten und neuen Fiskus hier, wie sonst gestrichen.

(§ 8.) Von erkiesung der assessorn und beisitzern des rectors im consistorio.

F. 15ᵇ—17ᵃ = OH § 6, S. 9 u. 10; dabei ist (f. 15ᵇ) die Zahl der Beisitzer auf 6 ermässigt: nemblich zwen professores iuris, einer auß theologica, einer auß der artisten facultet, so am geschicksten und verstendigsten, auch irer persohn und alters halb ettwas ansehnlicher seien, zum chisten von dem senatu universitatis zu beisitzern (f. 16ᵃ) zugeordnet und gegeben werden, welche auß allerhandt beweglichen ursachen dartzu perpetuirt und bestendig darbei bleiben sollen.

Der Schlussabsatz (S. 10) lautet von f. 16ᵇ an: Dieweil dann billich, das den bestimbten consiliariis oder beisitzern umb ire arbeit und muhe auch ein zimbliche besoldung und ergetzlichkeit widerferet, so wollen wir, das den beiden professorn iuris, so die sachen und acta iederzeit mit vleiß verlesen und durchsehen, volgendts geburlich referiren, auch die beschaidt und urtheil, da man dem verglichen, begreiffen und formirn sollen, zwelf gulden, das ist iedem sechs gulden, und dann den andern und einem ieden, so gegenwerttig ist, zu allen und ieden gerichtstagen und sessionen zwen albus gereicht und geben, und herwiderumb auch, wo derselben einer auf erfordern des rectors alß contumax und ungehorsamb nit erschiene, in gleichermassen zwen albus zur peen und straff, dem fisco zu guetem abgenommen werden sollen. Was aber in diesem consistorio fur ein process gebraucht werden soll, dieweil die von der universitet sich erbotten, solchen auß unserer verbesserung und (f. 17a) beliebung zu verfassen, seindt wir dessen gewerttig, wie wir uns alßdann in demselben notturftiglich erschen und unsers gemuets darauf ercleren wöllen. Und soll das consistorium alle sambstag oder zum wenigsten ie uber vierzehentag, so ferr sachen, darin man handlen und procediren khan, darauf dann der rector obligenden ambts wegen sein guete fleissige achtung geben soll, gehalten werden. Wir wollen auch unsern hofgerichtsprocuratorn, damit disfals khein mangel seie, bei verlierung irer privilegien ernstlichen bevelch thun, sich sowol bei diesem der universitet consistorio, alß unserm hofgericht umb zimbliche billiche besoldung iederzeit gebrauchen zu lassen.

(§ 9.) Was sich ein ieder, so in die universitet aufgenommen wurdt, verpflichten und halten soll.

F. 17a 24a = OH § 7, S. 10—13, mit mehrfachen Veränderungen: f. 18b ist vor iuramentum generale (also S. 11) hinzugefügt: Und nachdem sich in der teglichen erfahrung befindet, das bishero irer vil sich alhie fur studenten außgeben und bei den burgern sowol den disch, alß die wohnung gehabt, so sie doch sich bei dem rector niemaln inschriben lassen, so wollen wir zu verhuettung unordnung und andern unraths, so darauß volgen khan, den burgern bei einer ernannten straff bevelhen und auferlegen, hinfurtter kheinem zu beherbrigen oder in die cost zu nemen, er hab sich dann zuvor bei dem rector immatriculirn lassen und dessen geburliche urkhundt oder schein furgezeigt.

F. 19a schliesst das iuramentum mit dem Satze: Ita me iuvet Deus trinus et unus (statt ita me Christus invet ac sancrosanctum eius evangelium S. 11).

F. 19b ist die Verteilung des Immatrikulationsgeldes = 10 Krenzer so bestimmt: das von den zehen creutzern zwei albus der fiscus universitatis, 13 pfenning der rector, die uberige 6 pfenning der pedell empfahen; da aber von fursten, grafen, herrn und dergleichen ein gulden oder auch ettwas mehr gereicht, sollen dem fisco darvon zwelf albus, dem pedellen funf albus und das uberig dem rectorn zustehen (vgl. S. 11).

F. 20a ist (S. 12 auf der viertletzten Zeile des ersten Absatzes) eingeschoben: und so er dann so weit proficiert, das er ad audiendas publicas lectiones tuglich.

Nach dem ersten Absatz S. 12 folgt (f. 20b): Und damit dieihenigen, so von iren eltern frembden oder andern studiorum causa also alhero verschicklt werden, ire zeit nit vergebenlich anlegen, sonder noch mehr in officio et disciplina erhalten, auch zu den studiis desto mehr gereitzt werden, so soll ein ieder rector mit ernst darob sein, das einer ieder facultet decanus iarlichs zweymal die auditores et studiosos derselben facultet alle und einen ieden insonderheit fur sich erfordere und in beisein der andern bemelten facultet professorn ires lebens und studien halb vleissig befrage und inquisition thue, auch zu einem züchtigen, nüchtern leben und embsiger furtsetzung irer studien vermane, das auch bemelter decanus nach verrichter solcher inquisition, wie es sich insgemein und insonderheit befunden, dem gantzen senatui furtter davon relation thue und, wo vonnötten, sich fernern bescheid erhole.

So er aber noch ein iunger und angehender student und derhalben, wie brenchlichen und auch vonnötten, den artibus oder (f. 21ᵃ) kunsten der philosophi noch anhengig were, soll er ad publicas lectiones nit zugelassen, sonder vom rectore ad paedagogium so lang gewiesen werden, bis er durch die verordnete examinatores ad publicas lectiones tuglich erkhannt, und soll er inmittels entweder in der bursen (S. 12 zweiter Absatz) u. s. m. Von da an völlige Übereinstimmung bis zum Schlusse des Paragraphen.

(§ 10.) Von peen und straffe der ubertretter.

F. 24ᵃ—27ᵇ = OH § 8, S. 13—15.

Hinzugefügt ist (f. 27ᵃ): Und nachdem vil, so noch paedagogicas lectiones horen, nichts minders sich bei dem rector universitatis einschreiben lassen, welches auch inen unverwerth sein soll, damit dann zwischen rector und denihenigen, so dem paedagogio furgesetzt, der straff halb khein mißverstandt entstehe, so wollen wir, das solche, soverr sie iren disch und wohnung im paedagogio haben, allein von iren praeceptoribus umb ire begangene mißethat gestrafft werden, wie auch gleichfals die, so iren disch und wohnung anderstwo haben und contra disciplinam paedagogicam oder (f. 27ᵇ) sonsten ettwas geringes, so fernlam verdienet, mißhandlet; da aber dieselben ettwas mehrers oder auch wider gemeine der universitet leges gehandlet, soll sie der rector universitatis zu geburlicher straf anhalten; inmassen auch die, so in contubernio pecciert. nach inhalt derselben statuten von den regenten gestrafft werden, und da sich villeicht andere fäll, so alhie nit gesetzt, zutruegen, sollen sich rector universitatis und paedagogiarcha zusamen thun und sich dessen freundlich mit einander vergleichen oder, wo noth, an uns gelangen lassen.

(§ 11.) Von der iurisdiction des rectoris.

F. 27ᵃ—28ᵇ = OH § 9, S. 15.

Veränderungen: statt notario ist syndico gesagt; am Ende des ersten Absatzes ist beigefügt: es were dann, das gar kheine sachen vorhandten, oder aber das man von wegen erlangter dilation oder anderer ursachen halb darinnen nit procedirn khonndte, alßdann sollen sie den gerichtsseß zu halten unverbunden sein, wie hievor gemelt.

(§ 12.) Von den contumacibus oder ungehorsamen.

F. 29ᵃ—30ᵃ = OH § 10, S. 15 u. 16.

(§ 13.) Von peen und straffe deren, so gerichtlich uberwunden und damnirt werden.

F. 30ᵃ = OH § 11, S. 16.

(§ 14.) Von denihenigen, so begangner missethat wegen umb daz leben gefangen ligen (f. 30ᵇ—31ᵃ)[1].

Was diehenigen professores, studiosos oder andere, so von wegen begangener missethat das leben verwürckht haben möchten, belangt, dieweil wir

---

[1] Dieser Paragraph findet sich nicht in OH.

berichtet, das der ganze senatus universitatis die criminales causas bißhero verhandelet und mit der straff entweder biß auf die relegation oder ad perpetuos carceres geschritten, so werden sie billich dabei gelassen und gehandthabt, und auf den fall einer oder mehr ad perpetuos carceres condemnirt, soll derselb auf seinen eigen kosten und darlegen, oder da er khein narung und eines solchen vermögens nit werr, aus des closters Schonau gefellen darinnen undterhalten werden. Da aber einer solch enorme facinus und laster begangen, das nach gelegenheit desselben die von der universitet darfur hielten, er ein mehrere und höhere straff dann die relegationem oder perpetuos (f. 31ᵃ) carceres verdienet, alßdann mogen sie gegen demselben ordenlich procedirn und mit verfassung der urtheil verfaren, nachvolgendts uns die acta sambt der begriffenen urtheil ad revidendum ubergeben, dieselben der notturft nach auch zu erwegen, sonderlich aber ob ettwan gnad in die sach zu wenden oder aber es bei der gefellten urtheil endtlich zu lassen, auf welchen letzern fall sie die universitet den verurtheilten unsern ambtleuten alhie ad executionem zu uberantworten schuldig sein sollen.

(§ 15.) Ettliche gemeine puncten, den rector und seine assessores belangendt.

F. 31ᵃ u. ᵇ = OH § 12, S. 16 u. 17.

(§ 16.) Von der appellation.

F. 32ᵃ—33ᵃ = OH § 13, S. 17.

Zusatz f. 32ᵇ: Doch da beide partheien dessen einig, mögen sie vom rector strackhs an uns und (f. 33ᵃ) unser hofgericht appelliren, auf welchen fall auch die sach daselbst angenommen werden soll. Und dieweil in dem fall, da vom rector und seinen zugeordneten beisitzern an die universitet appellirt würdt, vonnötten sein will, ein haubt oder iudicem, der das directorium halte, zu ordnen, aber der rector von wegen gehaltener erster instanz solches nicht verwesen khan oder auch geburen will, so soll rector superioris oder praeteriti anni desselben ambt versehen, den stab halten und dem gantzen process und, was derselbe erfordert, biß nach publicirtem endturtheil der gebur dirigiren, oder aber da der rector superioris anni auß beweglichen ursachen hiertzue nicht gebraucht werden khonndte, alßdann soll durch die universitet ein andere tugliche unpartheiische persohn auß inen dartzue erwehlet werden.

(§ 17.) Von visitirung des contubernii, collegii principis und Dionisianerhauses.

F. 33ᵇ-34ᵃ = OH § 14, S. 17. Die Überschrift ist etwas geändert und dementsprechend heisst es auch in der vierten Zeile: oder zum wenigsten alle halbe iar einmal das contubernium, collegium principis und Dionisianerhauß visitire.

(§ 18.) Von fahrlessigkeit und ubelm leben der professorn.

F. 34ᵃ—34ᵇ = OH § 15, S. 17 u. 18.

(§ 19.) Vom fisco universitatis, wie es mit derselben, auch anderer facultet gemeinen seckeln in gemein soll gehalten werden.

F. 34ᵇ—36ᵃ = OH § 16, S. 18 u. 19.

Veränderungen: Am Ende des zweiten Absatzes (S. 18) ist f. 35ᵇ eingeschoben: was an gelt darein gehorig und der procurator fisci zu den teglichen außgaben oder sonsten zu erkhauffung newer güllten (darauf er sonderlich bedacht sein soll) nit bedürftig u. s. w., — statt „registerle" am Ende des vierten Absatzes: ein exemplar ieder rechnung sambt angehefftem extract — Am Ende: das von Promotionen, Disputationen u. s. w. eingehende Geld soll in ⁴/₄ zerlegt werden: ¹/₄ soll in den Universitätsfiskus, ¹/₄ in den Fakultätsseckel kommen, ²/₄ unter die Fakultätsprofessoren verteilt werden.

(§ 20.) Von dem collectore.

F. 36ᵃ- 38ᵃ = OH § 17, S. 19.

Der erste Absatz ist vielfach geändert. Er lautet: Damit aber auch der universitet gefell und einkhommen, so wol an gelt alß (f. 36ᵇ) wein und fruchten, ufrichtiglich eingebracht werden und unverschwendt bleiben, so sollen die von der universitet versamblung — alle gefelle, zinß und gülten, so nit allein dem fisco universitatis und domui Dionysianae, sonder auch dem collegio principis und nosocomio zugehörig, vleißiglich einbringe und samble, dieselben, sovil deren an gelt, dem procuratori fisci, provisori domus Dionysianae, praeposito collegii principis und dem procuratori nosocomii alßbaldt und ohn allen verzug zustelle und uberantworte, auch von solchem uber tag und nacht uber die zweintzig gulden bei ime oder in sein hauß nit behalte, die wein und frucht gefell aber iederzeit in der universitet keller und auf den speicher liffern (f. 37ᵃ) lasse u. s. w. Dann ist eingeschoben (f. 37ᵇ) am Ende des zweiten Absatzes nach „verrechnen": Er soll sich auch iederzeit, in was khauf und lauff die wein und frucht allhie und anderstwo seien, mit vleiß erkundigen und solches den verordneten wein- und kornmeistern anzeigen, sich darnach mit einkhauffung oder verkhauffung desto besser haben zu richten; er collector solle auch schuldig sein, die materialia, so iederzeit zum bauen vonnöthen, mit vleiß zu rechter zeit zu bestellen, dieselben der gebuer verrechnen, auch zum besten zu verwaren und nit zugeben, das solche anderstwohin, dann in der universitet nutz gebraucht werden u. s. w.

(§ 21.) Juramentum, welches collector universitatis leiblich schweren soll.

F. 38ᵃ-40ᵃ = OH § 18, S. 19 u. 20; bei OH lateinisch, hier deutsch: Das er sich dem rath der universitet gehorsamb, getrew und desselbigen glidern ehrerpüttig erzeigen, der universitet nutzen werben, schaden wenden, und, do er merckht, das andere deren ettwas zu abbruch und schaden furzunemen understehn wurden, dasselbig offenbaren und anzeigen soll;

Das er der universitet ierlich einkhommen an gelt, wein, frucht und andern, wo und an welchen enden auch dieselbigen her waren und gefallen, so müglich ohn grossen uncosten, treulich und vleissig einsamblen und dieselben in seinen nutz nit wenden, sonder immer vierundzweintzig stunden (f. 38ᵇ), da die summe uber zweintzig gulden anlieffe, nach seiner heimbkhunft dem procuratori fisci, provisori domus Dionysianae oder weme sich sonsten dieselben zu lifern geburt, auch andere gefell ein ieder an sein geburendt ort antwordten soll;

Das er der universitet wein und frucht nit allein uf den speicher und in keller lifere, sondern auch sich bevleißen soll, das dieselbigen wein und frucht gefell, nachdem sie aufgespeichert und in keller bracht, wie sich geburt, in gutem wesen erhalten, die frucht zu bestimbter zeit gewenndt, der wein gefullt, abgelassen und von dem pendter notturftiglich versehen werde, auch sonsten auf des adiuncten begern, so offt und zu welcher zeit im iar es an inen gesunnen, die aufgespeicherte frucht zu sturtzen, sich dartzue gehorsamb und bereitwillig erweise;

Das er der universitet, was böden, zuber und alle andere instrumente (f. 39a), zum speicher, keller und kelter gehorig, in ein verzeichnuß vleißig beschreiben, solche iederzeit uf erfordern haben ufzulegen und allwegen in gueter huet und verwarnuß erhalten soll;

Das er frucht und wein, so er uf den speicher und in keller gelifert, gleich wie eingenommen, also dieselbige den professoribus oder, wo sichs sonst hin geburt, wider außgeben, und uber solch sein einemen und außgeben ein besonder rechnung halten, solchs, wie bißanhero von korn- und weinmeistern beschehen, uf erfordern von rector und universitet thun solle;

Das er auch iederzeit guete achtung gebe, wann und ob es der universitet rathsamb, wein und frucht zu khaufen und zu verkhaufen, und solch sein guet bedunkhen unverzuglich hindter sich an den adiuncten bringe, solches ferner an die universitet gelangen zu lassen; (f. 39b)

Das er für sich selbst in anlegung ierlicher ablösung oder immerwerender gulte nichts fürnemen oder bewilligen, souder solches, do es vonnötten, entweder dem procuratori fisci oder rectori mit der universitet sich ferner deßwegen zu beratschlagen, anbringen und sich in alleweg bescheidts darundter erholen soll;

Das er seines einnemens und außgebens ierliche rechnnug thue, und was er iedesmal in denselbigen schuldig verbleiben würdt, alsobaldt bezalen soll;

Das er alle materialia, so zu bauen, an kalch, stein, sandt, portt und anderß, so in und zu solchen fellen vonnötten, bestellen, furtters in verwarnuß halten, an die ortt, do mans iederzeit bedurftig sein würdt, verschaffen, und was nach vollenden bauwen bestimbten materialien, darinnen der rüstzeug sonderlich auch begriffen (f. 40a), uberig, solches wider an sein geburend ortt, alles uf gemeiner universitet costen, bringen lassen soll.

Das er allerweg gleich nach beschehener seiner iarsrechnung sein ambt und collectur fur rector und senatorn ufkunden, solches, do er fortters und lenger zu bedienen bedacht, wider von neuem begern, und do ers erlangt, alßdann uf erinnerung seines zuvor geleisten eidts, damit er fur und fur, und so lang er diß ambt tragen würdt, sich in allem alß ein getreuer diener zu erweisen mit handtgebender trew uf ein neues verknipfen und verbinden soll.

(§ 22.) Von dem procuratore fisci.

F. 40a 42b = O II § 19, S. 20. Hinzugefügt ist f. 42a: wie auch bemelter procurator fisci alle quartal ein glaubwirdige verzeichnuß oder extract der austendigen gülten von dem collectore erfordern und demnach bei ime, das dieselben zum furderlichsten einbracht, mit allem ernst anhalten, wie auch gleichfals er neben dem verordneten wein- und kornmeister, darvon hernacher meldung beschicht, in allweg dahin zu trachten schuldig sein soll, das wein und korn zu rechter zeit eingekaufft und verkaufft, damit durch disen, wie auch andere erlaubte wege der universitet gefell und einkommen und also das corpus von tag zu tag ie mehr gebessert und gemehret werde. (f. 42b) Und damit auch die universitet solcher des procuratoris fisci verwaltung halb, so dannocht nicht gering, desto mehr versichert, so soll hinfurtter kheiner zu solchem ambt angenommen werden, er thue dann deßwegen genugsame burgschafft und wo muglich diser landtsart beguettet und gesessen sei, damit sich die universitet des iren in omnem eventum zu erholen habe.

(§ 23.) **Puncta a procuratore fisci universitatis bona fide promittenda.**
F. 42a–43a = OH § 20, S. 21.

(§ 24.) **Von wein-, korn- und baumeistern.**
F. 43a–46a = OH § 21, S. 21.

Absatz 1 stimmt im allgemeinen, nur dass statt zwei quaestores und aediles, jeweils nur einer eingesetzt werden soll; dasselbe gilt von Absatz 2, dann heisst es weiter: wie auch bemelter wein- und kornmeister allen und ieden professorn in wein und korn durch den collectoren, wie inen das von uns bewilligt und verordnet, zu einer ieden geburenden zeit lifern lassen soll. Dann folgt Absatz 3. Von da an ist keine Übereinstimmung mehr mit OH; f. 44b: Es sollen auch bemelter wein- und kornmeister sonderlich dahin bedacht sein und mit allem ernst sich bemuhen, wann der liebe Gott guete, fruchtbare iar bescherd und also wein und korn in guetem wolfailem khauf scindt, das ein zimbliche anzall wein und korn, doch mit wissen und guetachten der universitet, eingekhauft, damit man iederzeit, sonderlich da teuerung einfallen (f. 45a) und aufm gemeinen marckh solcher nottwendiger ding nit zu bekhommen, den contuberniis und burßen und also der armen iugend in einem leidlichen werth, darbei doch die universitet ir zimblich interesse haben khan, mit solchen wein und korn, wo sie zuvor damit selbst nicht versehen, zu steur oder hilf khommen möge, oder aber, das derselb mit wissen und rath der gantzen universitet (inmassen sie dann anderer gestallt khein wein oder korn hinzugeben macht haben sollen) aufs höchst verkhaufft und also der universitet gefell und einkhommen dardurch gebessert und gemehret werden moge. Auf welchen fall und da die universitet fur rathsamb und nöttig ansehen würdt, ettwas an wein oder frucht hinzugeben und zu verkhauffen, sollen die persohnen der universitet, alß da seind alle ordinarii professores, die praerogativam und den furkhauff (f. 45b), doch in dem werth, wie iederzeit khauff und lauf ist, haben und derhalben fur andern allwegen bedacht werden. Zu verwarung solcher wein und korn soll rector und universitet eigene keller und speicher haben, durch ein fromm getreuen penndter und mueder oder kornmesser getreulichen versehen und zu nutz behalten lassen. Und damit die wein- und korn-, auch baumeister, welche, wie hievor gesetzt, perpetuirt sein sollen, vorgehabter muhe ettwas erleuchtert, so soll ein collector die wein- und korngefell in den keller und speicher zu verorduen und iedes durch einen frommen getreuen pendter und müedter oder kornmesser getreulichen und, wie es die notturfft erfordert, zu versehen und zu nutzen zu behalten, auch der (f. 46a) materialia zum bawen zu bestellen und an seinem gehorigen ortt zu verwaren und uns solches alles geburliche rechnung zu thun verbunden sein, inmassen hievor gesetzt ist.

(§ 25.) **Von verleihung der universitet lecturn.**
F. 46a–49a = OH § 22, S. 22 u. 23.

(§ 26.) **Welche lecturn perpetuirt oder nit perpetuirt sein sollen.**
F. 49b–54a = OH § 23, S. 24–26.

Absatz 1 erstes Drittel stimmt mit OH; dann heisst es nach „abzustrickhen und zu verhueten": Wann aber der professorn einer oder mehr sein condition selbsten aufzusagen und zu resigniern gedechte, damit dann seine statt mit einer andern tüglichen gelerten person ersetzt werden moge und die iugendt in mangel derselben (f. 50b) nit verabsaumbt werde, so soll die lectur oder ambt durch denselben ein halb iar zuvor aufkhundet werden; es were dann dorselb, so also resignirt, ein andere persohn gleiches standts und geschickhlichkeit, damit wir und die universitet zufriden, alßbaldt stellete, oder das er dessen von uns dispensationem, darundter auch der universitet, derwegen bei uns zu intercediren unbenommen, insonderheit erlanget, demselben soll auch vor außgang des halben iars abzuziehen erlaubt sein, wie auch hingegen kheiner, es were dann sondere genugsame ursachen vorhanden, wie vorgemelt, vor außgang eines halben iars seines diensts oder lectur beurlaubt werden soll; also und wie vorgemelt, soll zu unserm, auch des rectoris und gemeiner universitet — Schluss des Absatz 1; Absatz 2 (S. 24) stimmt überein; ebenso Absatz 1, S. 25; Absatz 2 ist weggelassen; dagegen ist alles folgende beibehalten.

(§ 27.) Von den heusern und bewen der universitet.

F. 54a—56a = OH § 24, S. 26 u. 27.

Vielfach in der Fassung geändert: Damit der universitet incorporirte heuser und gepew in guetem zimblichen wesen und baw erhalten und iederzeit gebessert, so ordnen und wollen wir, das auß unsern universitets personen eine zu baumeistern, so desselben zimblich verstendig und erfahren und dartzue bestenndig darbei bleibe, erwehlet werde, wie wir hievor von den korn- und weinmeistern auch gesetzt haben, welcher alßdann bei einer ieden visitation oder besichtigung der heuser, so, wie hievor angesetzt, ierlichs mense februario beschehen soll, selbst zugegen sein und sambt dem rectore, decano facultatis (f. 54b) artium, syndico und pedellen und den zweien werckhleuten umbher gehe, was mangelhafftig oder bawfellig, merckhen und ufschreiben lasse, auch dasihenige, so in negster vorgehender visitation zu bawen oder zu bessern bevolhen, aber nicht ufgericht worden, alßbaldt ufzurichten und gebawet zu werden, bei seinen der universitet gethanen pflichten verschaffen und also furnemblich dahin sehe, das der universitet heuser und gepew, sonderlich aller ordinarien und legenten heuser, collegia, bursen, und was weitter der gemeinen universitet inverleibt, in abgang und verderben nicht gerathen, und da ettwas mit gar geringen costen gebessert werden mag, hernacher, do man fahrlessig und unfleissig, doppel, ia auch bisweilen drei- oder vierfach gelt und mehr ufgewendet werden müsse; folgt der letzte kleine Absatz aus OH, S. 27; dann: Wiewol auch vermog weilandt unsers lieben vettern pfaltzgraf Otto Heinrichs churfurstens lobseliger dechtnuß reformation die professores, so der universitet heuser bewohnen, ein ieder uf seinen costen das haus sambt seiner zugehör an dach, auch die österich, fenster, öfen, schloß, thür, laden und wetterdechlin in (f. 55b) guetem wesentlichen standt erhalten muessen; iedoch und dieweil sich die universitet dessen beschwerdt und umb enderung gebetten, so haben wir gnediglich bewilligt, das sie, die professores, weitters oder mehrers nicht, dann was sonsten ein conductor aedium von rechts und gewonheit wegen schuldig, sambt den voluptuariis sumptibus zu bessern und zu erlegen, aber die universitet die grundt und alle andere nottwendige gebew auf iren costen machen zu lassen schuldig sein. Und soll khein professor ettwas wenig oder vil ohn wißen und bewilligung des baumeisters in seiner inhabenden behausung bawen,

auch er banmeister ettwas zu bawen, so uber die sechs gulden laufft, es were
dann die universitet zuvor darundter raths befragt, einichen zu bewilligen nicht
macht haben, wie auch die universitet, das einem ettwas gebawet werde, ohn
sonder hohe ursach (f. 56ᵃ) nicht zulassen oder consentiren solle.

(§ 28.) Von den gärten der universitet.

F. 56ᵃ–56ᵇ = O H § 25, S. 28: da, wie es in einem eingeschobenen Satze
heisst, die universitet bißhero noch einen gartten bekhommen, so hat nun jede
Fakultät einen solchen; danach ist in dem sonst gleichlautenden Paragraphen von
4, bez. 5 Gärten die Rede.

(§ 29.) Von einigkheit und gemeinen frieden zu erhalten.

F. 56ᵇ–57ᵃ = O H § 26, S. 28.

(§ 30.) Von gemeinen statuten und ordnungen der universitet, und
wie ferr dieselben sollen oder mögen geendert werden.

F. 57ᵇ–59ᵃ = O H § 27, S. 28 u. 29. Nur im ersten Absatz ist eine Veränderung; nach: „wollen auch und schaffens hiemit gantz ernstlich" heisst es: das
einer ieden facultet, wie auch des contubernii, domus Dionysianae und collegii
principis statutis, wie sie ietzo uberschen und gebessert, auch an iedem ortt von
wortten zu wortten gesetzt sein, strackhs und unweigerlich nachgesetzt und gelebt und kheines wegs dorinnen dispensiert werde. Dann unser ernstlicher will
und meinung ist, das gar in khein weg ettwas, so diser unser reformation im
wenigsten zuwiderlauffen und sein mocht, von einicher facultet oder collegio
khunftig furgenommen oder (f. 58ᵇ) ins werckh gerichtet werde, es beschehe dann
mit unseren oder unser erben willen u. s. w. Vom Ende des Absatzes 1 auf
S. 29 stimmt alles bis zum Schluss.

(§ 31.) Volgen hernach die gemeinen statuten, so iarlichs offentlich
recitirt und allen universitetverwandten insgemein in auditorio
philosophico sollen furgelesen werden.

F. 59ᵃ–62ᵇ = O H § 28, S. 29–31.
Abweichungen:
II. Nach facultates (S. 29): sicut et artium studia; S. 30 2ter Absatz nach
proximis: literarum ignaris.
III. Der 3te Absatz: Minerval etc. ist weggefallen.
IV. lautet (f. 60): Vestitu honesto atque civili omnes ingrediuntor: qui
secus fecerit, semel aut (f. 60ᵇ) bis monitus, is, si discipulus fuerit, a regentibus
et praeceptoribus caeteris contubernio et societate caeterorum discipulorum; sin
autem magister aut superioris gradus, ab actibus scholae solemnibus ac publicis
arcetor.
V. Am Schluss (f. 61ᵃ): qui contra fecerit, aut relegator, aut pro qualitate personae et delicti damnator. Dann ist neu hinzugefügt[1]): Incestum,
stuprum violentum vel adulterium vel scortationem nulli committunto: qui com-

---
1) Auch in anderer Schrift und mit Verweisung auf Annal. anni 1581, f. 210 et 225.
Dieser Band der Annalen ist verloren gegangen.

miserint, secundum constitutionem illustrissimi principis electoris editum, prout facti delictive ratio postulaverit, puniantur.

VI. Weggelassen: a societatibus ludisque — continento.

Neu f. 62ᵇ: XIII: Vocati a decano facultatis suae quisque in anno bis aut, si necessitas suepius postulaverit, coram eodem caeterisque facultatis professoribus comparento, et vitae ac studiorum suorum rationem reddunto.

XIIII. Carmen aut libellum ad infamiam alterius pertinentem nulli scribunto, dictanto, vel spargunto, et qui tale aliquid invenerint, id corrumpunto vel supprimunto. Qui secus fecerint, poenam a senatu academiae constituendam expectanto.

XV. Ex hoc gymnasio et urbe, nisi aere alieno, si quid fecerint, dissoluto aut iis, quibus idem debebitur, satisdato, nulli discedunto.

Bei welchen legibus aber khein außtruckhliche straf gesetzt oder benannt würdet, solle dieselbig nach gelegenheit der umbstandt zu des rectors und senatus universitatis erkhandtnuß gestellt werden.

(§ 32.) Von des rectors pedellen.

F. 63ᵃ = O H § 29, S. 31—33, nur der Schluss ist geändert; S. 32 Absatz 4 von unten lautet in f. 64ᵇ: Und fur solche eingedingte uferlegte dienst und pflicht soll ime von der universitet ein ierliche zimbliche besoldung nach gelegenheit der persohnen und zeit verordnet und gemacht werden, waß aber gelt, so ime pedellen in den promotionibus der obern faculteten von dem promovenden altem brauch nach gereicht worden, dieweil wir bericht, das sich die promovenden solchs costens beschwerdt und derwegen verursacht, sich uf andere universiteten zu begeben und daselbsten zu promoviren, damit dann solchs innskhunftig verhuettet und desto mehr promotiones bei unserer universitet furgehn, so haben wir es dahin gemittelt, (f. 65ᵃ) das den pedellen hinfurtter von einem ieden, so in den superioribus facultatibus promoviert, mehr nit dann ein halben gulden vor der promotion gereicht und ime fur den uberigen abgang ierlichs zweintzig gulden außn fisco universitatis gegeben werden sollen.

(§ 33.) Von dem notario und syndico der universitet.

F. 65ᵃ—67ᵃ = O H § 30, S. 33.

(§ 34.) Juramentum syndici et notarii.

F. 67ᵃ 68ᵇ = O H § 31, S. 34.

(§ 35.) Von der universitet bibliothecken oder libereyen.

F. 68ᵇ—72ᵃ = O H § 32, S. 34—35.

Absatz 1, S. 32 stimmt überein; in Absatz 2 ist nach bibliotheek der Zusatz gemacht (f. 69ᵃ): welche allen faculteten hinfurtter gemein sein soll; dann wird (erste Zeile S. 35) fortgefahren: das rector und die universitet die versehung thun, das ierlichs in einer ieden facultet der ordnung nach vor zehn oder zweintzig gulden buecher, doch das dieselbe (f. 69ᵇ) guete und nutzliche, alte, berucmbte authores, do man deren gehaben mag, oder sonsten neue erkauft und also die bibliotheekh mitterzeit erweittert und gemehret werde. Zu solcher bibliotheekh soll ierlichs auß dem senatu universitatis und den vier faculteten der ordnung nach ein tugliche persohn und nemblich iederzeit uß der facultet, welche desselben iars die bucher fur obangeregte zehen oder zweintzig gulden zu erkhaufen hatt, zum bibliothecario erwehlt werden, welcher auf solche bibliotheckh, daß dieselbe kein schaden neme, sonder sauber gehalten und vor unzüfer behuettet, auch einer iedeu facultet buecher in der ordnung bei einander unvermischt behalten werden, sein guet embsiges vleißigs ufsehens habe, auch dieselbe zu außgang seines iars seinem successori ohn einichen abgang gantz und unversehrt uberanttwortten. Diser bibliothecarius soll auch annales halten und darinnen, was desselben (f. 70ª) iars hie oder anderstwo sich zutregt, so notatu dignum und er erferet, zu verzeichnen und zu referirn schuldig sein. Deßwegen ime seiner habenden muhe halb ierlichs zehen gulden ex fisco universitatis gereicht werden soll, und dieweil dise bibliotheckh, alß vermeldt, allen faculteten gemein sein, so sollen vornemblich die vier decani sambt dem rector schlüssel dartzue haben, welche auch iedes iars zu des rectoris gelegenheit in mense maio sambt ime dem rectorn, wie obgemelt, berurte liberey besichtigen, was darin mangelt oder vonnötten, erkanndt, mercklhen und erstattet zu werden verschaffen sollen. Danu folgt (f. 70ª) Absatz 3 S. 35; darauf (f. 70ᵇ):

(§ 36.) Capita ab eo, qui claves bibliothecae a bibliothecario accipit, fide bona promittenda.

I. Primum, quod ingredi bibliothecam atque in ea versari velit, fide bona sine (f. 71ª) dolo ac fraude, indeque exeundo fores fideliter claudere ac obserare neque claves acceptas cuiquam alteri, nisi iurato, committere;

II. Quod introducere neminem velit, cuius integritatem ac fidem habeat suspectam, et ex caeteris si quem introduxerit, ante eundem non exire, nisi alio eidem bibliothecae iurato post se intus ac sui loco relicto atque substituto;

III. Quod, si ad tempus peregre abiturus aut etiam prorsus discessurus sit, claves easdem bibliothecario bona fide restituere velit, neque eas alteri cuiquam, ne iurato quidem, sine eiusdem bibliothecarii consensu ac voluntate tradere.

Dann stimmt Schluss mit den 3 letzten Absätzen bei OII, S. 35.

(§ 37.) Von dem gemeinen hospital oder siechhauß der universitet.

F. 72 ª u. ᵇ = OII § 33, S. 36.

Der Paragraph ist vielfach geändert: Nachdem die universitet hievor ein besondere behausung fur der universitet verwandten, gesindt, megdt und knecht, auch andere arme studenten, so in krankheit fallen und ein zeitt lang zu pett ligen mueßen, oder aber contagiosis morbis inficiert werden, einkhauft und bestellt haben, so wollen wir, das den krankhen studenten, famulen oder dienstbotten, welche ire herschaften von wegen engen platz bei sich und iren heusern mit geschickhlichen halten und mit geburlicher warttung versehen lassen khönnen, iederzeit durch eigene, hiertzue bestellte oder desselben hauß inwohnende personen geburliche billiche warttung mag beschehen, und mit die armen durch mangel irer nottwendigen handtreichung, wie sonsten ettwa geschicht, zu verschmachten (f. 72ᵇ) und zu verderben unbillicher, unchristlicher weise verursacht werden; das auch dasihenige, so albereit zu disem hauß an gelt und sonsten verordnet und noch dartzue innskhunftig legirt oder in andere weg verschafft werden mocht, getrenes vleiß beisamen gehalten, nit gemintert, sonder vilmehr gebessert werde, damit in zuetragenden krankheiten der universitet gewandten gesinde sambt den armen studiosis sich dessen haben zu getrösten.

(§ 38.) Wann und zu welcher zeit in den lectionen vacantzen sollen und mögen gehalten werden.

F. 72b—76ª. An dieser Stelle fehlt in O H eine Bestimmung über die Ferien; die hier gegebene entspricht O H § 43, S. 45 u. 46, mit einigen Veränderungen. Die jetzt nach der neuen Kirchenordnung (vom Jahre 1577) genannten Feiertage sind: der christag, der negste tag darnach, der inrstag, der oberst epiphania genant, der ostertag sambt dem negsten tag darnach, der himelfart christi, der pfingsttag sambt volgenden montag, die liechtmeß purificationis Mariae, verkhundigung Marine, genant annunciationis, visitationis Mariae, aller aposteltag, Johannis Baptistae und Michaelis archangeli, item ferners in der carwoch von mittwoch biß an den ostertag. Dann folgt Absatz 1 S. 46 in O H; hierauf ist eingeschoben f. 73b[1]): Wenn noch ferner in canicularibus von Margarethe, das ist den 13 Juli, an biß auf Lorentii, den 10 Augusti, und dann pro vindemialibus[2]) vierzehen tag, welche von der zeit, da man anfahet zu lesen, zu rechnen, weil der herbst ungleicherzeit einfellet. Item noch ferners von Thomae apostoli biß auf den andern ianuarii in ansehung, das in und umb dieselbig zeit der rector erwehlet, auch andere embter der universitet bestellet und sonsten nottwendige geschefft verrichtet werden.

Auf Absätze 2, 4 u. 5 von S. 46 folgt dann (f. 75ª): Und damit die lectiones desto vleissiger und embsiger, wie es der iugend notturft erfordert, gehalten und man wissen moge, wie oft und wieviel lectiones in einer ieden facultet durchs iar versaumbt, so soll der rector ierlichs alle professores publicos viermal, das ist zu einem ieden quartal, fur sich erfordern und bei irem (f. 75b) eidt, wievil ein ieder lectiones versaumbt und noch zu compliren hab, mit ernst befragen, und da einer mehr ettliche lectiones versaumbt und dessen khein genugsame erhebliche ursach (welchs rector und senatus nach gelegenheit und befindung der sachen zu indiciren) hette, auch dieselben hernacher zu der zeit, da die auditores solche mit irem nutz hören khonnden, nit zu complieren gedacht, soll er zu der ordinari straff, nemblich eines guldens, wie bei einer ieden facultet vermeldet, unnachleßlich angehalten werden. Hingegen da ein professor durch schickhung gottes mit leibschwacheit angegriffen und zu besorgen, dieselbig krankheit langwirig sein mocht, soll rector und facultas, darin der krankh professor begriffen, schuldig sein, dieselbige profession inmittels mit einem tuglichen substituto zu versehen, der gestallt, das doch hierdurch dem kranckhen (f. 76ª) an seinem salario nichts benommen oder abgezogen werde. Da sich aber begebe, das ein professor eigener gescheft oder gewins halb allein uf ettliche wenig tag oder wochen verreisen wurde, welchs doch nit des rectors und der facultet wissen und erlaubnuß zu beshehen, derselbig soll verbunden sein, dasihenig, so er in seinem abwesen abversaumbt, zu seiner heimkhunft zu denen tagen, da sonsten vacantzen gehalten, doch nit in den canicularibus oder vindemialibus, da die studiosi irer gelegenheit nach anderstwohin zu reisen pflegen, wider ein- und beizubringen oder aber zu unnachleßlicher ordinari straf fur ein iede versaumbte lectio, alß hievor gemelt, ernstlichen angehalten werden.

---
1) Aus Absatz 3.
2) Anfänglich waren diese Ferien auch bei O H beabsichtigt; es findet sich darüber ein Passus in B., s. oben S. 46 Anm.

(§ 39.) Wes sich die studiosi in feuersnöten, auflauffen und dergleichen zu verhalten.

F. 76b_77a, findet sich nicht bei OH.

Da ein feuer alhie in unser stadt Heidelberg ufgehen oder sonst ein auflauf, welchergestalt das were, sich erheben wurde, welches Gott lange zeit gnediglich verhuetten wolle, so sollen sich die professores und studiosi in iren heusern, herbergen und wohnungen enthalten und darin bleiben, biß das feuer oder auflauf gestillet worden. Es were dann, das das feuer ime so gar nahe, alßdann steht dem oder denselben frei, zu abwendung besorgender gefahr neben andern, sovil möglich, rettung und hilff zu thun. Do aber villeicht einer oder mehr in seiner herberg nit bleiben wolte, soll er sich doch anderstwohin nit, dann auf den platz oder kirchhof, wie man es nennet, bei dem auditorio theologico gelegen, verfuegen und daselbst (f. 77a) des rectoris bescheidts erwartten, sonderlich aber achtung haben auf das contubernium, Dionis und Sapientz, damit denselben khein schad oder nachtheil zugefuegt werde, wo er auch dergleichen was erfur oder gewahr wurde, desselben den rectorn alßbaldt und unverzuglich berichten.

(§ 40.) Welchermassen mein genedigster herr pfaltzgraf Ludwig churfurst die universitet uber hievor habende gefell noch weitters von neuem begabet und begnadet, auch mit andern vortheiln gnediglichen versehen.

F. 77a_83a (nicht bei OH).

Und damit meniglich spuren und sehen möge, wie christlich und vatterlich wir, alß der patron, es mit vilgenanter unserer universitet gemeinen und dieselb sambt den studien im werckh gern befurdern wollten, so haben wir uber die hievorige gefell, so inen von unsern vorfahren, pfaltzgrafen (f. 77b), churfursten etc. christ- und lobseliger dechtnuß miltiglich donirt und gegeben, auß churfurstlichem freien gemuet, auch christlicher zueneigung und liebe, so wir gegen der universitet und den studiis haben, inen bewilligt, zugesagt und versprochen, ierlichs uß unserer verwaltung der geistlichen gefell in der undtern pfaltz noch weitters zu reichen und zu geben: funfhundert gülden lediger gefell, damit den professorn ire stipendia gebessert und iederzeit dapfere, geschickhte, erfahrne und berumbte leut zu vilbemelter unser universitet desto mehr angereitzt und gebracht werden mogen, doch das auch den statuten und legibus, wie sie hierin an einem ieden ortt gesetzt, wirckhlich nachkhommen und gelebt werde.

Also auch und damit die studiosi, so sich alhero begeben, sonderlich dieihenigen, so nicht grosser narung und vermögens, sich mit desto geringerm gelt alhie (f. 78a) hinaußbringen mogen und also die anzall derselben dardurch gemehret, haben wir ferners zu dem contubernio, damit daselb erweittert und mit nottwendigen gebewen versehen werden mög, eintausent gulden gnediglich bewilligt, wie auch ierlichs einhundert gulden lediger gefell auß gedachter unser verwaltung zu einkhaufung wein und anderer notturft; gleichfals nachdem bemelt contubernium ietzo in mangel eines prunnen stehet, wollen wir denselben souil gueten saubern wassers uß unserm marstall oder einem andern ortt gonnen und volgen lassen, das darinnen den studiosen zu guetem ein prunnen angericht werden möge.

Auf das auch die oeconomi in solchem contubernio desto gewisser anzustellen und zu regulieren, so wollen wir demselben uber die 50 malter korns, so von unsern voreltern, pfaltzgraven, churfursten etc. lobseliger dechtnuß (f. 78b) darin ierlichs auß gnaden geordnet, noch weitters alle und iedes iars 150 malter korns auß unserer verwaltung volgen und zuestehn lassen, dergestalt, das fur ein iedes malter, es sei gleich wolfeil oder teuer, mehr nit dann ein gulden benannter unser verwaltung entrichtet und gereicht werden, welche liferung auch an den negstgelegenen ortten sovil möglich zu beschehen. Dieweil auch vonnötten zu solchem contubernio und erhaltung desselben ein fiscum zu haben, solchem ein anfang zu machen, wollen wir eintausend gulden gnediglich darleihen, dergestalt, das dieselben eintausent gulden, wann das contubernium zu einem bessern standt und zuenemen khombt, unserer verwaltung dieselben wider behandigt und erstattet werden.

Zu dem Dionisianerhauß haben wir uber die hievorige geltgefell der (f. 79ᵃ) 320 gülden noch 50 malter korns ierlichs auß gnaden durch unsern verwalter zu reichen verordnet und soll denselben stipendiaten, sobaldt die oeconomi im contubernio angestellt, mit dem brodt wie auch mit reichung des weins, gleich denen, so im contubernio den tisch haben, sovil zu beschehen vortheil widerfahren.

Ferners und nachdem die universitet ettlichen maßen geclagt, alß würden sie von unsern ambtleuten, sonderlich aber dem schultheisen alhie wider ire habende privilegia und freiheit beschweret, und das dieselben inen vermog gedachter irer freiheit, wie auch der zollschreiber zu Bacharach vonwegen ires der endts habenden thurneß, gelobt und geschworen sein solte. Item darneben gebetten, den uniuersitet-verwandten das ir uf furzeigung glaubwürdiger urkhundt (f. 79b) und gemeiner universitet rectorats insiegel verferttigt zollfrei passieren zu lassen. Item, ob sie wol bißhero mit dem abzug nit beschwerdt, iedoch sie dessen inskhunftig zu versichern, item der auferlegten turckhenschatzung zu erlassen. Item das sie professores mit einfUrung frembder leut zuvil beschwerdt wurden und letzlich inen und einen ieden professorn crafft angezogenen privilegii zuzelassen, ierlichs zwei fuedter weins ohn ungelt außzuschenckhen. Haben wir uns inmaßen hernach volgt, gnedignlich erclert: und erstlichs, ob uns wol von dem, das sie von unsern ambtleuten alhie beschwerdt, nichts bewußt, wie auch, da dasselb furgangen, ohn unser wissen und bevelch beschehen, obwol (f. 80ᵃ) auch vor langer zeit in ein abgang gerathen, das die ambtleut der universitet nit gelobt oder geschworn, iedoch so wollen wir unserm faut und schultheisen alhie sampt den burgermeistern bevelch geben, gegen inen oder den iren wider ire habende privilegia nichts furzunemen, wie wir auch ein solches, und das sie die ambtleut die universitet bei iren privilegien handthaben und schützen, khunftigen ambtleuten und schultheisen in ein besondern articul in ire dienstbestallung setzen und darauf verpflichten wollen, insonderheit aber soll dem schultheisen auferlegt werden, kheinen ubelthetter in der professorn herbergen oder wohnungen zu suchen, er hab es dann dem rector zuvor zu wissen gethan; doch do der rector nicht alßbaldt khommen oder iemandts an sein statt schickhen wurde, das dem schultheissen, damit das ubel nicht ungestraft bleibe, unbenommen seie, (f. 80b) mit dem suechen unerwarth des rectoris mit geburlicher bescheidenheit fortzufaren.

Damit auch wider der universitet privilegia destoweniger gehandlet, so wollen wir verordnung thun, das ire privilegia, so bißhero in der kirchen offentlich verlesen, auch allen und ieden zunfften, wann sie ohne das anderer sachen wegen bei einander sein mueßen, ierlichen auf den zünfftstuben verkhündet und darneben die burgerschaft sich denselben gemeß zu verhalten ermahnet werden.

Also auch soll ietzigen und khunftigen unsern zollschribern zu Bacharach bevolhen werden, der universitet vonwegen ires der ortts habenden turneß trew und holdt sein, iren geburenden theilturneß ohne abgang iederzeit zu lifern, wie gleichfals inen in ire dienstbestallung deßwegen ein besonderer punct gesetzt werden soll.

Und nachdem es mit der zollfreyung (f. 81ᵃ) dermaßen geschaffen, das ein ieder, er sei gleich weß standts er wolle, darumb anzusuchen schuldig, so lassen wir es dabei, iedoch soll die universitet und die iren uf beschehen ansuchen bei unser enntzlei damit nit ufgehalten und die zollfreyung desihenigen, so ein ieder zu seiner haußhaltung vonnötten, gratis mitgetheilt, alß auch gleichfals mit dem abzug, wie bißhero, also hinfurtter nicht beschwerdt werden.

Was die schatzung berürt, lassen wir die universitet und dero verwandten bei irem privilegio ungehindert bleiben; was aber die reichsanlagen belangt, dieweil uns dieselben uit geburen, will uns bedenckhlich fallen, auß den gemeinen des reichs bewilligungen und abschiden zu schreiten, wie solchs inen vor der zeit der leng nach mündlich anzeigt worden.

Gleichfals soll irer der professorn mit einfurierung der frembden gäst, do es anderst die hochste notturft (f. 81ᵇ) nicht erfordert, sovil uuglich hinfurtter verschont werden, und damit auf solchen fall kheiner zuvil beschwerdt, soll der rector macht haben, iemandts von der universitet wegen unserer furderung zu solcher einlosierung zuzeordnen.

Den weinschunckh betreffendt, obwol das angezogen privilegium denselben allein uf die collegia restringirt und derwegen auf die professores nicht zu extendiren, iedoch so haben wir gnediglich bewilligt, das einem iedeu professorn zu seiner gelegenheit zwei fuder weins ierlichs zwischen ostern und pfingsten mit der großen maß ohne einich ungelt außzuschencklhen zuegelassen und erlaubt sein soll.

Nachdem auch furgeloffen, wie lang dieihenigen, so bißweilen irer gelegenheit nach von hinnen ziehen und hernacher widerkommen, der universitet privilegien zu genießen und pro membris universitatis ohn ferrer ansuechen (f. 82ᵃ) zu halten, wollen wir, das denihenigen, so studiorum causa allein, damit sie dieselben in Gallia, Italia oder auf andern universiteten fortsetzen möchten, von hinnen reisen, gemeiner universitet privilegia auf fünf iar lang; aber denen, so sich anderwerts in dienst einlassen, lenger nit, dann iar und tag zu prorogiren, dergestalt, do ein studiosus fur außgang 5 iaren, oder einer, der sich gesetzter maß zu dienst begeben, innerhalb iar und tags frißt sich wider allhero zu der universitet begebe, das sie ohn weitter ansuchen sich der universitet privilegien weniger nicht zu gebrauchen macht haben sollen, alß wenn sie allwegen hie verbleiben. Da aber einer nach außgang in beiden fellen bestimbter zeit wieder alhero kheme, soll derselbig schuldig sein, umb fernere intitulation anzuhalten, auch auf solchen fall (f. 82ᵇ) bei der universitet stehn, denselben wider anzunemeu oder nicht.

Letzlich und nachdem vor alters die universitet neben den pfaltzgrafen, churfursten etc., alß den authorn und patronen, vermog pabstlicher privilegien noch ettliche conservatores in und ausser der pfaltz gehabt, welche inen zu desto besserm schutz und handthab irer privilegien berathen und verholfen gewesen und sich oftberürte unsere universitet dahin erclert, das sie hinfurtter uns und unsere erben alß dero patron, conservator und fundator einich erkhennen wolten und derwegen gebetten, inen in allen und ieden ireu sachen und anligen mit rath, hilf und thatt befurdersamb und rathlich zu sein, ire privilegia zu schützen, schirmen und zu bestedtigen. Wiewol nun wir solches fur unsere persohn selbst hievor geneigt, wie auch inen zu (f. 83ᵃ) eintrettung unserer churfürstlichen regirung ernannte ire freiheiten von uns confirmiret, so haben wir doch solches ir underthenigs anerbietten zu gnedigem gefallen vermerckht und seindt weniger nicht, alß unser voreltern lobseliger gedechtnuß gethan, inen allen gnedigen gueten willen zu erzeigen, ir wolfart, gedeien und zuenemen muglichs vleiß zu befurdern und inen mit rath, thatt und hilff, wo wir immer khonnen, gnediglich beistandt zu thun erpüttig und willig. Doch das sie uns und unsere erben alß ire fundatorn und patron, conservatorn dargegen erkhennen und geburliche ehr und gehorsamb leisten, wie wir uns zu inen gnediglich versehen, auch inen schuldiger danckhbarkeit wegen wol ansteht, geburt und gezimet.

II.
(Die Fakultäten.)
(A. Die theologische Fakultät.)[1])
Von der theologen fakultet insonderheit.

F. 84a = O H S. 36. (Einleitung.)

(§ 41.) Vom consilio und rath diser facultet.

F. 84b 85b = O H § 34, S. 36 u. 37; enthält einige Zusätze: S. 37, Zeile 8 nach „zugelassen werden": Da man aber solche graduierte persohnen nit gehaben khonndt und dann ettwan dermassen gelehrte, geschickhte und berumbte persohnen nit vorhanden, die einen solchen standt mit lob der facultet und der studiosen nutz vertretten und versehen khonnden, soll derselben eine an des vacierenden statt zu einem professorn zu bestellen durch dise unsere constitution unverweret sein; doch das solche hernach in einer benanten zeit den gradum doctoratus anzunemen schuldig sein; ein zweiter Zusatz findet sich nach dem ersten Absatz auf Seite 37 nach „zu geben gepuiren": die disputationes zu moderiren und was dergleichen mehr seines ambts allein ist, wie hernach in des decani iuramento undterschidlich vermelt würdet.

(§ 42.) Juramentum ab eo, qui in collegium theologicae facultatis recipitur, praestandum.

F. 86a 87a = O H § 35, S. 37 u. 38.

Der Eid ist anders gefasst und mit Zusätzen versehen; das andere stimmt mit O H. Der Eid lautet: Quod nomen rectori dederit; quod sit legitime natus; quod nulla infamia sit notatus; quod in his, quae sunt honesta et licita, decano facultatis obediet; quod facultatem et commodum eius, quoad sciet et poterit, promovebit; quod ad consilia vocatus, sententiam sanam ac certam sine privato animi affectu dicet et consiliorum facultatisque secreta reticebit; quod denique doctrinas a scriptis propheticis et apostolicis sine corruptelis iuxta consensum ecclesiarum Augustanae confessionis, Scmalcaldicorum articulorum, catechismi Lutheri et nostrarum ecclesiarum constitutionis intellectis alienas neque ipse docere aut spargere, neque aliis docentibus consentire aut eosdem provehere ac tueri velit.

---
1) Eine kürzere Fassung der Statuten dieser Fakultat aus dem Jahr 1588 auf Grund einer im J. 1575 getroffenen Vereinbarung enthält Cod. Heid. 358, 61¹; siehe dieselbe in den Beilagen.

(§ 43.) Vom dechan diser facultet.

F. 87ᵃ—88ᵃ = OH § 36, S. 39. Im ersten Absatz heisst es Zeile 12 nach „ein decanus": der ordnung nach constituirt und benant, oder aber da dasselb seiner leibsschwacheit oder auß andern erheblichen ursachen und verhinderungen nit beschehen khonndte, derihenig, an welchem die ordnung negst nach demselben ist, zum decano angenommen und bestettigt, wie er auch solch decanat unweigerlich anzunemen und zu verwalten schuldig sein soll. Dann folgt sofort mit Auslassung des zweiten der dritte Absatz.

(§ 44.) Juramentum decani.

F. 88ᵃ—89ᵇ = OH § 37, S. 38 u. 39. Auch hier weicht der lateinische Eid in der Fassung von OH ab, während der deutsche Schlusssatz übereinstimmt. Der Eid lautet: Quod facultatis commodum, quoad sciet et poterit, procurabit et tuebitur; quod constitutiones et leges eiusdem integras et illibatas conservabit; nihil in illis citra universitatis legitimum consensum immutabit, aut (f. 88ᵇ) immutari patietur, easdemque publice quotannis in schola facultatis recitabit; quod disputationes, cursus, promotiones et reliqua facultatis propria, ut suo quaeque tempore fiant, procurabit; quod facultatis res gestas in eiusdem acta referet; quod facultatis sigillo numquam temere utetur, et si ultra octiduum abesse cogatur, idem sigillum cum cista facultatis et clavibus superioris anni decurioni servandum tradet; quod testimonia diligentiae in studiis adhibitae et susceptorum graduum dabit; quod professores suae facultatis convocabit et de lectionibus eos monebit; quod literas, si quae ad facultatem mittuntur, accipiet, proponet, et quod ad eas respondendum fuerit, perscribet; quod disputationibus interesse easque moderari volit; quod examini eorum, qui ad stipendia praesentantur, interesse et una cum aliis decurionibus idoneos ad stipendia admittere velit; (f. 89ᵃ) quod studiosos theologiae omnes ac singulos in anno bis convocabit et praesentibus caeteris theologicis professoribus de profectu studiorum et vitae ratione diligenter inquiret, et si opus sit, ad rectorem et senatum academiae deinceps referet; quod denique quicquid ad officium et curam decani pertinet, id omne pro virili sua parte fideliter ac diligenter exequi velit.

(§ 45.) Wie und was fur professores in diser facultet sollen und mögen angenommen werden.

F. 89ᵇ—94ᵃ = OH § 38, S. 39—41.

In Absatz 2 S. 39 heisst es in Zeile 4: so sollen die ersten zwen ordinarii oder professores der eine und primarius fur und fur in dem neuen testament, der ander in dem alten lesen; Zeile 8 ist weggelassen; am Schlusse ist nach „lehren" hinzugefügt: doch soll dem dritten professori unbenommen sein, sonder frei stehen, neben den principiis methodicis oder locis communibus bißweilen ein epistolam Pauli, alß ad Galatas, Colossenses oder primam ad Timotheum oder sonsten ettwas kurtzs ex veteri testamento, alß ettwan einen ex minoribus prophetis, psalmen oder dergleichen mit rath der andern zweien professorn zu interponiren¹) und zu lesen und daneben sich dahin bevleissen, damit er summam doctrinae Christianae de omnibus articulis fidei in zweien oder dreien iaren, sovil muglich, ausführen möchte.

Dann stimmen S. 39 und auch 40 bis Zeile 9 des Absatzes 2, wo nach: „er

---
1) In den Statuten von Joh. Casimir f. 80ᵃ interpretirn.

sei dann derselben hebraischen zungen kundig und gelehrt" also fortgefahren ist:
(f. 92ᵃ) ufgenommen und bestellet werden, wie auch ein ieder professor dasihenig,
so er zu lesen furhatt, in der sprach, darinnen es anfangs vom heiligen geist beschriben worden, expliciren soll, damit die studiosi theologiae mit allein solcher
sprachen art und eigenschafft gewohnen und sovil desto mehr lust und (f. 92ᵇ)
lieb gewinnen, dieselbigen in irer iugent recht auß dem fundament zu lehrnen,
sonder auch hernacher mit mehrerm und grossem verstandt die versiones gegeneinander halten und judiciren khonnden. Von da an ist kein Unterschied von
O H bis auf Seite 41, Zeile 2, wo der Schluss (f. 93ᵇ) lautet: wie sie auch die
auditores mit langen dictiren und alegation dictorum und testimoniorum der
heiligen vätter nit beschweren, sonder vilmehr dieselbigen kurtz anziehen und die
studiosos dahin weisen sollen, das sie anhaimbs und privatim denselben nachsuechen
und selbsten lesen, auch sonsten bemelte professores inen mit vleiß und ernst
(f. 94ᵃ) bevolhen sein lassen, das sie sich in allweg der Augspurgischen confession
und apologi, den Schmalkaldischen articln und catechismo Lutheri sambt unserer
christlichen kirchenordnung in der lehr und ceremonien durchaus gemeß erzeigen
und verhalten.

(§ 46.) Von den lectionibus, und zu welchen stunden ein iede soll
gehalten werden.

F. 94ᵃ–96ᵃ = O H § 39, S. 41 u. 42; vielfach geändert und gekürzt.
Der Paragraph beginnt:

Ferner: nachdem dise facultet mit dreien lectoribus, wie obgemelt, bestellt
und versehen soll werden, ist derhalben unsere meinung und ordenen, das hinfuro allwegen der primarius professor die erste lection uß dem neuen testament
bestendig morgens von neun uhren biß uf zehen und durch die wochen vier tag,
das ist montags, dinstags, donnerstags und freittags, in dem gewonlichen, dartzue
verordenten auditorio theologico bei der sapienz habe und dermaßen, wie zunegst
hievor angesetzt, halte und verrichte. Also auch secundus theologus morgens
frue umb 7 uhren biß umb 8 den montag, dienstag und donnerstag, aber den
mittwoch von wegen der wochenpredig von 9 biß umb 10 seine lection versehen.
Der tertius soll, wie der primarius, die bemelte vier tag von 3 uhren biß umb
4 lesen. Und wiewol hievor dem secundo theologo uferlegt gewesen, neben der
außlegung des alten testaments auch die grammaticam hebraicam zu profitiren,
zu lehren und zu uben, so haben wir ime doch dessen uß beweglichen vernunftigen ursachen, sonderlich aber, damit er in dem alten testament desto embsiger
fortschreitten möge und sich in den grammaticis praeceptis mit verdruß und verseumbung der iugendt, die albereit ein profectum in hebraea lingua erlangt, nit
lang ufbalten dörfte, gnediglich erlassen und ein besondere persohn (f. 95ᵃ), die
die grammaticam hebraicam stettigs übe, verordnet, wie bei der artisten facultet[1])
davon ferners meldung beschehen würdet.

Dann folgt S. 42 Absatz 2 und Hälfte von 3 bis Zeile 7 dieses Absatzes,
wo (f. 95ᵇ) so fortgefahren wird: leibschwacheit, so nit langwihrig, alßdann soll
ime zugelassen sein, die lectiones enttweders durch ein genugsamb qualificirte tugliche persohn inmittels zu versehen, oder aber das er zu seiner widerkunfft oder
erlangten gesundtheit solche versaumbte lectiones hernacher durch sich selbsten

---

1) Eine Randnotiz verweist auf fol. 177 u. 182.

geburlichen complire und erstatte, doch das es in einer solchen zeit geschehe, das die studiosen solche mit irem nutz hören mogen.

(§ 47.) Von besoldung der dreien professorn in theologia, auch von den heusern.

F. 96ᵃ—97ᵃ = O H § 40, S. 42—43; der Abschnitt ist hier sehr gekürzt und auch inhaltlich verändert; nach schon früher erwähnter Bestimmung ist nur noch von fiscus universitatis, nicht von neuem und altem fiskus die Rede. Die Besoldungen sind gestiegen: der erste Professor erhält 270 Gulden (zu 27 Albus), der zweite 220, der dritte 200; über die Behausung des dritten heisst es: und die behausung, so neben des primarii (f. 97ᵃ) behausung an Hirschhörnerhof stossend steht, wie dann von altershero der dritte theologus solche behausung auch besessen hatt. Dartzue soll ein ieder professor noch ierlichs haben ein fueder weins, oder, do sovil weins bei der universitet nicht vorhanden, fur das halb fueder weins zehen gülden ex fisco universitatis und zwelf malter korns. Die Absätze 3—6 auf S. 43 sind weggeblieben.

(§ 48.) Von disputationibus in diser facultet ordinarie zu halten.

F. 97ᵃ—101ᵃ = O H § 41, S. 44 und 45.

Der erste Absatz stimmt überein; dann: Und nachdem weilandt unser geliebter vetter pfaltzgraf Ottheinrich churfurst etc. lobseliger dechtnuß die anzall solcher ordentlichen disputationen, uemblich iedes iars zwo zu halten, uß bewegenden ursachen restringirt, lassen wir es bei demselben also bewenden und wollen, das nun furthan u. s. w. S. 44 Zeile 8 des Absatzes 2 bis zu Ende dieses Absatzes. — Dann (f. 98ᵇ): wie dann der tertius professor umb mehrer ansehens willen, und damit solche disputationes mit desto mehrerm vleiß gehalten, denselben beiwohnen soll. Nachdem Absatz 3 gefolgt ist, heisst es weiter: Wann dann die theses disputationis, alß vorgemelt, im rath diser facultet approbirt und zugelassen, sollen dieselben acht tag zuvor offentlich, wie breuchlich, (f. 99ᵃ) angeschlagen und zur disputation der andern faculteten doctores und professores uf gewisse ernannte zeit und stundt neben ubersehiekhung der thesium oxemplars invitirt und geladen werden, wie dergleichen auch, was frembde und geßt sein, denen allen locus gegeben und zu opponiren soll frei stehen und zugelassen sein, allein das sie solches thun, enttweder ettwas guets zu lernen oder andere zu lehren und mit nichten, das sie zu gezenckh und hader ursach geben. Zu solchen disputationibus aber den anfang zu machen, soll erstlichs den studiosis und candidatis theologiae platz und raum zu argumentiren geben und gelassen werden, denen volgen die kirchendiener, alß besser geubte, nach, so der vorhergehenden furgebrachte argumenta enttweders mit widerholung besser ercleren und mehr urgiren oder uf ein neue formb und weise ire argumenta wider der disputation gestellte theses infuren und opponiren; nach disem soll zu disputiren ortt und platz gegeben werden den doctoribus und professoribus und nudter denselben den theologiae professoribus, alß collegis praesidentis; auf die volgen herumb der andern faculteten professores; und soll in allweg der decanus diser facultet ambts und authoritet halber, alß hievor gemeldet, der disputation beiwohnen und fursehung thun, das alles still, freundtlich und zu gemeiner der gegenwerttigen iugendt aufbawung, nutz und frommen ordenlich abgange, iederzeit geburlicher fridt und einigkheit gehalten und alle furtreg und gegenrede mit vernunft und geschickhlicheit besehehen, auch kheiner den andern mit unnöttigem geschwetz, fremhden, unnützen fragen, wie auch gesuchten sophistereien, so gemeinlich zu unlust und gezenckh ursach geben, verhindere oder aufhalte, welches wir hiemit dem decano (f. 100a) mit ernsterm vleiß zu verhuetten in sein ambt wollen bevolhen haben. Dise zwo ordinariae disputationes sollen iedes iars die eine uf sambstag nach dem heiligen pfingstag, die ander uf sambstag nach Andreae, oder so solches ein feiertag were, den negsten zuvor oder hernacher morgens von den siben biß uf die zehen uhr, und do es die notturft und gelegenheit des praesidenten zuelaß, auch ettliche stundt nachmittag gehalten und allwegen achttag zuvor die positiones den professoribus, alß hievor gesetzt, umbher zugeschicklht und sonst pro foribus auditorii oder scholae angeschlagen werden.

Dann folgt der letzte Absatz Seite 44 und der erste Seite 45 : Es soll auch — freigelassen werden. Schluss: Dargegen dem praesidenten iederzeit fur sein habende muhe und arbeit ein gulden auß dem fisco facultatis gereicht werden. Demnach aber neben den zweien ordinariis (f. 101a) disputationibus sich begibt, das iemandt in diser facultet den gradum baccalaureatus, licentiae oder doctoratus anzunemen vorhabens, und derwegen nach gewonheit und vermög der statuten schuldig, offentlich ein disputation zu halten und deßhalben wie eines praesidenten, also auch promotoris notturftig, damit dann undter den professoribus diser facultet deßwegen khein widerwill oder mißverstandt entstunde, weil der decanus wegen seines ambts, alß hievor oft ermelt, exempt, so sollen sie zuvor in irem rath sich hievon freundtlich unterreden und sulcher muhe wegen vergleichen, das sich kheiner ab dem andern zu beclagen, sonder dieselben undter inen dergestalt abwechsln, das einer dem andern in der ordnung nachvolge und die bürde gleich getragen werde.

(§ 49.) Von den lateinischen sermonibus oder declamationibus, so die theologi uber iar zu thun pflegen.

F. 101a—102a, s. O II § 42, S. 45: die Fassung ist völlig verändert.

Und nachdem bißhero der brauch gewesen (f. 101b), das die discipul oder auch die professores theologiae umb mehrer ubung und geschickhlicheit willen im iar zu ettlichmalen ire lateinische sermones oder declamationes gepflogen zu halten, so lassen wir uns dasselb auch genediglich gefallen und wollen, das derselben ierlichs hinfurtter ordenlicher weiß drei declamationes von den studiosis theologiae in vigilia nativitatis domini, paschalis et pentecostes, oder do es die anzall der candidaten und gelegenheit der sachen erfordert, noch mehrere gehalten werden, welche undter die professores zugleich außzutheilen und darundter dise ordnung zu observiren, das nemblich die professores iren zuhörern und discipulis die materiam undterhand geben und solche in gewisse propositiones oder themata distribuiren und fassen mit vleissigem undterricht, wie sie die nach den praeceptis der retoric und dialectic, so sie albereit im paedagogio und der artisten schuel erlernet haben, tractiren, sie aber die discipuli alß (f. 102a) theologiae candidati sollen schuldig sein, nit allein die inen furgeschribene materiam mit allem besten vleiß nach vermogen anzustellen und in formam declamationis zu bringen, sonder dieselbige auch, nachdem sie inen von den professoribus ubersehen und emendirt worden, außwendig zu lehrnen und hernach in auditorio theologico offentlich zu recitiren, zum theil von wegen der gedechtnuß dieselb desto besser dardurch zu uben, zum theil aber, das inen die redt oder aussprechen und andere gestus, die sie khunftig alß prediger gebrauchen sollen, do sich ettwas mangel erzeigt, bei zeit corrigirt und recht formirt werden khonnden.

(§ 50.) Von den vacantien oder ferien in diser facultet.

F. 102ᵃ—103ᵃ, O H § 43, S. 45—47; nach den früher gegebenen Bestimmungen — s. oben S. 173 — ganz verändert:

Was die vacantien oder ferien in diser facultet belangt, lassen wir es bei dem, wie derhalben im ersten theil diser reformation gesetzt, entlich bewenden und wollen, das khein professor einiche weittere ferias fur sich selbsten machen oder sonst einzufuren undterstende bei vermeidung unserer ungnad, sonder iren embtern und lecturn, wie sich geburt, mit stedtem embsigem vleiß obligen und abwarten, dann wir sonsten alle weittere neue erfundene vacantien und nachfeier, wie ettwan hievor nach den repetitionibus und disputationibus den volgenden tag gehalten worden, vil weniger auch von wegen anstellung besonderen rathschleg und dergleichen sachen mit nichten zuzelassen oder zugestatten gedenkhen; da auch einer oder mehr solche ferias furzunemen oder einzufuhren undterstehen wurden, die sollen neben unser ungnad auch das strafgelt, von den verseumbenden lectorn geordnet, zu erlegen angehalten werden, doch außgenommen in promotionibus doctorum et licentiandorum und magistrorum, in welchen der nachtag (f. 103ᵃ) den professoribus diser facultet der ufrechnung halb bevor und freistehe, welches wir dann auch allen andern faculteten in promotionibus doctorum et licentiatorum auß angezeigten ursachen vergönnen und zuelassen.

(§ 51.) Von straff der versaumbten disputation und lection in theologia.

F. 103ᵃ—104ᵃ = O H § 44, S. 47.

Absatz 1 u. 2 in O H stimmen überein; nur der letzte Satz ist weggelassen. Der letzte Satz in Absatz 3, der im übrigen keine Veränderung erfahren hat, lautet nach „zu leiden sei": oder aber das er zu seiner widerkhunft oder sonsten solche versaumbte lectiones hernacher (f. 104ᵃ) wider erstatte und complire, und zu den zeiten, do die studiosi solche mit nutz abhoren mögen, wo er aber solches ubergienge und selber an sein stat khein andern bestellet oder selbst complir, soll alßdann rector und universitet demselben solches an seiner besoldung pro rato abziehen lassen. Der letzte Absatz stimmt wieder überein.

(§ 52.) Von den extraordinariis lectionibus.

F. 104ᵃ u. 104ᵇ = O H § 45, S, 47.

(§ 53.) Von der intitulation, auch promotionibus in theologia und erstlichen von dem baccalaureat.

F. 105ᵃ u. 105ᵇ = O H § 46, S. 48.

(§ 54.) Capita quaedam a studiosis, qui operam theologiae dare constituerunt, decano bona fide promittenda.

F. 105ᵇ—106ᵃ = O H § 47, S. 48.

(§ 55.) Von dem examine und examinatoribus.

F. 106ᵃ—106ᵇ = O H § 48, S. 48.

In den auf die Religion bezüglichen Stellen ist geändert: statt in den articulis fidei heisst es hier: in den furnembsten capitibus fidei und andern nottwendigen stückhen unserer waren christlichen religion nach inhalt der Augsburgischen confessio, so kaiser Carln anno dreißig (f. 106b) exhibirt, derselben apologia, Schmalkaldischen articuln, catechismo Lutheri und unserer kirchenordnung, sonderlich aber auch in den articulis, so zwischen den theologen zu disen unsern letzten zeiten strittig seindt, ernstes vleiß durch alle diser facultet professores examinirt werden u. s. w.

(§ 56.) Statuta examinatorum, bona fide decurioni promittenda.

F. 106b—107a = O H § 49, S. 48 u. 49.

(§ 57.) Vom Baccalaureat.

F. 107a—109a = O H § 50, S. 49 u. 50.

Der Anfang weicht ab: Welcher nun in diser facultet den gradum baccalaureatus, wie man es nennet, dartzuo doch kheiner, wie auch in andern faculteten (ußerhalb unserer stipendiaten in der sapienz, contubernio Dionisii und collegio principis) verbunden sein, sonder einem ieden freistehn soll, annemen will und magister (f. 107b) in artibus ist, der soll zwei iar, welcher aber nicht magister, drei iar mit vleiß alle geburende lectiones bibliorum, locorum communium und anderer visitirt, gehort und studirt, auch so er magister ist, zweimal zum wenigsten, nemblich einmal ordinarie und dann pro gradu extraordinarie; so er aber nit magister, zweimal ordinarie und ferner zuletzst pro gradu extraordinarie undter diser facultet ordinarien oder professorn einem als praesidenten respondirt haben. Der zweite Absatz stimmt überein. Zwischen diesem und dem dritten ist eingeschoben: In allweg aber soll ein ieder promovend in diser und andern faculteten (f. 108a), er begere, welchen gradum er wolle, zwei examina ußstehen und ein disputationem pro gradu halten, auch nach erwegung und gelegenheit der circumstantien zu der examinatorn erkhanndtnuß und discretion stehen, solche bede examina enttweders vor der disputation furzunemen, oder aber das erst vor der disputation furgehn und das ander nach der disputation volgen zu lassen. Das folgende stimmt bis zu den capita promittenda überein, ausgenommen dass zuletzt funf Gulden dem fisco facultatis und ein halber Gulden dem Pedell zugesprochen werden. In den capita promittenda ist der zweite Satz ausgelassen. Im deutschen Schlusspassus ist, wie auch an andern Stellen, verlangt, dass sich der Baccalaureand auch den Schmalkaldischen articuln, catechismo Lutheri (f. 109b) und unserer kirchenordnung gemeß halte. Die Forderung über die Ehrung mit Wein und Konfekt ist gefallen.

(§ 58.) Von der licentiatur.

F. 109b—113a = O H § 51, S. 50—52.

Die Abweichungen von O H sind gering. Nach dem ersten Absatz (S. 50) ist eingeschoben: Wo aber einer von frembden ortten alhero kheme und gradum licentiaturae begerte, soll es mit demselben mit anzall der disputationen, lectionen und declamationen nach ermeßigung diser facultet, doch das nichts ohne bewegliche (f. 111a) ursachen undterlassen, gehalten und dispensirt werden. Im iuramentum ist der lutherische Zusatz (s. oben S. 177 u. öfter) hinzugefügt, dagegen der letzte lateinische Passus (hoc iuramento — praebere velint) und alle Bestimmungen über Wein- und Konfektreichungen weggelassen, von Gebühren 15 fl. an die Fakultät und ½ fr. an den Pedell angesetzt.

(§ 59.) Vom doctorat.

F. 113a b = O H § 32, S. 52.

Alles stimmt, nur die Gebühren sind auf 20 fl. an die Fakultät und auf ½ fl. an die Pedellen festgesetzt.

(§ 60.) Von den prandiis und clinodiis.

F. 113b 114b = O H § 53, S. 52 u. 53.

Nach dem ersten Absatz führt der § 60, abweichend von O H, fort (f. 114a): und derhalben sollen die baccalaurei dem rectori universitatis mit sambt den professoribus der theologischen facultet und den pedellis, die licentiaten aber auch der anderen faculteten professoribus, und die doctores dartzue ettlichen gewissen persohnen in der cantzlei und dem gantzen rath ein praudium zu geben schuldig sein, aber sonst weder in promotione baccalaureorum, licentiatorum, noch doctorum einichs nachtmal oder coenam zu reichen gar nicht pflichtig sein, denn wir die coenas und alles ander alß uberflüssigen costen damit gentzlichen abschaffen und mit niehten gestatten wollen, iedoch und da einer oder mehr, so den gradum baccalaureatus, licentiaturae oder doctoratus begerte, armut halb und das er von seinen eltern oder patronis kheine (f. 114b) handreichung hette, sich deß prandii beschweren wurde, soll bei dem rector und universitet stehen, den oder dieselben nach erwegung der sachen gelegenheit dessen zu erlassen, wie auch denihenigen, so gueter narung und vermögens, zu irem gefallen steht, mehrere persohnen dartzue zu berueffen, doch das darinnen auch maß gehalten werde. Die clinodien aber sollen, wie das breuchlich herkommen, in promotionibus doctorum, denen sie geburen, gegeben und erstattet werden, nemblich: der churfurstlichen pfaltz ein schwerdt, ungeferlich auf funf oder sechs gulden werth, einem großhofmeister ein dolchen, dem cantzler ein sammeten pyret, dem marschalckh ein dolchen, wie auch gleichfals den prothonotarien, auch dem rector und den dreyen professoribus iedem ein sammeten pyret oder funf ortt dafur, den andern doctoribus und, so ordinarie geladen, iedem ein par handtschuh.

(§ 61.) Von dem fisco diser facultet.

F. 115a—116a = O H § 54, S. 53 u. 54. Nur in der Verteilung der Einnahmen weicht L von O H ab (S. 54), indem alle Einnahmen in 4 Teile geteilt, ¼ der Universität, ¼ der Fakultät, 2/4 den Angehörigen der letzteren zugewiesen werden.

(§ 62.) Wie es mit frembden und zukhomenden doctoribus diser facultet soll gehalten werden.

F. 116a—116b = O H § 55, S. 54.

Juramentum advenarum in facultatem recipiendorum, qui titulum
    aliquem alibi consecuti sunt.

F. 116b—117a: Nur Nr. 5 zeigt den schon oft erwähnten lutherischen Zusatz. Der lateinische Zusatz: Hoc iuramento praestito (S. 55) ist weggelassen.

(§ 63.) Ein gemeiner punct, das ampt diser facultet belangendt.

F. 117b_118a = O II § 56, S. 55, indem auch hier der lutherische Zusatz hinzugefügt ist.

(§ 64.) Statuta ac leges facultatis theologicae, singulis annis in auditorio theologico a decano promulgandae.
F. 117b-119a = O II § 57, S. 56-57.
I. — III. = I. und Anfang II. bei O II.
IV. Concionibus sacris et reliquis pietatis exercitiis devoto animo intersint et suas preces cum ecclesia coniungant.
V. Eandem nobiscum fidei et religionis formam amplectantur et sequantur.
VI. Moribus, actionibus et sermonibus totiusque vitae institutis, ut nomine, ita re ipsa, se theologiae esse studiosos demonstrent.
VII. — IX. = O II II.
X. Baccalaureatum in hac facultate ambientes, sive magistri fuerint, sive minus, tempus in legibus praescriptum audiendo lectiones et reliqua exercitia obeundo impleant.
XI. Penes decanum tamen et facultatem theologicam erit, si alicuius eruditio et pietas adeo commendata fuerit, dispensare.
XII. Baccalaurei qui snut, cursus et lectiones suas diligenter perficiant et audiant, sermonibus ac disputationibus theologorum assidue intersint, argumenta idonea ac sana in medium adducant.
XIII. Licentiam accepturi similiter lectiones professorum ordinarias diligenter audiant, caeterisque theologorum exercitiis publicis frequenter intersint operamque suam, requisiti a decano, professoribus haud recusent.
XIV. In caeteris statutis academiae (f. 119a) communibus sese omnes obedientes ac morigeros praebeant.
XV. Vocati in anno bis a decano aut saepius, si necessitas postulaverit, coram eodem compareant et praesentibus caeteris professoribus facultatis, vitae et studiorum suorum rationem reddant.

B. Von der iuristen facultet insonderheit.

Einleitung: F. 119a 119b = O II S. 57.

(§ 65.) Vom consilio und rath diser facultet.

F. 119b 120b = O II § 58, S. 57 u. 58 (mit unwesentlichen kleinen Abweichungen im Ausdruck).

(§ 66.) Juramentum, ab eo praestandum, qui in collegium huius facultatis recipitur.

F. 120b = O II § 59, S. 58.

(§ 67.) Vom decano der iuristenfacultet.

F. 121a_122a = O II § 60, S. 58 u. 59.

Nur in dem Punkte ist geändert, dass der Dekan nicht gewählt, sondern durch regelmässigen Wechsel der Reihe nach bestimmt wird; im Verhinderungsfall tritt der nächste Professor ein, in streitigen Fällen entscheidet die Universität; sonst stimmt der Wortlaut überein.

(§ 68.) Juramentum decani corporaliter praestandum.

F. 122ᵃ—122ᵇ = OH § 61, S. 59.

(§ 69.) Wie vil und was fur professores in diser facultet sollen erhalten werden.

F. 122ᵇ—124ᵇ = OH § 62, S. 59—60.

(§ 70.) Von den lectionibus und zu welchen stunden ein iede soll gehalten werden.

F. 124ᵇ—127ᵇ = OH § 63, S. 60—62.

Nur folgendes ist geändert: der lector pandectarum soll im Sommer, wie im Winter von 9—10 lesen (S. 61, 2ter Absatz); dann ist nach Absatz 3 S. 61 nach „zu beclagen kein ursach geben" hinzugefügt: Jedoch und do uns ettwan wichtige ursachen furfielen, so unsere oder unserer erben persohn oder landt und leut ohne mittel betreffen, sollen sie die professores uns darin zu consuliren und ir rathsamb guetbedunckhen zu eröffnen schuldig sein, indem doch von uns und unsern erben die maß gehalten werden soll, das sie von iren ordinarien lectionen nit aufgehalten oder verhindert werden.

(§ 71.) Von besoldung der professorn diser faculteten.

F. 127ᵇ—130ᵃ = OH § 64, S. 62—64.

Die Besoldungen der drei ersten Professoren sind auf 270 fl., die des Institutionisten auf 170 fl. erhöht; alle Bemerkungen über Pfründen und neuen und alten Fiskus sind weggelassen. Hinzugesetzt ist zu S. 64 Absatz 3 nach: „soll zu gebrauchen und zu geniessen haben" statt des dort sich findenden Passus bis zum Ende des Absatzes: dartzue auch ieder obgemelter vier professoren ierlichs haben ein fueder weins oder, do sovil weins bei der universitet nicht vorhanden were, fur das ein halb fueder weins zehen gulden ex fisco universitatis und zwelf malter korns. Und wollen wir hiemit dem rector, so iederzeit sein wirdt, wie auch den professoribus diser facultet mit ernst (f. 129ᵇ) bevelhen und uferlegt haben, iresteils und sovil sie berürt, wie wir unsers theils gleichfals auch bedacht, dahin zu sehen und sich zu bearbeiten, das dixe facultet allweg mit rechtgeschaffnen, gelehrten, berumbten und tuglichen persohnen bestellet und versehen, damit die auditores sich mit irem nutz deren zu erfreien und die schuel in irem ruef und bei irem hergebrachten lob und namen möge bleiben.

(§ 72.) Von disputationibus, so in diser facultet ordinarie sollen gehalten werden.

F. 130ᵃ—132ᵇ = OH § 65, S. 64—65.

Eine Abweichung ist nur in der Bestimmung der Tage, welche für einen Disputations-Samstag, der ein Feiertag ist, eintreten: Da ist (s. S. 65 Absatz 3) statt Chiliani und Dionysii: Bartholomei und Catharinae bestimmt; ausserdem lautet der Schluss nach „endtlich und unweigerlich" (S. 65, 3te Zeile von unten):

dem promovenden, soverr er alhie in unserer (f. 132b) universitet studirt und compliret, innerhalb zweier monaten oder aber, do er von frembden ortten khombt und zu promoviren begert, innwendig eines monats frist zu praesidiren schuldig sein und derhalben weitters noch anderst, dann die gewonliche geburliche verehrung ist, dem repetenten nicht abnemen, sonder es bei demselben gentzlichen beruhen und bleiben lassen soll.

(§ 73.) Von den vacantien diser facultet.

F. 132b–133a = O H § 66, S. 66.

(§ 74.) Von straff der versaumbten lection und disputation in iure.

F. 133b–134b = O H § 67, S. 66—67, doch ist das Strafgeld jetzt auch für den Professor der Institutionen auf 1 Gulden festgesetzt.

(§ 75.) Von den extraordinariis und privatis lectionibus consultorum.

F. 134b–135a = O H § 68, S. 67.

(§ 76.) Von der intitulation und volgents von den promotionibus der iuristen.

F. 135a–135b = O H § 69, S. 67.

Capita quaedam ab iis, qui nomen suum decano facultatis iuridicae dant, bona fide promittenda.

F. 135b–136a = O H, S. 68.

(§ 77.) Von dem examine und examinatoribus.

F. 136a b = O H § 70, S. 68.

Capita ab examinatoribus bona fide promittenda.

F. 136a–136b = O H S. 68.

(§ 78.) Von dem ersten gradu des baccalariats.

F. 136b–137b = O H § 71, S. 68 u. 69.

Die Erwerbung des ersten Grades ist noch weniger betont, wie aus dem Zusatz nach „vonnötten" (Zeile 3, S. 68) hervorgeht: wie auch kheiner, der es nicht begert, ausserhalb unser und der academien stipendiaten dartzue verbunden sein sollen. Der Unterschied zwischen der Promotion in einem und in zwei Rechten ist aufgehoben; wer nicht magister artium ist, hat 3 Jahr zu complieren; die Gebühren betragen 4 fl. an die Fakultät, ½ fl. an den Pedellen; das prandium ist abgeschafft (darum schliesst der Paragraph in der Mitte des Absatzes 3 S. 69).

(§ 79.) Von der licentiatur.

F. 138a 140a = O H § 72, S. 69—71.

Der Anfang lautet: Ferner: so einer gradum licenciaturae begert, er habe gleich den baccalaureatum erlangt oder nit, wolle auch in einem oder beiden rechten promovirt werden, soll derselbig von zeit an er sich in dise facultet bei dem decano einschreiben lassen, fünf iar seine geburliche lectiones gehört, zum wenigsten zweimal ordinarie (welches doch nach gelegenheit und der professorn guetbedunkhen bißweilen zu moderirn) und dann zum letzten extraordinarie pro gradu in disputationibus oder repetitionibus respondirt hab. Und wiewol hievor in weilandt unsers lieben herrn vetters pfaltzgraf Otthens churfurst etc. lobseliger dechtnuß versehen, das solche candidaten, so nun in das viert oder funfte iar den rechten obgelegen und darinnen sich geubt haben, zuvor ein oder zween tittul (f. 138b) in iure neben den andern und ordinariis lectionibus oder auch in der grossen vacantz, so er sonst khein bessere gelegenheit hat mögen haben, gratis zu expliciren und außzulegen schuldig gewesen und anderst (es würde dann mit ime auß billichen ursachen dispensiert) zu der licentiatur nicht gelassen werden, so wollen wir doch uß sondern dartzue bewegenden ursachen inen (ausserhalb unsern und der academien stipendiaten) solches freigestellt haben, und sollen nicht minder bemelte promovenden besserer ubung halben von den professoribus mit vleiß dartzue vermant und gereitzet werden; in allweg aber soll khein promovend in diser oder andern facnlteten zu einichem grad, er beger gleich den baccalaureat, licentiatur oder doctoratum, zugelassen werden, er habe dann zuvor zwei examina ußgestanden und ein disputationem pro gradu gehalten, und soll nach gelegenheit und erwegung (f. 139a) der circumstantien zu der examinatorn erkhandtnuß stehen, enttweders die zwei examina vor der disputation furzunemen oder eines vor der dispucation und das ander nach der disputation zu verrichten.

Dann folgt der vielfach gekürzte Absatz 2 S. 70; er lautet hier: Und damit die promovenden an iren repetitionen, auch andern furhaben nit gehindert oder aufgehalten, so setzen, ordnen und wollen wir, ernstlich bevelhendt, das hinfuro, so offt einer hie in diser schulen zu promoviren begert und sich derhalben dem examini zu undterwerffen, auch den geburenden costen der promotion, wie hernach volgt, zu erlegen und ußzurichten bei dem decano und der facultet erpeutt, solle derselb, do er alhie geburlich, alß vorgemelt, complirt, zum lengsten innerhalb acht wochen, soferr er aber ein frembder, so anderstwo sein curß und zeit volnbracht und derhalben glaubwürdige urkhundt und zeugnuß auflegt, innerhalb monatsfrist ohn allen eintrag und ufzug (f. 139b) der ordinarien und professorn, so ferr er sonst seiner lehr und lebens halb ehrlich und tüglich gefurdert und es sei in disem oder anderm grad alßbaldt promovirt und die sach mit ime wider sein willen nit dahin, biß das noch andere dartzue khommen, gericht und verzogen werden.

Der folgende Absatz 3 S. 70 ist von der Zeile 5 an geändert: Dergleichen — ime dem repetenten ufs lengst innerhalb hievor erstangeregter undterschidlicher zeit deß einen und zweier monaten respective zu praesidiren, darumb er der candidatus ime fur sein muhe und arbeit ein gulden zu leisten schuldig sein und hierinnen weitter khein zwang oder neuerung furgenommen werden. Ehe und zuvor aber die promotion beschicht, soll er der facultet zweintzig gulden ußrichten und bezalen und alßdann mit der promotion und dem prandio, wie hernach volgen wirdt, gehalten werden.

(§ 80.) Vom doctorat.

F. 140a-141b : OH § 73, S. 71 u. 72.

Die Veränderungen beziehen sich auf den Wegfall des Unterschieds von zwei Rechten, die Aufhebung aller prandia und clinodia (wie bei den

Theologen S. oben S. 184) und auf die Modifikation der Geldleistung: wer Licenciat in Heidelberg geworden ist und auch die höchste Würde erreichen will, hat der Fakultet zunächst 20 fl. und dem Pedell ½ fl. zu entrichten; dasselbe ist demjenigen aufgelegt, der auswärts promovirte, sobald er die glaubwürdige Urkunde seiner Würde beigebracht hat. Wer noch keinen Grad besitzt, muss 5 Jahr lang die juristischen Vorlesungen gehört haben und 40 fl. der Fakultät, ½ fl. dem Pedellen entrichten. Wie bei OH S. 72, Absatz 2 wird mit den gleichen Worten Strenge und Unparteilichkeit in der Prüfung eingeschärft.

(§ 81.) Juramentum baccalauriandorum in facultate iuridica bona fide praestandum.

F. 141b = OH § 74, S. 72. Der zweite Absatz (quod priusquam gradum — praebere velint) fehlt.

(§ 82.) Juramentum licentiandorum facultatis iurid: corporaliter praestandum.

F. 142a = OH § 75, S. 72 u. 73. Der letzte Satz auf S. 73 (hoc iuramento velint) ist weggeblieben.

(§ 83.) Vom fisco diser facultet.

F. 142a 143b = OH § 76, S. 73—74: eine Abweichung liegt nur in der Art der Vertheilung (S. 73 vorletzter Absatz) der Einnahmen: ¼ in die Kasse der Universitet, ¼ in die Kasse der Fakultät, ²⁄₄ unter die Angehörigen der Fakultät.

(§ 84.) Von den frembden diser facultet doctoribus.

F. 144a = OH § 77, S. 74.

Juramentum alibi promotorum seu advenarum corporaliter praestandum.

F. 144a u. 144b = OH S. 74. Satz 4: quod recepti — persolvere velint ist weggeblieben.

(§ 85.) Statuta generalia facultatis iuridicae, singulis annis in auditorio iuridico a decano publice promulganda.

F. 144b—146a = OH § 78, S. 74—76. Die Statuten sind gekürzt (8 statt 12 Paragraphen) und auch im einzelnen nach den vorher gegebenen Bestimmungen geändert.

I.—II. = 1 u. 2.
III. Quod baccalaureatum ambiunt, si magistri artium fuerint in hac vel alia schola privilegiata, ordinarie in iure docentes per biennium, sin artium magistri non fuerint, per triennium audiunto.
IV. Iidem sub doctoribus publicas disputationes singulis annis ordinarie instituentibus, cum ad id legitime requisiti fuerint, sine tergiversatione respondento; extra ordinem autem pro quolibet gradu semel omnes ad publicam disputationem sub praeside a collegio designato obligantor.

V. Baccalaurei titulo insigniti non minore studio ac diligentia praelectiones, disputationes, actusque solennes frequentanto atque in disputationibus, ubi res postulaverit, argumentando et disserendo sese exercento.

VI. Licentiam petentes non aliter ad eam dignitatem admittantor, quam si post adeptum baccalaureatum praedicta per biennium praestiterint, aut si baccalaurei non sint, in universum magistri quidem artium quadriennium, reliqui vero quinquennium in studio iurisprudentiae impleverint, nisi a collegio iustis de causis cum aliquo dispensetur.

VII. Tempus completionis in hac schola a die, quo quis nomen decano dedit, numeretur; nec collegium petenti gradum conferre, nec hinc abeunti testimonium studiorum aut morum perhibere teneatur ei, qui nomen suum apud decanum professus non sit.

VIII. Honorem ac titulum dignitatis in uno vel utroque iure consequi volentes primum examini a professoribus instituendo sese submittunto, inde (f. 146a) disputationem pro gradu publice habento, qua peracta examen alterum subeunto, in eoque de admissione aliisque peragendis iudicium et sententiam decani ac professorum exspectanto.

Vocati a decano omnes et singuli annuatim bis aut, si necessitas postulaverit, saepius coram eodem comparento et praesentibus caeteris professoribus vitae studiorumque suorum rationem reddunto.

(C. Die medicinische Fakultät.)

Von der facultet der artzet insonnderheit.

Einleitung: F. 146a -146b = OH S. 76.

(§ 86.) Vom consilio und rath diser faculteten.

F. 146b–147a = OH § 79, S. 76.

(§ 87.) Juramentum ab eo, qui in collegium medicae facultatis recipitur, iurandum.

F. 147b = OH § 80, S. 76 u. 77.

(§ 88.) Vom decano diser facultet.

F. 147b– 148b = OH § 81, S. 77: stimmt überein, nur dass, wie bei den anderen Fakultäten (S. oben S. 178 und 185), das Dekanat nicht durch Wahl, sondern durch regelmässigen Wechsel unter den Professoren besetzt wird.

(§ 89.) Juramentum decani facultatis medicae.

F. 148b–149a = OH § 82, S. 77 u. 78: mit der Modifikation, daß der Dekan schon bei der Abwesenheit von acht Tagen (nicht von einen Monat) das Fakultätssiegel dem nächstältesten Professor einhändigen soll.

(§ 90.) Wievil und was fur professores in diser facultet sollen gehalten werden.

F. 149a–151a = OH § 83, S. 78—80.

(§ 91.) Von den lectionibus und zu welcher stundt ein iede soll gehalten werden.

F. 151ᵃ 152ᵃ = OH § 84, S. 80 u. 81: die Stunde des Therapeutikers ist im Sommer und im Winter auf 9—10 Uhr angesetzt, als Lokal ist auditorium medicum bezeichnet; Absatz 2 (S. 80 u. 81): „Und nachdem das alte auditorium — haben verordenet" ist weggelassen.

(§ 92.) Von besoldung obgemelter professorn.

F. 152ᵃ--152ᵇ = OH § 85, S. 81 u. 82: doch sind die Gehalte erhöht auf 270, 180 und 170 fl.; als Wohnung des dritten Professors ist genannt: die halbe Schwabenburß gegen dem Neckher zu. Vor dem 2. Absatz OH S. 81: „Doch das zu ieder zeit" u. s. w. ist eingeschoben: Uber das auch ir iedem insonderheit noch dartzue ein fueder weins oder, do sovil weins bei der academien nicht vorhanden, fur das ein halb fueder weins zehen gulden ex fisco universitatis und zwölf malter korns ierlichs gereicht werden.

(§ 93.) Von disputationibus diser facultet.

F. 153ᵃ–154ᵇ = OH § 86, S. 82 u. 83: nur die ersten Zeilen (wiewol — zuzunemen haben) sind weggeblieben.

(§ 94.) Von ettlichen andern stucken, so zur underweisung und ubung der discipel diser facultet gehörig.

F. 154ᵇ 156ᵇ = OH § 87, S. 83 u. 84: der Paragraph stimmt ganz mit OH überein, nur dass nach description anatomiae der Zusatz „porci et cophonae", der schon geschrieben stand, wieder gestrichen worden ist (S. 83, Anm. 2).

(§ 95.) Von diser facultet vacantzen.

F. 156ᵇ = OH § 88, S. 84.

(§ 96.) Von straff der versaumbten lection.

F. 157ᵃ–158ᵇ = OH § 89, S. 84 u. 85: die einzige Veränderung besteht darin, dass der dritte Professor nicht ½ fl. Strafe für eine willkürlich versäumte Lektion zahlen soll, sondern, wie die andern Professoren, einen ganzen Gulden.

(§ 97.) Von den extraordinariis lectionibus diser facultet.

F. 158ᵇ = OH § 90, S. 85.

(§ 98.) Von der intitulation und promotion diser facultet persohnen.

F. 159ᵃ 161ᵇ = OH § 91, S. 85—87: vielfach geändert.
Absatz 1 und die ersten 4 Zeilen von Absatz 2 (S. 85) stimmen überein, dann heisst es weiter: so ordnen und wollen wir, das kheiner ad gradum baccalaureatus (welcher doch einem ieden usserhalb unser stipendiaten und der Dionisianer freigestellt, denselben anzunemen oder nicht) gelassen werden soll, er (f. 159ᵇ) sei dann eines guoten erbarn wandels und lebens, dartzue habe hic in

unser universitet oder anderswo in einer berumbten schulen nach dem magisterio in artibus zwei iar studirt, seine lectiones volnfurt, auch solches genngsamlich darthun khundt, und zu dem in solcher zeit zum wenigsten zweimal ordinarie und das drittemal pro gradu extra ordinem respondirt, dartzue dann unsere stipendiaten und Dionisianer unnachlesslich verbunden; den andern aber soll die anzall der disputationen ausserhalb dem pro gradu, dartzue sie mit allen vleiß und ernst anzuhalten, freistehn und mage der zeit halben mit einem seines alters oder sonderlichen verstandts und geschickhlicheit wegen dispensirt werden, welches doch ohn sonderliche ursachen nit soll geschehen; in allweg aber soll kheiner zu einichem grad des baccalaureats, licentiatur oder doctoratus zugelassen werden, er habe dann zuvor zwei examina (f. 160a) außgestunden und disputationem pro gradu gehalten, und soll nach gelegenheit und erwegung der circumstantien zu der examinatorn erkhandnuß stehn, beide examina enttweder vor der disputation nacheinander zu verrichten oder aber das eine vor der disputation und das ander nach der disputation furgehen zu lassen. Absatz 3 (O H S. 85): „Und mit solchen disputationibus — schuldig sein soll" und Absatz 4 (S. 85 u. 86) folgen ohne Veränderung. Dann ist Absatz 1 (O H S. 86): So nun einer — getrungen werden weggelassen. Das folgende ist gekürzt und auch verändert: Welcher aber furbaß zur licentiatur procedirn und denselben gradum annemen will, der soll nach dem baccalaureat auch zwei iar studirt und sein curß volbracht, auch in disputationibus ordinarie und ohne entgeltnuß zweimal, zuletzt aber extra ordinem pro gradu mit dem undterschiedt unser stipendiaten und Dionysianer, auch anderer allermaßen, wie zuvor von dem baccalaureat angezeigt und geordnet, respondirt haben, und so er alßdann den tittel der licentiatur begert, soll er, zuvor und ehe er promovirt wirdt, der facultet zwelf gulden und dem pedellen ein halb gulden erlegen und sonsten weitters dann mit dem prandio und clinodiis, davon hernacher bei dem doctorat meldung beschicht, nicht beschwerdt werden (f. 161a). So auch sich zuetruge, das einer ohne das baccalaureat zum tittel der licentiatur zugelaßen zu werden begert, soll er nach erlangtem magisterio artium vier iar complirt haben, und es mit den disputationibus, wie hievor bei dem baccalaureat angezeigt, gehalten werden; es were dann, das einer weder das magisterium artium oder baccalaureatum medicinae zuvor erlangt, soll er funf iar zu compliren schuldig sein; ehe und zuvor er aber promovirt, er habe gleich den gradum baccalaureatus angenommen oder nit, soll er der facultet zwolf gülden und dem pedellen ein halben gülden, wie zuvor vermeldt, erlegen.

Wo aber einer nit gradatim zum doctorat furtschreitten, sonder zu einmal die licentiam und doctoratum annemen wolt, soferr dann derselb nach erlangtem magisterio in artibus vier iar in medicina studirt und seinen cursum complirt, auch respondirt hat, wie hievor bei dem gradu licentiaturae vermeldet, soll ime derhalb unbenommen, und er, ehe die promotion beschieht, der facultet vier und zweintzig gülden und dem pedellen ein halben gülden zu erlegen schuldig sein. Mit den prandiis und clinodiis in baccalaureatu, licentiatura und doctoratu soll es allerdings, wie bei der theologen facultet der leng nach geordnet[1]), gehalten und sonsten kheiner weitter oder höher ubersetzt oder außzurichten gedrungen werden.

Der letzte Absatz (O H S. 87) stimmt wieder uberein.

---
1) S. oben S. 184.

(§ 99.) Capita quaedem baccalauriandorum med. facult. bona fide praestanda.

F. 162a = OH § 92, S. 87: nur der zweite Satz (quod priusquem — dare velit) ist weggelassen.

(§ 100.) Capita seu statuta licentiandorum in facultate medica corporaliter iuranda.

F. 162a—162b = OH § 92, 87 u. 88: Der vielfach geänderte Eid lautet jetzt: Quod licentiati in arte medica titulum et honorem gravitate morum et studiorum assiduitate tueri velit, nec acceptum in hac schola licenciati nomen alibi ex alia occasione repetere ac (f. 162b) iterare, neque facultate invita insignia doctoralia alibi accipere; quod recepta medicorum dogmata nullis sophisticis et seditiosis disputationibus vel actionibus pertubare petulanter velit, sed artem puram servare et canonice exercere statuerit; quod in curationibus nihil preperanter et temere, sed praemeditate et consulto omnia agere, nec metallica venenata (qualia etiam sunt pleraque ex illis, quae ex Mercurio et Stibio vi ignium aliterve praeparari solent) nec alias exitiosa ulli intra corpus sumenda exhibere velit; quod paratus ad reddendam rationem esse velit omnium eorum, quae praesertim in difficilibus aegrotantium casibus consulat et ministret, ubi super hoc legitime a doctis et exercitatis requisitus fuerit; quod denique commodum ac dignitatem facultatis medicae totiusque academiae huius pro virili tueri velit.

(§ 101.) Von den frembden doctoribus.

F. 162b..163a = OH § 94, S. 88; die Abgabe an die Fakultät von 2 fl., an den Pedellen von 1/2 fl. ist ausdrücklich angegeben, sonst wörtliche Übereinstimmung.

(§ 102.) Juramentum alibi promotorum, qui ad facult. medicam admitti petunt, corporaliter praestandum.

F. 163a u. 163b = OH § 95, S. 88: der vierte Satz (quod quamprimum — persolvere velit) ist weggeblieben.

(§ 103.) Von den feriis und vacantzen.

F. 163b = OH § 96, S. 88.

(§ 104.) Von diser facultet fisco.

F. 164a u. b = OH § 97, S. 88 u. 89.

(§ 105.) Ettliche gemeine diser facultet stuckh oder puncten und erstlichen von der apoteckhen.

F. 164b 165a = OH § 98, S. 89.

(§ 106.) Von den empiricis, inden und landfareren.

F. 165a 166a = OH § 99, S. 89—90.

(§ 107.) Statuta communia facultatis medicae, singulis annis a decano in collegio medicorum promulganda.

F. 166ᵃ—167ᵃ = OH § 100, S. 90—91.

1. u. 2. stimmen inhaltlich fast wörtlich mit OH überein. (f. 167ᵃ.)
3. Qui ad baccalaurei dignitatem adspirant, siquidem magistri artium fuerint, per biennium, sin magistri artium non fuerint, per triennium in hac vel alia schola privilegiata ordinarie profitentes audiunto.
4. Iidem sub doctoribus publicas et ordinarias disputationes singulis annis moderantibus sine tergiversatione in eisdem disputationibus, cum ad id legitime requisiti fuerint, respondento; extra ordinem autem et pro quolibet gradu omnes semel ad respondendum publice obligantor.
5. Baccalaurei creati non minore studio et fide lectiones, disputationes doctorumque collationes frequentanto in iisque argumentando et disserendo sese exercento et herbatum exeuntes professores comitantor.
6. Licentiam ambientes praedicta omnia diligenter ac sedulo non minus faciunto, quamsi loco inferiore constituti essent; qui per biennium a tempore baccalaureatus ista fecerint, licentiam ac doctoris honorem petendi potestatem habento; nec ante hoc tempus ulli ius iam nominatos gradus petendi temere conceditor. (f. 167b).
7. Vocati a decano publico programmate omnes et singuli quotannis bis coram eodem comparento et praesentibus caeteris facultatis professoribus vitae studiorumque suorum rationem reddunto.

(D. Die Artisten Fakultät)

Von artisten facultet insonnderheit.¹)

F. 167b—168 = OH 91.

Die Einleitung ist ganz verändert: Von diser facultet artium zu reden, welche oberzelter ordnung nach die letzte, aber ires inhalts und begriffs die grösste und weitleuftigste, auch nutzung und ubung halb die erste und nottwendigste under in allen, ordnen und wollen wir, nachdem hievor der zeit von unsern vorfarn, pfaltzgrafen, churfursten etc. lobseliger dechtnuß uß beweglichen ursachen alle der universitet burßen und contubernia zusamengezogen und auß dreien ein contubernium anzurichten und in demselben gleichen weg der lehr zu halten bevolhen worden, das solche verordnung hinfurtter (f. 168ᵃ) steif, feßt und unverbrüchlich gehalten und darwider von kheinem nichts gesuecht und furgenommen, auch in der wahl und besetzung der lecturn und anderer digniteten und embter diser unser ordnung nach nachgesetzt werden solle²).

(§ 108.) Vom consilio und rath diser facultet³).

F. 168ᵃ—169ᵇ = OH § 102, S. 92—93.

---

1) Hier beginnt B. Fälschlich ist am Rand in die ursprüngliche Überschrift: „Ordinatio Ludovici electoris" später eingeschoben „Caroli". Weiter unten steht am Rande zu facultas die Bemerkung: ordine ultima, amplitudine materiae maxima, prima et maxime necessaria.

2) OH § 101 (S. 91) ist als unnötig weggelassen; der Standpunkt der beiden „Wege" war nun überwunden.

3) In B f. 1ᵇ am Rande: 12 senatores huius collegii, dann sind die Namen der Professuren noch einmal hingeschrieben; später rhetor und poëta als eine Stelle bezeichnet.

Der mittlere Theil des Absatzes 2 ist geändert, weil die Zahl der Professuren nicht mehr die gleiche ist. Hier heisst es: Wollen aber hieneben, dieweil nunmehr nit mehr dann ein contubernium ist und sein soll, das zu solchen obgemelten consiliarien erstlich alle professores publici derselben faculteten, als rhetor, graecus, poëta, logicus, physicus, ethicus und mathematicus sambt den zweien regenten in contubernio und dann noch drei auß den obristen und eltisten magistern, so sonst bei und neben den obgenanten regenten und professorn in diser facultet gefunden werden; in allen übrigen Zeilen ist Übereinstimmung.

(§ 109.) Juramentum consiliariorum collegii philosophici.

F. 169b -170a = OH § 103, S. 93: vielfach abweichend.

Qui recipitur in senatum facultatis artium, principio exhibebit idoneum testimonium, se legitime esse creatum magistrum artium; deinde docebit quoque, se nomen suum dedisse et professum esse apud magnificum huius Heidelbergensis academiae reotorem atque etiam, si non hic, sed alibi promotus sit, apud huius collegii decanum, cui hoc nomine solvenda persolvet. His peractis iurabit decurioni et toti collegio:
1. Quod nulla infamia notatus sit (= OH § 2);
2. Quod sit legitime natus;
3. Quod congregationibus facultatis artium, quoties iubente decurione et vicem eius gerente, praesertim sub religione iurisiurandi, ad eas accersitus fuerit, interesse velit, (f. 170a) (= OH § 4);
4. Quod interrogatus sententiam sanam ac certam, ut quaeque succurret, sine privata animi affectione dicere velit (= OH § 5);
5. Quod secreta facultatis non velit efferre (= OH § 6) foras;
6. Quod decano facultatis, in quibus honestum est ac licet, obedire, facultatem ipsam et commodum eius, quoad sciet ac poterit, promovere velit.

Und nachdem auß disen consiliariis hernacher ettliche, so in promotionibus die promovenden examiniern, gezogen werden, sollen sie alßbaldt auch geloben und schweren, wie volgt:

(§ 110.) Juramentum examinatorum in facultate philosophica[1]).

F. 170a—172a = OH § 120, S. 116 u. 117; dieser Eid ist also bei L hier eingeschoben, während er bei OH mit Recht unter die Bestimmungen über die Promotionen gesetzt ist. Mit Ausnahme von I ist Uebereinstimmung.

I. Quod, cum ad examina vel baccalaureandorum, vel magistrandorum cum aliis suis collegis a decurione fuerit adhibitus, fidelis et integer esse velit, nihil vel in gratiam ac favorem, vel in odium ac malevolentiam candidatorum tam privatim, quam publice examinando agere.

II. —VII. = OH I. —VI.

(§ 111.) Vom decano diser facultet.

F. 172a-172b = OH § 104, S. 93 u. 94.

Zu dem Absatz 1 ist hinzugefügt: iedoch da einer, so nit professor, zum

---

1) In B f. 2b ist ein Vermerk: Vide Ottonis reformationem pag. 29, 30 u. 81. Diese Verweisung bezieht sich auf das Exemplar der philosophischen Fakultät (Cod. Heid. 359, 67 [1]; s. oben Handschriften zu OH: D.).

decano gewehlet, soll derselb auß beweglichen ursachen nit in senatum universitatis gelassen, sonder ein anderer auß der facultet rath dartzue geordnet werden. Der Schluss des nächsten Absatzes ist geändert; er lautet: doch mit solcher maß und gestallt, das kleiner derselben mit solchem decanat und ambt ohne sonderliche notwendige ursachen vor dem andern beschwerdt werde, damit sich u. s. w. Der 3te und 4te Absatz sind weggeblieben.

(§ 112.) Officii decurionis capita.

F. 173a—175b entsprechen O H § 105, S. 94—95: Juramentum decani, sind aber ganz anders gefasst. Sie lauten:

Electus hoc modo decurio praestabit collegio huic iuramentum, quod sequitur, eoque praestito accipiet quam primum a praecedente decurione huius facultatis sceptrum, sigillum et libros actorum ac statutorum et deinceps ad finem usque ineuntis tunc anni officium hoc geret et continuabit bonaque fide et summa diligentia administrabit et exequetur ea omnia, quae ad hoc officium pertinent, vita quoque et moribus hunc locum et ordinem cohonestabit.

I. Leges et statuta facultatis intra diem decimum quintum magistratus sui initi, hoc est intra festum epiphaniorum, in auditorio philosophico recitando promulgabit.

II. Idem peregrinaturus aut morbo aliisve iustis et legitimis causis impeditus, quominus coram suum munus obire possit, vicem suam demandabit proximi superioris anni decurioni, aut si neque is (f. 173b) adesse possit, illi, qui altero anno ante functus est hoc munere, aut denique alii, qui iam ante hoc officium gesserit.

III. In publicis quoque et privatis academiae et facultatis huius conventibus dignitatem suam tuebitur et suis in hac facultate collegis caeterisque artium magistris et superiorum facultatum discipulis ordine et loco anteibit.

IV. Sigillum huius collegii et cistam cum reliqua omni suppellectile fideliter asservabit et custodiet et diligenter recensebit, ac si qua recens coempta fuerint facultatis huius cuiuscunque generis instrumenta vel libri, ea sigillatim descripta referet in librum actorum.

V. Curabit, ut collegae sui assidue et diligenter et suis temporibus et, quae leges iubent, doceant et ipsum scriptorum, quos interpraetandos suscipiunt, contextum ordine continuo explicent, cessantes eosdem in officio et segnes admonebit primum sui officii, si monendo nihil profecerit, referet eam rem ad collegium totum et ex illius iudicio eos mulctabit; si neque sic quidquam proficiet, referet ad rectorem et senatum (f. 174a) academiae, qui, causa legitime cognita et audita, quantum satis est, utraque parte, de iis statuet, quod ex dignitate et utilitate scholae fore iudicabit.

VI. Dabit operam et efficiet, ut diebus sabbatis publicae habeantur in schola philosophica disputationes philosophicae iisque ipse intererit et eas moderabitur et si quid in illis vel extra illas contra leges huius facultatis fiet, id debita paena mulctabit, aut si delictum gravius fuerit, ad totum collegium de eo referet et ex eius sententia statuet.

VII. Quoties collegium ad deliberandum quapiam de re ad collegium hoc pertinente eaque utili vel necessaria ac legitima convocaverit, sententias collegarum diligenter observabit ac colliget, quodque maior pars senserit, id decernet, quodque ita decretum fuerit, in librum actorum referet, inprimis si res sit maioris momenti.

VIII. Novos professores philosophicos a collegio hoc nominatos et senatui academiae praesentatos, ab eodemque senatu (f. 174b) receptos et confirmatos inaugurabit mature facultati huic inhebitque, ut sancte promittant, se collegii huius legibus et decurioni obedituros in omnibus, quae ad ipsius officium pertinentia mandaverit iuxta iuramenti consiliariorum huius collegii formulam supra praescriptam, ut a collegio hoc in eius societatem recepti postea primo quoque tempore a rectore in senatum academiae legitime cooptentur.

IX. Certo et legibus praefinito tempore vocabit bonarum artium et linguarum studiosos adolescentes publico programmate ad examen in baccalaureatu et magisterio philosophico subeundum, cui examini ipse quoque aderit et id moderabitur ac reget.

X. Bibliothecam[1]) facultatis huius, quo tempore lustrat rector et decani suae quisque facultatis bibliothecam, inspiciet et diligenter libros eius singulos recensebit.

XI. Annuos census huius collegii quaeque ex promotionibus et legitimis poenis aliisque rebus facultati huic cedunt collecta fideliter asservabit, quaeque oportet et par est, (f. 175a) in disputationes huius collegii publicas aliosque usus necessarios et legitimos ac honestos secundum leges erogabit, ac primum quidem huic collegio intra diem decimum quintum finiti sui magistratus, deinde suo tempore rectori et consiliariis principis rationes acceptae et expensae pecuniae in hoc suo decanatu legitime reddet.

XII. Nomina adolescentum, qui linguarum artiumque discendarum causa in hanc academiam veniunt et iam nomen suum rectori dederunt et a rectore ad decurionem huius collegii fuerint missi, in peculiarem catalogum describat iisque vel ipse assignabit certum aliquem seu professorem seu alium virum bonum et doctum, qui membrum sit et civis huius scholae, vel adolescentibus illis mandabit, ut ipsi pro suo commodo talem sibi deligant et nominent, qui in vitam moresque et studia ipsorum hic subinde inspiciat, ne vel in contubernio vel extra illud hic vivant et vagentur otiosi, assoti, sine disciplina et praelectionibus et exercitiis studiorum misere rem, aetatem, animum et corpus perdentes cum ignominia (f. 175b) et detrimento huius scholae; huiusmodi adolescentes ab illis inspectoribus ad se delatos propter neglectum officium in moribus vel in studiis ad se vocabit, vocatos officii sui serio commonefaciet et, si ita res postulet, graviter obiurgabit atque etiam pro modo delicti mulctabit, quod, si contumaces deprehenderit, ad rectorem academiae eos deferet.

XIII. Et hanc ob causam omnes et singulos studiosos facultatis philosophicae quotannis bis publico programmate ad sese vocabit et praesentibus caeteris professoribus vitae studiorumque rationem ab iis exiget.

Und dieweil solches diser facultet decani gescheff ierlichen vil und muhesamb, auch von tag zu tag sich mehren und zunemen, so soll obgemeltem decano zu ierlicher verehrung fur sein gehabte muhe und arbeit zwelf gülden uß der universitet fisco entricht und bezallt werden.

---

1) B f. 5b hat die Randnotiz: In stat. Joh. Casimiri et bibliothecario rationes reddente ipse intersit.

(§ 113.) Von des decani zugegebnen und beistendern in diser facultet.
F. 176; ganz abweichend von OH § 106, S. 95 und 96.

Und sollen alle sachen und gescheft, so dise facultet belangen, durch den decan und diser facultet geordnete consiliarios samentlich verhandlet und verrichtet werden, oder do ettwas dergleichen furficle, so denselben zu wichtig und schwer were, und es die notturft erfordert, von inen furbaß an den rector und universitet gebracht werden, mit denen alßdann grundtlichen und zum fruchtbarlichsten, wie sichs wol geburt, zu handlen und zu beschließen.

(§ 114.) Von den lecturn und professorn diser facultet.
F. 176a—179b = OH § 107, S. 96—98: zeigt vielfache Veränderung, theilweise kürzere Fassung. Bis zur Mitte von Absatz 1 S. 96 ist Übereinstimmung, dann heisst es weiter: so setzen wir und wollen mit sonderm ernst das hinfurter zu allen zeiten in diser facultet siben publici professores seien, alß nemblich einer, welcher linguam graecam, wie bißanhero auch gewesen, profidire und lehre, der ander aber soll logicam, der dritt ethicam, der vierdt physicam, der funfft mathematicam, der sechst rhetoricam in latina lingua und der sibendt historiam und poesin in lingua latina publice lesen und dociren.

Und wiewol weilandt unser lieber (f. 177a) vetter pfaltzgraf Ottheinrich churfurst etc. hebraeam linguam, alß die furnemblich zu der heiligen schrifft vonnötten, zu der theologischen facultet geordnet, dieweil aber wir im werckh befinden, das dicienigen, so in den theologicis studiis ettwas proficirt und fortgeschritten, zu irem curß ettwas aufgehalten, indem das der theologicus professor, deme die explicatio rudimentorum hebraicae linguae auferlegt, darmit die zeit vertreiben und explicationem literarum sacrarum mittlerweil einstellen muß, damit dann die auditores, sovil immer müglich, gefurdert, so wollen wir hiemit ernstlich, das hinfurter ein besondere persohn, so die hebraeam grammaticam und was weitter zu gründtlicher erelernung derselben die notturft erfordert, publice lese und profitire, bei diser universitet bestellt und erhalten werde.

Was aber besetzung der vorbenannten lecturn berürt, wollen das gleich, wie droben von den andern facultaten auch gesetzet, so offt solcher obgemelter lecturn eine vaciern oder ledig sein würde, in ansehung dise facultet der andern gleich alß ein fundament und grundfeßt ist, uf welchs, do es nicht wol gelegt, anders oder weitters nichts rechtschaffen oder fruchtbarlichen gebauet khan werden, solche obgemelte lecturn nicht eigennutzlicher weise per successiones, adiunctiones und andere dergleichen praerogativen, dardurch vilmals die gelerten und geschickhten ubergangen und widerumb die unnutzen und untuglichen furgezogen worden, hingelauhen, und gleichwie uff der wacht man fur man gezelt, bestellt und besetzt werden, sonder zu iederzeit die vacierende und ledige lectur erstlichen bei diser facultet consiliariis alß denen, die mit solchen (f. 178a) khunsten und sprachen teglichen umbgehen und derhalben besser, dann andere davon indiciren und urtheilen khonnen, furgenommen und bedacht, furtter aber ein persohn oder zwo nominirt und der universitet furgeschlagen werden, welche alßdann uß denselben eine, so fur die tüglichst und solcher lectur am würdigsten geacht und befunden wirdt, annemen und nach gethaner geburlicher pflicht uf solche vacierende lectur ohn alle gefahr, eigene affection und bewegnuß praesentiren und einsetzen sollen; es were dann, das rector und universitet erhebliche ursach hetten, die nominirte persohnen gentzlich zu recusiren, alßdann soll facultas philosophica andere tügliche zu ernennen schuldig sein. Nun folgt Absatz 2 S. 97: Wo sichs auch begebe — belangt, dann heisst es weiter (f. 178b): Und damit wir auch wissens haben mögen, mit was persohnen dise facultet iederzeit besetzt und versehen seie, so sollen uns die persohnen, welche also von der facultet nominirt und der universitet confirmiert sein, hernach mit iren namen und zunamen benantlich gemacht werden. Ebnergestalt soll es mit annemung und bestellung der zweien regenten in dem contubernio gehalten werden, und nemblich do eins oder deß andern regenten stell erledigt, soll die facultas artium bei irer gethanen pflicht entwetters uß irem mittel selbst (f. 179a) oder anderstwoher tügliche, ehrliche und außerlesene gelerte persohnen, so artium magistri seien, dem rector und universitet nominirn und stellen, allermaßen und gestallt, wie von den professoribus publicis hievor gesetzt ist, sonderlich aber soll dahin gesehen werden, das kleiner zu einem regenten angenommnen, er sei dann, sovil immer muglich, und sonderlich, was den primarium aulangt, biß in fünfundzweintzig iar alt, hab sichs auch mit dispudirn und andern scholasticis exercitiis mitlerzeit dermaßen geubt und erzeugt, auch sonst sein leben also herbracht, das er von meniglich fur erbar, gelert und solchs ambts der regenterei nicht unwürdig geacht werde (alle eigene affection, gunst, gab, haß oder neidt oder anders, so daran verhindern mocht, gentzlich (f. 179b) außgeschlossen), wie er auch mit seinem leben und wesen der iugent zu fahrleßigem, uppigem und schandlichem leben khein ursach oder ergernuß geben, uf welchen fall er auf der universitet erkhanndtnuß seines ambts entsetzt und beraubt werden soll.

Was aber der regenten ambt furnemblich sein soll, wirdet hernacher, wann von dem contubernio gehandlet, vermeldet werden.

(§ 115.) Von den stunden und an welcher statt die siben publicae oder gemeine lectiones sollen gehalten werden.

F. 179b-182b = OII § 108, S. 98—103; ist durchaus geändert und lautet so:

Sovil nun die zeit und stunden der siben offnen und gemeinen lectionen, davon obgemelt, auch die statt, daran dern ein iede soll gehalten werden, antrifft, so ordnen und setzen wir, das derselben die erste, das ist der logices, zu sommers zeitten von Ostern biß Michaelis von sechs (f. 180a) uhren biß uf siben, des winters aber von Michaelis biß Ostern von siben uhren biß uf acht vormittag in auditorio philosophico hinfurt gehalten, und soll diser lection professor das organum Aristotelis[1]), wie man es nennet, lesen.

Die andere gemeine lection soll sein eloquentia oder benedicendi artis[2]) und zu sommers zeitten morgens zu siben uhren, wintters aber zu acht uhren gehalten werden; diser professor soll die lateinische sprach und rhetorie lehren und anzeigen auß den büchern Ciceronis de oratore ad Q(uintum) fratrem, den partitionibus oratoriis ad Herennium und orationibus Ciceronis, und also nit allein die praecepta artis dicendi auß bemelten buechern seinen auditoribus proponiren, sonder auch zu denselben und sonderlich den orationibus das artificium rhetoricum, dasselb in iren declamationibus und sonsten zu imitiren haben, weisen und anzeigen (f. 180b).

---

1) B f. 94 am Rande: organum Aristotelis.
2) B a. a. O. am Rande: Cicero.

Die dritte gemein lection physices soll sommers morgens zu acht und wintterszeit umb neun uhren gleichfals in auditorio philosophico gehalten werden, und soll der professor diser lection solche lehr auß graecis Aristotelis libris physicis[1]), alß nemblich ex libris φυσικῆς ἀκροάσεως, meteorologicis, de anima, de caelo, de mundo, de generatione et corruptione zu expliciren fur die handt nemen.

Die viertt gemeine lection der ethices soll zu ein uhren nachmittag an obbemeltem ortt gehalten werden und der professor Aristotelis graecos libros ethicos ad Nicomachum[2]), idem eiusdem politicos et oeconomicos seinen auditoribus exploicirn und furtragen.

Die funft lection mathematices soll nachmittag umb zwei uhren gleichfals in auditorio philosophico gehalten werden, und der professor die artes mathematicas, wie die einander der ordnung nach gehen, alß arithmeticam, geometriam et astronomiam lesen und (f. 181ª) furtragen und in arithmetica ettwan ein logisticum, so zur practie dienstlich, in geometria primum aut priores aliquot libros elementorum Euclydis, in astronomia sphaeram Procli[3]), Joannis de Sacro Busto oder dergleichen, ferners die theoricas planetarum, hypotiposes Procli, primum librum μεγάλης συντάξεως Ptolomei, da anders die auditores soferr in solchen studiis fortgeschritten, das sie erzelte buecher mit nutz anhoren mogen, und soll diser professor auch obiter neben der arithmetic von der music, sovil derselben theorie und die proportiones harmoniacas belangt, ettwas anzeigen.

Die sechst gemeine lection poetices soll von dreien nachmittag biß vier uhren gehalten werden, und diser professor soll schulig sein, auß den lateinischen poeten Plautum, Lucretium[4]), Vergilium, Horatium, Ovidium, Senecam, Lucanum und was dergleichen, und dann auß den historicis chronicon Philippi[5]), Flori epitomen (f. 181ᵇ), Caesarem, Salustium, Livium, Paterculum, Suetonium, Tacitum mit vleiß zu interprnetiren, und darbei die poetica und historica artificia, die distinctiones temporum, ecclesiasticas et ethicas doctrinas und dergleichen den auditoribus anzuzeigen und in disen den undterschidt halten, das er zwo lectiones in historiis und zwo in poesi wochenlich lese, es wurde dann von der facultet ein anders fur rathsam angesehen.

Die sibend lection graecae linguae soll nachmittag umb vier uhren auch in philosophico auditorio gehalten werden. Diser professor soll nicht allein schlechts die graecos authores ad verbum exponiren, sonder furnemblich sich befleissigen mit den graecis historiographis auch Demostenis orationes und anderer oratorn scripta zu lesen und darneben seinen auditoribus das artificium rhetoricum darin zu weisen und anzuzeigen, derwegen ime nachvolgende authores, alß nemblich: Demostenes, Aeschines, Isocrates, Lysias, Lycurgus, Lucanus dialogus (f. 182ª) aliquis aut Platonis, liber aliquis Heroditi, Thucididis, Xenophontis, Plutarchi etc., und von den poeten Homerus, Hesiodus, Sophocles, Euripides, Pyndarus, Theocritus etc. zu expliciren benant werden.

Und wiewol bißhero in diser, wie auch andern mehr academien der brauch gewesen, das sich die professores diser facultet mehr auf die compendia[6]) begeben,

---

1) B a. a. O. am Rande: Aristotelis libri physici graeci.
2) B a. a. O. am Rande: Aristotelis libri ethici graeci.
3) S. oben S. 99 A. 11 u. 12.
4) In B f. 9ᵇ, wo Vergilium ausgelassen ist, am Rand: Cur omissus Virgilius?
5) Melanchthons Bearbeitung der Chronik Carions ist gemeint (vgl. Hartfelder a. a. O. 300 ff.)
6) B f. 10ª am Rande: non compendia, später: sed Aristoteles, Ciceronis etc. libri publice proponendi.

dann das sie irer profession gemese authores publice interpraetirt, so wollen wir doch, das dieselbig weis hinfurtter abgeschafft und die professores dahin angehalten werden, iren auditoribus die authores selbsten zu expliciren, alß in logicis, physicis und ethicis Aristotelem, in rhetoricis und facultate oratoria Ciceronem, Quintilianum, in mathematicis Euclydem, Ptolomeum und dergleichen, damit ire discipuli den quell und ursprung der philosophi recht begreifen und demnach die methodicos libellos (f. 182b) proprio Marte einheimsch und zu hauß selbsten lesen und darauß ire studia besser informiren khonden. Was aber die andere khunst der philosophi, das ist die grammatica, dialectica und rhetorica rudimenta und praecepta belangt, haben wir verordnung gethan, das dieselben in unserm angestellten paedagogio der iugendt durch die praeceptores der ordnung und classibus nach furgetragen, darin sie auch so lang undterwiesen und geubt werden sollen, biß das sie zu anhorung der publicarum lectionum fur tüchtig erkanndt und iudicirt werden mogen. Dem hebraeo grammatico soll die zwelffte stundt nachmittag biß umb eins ad lectionem grammatices Munsteri [1]), Clenardi [2]), Cevallerii [3]) oder Avenarii [4]) geordnet sein.

(§ 116.) Von besoldung aller obgemelter lecturn.

F. 183a—184b = O II § 109, S. 104.

Nur die ersten Zeilen stimmen überein bis „beschwernuß und notturft", dann heisst es weiter: ordnen und setzen wir, das der siben obgemelten professorn iedem zu seiner ierlichen besoldung gereicht werden sollen an gelt einhundertsechtzig gülden, ieden zu 15 patzen oder 27 albus gerechnet, an wein ein halb fuedter, an korn 12 malter, ein behausung oder 20 gulden darfur und noch ferners ½ fuedter weins oder aber, do der universitet weingefell sich so weit nit erstreckhten, 10 gülden darfür (f. 183b). Da wo ettwa berumbte, dapfere und furtrefliche gelerte leut, zu diser oder andern lecturn einer oder mehr bestellt, soll uns, unsern erben und nachkhommen unbenomnen sein, mit wissen und consenß der universitet dieselbige ettwas reichlicher zu verehren und zu besolden, der schnelen solche dapfere menner zu erhalten und auch iren vleiß und trew dardurch so vil mehr zu erwerben und zu scherpfen.

Von: „und mit disen stipendiis allen in gemein" an bis zu Ende ist wieder Übereinstimmung, nur dass alle Erwähnungen der Bursenregenten in L weggelassen sind [5]).

(§ 117.) Von ubung und disputationibus der artisten facultet.

F. 184b—190a = O II § 110, S. 106—108.

Absatz 1 und 2 bis zur Mitte finden sich auch bei L; dann führt die jüngere Reformation fort nach „in kurtze verstendigliche propositiones" verfassen: (f. 185b) dieselben erstlich dem decano zu besichtigen und zu approbiren volgendts nach anzall der thesium oder gutachten sein des praesidenten und deß decani, sovil studiosos oder respondenten, so baccalaureandi oder magistrandi sein, alß

---
1) Sebastian Münster (1483—1552): neben Tabula omnium hebraicarum coniugationum: Grammatica hebraica absoluta 1542; ed. 2 1556. (vgl. Geiger, Das Studium der hebr. Sprache in Deutschl. Breslau 1870, S. 85 A. 3).
2) Clenardus (1495—1542): Tabula in linguam hebraeam (Löwen 1529).
3) Cevallerius, Ant. Rud. Rudimenta hebr. ling. accurata methodo conscripta (Genev. 1560).
4) Avenarius (1516—1590): Grammat. hebr. 1561 u. öfter.
5) Darum steht auch am Rande in B f. 11b: keine regenterei oder praeceptores.

vonnötten geachtet wirdet, bestellen, denen er solche theses bei guetcr zeit, das ist viertzentag zuvor, damit sie dieselben notturftiglich erwegen und vertheidigen, auch sich zum assumirn, und die argumenta, so vermutlich darwider furgebracht werden möchten, nach muglicheit abzuleinen gefaßt machen khonndten. Derselbig magister, so praesidirt, soll auch die theses den donnerstag vor der disputation in foribus contubernii, damit alle studiosi dieselben haben mögen, publice affigiren, wie er (f. 186a) auch diser artisten facultet consiliariis und professoribus, deßgleichen der superiorum facultatum professoribus ein exemplar oder abschrift davon zueschickhen soll; volgendts den sambstag, daran die disputation gehalten wirdt, sollen der praesidens magister und respondenten morgens frue umb siben uhren in auditorio philosophico erscheinen und alle respondentes, immittels biß das die argumentanten zusamenkhomen, die inen vom praesidenten magistro bevolhene theses ein ieder mit der kurtz und dialectice expliciren, fur sich selber in utramque partem deduciren, alle obiectiones, so sie vermeinen dagegen ufbracht werden mögen, praeoccupiren und ableinen, wie auch inen selbst nit weniger alß andern, nachdem die theses von inen der ordnung nach explicirt, ettliche wenig argumenta, so der magister praesidens zu solviren wider eine derselben thesium zu proponiren erlaubt sein sollen, alß auch der magister praesidens die respondenten, soferr es die zeit und sach leidet, mit nutzbarlichen obiectionibus uben mag und undter dem disputiren, do die respondenten erligen oder nit furkommen khonnden, inen zu hilfe khommen und nach muglicheit vertretten.

Die beiden nächsten Absätze (S. 107) stimmen überein, nur dass anstatt der am Schlusse bestimmten zeitweisen Ausschliessung eines nachlässigen Professors von jedem Fakultätsakt in L. Verweisung der Klage an den ganzen Rath beliebt ist, welcher eine ernstlichere und höhere Strafe statuiren soll. Von da an ist der gleiche Wortlaut, nur dass vor dem letzten Passus (O H, S. 108), der von der Abschaffung der disputatio de quolibet meldet, eingeschoben ist (f. 188b): und also nit der sig, sonder vilmehr die warheit[1]), darbei man bleiben soll, gesucht werden. — Und soll allen studiosis, magistris, licentiaten und doctoribus, auch den gesten und frembden zu disputiren zugelassen sein, doch mit der bescheidenheit, das die argumenta wider die theses mit kurtzen und deutlichen wortten in ein gewisse dialecticam formam argumentandi ingeschlossen werden, und soll einem ieden magistro praesidenti fur sein geburende muhe und arbeit ein ortt eines guldens uß diser facultet fisco gereicht werden[2]).

Und damit ia an diser facultet ubungen und exercitien khein mangel erscheine, so sollen nicht allein die professores facultatis solchen disputationibus beiwohnen, sonder auch die disputationes undter (f. 189a) die professores organi, physices, ethices und mathematices dermaßen ausgetheilt werden[3]), das ein ieder ierlichs einmal sich in seiner profession halte und disputationis theses oder propositioues uß dem authore, den er publice interpretirt, außziehe und neme, damit ire disciputi nit allein ire lectiones besser verstunden, sonder auch sovil desto mehr materiam haben, argumenta ad opponendum zu finden. So soll dem pro-

---

1) B f. 14a am Rande: non victoria, sed veritas.
2) B f. 14a am Rande: M. praesidi disputationis ¼ fl.
3) B f. 14b am Rande: Quo ordine professores disputare debeant, conventio facta est in initio statim post promulgationem reformationis huius sub decanatu m. Pichselii, ut quadrante anni 1°. disputationem suam peragat ethicus, 2°. organicus, 3°. physicus, 4°. mathematicus — Idem ordo, cum iam professiones omnes essent constitutae, denuo confirmatus est sub decanatu M. Fladung 5 Fbr. 82. Pischel war Dekan 20. Dez. 1580—1581: Fladung 1581—1582, cf. Acta fac. artium IV, 118a, Cod. Heid. 358, 75; s. auch Toepke a. a. O. II, 466.

fessori rhetorices nit allein ierlichs einmal declamiren, sonder auch imo die lateinische sermones und declamationes zuestellen, darin die iugent anzufuren und abzurichten auferlegt werden, also das wochentlich oder doch zu vierzehentagen inen allen in gemein ein argument nudis propositionibus dictirt und, welchermassen sie dasselbig iuxta praecepta et artem rhetorum tractirt, erclert soll werden, und hernacher die volgende woch die discipuli schuldig sein, ire compositionem zu exhibiren (f. 189b), welche dann von ime professore ubersehen und emendiret, und die beste von dem, der sie gemacht, andern zum exempel offentlich in auditorio recitirt werden.

Also soll auch der professor poetices schuldig sein, die iugendt in actionibus comoediarum et tragoediarum abzurichten, das sie tüchtig und geschickht seien, dieselben lateinisch und griechisch offentlich zu agiren, und hierundter ire industriam und, wartzue ieder von natur inclinirt und khunftig zu gebrauchen sein werde, verstendigen zu erkhennen geben.

Gleichfals soll auch nicht allein der graecus ierlichs einmal graece zu declamiren, sonder auch die auditores ad graecos sermones et declamationes anzufuren und abzurichten schuldig sein, inmassen vom rhetore in latina lingua hievor vermeldet worden. Und damit bemelte professores hierin desto fleissiger seien und der iugendt nutz hierdurch desto mehr befurdert werde, so soll einem ieden (f. 193a) professorn, der also sein ambt mit der ierlichen disputation, declamirn und action der comoediarum und tragoediarum, alß ietzt gemeldet, verrichtet, ex fisco facultatis ein gülden gereicht werden, wie auch im gegenfall, do einer solches ubertrette, ein gülden zur straf zu geben und nichts minder dasselb hernacher zum chisten zu verrichten schuldig sein, inmaßen auch die professores, zu welcher zeit der ordnung nach solche exercitia undter inen zu halten, sich miteinander vergleichen sollen.

(§ 118.) Von diser facultet vacantien [1]).

F. 190b = OH § 112, S. 111 Absatz 1.

(§ 119.) Von versaumung und derselben straff.

F. 190b -191b = OH § 113, S. 111.

(§ 120.) Von den privatis und extraordinariis lectionibus in diser facultet [2]).

F. 191b—192a = OH § 114, S. 112.

Nach „abgeschlagen oder gewehret werden" (Zeile 6) ist eingeschaltet: doch das er sich zuvor bei dem rector und diser facultet [3]) decano immatriculieren lasse und habe zuvor, da er anderstwo promovirt, zwen gülden, deren (f. 192a) der ein der facultet, und der ander dem decano eignet, zudem dem pedello ein ortt eines güldens entrichtet, auch publicam disputationem philosophicam vergebens gehalten und versprochen, dem decano und collegio in allen billichen und ehrlichen sachen gehorsamb zu sein; sonst ist die Fassung die gleiche.

---
1) OH § 111 (S. 108—110) ist in L weggeblieben.
2) B f. 16a am Rande: Statutum generale äd omnes magistros pertinens, qui vel publice, vel privatim aliquid docere cupiunt.
3) B f. 16a am Rande: Adventicii magistri numerant 2 fl, quorum alter cedit decano, alter personis facultatis. Vide infra pag. 24 (S. unten S. 208).

(§ 121.) Von den promotionibus diser faculteten.

F. 192ᵃ—193ᵃ = OH § 115, S. 112.

(§ 122.) Von der deposition.

F. 193ᵃ—195ᵇ = OH § 116, S. 112—114.

Geändert ist in der Mitte des Absatzes S. 113 nach: „was dargegen ein philosophum und gelerten menschen zieret und demselben wolanstehet", wo es weiter heisst: (f. 194ᵃ) alß da seindt: gottsforcht, gnetigkheit, uffrichtigkheit, kheuschheit, zucht, gerechtigkheit, freundlichkheit, gehorsamb und ehrerbiettung gegen dem rector und den professorn, lieb und emsiger vleiß, die gnete khunst, tugenden und sprachen zu lehrnen und sein leben darinn (f. 194ᵇ) zu verschließen; wenn dann der depositor von ime dessen zuesag erlangt, soll er den zum primario regenten weisen, welcher im alßdann, wie weit er in den studiis promovirt, mit allem vleiß befragen und examiniren soll. Würde nun der iung in examine zuvil schwach befunden, also das es ime an primis fundamentis, alß den praeceptis grammatices, dialectices und rhetorices manglet und derwegen die publicas lectiones mit nutz nit hören khondte, soll ime mit ernstem vleiß eingebunden werden, er auch mit gebender handtreuw zuesagen, in paedagogio so lang lectiones zu horen und seine studia zu continuiren, biß er primam classem erreicht und in gehaltenem examine durch rector und visitatores zu anhorung publicarum lectionum tuglich erkandt worden. Do er aber in examine wol bestanden und seiner geschickhlicheit halb publicas lectiones in der universitet zugelassen, soll er zu der universitet rectorn (f. 195ᵃ) und diser facultet decano mit anzeig, wie er in examine befunden, geschickht, und der decanus furtter, was er fur lectiones zu horen schuldig, anzeigen, mit vermanung, seine studia also anzurichten, das er baccalaureus werden und derowegen in khunftigem examine seines wollhaltens und gethanen profectus in studiis ein guet zeugnuß bekhommen moge. Und solche deposition u. s. w.

Der letzte Absatz heisst bei L (f. 195ᵇ): So dann einer, wie obsteht, deponirt und in die zahl der studenten aufgenommen, soll er fur die gehabte muhe depositionis und examinis ein halben daller ußzurichten schuldig sein, davon den famulis contubernii drei albus gegeben, das uberig aber zu gemeinem nutz deß contubernii angewendet werden, und soll primarius regens dise depositiones und examina moderiren und das depositionsgeld dem contubernio, wie gemelt, zum besten brauchen und zu seiner zeit dem rectori derwegen geburliche rechnung thun.

(§ 123.) Von den promotionibus und ehrentitteln, so dise facultas philosophica zu conferirn pflegt, und erstlichs den baccalaureandis.

Was in diesen Paragraphen (f. 196ᵃ 198ᵇ) zusammengefasst ist, entspricht OH §§ 117, 121—126, S. 114—115; 117—122.

Die Abweichung ist so groß, dass vollständige Wiedergabe nöthig ist:

Dieweil billig und löblich, das dieihenigen, so sich in der lehr und leben wol und vleissig erzeigt, mit geburlichem ehrentittul und einem publico testimonio, damit sie, welchermaßen sie sich alhie gehalten, bei andern darthun khonen, begabet und geziert werden, so solle ierlichs von disem collegio zwei examina derihenigen, so den gradum baccalaureatus zu erlangen begeren, gehalten werden, das ein umb das fest der himelfahrt Christi und das ander umb Martini, zu welcher zeit der decanus mit guetachten und bewilligung der facultet die studiosos, sich dem examini und iudicio der facultet zu undterwerffen, durch ein offentlich programm anreitzen und invitiren, auch tag, ortt und stundt, do sie sich fur das collegium philosophicum stellen und (f. 196b) ir begern zu erkhennen geben, ansetzen und benennen. Und soll der decanus zu solchem examen noch drei [1]) auß disem philosophico collegio, so von der facultet dartzue verordnet, zu sich nemen und dieselben, ehe und zuvor die candidaten zum examen hierin gelassen, ires eidts, den sie, alß sie erstlichs in diß collegium angenommen, gethan, erinnern, das sie nemblich vorhabens examen mit gueten treuen, hindangesetzt aller affecten, gunst, neidt, haß oder andres, wie ehrlichen, aufrichtigen mennern wol anstehet und geburt, verrichten und denihenigen, so zu disem gradu zugelassen, nach eines ieden tugendt und, nachdem er studiis proficirt, seinen geburenden ort eingeben wollen.

Es soll aber kheiner zum baccalaureat zugelassen werden, er hab sich dann zuvor bei dem rector und diser facultet decano einschreiben lassen und sei seines alters uf die funftzehen iar, hab auch sein leben und wesen (f. 197a) fromblich, erbar und ehrlich herbracht, und der ex tempore zimblich lateinisch reden und schreiben khonde, sei der griechischen grammatic, sovil den communem dialectum belangt, ettlichermaßen erfahren, und die elementa grammaticae, rhetoricae und logicae begriffen, hab auch, nachdem er auß dem paedagogio khommen, zum wenigsten alhio oder anderstwo die publicos linguarum latinae et graecae, logicae, item Aristotelicae et rhetorices professores gehort, item das er sich mit disputationibus, declamationibus aliisque styli exercitiis gegen seinen praeceptoribus ettlichmaln erzeigt, item das er disen gradum anß ruth seiner praeceptorn und mit bewilligung seiner eltern oder patronen begere und khonde dessen allen genugsame zeugnuß darthun und furzeigen [2]).

Da nun sie also zum examen zugelassen, sollen inen vom decano und den verordneten examinatoribus quaestiones ex utraque (f. 197b) grammatica latina et graeca, item ex dialectica et rhetorica, wie dise khunst in den isagogis und gemeinen compendiis begriffen, proponirt werden, darnach ein argument exercendi styli ex tempore, darauß man furnemblich profectum scholasticorum erkennen und iudiciren khan und soll, dictirt werden.

Nach volbrachtem examine soll denen, so von den examinatoribus zu erlangung des baccalaureats zugelassen, der decanus ortt, tag und stundt, da inen solche ehrentitul zu conferiren, benennen und alßbaldt, das sie mit handtgebenden treuen angloben und versprechen, von inen erfordern:

I. Quod non sit infamis;
II. Quod loco atque ordine assignato quisque velit esse contentus;
III. Quod facultatem artium et commodum eius promovere, statuta et leges ciusdem servare, decano, in quibus honestum est ac licet, obedire caeterosque magistros sua quemque reverentia ac honore prosequi velint;
IV. (f. 198a) Quod hunc baccalaureatus gradum, ubi eum in hac schola erunt consecuti, alibi repetere ac iterare nolint.

---

1) B f. 19a am Rande: 3 examinatores adduntur decano in examine baccalaureandorum.
2) B f. 20a am Rande: Vide in extremo fine huius libri tria capita, quae baccalaureandi debent bona fide promittere, antequam ad examen admittantur. Auf der inneren Seite des Schlussdeckels steht: Ante examen: 1. quod infamis non sit, 2. quod, quae inter examinandum dicta fuerint, foras evulgare nolit; 3. quod, si reiici quempiam ipsorum continget, eam rem nullus ullo modo per se, vel per alios dicto factove ulcisci velit (cf. O II, S. 123).

Wann nun der tag der promotion kombt, soll der decanus im beisein aller consiliarien philosophici collegii ernante candidatos, nachdem zuvor ein ieder durch den pedellen an sein geburendt ortt der ordnung nach gestellt, in philosophico auditorio zu baccalaureis der gueten khunst creiren und offentlich proclamiren, auch sie ernstlich gemahnen, das sie zu höhern studiis und zu seiner zeit den gradum magisterii zu erlangen dapfer und embsig fortfaren und ir leben und sitten, wie diser gradus erfordert, anstellen und volnfuren. Fur angeregt examen soll ein ieder, ehe sie dartzue zugelassen, den examinatoribus[1]) ein halben gulden, und da sie hernacher ferners zugelassen, zuvor und ehe inen der gradus conferirt, da sie zimblicher (f. 198b) narung, zwen oder, do sie geringen vermögens, ein gulden der facultet und dem pedellen ein halben gulden entrichten und bezallen.

(§ 124.) De magistrandis.

F. 198b–199b, entspricht O II § 127—132, S. 122—129, ist aber ganz anders gefasst:

Gleichergestallt sollen ierlichs zwei examina derihenigen, die nach erlangtem baccalaureat die höchste lauream oder magisterii titulum in philosophi begern, gehalten werden, das erst umb das fest epiphaniorum, das ander umb visitationis Mariae, zu welcher zeit der decanus nach guetachten und mit bewilligung dises collegii durch eine offene schrift die studiosos zu angeregtem examen anreitzen und bewegen, auch inen ortt, tag und stundt, da sie sich fur den decanum und das collegium philosophicum stellen und ir begern furbringen, ernennen und bestimmen; zu solchem examen soll er zu sich nemen noch funf[2]) auß disem collegio, insonderheit dartzue verordnet, die er ires ambts und eidts, wie hievor (f. 199a) von den baccalaureandis gemeldet, zu erinnern.

Es soll aber kheiner zum magistro liberalium artium creirt und gemacht werden, er hab sich dann zuvor bei dem rector und dises collegii decano inschreiben lassen, das er zum wenigsten das achtzehenndt iar seins alters erreicht, und konde genugsamb darthun, das er zuvor baccalaureus worden, item das er beider sprachen khundig und wolerfahren, hab auch alle partes philosophiae Aristotelicae und die mathematica zimblich erlernet und studirt, das er sein leben ehrlich und wol herbracht, und auch noch sich ehrlich und wol halte, das er zum wenigsten nach erlangtem baccalaureat drei iar alhie oder in einer andern academia teglich und vleissig habe gehort die publicos professores: logicum, physicum, ethicum et mathematicum, das er nach dem baccalaureat sich (f. 199b) ettlichmal und auf das wenigst zweimal in erst erzelten partibus philosophiae mit publicis disputationibus geubt habe, und dann das er disen gradum uß rath seiner praeceptorum und mit bewilligung seiner eltern und freundt oder patronen begere und khonne dasselb genugsamb bezeugen.

(§ 125.) Von dem privato und publico examine der magistranden.

F. 199b–203a, abweichend von O II:

Was und wie weit die candidaten, so das magisterium begern, in iren studiis proficirt, soll durch die dartzue verordente examinatores, erstlichs von

---
1) B f. 20b am Rande: Bacculaureandi singuli pro examine 1 fl. in fisco, si divites, 2 fl., si pauperes 1 fl, item pedello 1 fl.
2) B f. 21a am Rande: 5 examinatores adduntur decano in examine magistrandorum.

allen candidaten und einem ieden candidaten insonderheit privatim, und hernacher von inen allen publice in beisein deß rectors und anderer der obern faculteten professorn, deßgleichen deß gantzen collegii philosophici in quaestionibus logicis, rhetoricis, mathematicis, physicis et ethicis erlernet und exploriert werden.

Bemelte candidaten sollen, wann sie erstlichs vor den decanum und die examinatores von wegen deß privati examinis erfordert werden, inen alßbaldt ein orationem, von einem ieden suo Marte gemacht, uberreichen, darauß, quantum stilo valeant et iudicio, desto besser zu vernemen, wie auch gleichfals ein carmen, so sie selbsten componirt, do sie es anderst khonnen, wie sie es denn alle khonnen sollen, und mit gueten treuen versprechen, das sie selbst und khein anderer solche oration und carmen gemacht habe.

Ehe und zuvor aber sie ad examen privatum zugelassen werden, soll ein ieder den examinatoribus ein gülden und, da sie ferners zum gradu admittirt, ehe derselb inen conferirt wirdt, soverr er vermüglich, drei oder, do er geringer narung, zwen gulden dem collegio philosophico entrichten und bezalen[1]) (f. 200b), weitter sie alle iedem examinatorn fur die uberige muhe und arbeit deß publici examinis, anstatt eines pirets oder huets, zweintzig patzen, und dem pedellen ein gülden geben.

Wann nun solch examen also volbracht, hat der decanus nach guetachten der examinatoren einem ieden candidaten, nach dem er gelert und geschickht befunden, durch den pedellen sein geburenden ortt und platz einzugeben, und wann ieder an sein ortt gestellt, sollen decanus und bemelte examinatores sie mit ernstem vleiß ires ambts erinnern und ermanen, damit, wann sie zu magistern gemacht, es nit darfur halten, alß wenn sie gar auß der discipul anzall exempt und zu kheinem exercitio oder studio mehr verbunden weren. Nach beschehener diser ermahnung soll der decanus von inen hegern, das ein ieder gelob und schwere:

I. Quod non sint infames (f. 201a);
II. Quod ordine et loco assignato contenti esse velint;
III. Quod ea, quae inter examinandum privatim atque secreto dicta factave fuerint, nullo modo foras efferre atque evulgare velint;
IV. Quod ubi hunc gradum ac titulum magisterii ab eo, quem decanus et facultas ad hoc delegerint, in hac schola acceperint, eundem alibi repetere ac iterare nolint;
V. Quod in hac schola deinceps nihil publice, nisi eum consensu decani et totius collegii philosophici et temporibus a facultate hac concessis profiteri, docere ac disputare velint;
VI[2]). Quod artes honestas ac liberales pro suo quisque ingenio ac facultate provehere, ornare ac tueri velint, nullius generis disciplinae dogmata recepta vera et usitata odiose ac petulanter labefactare; ab iis, qui pacem et tranquillitatem studiorum sophisticis et seditiosis disputationibus perturbant, (f. 201b) abstinere, honorem ac dignitatem magisterii accepti neque prostituere neque moribus inprobis ac pravis deformare velint;
VII. Quod decreta sive statuta facultatis artium, quoad sciet ac poterit, servare facultatemque ipsam, ad quemcunque statum pervenerint, pro virili sua parte tueri ac promovere velint.

---
1) B f. 21b: quid decano, quantum reliquis singulis examinatoribus.
2) B f. 22a am Rande: iuxta Aristotelicam et Peripateticam methodum.

Nach disem hat der decanus nach guetbedunckhen deß collegii den candidatis den promotorem (so der ordnung nach auß des collegii consiliariis erwehlet[1]), auch ortt, tag und stundt der promotion zu ernennen; der promotor aber soll die candidaten zeitlich zu sich erfordern und ir zweien ein philosophicam quaestionem proponirn, deren einer dieselb in ipso promotionis actu defendire, der andere refutire, und sie vermahnen, das sie sich zeitlich dartzue gefaßt machen. (f. 202 a). Disem promotori soll fur seine muhe und arbeit aus dem fisco dises collegii ein gulden[2]) gegeben und die candidaten alle ein gebuhrendt ehrlich pyret oder knett verehren; letzlich sollen auf bestimbten tag und stundt die candidaten nach der ordnung in das philosophicum auditorium gefuret und beleitet, alda in gegenwart des rectorn und aller der universitet professorn, auch des gantzen collegii philosophici und der studiosen, welche von den decano zu solchem actu wenig tag darvor durch ein offentlich programma zu invitiren und zu berueffen, von dem promotore, nachdem er zuvor eine ad studia iuventutis dienstliche oration gethan und von den candidaten die quaestiones, davon hievor meldung beschehen, explicirt (f. 202 b) und erclert, offentlich und solenniter mit ettlichen wenig gehaltnen zierlichen und nottwendigen ceremoniis magistri philosophiae seu bonarum artium gemacht und außgeruffen worden.

Was das prandium belanget[3]), sollen dieselben, woferr ir undter vieren, dem rectori und dem collegio philosophico sambt den pedellen, wo ir aber vier, auch der andern faculteten professoribus, und do ir uber vier, noch dartzue ettlichen gewissen cantzlei persohnen, dem schultheis und beide burgemeister alhie ein zimblich prandium reichen, und soll das nachtessen und aller anderer koßt, so hievor in disem gradu aufgangen, gantz und gar abgeschafft sein. Und soll ferners dem decano und gantzem collegio philosophico frei und bevor stehen, nachdem es die gelegenheit der sachen erfordern wurdt, (f. 203 a) von den umbstehenden und requisitis, so von den baccalaureandis und magistrandis, deßgleichen denen, so in den rath dises collegii und zu publicis professoribus anzunemen, wie auch von den regentibus erzelet seint, nach gehabter zeittiger beratschlagung auß beweglichen ursachen ettwas nachzulassen und zu dispensirn, doch da einer ohne empfahlung des baccalaureats auß sonderlichen ursachen zum gradu magisterii zugelassen, das er alßdann der facultet sovil erlege, als sonsten beide gradus ertragen.

(§ 126.) Von den extraordinariis lectionibus und frembden magistris[4]).

F. 203a—204b = O H § 133, S. 129—130.

(§ 127.) Juramentum adventitiorum magistrorum.

F. 204b—205a = O H § 134, S. 130, nur dass in L § IV weggelassen ist.

(§ 128.) Capita baccalaureorum adscriptitiorum bona fide promittenda.

F. 205a = O H § 135, S. 130; in L ist wieder § IV weggeblieben.

---

1) B f. 22b am Rande: promotor deligendus ex cons. iuxta ordinem.
2) B f. 22b am Rande: Promotori 1 fl; ordinatio Ottonis II. 2 fl.
3) B f. 23 am Rande: Numerus convivarum in magisterio.
4) B f. 23b u. 24a verweist auf § 120; dasselbe geschieht bei § 127.

(§ 129.) Vom fisco diser facultet.
F. 205b—206a = O H § 136, S. 131—132.
Statt des längeren Absatzes: Wiewol aber hievor in nehster ordination u. s. w. (O H, S. 131) ist eine kürzere Schlussbestimmung über die Verteilung der Promotionsgelder beliebt worden. Sie lautet: Mit dem promotiongelt aber, so von den promovenden, auch den frembden baccalaureis und magistris, wie vorgemelt, aufgehaben wirdt, soll es also gehalten werden, das der halb theil dem fisco facultatis und der ander halb theil den senatoribus diser facultet undter sich zugleich zutheilen gevolgt werden, das strafgelt, vom decano aufgehaben, soll halber ime und das ander halbtheil dem fisco facultatis zustehn.

(§ 130.) Ettliche gemeine puncten diser facultet[1]).
F. 206b—208a = O H § 137, S. 132.

(§ 131.) Statuta facultatis philosophicae quotannis in auditorio philosophico a decano promulganda.

F. 208a—209b = O H § 138, S. 132—133. O II hat 15, L 14 Paragraphen;
I. u. II. stimmen überein, dann zeigt sich vielfache Abweichung.
III. Ex trivialibus seu paedagogicis scholis egressi et ad baccalaureatus honorem aspirantes, ut minimum, annum integrum publicos linguarum latinae (f. 208b) et graecae, logicae item Aristotelicae et rhetoricae professores audiunto [2]).
IV. Iidem quoque in disputationibus publicis philosophicis argumenta contra propositas theses adferendo et propositas sibi a praesidente disputandi magistro theses defendendo, declamationibus item et aliis styli et memoriae exercitiis iussi operam suam et diligentiam praeceptoribus praebent.
V. Ad baccalaureatus petitionem nulli nisi annos iam nati, ut minimum, quindecim idque de consilio praeceptorum et parentum aut consensu amicorum vel patronorum veniunto.
VI. Qui baccalaureatum adepti ulterius ad magisterii dignitatem contendent, quod item non nisi de consilio praeceptorum et parentum aut amicorum vel patronorum consensu facient, annos, ut minimum, tres post adeptum baccalaureatum publicorum professorum lectiones logicas, physicas, ethicas et mathematicas audiunto.
VII. Iidem declamandi exercitia iussi obeunto et in publicis disputationibus philosophicis argumenta opponendo et ad obiecta respondendo sese exercento (f. 209a).
VIII. Ad magisterii petitionem nulli nisi annos iam nati 18, ut minimum, accedunto.
IX. = O II XI. (O II IX ist bei L weggeblieben).
X. = O H XII. u. XIII.
XI. = O H XIV. hat einige Veränderungen erfahren und lautet: Praesidentes in disputationibus huius facultatis publicis magistri iussi a

---
1) B f. 26 am Rande: Convocatio facultatis annua in fine februarii et augusti.
2) B am Rande f. 27: Logica et rhetorica Aristotelica.

decano themata ex artibus huic facultati coniunctis et debitis suo tempore et loco proponunto, et studiosos argumenta a disputantibus allata assumturos et pro virili refutaturos secum adducunto eamque ad rem, si opus sit, decani authoritatem et potestatem imploranto et diebus sabbatis post matutinam septimam auditorium philosophicum ingrediuntor disputandique copiam et facultatem in primis omnibus (f. 209b) quarumcunque facultatum studiosis, deinde quoque doctoribus, licentiatis, magistris, etiam hospitibus ac peregrinis concedunto.

XII. = OII XV. (mit unwesentlicher Veränderung).

XIII. (= OII XVI. mit Veränderungen): Qui contra has leges deliquerint, pro delicti modo a decano obiurgantor aut etiam mulctantor aut, si delictum gravius fuerit, ad collegium et eius arbitrium deferuntor.

XIV. Discipuli et baccalaurei huius facultatis vocati a decano publico programmate omnes et singuli bis in anno aut saepius, si necessitas postulaverit, coram eodem comparento et praesentibus caeteris facultatis professoribus vitae studiorumque suorum rationem reddunto.

(§ 132.) Vom pedellen diser faculteten und seiner besoldung.

F. 210a—210b = OII § 141, S. 135.

Alles stimmt überein, nur dass statt der ausführlichen Angabe der Accidentien im allgemeinen gesagt ist: und sonst accidentaliter oder zufelligs einkhommens, wie hievor bei den baccalaureandis und magistrandis geordnet, gereicht werden soll.

(§ 133.) Juramentum pedelli philosophicae facultatis.

F. 210b- 211b = OII § 142, S. 136; OII hat 7, L 6¹) Paragraphen; diese stimmen inhaltlich überein mit OH 2—7.

Dann führt L fort: So offt nun einer zu disem pedellen ambt von der facultet angenommen wurdet, sollen ime hievor gesetzte capita von dem decano in beisein aller der facultet professorn furgelesen werden und er dem decano von wegen sein selbst und des gantzen collegii mit handtgebenden treuen globen und versprechen, wie volgt:

I. Quod facultati huic velit esse fidelis, commodum eiusdem, quoad sciet et poterit, promovere, damnum avertere, secreta celare (= OII I.);

II. Quod officium hoc suum fideliter et sedulo, quoad sciet ac poterit, administrare et exequi velit²).

---

1) B f. 29 zu § 5: hoc commissum est collectori universitatis.
2) Hier schliesst B.

III.
(Von den Bursen.)

(§ 134.) Von dem contubernio, wie es darinnen beides mit der disciplin und oeconomi soll gehalten werden.

Einleitung: f. 212ᵃ = O H § 143, S. 136, lautet: Dieweil dises contubernium furnemblich zu desto mehrer befurderung der studien und damit dieihenigen, so sich alhero zum studio begeben umb leidlich gelt ire wohnung und koßt darinnen haben mogen, angericht und aber hochlich vonnötten, in solchem ein gewisse form der disciplin, zucht, guetter sitten und erbarkeit gehallten, wollen wir von derselben und wie sie angestellt werden soll, allhie anzeigen und in demselben unsern willen und meinung ferners erclern.

(§ 135.) Von erhaltung der disciplin und zucht
F. 212ᵃ—212ᵇ = O H § 144, S. 137.

(§ 136.) Leges convictorum huius contubernii, tam eorum, qui extra, quam qui intra ipsum habitant.

F. 212ᵇ—213ᵇ: diese und die folgenden leges sind neu und entsprechen inhaltlich nur zum Theil dem § 145 in O H (S. 137—142), welcher später auch in L erscheint. Sie lauten:
I. Quicunque in hoc sodalitio victitare volunt, sint (f. 213ᵃ) pietatis, humanitatis liberaliumque artium et doctrinarum studiosi.
II. Atque hi mature ad mensam ventitent, quo eius consecrationi adsint, nec prius abeant, quam actae fuerint deo gratiae.
III. Gladiis armati ac militariter vestiti huc ne introeant, memores cultum personae ipsorum convenientem eos decere atque ornare, virosque intelligentes iudicare ex vestitu de ingenio, iuxta illud Ecclesiastici: Amictus, risus, incessus hominis enunciant de illo[1]).
IV. Latine loquantur idque de rebus literatis ipsorumque vitae et instituto competentibus, ab omni obscaenitate, maledicentia et obtrectatione, ab omni item contentione, petulantia et immodestia abstinentes morumque civilitatem observantes.
V. Dum inter prandendum coenandumque sive sacrum, sive profanum quid legetur, id auscultent vel saltem silent, ne alii auscultare cupientes impediantur.
VI. Mutuo propinantes pocula ne tradant, neve ad bibendum invitent, id quod in scholastico convictu fieri eo turpius est, quod etiam imperatores Maximilianus I et Carolus V et noster quoque (f. 213ᵇ) princeps elector severissimis mandatis vulgo id interdixerint[2]).
VII. Convivas nec crebro, nec temere, nec inscio regente adducant eosque non nisi sobrios et honestos et qui contubernii morem servent; si secus fiat, praestabit convivator, quod conviva in leges deliquerit.

1) Sirach 19, 27.
2) In den Reichsabschieden von 1495, 1498, 1500, 1512, 1518, 1530, 1548; in einem Erlasse des Pfalzgrafen Philipp vom 8. Aug. 1480 (siehe Pfalz Generalia Conv. 10 Polizei im Generallandesarchiv zu Karlsruhe), ebenso Ludwigs V. v. J. 1524, Ludwigs VI. v. J. 1578.

VIII. Oeconomo quod debuerint, tempestive solvant, ne deficiat illum impendium emendo victui necessarium, et ne ipsismet nimium accrescat et grave fiat aes alienum.
IX. Qui contra haec fecerit, in eum vel a regente, vel a magistro rectore legitime animadvertetur, sive mulcta, sive carcere, sive etiam exclusione ab hoc sodalitio.
X. Quod si quis forte existimet et dictitet, se suo hic victitare sumptu, licere igitur sibi suo more vivere, is sciat, hanc domum non esse cauponam, non stabulum centaurorum, sed musaeum et syssitium studiosorum, cuius regula sit:
Hospes vade foras aut moribus utere nostris [1]).

(§ 137.) Leges habitatorum contubernii.

F. 214ᵃ—214ᵇ.
I. Obtemperent legibus illis, quae communiter omnibus contubernii convictoribus impositae sunt, quarum prima est: Quicunque in hoc sodalitio etc.²)
II. Mane hora quinta e lecto surgant vocatique ad communes contubernalium praeces adsint. His peractis quisque ad praelectiones suas audiendas se conferat sive paedagogicas, sive academicas, aut ad alia exercitia vel repetitionum, vel styli, vel disputationum, vel declamationum, prout tempus et studiorum ordo id postulaverit.
III. Diebus dominicis et festis intersint sacris concionibus et ceremoniis a principio usque ad finem, attendentes, quod dicatur et agatur, ut de summa et praecipuis concionis partibus a regente interrogati respondere possint.
IV. In prandio et caena et noctu in suo lecto semper praesentes esse debent aut absentiae potestatem habere a regente, ut ei constet, ubi et quam ob causam absint, ne forte cum pravo aliquo coniungantur sodalitio contra sacrosanctam illam καχομιλίας legem, a Charonda Thuriensibus latam (f. 214ᵇ)³).
V. Vesperi aestate hora nona, hyeme hora octava, peractis iam praecibus, quisque in sua cella praesto sit, seque tempore cubitum recipiat, ut postero mane eo maturius et alacrius ad studia redeat. Lucubrationes enim vespertinae vitari debent, matutinae haberi, si quidem aurora musis amica.
VI. Cum oeconomi familia nihil habeant commercii, nec culinam ingrediantur; ex qua si quid petunt, id per famulos consequantur.
VII. Si quid per petulantiam aut incuriam fregerint aut corruperint, veluti fornaces, fenestras, fores, seras, id suis impensis restituant, ipsumque ἐνοίκιοι regentibus iusto tempore pendant.
VIII. Non solum nullo strepitu, pulsu, clamore, sed nec cantu vocali vel instrumentali intempestive aliorum studia vel somnum impediant aut interturbent, sed modeste, placide et pacate cum omnibus degant.
IX. Denique regentibus obediant in omnibus iis, quae horum officii sunt,

---

1) Martialis epigr. XI, 104,1: Uxor, vade foras, aut moribus utere nostris.
2) S. oben S. 211, § 136, I.
3) Diodori, Bibliotheca historica XII, 12.

nempeque ad studia et ad mores discipulorum formanda spectant; si secus fecerint, punientur pro modo delicti, paedagogici plagis, alii vel mulcta, vel carcere; quod si his poenis aliquoties irrogatis nihil profectum fuerit, eiicientur contubernio (f. 215a).

(§ 138.) Leges, quibus regentes contubernii religiose astringi debent.

I. Neminem, qui rectori nomen suum non dederit, in contubernii habitationem aut convictum recipiant.
II. Qui in convictum duntaxat admittuntur, iis proponant et imponant leges illas, quae ad hunc solum spectant; qui insuper in habitationem recipiuntur, iis irrogent etiam alteras illas, quae ad habitatores pertinent, ut bona fide promittant, se utrisque satisfacturos vel agendo, vel patiendo. Postea ablegentur ad oeconomum, ut ei de victu vel ante satisfaciant, vel de futura solutione idoneo fideiussore dato caveant.
III. Contubernii leges diligenter et severe custodiant regentes et exequantur; ubi vero ad exequendum facultas ipsos defecerit, ibi rectorem implorent.
IV. Stipendiatorum institutionem et disciplinam imprimis curent, cogendo eos frequentare aut paedagogium aut academiam, prout rudes aut culti doctrinaeque capaces fuerint; statis in septimana diebus (f. 215b) illos de auditis praelectionibus examinent. Non intrantibus in paedagogium dent singulis septimanis materiam exercendi styli et hoc exercitium eis castigent et corrigant; subinde etiam aliquid memoriter recitandum iis iniungant atque inter ea quoque catechesin et sacra; eruditioribus praebeatur aliquando argumentum declamationis in coetu ex memoria recitandae, atque ad hanc exercitationem adigantur alii quoque iuniores et rudiores non stipendiati. Ad huiusmodi vero disciplinam habendam recipiantur in contubernii habitationes adolescentuli adhuc linguarum et philosophiae studiosi potius, quam grandes et superioribus facultatibus iam operam dantes.
V. Stipendiatos illustrissimi principis electoris sedulo doceant et regant secundum leges, quae his peculiariter praescriptae fuerint.
VI. Primarius regens procuret stipendia idemque proventus ex depositionibus accipiat; secundarius habitationes locet; alias operas et munia inter se concorditer ex aequo et bono partiantur.
VII. Praesto sint semper ambo ad mensam aut si quando id fieri nequit, sit saltem alter efficiantque, ut apud prandium et caenam legatur aliquid sacrum aut prophanum (f. 216a) per idoneum stipendiatum aut famulum.
VIII. Post clausum vesperi contubernium (cuius claves ipsi asservent) inquirant, an omnes discipuli adsint in suis cellis moneantque interdum eos, ut lucernas et ignem in fornacibus ita tractent et custodiant, ne incendium creetur.
IX. De acceptis et expensis reddant quotannis rectori et aliis ad id negotium adhibitis rationem.
X. Famulos, quoties opus est, novos recipiant, veteres discedere cupientes dimittant, inutiles et improbos eiiciant, adhibito in consilium provisore et oeconomo.

(§ 139.) Leges famulis tenendae.

F. 216ᵃ—216ᵇ.
I. Fores contubernii in tempore aperiant et claudant, claves regentibus reddentes.
II. Ipsi nullum contubernio damnum dent aliosque dantes prohibeant aut regentibus indicent.
III. Contubernalibus ad symposia vinum ex oeconomi cella aut aliunde ne afferant, nec ad ullum aliud peccatum illis ministrent (f. 216ᵇ).
IV. Noverint, se esse famulos communes, et non singulorum, quodque a debita opera ipsis superest temporis, id discendis literis et liberalibus artibus impendere debere; volumus enim collegiorum famulos esse studiosos.

Daran schliessen sich (entsprechend OH, S. 138—142) die in deutscher Sprache gegebenen Weisungen (f. 216ᵇ—225ᵃ). Theilweise stimmen sie mit OH überein; die Abweichungen ergeben sich aus den vorher abgedruckten leges.

(§ 140.) Von der oeconomi oder haußhaltung der bursen.

Ist hier nicht ausgeführt, sondern späterer Bestimmung vorbehalten (f. 225ᵇ): Dieweil wir den studiosen zu sonder gnaden und guetem das contuberninm über dasihenige, so es hievor von unsern vorfaren churfursten lobseliger dechtnuß gehabt, noch mit weittern additionibus und vortheiln, alß hievor gemeldet¹), reichlicher begabet, und demnach die notturft erfordern würdet, die oeconomiam in ein ander formam und statum anzustellen, so solle dasselb zu clüster gelegenheit immer müglich beschehen, inmittels aber bleibt es bei der oeconomi und haußhaltung, wie dieselb ietzt im gang ist und gehalten wirdet.

Alle andern Festsetzungen über das contubernium bei OH (§§ 146—149. S. 142—147) fehlen bei L.

(§ 141.) Von der Dionysianerburß, und wie es darinnen soll gehalten werden.

F. 226ᵃ—229ᵃ = OH § 150, S. 147—149 mit geringen Abweichungen: am Ende des Absatzes 2 S. 148 ist nach „macht haben sollen" hinzugesetzt: Im fall aber die patroni auf beschehen ersuchen und ermanen in bestimbter zeit niemandts praesentieren, dardurch die (f. 227ᵃ) besetzung diser stipendien an unsere universitet fallen wurde, so solle ernelte unsere universitet dahin bedacht sein, das arme und in der pfaltz geborne khinder vor andern dahin befurdert, wie sie auch mit hinleihung der stipendien, so sie selbst zu conferiren, furnemblich dahin sehen sollen. Der Schluss lautet (f. 228ᵇ) abweichend von OH, S. 149 „nach priviert werde": Darauf dann die zwen verordente praeceptores, so mit andern amptern ausserhalb des Dionyß nit beladen (f. 229ᵃ) sein sollen, ir vleißiges und embsig aufmerckhen zu haben. Zur oeconomi aber soll der magister, so fur den tuglichsten dartzue geachtet und der haußhaltung erfaren, geordnet werden, und vermeldte oeconomi und verwaltung des hauß, auch die probstei, sofern ime solchs sonsten wollte gelegen sein, zu versehen haben, und die zwen praeceptores dem oeconomo in allen sachen und hendlen, sovil müglich, berathlich und verholffen sein.

---
1) S. oben L § 40, S. 174.

(§ 142.) Juramentum oecconomi.

F. 229ᵃ–230ᵃ = O II § 151, S. 149—150, völlige Übereinstimmung, nur dass die Besoldungsansätze abweichen: der primarius soll 18, secundus 12, oeconomus 12 Gulden „alß ein zuebuß" erhalten.

(§ 143.) Capita quaedam a Dionysianis loco iuramenti bona fide asseveranda, antequam ad haec stipendia utenda, fruenda recipiantur.

F. 230ᵃ–230ᵇ = O H § 152, S. 150; II fehlt bei L, sonst Übereinstimmung.

(§ 144.) Statuta domus Dionysianae ab unoquoque, qui in illam recipitur, bona fide promittenda.

F. 230ᵇ–235ᵇ = O H § 153, S. 150—153. Bei O H sind es 18, bei L 19 Paragraphen. Hinzugekommen ist bei L Nr. II: In religione doctrinam eam, quae in sacris literis comprehensa et ingenuina (f. 231ᵃ) electorum ac principum imperii confessione Augustana explicata est et repetita atque in articulis Smalkaldicis, catechismo Lutheri et ecclesiastica principis Ludovici electoris constitutione est contenta, amplectuntor nullamque opinionem huic contrariam et repugnantem defendunto aut quavis ratione propaganto. Nur § 10 (O H 9) zeigt eine Abweichung, alle anderen Abschnitte stimmen überein; § 10 lautet (f. 232ᵃ): Ad easdem mensas principio benedictio, ad finem unus aliquis per vices historiam sacram ex bibliis recitato, caeteri cum silentio et modestia auscultanto; cuius rei arbitrium penes seniores magistros ac praeceptores esto. Hoc peracto gratiarum actio dicitor. In den deutschen Sätzen, welche sich an die Statuten anschliessen, ist nur eine Aenderung zu verzeichnen. Bei O H (S. 153) giebt der novitius „fur sein introitum uff ein disch vier pfund gebrattens und ein viertl weins", bei L (f. 235ᵃ) zweintzig patzen.

(§ 145.) Vom provisore dises haus.

F. 235ᵇ–236ᵃ = O H § 154, S. 153.

(§ 146.) Juramentum provisoris domus Dionysianae.

F. 236ᵃ–236ᵇ = O H § 155, S. 153—154.

(§ 147.) Von dem probst und disch in disem contubernio.

F. 237ᵃ–237ᵇ = O H § 156, S. 154.

(§ 148.) Von betthen und anderm hausrath dises contubernii.

E. 237ᵇ–238ᵃ = O H § 157, S. 154.

(§ 149.) Vom fisco dises contubernii.

F. 238ᵃ–238ᵇ = O H § 158, S. 154—155.

(§ 150.) Von der librari.

  F. 238b—239a = O H § 159, S. 155.

(§ 151.) Von der visitation diser burßen.

  F. 239a—240a = O H § 160, S. 155—156.

Beschluss.

  F. 240b—241b = O H, S. 156; natürlich muss der Schluss ein anderer sein:

Deß zu warem urkhundt haben wir unser insigel hieran zu hengken wissentlich (f. 241 b) verschafft. Geschehen zu Heydelberg uff montags den eilften tag des monats Aprillis, nach Christi, unsers lieben herrn und seligmachers geburt, ein tausent funfhundert und im achtzigsten iar.

      (M. P.) Ludwig Pfaltzgraf Churfürst.

Die Statuten des Pfalzgrafen und Administrators Johann Casimir

vom

2. Dezember 1588.

Handschriften:

A = Originalhandschrift (auf der Universitätsbibliothek zu Heidelberg).
B = Abschrift der philosophischen Fakultät von ihren Statuten (ebendaselbst).
C = Entwurf (ebendaselbst).
D = Abschrift, nach 3. Mai 1606 gefertigt (ebendaselbst).
E = vollständige Abschrift, wohl aus dem Anfang des 17ten Jahrhunderts (ebendaselbst).

Abkürzungen:

OH = Statuten von Otto Heinrich.
L = Statuten von Ludwig VI.
JC = Statuten von Johann Casimir.

(Einleitung.)

Wir Johanns Casimir von gottes gnaden, pfaltzgrave bey Rhein, vormund und der churfürstlichen pfaltz administrator, hertzog in Beyern u. s. w. bekennen und thun kundt u. s. w. wie L, S. 159, mit geringen, inhaltlich kaum abweichenden Verlinderungen, wie, daß f. 2 statt L, S. 160: „durch welchen zu diser letzten zeitten der allmechtige gott doctor Lutherum in der hohen schul Wittenberg erweckhet" u. s. w. gesagt ist: durch welchen — zeiten der allmechtige gott an underschiedlichen orten viel herrlicher werckzeug erwecket u. s. w. F. 2b führt dann nach: „und dagegen die wahre christliche religion auffgerichtet wurde" (L, S. 160) so fort bis zu Ende der Einleitung: Wie dann sollich gottselig werck weyland unser freundlicher liber vatter pfaltzgrave Friderich lobseliger gedechtnus vollendet, und was von papistischen saurettig von wegen zeitlichen abgangks gedachtes unsers vettern pfaltzgraff Ottheinrichs uberig verbliben, solches vollends ausgefeget, bede kirchen und schulen in ein gottselig wesen durch gottes gnedigen segen gestelt, und unserm freundlichen lieben brudern und uns als seiner liebden erben und successorn hinderlassen und in dero vätterlichen disposition und letzten willen ernstlich handzuhaben auferlegt und bevolhen. Als aber hernacher durch etliche unrüwige leuth allerhand irrige und ungereümpte, den articuln unsers christlichen glaubens (f. 3a) widerwertige meynungen gantz verschlagener und gefehrlicher weyß in kirchen und schulen eingeführt, also hat uns die hohe unvermeydliche noth dahin getrungen, das, wie vor der zeit die kirchen reformation von uns christlich furgenomen worden und glücklich zu end gebracht worden, wir gleichergestalt zu der academiae reformation greiffen, etliche namhafte müngel abstellen und mit gewissen satzungen das statutenbuch haben verbessern müssen, bevorab weyl unser freündlicher lieber vetter und pflegsohn, hertzog Friderich[1]) pfaltzgraff etc. bei wehrender s(einer) l(iebden) rectorat instendig bey uns drumben angehalten.

In welchem werck und fürnemen aber wir für uns (als wir mit guetem gewissen vor gott bezeugen können) nichts gesucht, noch uns angemast haben, dann das die ehr gottes und gemeiner nutze befürdert, der pfaltzgraven churfursten als fundatorum et patronorum et conservatorum huius academiae ius et auctoritas gehandhabt und die uhralte universitet in ihrem wolstand erhalten würde, wie wir das von gott anbefolhenen ampts und tragender churfürstlicher administration halber weniger nit haben thun sollen oder können.

---

1) Friedrich war 1586—7 und 1587—8 Rektor (vgl. Toepke a. a. O. II 131—141).

Befelhen demnach hierauf ernstlichen und wollen, das dieser unserer pfaltzgraf Johann Casimirs, der churfurstlichen pfaltz administrators, renovirten und verbesserten reformation (f. 3b) in allen und ieden articuln, puncten und clausulen von allen unserer universitet glidmaßen und verwandten hohen und nideres stands, soviel einen ieden dieselb berüret, ernstlichen gelebt, vleyssig und treulich vollzogen und gehalten werde, wie hernach volget:

(§ 1.) Von der religion und glaubens sachen.

F. 3b–4a = L § 1, S. 161, mit der einzigen Abweichung, dass hier der Inhalt der Lehre etwas anders umschrieben ist, als in der streng lutherischen Fassung. Es heisst bei JC (f. 4a): er habe — geschworen, das er unserer waren christlichen religion, wie dieselb in gottes wort begriffen und in den bewehrten hauptsymbolis verfast, in der Augspurgischen confession nach schrifft und orthodoxarum ecclesiarum consensui gemessem verstand repetirt, und auch in unsers lieben herrn vatters seligen publicirten kirchenordnung[1]) und seiner vätterlichen l(iebden) regirung, auch ietziger unserer wehrender churfürstlichen administration erclert und offentlich bekand und geprediget worden, beides mit hertzen u. s. w.

(§ 2.) Lex generalis omniumque facultatum professoribus et ministris communis[2]).

F. 4b = L § 2, S. 161, lautet: Verae religioni et pietati in verbo dei traditae, veteribus ecclesiae symbolis oecumenicis comprehensae et repetitae in Augustana confessione secundum normam sacrae scripturae, superiora illa symbola et orthodoxarum ecclesiarum consensum intellecta omnes et recepti et recipiendi etc. dann Übereinstimmung[3]).

I.

(§ 3.) Von der gantzen universitet gubernation, consilio und rath.

F. 4b–8a = L § 3, S. 162 (O H § 1, S. 5–7).

Am Ende des Absatzes 2 (O H, S. 5, Absatz 1) nach „geburet zu schreiten":
(f. 5a) in welchem wir ferners die ordnung halten wöllen, das umb gelieber kürtz willen, was vormals von einem ding an verschiedenen orten mit etwas verdruß widerholt und mehrmals gesetzt worden, ietzten zusammengefast und ietweders an seiner gehörigen stell traetirt und verhandlet werden soll.

Die Zusammensetzung des Rathes weicht ab: so haben wir — angenommen werden sollen: erstlich der drey höhern faculteten ordinarii und publici et actu professores und doctores, nemlich drey ordinarii doctores theologiae, vier professores et doctores facultatis iuridicae und die drey professores medicae facultatis (f. 5b), was aber facultatem artium anlangt: obwohlen vormals aus derselben sieben professores publici in solchen der universitet rath zu sitzen zugelaßen, auch statuirt worden, so werden wir doch dasselbige aus nachfolgenden und vielen andern wichtigen ursachen zu endern bewegt: erstlichen das wir uns wundern, solches nicht balt bey einiger andern wolbestelten universitet also üblichen und herkommen, und das

---

[1]) Die Kirchenordnung Friedrichs III. vom 15. Nov. 1563. Vgl. Kluckhohn, Friedr. der Fromme, Nördlingen 1879. S. 152.
[2]) Abgedruckt bei Hautz a. a. O. II, 137 A. 66.
[3]) In D, welche Handschrift später bei der Ausarbeitung der Statuten Karl Ludwigs benutzt wurde, ist (f. 7) der Zusatz, welcher sich dort (s. weiter unten) findet, hinzugefügt.

an ine selbsten angereümet und seltzam, das inferiori facultati vor den andern höhern ein solche praerogativ und pluralitas suffragiorum verstattet werden solle. Derhalben und damit dißfals ein gleichheit gehalten werde, so setzen, ordnen und wollen wir hiemit, das hinfuro ans berürter facultate philosophica oder artistarum mehr nit dann vier publici et actu professores ordinarii et magistri zunemen und zuzelaßen, welche jährlichen aus solchem mittel hierzu ordine erwehlt und in solcher zall alzeit decanus einsdem facultatis und der eltsten einer begriffen werden soll, deßen sich dann oftbesagte facultet umb soviel weniger zu beschweren hat, dieweiln sie solcher gestalt ebensoviel vota als der höchsten faculteten eine behelt, auch solches, wie oben angeregt, bei anderen wolgeordneten universiteten gleicher gestalt gehalten würd. (f. 6ª) Durch welche 14 personen, do gleich einer oder mehr notwendigen verreysens, krankheit oder anderer ehehaften verhindernus halber in senatu und bey der berathschlagung nit sein könnte, dannoch die furfallende gescheften und sachen notwendiglich bedacht und weniger nit als uff anderen universiteten in solcher zal verrichtet und abgehandlet werden mögen. Derhalben dann auch u. s. w. Von da an Übereinstimmung mit L f. 8, bis: solches zu underlassen und muessig zustehen ernstlich undtersagt werden (L f. 9ª, S. 162 [O H, S. 6, Ende von Absatz 3]). Dann ist in J C f. 6ᵇ eingeschoben: Do aber wir oder nach uns khünftige regirende churfürsten (f. 7ª) einen professorn, der vor andern der universitet und anwesenden iugent mit embsigem und vielfaltigem extraordinari lesen und disputiren wol fürstehet und damit er denselben desto besser auswarten möge, des stettigen rathgangs mit gewißer bescheydenheit erlaßen würden, solle derselbe auch bey solcher immunitet und begnadigung gelaßen und darwider nit getrieben werden, wie wir dann nit gemeint, einem oder dem andern anderer gestalt und maßen, als obstehet, nemlich der universitet zum besten dergleichen immunitet hinfuro zu bewilligen und einzuraumen; doch soll ein professor, der solche immunitet erlangt, schuldig sein, was wichtige sachen fürfallen, so die gantze universitet antreffen, und derwegen senatus per iuramentum convocirt würdet, im rath zu erscheinen und den berathschlagungen gebürlichen beyzuwonen.

Das folgende (L f. 9ª, O H, S. 6, Absatz 4): „weiter ordnen, setzen und wöllen wir" u. s. w. bis zu Ende in gleicher Fassung.

(§ 4.) Puncten und articul, daruff ein ieder, so in den ratth der universitet würdt genommen, soll beeydiget werden.

F. 8ᵇ = L § 4, S. 162 (= O H, S. 7).

(§ 5.) Von erwölung des rectoris[1]).

F. 8ᵇ-9ᵇ = L § 5, S. 162 (= O H, S. 7—8).

(§ 6.) Puncten und articul, so ein ieder neu gewöhlter und angehender rector iuriren oder schweren soll.

F. 9ᵇ—10ᵇ = L § 6, S. 162 (= O H, S. 8 u. 9).

(§ 7.) Von besoldung des rectors.

F. 11ª = L § 7, S. 162 (= O H, S. 9).

---
1) In der Mitte dieses Paragraphen beginnt das Fragment von C.

(§ 8.) Welche und was für persohnen under des rectoris stab gehörig sein und vom selben uffgenommen werden sollen [1]).

F. 11ª 12ª, entspricht keinem Paragraph bei L oder O H.

Auf das aber der persohnen halben, so iederzeit bey unserer universitet als studiosi und membra universitatis uff- und anzunemen, auch vom rectore zu immatriculiren und einzuschreiben und consequenter sich der privilegiis academicis zu gebrauchen und zu erfreüwen haben sollen, ein gewiße nachrichtung und maß vor augen gehabt und fürters es deshalben keines disputirens und gezencks bedörffe, als wollen, ordnen und setzen wir, das nur dieienigen ufgenommen (f. 11b) und vom iederzeit rectore eingeschrieben werden sollen, welche allein studiorum causa anhero sich begeben, gute uhrkhunden und testimonia von andern universiteten bringen, oder das sie sich actu und in der that als studiosi erweisen; welches dann auch von denen, so under die zall der professorum gerechnet, zu verstehen, das nemlichen dieselben actu professores sein sollen; doch hierunder, wie von alters, universitatis ordinarios ministros, item pedellen und drey buchbinder, zwen buchfuhrer und zwen buchtrucker [2]) begriffen, alle andere aber ausgeschlossen, auch was in voriger reformation von frembden doctoribus und licentiatis an verschiedenen orten gesetzt und zugelaßen worden, hiemit gentzlichen cassirt, uffgehaben und under den schulteßen gewiesen sein sollen. Es [3]) were dann sach, das ein besonders gelerter, berühmpter und wol verdienter man sich alhero begeben, auch mit consens und gutachten der universitet, was nutzlichs, publice und gratis, zu den stunden, daran sonsten nit gelesen würt, profitiren wolte, den solle die universitet einzunemen macht haben, auch derselbe zeitwehrender solcher extraordinari profession under der universitet iurisdiction sein und gelassen werden.

Der [4]) absterbenden professorum und anderer ohne mittel universitets verwandten hinderlaßnen wittwen und kinder halben pleibt es, wie von alters, das die wittwen, so lang (f. 12ª) sie in wittwenstand oder die kinder unverheürath pleiben oder sich sonsten zu keinen andern diensten, handthierung oder handwerck begebn, von der universitet stab nit eximirt werden sollen.

(§ 9.) Was sich ein ieder, so in die universitet auffgenommen würdt, verpflichten und verhalten soll.

F. 12ª-13ª = L § 9, S. 163 u. 164 (O H, S. 10—13).

Abweichend: nicht eine Zeit von 2—3 Wochen bleibt zur Immatrikulation, sondern ein jeder soll sich „in acht tagen" [5]) beim Rektor anzeigen. Dann ist am Ende zugefügt (f. 12b): welche fürbas [6]) umb mehrer richtigkeit willen ungeferlich in der form, wie wir dieselben der (f. 13ª) universitet furweisen laßen, getruckt und unter der universitet signet verfertigt, den immatriculirten zugestelt werden solle, inmaßen solches bei etlichen wolbestelten universiteten auch gehalten würdt. Und damit man auch des bishero zu vil gemein gemachten ver-

---

1) Abgedruckt in Toepke a. a. O. I, XLV.
2) Buchführer und Buchdrucker sind erst später in C f. 3b aufgenommen worden.
3) Von da an bis zu Ende späterer Zusatz in C f. 5ª.
4) Die Stelle ist abgedruckt bei Toepke a. a. O. I, LVI.
5) Dabei (in A) die Randbemerkung: Intitulatio in 8 zu geschehen; und weiter: Nemo sine iuramento; und dann: exceptis principum, comitum, baronum filiis.
6) Vgl. Toepke, a. a. O. I, XXXI, Anm. 4.

dechtigen underschleiffens frembder und alhier nit bleibender persohnen geübriget sein möge, so setzen und wöllen wir hinitt austruckenlich, das keiner unser burger und universitets verwandten iemanden (es were dann sein naher verwandter und guter bekanter freund, den er gratis und freündschaft halber herberig gebe, oder es brechte ime dann derselbe einen schein und bewilligung aus unser cantzlei oder ein testimonium vom rectore) zu hauß aufnehmen, wie dann ebenmeßig keinem studioso erlaubt sein soll, ohne vorgehende anzeig beim rectore frembden ankommenden persohnen uff seinem museo oder wohnung und[1]) auf erlangte bewilligung auch nit uber drey tag lang underschleiff zu geben.

(§ 10.) Juramentum generale studiosorum.

F. 13a—16b = L § 9, S. 163.

Der eigentliche Eid stimmt überein, nur dass bei JC noch eingefügt ist ein Versprechen gegenüber dem Landesherrn, und zwar zwischen ac vi contra — universitatem: (f. 13b) contra illustrissimum electoralis palatinatus administratorem; diese Worte sind dann, offenbar nach Johann Casimirs Tode[2]), geändert in screnissimum electorem[3]).

Der Absatz: Begebe sichs — aufgenommen werden (L f. 19b) ist weggeblieben, sonst Übereinstimmung.

(§ 11.) Von peen und straff der ubertretter.

F. 16b 19a = L § 10, S. 164; OH, S. 13—57.

(§ 12.) Von der iurisdiction des rectoris und consistoriis, item von erkiesung der assessorn und beysitzern des rectoris im consistorio[4]).

F. 19b—21b, entspricht zunächst L f. 27b—28b, § 11, S. 164, was die Jurisdiktion des Rektors anbelangt, sodann L f. 15b-16b § 8, S. 162, was die Assessoren anbelangt. Doch ist statt des Pasaus: Was aber in disem consistorio fur ein proceß gebraucht werden soll, hier gesetzt: (f. 21) Und weil man sich in voriger reformation keines gewissen processus, so in den consistoriis zu halten were, verglichen, so wöllen wir, das furbas unser und der churfürstlichen pfaltz undergerichtsproceß vor augen gehabt und observirt und von iederzeit rectore mit vleyß dahin gesehen werde, damit die vor ime angefangene sachen in zeit seines wehrenden rectorats vollendet werden und dieselben ohne ehehafte notturft uf den nachkommenden rector nit wachsen lassen oder vorschieben. Dann folgt der letzte Satz aus L f. 17, § 8, S. 163; den Schluss bildet folgende Bestimmung: (f. 21a) Weiter ist anch unser meinnng, das ein ieder unsers studinmbs rector in gerichtlicher übung und auflegung der universitet verwandten straf mit rath und

---

1) Die folgende Einschränkung späterer Zusatz in C f. 5ª.
2) Nach Toepke I, 651 A. im J. 1605.
3) In A stand am Rand (später durchstrichen): Serenissimum regem Bohem. electorem Fridericum V. In C (nicht in E) f. 5b ist der Eid gegen den Fürsten an den Anfang gesetzt: Ego — promitto, me electoralis palatinatus administratori, illustrissimo principi, domino Joauni Casimiro, comiti palatino, tutori et huius inclytae academiae patrono et conservatori, quamdiu hic vixero, fidelem fore, universitatem etc. Das am Schlusse in A zugesetzte et sanctum eius evangelium ist wieder gestrichen, findet sich aber in C u. E und blieb später in Gebrauch; vgl. Toepke I, 652 Anm.
4) Nach Anführung dieses Titels grosse Lücke in C.

wißen seiner zugeordneten assessorn handlen soll, es weren dann geringe sachen und händel, die mag ein rector allein oder mit rath etlicher deren, so er aus oberzelten seinen sechs beysitzern nach gelegenheit der sachen iederzeit zu ime erfordern mag, (f. 21 b) verhandln und ausrichten. Item wann und zu welcher zeit dem rector große schwere sachen oder händel fürfallen, darin sich das consistorium zu definiren beschwerdt, soll der rector umb mehr persohnen zu den vorigen consiliariis ime zuzuordnen bey der universitet anhalten, die man ime auch iederzeit und nach gestalt der handlung ungeweigert zugeben soll.

Wo es inen aber nachmal und weiter zu wichtig und schwer sein wolt, alsdann die sachen gemeiner universitet (welches doch umb der appellation willen nit leichtlich beschehen soll) fürtragen, oder auch, und da es derselben unerheblich und zu wichtig fallen würde, an uns oder unsere großhoffmeister, cantzler und rath gelangen laßen, darunter sie nach der gebüer haben zu bescheiden.

(§ 13.) Von den contumacibus oder ungehorsamen.

F. 21b–22b = L f. 29a 30a, § 12, S. 164 (= O II, S. 15 u. 16).

(§ 14.) Von peen und straff dern, so gerichtlich überwunden und damnirt werden.

F. 22b = L f. 30a, § 13, S. 164 (= O II, S. 16).

(§ 15.) Von denienigen, so begangener missethat wegen umb das leben gefangen ligen.

F. 22b 23a = L f. 30b–31a, § 14, S. 164 u. 165.

Nur die ersten Zeilen stimmen überein; nach „oder ad perpetuos carceres geschritten" heisst es weiter: (f. 23a) soll inen gleichwol solche cognition gelaßen werden, sie aber schuldig sein, in bestrafung der mißthäter dem gemeinen beschriebnen rechten und insonderheit unserer publicirten landsordnung sich gemeeß zu erzeigen, auch iedesmals uns die acta sampt der begriffenen urtheil, ehe dieselbe eröfnet, zu übergeben, dieselbe der notturft nach haben zu erwegen, sonderlich aber, ob etwas gnad in die sach einzuwenden oder aber es bey der gefelten urtel entlichen zu laßen, uff welchen letzsten fall sie die universitet den verurtelten unsern amptleut alhie ad executionem uberantworten sollen.

(§ 16.) Von der appellation.

F. 23a–23b = L f. 32a–33a, § 16, S. 165 (O II, S. 17).

Nur der erste Absatz stimmt überein. Dann führt J C fort: (f. 23 b) Sodann vormals gewisse gradus appellationum, wann und wie ferrn solche a rectore ad universitatem und dann ab universitate an unser hoffgericht statt haben, gesetzt und observirt worden, darbey man aber in berathschlagung ietziger reformation erindert, das dahero allerhandt bedenckens der delegation und anders halber fürfallen, alß sollent fürthin alle appellationes in sachen, die uber 20 fl. antreffen und darinnen a rectore et consistorio appellirt werden mag, straks an unser hoffgericht und nicht mehr an die universitet gehen, doch das der appellant obgemelten eyd mit caution und sicherung für gefehrliches auffziehen dem gegentoyl thue und ime dem appellanten allwegen ein zeit benant werde, innerhalb deren er solche appellation anhengig mache, auf welchen fall auch die sach an gedachtem unserm hoffgericht angenommen werden solle; wo sich aber ein parthey des obgemelten eids mit der appellation weigern oder darwider setzen wolt, soll der andern obsiegenden partheyen gebürliche vollstreckung des ergangenen urteils ohn einig weiter aufhalten widerfahren und geschehen.

(§ 17.) Von visitirung des contubernii, collegii principis und Dionysianerhauses.

F. 23b–24a = L f. 33b–34a, § 17, S. 165 (OH, S. 17), inhaltlich Übereinstimmung, nur dass nach JC die Inspektion alle Quartal stattzufinden hat; in der sprachlichen Fassung zeigen sich kleine, aber den Sinn nicht berührende Abweichungen.

(§ 18.) Vom fisco universitatis, wie es mit demselben insgemein solle gehalten werden.

F. 24a 25a = L f. 34b–36a, § 19, S. 165 (OH, S. 18 u. 19), nur dass der letzte Absatz weggeblieben ist.

(§ 19.) Von den sonderbaren fiscis oder gemeinen secklen, so ietweder facultet zugehörig.

F. 25a 26a; ein solcher zusammenfassender Paragraph fehlt in L und OH, doch entspricht er zum Teil dort gemachten Bestimmungen.

Er lautet: Und demnach einer ieden versamlung aufwachsen erfordert, zu ihrem einkommen und vorrath einen gemeinen seckel zu haben, so ordnen wir und wöllen mit allen ernst, das durch die verwalter ietweder facultet ein sonderbare fiscus truhen oder behaltnus, darein alle gemeine einkommen und gefell einer ieden facultet gelegt, derselben obligen damit abgewendt, nutzen geschafft und andere notwendige enthaltung verrichtet, für und für hernach gesetzte ordnung gehalten und durch die decanos iederzeit verwaret werde.

Damit nun hierunder treulich und ufrichtig umbgangen und gehandlet werde, so sollen zu solchen ietweder facultet zugehorigen fiscis drey underschiedliche schloß mit dreyen besondern schlüsseln, deren keiner das ander schloß offne, gehalten und decano facultatis sampt zweien ime zugeordneten professoribus dieselbe schlüssel in ihre verwahrung zu gebürender uf- und wider zuschliessung, die allweg durch sie samptlich alle drei beschehen soll, zugestelt und gegeben werden, und soll ein ieder seinen schlüssel widerumb in sein verwahrung zu sich nemen, und so deren professorn einer, die solche schlüssel haben, verreisen oder sonsten abwesent sein würde, obgedachten seinen schlüssel nit dem decano, sonder einem andern der facultet professori und consiliario bis zu seiner widerkhunft behändigen und vertrauen.

Und damit aber nit eigennützige theilung der sonderbaren persohnen gesucht und der gantzen universitet und ietweder facultet gemeinen seckels zunemen geschmelert werde, auch ein ieder seines gebürrenden theils benügig sei, so ordnen und wollen wir, das die verwanten persohnen ietlicher facultet bey ihren gethanen gellübten alles gelt, was sie in den ordenlichen promotionen doctorum, licentiatorum, baccalaureorum et magistrorum und dergleichen sach, die gemeine facultet belangend, empfangen, ausgenommen renten und gülten, ob sie deren etwas uberkommen hetten, (f. 26a) oder noch überkommen würden, nachfolgendermaß theilen und uberantworten sollen.

Thorbecke, Statuten.

Nemlich das von solchen aufgehebtem gelt ein drittheil in der universitet gemeinen fiscum und ietlicher facultet, under deren die promotion und solche sachen beschehen und fürgangen, gemeinen seckel zu legen, selbiger facultet nutz damit zu schaffen und beschwerden abzulegen und keineswegs zu der persohnen eigenen gesuch und vortheil zu verwenden; die uberigen zwen drittheil, damit der facultet persohnen oder verwandten ihrer arbeit muhehe und angekerten vleiß, auch etwas zimliche ergetzlichkeit empfinden, under sich, wie sichs gebürt, zu theilen, des strafgelts halber, so der decanus facultatis artistarum aufgehaben, soll es wie vor diesem nachmals bei der ordnung pleiben, und der halbe theil gedachtem decano, der ander halb theil dem fisco facultatis zustehn und heimfallen.

(§ 20.) Von dem procuratore fisci[1]).

F. 26a—27a = L f. 40a 42b, § 22, S. 167 u. 168 (O H, S. 20).

(§ 21.) Puncta a procuratore fisci vigore praestiti iam ante academiae iuramenti bona fide promittenda.

F. 27b = L f. 42b u. 43a, § 23, S. 21.

(§ 22.) Von dem collectore.

F. 27b—28b = L f. 36a—38a, § 20, S. 166 (O H, S. 19).

(§ 23.) Juramentum, welches collector universitatis leiblich schweren soll.

F. 28b—30a = L f. 38a—40a, § 21, S. 166 u. 167 (O H, S. 19).

(§ 24.) Von wein-, korn- und baumeistern.

F. 30a—32a = L f. 43a—46a, § 24, S. 168 (O H, S. 21).

(§ 25.) Vom consilio und rath einer ieden facultet[2]).

F. 32a—33b fasst zusammen, was bei L an verschiedenen Stellen zu den einzelnen Fakultäten bestimmt ist (S. besonders L f. 84a—85b, S. 177); die Zahl der Mitglieder des Raths der Artistenfakultät wird auf acht festgesetzt.

(§ 26.) Juramentum ab eo, qui in collegium, senatum atque consilium theologicae, iuridicae et medicae facultatis recipitur, praestandum.

F. 33b = L f. 86, 1—6, S. 177; f. 120b, S. 185; f. 147b, S. 190. Theologus praeterea iurabit (abweichend von O H, S. 37 und von L, S. 177):

---

1) Unmittelbar vorher beginnt C f. 13a wieder. Doch waren nach einer Randbemerkung (ante superiorem titulum de collectore zu setzen) §§ 22 u. 23 vorausgeschickt.

2) C f. 17a—18a hatte sich noch genau au L angeschlossen; so lautete in C f. 18a der Schluss: Sovil das consilium und rat der artistenfacultet belangt, wöllen wir, das fürbaß weittere personen darein nicht genommen werden, als die siben professores publici sampt beiden regenten, die andern magistros auß erheblichen ursachen und, das berurter rath mit neun personen genugsamb besatzt, außgeschlossen.

Quod doctrinas a scriptis propheticis et apostolicis alienas aut pugnantes cum veteribus ecclesiae symbolis oecumenicis adversusque Augustanam confessionem secundum normam sacrae scripturae, superiora illa symbola et orthodoxarum ecclesiarum consensum intellectam neque ipse docere aut spargere quicquam, neque aliis docentibus consentire aut provehere ac tueri velit.

(§ 27.) Juramentum consiliariorum collegii philosophici.

F. 33b 34a = L f. 169b 170a, § 109, S. 195.

(§ 28.) Juramentum examinatorum in facultate philosophica.

F. 34a—35a = L f. 170a—172a, § 110, S. 195.

(§ 29.) Von erwehlung und ampt eines decani in der theologica, iuridica et medica facultate.

F. 35b—36b zusammenfassend = L f. 87a—89a, § 43, S. 178; f. 121a—122a, § 67, S. 185; f. 147b—148b, § 88, S. 190.

(§ 30.) Juramentum decani trium superiorum facultatum.

F. 36b—37a = L f. 88a—89a, § 44, S. 178.

Nur die Fassung des vorletzten Absatzes ist geändert: Quod decanus theologiae studiosos suae facultatis omnes as singulos, exceptis alumnis domus sapientiae, maxime[1]) qui his fruuntur stipendiorum beneficiis, aut qui a suis maecenatibus fuerint theologicae facultati professoribusque illius nominatim commendati, in anno bis aut saepius, si opus fuerit, convocabit et praesentibus caeteris facultatis professoribus de profectu studiorum et vitae ratione diligenter inquiret et, si opus sit, ad rectorem et senatum academiae deinceps referet.

Die angefügten deutschen Worte stimmen mit denen bei L nicht überein. Sie lauten: (f. 37a) Und[2]) soll in bemelten dreien höhern faculteten fürthin die ordnung, wie bishero, gehalten werden, das nemlich decanus iedlicher facultet in der facultet und im rath den vorsitz habe, inmaßen im widerspiel der rector universitatis im rath und nit in seiner facultet oben an sitzt. In publicis und solemnibus actibus, als in creandis doctoribus etc. gehet der decanus selbiger facultet billich vor, in andern actibus aber, als in gemeinen disputationibus und dergleichen gehet ein (f. 37b) ieder professor nach ordnung seiner lectur und profession; allein wann pro gradu disputirt würdt, soll decanus selbiger facultet auch den vorgang in seiner facultet haben.

(§ 31.) De decano facultatis philosophicae.

F. 37a—38a, entspricht L f. 172a, § 111, S. 195, ist aber verändert und lautet: Soviel aber der artisten facultet decanum betrifft, soll solcher aus der zal derselben facultet geordneten consiliarien und aller professorn jährlichen, aber keiner, so nit professor ordinarius, erwelt und hierunder dicienigen, so zum lengsten bei derselben herkommen mehr erfahren sein, den andern vorgezogen, aber doch fürsetzlicher weiß keiner mit solchen ampt ohne sonder notwendige ursach vor

---

1) Diese und die nächsten Worte bis „si opus fuerit" sind in C f. 23ᵃ später hinzugesetzt.
2) In C f. 23ᵇ sind diese deutschen Schlussworte später an den Rand beigefügt.

dem andern uber die maß beschwert, sonder dahin gesehen werden, damit sich der arbeit und müche niemands billich zu beclagen und doch das ampt bei denienigen, so der facultet händel erfaren oder wissens haben, iederzeit pleibe, sonst aber im ubrigen, wie zuvor von der drei höhern faculteten decanis und dero officiis fürsehen und verordnet, disfals auch gehalten[1]), insonderheit aber in erwehlung eines decani in dieser facultet mit vleis und, so vil müglich, dahin gesehen werden, dieweil unser will, meynung und befelch, auch der universitet notturft ist, das die publica exercitia disputationum zum oftern mahl gehalten werden, welche ein decanus (f. 38ª) ampts halben dirigiren soll, das hierumben solche professores aus dieser facultet zu decanis iederzeit erkiest werden, welche sufficientem philosophiae peritiam haben und gemelten disputationibus desto besser vorstehen mögen.

(§ 32.) Officia decurionis capita[2]).

F. 38ª 40ª = L f. 173ª-175b, § 112, S. 196—7 (s. O II, S. 94—5).

(§ 33.) Von des decani zugegebenen und beiständen in den faculteten.

F. 40ª = L f. 176ª, § 113, S. 198 (s. O II, S. 95—6).

(§ 34.) Was für ordnung in sessione die professores qualiscumque facultatis under sich zu halten haben.

F. 40ª u. 40b; ein ähnlicher Paragraph fehlt in O II und L:

Ob nun wol in vorigen statutis klerlich genugsam versehen und statuirt ist, welche in den obern drei faculteten die erst, ander und dritte oder virte lectur sein solle, auch oben, wie es mit den decanis des vorsetzes halber ein meinung, und hieniden von uns insonderheit der gärten halben ordnung gemacht ist, wir aber in erfahrung kommen, das der (f. 40b) natürlichen und rechtmeßigen ordnung zuwider auff selbst angemaste gewonheit und nachdem einer vor dem andern zeitlicher oder später zur lectur und in senatum kommen, getrungen werden will, dahero allerhand gezenck und disputationes, auch unwillen sich zugetragen, darüber wir per rescriptum der sachen einen rechtmeßigen ausschlag geben müßen, damit es nun dergleichen irrungen ins khünftig nit bedörffe und gewißer richtigkeit nachgegangen werde, so ist unser ernstlicher wille und meinung, das fürohin im rath-sitz ein ieder sein stell nach der ordnung habender lectur einneme, darbei gehanthabt und die sessiones nit ratione prioritatis temporis, sondern ordine professionis und lecturae ausgeteilt und gebrauchet, auch nit weiter gestattet werde, das in senatu philosophico etwan die regentes, so nit professores, den professoribus vorgezogen werden.

(§ 35.) Von verleihung der universitet lectur[3]).

F. 40b -42b = L f. 46—49ª, § 25, S. 168 (O II, S. 22 u. 23).

---

1) Von da bis zum Schluss des Paragraphen späterer Zusatz in C f. 23b.

2) Von Nr. 8 an (f. 24b) ist wieder eine Lücke in C; dazu ist durch falsches Binden der Handschrift noch mehr Verwirrung eingetreten. Die folgenden Blätter (f. 25—39) gehören dem Abschnitt über die Bursen an und umfassen in A f. 137b—141ª, dann folgt wieder eine Versetzung der Blätter, welche sich so auflöst: f. 30 = A f. 143b u. 144ª; f. 31 u. 32 = A f. 142ª—143ª; f. 33ª—36ª = A f. 144b—147b. F. 37 entspricht A f. 70 (§ 54 Ende).

3) In A ist zwischen f. 40b u. 41ª ein Blatt kleineren Formats eingeklebt folgenden Inhalts:

(§ 36.) Welche lecturn perpetuirt oder nicht perpetuirt sein sollen.

F. 42ᵇ—46ᵃ = L f. 49ᵇ—54ᵃ, § 26, S. 168 u. 169 (OII, S. 24—26).

Nur eine kleine Veränderung: statt L f. 52ᵃ: „Item das auch die iungen angehenden persohnen — und theils benliegen lassen soll" heisst es in JC: (f. 44ᵇ) Und wiewol in voriger reformation versehen, damit die iungen angehenden persohnen alhie im studiren desto füglicher ufwachsen mögen, das kein regent einicher burßen oder communiteten zusampt der regenterey mit dem collegio principis, noch andern der universitet zugehörigen lecturen oder stipendien versehen werden, sondern die zeit, er regent pleibt, sich seines zugeordneten solds und theils benugen lassen soll, so wöllen doch wir, das der universitet senatui freistehen und erlaubt sein soll, so er die notturft also erfordern und es one nachtheil beschehen mag, das der (f. 45ᵃ) professorum einer einem collegio und sonderlich dem contubernio fürgesetzt, auch ein regens zur profession admittirt und professor werde.

(§ 37.) Von disputationibus, in den dreien oberen faculteten ordinarie zu halten.

F. 46ᵃ—53ᵃ; im allgemeinen übereinstimmend mit L f. 97 (§ 48, S. 180), den Bestimmungen über die Disputationen der theol. Fakultät; doch werden 4 Disputationen im Jahre in jeder Fakultät verlangt, während L nur 2 fordert; die Professoren aller Fakultäten sollen den Disputationen anwohnen und sich über eine be-

---

Copia. Churfürstlicher Pfaltzs decret, dass man die in der pfaltz geborn und der reinen religion zugethane für andern frembden mit dhiensten, wie auch der universitet lecturn und stipendien bedencken und ahnnemen solle; so der universitet in rectoratu herrn doctoris Nebelii (20. Dec. 1603 bis 1604) zugeschickt und zur nachrichtung hiebero annotirt worden:

Der durchleuchtigst pfaltzgrave Friederich churfürst, unser gnedigster herr, ist uff dero getrewen landtschafft ervolgte clag und beschwehrungen gnedigst entschlossen, nun fürohin zu dero dhienern allenthalben, soviel immer müglich, solche personen ahnnemen und bestellen zu lassen, welche in der churfürstlichen pfaltz landen gebohren oder darinnen heußlich gesessen und ihrer churfürstlichen gnaden christlichen religion zugethan, auch zu erledigten dhiensten nicht untüglich seindt. Solches lassen ihre churf. gn. dero studiumbs alhie rectorn und professoribus zu dem ende und mit disem bevelch gnediglichen hiemit vermelden, das sie inskünfftig, wan ein oder die auder ställ der lecturen bey der universitet durch eines und des andern alsterben oder in andere weg erlediget würdt, das sie solcher ihrer churf. gn. erinnerung und bevelchs ingedenck sein, und alsdann zu anderwerts ersetzung der vacirenden stellen in ahnnemung oder nominirung solche personen darzuziehen und vorschlagen, die obiger ihrer churf. gn. meinung gemess qualificirt und beschaffen seindt, damit also die landt-kinder und ingesessene, so hierzu tauglich erfunden, vor andern außländischen bedacht und befürdert werden. Welches ernelte universitet auch bey conferirung und verleyhung der beneficien und stipendien (soviel sie deßen zu thun macht und andern an ihrem iure, so sie diß orts haben, nichts benehmen), ebenmeßig in acht nemmen soll.

Daran beschicht ihrer churf. gn. zuverleßiger will und meinung. Signatum Heidelberg den 28 decembris 1603 (praelectum in senatu 24./1. 1604).

Friederich pfaltzgrave churfürst.

Dem herrn rectorn der universitet zu Heidelberg zu liefern. (Vgl. Annal. univ. [Cod. Heid. 362,23] 23,158; Winkelmann a. a. O. II, 177 nr. 1463.)

Extract auß einem andern churfürstlichen rescript, so am dato den 3. may anno 1606 sub recturatu illustrissimi principis Johannis Casimiri Bipontini zur universitet geschickt worden, in welchem voriges decret wiederumb repetirt würdt mit volgenden wortten: Darbei dan ferner in achtung zu nemmen, das wir unß gegen unsern und unserer landtschafft verordtneten commissarien dahien erbotten, das die ingehorne landtskinder, da sie zu dhiensten qualificirt, für andern außlendischen iederzeit sollen in achtung genommen und befürdert werden. Diese durch den Universitätssyndikus und Notar Johann Trigel bestätigte Abschrift findet sich ebenso in D f. 49ᵇ—50ᵇ, ein Beweis dafür, dass diese Handschrift erst nach 3. Mai 1606 geschrieben sein kann. E hat die Urkunde nicht aufgenommen.

stimmte Reihenfolge derselben einigen; die Übungen sollen Mittwoch oder Samstag von 7—8 oder auch nachmittags stattfinden und die Vergütung für den Präsidenten (= 1 fl.), wenn kein Geld im Fakultätsfiskus vorhanden, aus der Universitätskasse erfolgen.

(§ 38.) Von den ordinariis disputationibus und andern exercitiis in facultate artistarum.

F. 50ᵃ–53ᵃ =L f. 184ᵇ–189ᵃ, § 117, S. 201–3 (s. O H, S. 106) mit einzelnen Auslassungen.

(§ 39.) Von den extraordinariis lectionibus und disputationibus aller vier faculteten.

F. 53ᵇ–54ᵃ fasst ohne thatsächliche Veränderung zusammen, was bei L f. 104, 116, 134, 144, 158ᵇ, 162ᵇ, 191ᵇ, 203 (S. 182, 184, 187, 189, 191, 193, 203, 208) sich in vielfacher Wiederholung findet.

(§ 40.) Wann und zu welcher zeit in den lectionen bei ieder facultet vacantzen sollen und mogen gehalten werden.

F. 54ᵃ–56ᵃ = L f. 72ᵇ–75ᵃ, § 38, S. 173:
Und damit die lectiones desto vleissiger u. s. w. bis zu Ende (f. 76ᵃ) ist weggeblieben. Als Feiertage gelten noch (f. 54ᵇ), abweichend von L f. 73: der christtag, der nechste tag hernach, der neuiahrstag, der ostertag sampt dem tag darnach, die himelfahrt Christi, der pfingstag sampt dem volgenden montag, item ferners in der charwuchen vom mittwoch bis an den ostertag.

(§ 41.) Von straff der versaumbten disputation und lection in ietweder facultet, item de substitutionibus et venia a rectore danda.

F. 56ᵃ–57ᵃ: Zusammenfassung der Bestimmungen, welche sich L f. 103, 133ᵇ, 157, 190ᵇ, S. 182, 187, 191, 203 finden.

(§ 42.) Von fahrleßigkeit und ergerlichem leben der professorn und derselben straf.

F. 57ᵃ–57ᵇ = L f. 34ᵃ–34ᵇ, § 18, S. 165 (= O H, S. 17 u. 18).

(§ 43.) Von publicis promotionibus und tituln, so in ietweder facultet conferirt werden mögen, und was man darfur in die fiscos facultatum zu erlegen schuldig, desgleichen von den prandiis und clinodiis.

F. 57ᵇ–59ᵇ (abweichend von O H u. L): Und dieweil von alters herkommen, das in ietlicher facultet baccalaurei, dann auch in den dreien höhern faculteten licentiaten und doctores und in artistarum facultate magistri artium creirt werden, es aber mit dem (f. 58ᵃ) baccalaurent die meinung hat, auch fürbaß anderst nicht gehalten werden soll, dann das solchen gradum anzunemen einem ieden freigestelt und niemand darzu gezwungen sein soll, es were dann sach, das solches in fundatione seines stipendii ausdrückenlich versehen und eingebunden würde, setzen demnach, ordnen und wollen hiemit aus bedechtlichen ursachen, das fürbaßhin alle promotiones publicae, in was facultates die boschchen, in auditorio philosophico, bis ein bequemlichere gelegenheit zu erzeigen, und nicht mehr in der kirchen gehalten werden sollen. Soviel aber die gradus promotionum und erstlich primam lauream oder baccalaureatum anlangt, in was faculteten das sei, soll einer, der vermüglich, 2 fl, ein armer ein gülden ad fiscum facultatis, den examinatoribus und pedellen aber ein ieder, er sei reich oder arm, zusammen drei ort eins gülden und mehr nicht zu erlegen schuldig sein. Dann ferners soll in den andern gradibus nachfolgende ordnung und tax observirt werden: das nemlich ein licentiatus theologiae 20 fl, iurisprudentiae 18 fl, medicinae 12 fl, item ein doctor theologiae 20 fl, doctor iuris, so zuvor, er sei gleich alhier oder anderstwo, licentiat worden, 16 fl, do er aber zugleich licentiaturam (f. 58b) und doctoratum annehme, 32 fl, medicinae doctor 24 fl, und obstehende alle dem pedellen ein halben gülden und weiters nicht schuldig sein, noch darüber getrungen werden. Die magistrandi aber sollen pro primo examine privato den examinatoribus einen gülden, wann sie hernacher ad gradum zugelassen, dem collegio philosophico 2 fl; es were dann einer so unvermüglich, 1 fl, und dem pedellen ½ fl, und dann nach weiters iedem examinatori pro laboribus anstatt eines pirets oder huths 20 batzen und sonst weiter nichts, dann was mit gewißer bescheidenheit hernacher versehen und gesetzt, zu entrichten verpflichtet und gebunden sein; was gestalt aber angeregtes gelt fürder in die fiscos und professores zu vertheilen und zu distribuiren, davon ist zuvor gehandlet und statuirt worden[1]).

Was aber aller vier faculteten promovenden prandia und clinodia, so herkommenem gebrauch nach gehalten und ausgeteilt werden, anlangt, dieweils vor der zeit von unsern vorfordern dahin gesehen worden, solche uncosten, soviel müglich, einzuziehen, damit dieienigen, so zu promoviren sonst lust haben, auch darzu (f. 59a) qualificirt sein, sich die sumptus von ihrem nutzlichen und gutem vorhaben nicht abschrecken laßen, und wir auch in erfahrung kommen, das derwegen allerlei clagen und beschwerden fürgehn, als sollen fürbas die baccalaurei außerhalb des decani facultatis, examinatorum, promotoris und pedelli den rectorem ad convivium zu laden verbunden sein; die licentiaten aber auch der andern faculteten professoribus, und die doctores darzu dem cantzler und protonotario, zween aus den hohen räthen und zween aus der cantzlei, item schulteßen und beden burgermeistern ein prandium zu geben; deßgleichen, so under vier magistriren, den rectorem, das collegium philosophicum und pedellen allein, do der aber uber vier, wie von den doctoribus vermelt, mehrere persohnen zu invitieren macht haben; alle nachtmal und caenas in allen promotionen gentzlich hiemit ausgeschlossen und abgeschafft; doch solches zu der professorum ermeßung und erkauduus gestelt, ob einer oder mehr candidati sich solchs prandii beschweren, ihr unvermöglichkeit anziehen oder aber fur sich selbst solch costen zu tragen kein bedenkens haben würden.

Die clinodien aber sollen, wie das breuchlich herkomens, in promotionibus doctorum, denen si gebüren, gegeben und erstattet werden: nemlichen der churfürstlichen pfaltz (f. 59b) ein rappyr ungefehrlich auf 5—6 fl werth, einem großhoffmeister einen dolchen, dem cantzler ein sammet paret, dem hoffmarschalk ein dollch, wie auch gleichfals dem protonotario, und dann dem rector und den professoribus facultatis iedem ein sammethin paret oder den werth darfür, den andern doctoribus und professoribus, so ordinarie geladen, iedem ein par handtschuh; und solches fürnemlich, wann ihre viel in underschiedlichen faculteten oder allen dreien zu-

---

1) Am Rande ist auf p. 26, s. oben § 20 verwiesen.

gleich mit einander doctoriren. Do aber in einer oder der andern facultet uber zwen nicht promovirten, sollen sie des praudii und der clinodien halben und was nicht gar ihr guter will und gelegenheit sein wirdt, dißfals etwas zu geben ungezwungen und crafft dieser unser ordnung unverbunden und unbeschwert sein.

(§ 44.) Von des rectoris, item der artistarum pedellis und ihrer pflicht und besoldung.

F. 59b 61b = L f. 63a 65, § 32, S. 171 (Pedell des Rektors; bei OH, S. 31) und L f. 210a 210b, § 132, S. 210 (Pedell der Artisten; bei OH, S. 141).

(§ 45.) Juramentum pedelli philosophicae facultatis.

F. 61b–62a = L f. 210b 211b, § 133, S. 210 (OH, S. 142).

(§ 46.) Von dem notario und syndico der universitet.

F. 62a–63b = L. f. 65a–67a, § 33, S. 171 (= OH, S. 33).

(§ 47.) Juramentum syndici et notarii.

F. 63b–64b = L f. 67a 68b, § 34, S. 171 (= OH, S. 34).

(§ 48.) Von der universitet bibliothecen oder libereien [1]).

F. 64b 66a = L f. 68b 72a, § 35, S. 171 u. 172 (OH, S. 345).

Die Schlüssel führt bei JC nur der Bibliothekar, der ein ständiger oder perpetuierter Beamter ist; alle anderen Bestimmungen über Führung eines Schlüssels, ebenso auch der Eid der betreffenden Schlüsselführer sind nun weggefallen.

(§ 49.) Von dem gemeinen hospital oder siechhaus der universitet.

F. 66a–66b = L f. 72a–72b, § 37, S. 172 u. 173 (OH, S. 36).

(§ 50.) Wes sich die studiosi in feuersnöten, aufflaufen und dergleichen zu verhalten.

F. 67a = L f. 76b 77a, § 39, S. 174 (nicht bei OH).

(§ 51.) Von den heusern und beuen der universitet.

F. 67a–68b = L f. 54a–56a, § 27, S. 169 u. 170 (OH, S. 26 u. 27).

(§ 52.) Von den gärten der universitet.

F. 68b–69a = L f. 56a 56b, § 28, S. 170 (OH, S. 28).

Der erste Absatz enthält eine neue Bestimmung, der zweite stimmt überein; der erste lautet: Ob nun wol erstlich in craft reformation pfaltzgraf Ottheinrichs churfürsten etc. seliger die drei gärtten in den dreien oberen facultatibus gemein-

---

[1] Dieser Paragraph ist abgedruckt in Wilken, Geschichte der Bildung, Beraubung und Vernichtung der alten Heidelbergischen Büchersammlungen, Heidelberg 1817. S. 232--234; offenbar kannte Wilken die Reformation Ludwigs VI. nicht; sie war schon damals in einem Schrank des Universitätssekretariats vergraben, aus dem sie erst 1883 wieder ans Licht gekommen ist.

lieh den decanis eingeraumpt, hernacher von weilundt unserm bruder, pfaltzgraf Ludwigen churfürsten seliger gedechtnus, es dahin geordnet worden, das ieder senior facultatis derselben einen zu genießen gehabt und also dem alter und nicht der ordnung der lecturen nach gegangen, welches aber deswegen unformlich, daß einer supremus lector sein und doch in percipiendis commodis ein inferior im solle furgezogen werden, als werden wir verursacht, aus angeregten und andern motiven, auch von billichkeit wegen hierunder enderung fürtzunemen und, wie es fürbaß dißfals zu halten, ein ordnung zu machen, setzen demnach (f. 69ª) hiemit und wöllen, das hinfuro in den dreien „höheren facultetten aus den drei gärten, so denselben zustendig, allwegen einer dem primario lectori facultatis, so lang er seiner lectur fürstehn würdt, und nicht dem seniori zu besitzen und zu gebrauchen, in philosophia facultate aber, weiln solche professores alle gleicher condition seind, dem seniori, wie bißanhero, zugeteilt werden. Dergleichen ist auch unsere meinung, das der fünft gartte u. s. w.

(§ 53.) Von gemeinen statuten und ordnungen der universitet, und wie ferr dieselben sollen oder mögen geendert werden.

F. 69ª–70ª = L f. 57ᵇ–59ª; § 30, S. 170 (O H, S. 28 u. 29); neu ist nur der Zusatz, dass die gemeinen Statuten der Universität, wie die besonderen jeder Fakultät auf eine Tafel aufgeschrieben und an passenden Orten, wie in den gewöhnlichen Auditorien, aufgehängt werden sollen.

(§ 54.) Volgen hernach die gemeinen statuten, so iährlichs offentlich recitirt und allen universitets verwandten in gemein in auditorio philosophico sollen fürgelesen werden [1]).

F. 70ª–72ᵇ = L f. 59ᵇ–62ᵇ, § 31, S. 170 u. 171 (O H, S. 29–31); nur bei Nr. 7 ist (f. 71 b) der Zusatz, der zunächst für die Zeiten Johann Casimirs Bedeutung hatte, gemacht: principi vel qui eius locum tenet.

Eingeheftet sind an dieser Stelle einige Blätter, welche Nachträge späterer Zeit enthalten; zunächst: Leges incendiariae, civibus academicis quotannis post publicam recitationem statutorum publicandae[2]) (teilweise eine lateinische Kodifikation des § 39 bei L f. 76ᵇ–77ª, S. 174 und des § 51 bei J C f. 67ª, S. 232). Diese leges lauten:

1. Tempore incendii aut tumultus alicuius maioris publici in urbe oborti studiosi exteri, qui non sunt in collegiis, vel manento in suis habitationibus, vel exituri citra moram et tumultum illum conveniunto in arca contubernii, quae ducit ad hortum.
2. Qui vero sunt in collegiis contubernii Casimiriani aut Sapientiae citra iussum aut veniam rectoris aut regentum et praeceptorum non egrediuntor.
3. Syndicus in archivo et quo loci fisci academiei repositi, bibliothecarius in bibliotheca sunto.
4. Collector in granario procurato aquas et cellas observato.
5. Bibliopola et bibliopegi cum suis ministris aliique academiae subditi proxime archivo comparento armati in horto contubernii.

---
1) In D ist zwischen f. 85ᵇ u. 86ª ein Entwurf der statuta ac leges Karl Ludwigs (v. J. 1672) eingeheftet.
2) Sie finden sich ebenso in D f. 92ª–93ª, dagegen nicht in E.

6. Murarius, faber, lignarius et victor academiae quisque ministrum sistito, quorum illi duo situlis adsunto, alter in contubernio, alter in Casimiriano; hic vero collectori adesto.
7. Pedellus uterque rectori academiae adsunto statim, ex quo signum incendii aut tumultus publicum fuerit datum.
8. Duo capita constituuntor, quorum alterum ex professorum numero studiosos congregatos in contubernii area, alterum ex subditis electum reliquos regunto et observanto subditos; utrumque tamen ad mandatum rectoris et senatorum eligitor.
9. Superioribus eximuntor legibus, quos incendii aut vis maior alia contigerit ipsosmet.
10. Poena in transgressores arbitraria esto a rectore et senatu, vel ex tempore, rebus ita exigentibus, statuenda.
11. Quotannis isthaec post legum aliarum academicarum recitationem subditis academiae aliis, praeter studiosos, convocatis scorsim publicantor vernaculo sermone vel idiomate germanico.

Unmittelbar an diese Statuten schliesst sich an als lex decima sexta:

Oborto in urbe hac incendio aliove quocumque excitato tumultu, quod deus clementer avertat, tam professores, quam studiosi in suis se tantisper contineuto aedibus et habitationibus, donec incendium restinctum aut compositus fuerit tumultus. Excepto eo, si quos forte propius contingat ignis, his arcendi imminentis periculi causa cum aliis, quoad eius fieri potest, manus admovere et suppetias ferre liberum esto. Quodsi vero sint, quibus domi suae seu diversorio se continere non libuerit, his tamen non alio se, quam in aream seu coemiterium, quod vocant, prope auditorium theologicum conferre integrum esto. Quo loci decretum illi rectoris expectanto; cum primis autem contubernii, Casimiriani et Sapientiae collegia, ne quid detrimenti capiant, observanto. Si quid eorum etiam resciverint aut animadverterint, ad rectorem illico et sine mora ulla referunto[1]).

(§ 55.) Welcher massen pfaltzgraff Ludwig churfurst christseliger gedechtnus die universitet uber die zuvor habende gefell noch weiter von neuem begabt und begnad, auch ietziger der churf. pfaltz administrator, unser gnediger herr, dieselbe bedacht.

F. 72b- 77a = L f. 77a—83a, § 40, S. 174—177.

Zunächst ist, was L bewilligt hat, berichtet und deshalb die Form teilweise geändert. Dann sind, dem letzten Teil der Überschrift zu genügen, Zusätze gemacht. Nachdem die Verwilligungen L's für das Dionysianum angeführt sind, heisst es (f. 74a): Uber solches haben wir gedachtes Dionysierhauß zeitwehrender unser churfürstlichen administration von grundt und neuem mit großem costen aufgebauet, und das wir uns das ufnemen diser universitet weniger nicht, als unsere vorfahren angelegen sein laßen, in mehr wegen zu erkennen geben, sein auch fürbas nicht weniger zu thun gnedig geneigt. — Ausserdem ist vor dem letzten Absatz in der Frage der Intitulation und der Dauer ihrer Gültigkeit eingeschoben (f. 76a, nach L, S. 176): und vor wider erlangung der matricul under des rectoris iurisdiction nicht begriffen sein, doch das die universitet in widerannehmung solcher persohnen sich den statutis in allweg gemoeß verhalten

---

1) Noch ist hier eingetragen aus der Zeit Karl Ludwigs: iuramentum in senatum recipiendorum.

thue. Und demnach hiebei ein notturft etwas gewißes zu statuiren derienigen studenten und universitetsverwandten halber, so außerhalb hiesiger statt von wegen begangenen frevels oder sonsten, wie sich das zutragen mag, von unserm ampt in gefengnus gebracht und angehalten werden, als thun wir uns solcher und dergleichen ietz angeteuter füll halber hiinit dahin erkleren, haben auch deswegen albereit unsern amptleuten zu künftiger nachrichtung befelch zukommen laßen, das fürbas studenten und universitets- unzweifelbar angehörige, wo sie von ampts wegen, so weit sich dieses unser Heidelberger ampt erstreckt, gefenglich (f. 76ᵇ) gegriffen und angehalten würden, nachgehendts ohne weiter widersprechen vom ampt dem rectori und der universitet uberantwortet und vor derselben das verbrechen oder handlung, darumb es zu thun sein würdet, ausgetragen, erörtert und, da es ein malefitz sach, laut zuvor hiervon gesetzten passes gestrafft werden solle.

II.
(Die Fakultäten.)
A. De facultate theologica insonderheit[1]).
Einleitung[2]) f. 79 = L f. 84, S. 177 = OH, S. 36.

(§ 56.) Wie vil und was fur professorn in dieser facultet sollen und mögen angenommen werden.

F. 79ᵃ 82ᵇ = L f. 89ᵇ 94ᵃ, § 45, S. 178 u. 179 (OH, S. 39 41). Der Schlusssatz über das lutherische Bekenntnis (L 94ᵇ, S. 179) ist weggeblieben.

(§ 57.) Von den lectionibus und zu welchen stunden ein iede soll gehalten werden[3]).

F. 82ᵇ 84ᵃ = L f. 94ᵃ—96ᵃ, § 46, S. 179—180 (s. OH, S. 41—2).

---

1) Eine Abschrift der Statuten der theologischen Fakultät findet sich Cod. Heid. 358, 61¹, Acta facult. theol. I, S. 9 - 38: Capita de facultate theologica: descripta ex libro reformationis academiae, ab illustrissimo principe ac comite palatino Johanne Casimiro, electoralis palatinatus tutore et administratore, anno 1588 traditae, cuius confirmatio per rescriptum serenissimi electoris Friderici, sub dato 3 Juni a. 1605 ad universitatem missum, fuit repetita verbis sequentibus: Und dieweil gedachte reformation ohne verletzung euerer privilegien mit euerem mittel aufgericht worden, ihr selbsten solche biß anhero in vielen puncten, die euch zu vortheil gereichen, angezogen und vermög euerer aigen schreiben sub praesentato den letzten decembris a. 90 und 8 may a. 91 euch underthenigst erbotten, fürters dero selbigen in alle weg gemeß zu verhalten, und da gleich solches nicht geschehen were, iedoch unß, alß der hohen obrigkeit, hierinnen ordnung zu geben gebüret: so ist hiemitt unser ernstlicher bevelch, ihr wollet solche reformation, welche wir hiemitt nachmals confirmiren und handzuhaben entlich gemeint sein, darinnen auch sowol der professorum, alß anderer gelehrten leuth halben, so under der universitet iurisdiction sein sollen, richtiger außschlag zu finden, hinführo schuldiger gehür in achtung nemmen, dieselbige weitter nicht disputiren und bey vermeidung unserer ungnadt und ernster straff dergleichen widersetzung und contradicirens euch enthalten; daran beschicht unserer zuverläßiger will und meinung. Datum 3 Junii 1605 Friedrich pf. churfürst (vergl. über diesen Erlass Winkelmann a. a. O. II, 169 nr. 1473, woselbst das Original und weitere Abschriften verzeichnet sind). In der angeführten Abschrift der Statuten der theol. Fakultät ist eine Lücke, welche vom Ende der Statuta examinatorum (§ 63) bis in die Mitte des § 64 (Vom baccalaureat) reicht, bei der Paginierung indessen nicht erkannt worden ist; auch sind an dieser Stelle die Blätter beim Binden versetzt worden.

2) C f. 45.

3) C f. 48ᵇ: Anfang von § 58, dann fehlt ein Blatt und f. 49 bringt den Schluss zu dem genannten Paragraphen.

Allein verändert ist, dass secundus theologus, der Montag, Dienstag und Donnerstag von 7—8 Uhr zu lesen hat, am Freitag wegen der Wochenpredigt seine Lektion von 8—9 versehen soll, während früher die Wochenpredigt am Mittwoch stattfand und die Vorlesung auf 9—10 verschoben wurde (JC f. 82b, L f. 94b, § 46, S. 179).

(§ 58.) Von besoldung der drei professorn in theologia, auch von den heusern.

F. 84a—84b = L f. 96a—99a, § 45, S. 180 (OH, S. 42—43).

(§ 59.) Von den lateinischen sermonibus oder declamationibus, so die theologi uber iahr zu thun pflegen.

F. 84b—85b = L f. 101a—102a, § 49, S. 181 (s. OH, S. 45).

(§ 60.) Von der intitulation, auch promotionibus in theologia.

F. 85b—86a = L f. 105a—105b, § 53, S. 182 (= OH, S. 49).

(§ 61.) Capita quaedam a studiosis, qui operam theologiae dare constituerunt, decano bona fide promittenda.

F. 86a = L f. 105b—106a, § 54, S. 182 (= OH, S. 48).

(§ 62.) Von dem examine und examinatoribus.

F. 86b = L f. 106a, § 55, S. 182—183 (OH, S. 48).

Das geforderte Religionsbekenntnis ist das reformierte und lautet: unserer wahren christlichen religion nach inhalt gottes worts, den bewehrten hauptsymbolis und der Augspurgischen confession, wie die von den orthodoxis ecclesiis verstanden.

(§ 63.) Statuta examinatorum bona fide promittenda.

F. 86b—87a = L f. 106b—107a, § 56, S. 189 (= OH, S. 48—49).

(§ 64.) Vom baccalaureat.

F. 87a—88a = L f. 107a—108b, § 57, S. 189 (s. OH, S. 49—50).

In JC (f. 88a) ist noch folgender Schluss[1]) hinzugefügt: welches alles wir dis orts mehr erzelungsweiß, als das, wie oben angeregt, iemandt mit solcher alten gewohnheit beschwerdt oder wider seinen willen dartzu vermögt werden solle, beigebracht und verstanden haben wöllen, in betrachtung wann sonsten die nutzliche und nötige exercitia vleißig getrieben und im gang behalten werden, der studirenden iugendt, auch dem kirchen-, schul- und regimentswesen am besten darmitt geholffen.

(§ 65.) Capita seu statuta baccalaureandorum theologicae facultatis bona fide promittenda.

F. 88a—88b = L f. 108b—109b, S. 183, mit der gleichen Veränderung in Religionssachen [2]).

---

1) In C f. 53b ist das ein späterer Zusatz auf dem Rande.
2) Diese Veränderungen sind in C f. 54 erst nachträglich an die Stelle der Bestimmungen in lutherischem Sinne gesetzt.

(§ 66.) Von der licentiatur.

F. 88b–90a = L f. 109b–112a, § 58, S. 183 (O H, S. 50—52).

Eingeschoben ist ein Satz über das Alter (f. 89b): doch was das gesetzte alter der 25 jahr anlangt, soll es damit den verstandt haben, daß, woferr einer erbaren und frommen lebens, auch sonderer geschicklichkeit halber der facultet genugsam bekandt, darauf so hefftig und stricte nicht zu tringen und zu sehen.

(§ 67.) Juramentum licentiandorum corporaliter praestandum[1]).

F. 90b–91a = L f. 112a–113a, S. 183.

§ 2 lautet bei JC: Quod accepto titulo nihil a scriptis propheticis et apostolicis[2]), veteribus ecclesiae symbolis oecumenicis et ab Augustana confessione secundum normam sacrae scripturae superiora illa symbola et orthodoxarum ecclesiarum consensum intellecta alienum etc.

(§ 68.) Vom doctorat.

F. 91a = L f. 113a–113b, § 59, S. 184 (= O H, S. 52).

(§ 69.) Ein gemeiner punct, das ambt dieser facultet belangendt.

F. 91a–91b = L f. 117a–117b, § 63, S. 185; O H, S. 55 (auch hier ist, wie vorher, die Fassung über den Glauben abweichend[3]).

(§ 70.) Statuta ac leges facultatis theologicae, singulis annis in auditorio theologico a decano promulganda[4]).

F. 91b–92a = L f. 117b–119a, § 64, S. 185 (s. O H, S. 56—57).

B. De facultate iuridica separatim[5]).

Einleitung: F. 94a = L f. 119a–119b, S. 185 (= O H, S. 57).

(§ 71.) Wieviel und was für professores in dieser facultet sollen erhalten werden.

F. 94a–95b = L f. 122b–124b, § 69, S. 186 (= O H, S. 59—60).

Ein Zusatz ist beigefügt zu den Bestimmungen über den Dekretalisten, nach „außerhalb des secundi decretalium fur sich selbst nichts furneme": doch alzeit zu uns und unserer nachkomen mit zuthun der universitet ermeßigung stehn soll, anstatt berürten secundi decretalium dem secundo professori iuris nach gelegenheit

---

1) Abschrift in Cod. Heid. 358, 61¹, f. 42.
2) In C f. 56ᵃ stand ursprünglich die lutherische Fassung.
3) Auch hier ist für C (f. 56ᵇ) die gleiche Bemerkung wie in der vorigen Note zu machen.
4) Eine zweite Abschrift findet sich für diesen Abschnitt in Cod. Heid. 358, 61¹, f. 41 u. 42. Zu Nr. 9 ist die Randbemerkung gemacht: Omittatur ad tempus; zu 10—12: vide reformationem vom baccalaureat: si magisterii gradum non sit consecutus, quadriennium; si sit magister, biennium, antequam baccalaureus fiat; inde adhuc per triennium usque ad licentiatus gradum; baccalaurei erant currentes, postea formati.
5) C f. 59ᵃ.

der zeit und auditorum etwas anders zu profitiren ufzuerlegen; vom Institutisten ist (f. 95a) verlangt, dass er doctor sei.

(§ 72.) Von den lectionibus und in welchen stunden ein iede soll gehalten werden.

F. 95b—97a = L f. 124b—127b, § 70, S. 186 (O H, S. 60—62).

Die Lehrstunden sind geändert: der Codicist soll lesen: 9—10 Uhr statt 6—7; der Pandektist: 3—4, statt 9-10; der Institutist 7—8, statt 3—4. — L f. 125b: „Alß aber zuvor die lectio pandectarum — zu gemelten unsren cantzlei oder hofgerichts sachen zu ziehen gar mit verstatten wollen" ist weggelassen [1]).

(§ 73.) Von besoldung der professorn dieser faculteten.

F. 97a—98a = L f. 127b—130a, § 71, S. 186 (O H, S. 62—64).

(§ 74.) Von der intitulation und volgends von den promotionibus der iuristen.

F. 98b—99a = L f. 135a-135b, § 76, S. 187 (= O II, S. 67).

(§ 75.) Capita quaedam ab iis, qui nomen suum decano facultatis iuridicae dant, bona fide promittenda.

F. 99a = L f. 136b—136a, S. 187 (= O II, S. 68).

(§ 76.) Von dem examine und examinatoribus.

F. 99b = L f. 136a, S. 187 (= O II, S. 68).

(§ 77.) Capita ab examinatoribus bona fide promittenda.

F. 99b = L f. 136a—136b, S. 187 (= O II, S. 68).

(§ 78.) Von dem ersten gradu des baccalaureats.

F. 99b—100a = L f. 136b—137b, § 78, S. 187 (O H, S. 68—69).

Der letzte Satz, welcher die Angaben über die Gebühren enthält, ist hier, wie an andern Stellen weggeblieben [2]), weil alle Bestimmungen über Gebühren bei den Promotionen schon in § 43, S. 231 erledigt worden sind.

(§ 79.) Von der licentiatur.

F. 100b—102a = L f. 138a—140a, § 79, S. 187—8 (O II, S. 69—71).

(§ 80.) Vom doctorat.

F. 102a—102b = L f. 140a 140b, § 80, S. 188—9 (O II, S. 71 u. 72).

Absatz 1, Schluss von Absatz 2, Absatz 3 und 4 fehlen. (Bestimmungen über Gebühren, prandia und clinodia [3]).

---

1) Dieser ganze Passus stand ursprünglich in C f. 61a, ist aber dann durchgestrichen worden.
2) In C f. 66a stand diese Stelle zuerst, wurde dann gestrichen.
3) Auch diese standen ursprünglich in C f. 68b.

(§ 81.) Juramentum baccalaureandorum in facultate iuridica bona fide praestandum.
> F. 102b—103a = L f. 141b, § 71, S. 189 (= OH, S. 72).

(§ 82.) Juramentum licentiandorum facultatis iuridicae corporaliter praestandum¹).
> F. 103a = L f. 142a, § 82, S. 189 (= OH, S. 72—73).

(§ 83.) Statuta generalia facultatis iuridicae, singulis annis in auditorio iuridico a decano publice promulganda²).
> F. 103b—104a = L f. 144b—146a, § 85, S. 189—190 (OH, S. 74—76).

C. De medica facultate separatim.

Einleitung: F. 106a = L f. 146a, S. 190 (= OH, S. 76).

(§ 84.) Wie viel und was fur professores in dieser facultet sollen gehalten werden.
> F. 106a—107b = L f. 149a—151a, § 90, S. 190 (= OH, S. 78—80).

(§ 85.) Von den lectionibus und zu welcher stund eine iede soll gehalten werden.
> F. 107b—108a = L f. 151a—152a, § 91, S. 191 (= OH, S. 80—81).

(§ 86.) Von besoldung obgemelter professorn.
> F. 108a—108b = L f. 152a—152b, § 92, S. 191 (= OH, S. 81—82).

(§ 87.) Von etlichen anderen stucken, so zur underweisung und übung der discipel dieser facultet gehörig.
> F. 108b—110a = L f. 154b—156b, § 94, S. 191 (= OH, S. 83—84).

(§ 88.) Von der intitulation und promotion dieser facultet persohnen.
> F. 110la—110 2b = L f. 159a—161b, § 98, S. 191—2 (s. OH, S. 85—87).

(§ 89.) Capita quaedam baccalaureandorum medicae facultatis bona fide praestanda.
> F. 1102b—111a = L f. 162a, § 99, S. 193 (= OH, S. 87).

(§ 90.) Capita seu statuta licentiandorum in facultate medica corporaliter iuranda³).
> F. 111a—111b = L f. 162a—162b, § 100, S. 193 (OH, S. 87—88).

---

1) In D (f. 130ª) ist am Schlusse dieser Eid später eingeschoben: Praelecta probi intellexi et me sancte servaturum, quoad potero sciamque, promitto et iuro; ita me iuvet deus trinus ac unus.
2) Mit diesem Paragraphen schliesst C; die Statuten der medic. und philosoph. Fakultät fehlen völlig.
3) Zu Absatz 3 findet sich eine Randbemerkung: Ex decreto serenissimi principis rogatu

(§ 91.) Etliche gemeine dieser facultet stuck oder puncten, und erstlich von den apothecken.

F. 111b—112a = L f. 164a—165a, § 105, S. 193 = OH, S. 89.

(§ 92.) Von den empiricis, iuden und landfahrern.

F. 112a—113a = L f. 165a—166b, § 106, S. 193 = OH, S. 89—90.

(§ 93.) Statuta communia facultatis medicae, singulis annis a decano in collegio medicorum promulganda.

F. 113a 113b = L f. 166b—167a, § 107, S. 194 (OH, S. 90—91).

D. De artistarum facultate separatim.

Einleitung[1]): F. 115a = L f. 167b—168a, S. 194.

(§ 94.) Von den lecturen und professorn dieser facultcten.

F. 115a—117b = L f. 176a—179b, § 114, S. 198—9 (s. OH, S. 96—98).

JC nimmt nur 6 Lehrer an: der sechst soll probatos latinos auctores, tam legati, quam prosi sermonis lesen und dociren (f. 115b) — Über den Lehrer der hebräischen Sprache wird angemerkt: Und demnach solcher professor hebraicae linguae, weil er extraordinarius, kein d. theologiae, sondern ietzmals ein studiosus medicinae ist, under die artisten facultet gehörig sein solle.

(§ 95.) Von den stunden, und an welcher statt die sechs publicae oder gemeine lectiones sollen gehalten werden.

F. 117b 119b = L f. 179b—182b, § 115, S. 199—201 (s. OH, S. 98—103).

Vor den Bestimmungen über die dritte lectur ist eingeschoben (f. 118a): Und dieweil bei beratschlagung dieser reformation vor rathsam angesehen und verglichen worden, den numerum dieser facultet lecturen widerumb, wie von alters her, uf sechs zu restringiren[2]), also das, wie auch oben angeregt, nunmehr secundus et oratoriae professor zugleich poeticam lecturam, hinwieder ietzmals graecae linguae professor historias extra ordinem versehen soll, würdet fürthin professor oratoriae oder latinae linguae wochentlich zwo stundt poësim publice lesen und

---

facultatis medicae haec parenthesis (nämlich: qualia etiam sunt plerumque ex illis, quae ex mercurio et stibio vi ignium aliterve praeparari solent) expuncta 31 Jan. 1655, ut in annalibus videre est. Dieselbe Bemerkung ist auch in D f. 141a gemacht und auf Annal. anni 1655 f. 401 verwiesen. Ebendaselbst findet sich von der gleichen Hand der Zusatz, der auch oben S. 239 Anm. 1 gemacht ist. Ausserdem noch folgender: Qui in absentis animam iurare debet, ita iurabit: Et meum principalem dn. N. N. (übergeschrieben Laurentium Schaussium) sancte servaturum, quoad poterit scietque, promitto et iure in animam ipsius absentis. Ita illum iuvet deus triups et unus.

1) Am Ende derselben in B f. 1 folgende Randbemerkung: De collegio et senatu philosophico, iuramento consiliariorum et examinatorum, electione decani et eiusdem electi iuramento et remuneratione pro administrato decanatu hic omissae sunt fere 6 chartae, quae habentur in ordinatione Lud. elect.

2) So war es offenbar in der Reformation Ludwigs V. bestimmt worden (s. oben S. 96). Otto Heinrich (S. 96) hatte ihre Zahl auf 5 herabgesetzt, Ludwig VI. auf 7 erhöht (s. S. 198 fgde).

seine stund dannach austheilen müssen. — Was in L f. 181ª—181b, S. 200 über diese lection poëtices steht ist dannach weggefallen; ebenso f. 181b und 182ª die Aufzählung der authores in der griechischen Sprache.

(§ 96.) Von besoldung aller obgemelten lecturn.

F. 119b—120ª = L f. 183ª—184b, § 116, S. 201 (s. OH, S. 104). Der letzte Absatz (L f. 184ª—184b): „Und damit auch ein ieder der obgemelten professorn — zugelassen werden" ist weggeblieben.

(§ 97.) Von den promotionibus dieser faculteten[1]).

F. 120b 121ª = L f. 192ª—193ª, § 121, S. 204 (= OH, S. 112).

(§ 98.) Von der deposition[2]).

F. 121ª—122b, weicht ab von L f. 193ª—195b, § 122, S. 204 (s. O II, 112—114). Schon im § 98 ist angedeutet, dass ein erstes Examen an die Stelle der Deposition treten soll. Die genauere Bestimmung lautet:

Und solle furbas an statt der deposition und, was bei derselben gemeiniglich ungereumbts und mehr (f. 121b) zum gelächter als nutzen dienlich fürgehet und bei auslendischen berümpten universiteten auch abgethan worden, mit den angehenden studenten bei nachfolgender ordnung gelaßen und dieienigen, so demselben nachkommen, anderst nicht als für deponirt und also für studenten gehalten werden; nemlich das sie sich bei dem primario regenten im contubernio einstellen, welcher den- oder dieselben, wie weit er in den studiis promovirt, mit allem vleiß befragen und examiniren solle. Würde nun der iung in examine viel zu schwach befunden, also das es inmer an primis fundamentis, als den praeceptis grammatices, dialectices und rhetorices manglet, und derwegen die publicas lectiones mit nutz nit hören konte, soll ime und ihnen mit ernstem vleiß eingebunden werden, auch mit gebender handtreuw zu sagen, in paedagogio so lang lectiones zu hören und die studia zu continuiren, bis der oder sie primam classem erreicht und in gehaltenem examine durch rector und visitatores zu anhörung publicarum lectionum tüglich erkandt worden.

Da aber einer in examine wol bestanden und (f. 122ª) seiner geschicklichkeit halben publicas lectiones in der universitet zu hören zugelassen, soll er zu der universitet rectorn und dieser facultet decano mit anzeig, wie er in examine befunden, geschickt und der decanus fürter, was er für lectiones zu hören schuldig, anzeigen, mit vermahnung, sein studia also antzurichten, do er in künftigem examine seines wolhaltens und gethanen profectus in studiis ein gut zeugnus bekommen möge.

Und solch examen soll iederzeit in contubernio geschehen, es wero dann, das etwann einer vom adel oder sonsten von namhaftigen leuten herkommen,

---

1) B f. 12 Randnotiz: De exercitiis et disputationibus facultatis philosophicae, de festis collegii, de neglectis, de privatis et extraordinariis lectionibus hic omissae sunt 5 chartae, quae habentur in ordinatione Lud. electoris; s. Lud. 16b mit Verweisung auf die Abschrift der philos. Fak. (s. oben L., Handsch. B).

2) Siehe Winkelmann a. a. O. I, 322 nr. 213: Joh. Cas. empfiehlt (13. Aug. 1585) die Einschränkung oder Abschaffung der Deposition; Thorbecke a. a. O. S. 50*, Anm. 81.

seinem eigenen praeceptorem hette, demselben soll nit abgeschlagen sein, in seiner herberg solch examen fürgehn zu laßen, doch das dem contubernio sein gebührliche gerechtigkeit derhalben geleistet werde. So dann einer, wie obsteht, examinirt und in die zal der studenten aufgenommen, soll er für die gehabte mühe examinis ein halb thaler auszurichten schuldig sein, davon den famulis contubernii drei albus gegeben, das ubrig aber zu gemeinem nutz des contubernii angewendet werden, und soll primarius regens das examinir gelt (f. 122b) dem contubernio, wie gemelt, zum besten brauchen und zu seiner zeit dem rectori derweg gebührliche rechnung thun.

(§ 99.) Von den promotionibus und ehren tituln, so diese facultas philosophica zu conferiren pflegt; und erstlichen von den baccalaureandis.

F. 122b 124b — L f. 196a–198b, § 123, S. 204—206.

J C setzt nur ein gesetzliches Examen im Jahre fest (L 2) und zwar auf Himmelfahrt, doch lässt er die Möglichkeit zu, dass jederzeit nach Bedürfnis Termin gehalten werde; es¹) were dann, das außerhalb solcher zeiten sich candidaten angeben und zu promoviren begerden (f. 123a), denen soll examen unverweigerlich verstattet werden²).

(§ 100.) De magistrandis.

F. 124b 125b — L f. 198b 199a, § 124, S. 206 (s. O H, S. 122—129).

Auch für die Magistranden ist nur ein regelmässiger Prüfungstermin, das Fest Epiphaniä, in Aussicht genommen; doch auch für sie findet sich die Möglichkeit, noch zu anderer Zeit examiniert zu werden: Es were dann, das sich candidaten angeben, und denen soll auch nach und vor solcher zeit zum examine und consequenter promotion platz gegeben werden³) (f. 124b). — Zwischen dem Baccalaureat und der höhern Würde sollen mindesten 2 Jahre liegen.

(§ 101.) Von den privato und publico examine der magistranden⁴).

F. 125b–127a — L f. 199a–203a, § 124, S. 206—208; doch sind die früher schon erwähnten Bestimmungen über die Gebühren weggelassen.

---

1) In B f. 16, welche Handschrift immer mit L vergleicht, ist diese Stelle mit roter Tinte unterstrichen und am Rande bemerkt: additum.

2) In B sind an verschiedenen Stellen f. 18 u. 19 Randbemerkungen zu diesem Paragraph hinzugefügt: sie betreffen teilweise den Inhalt, teilweise ziehen sie Vergleiche mit den früheren Statuten (O H und L); diese letztern Bemerkungen lauten: Antequam examen inchoetur, tria capita bona fide promittere debent, quae habentur in ordinatione Ottonis Henrici pag. 32 (Handschr. D); sed primum hic redundat, quia in id iuratur habito examine; restant duo reliqua, quae huc proprie spectant: 1° Quod quae inter examinandum secreto aguntur, nemo foras evulgari velit; 2° quod, si reici quenpiam ipsorum contingat, eam rem nullus ullo modo per se, vel per alios dicto factove ulcisci velit. — Dann: Locatio facienda: quis in ea sit processus, describitur in ordinatione Ottonis Henrici pag. 33. — Hic nihil praecipitur de prandio die promotionis instituendo, sed de eo videatur ordinatio Ottonis Henrici pag. 37, nam in ord. Ludovici electoris etiam nihil de prandio dicitur.

3) B f. 21 am Rande: „daß er zuvor baccalaureus worden" hic de industria praetermissum, de eo tamen capite potest quaeri, ut etiam necesse est, pag. 6 conditionem. (Damit ist die Bestimmung am Ende dieses Paragraphen, S. f. 124 == oben S. 230, gemeint.)

4) B f. 21 hat am Rande die folgende Bemerkung: Post admissionem et fidem datem quis processus instituendus sit, in privato examine aut tentamine, scribitur in ordinatione Ottonis Henrici

(§ 102.) Von auffnehmung frembder magistrorum et baccalaureorum [1]).
F. 127b–128a = L f. 204a–204b, § 126, S. 208 — O II, S. 129—130.

(§ 103.) Juramentum adventitiorum magistrorum.
F. 128a = L f. 204b 205a, § 127, S. 208 = O II, S. 130.

(§ 104.) Capita baccalaureorum adscriptiorum bona fide promittenda.
F. 128b = L f. 205a, § 128, S. 208 = O II, S. 130.

(§ 105.) Etliche gemeine puncten dieser facultet.
F. 128b–129a = L f. 206b–208a, § 130, S. 209 (= O II, S. 132); doch ist am Schlusse angefügt: Und [2]) dieweil bishero, als wir berichtet, gebreuchlich gewest sein solle, so oft dieser facultet statuta und iährlichs verlesen werden, das man hernacher auf derselben fisci kosten ein malzeit gehalten, welches aber mehr zu geringerung des ohne das ietzmals schwachen fisci vermügen, als zu der facultet nutzen dienstlich, so wollen wir himit, das solcher selbst eingefürte gebrauch fürbas abgestelt und dergleichen unnützer costen erspart werde.

(§ 106.) Statuta facultatis philosophicae, quotannis in auditorio philosophico a decano promulganda et tabulae publice affigenda [3]).
F. 129b–132a = L f. 208a–209b, § 131, S. 209—210 (O II, S. 132—133).

(III. Von den Bursen.)

(§ 107.) Von dem contubernio, wie es darinnen beides mit der disciplin und oeconomi soll gehalten werden.
Einleitung: f. 132a = L f. 212, S. 211.

---

pag. 38 (S. oben S. 122, § 127), quae ordinatio etiam vult, ut finito tentamine gratiue agantur a candidatis; auf O II ist (immer mit derselben Hand) auch verwiesen (O II f. 40b = oben S. 124, § 128) für den processus in examine publico, auf O II f. 38b (s. oben S. 127 u. 128, § 127) für capita ante privatum examen data fide promittenda, auf f. 41 (S. oben S. 124) für processus locutionis und capita ante locationem promittenda und (f. 24) auf die gratiae a candidatis actae und publicacio locationis (S. oben S. 124). Am Ende des Paragraphen weisen die Randbemerkungen in B f. 25 darauf hin, dass in den Statuten Ludwigs VI. angegeben sei (S. oben S. 208) quomodo prandium sit instituendum et qui convivae invitandi, ebenso machen sie darauf aufmerksam, dass dispensatio de transiliando baccalaureatu und caput de extraordinariis lectionibus hic promotorum aut adventitiorum magistrorum (s. Ludw. VI., Handschr. B p. 23b, oben S. 208) in diesen Statuten übergangen sei.
1) B f. 26 verweist für diese und die nächsten Paragraphen auf L f. 16 (S. oben S. 208).
2) B f. 29 Randbemerkung: Nunc primum ordinatum.
3) Die Handschrift B, welche hier schliesst, hat noch die Bemerkung: De pedello, einsdem officio et stipendio caput postremum hic omissum est, quod habetur in ordin. Lud. elect. pag. 28 (S. oben S. 210); ibidem habetur, quid in novi pedelli receptione fieri debeat. Zu § 6 der Statuten ist später in A f. 130a, was sich in B, D u. E f. 261 nicht findet, noch hinzugefügt nach mathematicas: nec non historicas.

(§ 108.) Von erhaltung der disciplin und zucht.
F. 132a-132b = L f. 212a- 212b, S. 211 (= OH, S. 137).

(§ 109.) Leges convictorum huius contubernii, tam eorum, qui extra, quam qui intra ipsum habitent.
F. 132b—133l b = L f. 212b—213b, § 136, S. 211—212 (siehe für diesen und die folgenden §§ O H, S. 137—142).

(§ 110.) Leges habitatorum contubernii.
F. 133l b—1332 b= L f. 214a- 214b, § 137, S. 212—213.

(§ 111.) Leges, quibus regentes contubernii religiose astringi debent.
F. 1332 b—134b = L f. 215a—216a, § 138, S. 213.

(§ 112.) Leges famulorum contubernii (mit deutschen Ausführungen über die Zucht).
F. 134b—141a = L f. 216a—225a, § 139, S. 214.

(§ 113.) Von der oeconomi oder haushaltung der burßen.
F. 141a = L f. 225b, § 140, S. 214.

(§ 114.) Von der Dionysianerburß[1]), und wie es darinnen soll gehalten werden.
F. 142a—144a = L f. 226a—229a, § 141, S. 214 (= OH, S. 147—149).

(§ 115.) Juramentum oeconomi.
F. 144a—144b = L f. 229a 230a, § 142, S. 215 (= OH, S. 149—150).

(§ 116.) Capita quaedam a Dionysianis[2]) loco iuramenti bona fide rectori assveranda, antequam ad haec stipendia utenda, fruenda recipiantur.
F. 144b—145a = L f. 230a -230b, § 143, S. 215 = OH, S. 150.

(§ 117.) Statuta domus Dionysianae ab unoquoque, qui in illam recipitur, bona fide promittenda.
F. 145a—148b = L f. 230b—235b, § 144, S. 215 (= OH, S. 150—153).
l. Hinzugefügt ist: et ut de iis, qui abfuerunt vel adfuerunt, rectius constare possit ex concionibus auditis, eos omnes examinare regentibus fas esto[3]).

---

1) Am Rande in A: Jam Casimirianum collegium vocatur, quia et auspiciis ac sumptibus princ. Casimiri laudatae m(emoriae) fuit instauratum, et anno 1591 calend. decembr. academia in possessionem missa. Es muss also dieser Eintrag nach dem am 6. Jan. 1592 erfolgten Tode Joh. Casimira gemacht worden sein. Derselbe Elntrag findet sich auch in D f. 179a (nicht in E).
2) Am Rande in A von späterer Hand: Casimirianis.
3) Dieser Zusatz ist in C f. 34a auf dem Rand hinzugefügt.

II. Lautet bei JC[1]): In religione doctrinam eam, quae in sacris litteris, symbolis veteribus et orthodoxae ecclesiae consensu traditam et in Augustana confessione iuxta normam sacrae scripturae antiqua symbola et orthodoxarum ecclesiarum consensum intellecta repetitam amplectuntor, nullam opinionem hisce contrariam et repugnantem defendunto aut quavis ratione propaganto.

Nach X. ist als XI., so dass dadurch die Zahl der Paragraphen natürlich verändert wird, eingeschoben: Hospites neque sine consensu praeceptorum, neque ebrios introducunto, introductosve inebriando, mutuo propinantes pocula, ne tradunto[2]).

XVII. = L, XVI. Zusatz am Ende: quod si peccare pergant, ultimo etiam domo excluduntor[3]) (f. 147a).

XXI. ist hinzugefügt (f. 147a): In communitate, cum studiis vacandum est, omnes tranquilli sunto, neque alii alios impediunto[4]).

(§ 118.) Vom provisore dieses haußes.

F. 148b—149a = L f. 235b 236a, S. 215 = OH, S. 153.

(§ 119.) Juramentum provisoris domus Dionysianae.

F. 149a—149b = L f. 236a—236b, S. 215 = OH, S. 153—154.

(§ 120.) Von dem probst und disch in diesem contubernio.

F. 149b—150a = L f. 237a—237b, S. 215 = OH, S. 154.

(§ 121.) Von betthen und andern hausrath des contubernii.

F. 150a = L f. 237b—238a, S. 215 = OH, S. 154.

(§ 122.) Vom fisco dieses contubernii.

F. 150b = L f. 238a—238b, S. 215, = OH, S. 154—155.

(§ 123.) Von der librari.

F. 150b 151a = L f. 238b—239a, S. 216 = OH, S. 155.

(§ 124.) Von der visitation dieser burßen.

F. 151a—152a = L f. 239a—240a, S. 216 = OH, S. 155—156.

Beschluss[5]).

F. 152a—153a = L f. 240b 240b, S. 216.

Dieweil dann wir pfaltzgraf Johann Casimir, vormundt und der churfürst-

---
1) In C f. 34a stand ursprünglich die lutherische Fassung. In D f. 183a ist verwiesen auf Annal 1581 f. 161 a. et 1601, fol. 73 seq.
2) In C f. 35a auf den Rand hinzugefügt.
3) In C f. 36a später hinzugefügt.
4) Nachtrag in C f. 36a.
5) In D f. 191b ist nur der Anfang des Schlusses enthalten, das nächste Blatt mit dem Ende ist verloren.

lichen pfaltz administrator, bisher erzelte und beschribene, auch erneuerte und revidirte ordnung, auf anhalten und begeren unsers freundlichen lieben iungen vetters und pflegsohns hertzog Friedrichen pfaltzgrafens und mit vorgehabter zeitigen und vleißigen beratschlagung unsers cantzlers und vornembsten räthen also bedacht, gesetzt und statuirt etc. (dann Übereinstimmung mit L.)

Geschehen zu Heidelberg uff montags des zweiten des monats decembris, nach Christi unsers lieben herrn und seligmachers geburt 1588.

J. Casimir pfaltzgraf.
(Eigenhändige Unterschrift.)

Die
Statuten des Kurfürsten Karl Ludwig
vom
11. Juli und 1. September 1672.

Handschriften:

A = Original im Generallandesarchiv zu Karlsruhe.
B = Abschrift der Regierung ebendaselbst.
C, D, E, F, G = Abschriften der Universität und der Fakultäten auf der Universitätsbibliothek zu Heidelberg.

Abkürzungen:

OH, L, JC = wie oben.
KL = Statuten Karl Ludwigs.

(Einleitung.)

Wir Carl Ludwig von gottes gnaden, pfaltzgraff bey Rhein, deß heyligen Römischen reichs ertzschatzmeister und churfürst, herzog in Bayern etc. fügen rectori, decanis, profeßoribus und sonsten allen und ieden unßerer universität zugethanen studiosis und mittgliedern, auch anderen unßeren unterthanen, denen diese unßere verordnung zu lesen vorkompt, ietzigen und künfftigen, hiemit zu wißen: Obwohl unßere in gott ruhende vorfahren, die pfaltzgraffen bey Rhein, churfürsten, hochseligsten andenckhens etc. zu außbreitung gottes ehr und seines heyligen worts, zu handthabung christlichen tugenden und guten sitten, auch zu auffnahme und fortpflantzung solcher künsten, wißenschafften und sprachen, deren das gemeine menschliche leben schwerlich entbehren kann, und dardurch wohlbestelte regierungen nicht allein in gutem standt erhalten, sondern auch auff die wehrte posterität fortgepflantzet werden, diese unßere universität mit weißem rath (so gut es selbiger zeit gelegenheit zugelaßen) gestifftet, darneben mit stattlichen freyheiten, statuten und ordnungen nach und nach, wie die befindende umbständte und sich eraignete mängel eine und andere verbeßerung erfordert, wohlbedächtlich versehen haben. Dieweil iedoch ietziger zeit fast mit allen wißenschafften und künsten es dergestalt, wie bekandt, beschaffen, daß viel, so in vorigen unßerer universität statutis enthalten, anietzo nicht mehr statt haben kann, dahero die studia nicht, wie (f. 1b) auff einigen andern hohen schulen, in und außerhalb des reichs, mit auffnahm, lust und nutzen der studirenden iugendt alhier können fortgesetzet werden, wordurch hochgedachter unßerer löblichen vorfahren geführte gute intention vielmehr gehindert alß befürdert wird, überdaß die länge der zeit, welche alles in andern standt zusetzen pflegt, und der vorgewesene dreißigiährige teütsche krieg, viel veränderungen, wie fast an allen orthen, also auch insonderheit in diesem unßerm churfürstenthumb der pfaltzgraffschafft bey Rhein verursachet, und wir darnach bewogen worden, eins und anders, so von unßern vorfahren, den pfaltzgraffen churfürsten höchstseeligsten andenckens, nach damahligen zustandt weiß und rühmlich verordnet gewesen, auff ietzige zeit und läufften (wie gern wir auch sonsten unnöthige neuerungen vermeyden) einzurichten, dabey wir gleichwohl dem inhalt, formalien und methodo der alten statuten, soviel möglich, gefolget:

Alß haben wir auß landtsvätterlicher vorsorge und zu denen edlen studiis tragender sonderbahren lieb und zuneigung, bevorab damit nicht nach eigenem wahn und gutdünckhen einer und anderer privatpersohn oder einer ieden facultät oder auch deß senatus academici bald dieses und ienes bey unßerer universität eingeführet, bald widerumb abgestellet, sondern vielmehr eine gewiße gleichförmigkeit (f. 2ª) sowohl im lehren, alß administration der iustiz und der universität mitteln, auch in denen academischen solennitäten und insgemein in allen eines ieden ampts geschäfften, schuldigkeiten und verrichtungen beybehalten werde, die vorigen, insonderheit unßeres almherren churfürsten Ludwigs und der churfürstlichen Pfaltz vorgewesenen administratoris, herzogs Johann Caßimirs, beyder christseeligen andenckens, vorgedachter unßerer universität guädigst ertheilte statuta und ordnungen, auch unßere selbsteigene, zeitwehrender unserer churfürstlichen regierung außgelaßene decreta und befelche mit fleiß revidiren, dasjenige, so nicht mehr practicirlich, ändern und alles dergestalt einrichten laßen, daß wir nicht zweiflen, es könne durch deren unverrückte und und richtige beobachtung rectori und profeßoribus ruhm, ehr und nutzen, der universität aber ein gedeyliches auffnehmen und wohlstandt zuwegen gebracht und erhalten werden.

Wir versehen unß diesemnach zu euch anfangs benahmbten rectoren, decanis und profeßoribus gäntzlich, ihr werdet nicht nur im lehren, ein iedweder bey seiner profeßion, allen eußersten fleiß, treu und sorgfalt anwenden, sondern auch im übrigen diesen unßeren statutis eueren darauff leistenden pflichten und obligender schuldigkeit zufolge in allen articuln und puncten gehorsamblich nachleben, nicht weniger, daß von allen und ieden unßerer (f. 2ᵇ) universität angehörigen denenselben nachgelebet werde, ernstliche vorsehung thun, auch keine übel eingeführte oder hernachmahls einschleichende gewohnheiten (die wir hiemit zu einemmahl sambt und sonders annulliren, auffheben, und bey vermeidung scharpffer willkührlicher straff verbiethen) euch daran verhindern, noch irren laßen, wie wir dann auß chur- und landts-fürstlicher macht alles, was vorher gesagt, euch hiemit gnädigst und ernstlich anbefehlen.

(§ 1.) Von der religion und glauben sachen.

F. 2ª—3ᵇ = J C f. 3ᵇ -4ª, § 1, S. 220 (L § 1, S. 161):

Im allgemeinen übereinstimmend, nur dass die kirchliche Forderung auf die Professoren der theologischen Fakultät eingeschränkt ist. Schluss (f. 3ᵇ): sondern sich dessen in einigen weeg nicht unterstehen, auch dem kirchenregiment selbst unterwürffig sein und daßelbe, dafern es von iemand bestritten oder angefochten würde, mit worten und schriften ebenmeßig verthaidigen und verfechten wolle, wie solches statutum vor die theologische facultät hernach gesetzet wird.

(§ 2.) Lex singularis pro facultatis theologicae doctoribus et profeßoribus[1]).

F. 3ᵇ = J C f. 4ᵇ, § 2, S. 220.

Wie die Überschrift andeutet und § 1 schon angesetzt hat, gilt dieses Gesetz nur für die Theologen, für die Professoren der anderen Fakultäten ist ein anders gefasstes eingetreten. Die ersten Zeilen stimmen überein, dann heisst es:

---

1) Abgedruckt bei Hautz a. a. O. II, 456.

omnes in praedicta facultate et recepti et recipiendi addicti et regimini ecclesiastico palatino subiecti sunto illudque, si forte a quopiam impugnari contingat, dictis scriptisque propugnanto, nullam opinionem hisce contrariam vel privatim, vel publice proponunto, propaganto, defendunto aut fovento, neque etiam in negotia, regimen vel statum politicum concernentia, cuiuscunque generis, sive in lectionibus habendis, sive extra easdem citra expressum mandatum sese ulla ratione ingerunto.

Soviel aber die übrige drey facultaten betrifft, halten wir uns bevor dieselbe nicht nur mit berühmbten der reformirten religion zugethanen professoribus, sondern auch mit ein und andern qualificirten subiectis, erheischender notturft nach, zu der universität bestem zu bestellen, welche dann auff hernach folgendes statutum generale ihre pflicht ablegen sollen.

(§ 3.) Lex generalis pro facultatis iuridicae, medicae et philosophicae doctoribus, professoribus et ministris [1]).

F. 14a; fehlt bei JC: Religioni christianae et pietati in verbo dei traditae et veteribus ecclesiae symbolis oecumenicis comprehensae omnes et recepti et recipiendi addicti et regimini, tam ecclesiastico, quam politico Palatino subiecti sunto illaque, si forte a quopiam impugnari contingat, dictis scriptisque propugnanto.

1.

(§ 4.) Von der gantzen universität gubernation, consilio und rath.

F. 4b 8b = JC f. 4b—8a, § 3, S. 220 (= L, S. 162, O II, S. 5—7).

Einzelnes weicht ab: über die Zusammensetzung des Rats ist hier so verfügt: er setzt sich zusammen aus (f. 5b) ordinarii, doctores und professores der drey höheren facultäten; waß aber facultatem artium anlanget, so setzen, ordnen und wollen wir hiemit, daß hinführo auß berührter facultate philosophica oder artistarum mehr nicht alß drey publici et actu professores ordinarii et magistri ad senatum academicum zu nehmen und zuzulaßen, welche iährlich auß solchem mittel hierzu ordine erwählt, und in solcher zahl allzeit decanus eiusdem facultatis und der ältesten einer begriffen; so auch also zu verstehen, wenn der rector universitatis von der philosophischen facultät were, daß nemblich alßdann neben demselben nicht mehr als zwey professores philosophiae, also in allem ihrer drey in senatu academico sein sollen. — Statt eines Strafgeldes von 12 Pfennigen ist jetzt ein solches zu einem Batzen eingesetzt (f. 6b) — f. 7b (= JC f. 7b): es soll ferners der rector den fiscalem und (f. 8a) collectorem nicht allein ihre iahresrechnungen, sondern auch alle und iede quartal-extracten zu gehöriger zeit dem senatui einzuliefern strictissime anhalten, und was die fiscos, gebün, wein und korn belangt, mit denen, so darzu verordnet, berathschlagen und hernachmahls solches auff den gemeinen rathstag für der gantzen versamblung referiren und erzehlen, damit die ganze universität aller ihrer sachen wißens habe. Sonst Übereinstimmung mit JC vorhanden.

1) Abgedruckt bei Hautz a. a. O. II, 456.

(§ 5.) Puncten und articul, darauff ein ieder, so in den rath der universität wird angenommen, soll beaydigt werden.

F. 8b—9a = JC f. 8b, § 4, S. 221 (= L, S. 162; OH, S. 7).

(§ 6.) Von erwählung deß rectoris.

F. 9a 10a = JC f. 8b—9b, § 5, S. 221 (= L, S. 162; OH, S. 7—8).

Nur am Schluss (f. 9b) eine kleine Abweichung: in solchem fall, da der universität verwandte, fürsten (f. 10a), graffen und herren zu rectoren erwählet, denenselben adiunctos zuzugeben, welche die würckliche functionem deß rectorats vertretten und deßwegen das gewöhnliche iuramentum ablegen, pfleglichen herkommens, so soll in gemeinem rath, sobaldt der erwöhlte fürst, graff oder herr das rectorat angenommen, der adiunctus ex senatu universitatis, und nemblich von der facultät, darauß sonsten der rector deßelben iahrs zu nehmen, wo möglich und es geschiklichkeit der persohnen halber bestehen kann, per suffragia auch erwöhlet und dem rectori (sonsten alle andere persohnen außgeschloßen) zugeordnet werden.

(§ 7.) Puncten und articul, so ein ieder auß der professorenzahl neugewöhlter und angehender rector, wann und so offt ihm das rectorat auffgetragen wird, oder da ein fürst, graff oder herr zum rector gewöhlet wird, deßelben adiunctus und prorector schwöhren soll.

F. 10a–11b = JC § 6, f. 9b–10b, S. 221 (= L, S. 162; OH, S. 8 u. 9).

In dem lateinischen Eid, der vor dem Senat abgelegt werden soll, ist statt „sub iurisiurandi fide" sub fide gesetzt und zu „adhibitis ad hoc architectis sine opificibus" aedili hinzugefügt. Die Verlesung der Statuten soll sich auf die „zu endt deß ersten theilß dieser statuten gesetzte gemeine leges universitatis" beschränken; im Fall der Erkrankung, der Abwesenheit, des Todes oder der Absetzung des Rectors oder Prorektors soll immer der „rückhwerts nechst vorgewesene rector die stelle vertretten".

(§ 8.) Von Besoldung deß rectoris.

F. 11b–12a = JC § 7, f. 11a, S. 221 (= L, S. 162; OH, S. 9).

(§ 9.) Welche und waß für persohnen unter deß rectoris staab gehörig sein und von selbigem uffgenommen werden sollen.

F. 12a—12a = JC § 8, f. 11a—12a, S. 222 (fehlt bei L u. OH).

Hinzugekommen zum Stab sind „berentther, fecht-, sprach- und dantzmeister", weggelassen sind die Bemerkungen über fremde Doktoren und Licenciaten.

(§ 10.) Wie sich ein ieder, so in die universität auffgenommen wirdt, verpflichten und verhalten soll.

F. 13a 16a = JC f. 12a 16b, § 9, S. 222 (= L, S. 163; OH, S. 10—13).

Einzelne Abweichungen im ersten Teil bis zum iuramentum generale:

Der Termin, bis zu welchem die Immatrikulation erfolgt sein soll, ist von 2 auf 4 Wochen ausgedehnt, an Stelle des Eides ist auch hier „Handtreue" gesetzt; den Bürgern, welche Nichtimmatrikulierte aufnehmen, wird eine Strafe von 20 Thalern angedroht. Eine bestimmte Formel des Zeugnisses ist angegeben (f. 14ᵃ); dasselbe lautet: Formula testimonii receptionis. Anno Christi . . . . . . die . mensis . . . in album civium academicorum in hac electorali et pervetusta universitate receptus est, seque leges et statuta observaturum esse, stipulata manu promisit N. N., quod subscriptione mea testor

                                          N. N.
(L. S.)   rector   } electoralis universitatis,
                            prorector } quae est Heidelbergae.

Die dann folgende promissio generalis studiosorum, stipulata manu loco iuramenti facienda, stimmt mit dem iuramentum generale studiosorum (J C f. 13ᵃ, S. 223), nur dass an Stelle des Schlusssatzes: „Ita me iuvet deus trinus et unus" getreten ist: quod stipulata manu in me recipio[1]) (f. 14ᵇ). Das Folgende weicht ab (f. 14ᵇ):

Welcher nun also in die universität auffgenommen wird, der soll für die intitulation dem rectori, wie von altershero, zum wenigsten zehen creützer geben, (arme und ganz unvermögende werden gratis eingeschrieben [2])) und soll solches gelt also distribuirt und vertheilt werden, daß von den zehen creützern zween albus der fiscus universitatis, sechß pfening der pedell emphahe. Da aber von einem fürsten, graffen etc. ein gülden oder auch etwas mehr gereichet were, soll dem fisco davon zwölff albus, dem pedello fünff albus und das übrige sowohl von denen zehen creützern, alß einem gülden und mehrerrn etc. dem rectori verbleiben[3]).

Wiewohl auch von unßern vorfahren und eltern lobseeliger gedächtnuss fleißiger guter (f. 15ᵃ) meinung bedacht und vielfältiger weiß unterschieden und fürgeschrieben worden, wie sich ein ieder der universität verwandter seinem standt und titul nach tragen und kleiden soll, und wir selber auch gern sehen möchten, daß sich dieienigen, so der lehr und kunst sich rühmen, anderst und ansehenlicher, alß der gemeine mann, in ihrer kleidung und tracht hielten; iedoch wollen wir in ansehung gegenwertiger zeit, brauch und gelegenheit nicht so genau und eigentlich solches determiniren; gebiethen aber gantz ernstlicher meinung, daß alle die, so sich unßerer universität privilegien und löblichen herkommen gebrauchen und für studenten gehalten sein wollen, sich aller üppigkeit, muthwilliger und ihnen übel anstehender tracht und kleidung gänzlich abthun: insonderheit aber wollen und ordnen wir hiemit, daß dieienigen, so sich ad studium theologicum begeben, sich, wie in wohlbestelten regierungen beschiehet, ehrbahrer in kleidung alß andere, die der mode folgen, halten, und was sie sonsten an überflißigen perrucquen, rabbaten und bändern verwenden, vielmehr zu erkauffung guter bücher impendiren sollen.

Und dieweil wir nach anleitung und gewohnheit unterschiedlicher anderer universitäten denen profeßoribus absonderlich lange, schwarze röckhe, deren sie

---

1) Die Promissio ist abgedruckt bei Hautz a. a. O. II, 459; ebendaselbst ein Beispiel eines testimonii; die Formel des Aufnahmescheins auch bei Toepke a. a. O. I, XXXI Anm.; über das Handgelübde, das seit 1652 an die Stelle des Eides getreten war, vgl. Toepke a. a. O. p. L u. LI u. 651.
2) Vgl. Toepke a. a. O. I, p. LIII.
3) Vgl. Toepke a. a. O. I, p. LV.

sich in ihren functionibus bedienen sollen, machen laßen, so ist (f. 14 b) gleichsfalls hiemit unßer ernstlicher befehl, daß dieselbe in allen actibus academicis solemnibus solche röckhe tragen und damit bekleidet sein, zu welchem ende dann denen profeßoribus alle sieben iahr neue röckhe ex fisco universitatis gemacht und gegeben werden sollen.

Ferners wollen wir auch hiemit verbotten haben alle lange ungebührliche, auch kurze verdückhte gefährliche waffen, alß da sind dolchen, stilleten, pistollen, puffert, sambt andern dergleichen gewehr, deren sich die studenten sowohl bey nächtlicher weil, alß deß tags auff den gaßen und weegen keinesweeges bedienen oder gebrauchen sollen, absonderlich aber, wann sie per pedellum zum rectore oder für den senatum und consistorium erfordert werden, oder alda etwas zu klagen und fürzutragen hetten, sollen sie auch ihre gewöhnliche degen ablegen, und gantz ohnbewehrt sich sistiren, auff der gaßen aber, oder wo sie zu schaffen haben, deß tags friedlich, deß nachts auch mit gebührlichem licht und laternen, ohne geschrey, ungestümmigkeit, unlust und betrübtnus anderer leuthe ihres weges gehen (f. 16 a). Dann folgt der kleine Schlußsatz: J C f. 16 b.

(§ 11.) Von poen und straff der übertretter.

F. 16 a—18 b = J C f. 16 b—19 a, § 11, S. 223 (= L, S. 164, O II, S. 13—15).

Die Abweichungen von J C sind gering: Bei K L ist eine besondere Strafe festgesetzt (f. 16 a): Die Uebertreter sollen ein ieder nach gestalt der persohn und deß excessus mulctirt (von welcher mulcta, wann sie in senatu dictirt wird, der rector ein drittentheil, wann aber er selbst extra senatum dieselbe ansetzet, die helffte genießen, und das übrige ad fiscum liefern soll) oder mit dem carcere gezüchtiget (f. 16 b) und angehalten, zuletzt und wo solches nicht helffen wollte u. s. w. (erster Absatz bei J C). — Bei der Verfolgung Renitenter soll außer dem Schultheissen auch „der zeitliche Commandant unserer Stadt Heidelberg um Hülfe angesprochen werden" können (f. 17 a).

(§ 12.) Von der iurisdiction deß rectoris und consistoriis, item von von erkießung der assessoren und beysitzern deß rectoris in consistorio.

F. 18 b-21 a = J C f. 19 b - 21 b, § 12, S. 223—224.

Der erste Absatz stimmt überein; über die Erkiesung der Assessoren heisst es (abweichend von JC) f. 19 a: So ordnen und wollen wir, daß fürter unb mehrer authoritätt und ansehens, auch desto schleuniger beförderung der sache (f. 19 b) willen, einem ieden rectori vier persohnen, die von der universität unßeres studiums alhier zu Heydelberg seyen, nemblich, wann der rector ein theologus ist, zwey professores iuris, einer auß medica und einer auß der artisten facultät zu beysitzern geordnet und gegeben werden, und gleichergestalt soll es auch, wann der rector medicus oder artista were, gehalten werden; da aber der rector auß der iuristen-facultätt, sollen ihme auß ieder facultätt einer zugefügt werden, welche persohnen auß allerhand beweglichen ursachen darzu perpetuirt und beständtig darbei bleiben sollen, doch in solcher erkiessung der assessoren kein gefehrde, noch ungleichheit gebraucht, und wo einer oder mehr auß ihnen abgienge, dieselbe iedesmals auß der abgangenen facultätten, auch solcher condition und geschicklichkeit, wie die vorige gewesen, widerumb ersetzt werden.

Im Folgenden ist die Vergütung für die nichtjuristischen Beisitzer für jede

Sitzung auf ½ Kopfstück (statt 2 albus), die Strafe für unentschuldigtes Ausbleiben auf ½ Gulden (statt 2 albus) festgesetzt; endlich soll es gestattet sein (f. 20b), „die hofgerichts-procuratores, so vor ihrem consistorio etwas delinquiren, ihrem verdienst nach zu straffen, ob sie gleich under deroselben iurisdiction nicht gehörig sind". Sonst ist Übereinstimmung.

(§ 13.) Von den contumacibus oder ungehorsamen.

F. 21ᵃ—22ᵃ = JC f. 21ᵇ—22ᵇ, § 13, S. 224 (= L, S. 164 = O H, S. 15 u. 16).

Die Strafen sind abweichend von JC bestimmt. Wer auf Vorladung ausbleibt, soll nach Erkenntnis des Senats (f. 21ᵃ) „in ein arbitrari geldstraff des abwesens halber verfallen, darzu der andern parthey ihrer auffgewendten costen unnachläßig zu bezahlen schuldig sein, und solche muleta soll hernachmahls in fiscum universitatis, damit die honoraria der (f. 21ᵇ) assessorum zu erhalten, gelegt werden". Wenn aber ein bei seinem Eid Geladener sich zu erscheinen weigert, „denselben soll der rector, da der contumax in der statt Heydelberg zugegen, durch starckhe hand herbeybringen laßen, oder da er außtrünnig und man nicht wuste, wo solcher anzutreffen, anfangs zweimahl per publicum programma und zum drittenmahl peremptoric oder in einem mandato mit ansetzung dreyer terminen alsobald peremptoric in valvis ecclesiae oder sonst an gewöhnliche orth citiren und darinnen dem verbrecher oder halßstarrigen einen terminum satisfactionis ernennen u. s. w.

(§ 14.) Von poen und straff derer, so gerichtlich uberwunden und condemnirt werden.

F. 22ᵃ = JC f. 22ᵇ, § 14, S. 224 (= L, S. 164 = O H, S. 16).

(§ 15.) Von denienigen, so begangener mißethatt wegen umb das leben gefangen ligen.

F. 22ᵃ—22ᵇ = JC f. 22ᵇ. 23ᵃ, § 15, S. 224 (L f. 164 u. 165).

Die Fassung stimmt mit der von L abweichenden bei JC überein, nur dass noch besonders betont wird, dass der Fürst sich das Recht der Begnadigung per expressum reservire.

(§ 16.) Von der appellation.

F. 22ᵇ 23ᵃ = JC f. 23ᵃ—23ᵇ, § 16, S. 224—225 (L, S. 165; O H, S. 17).

Der erste Absatz stimmt überein, nur dass die Competenz des Rektors von 20 auf 50 Gulden erhöht ist. Dann heisst es weiter (f. 23ᵃ): Solche appellationes sollen an unßer hoffgericht gehen, doch dass der appellant obgemelten aydt mit caution und versicherung für gefährliches auffziehen dem gegentheil thue und ihm, dem appellanten, nach befindung eine zeit benennet werde, innerhalb deren er solche appellation anhängig mache; und wo sich eine parthey deß obgemelten aydts mit der appellation waigern oder darwider sein wolte, soll der andern obsiegenden parthey gebührliche vollstreckung deß ergangenen urtheils ohne einig weiter aufhalten widerfahren und geschehen.

(§ 17.) Vom fisco universitatis, wie es mit demselben ins gemein soll gehalten werden.

F. 23a—24a = JC f. 24a 25a, § 18, S. 225 (L, S. 165 u. 166; OH, S. 18 u. 19). Der erste Satz stimmt überein, dann heisst es (f. 23b):

So ist von unßern vorfordern insonderheit wohlverordnet, auch unßere meinung hiemit, daß unßere universität einen fiscum oder gemein aerarium haben und fürbaß unterhalten solle, darinn, was an gelt von abgelegten gülten, neuen vermächtnußen und iährlichen überschuß vorhanden, verschloßen werden soll, biß es zu erkauffung neuer güldten, daranff der procurator fisci sonderlich bedacht sein soll, angewendet worden.

Die alßo in das aerarium gelegte gelter sollen von dem procurator fisci nicht allein in deßelben iahrs empfang unter einer eigenen rubric: einnahm geldt, von abgelegten capitalien und neuen vermächtnußen etc. gebracht, sondern auch, biß man sie wieder angelegt, alle iahr in receß gesetzt, und dabey, daß so und so viel in aerario liege, erwehnet und mit einem vom rectore und decanis ihme gegebenen schein verificirt werden. Wann aber solche gelter widerumb angelegt sein, alßdann soll der procurator fisci ihm eine quittung darüber vom collectore geben laßen, solche quittung in seiner außgab selbigen iahres anführen, und zugleich anzeigen, an welchem orth und blat die davon erhebende gülte in die collectur-rechnung gebracht worden (f. 24a).

Solcher der universität gemeiner fiscus oder aerarium soll mit fünff unterschiedlichen schlößern verwahret, und zu iedem schloß ein besonderer schlüßel, alßo daß keiner deß andern schloß aufthue, gemacht werden, deren der rector einen, procurator fisci einen, und der drey übrigen facultäten decani, auß welchen deß iahrs kein rector gewehlet, ein ieder einen in seiner behaltnuß haben, und ihrer ieder nach seinem abtretten vom ampt dem nachkommenden rectori oder decano überantwortten soll.

Und sollen beyde der rector sambt der universität und eine iede facultät insonderheit, davon in nachfolgenden capitul gehandelt wird, ihres gemeinen einkommens, außgebens und dergleichen ihrer gepflegten handlungen denen deputirten von der universität, in beysein unßerer gleichsfalls darzu verordneten iedes iahrs zu vereuderung deß rectoris einmahl zu hernach in specie bestimbter zeit gebuhrliche rechnung und vollkommliche lieferung zuthun, auch aller solcher gethanen rechnung (deren zwey exemplaria sein sollen) unß bey denen vermelten unßern zugeordneten iederzeit ein exemplar ieder rechnung sambt angehäfften extract zu übergeben schuldig sein, das zweyte exemplar soll in der universität archivo verwahret werden.

(§ 18.) Von denen sonderbahren fiscis, so iedweder facultät zugehörig.

F. 24b—25a = JC f. 25a—26a, § 19, S. 225—226.

Der Paragraph stimmt, abgesehen von Abkürzungen, welche an seinem Hauptinhalt nichts ändern, mit JC überein.

(§ 19.) Von dem procuratore fisci.

F. 25a—26a = JC f. 26a 27b, § 20, S. 226 (= L, S. 167 u. 168; OH. S. 20).

(§ 20.) Bestallungspuncten deß fiscalis.

F. 26a—28a: weicht durch deutsche Fassung und vielfache Erweiterungen von JC f. 27b, § 21, S. 226 ab (= L, S. 168 u. OH, S. 21).

1. Soll der fiscalis (so viel an ihm ist) mit höchster (f. 26b) trew und fleiß ins gemein dahinsehen, damit gemeiner universität gefälle nicht geringert, sondern vermehret werden.
2. Soll fiscalis die nach anweißung der bißdahero geführten fiscal-rechnungen ihm zu erheben angewiesene gefälle mit allem möglichsten fleiß eintreiben, und da er einige hindernus finden würde, solches ohne verzug dem senatui academico anzeigen und die remedirung mit ernst befürdern helffen.
3. Demnach dem collectori befohlen ist, daß er alles iederzeit eingangene geldt bey der nechsten senatversamblung einliefern muß; alß soll fiscalis nicht allein darüber halten, daß es geschehe, sondern auch verschaffen, daß solches dem senat eingeliefertes geldt in eine absonderliche neben der senatstuben stehende truhen, darzu er fiscalis den schlüßel habe, gelegt werde.
4. In solche truhen soll auch fiscalis das von ihm selbst erhebende gelt, nachdem er es in den senatum mit einer specification der sorten geliefert, legen und nicht in seinen hauße behalten, sondern, was er zur außgab bedarff, nachgerade herraußnehmen und eine richtige designation deß hingelegten und herraußgenommenen gelts in dieser truhen verwahrlich halten.
5. Abgelegte capitalien, neue vermächtnußen und iährlicher überschuß sollen nicht in diese truhen, sondern in dem aerario oder cassa, davon der universität statuten [droben titulo (f. 27a): vom fisco universitatis 1)] reden, und darzue der rector, procurator fisci und trium facultatum decani iedweder einen schlüßel haben, verwahret werden, und daß solches geschehe, soll ebenmeßig fiscali zu beobachten, und daß diese gelter zu keiner außgabe verwendet, auch nicht fruchtloß gelaßen, sondern mit genngsamber caution widerumb angeleget werden, bey dem senat fleißig zu erinnern obligen.
6. Alß dabevor dem fiscali erlaubt gewest, ein gewieses zu kleinen und unvermuthlichen außgaben bey sich in seinem hauß zu behalten, so bleibt ihm auch solches forthin biß uff zwanzig gülden und mehr nicht unverwehret.
7. Zue mehrer richtigkeit soll fiscalis alles quartal die extracten seiner rechnungen, darinn einnahm und außgaben summariter enthalten, dem senatui ohnfehlbar einliefern.
8. Zugeleich bey einlieferung eines ieden extract soll fiscalis sein manuale (welches er in allen rubricquen denen rechnungen gemeß zu halten) produciren, und damit man sehen möge, waß iedem an besoldung restirt, item ob seine innalm mit der außgab und führenden receß übereinstimme, hat senatus academicus zwey oder drey ex numero professorum zu deputiren, so neben dem rectore den calculum mit durchgehung der (f. 27b) quittungen und collectoris manuals wegen deßen gethaner liefferung summariter ohne einigen verzug ziehen und darüber in proximo senatu kürtzlich referiren sollen.
9. So offt auch collector universitatis seine quartal extracten (wie er vermöge seiner bestallung schuldig) überliefert, soll fiscalis erinnern und daran sein, daß auch collectoris manuale erfordert werde, und

---

1) Siehe S. 256.

wann solches geschehen, soll er nebens etlichen vom senat darzu deputirten profeßorn auff die gefälle, da einige nicht in termino eingangen, inquiriren, und ad senatum, der dißfalls die ferner förderlichste verordnung zu thun, die gebührende notturfft durch collectorem cum voto der deputirten referiren.

10. Soll er die durch ihn selbst vom collectore oder sonsten erhobene geldter sobalden zu bezahlung der besoldung und anders gegen quittungen außtheilen, keinen überzahlen, sondern nach proportion deren vorhandenen geldter und besoldung einem ieden daß seinige reichen, auch in außtheilung der sortten, soviel möglich, gleichheit halten, die von den tournusen fallende goltgülden aber aequaliter, dem einen soviel alß dem andern, wie es vor diesem iederzeit gebräuchlich, distribuiren und verrechnen.

11. Er soll die auff iedes vom senat erlaubtes bauen anwendente costen nicht bezahlen oder in rechnung bringen (f. 28ᵃ), sie seyen dann zuvor von iedes haußes einwohnern attestirt, vom collectore, oder wem es sonsten iederzeit befohlen worden, dem tax genieeß aestimirt und moderirt und endlichen vom senatu academico approbiert.

12. Weilen nicht möglich, alles zu specificiren, so soll er, was einem ehrliebenden provisori fisci wohl anstehet und er gegen gemeine universität und ihrer churfürstlichen durchlaucht etc., alß dero patronum, zu beantwortten gedenckhet, in acht nehmen.

13. Endlich soll er alleweg, gleich nach abgelegter seiner iahresrechnung, sein ampt und fiscalat für rectore und senatu academico auffkünden, da dann diesem freystehen solle, einen neuen procuratorem fisci zu erwöhlen.

14. Für diese seine mühe soll er iährlich genießen, alß ein provisor fisci, ins gemein zwanzig zwey gülden, und alß collector stipendiorum wegen der tournus zu Bacharach und Kayßerswörth acht gülden, in einer summa dreyßig gülden.

(§ 21.) Von dem collectore.

F. 28ᵃ 29ᵃ = J C f. 28ᵃ—29ᵃ, § 22, S. 226 (= L, S. 166; O II, S. 19). Manche Veränderung im ersten Absatz. Der vom senatus academicus ernannte collector habe die Pflicht, dass er (f. 27ᵇ) „bey seinen derhalben gethanen pflichten und eydt alle gefell, zinß und gülten, so nicht allein dero corporibus zugehörig, (insoweit sie nicht vom procuratore fisci immediate eingenommen und verrechnet werden) fleißiglich einbringe und sambte, dieselbe, soviel deren an gelt, dem procuratori fisci alßbald und ohne allen verzug zustelle und überantworte, die wein- und früchtgefälle aber iederzeit in der universität keller und auf den speicher liefern laße und, was er iederzeit derhalben verzehrt oder uncosten auffgewendet, alßbaldt und bey frischer gedächtnus dem gantzen senatui universitatis verzeichnet übergebe und verrechne. Seine Ablieferungen im einzelnen sollen an den Senat und an den procurator fisci gehen.

(§ 22.) Juramentum, welches collector universitatis leiblich schwören soll.

F. 29ᵃ—33ᵃ ausgedehnter als bei J C f. 28ᵇ—30ᵃ, § 23, S. 226 (= L, S. 166 u. 167; O II, S. 19 u. 20).

1. Soll der collector, solang er solches ampt tragen und versehen wird, dem rectori und gemeinen rath der universität alle gebührende er und gehorsamb beweißen, denselben verpflichtet und trew sein, gemeiner universität schaden warnen, frommen und (f. 29b) bestes, soviel ihm möglich, befördern und werben.
2. Soll er alle gefälle, zinß, gülden und exstantien, schulden an gelt, wein, frucht, hünern, cappen und andern, woher daßelbig rührend und fallendt ist, mit höchstem fleiß und ohne großen uncosten einbringen und samblen; da auch über beschehen ersuchen iemand sich seine schuldige gebühr zu leisten waigern wirde, alßdann, ie nach gelegenheit eines ieden orts, die ordentliche obrigkeit und verhelffung bescheidenlich ersuchen, auf die execution eyferigst und bestmöglichst schrifftlich und mündlich treiben und alle mittel tentiren, so der universität zum besten und eintreibung deren gefälle dienet, dafern es aber auch nicht helffen oder verfangen wolte, alßdann ad senatum academicum förderlichst berichten und deßelben beschnidts darunter erwartten und alles anders, so zu einbringung und erhaltung solcher einkommen nutzlich, trewlich verrichten.
3. Ferners und zum dritten: soll er die eingebrachte geltgefälle zu seiner heimbkunfft im nechsten senatu provisori fisci einliefern, die weinund fruchtgefälle aber mit vorwißen deß senatus academici nebens fürzeigung einer schrifftlichen verzeichnuß, wie viel ein iedes, wo er es, und mit was mas oder eych empfangen, ob es die vollkommliche gefälle (f. 30a) oder ein theil derselben, was noch hinterstündig, und von welchem iahre es herrühre, mit Heydelberger mas zu keller und speicher liefern, den abgang oder vorschuß fleißig vermerkhen und künfftig in rechnung beybringen; er soll auch von solchen gefällen nichts in seinen eigenen nutzen verwenden und deß eingenommenen gelts über zwanzig gülden länger nicht hinter sich in seiner behaußung, alß biß der nechste senat nach seiner widerkunfft gehalten wird, deme er alßdann das erhabene gelt ohnfehlbar einzuliefern, behalten.
4. zum vierten: soll er iährlich bey allen stifftern und andern orthen und endten, da die universität ungleiche oder unstündige gefälle und einkommen hat, fleißiglich erkundigen, wie die corpora eines ieden orts gesetzet, und was daßelbige iahr der universität von rechtsweg an früchten und wein darinn gebührt, und solcher satzung und gebühr dem senatui academico und fisci procuratori glaubwürdige belag und anzeigung, wie beym vorigen puncten gemeldet, schrifftlich übergeben.
5. zum fünfften: soll er die schlüßel zum keller und speicher in seiner gewahrsamb und mit bender und mütterer ein fleißiges auffsehen haben, daß wein und frucht, so zu keller und speicher gebracht, wohlversorgt und derselbigen ordtentlichen fleißes gewartet werde, und da er das gegenspiehl spührete und befinde, solches an orthen und enden, da es sich gebühret, schaden zu verhüten anzeigen, auch sonsten daraun sein, daß denen profeßoribus und andern ihre (f. 30b) besoldungen an frucht und wein zu seiner zeit ohnclagbar abgerichtet und bezahlt und in dem gebührende gleichheit gehalten werde; über das soll er über faß, zuber, säckh, und andern der universität

werckhzeug und materialien, alß borth, kalckh, ziegelstein und dergleichen, wie ingleichem alle mobilia, fleißiges aufsehen haben, darüber inventaria halten und solches alles, da es die noth erfordert, doch mit rath und vorwißen der universität, von neuem bestellen und erkauffen und, biß man eines ieden bedarff, in gebührenden orthen verwahrlich enthalten, auch da ein hauß verliehen oder iemand zum dienstthauß assignirt wird, selbiges gebührend außliefern, neben dem bawuffseher und syndico (wie drunten unterm titul von bauführung der universität¹) zu sehen) die inventaria darüber ordentlich halten und die bestandtbrief und inventaria gebührend registriren laße.

6. Zu dem ende, zum sechsten, soll vielgedachter collector in der erkauff- oder ablöß- und veranderung der universität und obbemelter deren collegien, facultäten, stipendien und andern ablößigen und unablößigen zinßen und gülten, auch andern wichtigen händlen und sachen für sich selbsten nichts fürnehmen, statuiren, handlen oder thun, sondern, da es die notturfft erfordern wird, solches iederzeit dem rectori, decanis facultatum, procuratori fisci, davon in gemeiner universität rath ferners zu deliberiren, umbständlich schrifftlich anbringen, (f. 31ª) und, was also daselbsten beschloßen, demselben gehorsamblich folgen und treulich nachsetzen.

7. Er soll auch, zum siebenden, solches gemeiner universität ietzigen und künfftigen einkommens und seiner verrichtung halber, auf erfordern, alten brauch und gewohnheit nach, für dem senatu academico und den iederzeit darzu deputierten churfürstlichen räthen oder dienern, von item zu item, wie das gemeiner universität lager- und zinßbücher außweißen, ordentliche und unterschiedliche rechnung thun, und was er nach gethaner rechnung an gelt, wein, frucht und anderm schuldig bleibt, alßbaldt bezahlen oder nothwendigen bericht thun, woran es gemangelt, daß solcher außstandt nicht eingebracht werden mögen; da dann daraus erschiene, daß er über allen angewandten fleiß und erforderente eyferigste execution, sowohl schrifftlich als mündtlich, nichts erhalten könnte, so bleibt es billig dabey, doch daß er, wie es mit solchem außstandt beschaffen, eine unterschiedliche verzeichnuß überreiche und darunter ferneren beschaid erwarte.

8. Über das, und zum achten, demnach gemeiner universität zween weingärtten und darzu einen gedingten weingärttner bestellet, so soll collector nicht allein ein sonders auffsehens auf solche weingarten, und daß sie von ernantem weingärtner zu ieder gebührenden zeit recht gebauet werden, haben, sondern er soll auch wandt, stüffel und truder zu rechter zeit bestellen, solches für die weingarten führen laßen und daran sein, daß (f. 31ᵇ) damit recht gehandelt, und was zur notturfft nicht erbauet, ins künfftig iahr aufbehalten werde; zu herbstzeiten soll er leser bestellen, die weingarten lesen, den wein von dar wegführen und außkeltern laßen, und allenthalben gute achtung geben, das nichts verschüttet, heimblich abgetragen und verunttrewet werde; er soll auch zu dem ende die kelter, zuber, und was mehr zum herbst gehörig, zu rechter zeit zurichten und in guter

1) Siehe S. 262 flg.

bereuthschafft haben, damit man daran im lesen und sonsten nicht gehindert, und dann das nach geendigten herbst ein iedes wider an sein orth gestellet, bewahrt und aufgehoben werde, an seinem fleiß nichts erwinden laßen; dieweil auch sonsten bißweilen den weingärten mit erdtentragen, stöckhsetzen, tung und beßerung, deßgleichen mit erhaltung der mauern zu helffen, soll er collector, daß daran nicht mangel erscheine, ihme mit trewem laßen befohlen sein, doch in diesem allen eigenes gewalts für sich selbsten, ohne vorwißen und rath deß senatus academici, nichts darin zu bauen oder zu beßern fürnehmen.

9. Zum neundten: soll er sich selber nicht bezalt machen, sondern seiner besoldung, wie die professores, vom fisci provisore gewärtig sein.
10. Zum zehenden: soll er schuldig sein, die materialia an kalckh, stein, sandt, borth und anders, so iederzeit zum bawen von nöthen, mit fleiß zu rechter zeit zu bestellen, dieselbe der gebühr zu verrechnen, auch zum besten zu verwahren und nicht zugeben, daß solch anderst (f. 31ª) wohin, alß zu der universität gebrauch angewendet werden.
11. Zum eilfften: soll er nach einem ieden quartal vierzehen tag hernachher einen quartalextract seiner rechnung ohnfehlbarlichen einbringen, damit man sehen möge, wie es mit derselben iedesmahl beschaffen.
12. Zum zwölfften: soll collector wegen der wüstliegenden unterpfändten attestata beybringen, und wo er keine nachricht wegen der unterpfändter hette, in denen gült- und hauptbriefen nachsehen, selbige extrahieren und darauf alles ernstes bey iedes orts obrigkeit schriftlich und mündlich treiben, damit die universität zu dem ihrigen wieder gelangen möge.
13. Zum dreyzehenden: soll er von allen der universität heimgefallen- und heimbfallenden unterpfändtern richtige verzeichnuß halten, selbige mit der alten und neuen befoehung, auff daß man solcher gütter iederzeit kündig sein möge, conferiren nnd in ein buch schreiben.
14. Zum vierzehenden: soll er sich wegen ablegung der capitalien an kein unterpfandt weißen laßen, es were dann kündtlich, daß anders nichts vorhanden, und der debitor gar nicht solvendo.
15. Zum fünffzehenden: da einiger nachlaß oder notable außgab geschiehet, soll er davon iedes mahl mit beylegung decreti senatus academici referiren, wie auch sonsten alle posten mit quittungen bescheinen.
16. Zum sechszehenden: dafern er was einbringen könnte, aber durch sein versaumnus, (f. 32ᵇ) und nicht erforderte oder nicht beschienene execution nicht eingetrieben worden were oder ins künfftig nicht eingetrieben würde, soll ihm solches in einnahm geschrieben und angesetzet werden.
17. Zum siebenzehenden: soll er die cappannen und ander federviehe in natura einsamblen und liefern, daßelbige unter die profeßores und bediente, den alten rechnungen gemeß, außtheilen, sonsten aber für einen cappaunen fünff batzen und für ein hun drey batzen einnehmen.
18. Zum achtzehenden: waß er also iederzeit in einbringung mehrbemelter gefäll und verrichtung der universität geschäfften außerhalb der statt und über feldt verzehret oder an unvermeidlichen uncosten an-

wenden wird, das soll er alsobald bey frischer gedächtnuß dem senatui academico verrechnen und glaubwürdige verzeichnuß, wo, weßhalben und wann er solches verzehrt, unter seiner handtschrifft übergeben und sich allewceg in die ordnung der dörffer, fleckhen und städten schickhen, daß er auf einer reiß nicht allein ein geschäfft, sondern mit einem costen viel verrichte und sich durch gesellschafft oder sonsten geringe ursache nicht aufhalten oder verhindern laßen.

19. Endlich soll er allweg gleich nach abgelegter seiner iahres rechnung sein ampt und (f. 33a) collectur für rectore senatu aufkünden, solches, da er es fürters und länger zu bedienen bedacht, wider von newem begehren, und da ers erlangt, alßdann auff erinnerung seines zuvor geleisteten eydts, damit er für und für, und solang er dieses ampt tragen wird, sich in allem alß ein getrewer diener zu erweißen mit handgegebener trew auf ein neues sich verkuüpffen und verbinden. Vor solche sein ietzt und alle künfftige mühe und arbeit soll ihm iährlich hinführo vom procuratore fisci zu seiner unterhaltung und dienstbesoldung entrichtet und bezahlt werden an gelt: ein hundert und fünffzig gülden, an wein: ein fuder, an frucht: sechs malter korn, zwölff malter speltz und fünff und zwantzig malter habern auff ein pferdt.

(§ 23.) Von bauführung der universität.

F. 33a – 36b (verschieden von J C f. 30a – 32a, S. 226; L, S. 168; O II, S. 21).

Obwohl in den vorigen statutis universitatis eine eigene rubric von korn-, wein- und baumeistern gewesen, angesehen wegen der nahmhafften corporum contubernii, domus Dionysianae, collegii principis, prytanaei etc. allweg ein ansehnlicher vorrath von korn und wein müßen gehalten werden, welche corpora aber anietzo nicht in esse seind, daher auch eigene wein- und kornmeister nicht nöthig, (f. 33b) so ist allein von bauführung der universität folgendes verordnet worden:

1. Soll rector universitatis sambt zweyen vom senatu (deren einer der bauaufseher sein solle) ihm zugeordneten und den werekhleuthen im monath februario alle und iede der universitätshäußer und gebäue besichtigen, was an einem ieden zu bauen und zu beßern, fleißig verzeichnen, nach befindung die werekhmeister darüber einen vor- und überschlag aufsetzen laßen, solches an den senatum academicum bringen, und wann darüber eine resolution gefaßt, die versehung thun, daß es ins werckh gerichtet werde.
2. Die auffsicht über das bauwesen selbst soll einer auß den profeßoribus, so iährlich darzu erwehlet wird und widerumb mit dem rectore abgehen soll, haben, welcher sich nach denen hernach folgenden puncten in allem zu richten hat und sich darzu bey dem aydt, damit er gemeiner universität zugethan, stipulata manu anheißig machen soll.
3. Nöthige materialien soll der collector nicht allein einkauffen, sondern auch in verwahrung halten und verrechnen, wie ihm darzu seine bestallung droben anweißet.

Folgen die puncten, wornach der auffseher des bauwesens sich zu richten:

1. Soll derselbe mit aller trew und fleiß ins gemein dahin sehen, damit gemeiner universität (f. 34a) gebäuen kein schad, abbruch oder geringerung zugefügt werde, sondern, wo er dergleichen etwas ver-

merckt oder zu befahren, daßelbe alsobald und bey zeiten rectori und senatui academico berichten.

2. Soll er mit fleiß sich dahin bearbeiten, daß in anbefohlener bauung der baucosten, soviel immer möglich und die notturfft erleidet, eingezogen und gemeiner universität fiscus nicht beschwerd werden möchte.

3. Nachdem die iährliche visitatio aedium fürüber, soll er daßienige, was in solcher visitation für nottürfftig zu bauen erkandt oder sonsten in senatu academico decretiert worden, zu rechter zeit ins werckh richten und excquiren, wie dann zu solchem endt iedes iahrs nach gehaltener visitatione aedium rector, altem gebrauch nach, in proximo senatu zu referiren hat, was durch die visitatores in denen behaußungen nothwendig zu verbeßern gefundten worden oder nicht.

4. Sonsten an und für sich selbsten ohne befehl soll er nichts bauen oder machen laßen, es könnte dann die sach keinen verzug leiden, auf welchen fall er zu fürkommung größern schadens thun mag, was die notturfft erfordert, doch soll er, wo es zuvor zum wenigsten dem rectori nicht könnte angezeigt werden, allein das nöthigste verfertigen laßen und darauf der sachen (f. 34 b) beschaffenheit alsobald ad rectorem und senatum academicum umb resolution berichten.

5. Wie dann in specie ein ieder universitäts-verwandter, welcher ein universitätthauß bewohnt und ihm einmahl gantz geliefert worden, dasienige, waß durch seine oder seines gesindes fahrläßigkeit verderbet, verbrochen und verloren wird, alß schlößer, schlüßel, öffen, fenster, läden und dergleichen, wider auf seine costen verbeßern und machen laßen, der bauauffseher aber keines wegs solche zettel unterschreiben, es were dann sach, daß solches durch ungewitter oder ohne der einwohner schult geschehen, welches doch iederzeit zuvor bey der visitation den visitatorn anzumelden und nach gelegenheit zu deroselben oder senatus academici erkandtnus gestellet werden soll.

6. Zu welchem ende dann auch ein iedes hauß, sonderlich wann ein professor hinein- oder hinaußziehen will, von dem bauauffseher und syndico besichtiget, und was demselben an fenster, läden, schänckh, offen und dergleichen geliefert, oder auch an keßlen oder sonsten, vermög deß gemeinen inventarii, erkaufft und gestellet wird, ordentlich beschrieben, und solches hernacher neben dem collectore (wie droben[1]) gemeldet) sowohl vom bauauffseher in acht genommen, alß auch vom profeßore oder seinen erben beym außziehen widergeliefert werden (f. 35 a).

7. Weilen an verdingung der arbeit und der haudtwerckhsleuthe belohnung viel gelegen, in deme dieselbe ihren besondern vortheil hierinn suchen, daß sie nemblich etliche tage über solcher arbeit zubringen, die in einem tag wohl geschehen könnte, oder sonsten die universität gemeiniglich überfordern und vervortheilen, alß hat der bauauffscher hierinn auf folgende puncten fleißige obacht zu haben: 1. alles, was sich thun läst, überhaubt, wie man es pflegt zu nennen, zu verdingen; 2. im fall aber daß auf taglohn müste gehandelt werden, ist dahin zu sehen, daß die handtwerckslenthe bey verlust

---

1) Siehe S. 260.

und abzug ihres lohns pro rato zu gewieser stundt in die arbeit und wider davon gehen; 3. mit den handtwercksleuthen deß verdings halber auffs nechste, doch zu bestandt und wehrschafft, und daß sie in der arbeit verbleiben, zu handlen; 4. nach vollbrachter arbeit soll der bauauffseher nicht alsobalden die zettel unterschreiben, sondern erwegen, ob der handwerkhsmann auch dasienige, so vor die gemachte arbeit auffgeschrieben worden, verdienet und verdingter maßen vollbracht habe; diesem nach soll er alle zettul, wann sie zuforderist auch von denen, in deren behaußung etwas gearbeitet worden, unterschrieben sein, selbst unterschreiben, folgends in den senatum academicum bringen, damit die zahlung dem fiscali anbefohlen werde, gleichwohl soll er die (f. 35b) in unterschiedlicher profeßornu behaußung verrichtete arbeit nicht in einem zettel zusammensetzen, sondern absonderlich, was in einer ieden behaußung gemacht, specificiren laßen.

8. Weilen auch nicht wenigers am einkauffen und verwahren der nothwendigen materialien und andern sachen gelegen, alß soll der bauauffseher neben dem collectore (wie droben gemeldet) erstlich die verfügung thun, daß iederzeit ein vorrath notwendiger materialien, alß etwas an borthen, latten, ramschenckeln, sandt, kalckh, gebachen steine u. s. w. vorhanden seye oder zu rechter zeit bestellet werde, damit man sich derselbigen, wann es nöthig, zu gebrauchen habe; 2. soll derselbige dahin bedacht sein, ob nicht alle iahr mit den ziglern, weilen sie iåhrlich eine gute anzahl materialien bey gemeiner universität umbs baare gelt vertreiben, zu handeln, daß sie dieselbe umb den werth, wie sie von Chur-Pfaltz angenommen werden, oder aufs wenigst wohlfailer alß sonsten, kåuflichen überlaßen; 3. daß die materialia, alß kalckh durch den kalckhmeßer alhier, die gebackhene steine aber, ziegel und anders durch die kårcher sowohl, alß durch die handtwerckhsleuthe, alß maurer, zimmermann, schreinern u. s. w. gezåhlt, und deßwegen dem bauauffseher alsobald nach der lieferung ein verzeichnuß oder kerbholz überreichet werde; 4. ingleichen soll der bauaufseher dahin sehen, ob er ebenermaßen bey den kråmern, bey welchen iåhrlich viel wahren (f. 36a) genommen werden, umb einen wohlfeilern preiß handlen könne; 5. soll der bauauffseher sonderliche gute obacht haben, daß die handwerckhsleuthe weder kalckh, zigelstein und dergleichen bey dem zigler, noch auch bley, någel, farb und anders bey den cråmern ihres gefallens außnehmen, sondern daß solches alles und iedes mit vorwißen deß bauauffsehers geschehe und ihnen ein zettul, wie viel sie zu bestimbten und vorhabenden arbeit bedürfftig, von demselben mitgetheilt und bey folgender abrechnung und zahlung iederzeit vom cråmer oder andern, bey welchen die sachen abgeholet, widerumb beygeleget werden; 6. damit auch alle materialien, sonderlich kalckh, stein zu dem ende, darzu sie erkaufft, verbrauchet und nicht anderwerts unterschlaifft werden, so hat der bauaufseher fleißig achtung darauf zu geben und dieselbe den handtwerckhsleuthen nicht allein zuvertrauen; 7. soll der bauauffseher über die borth, eychene- und andere ramschenckeln und dergleichen materialien, so iederzeit im vorrath seind, ein register und rechnung, wo iedes hingekommen, halten.

9. Demnach auch ein kärcher fast stetig muß gebraucht werden, hat der bauaufseher dahin zu sehen, ob mit demselben ein gewieser lohn umb einen karch sandt, stein, laymen, kalckh und andere materialien, wie auch kummer, weingarttenholtz nahe und weit zu führen, damit man nicht fast alle tag deß lohns halben mit ihm handeln dürffte, darbey auch (f. 36b) iederweilen, soviel möglich, die uffsicht zu haben, ob und wie derselbe führe und liefere; deßgleichen soll der bauauffscher wochentlich mit dem kärcher abrechnen und wegen deß, so er iedesmahls geführt, einen zettel begehren und selbigen unterschreiben, damit nicht ettwann durch langes anstehen der abrechnung gemeiner universität ein nachtheil zugefügt werde.

10. Dargegen und zur ergötzlichkeit sollen erwehntem bauauffscher iährlichen von gemeiner universität fiscalen zwölff gülden entrichtet werden.

(§ 24.) Vom consilio und rath einer ieden facultät.

F. 36b–38a = J C f. 32a–33b, § 25, S. 226.

Die Übereinstimmung ist fast wörtlich; indem auch bei KL den Professoren der juristischen und medizinischen Fakultät erlaubt wird, Privatgeschäfte zu betreiben, wird den ersten besonders eingeschärft, „nicht aber supplicationes und memoralia umb geringen gewinns willen, einem ieden seiner profession und standt verkleinerlich, zu verfertigen und aufzusetzen."

(§ 25.) Von erwöhlung und ampt eines decani in der theologischen, iuristischen und medicinischen facultät.

F. 38a–39a = J C f. 35b–36b, § 29, S. 227.

Einzelne Abkürzungen; so ist der vorletzte Absatz bei J C weggelassen. Im Einklang mit den früheren Bestimmungen ist es, dass der eintretende Dekan keinen Eid zu leisten, sondern nur einen Handschlag zu geben hat.

(§ 26.) Articuli pro decanis trium superiorum facultatum.

F. 39a–40a = J C f. 36b–37b, § 30, S. 227. KL hat 13 §§, J C 12 §§; 2 ist etwas kürzer gefasst; 10 (neu): quod recensioni bibliothecae quotannis una cum rectore intererit.

(§ 27.) De decano facultatis philosophicae.

F. 40a 40b = J C f. 37b–38a, § 31, S. 227–228.

(§ 28.) Officii decurionis huius facultatis philosophicae capita.

F. 40b–42a = J C f. 38a–40a, § 32, S. 228 (s. L, S. 196; O II, S. 94). Die einleitenden Worte setzen wieder promissio stipulata manu an Stelle des iuramentum. Dann 13 §§ bei J C, 12 bei K L; und zwar K L 1–7 = J C 2–8; K L 8: statt zum examen in baccalaureatu et magisterio publico subeundum wird der decurio ad examen in philosophia subeundum einladen; 10 = 11; 11: adolescentes e schola classica promotos aut recens ad academiam missos blande ac civiliter ad se vocabit, de studiis instituendis cum iis colloquetur, methodum proponet et professores earum disciplinarum, quibus addicere se volent ipsis ipsosque professoribus commendabit; 12 = 13; deutscher Schlusssatz wie bei JC.

(§ 29.) Von deß decani zugegebenen und beyständten in den facultäten.

F. 42a–42b = JC f. 40, § 33, S. 228 (= L, S. 198; s. OH, S. 95).

(§ 30.) Waß für ordnung in sessione die profeßores cuiuscunque facultatis under sich zu halten haben.

F. 42b = JC f. 40a–40b, § 34, S. 228; vielfach geändert:

Demnach in einer ieden der dreyen obern facultäten statutis versehen, welche die erste, zweyte und folgende lectur sein soll, darnach auch die profeßores einander in der ordnung folgen, so laßen wir es dabey bewendten; aber in der artisten facultät sollen die profeßores in der ordnung, wie sie zu denen profeßionen gekommen, aufeinander folgen, iedoch allenthalben mit vorbehalt deß, so von den decanis droben verordnet ist.

(§ 31.) Von verleyhung der universität lectur.

F. 42b–44b = JC f. 40b–42b, § 35, S. 228 (= L, S. 168 = OH, S. 22 u. 23). Nur die Stelle (JC f. 42b; OH, S. 23 Absatz 1) so etwa die alten frommen christen — auch sonsten from und erbar sei ist weggelassen.

(§ 32.) Welche lecturen perpetuirt oder nicht perpetuirt sein sollen.

F. 44b–47b = JC f. 42b–46a, § 36, S. 229 (L, S. 168 u. 169; OH, S. 24 - 26). Von den Bursen ist nur mit dem Zusatz die Rede, insofern sie wieder aufgerichtet würden (f. 46a), sonst ist völlig Übereinstimmung mit JC.

(§ 33.) Von disputationibus, in den dreyen obern facultäten ordinarie zu halten.

F. 47b–50b = JC f. 46a–50a, § 37, S. 229–230 (L, S. 180; OH, S. 44). Der erste Absatz stimmt überein (bis angerichtet und verordnet worden), dann führt KL fort (f. 48a): ordnen demnach, daß in einer ieden facultät jährlich vier disputationes dergestalt sollen gehalten werden, daß kurze positiones in forma patenti, mit dieser inscription: ordinaria disputatio, auf gemeiner universität costen, getruckt werden, und soll der praeses vor das praesidium keine vergeltung von dem respondenten fordern oder nehmen, extraordinariis disputationibus aber wollen wir hiermit keine maß gegeben haben, sondern stehet einem ieden profeßori frey. dieselbe, so offt es ihm beliebig, und andere umbständte es zulaßen, zu halten. Hierauf folgt Absatz 3 bei OH, S. 44, der mit den Worten: Und zu solchem disputiren oder argumentiren u. s. w. beginnt. Der Schluss des Absatzes ist ausgelassen und unmittelbar mit: „damit aber angeregte nutzbare exercitia" fortzufahren bis: „so sie zu opponiren lust haben". Dann ist angefügt (f. 49a): iedoch soll eines ieden praesidis discretion heimgestellt verbleiben, diesem nicht so gar stricte nachzugehen, sondern nach befindlichen umbständten, alles bescheidentlich einzurichten. Dieselben disputationes sollen iedesmahl etliche tage zuvor angeschlagen u. s. w.; als Zeit für die disputation ist 8—10 (bei JC 7—10) Uhr angesetzt. Der letzte Passus ist so geändert (fol. 50a): und demnach clagen fürkommen von denen, so gern wollten pro gradu disputiren, daß sie etwann über ihre gelegenheit von dem praeside ohn gültlichen, nicht ohne vernachtheilung der universität, aufgezogen werden wollen, damit dan solchem hinfürter begegnet, und die universität hierdurch nicht in verkleinerung oder abgang komme: so ordnen wir ernstlicher meinung und wollen, daß ein ieder der drey obern facultäten profeßor und lector, so das officium praesidendi an ihn kombt, das praesidiren unverzüglich bey willkürlicher bestraffung, welche der senatus academicus wider ihn erkennen soll (f. 50b), über sich nehmen, und derhalben weiter noch anderst, alß die gewöhnliche verehrung dem candidato nichts abnehmen, sondern es bey derselben gäntzlich beruhen und bleiben laßen soll.

(§ 34.) Von den ordinariis disputationibus und andern exercitiis in facultate artium.

F. 50b—52a = JC f. 50a—53b, § 38, S. 230 (s. L, S. 201; OH, S. 106).

Nur der erste Absatz stimmt überein, dann fährt KL (f. 50b) fort: Und zu mehrer nachrichtung und ordnung soll der decanus der facultät diese disputationes also unter die ordinarios professores eintheilen, daß ein ieglicher in seiner ordnung entweder einen praesidem und respondenten stell oder selbst disputire, oder wann keines von beyden geschieht, einen halben gulden in den fiscum zahlen oder an seiner besoldung sich kürtzen (f. 51a) lassen, darüber der fiscalis fleißig uffsicht haben oder, da er saumbhafft were, selbst solche straff entrichten solle.

Der vorgedachte praeses soll pro praemio anß der universität fisco einen halben gulden gegen lieferung der disputation genießen, zumahlen die theses auf ein blatt sollen getruckt und an der thür deß collegii philosophici deß mitwochs vorher angeschlagen werden.

Wie das praemium praesidis, also soll auch der uncosten auf den truckh anß dem fisco universitatis hergeschoßen und so wenig dem praesidenti, alß respondenti zugemuthet werden, nicht daß geringste, weder dem pedellen, noch auch sonsten iemandten einigen schmauß zu entrichten, sondern diese disputationes sollen allerdings frey und ohne andern alß der universität costen fortgesetzet und von acht biß zehen uhren vormittag, auch wohl nachmittags gehalten werden, und soll der zeitliche decanus alß moderator, wann kein professor praesidirt, sich darbey einfinden, damit alle unordnung und ohngebührliches gezänckh verhüttet werden.

Die positiones oder theses mag der praeses anß der logica, physica, ethica, metaphysica nehmen, iedoch, daß er dieselbe kurtz verfaße, damit nicht mit unnöthigen wortten das papier ausgefüllt werde.

Da auch magistri (denen es von der facultät erlaubet were außer diesen ordinariis disputationibus andere lectiones und (f. 51b) disputationes zu halten genaigt weren, soll ihnen darzu von dem decano facultatis zeit und orth angewiesen und alle beförderung erzeigt werden.

Dabenebenst haben dicienige, welche sich in philosophicis lectionibus, auch disputationibus praesidendo, respondendo, opponendo fleißig üben, sich deßen zu versichern, daß bey ihrer künfftigen beförderung zum predig- und andern ämptern solcher ihr fleiß insonderheit soll in consideration gezogen und sie andern fahrläßigen vorgesetzet werden.

Zu solchem zweckh soll der decanus einen indicem oder verzeichnuß halten, darinn die praesides, respondentes und opponentes selbst ihre nahmen zeichnen und daranß ihnen auf ihr begehren testimonia ertheilen, welche sie bey bevorstehender ihrer beförderung oder andern orten, dahin sie reißen, vorzeigen können.

Sonsten aber, was die vermeidung aller unbescheidenheit und zanckhes betrifft, auch wer weiter bey solchen disputationibus provocirt und zugelaßen werden soll, laßen wir es bey dem, was in vorgehendem titul von den drey höhern facultäten disputationibus verordnet und statuirt ist.

Und damit ia in dieser facultät an übung und exercition kein mangel erscheine, so sollen die professores facultatis artistarum ein ieder iährlich auf das wenigste einmahl in seiner profession publice disputiren (f. 52ᵃ), oder wann ers nicht thut, drey gulden straff geben.

Über das soll der professor eloquentiae denen studiosis fleißig zu declamiren nicht allein zusprechen, sondern auch ihnen themata und dispositiones aufgeben und ihre compositiones nachsehen und corrigiren; nicht weniger er selbst alle programmata academica, parentationes, gratulationes und dergleichen gegen einer iährlichen ergötzlichkeit ex fisco academico von fünfundzwanzig gulden verrichten, dabey iedoch einem ieden andern professori auch freystehen soll, dergleichen nach belieben außzurichten.

(§ 35.) Von den extraordinariis lectionibus und disputationibus aller vier facultäten.

F. 42ᵃ—53ᵃ = JC f. 53ᵇ—54ᵃ, § 39, S. 230.

Die erste Hälfte hat in beiden Statuten die gleiche Fassung bis: „doch nichts das verbotten und unzulüßig profitiren mag"; von da an heisst es bei KL (f. 52ᵇ): soviel aber dieienige materias, welche von einem profeßore bereits publice gelesen werden, belanget, selbige soll sich kein ander proprio motu privatim zu dociren unterstehen, sondern da die studiosi solches von einem profeßore absonderlich begehreten und von ienen zu ihrem genügen nicht könnte verrichtet werden, alßdann soll diesem darüber collegia privata zu halten auf sein begehren zu der universität mehrern aufnehmen von der facultät, dahin es gehöret, verstattet werden.

Waß aber doctores, licentiatos und magistros, so nicht actu profeßores, auch etwann anderst wo promovirt, iedoch immatriculirt und geneigt sein, sich zu ihrem selbst- und anderer untz, privatim oder publice obstehendermaßen legendo zu üben, die sollen zu verhütung deßen, daß etwann sonsten unordentlicher weiße hierunter gesucht werden und fürgehen möchte, zufürderst erlaubnus und (f. 53ᵃ) bewilligung von der facultät, darinnen sie privatim oder publice zu lesen lust haben, außbringen, doch solches ohne sonderbahre erhebliche ursachen keinem leichtlich abgeschlagen werden, mißgunst und partheylichkeit gänzlich hiemit außgeschloßen.

(§ 36.) Wann und zu welcher zeit in den lectionen bei ieder facultät vacantien sollen und mögen gehalten werden.

F. 53ᵃ—54ᵇ = JC f. 54ᵃ—56ᵃ, § 40, S. 230 (L, S. 173; OH, S. 45 u. 46).

Folgende Veränderungen: Im zweiten Absatz sind als gefreite Tage bezeichnet (f. 53ᵃ): „alle sonn- und hohe festtäge, item die car- und osterwoche, weilen die auditores alßdann gemeiniglich nicht erscheinen. — Nach „und sonsten nothwendige geschäffte verrichtet werden" (f. 53ᵇ): Alß auch hoch vonnöten, daß der universität rechnung alle, und ein iedes iahrs besonder, neben unßern darzu verordneten in beysein einiger professorn von der universität verhört werden, auch hinfüro die fiscal- und collecturrechnung, wie ins gemein, auff cathedra Petri oder den 22ᵗᵉⁿ Febr. an- und außgehen sollen, und die erfahrung zu erkennen gibt, daß sehr nützlich, daß ein gewieser tag und zeit, darauff solches geschehe, bestimbt werde, darnach sich mänuiglich wiße zu richten, so wollen wir, daß fürohin solche der universität rechnungsverhör iährlich zu anfang deß monaths may angestellt und fürgenommen werden solle, auff daß die officianten, so rechnung zu thun haben, zwischen cathedra Petri und dieser zeit (f. 54ᵃ) ihr außstehende schulden vollents einbringen und ihre rechnung desto ordentlicher und fleißiger stellen mögen, und sollen dieienige professores, so der rechnungsverhör beywohnen, die zeit über von ihren lectionibus dispensiert sein. — Nach „unßerer schweren ungnad zu vermeyden" im nächsten Absatz führt KL fort (f. 54ᵃ): iedoch mögen die tage, da einer ein und andere actus solennes, alß orationes vel disputationes inaugurales, item promotiones und dergleichen gehalten, damit die professores sich desto fleißiger dabey einfinden, vor ferien geachtet, und solche auch vor dieienige professores, so iärlich die bibliothecam universitatis zu recensiren und derselben heuser zu visitiren haben, extendirt und verstanden werden sollen. Der Schlusssatz ist in beiden Statuten der gleiche.

(§ 37.) Von straff der versäumten lectionen und disputationen in iedweder facultät, ex venia a rectore danda, auch von verbottenen substitutionibus.

F. 54ᵇ—56ᵇ entspricht = JC f. 56ᵃ—57ᵃ, § 41, S. 240, ist aber anders gefasst.

(F. 54ᵇ): Damit die lectiones und disputationes bey einer iedwedern facultät desto embsiger vollführet, und nicht durch verschonen und übersehen denen profeßoribus zur fahrläßigkeit oder anderm ihrem standt und beruff unanständtlichen geschäffte und gewerb, der studirenden iugend aber zu hößer geselschafft, schwelgen und anderm unordentlichen verderbten wesen ahnlaß gegeben werde, so ordnen wir ernstlich, daß nicht allein dem, waß von disputationen droben gemelt ist, mit allem fleiß nachgelebet werde, sondern es soll auch ein ieder profeßor zu außgang eines ieden monats dem rectori eine designation, wie viel, an welchen tagen und warumb er lectiones versäumet oder nicht gelesen, zuschicken oder übergeben, und der rector soll in der versamblung deß senatus academici alle quartal, nemblich ein abgehender (f. 55ᵃ) rector in der letzten senatsversamblung vor ablegung seines rectorats und folglich der nechste rector iede drey monathen ein examen oder censuram neglectarum lectionum anstellen, da zuerst der rector selbst und folgends die profeßores, nach ordnung der facultäten, ein iedweder bey seinem eydt und gewißen die übergebene designationes bejahen und die darinn angeführte ursachen erwogen werden sollen.

Im fall nun solche ursachen nicht erheblich befunden würden, soll dem profeßori vor eine iegliche versaumbte lection ein gülden an seiner besoldung abgezogen, die eine helfft davon beym fisco behalten und die andere helffte unter die sammentliche profeßores außgetheilt werden; wäre aber der versaumbten lectionen anzahl gar groß, soll die sache au unß oder unßern regierungsrath vom rectore zu fernerer verordnung gebracht werden; befinde sich dann entweder in der censur oder hernachmals, daß ein profeßor seine versaumbte lection verschwiegen hette, und er deß überwiesen würde, soll ihm vor eine iedwedere verschwiegene versaumnus zehen gülden an seiner besoldung abgezogen, und da die besoldung eines quartals nicht zureichte, ihm seine zukünfftige besoldung so lang, biß die straff eingebracht, vorenthalten werden (f. 55b).

Damit auch denen profeßoribus die entschuldigung, daß sie durch unßere oder der universität geschäffte an ihren lectionibus verhindert werden, abgeschnitten werde, so wollen wir, daß die universität die professores mit keinerley geschäfften und commißionen, so nicht etwan eylende, höchstnöthige und unaufschiebliche sachen betreffen, dardurch sie sonsten von ihren ordinari lectionibus und arbeit möchten abgehalten werden, beladen solle, sie hette es unß dann vorhero angezeigt und unßere erlaubnus dißfalls erlanget.

Auch wir selbst wollen und unßere canzley soll keinem profeßori etwas, deßwegen er seine lectiones und ordentliche functiones verabsaumen müste (welches iederzeit der profeßor unß und unßerer canzley nugescheuet entdeckhen mag), zumuthen, und da ia solches unvermeidlich geschehen müste, wollen wir dem profeßori entweder eine schrifftliche dispensation oder dem fiscali universitatis eine assignation, deß profeßoris verwürckte straff von unßerm cammermeister zu erheben, zustellen laßen; in ermanglung aber vorgesetzter dispensation oder assignation soll dem profeßori die straff an seiner besoldung (wie vor bedeütet) abgezogen werden.

Und demnach zuweilen auditores ermanglen, daher die lectiones, obwohlen die profeßores sich darzu (f. 56a) einstellen, nicht können verrichtet werden, so wollen wir die verordnung ergehen laßen, daß denen profeßoribus, die wegen mangel zuhörer sich dem lesen entziehen, zum wenigsten einer von unßern alumnis angewiesen werde, deme der profeßor, käme gleich niemandt mehr dazu, ebensowohl, auch nicht kürzere zeit, alß wann viel vorhanden wären, lesen und dadurch sich in stetiger übung unterhalten solle.

Nebenst diesem soll ein ieder profeßor, waß er in dem nechsten halben iahr lesen will, zuvor in senatu academico anzeigen und sich deßen gutachten conformiren, auch sein vorgenommenes pensum in angesetzter zeit bey willkürlicher straf außmachen; da er aber solches mehr alß einmahl nicht gethan hette, soll es an unß oder unßern regierungsrath gebracht werden.

Ferners wollen wir hiemit ernstlich, daß in der universität fiscalrechnung, berührter neglecten halber ein sondere rubric gesetzt und die vorfallene und angerechnete neglecten specificirt werden.

Wann auch ein profeßor nothwendiger und ohnvermeidlicher seiner eigenen geschäffte halber außerhalb der statt verreisen müste, soll er solches iederzeit dem rectori und decano seiner facultät anzeigen, und da sich hernachmahls befinden würde, daß etlichermaßen (f. 56b) ein erhebliche ursach gewesen, welche doch nicht gäntzlich entschuldigte, soll ermeltem profeßori auferlegt werden, die also versaumbte lectionen an einem tag in denen stundten, da man sonsten nicht liset, zu compensiren, damit denen studiosis, soviel möglich, an ordinariis lectionibus nichts abgehe, sonder sie neben den profeßoribus in gebührendem fleiß erhalten werden.

Wir wollen auch, daß ein ieder profeßor seine profeßion selbst verwalthen und niemandtem durch einem substituten zu lesen verstattet werden soll: iedoch damit ein seminarium, auß welchem man gelehrte leüthe und profeßores nehmen könne, erhalten werde, soll andern darzu tüchtigen und gelehrten studiosis, iedoch cum permissu facultatis, privata collegia zu halten erlaubt sein.

Und damit schließlich dieser verordnung, darauff der wohlstandt unßerer universität guten theilß beruhet, in allen ihren puncten ohnfehlbar und genau nachgelebet werde, wollen wir unßerm cantzler, oder wem wir sonst die pflicht über gedenkliche universität ex speciali commissione anvertrauen möchten, befehlen, daß er nicht allein alles ernsts darob halte, sondern auch selbst iezuweilen und so offt er es nöthig befinden würde, der censurae lectionum beywohne, und, daß dero observantz nicht in abgang gerathe, beobachte.

(§ 38.) Von fahrläßigkeit und ärgerlichem leben der professoren und derselben straff.

F. 57a = JC f. 57a 57b, § 42, S. 230 (= L, S. 165 = OH, S. 17 u. 18).

(§ 39.) Von publicis promotionibus und titula, so bey ieder facultät conferirt werden mögen, und was man darfür in die fiscos facultatis zu erlegen schuldig, dergleichen von den prandiis und clinodiis.

F. 57b 59a = JC f. 57b–59b, § 43, S. 230—232.

Am Schluss des Absatzes 1 ist als Ort für die Promotionen auditorium iuridicum oder ein anderes dazu zu erbauendes brabeuterium in Aussicht genommen. Daran schliessen sich andere Bestimmungen über die Kosten der Promotionen (f. 57b): Soviel die gradus promotionum anlangt, soll gleich bey dem ersten tentamine in denen facultatibus theologiae et iurisprudentiae ausgezahlet werden 32 gülden (f. 58a), in medica facultate 24 gülden und dem rectori oder prorectori, der dem tentamini und examini beywohnen muß, 3 gülden, und soll pro examinibus weiter nichts gefordert werden. Were aber iemand anderstwo licentiatus worden, darff derselbe weiter keine examina außhalten, es were dann, man hett gnugsame ursach, an seine geschicklichkeit und tuglichkeit zu zweiflen, und soll er alßdann in beyden facultatibus theologiae et iurisprudentiae pro gradu erlegen 16 gülden, in facultate medica 12 gülden, dem pedellen aber in allen ieden vorigen fällen 1½ gülden. Die magistrandi aber sollen pro primo examine privato den examinatoribus 1 gülden; wann hernacher die promovendi, außgenommen unßere alumni und stipendiaten, ad gradum zugelaßen, dem collegio philosophico 3 gülden, es were dann einer so ohnvermöglich, alßdann 2 gülden und den pedellen 1 gülden, und dann noch weiters iedem examinatori pro laboribus anstatt eines pirets oder huts einen reichsthaler und sonst weiter nichts, alß waß mit gewiesen muß hernacher versehen und gesetzet, zu entrichten verpflichtet und verbunden sein. Waß gestalt aber angeregtes gelt fürter in die fiscos und profeßores zu ertheilen (f. 58b) und zu distribuiren, davon ist zuvor gehandelt und statuirt worden. Der nächste Absatz (von „waß aber alle 4 facultäten" an) stimmt, nur der letzte (f. 59a) ist geändert:

Die clinodien aber sollen, wie das bräuchlich, in promotionibus doctorum, denen sie gebühren, gegeben und erstattet werden; nemblich in unser bibliothec ein buch, zum wenigten uff fünff oder sex gülden werth, unßerm cantzler und protonotario, wie auch rectori und profeßoribus facultatis, anstatt deß vormahls bräuchlichen sammeten parets, iedem drey gülden, denen andern doctoribus und profeßoribus, so ordinarie geladen, iedem paar handtschug, und solches vornehmblich, wann ihrer viel in unterschiedlichen facultäten oder alle drey zugleich mit einander doctoriren. Da aber in einer oder der andern facultät über zween nicht promovirten, sollen sie deß prandii und der clinodien halber und was nicht gar ihr guter will und gelegenheit sein wird, dißfalls etwas zu geben, ungezwungen und crafft dieser unßerer ordnung unverbunden und unbeschwerd sein.

(§ 40.) Von deß rectoris, item der artistarum pedellis und ihrer pflicht und besoldung.

F. 59ª- 61ª == J C f. 59ᵇ- 61ᵇ, § 44, S. 232.

Der Anfang nud die §§ 1—7 stimmen überein, dann tritt Abweichung ein; das Folgende lautet (f. 60ª):

8. Die auditoria der drey obern facultäten, deßgleichen die rathstube, an böden, tischen, bäncken und fenstern sauber und rein halten, alle darinn befindliche mobilien nach dem register, so ihm darüber zugestellt, verwahren und dieselbe iährlich umb neujahr dem collectori universitatis zuzehlen, auch da rath oder consistorium gehalten würd, bey zeiten oder ein viertel stundt zuvor, ehe die senatores oder consistoriales zusammen kommen, sich einstellen, in der nebenstuben auffwartten, und wann man zu rath sitzt, ohnerfordert und selbsten nicht eher, biß er gefordert wird, in rath gehen, sondern da etwas fürfüllet, zuvörderst anklopffen und darauf hineingehen.

9. Die gemeine bibliothec oder liberey der universität, uff befehl deß bibliothecarii und in deßen beywesen, sauber und rein halten, und indem er solches thut, niemand (f. 60ᵇ) alß die persohn, die darzu gebraucht wird, hinein laßen und selbst darauf afsicht halten.

10. Soll er die theses in den dreyen obern facultäten, sonderlich pro gradu, wie auch gemelte programmata denen profeßorn, syndico, regenten und unßren räthen selbsten und bey zeiten fleißig zu handen stellen und überliefern.

11. Wann ihme ein raths- oder consistoriiversamblung anzuzeigen anbefohlen wird, daßelbe bey zeiten denen professoribus und syndico ein tag zuvor, damit sie ihre sachen darnach zu richten wißen, verkünden.

12. Wann eine promotion in den dreyen obern facultäten oder sonsten ein solenne convivium in prytanaeo gehalten wird, soll er in wehrenden imbißen der universität nosocomii allmoßen-büx von tisch zu tisch aufsetzen und nach geschehener collecten rectori, welcher solche zu verrechnen, dieselbe zustellen.

13. Soll pedellus bey gemelten conviviis dem rectori, profeßoribus und insgemein den gästen fleißig aufwarten.

14. Auff arrestirte oder gefangene persohnen, so zu verwahren ihme möchten anbefohlen werden, fleißige achtung haben und dafür antwortten.

15. Soll er iährlich zu endt eines ieden rectorats, nachdem er zuförderst dem collectori alle mobilien aufgeliefert, alleweeg sein ampt für rectore und senatn aufkünden, solches, da er es fürders und länger (f. 61ª) zu bedienen bedacht, wider von neuem begehren, und da er es erlangt, alßdann auf erinnerung seines zuvor geleisteten eydts, damit er für und für, solang er dieses ampt tragen wird, sich in allem alß ein getreuer diener zu erweißen, mit hand gebender treu uf ein neues verbinden.

16. Und damit er dieses seines ampts beruf desto fleißiger und beharrlicher abwartten und beßer verrichten möge, ordnen und setzen wir, daß hinfüro solchem pedellen iährlich, und eines ieden iahrs besonder, solang er dißes ampt verwalten wird, an geldt sechzig gülden, sieben ohm wein, zwölff malter korn und frey logement auß gemeiner universität fisco zur dienstbesoldung gegeben und gefolgt werden; iedoch soll ihm hierdurch unbenommen sein, das gelt, was ihme in den promotionibus der obern facultäten von denen promotis altem gebranch nach gereicht wird, zu erheben.

Und damit sich dieselbe über solchen costen zu beschweren keine ursach haben, so setzen und wollen wir, daß hinfuhro keiner, so in den superioribus facultatibus promoviret, dem pedellen mehr alß anderthalb gülden zu reichen schuldig sein solle. Alß auch in der artisten-facultät herkommen, daß sie zu ihrem gebrauch und nottürftigen sachen einen gemeinen diener und pedellen gehabt, so laßen (f. 61ᵇ) wir es bey solchem alt herbrachtem brauch verbleiben, wollen auch, daß solcher pedell seinen dienst und gebühr dergestalt außrichten und versehen soll, wie daßelbige in gemelter facultät statuten, auch in seiner beaydung hernach folgend gesetzt und von puncten zu puncten einverleibt und begrifen ist. Und für solche mühe und arbeit ordnen und setzen wir, daß hinfüro solchem der artisten-facultät pedellen zwanzig gülden an gelt, zwey ohm wein iährlicher gewieser besoldung anß der universität fisco und sonsten accidentaliter oder zufälliges einkommens, wie bey denen magistrandis geordnet, gereicht werden soll.

(§ 41.) Juramentum pedelli philosophicae facultatis (abweichend von den früheren Fassungen, s. S. 232).

1. Soll er zu dem decano, wann er gefordert und hinbescheiden würd, gehen, seines geheiß und befelchs gewärtig sein und demselben mit allem fleiß und ernst nachkommen, auch ohne deßen vorwißen und willen über nacht nicht auß der statt bleiben oder verreißen.
2. Allen magistris gebührende ehrerbietung bezeigen, selbigen bey offentlichen solennen actibus, welchen er ampts wegen beywohnet, fürgehen und einen ieden in seinem gehörigen platz anweißen (f. 62ᵃ).
3. In allen der universität actibus solemnibus, bey welchen sich der decanus oder derienige, so selbige stell vertritt, ampts wegen einzufinden pflegt und iederzeit sein soll, mit dem sceptro oder staab der facultät aufwartten und von dannen nicht weichen oder seinen platz verlaßen, so lange gemeiner universität pedell gegenwertig ist, es were dann, daß er zu selbiger zeit deß decani oder seiner facultät andern geschäfften halber anderwertlich sich verfügen oder auß erheblichen ursachen aufgehalten würde.
4. Bey fürfallenden examinibus deren, so in philosophia den gradum anzunehmen gedenckhen, denen examinatoribus selbsten in persohn abwartten, und worinn man seiner bedürfftig, an handt gehen, fleißig zusehen, daß bey dieser facultät mahlzeiten alles treulich und richtig hergehe und gerechnet werde, wißentlich nicht gestatten oder zulaßen, daß etwas ihm zu nutz, andern aber zu schaden entwendet, verstecket oder sonsten betrüglich gehandelt werde.

5. Alle einkommen und außstehende schulden dieser facultät, so nicht von collectore universitatis, sondern von decano facultatis verrechnet werden, treulich eintreiben und samblen, das erhabene geldt alßbalden seinem decano überliefern, alle ihme anvertrauto der facultät mobilien fleißig aufheben und bewahren (f. 62b), deßen, so von vielem gebrauch und alter verschließen oder sonst verdorben und verlohren, dem decano rechenschafft geben, der facultät auditorium kehren und daran sein, daß selbiges iederzeit sauber und rein seye.

6. Alsobald in der ersten der facultät versamblung nach erwehlung eines neuen decani bey selbiger facultät jährlich seinen dienst aufkünden, und da er solchen ferners zu behalten gedüchte, widerumb anhalten, daß ihm derselbe weiter hinauß von der facultät verliehen werde.

So oft nun einer zu diesem pedellen ampt von der facultät angenommen wird, sollen ihm hievorgesetzte capita von dem decano im beysein aller der facultät profeßorn fürgelesen werden und er dem decano von wegen sein selbst und deß gantzen collegii mit handtgebender treue geloben und versprechen, wie folgt:

1. daß er der facultät wolle treu und holt sein, deroselben bestes, nach seinem wißen und verstandt, so viel ihme möglich, befördern, allen schaden warnen und keine geheimbnußen offenbahren;
2. daß er seinem ampt, wie vorgedacht, treulich und fleißig nach seinem besten wißen und vermögen abwartten und solches außrichten wolle (f. 63a).

(§ 42.) Von dem notario oder syndico der universität.

F. 64a –64a = JC f. 62a–53b, § 46, S. 232 (L f. 171; OH, S. 33).

(§ 43.) Juramentum syndici sive notarii.

F. 64a– 65b (JC f. 63b–64b, § 47, S. 232 = L, S. 171 = OH, S. 34).

Bei KL ist die Fassung eine erweiterte und vielfach geänderte (f. 64a):

Erstlich: soll er dem rectori und gemeiner universität getreu und holdt sein, deroselben schaden warnen, frommen und bestes werben, auch allen und ieden der universität ordinarien und profeßorn aller facultäten ehrerbietig sein, darzue alle der universität herrlichkeit, recht und gerechtigkeiten, in was orths die wehren, getreulichst schirmen, versprechen, handthaben und verantwortten, und was ihme sonsten anbefohlen wird, treulich verrichten nach allem seinem besten vermögen ohne alle gefehrde.

Zweytens: soll der universität geschäffte inn- oder außerhalb (f. 64b) rechtens uf der universität befehl und iustruction zum getreulichsten handlen und außrichten, mit rathen, reüthen, reden, unterschreiben, was einem rectori, alß rectori und gemeiner facultät vonnöthen, sich willig gebrauchen laßen.

Drittens: soll er auch iederzeit uf erfordern rectoris gehorsamblich, willig und ohnverzüglich sich einstellen, demselben gewärttig sein, es seye zu hauß oder außerhalb, dergestalt, da er ettwann abwesend, man seiner gewieß sein und wo er anzutreffen, nachrichtung haben möge, auch sonsten ohn erlaubnuß des rectoris über eine nacht auß der statt nicht bleiben.

Und insonderheit soll er vierteus: sowohl in gemeinen, alß auch sonderbaren rathsversamblungen, darbey er sein wird, nicht allein den vortrag und der senatoren vota, wie auch darauf erfolgte decreta und beschluß treulich und fleißig aufmercklien und verfaßen, sondern auch beedes über dieselbe und sonsten alle solche handlungen und sachen der universität betreffendt ein sonderbares protocoll halten.

Fünfftens: soll er auch auß solchem seinem gehaltenen protocoll die fürnembste sachen, schrifften, handlungen und decreta von einem rectorat zu dem anderm, sauber mundirt, in sonderbare bücher, wie sichs gebührt, einzuschreiben und selbige zu endt iedes iahrs und rectorats complirt im rath vor- und aufzuweißen schuldig sein (f. 65ᵃ).

Sechstens: soviel die gerichtliche sachen und protocoll, auch notariat betrifft, so soll er die gerichtsbücher und protocolla, beedes rechtlich und gütlicher ordinari und extraordinari sachen und geschäffte, in seinem ordentlichen gang und wesen halten und getreulich compliren, auch alle briefliche urkundte, ladung und, was sonsten zu gerichtlichem proceß und expedition der sachen gehörig, abfaßen und nachdem daßelbe iederzeit nach ufweißung approbirt worden, der gebühr außfertigen.

Siebendens: soll er die alte zinnß- und gültbriefe der universität, wo vonnöthen, vidimiren, renoviren und ein iedes in ein sonderbar behaltnus eigentlich registriren und verzeichnen, wie auch die zinnß- und lägerbücher fleißig halten und in acht nehmen.

Wie er dann zum achten auch über alle und iede sowohl rechts- alß gerichtshandlungen und sachen in deine darzu insonderheit verordneten gewiesen orth mit allen getreuen fleiß eine ordentliche registratur beneben einem indice halten soll, damit man auffzutragende fälle iederzeit, was man begehret, ohne verzug bey der handt haben möchte.

Neuntens: soll er alle bey der universität hinderlegte gelter oder andere deposita verwahrt in einer sonderbahren kästen in der universität archiv legen, darinnen er ohne vorwißen und beysein rectoris oder anderer darzu verordneter nicht gelaßen werden soll (f. 65ᵇ).

Zehendens: soll er der universität heimbliche rathschläge, händel und geschäffte, darbey er sitzen und mit umbgehen wird, wie auch, was ein oder ander bey der universität alß ein depositum oder sonsten verschwigen und biß zu seiner zeit heimblich gehalten haben will, bey sich verschwigen und treulich halten, und dieselbe insonderheit zu nachtheil der universität oder iemand anders niemand offenbahren, und so er von diesem dienst abkäme oder aber todts verfahren würde, so sollen alle und iede händel, acta, brief, lägerbücher und prothocolla der universität und derselben gerichte von demselben oder seinen erben alsobald zugestelt und nichts hinterhalten werden.

Vor solche seine mühe und fleiß soll er iährlich und iedes iahrs besonder, solang er diesen dienst verwalthet, haben, an gelt einhundert und sechzig gülden, ein fuder wein, zwölff malter korn benebenst einer freyen behaußung.

(§ 44). Von der universität bibliothec oder librarey.

F. 65ᵇ 67ᵃ entspricht: JC f. 64ᵇ—66ᵃ, § 48, S. 232; L, S. 171 u. 172; O II, S. 34 u. 35.

Hier ist die Fassung eine andere:

Nachdem daß nöthigst und fürnembste instrument und werckzeug deren, so sich auf die studia der freyen künste und, was denen selben anhängig, begeben, die scriptores und derselben bücher, alß ohne die weder (f. 66ᵃ) die kunst und rechte lehr erhalten, noch erlangt und gelernet mag werden, und aber nicht in eines ieden vermögen, eine aigne bibliothec oder liberey für sich selbst zu schaffen oder zu bestellen: so will sonderlich vonnöthen sein, daß uff einer offenen, gemeinen universität auch eine offene, gemeine bibliothec angeordnet und erhalten werde, darinnen dieienigen, so etwas mangel an büchern haben, sich darinn erkundigen und ersehen und durch gemeine hülff ihr eigen mängel und notturfft in ihren fürgenommenen studiis und künsten ersetzen und vollenden mögen.

Dieweil dann, wie wir berichtet, nach gelegenheit diß orts ein zimbliche anzahl guter bücher, auch eine bequeme stätt und behaußung zue solcher bibliothec, welche allen facultäten hinfürter gemein sein soll, allhie bey unßerer universität von alters her verordnet, alß daß man nunmehr ohne sonderliche müche und mit geringem costen obgenannte bibliothec oder liberey von iahr zu iahr mehren und endlichen in einen vollkommenen standt und wesen bringen möchte; alß haben wir die würckliche verordnung gethan, daß besagte bibliothec ordentlich registrirt und ein richtiger vollkommener catalogus, wie die bücher nach einander stehen, darüber verfertigt und vier gleichlautende exemplaria darvonn abgeschrieben werden, deren zwey vom bibliothecario (f. 66ᵇ) selbst unterzeichnet und davon eines zu unßern händen oder in unßerer geistlicher gütter und gefällen verwalthung (gleich wie es mit der universität rechnungen gehalten zu werden pflegt), das ander aber in besagter universität archiv geliefert und die zwey übrige in der bibliothec selbsten verwahrt werden sollen, nach welchem catalogo iährlich mense majo von dem rectore und vier decanis, in beysein unßerer deputirten, alle bücher nach ihrer ordnung und zahl recensirt und, welche neu darzugekommen, von dem bibliothecario eigenhändig in alle exemplaria eingezeichnet oder zum wenigsten unterschrieben werden sollen.

Und ist demnach unßere meinung und will, daß rector und universität die vorsehung thue, daß iährlich in einer ieden facultät der ordnung nach für zehen oder zwanzig gülden bücher, doch daß dieselbe entweder gute und nützliche alte, berühmbte authores, da man deren gehaben mag, oder sousten dergleichen neue erkaufft und also die bibliothec mit der zeit erweitert und vermehrt werde.

Wir setzen und wollen auch ferners, daß fürbaß von dem senatu universitatis eine taugliche persohn zum bibliothecario erwehlt und derselbe hierzu, solang es seines übelhaltens oder ander erheblichen ursachen halber keiner änderung bedarff, perpetuirt werden (f. 67ᵃ), welcher auff nachfolgende puncten beaydigt und in pflicht genommen werden soll.

(§ 45.) Bestallungs puncten, worauff ein bibliothecarius gemeiner universität in pflicht zu nehmen.

F. 67ᵃ—69ᵇ (neu).

Erstlich: soll er nicht allein dasienige, was vom rectore und gemeiner universität, so zu seinem bibliothecariat-ampt gehörig, ihm anbefohlen wird, treülich verrichten, sondern auch von selbsten auf alles dasienige, so zu der bibliothec nutzen dienen mag, fleißig bedacht sein und deßwegen iederzeit bey senatu academico gebührende erinnerung, auch vorschläge thun.

Zweytens: und in specie, soll er die bücher, so noch nicht registrirt oder ins künfftig in die bibliothec gekaufft, verehrt oder sonsten gebracht werden, in gute ordnung bringen und sambtlich darin erhalten, auch embsiges und fleißiges aufsehen haben, daß die bibliothec weder vom regen, noch sonsten schaden leide, das gemach sauber gehalten, die bücher vor staub und ungezieffer behütet und keines davon entwendet oder verderbt werde.

Drittens: soll er den cathalogum über alle bücher (f. 67ᵇ) richtig halten und davon zwey exemplaria rectori und senatui academico zustellen und dann zwey gleichlautende in der bibliothec bewahren und, was für bücher von neuem darzukommen, alsobald nach der ordnung, wie er sie stelt, in diese zwey letztere eigenhändig aufzeichnen.

Über diß soll er viertens auch ein nebenliste haben, darinn er die bücher, so der bibliothec nach und nach zuwachßen werden, mit specialbennung von wem, wann und quo titulo solche bücher der universität zukommen, fleißig aufschreibe und davon ein exemplar vor sich behalte, das ander dem rectori zustelle, der es in das archiv beyzulegen, damit bey iährlicher visitation der bibliothec alle neu einkommene bücher nach solcher liste auch in die andere exemplaria catalogi, davon eines in churpfalz geistliche gütter- und gefälle-verwaltbung, das andere in der universität aufbehalten wird, von dem bibliothecario eigenhändig eingeschrieben oder zum wenigsten unterzeichnet werden mögen.

Wie er dann fünfftens schuldig sein soll, alle iahr auf die zur visitation bestimbte zeit rectori und denen vier decanis, in beysein unßerer deputirten, alle und iede bücher nach dem catalogo, wie sie in ihrer ordnung und zahl stehen, anzuweißen, auch sonsten, wann es die notturfft erfordert, uff rectoris und senatus academici (f. 68ª) befehl rechenschafft davon zu geben.

Sechstens: soll er verschaffen, auch selbst hand anlegen und daran sein, daß ein catalogus alphabeticus universalis über die ganze bibliothec fürderlichst verfertiget, iederzeit compliret und davon zwey exemplaria auf der bibliothec behalten werden. Wann auch rector und gemeine universität solchen catalogum in den truckh zu geben entschließen würden, soll er in fleißig revidiren, damit nichts ungereumbdes darin vorkomme, und zusehen, daß er correct getruckht werde, welches dann auch von denen nach und nach zukommenden appendicibus ebenmeßig zu verstehen.

Sibendens: soll er mit hülf unßerer alumnorum oder stipendiatorum universitatis, so man ihme zugeben wird, nach dem modell, so er rectori und senatui academico vorzuschlagen und deren approbation zu erwartten, dahin arbeiten, daß er einen catalogum universalem materiarum über alle der universität bücher, sobald möglich, verfertige, worüber er alle quartal rectori und senatui academico seinen fleiß mit dem augenschein zu dociren.

Zum achten: soll er vier nachmittag in der woch, alß montag, mitwochs, donnerstags und sambstags, täglich drey stundt, von eins biß viere, in denen hundtstagen aber und andern feriis academicis morgens von acht biß eilff uhren sich in der bibliothec befinden, umb nicht allein denen studiosis und andern die begehrte bücher reichen zu laßen, besonders auch ihnen, wie (f. 68ᵇ) die bücher zu gebrauchen, gute anleitung und information zu geben und catalogum materiarum zu verfertigen und iederzeit zu compliren. Wie er dann außer deme unverdroßen sein solle, denen hospitibus oder sonsten vornehmen, ansehenlichen leuthen, so außer der ordinari stundt etwa die bibliothec zu besehen begehren würden, selbige zu eroffenen und, was die leges bibliothecae mit sich bringen und nicht weiters, zu verstatten.

Wie er dann zum neunten niemand zulaßen soll, einiges buch auß der bibliothec mit sich nach hauß zu nehmen, sondern soll er solche in denen darzu erbauten nebengemächern oder in dem von den bücherschafften abgesondertem spatziergang denen studiosis und andern zu lesen übergeben (iedoch denen profeßoribus und unßern räthen ohne seine molestirung und verhinderung iezuweilen intra cancellos zugehen zu laßen) und fleißig achtung geben, daß keiner von der bibliothec abgehe, er habe dann die bücher ihme würcklich wider zu handen gestelt; es were dann, daß profeßor und unßere räthe zu einem opere publico oder anderer von unß anbefohlner verrichtung einiger bücher zu hauß benöthiget, auf welchen fall dieselbe solche bücher (gegen einhändigung eines attestati von der universität oder einer recognition oder handschrifft mit beysetzung tages und stundte) empfangen, und solche, sobald sie selbige gebraucht, unversehrt wider liefern, sonsten aber, wann sie etwas aufzusuchen oder außzuschreiben haben, es in der bibliothec anßrichten sollen, damit selbige an ihr selber gantz und unversehrt bleibe (f. 69ᵃ) und iederzeit ein ieder, so derselben nottürfftig, sich deren unverhindert zu gebrauchen haben.

Zum zehenden: soll er fleißig darauff bedacht sein und deßwegen bey rectore und der universität die erinnerung thun, daß die bibliothec mit guten büchern immerhin vermehret und zu dem end iährlich in einer ieden facultät ohngefehr vor zehen oder zwanzig gülden bücher, doch daß dieselbe gute und nutzliche, alte, berühmbte oder sonsten curiose neue authores seyen, darzu erkaufft und in die bibliothec gebracht werden.

Zum eilfften: soll er von iedem programmate, disputation, oration oder was sonsten bey der universität, von was materi es immer sein mag, getruckt wird, wie ingleichen von allen andern büchern und tractaten, die alhier außgehen, und deren communication von unß nicht verbotten, wie nicht weniger von allen denen, so von der universität buchführern hier oder anderstwo verlegt werden, ein exemplar von denen buchführern und truckhern erfordern und in die bibliothec sich liefern laßen und, im fall sich deßen einer weigerte, bey rectore und universität, muß ihm darinn hülflich zu sein, gebührend ansuchen.

Zum zwölfften: soll er auch förmbliche annales halten und darinnen, was deßelben inhrs (f. 69ᵇ) sich hier oder anderwerts zuträgt, so merckhwürdig, und er erführet, verzeichnen, doch zuförderist daßelbe dem rectori und denen vom senatu academico förderlich hierzu deputirten übergeben und hernach annalium libro ingroßiren.

Zum dreyzehenden: weil ihm allein solches alles zu thun viel zu beschwerlich fallen würde, alß werden ihm von unßern alumnis zwey studiosi, so ihm alternatim eine woche umb die andere in der bibliothec und zu denen gewöhnlichen stunden an die hand gehen, zugeordnet werden, iedoch mit seinem consens und diesem außtrücklichen beding, daß die verantwortung der gantzen bibliothec auf ihn allein verbleibe.

Vor solche seine mühe und fleiß soll er iährlich und iedes iahrs besonder, solang er dieses ampt verwalthet, haben an geldt: einhundert sechtzig gülden, an wein: ein fuder, an korn: zwölff malter sampt einer freyen behaußung.

Auff den fall sein gelegenheit nicht länger sein solte, in diesem dienst zu bleiben, soll er rectori und gemeiner universität solches ein halb iahr zuvor, ehe er gäntzlichen abtritt, anzuzeigen schuldig sein.

(§ 46.) Von dem gemeinen hospital oder siechenhauß der universität.
F. 70ᵃ—70ᵇ = JC f. 66ᵃ—66ᵇ, § 49, S. 232 (= L, S. 172 u. 173; OH, S. 36).

Hinzugekommen ist folgender Zusatz: Zu solchem ende sollen die iährlichen gefälle dises (f. 70ᵇ) hospitals von andern der universität einkommen abgesondert gehalten und, was man in gesundten zeiten nicht zu verwenden hat, in aerario universitatis beygelegt werden, damit man bey einreißenden krankheiten einen vorrath habe und solcher vorrath zu nichts anders, es were dann mit unserer expressen dispensation und erlaubnus, verwendet werde.

(§ 47.) Weßen sich die studiosi in feuersnöthen, auffleuffen und dergleichen zu verhalten.

F. 70b—71a = JC f. 66b · 67a, § 50, S. 232 (= L, S. 174).

(§ 48.) Von den häußern und beuen der universität.

F. 71a—72a = JC f. 67a—68b, § 27, S. 232 (= L, S. 169 u. 170; OH, S. 26 u. 27). Kleine Veränderungen im Anfang: Der Bauaufseher soll „aus unserer universität persohnen, so deß bauens zimblich verständig und erfahren, und darzu iährlich erwehlet werden und mit dem rectore widerumb abgehen". Die Visitation der Gebäude soll er mit dem Rektor und den demselben Zugeordneten, dem Syndicus, dem Pedellen und den zwei Werkleuten vornehmen. Statt des letzten Absatzes bei JC f. 68a heisst es hier:

Es sollen auch die profeßores weiteres und mehrers nicht, alß was sonst ein conductor aedium von rechts und gewohnheit wegen schuldig, zu beßern und zu erlegen, die universität aber die grundt- und alle andere nothwendige gebäu auf ihren costen machen zu laßen schuldig sein; und soll kein profeßor etwas, wenig oder viel, ohne vorwißen und bewilligung deß baunaufsehers in seiner innhabenden behaußung bauen, auch er bauaufscher etwas zu bauen, es weer dann periculum in mora (welchen falls er es doch sobald dem senatui academico anzeigen und deß ratification einholen solle) oder die universität zuvor darunter rath befragt, einigem zu bewilligen nicht macht haben, wie auch die universität, daß einem etwas gebauet werde, ohne sondere hohe ursach nicht zulaßen oder consentiren solle.

(§ 49.) Von den gärtten der universität.

F. 72b—73a = JC f. 68b—69a, § 52, S. 232—233 (L, S. 170; OH, S. 28). Der Anfang bei JC, der sich f. 68b findet, ist hier weggelassen; dann wird ähnlich, aber doch mit manchen Veränderungen, begonnen: Wir setzen und wollen auch, daß hinfüro in den dreyen hohern facultäten auß denen drey gärtten, so denselben zuständig, allweg einer dem primario lectori facultatis, so lang er seiner lectur fürstehen wird, und nicht dem seniori, weilen aber der große bey der iuristischen facultät befindliche gärtten anietzo in zwey theil abgetheilt, also getheilt bleiben, und der eine dem nechstfolgenden lectori in besagter facultät zu besitzen und zu gebrauchen angewiesen, in philosophica facultate aber der zu selbiger facultät gehörige gartten, wie bißanhero, dem seniori zugetheilt werden; dergleichen auch ist unßere meinung, daß der sechste gartten, zum hauß Dionysii gehörig, einem ieden provisori deßelben haußes (wann solches wider eingerichtet würde, inzwischen aber soll collector dießen gartten Dionysii verleyhen und den zinß der universität verrechnen) verbleiben, und die zeit er den dienst trägt und verwalthet, er sich deßelben gebrauchen und genießen soll, doch u. s. w. Von da an Übereinstimmung bis zu Ende von JC. Angefügt ist: Und weilen auch hochnötig, daß ein hortus medicus, wie auf allen wohlbestelten universitäten bräuchlich, zu der studiosorum botanices information und bestem widerumb zugerichtet werde, alß ordnen wir hiemit, daß der in der vorstatt alhier nebst denen der iuristischen facultät zugehörigen zween gärtten gelegene und der medicinischen facultät zustehender gartten darzu gebraucht und von den professoribus medicinae mit denen in der medicin benötigten gewächßen und kreutern auf deß fisci universitatis costen, iedoch iedesmahl mit vorwißen und consens deß senatus academici, versehen und unterhalten werden solle.

(§ 50.) Von gemeinen statuten und ordnungen der universität, und wiefern dieselbe sollen oder mögen geändert werden.

F. 73^a—74^a = JC f. 69^a—70^a, § 53, S. 233 (L, S. 170; OH, S. 28 u. 29). Der grösste Theil von JC (f. 69^b) ist mit den Sinn nicht berührenden Kürzungen geblieben, der Rest (f. 70^a) ist grösstentheils weggelassen; der Schlusssatz lautet hier: Es sollen auch iedes iahrs die hernach folgenden statuta universitatis in auditorio iuridico oder dem neu erbauenden brabenterio denen studiosis und ander universitätsverwandten iährlich einmahl in dem ersten monath nach erwehlung deß rectoris öffentlich recitiret und fürgelesen werden.

(§ 51.) Statuta ac leges universitatis Heydelbergensis[1]).

F. 74^a—76^b = JC f. 70^b—73^b, § 54, S. 233—234 (L, S. 170 u. 171; OH, S. 29 bis 31). Bei JC 15, bei KL 14 §§.

Nr. I. = JC 12.

II. Ad universitatem iam primum venientes intra mensem apud rectorem nomina sua profiteutor, stipulataque manu iuramenti loco observaturos se has leges promittunto; eum, qui apud rectorem intra spatium quatuor hebdomadarum professus non est, itemque damnatum proscriptumque aut alias infamem nullus (f. 74^b) universitati coniunctus habitatione mensave recipito aut clam secum faveto.

III. Lectiones studiosi diligenter frequentanto, otiosum, desidem ac vagum lectionesque ac disputationes negligentem professores nulli ferunto

IV. Armatus gladio vel alia armorum specie ad rectorem vel ad senatum nullus ingreditor; a vi et iniuria omnes abstinento; provocans alium ad pugnandum ab academia excluditor aut alias severe punitor; noctu absque lucernis per viam nulli ambulanto, neque poti ultra tempus vagantor, neque clamoribus ac turbis molesti aliis sunto; publicum custodem aut vigilem aut apparitorem nulli caedunto, neque magistratum aliquem vi invadunto; qui contra fecerit, proscriptiones damnas esto; neque fores quisquam alienas effringito, nec virginem mulieremve rapito aut rapienti adesto aut ipse lenocinium exerceto; incestum, stuprum violentum vel adulterium aut scortationem nulli comittunto; qui contra haec fecerint secundum constitutionem criminalem serenissimi principis electoris et publicorum (f. 75^a) iudiciorum leges, prout facti delictive ratio postulaverit, puniuntor.

V. JC Nr. 6, doch ist neque choreas ullas weggelassen.

VI. Principi vel qui locum eius tenet honorem suum debita cum fidelitate habento, circa arcem illius neque crebrius obambulando, neque curiosius quicquam explorando suspectos se reddunto. Piscationes, venationes aut aucupia extra loca iuxta privilegium a serenissimo

---

1) In E (f. 57) sind nur die beiden ersten Theile der Statuten eingetragen. Die Statuta sind abgedruckt bei Hautz a. a. O. II, 456—458. Im Cod. Heid. 358, 89 f. (Handschr. v. JC: C) findet sich vor f. 89 der Entwurf zu den Statuten eingeheftet, wie er sich aus der Praxis seit 1656 entwickelt hatte. Notizen über die jährliche Verkündigung der Statuten von 1656—1664 liegen bei.

electore principe ac domino nostro clementissimo concessum[1]) destinata nulli instituunto aut instituentibus adsunto; ministros quoque et satellites eiusdem neque verbis lacessunto, neque opere provocanto.

VII—XII. = JC 8—14.

XIII. Ex hac academia et urbe nec non hospitio, nisi aere alieno, si quod fecerint, aut mensae sumptu soluto aut iis, quibus idem debebitur, satisdato, ne discedunto.

XIV. = JC 16.

(§ 52.) Folgen nun etliche statuta in feuers nöthen, welche iährlich, nach verleßung vorhergemelten vierzehen articuln andern der universitäts verwandten, absonderlich in der senatstuben, in teutscher sprach vorgehalten werden sollen.

1. (F. 77a.) So eine feuerbrunst oder sonst ein tumult in der statt sich ereignete, soll der syndicus im archivo und daselbst, wo des fisci documenta befindlich, der bibliothecarius aber in der bibliothec sich einstellen.
2. Soll collector auff den kornspeicher waßer verschaffen und die keller in obacht nehmen.
3. Die buchführer und buchbinder sollen mit ihren gesellen und andern der universität angehörigen und verwandten sich nahe bey dem archivo einfinden, erscheinen und aufwartten.
4. Der maurer und zimmermann, wie auch kiefer sollen ieder einen gesellen stellen, davon iene zween mit eymern, einer in der Bursch, der andere in dem Casimiriano, der dritte sich bey dem collectore befinde und aufwartte.
5. Die beyde pedellen sollen, sobald ein feuersbrunst oder tumult sich ereignet, bey magnifico rectore sich einfinden (f. 77b).
6. Eß sollen auch zwey geordnet werden, einer auß den profeßoren, der die studenten im hoff der Bursch beyeinander versamble, der ander auß der universität verwandten, so die andern in acht nehme, beyde sollen iedoch auf rectoris und deß senats befehl erwehlet werden.
7. Jedoch sollen von obgemelten gesetzen befreyet sein, welche irgents die feuersbrunst oder sonst ein ander größer gewalt selbsten berühret.
8. Die straff wider die übertretter soll bey deß rectoris und senatus willkühr stehen, auch alsobald, nach dem es der sachen beschaffenheit erfordert, angelegt werden.
9. So soll auch ein ieder der universität angehörigen mit ledern feuersaymern ohnfehlbarlich sich versehen und auf allen fall gefast halten.

---

[1]) Vom 28. Dezember 1655 (s. dasselbe in Winkelmann, Urkundenbuch der Univ. I, 331 Nr. 251; s. auch II, 203 Nr. 1859).

II.
(Die Fakultäten.)

A. De facultate theologica insonderheit¹).

F. 79ᵃ Einleitung = JC f. 79ᵃ (S. 235) (L, S. 177; OH, S. 36).

(§ 53.) Wie vil und was für professorn in dieser facultet sollen und mögen angenommen werden.

F. 79ᵃ 82ᵇ = JC f. 79ᵃ - 82ᵇ, § 56, S. 235 (L, S. 178 u. 179; OH, S. 39—41). Der Anfang lautet etwas abweichend: Dieweil dann in dieser facultät insonderheit und zum fürdersten die heylige schrifft, daß ist fürnemblich beyde deß alten (f. 79ᵇ) und neuen testaments bücher und schrifften sollen gelehret und derselben eines durchs ander oder durch sich selbst außgelegt und erclärt werden, auch wann die studiosi ihre fundamenta in philosophia, historiarum, linguarum et eloquentiae studiis, nachdeme eines ieden zweckh und absehen erfordert, recht gelegt, mehrers nicht alß die analogiam scripturarum et fidei, worauß nicht allein die wahrheit erkennt und erwiesen, sondern auch die irrthumber gnugsamblich entdeckt und widerlegt werden können, rechtschaffen zu faßen und zu erlernen, derhalben dann ferners vielfältiger scribenten und subtiler außlegungen also hoch nicht vonnöthen, alß laßen wir es bey deme, so hiebevor wegen der anzahl deren professorum dieser facultät verordnet, daß nemblich über drey in theologia publico zu lesen niemand weiter angenommen werden soll, allerdings verbleiben, achten aber darneben nach gelegenheit dieser unßerer universität anietzo bey sogestalten sachen gnugsam zu sein, daß zween ordinarii professores in theologia bestelt werden.

Damit gleichwohl dieser facultät und nothwendiger außbereitung und beförderung christlicher lehr halben keinen gebrechen oder mangel gelaßen (f. 80ᵃ) und beyder testamenten schrifft und inhalt sambt demienigen, so zum anfang und eingang solcher lehr vonnöthen, iederzeit fürgetragen und gelehrt werden möge, so sollen die labores under diese zween professores dergestalt außgetheilt sein, daß der eine für und für, entweder nach anleitung einer epistel Pauli, welche er in der originalsprach vorzulesen und zu erclären, oder sonsten nach der ordnung eines gewißen systematis die analogiam fidei und methodum theologiae, so man sonsten locos praecipuos oder communes nennet, und was derselben gleichen zum fundamento der rechtschaffenen und wahren theologi nutzbar und dienstlich, iederzeit vornehmen und lehren; der ander aber das alte testament und auß dem neuen die libros historicos expliciren, und sollen sie sich dahin befleißen, daß der eine summam doctrinae christianae de omnibus articulis fidei in zweyen oder dreyen, der andere aber das alte testament und harmoniam evangelistarum in sechs iahren, soviel möglich, ausführen möge. Zu welchem ende dann auch iener mit weitleuffigen außlegungen locorum scripturae sich nicht aufhalten, noch dieser von dem contextu sacro abweichen, digressiones machen oder in locos communes sich diffundiren solle (f. 80ᵇ).

---

1) In den Akten der theolog. Fakultät (Cod. Heid. 358, 61¹, f. 285—319) findet sich eine Abschrift: Academiae Heidelbergensis rectore et facultatis theologicae simul decano Job. Lud. Fabritio, s. th. doctore et professore anno 1672. Statuta theologicae facultatis, descripta ex libro reformationis academicae a serenissimo electore Carolo Ludovico, a. 1672 mense septembri die 1 confirmatae et ad academiam transmissae.

Falls aber die notturfft erfordern solte, daß in dieser facultät widerumb drey professores würckhlich bestellet werden, solle es bey dem, was hiebevor verordnet, sein verbleibens haben, daß nemblich der eine das neue testament, der ander das alte und der dritte ein methodicum systema totius theologiae publice lese und erkläre, es wäre dann bei ihrer vocation oder hernach mit ihnen anderst capitulirt und gehandelt worden.

Und damit alle uneinigkeit und zwytracht zwischen diesen professorn desto leichter vermitten werde, alß ordnen und wollen wir, daß keiner dasienige, so dem andern hiemit zugetheilt und zu seiner profession gehörig, weder publice, noch in privatis collegiis zu tractiren sich unternehme, es were dann mit des andern vorwißen und consens, oder daß der studiosorum nutz dergleichen collegia erforderte, denen etwa der ander nicht abwartten könte, weßwegen sie sich miteinander iedesmal zu vergleichen und in entstehung deßen die sach senatui academico vortragen und deßen außschlag erwartten sollen, welche dahin zu sehen, daß dem secundario professori auch collegia zu halten dardurch nicht benommen werde.

Soviel die collegia practica angehet, in welchen die studiosi zu dem predigen eingeführt werden, laßen wir es bey dem herkommen bewenden, daß nemblich solche auch von den pfarrherren zu Heydelberg gehalten werden mögen, iedoch werden wir durch unßern kirchenrath die verordnung thun und befehlen, daß sie außer diesen collegien sich keiner anderer annmaßen, auch keine studiosos zulaßen, sie haben dann zuvor von der facultät, oder wann es studiosi collegii sapientiae, von deßen ephoro einen schein oder testimonium, daß sie die fundamenta in theologia albereith gelegt und dahero mit nutzen sich in praxi concionandi üben mögen.

Mit den Worten: „So aber eine auß obgemelten lecturen" u. s. w. stimmt KL mit JC f. 80ª Absatz 2 überein, doch wird nur der erste Teil dieses Absatzes aufgenommen (bis gefragt und bedacht werden), f. 80ᵇ ist sonst weggelassen und mit f. 81ª weiter gefahren (Hierumb so ist unser meinung und wollen u. s. w.). Dann bleibt Übereinstimmung bis JC f. 82ª, der Rest (JC f. 82ª—82ᵇ) fehlt.

(§ 54.) Von denen lectionibus, und zu welchen stunden ein iede soll gehalten werden.

F. 82ᵇ-83ª entspricht JC f. 82ᵇ-84ª, § 57, S. 235—236 (L, S. 179 u. 180; OH, S. 41 u. 42).

Ferners, nachdem diese facultät auff die weiße, wie obgemelt, bestelt und versehen werden soll, alß ist unßere meinung und ordnen wir, daß hinfüro allwegen ieder profeßor durch die wochen vier tag, das ist, montags, dienstags, donnerstags und freytags, in dem gewöhnlichen darzu verordneten auditorio theologico bey der sapientz, wann solches wider zugerichtet, seine lectiones habe und dermaßen, wie zunechst hiervor angesetzt, halte und verrichte.

Soviel aber die stundten betrifft, weilen wegen zutragender veränderung der umbstände, kein gewieses deßwegen verordnet werden kan, alß haben sie sich darüber selbs untereinander zu vergleichen (f. 83ª).

Wann aber wegen derer lectionen, disputationen oder sonst in doctrina und andern sachen zwischen ihnen ungleicher verstandt und uneinigkeit vorfiehle, sollen sie daßelbe an gemeinen rath der universität oder, wo noth, auch an uß und unßere nachkommen kürzlich, ohne weitläufftigkeit, iniurien, stichelwortt oder andere privatpaßionen gelangen laßen, darauf gebührlichen außschlags haben zu gewartten, inzwischen weder in publicis, noch privatis lectionibus, disputationibus, collegiis, noch in schrifften, entweder unter ihnen selbsten, oder gegen andere studiosos oder theologos, oder sonst an denen orthen, oder gegen die, dahin es nicht gehöret, solcher mißhelligkeit einige meldung thun, viel weniger bey vermeidung unßerer höchsten ungnadt sich einige factiones oder anhang zu machen oder einer den andern zu verunglimpffen suchen. Solte aber ein und ander profeßor in facultate theologica sich unterstehen, gegen einem andern zu schreiben und ihne, es sey stichelicht oder iniuriose, anzugreifen, soll nicht allein derselbe darumb ernstlich gestrafft, sondern auch der andere, so darauff antworttet, nicht frey außgehen oder ihme zu einigen behelff dienen, daß der erstere ihne zuvor provocirt (f. 83ᵇ) und zum gegenschreiben verursacht habe: welche unßere verordnung wir dann auch auf die übrige drey facultäten hirmit extendirt und verstandten haben wollen.

Wir wollen und ordnen auch hieneben, insonderheit umb mehrer frucht und nutzens willen der studiosorum, daß ein ieder der obgemelten ordinarien und legenten seine auferlegten lectiones, gleichwie auch alle andere actus in eigener persohn mit bestem fleiß und embsiger vorbereitung allwegen vollbringen und durch keinen substituierten zu versehen fürnehmen soll. Wann er aber zu zeiten vom rectore und decano seiner facultät urlaub erlangte oder aber wegen scheinbahrlich obligender leibsschwachheit, so nicht langwührig, der lectur nicht abwartten könnte, so soll er alßdann in solchen fällen nach seiner widerkunfft oder erlangter gesundheit, wie es oben in den generalsstatuten dißfalls verordnet, gehalten werden.

(§ 55.) Von besoldung derer professorn in theologia, auch von deren häußern.

F. 83ᵇ—84ᵃ = JC f. 84ᵃ—84ᵇ, § 58, S. 236 (= L, S. 180; O II, S. 42—43).

Die Besoldungen der zwei Professoren (270 und 220 fl. zu 15 Batzen oder 60 Kreutzer, je 1 Fuder Wein oder den entsprechenden Geldeswert, 12 Malter Korn) sollen iährlich oder quartaliter nach Gelegenheit des fisci academici entrichtet werden. Zusatz (f. 84ᵃ): Jedoch behalten wir nuß und unßern nachkommen in allweg bevor, wo etwa ein besonders berühmter und geschickter man zu dieser facultät beruffen oder sonsten bey unserer universität einer sich sonderlich herfürthun und wohl verhalten würde, deßelben besoldung nach gelegenheit der persohn und zeit auß sonderbaren gnaden zu verbeßern und zu vermehren.

(§ 56.) Von den lateinischen declamationibus, so die theologi iährlich zu thun pflegen, welche der decanus anzustellen und zu dirigiren hat.

F. 84ᵇ—85ᵃ = JC f. 84ᵇ—85ᵇ, § 59, S. 236 (= L, S. 181; O II, S. 45).

(§ 57.) Von der intitulation, auch promotionibus in theologia.

F. 85ᵃ—85ᵇ = JC f. 85ᵇ—86ᵃ, § 60, S. 236 (L, S. 182 = O H, S. 49).

Der Schluss lautet nach vorausgehender Übereinstimmung: So einer aber nicht magister were und doch zu promoviren begehrt, soll er zuförderst vor dem examine theologico auch über die vornembste, zu der theologi nöthigste stück in philosophia befragt und, ob er gute fundamenta darin gelegt, gehöret werden:

gestalten dann keine studiosi durchgehends sowohl bey dieser, alß auch den übrigen drey facultäten ad gradum zugelaßen werden sollen, so die humaniora nicht recht und genugsamb verstehen und wohl studirt haben.

(§ 58.) Capita quaedam a studiosis, qui operam theologiae dare constituerunt, decano bona fide promittenda.
F. 86ª = JC f.86ª, § 61, S. 236 (= L, S. 182; O II, S. 48).

(§ 59.) Von dem examine und examinatoribus.
F. 86ª—86ᵇ entspricht JC f. 86ᵇ, § 62, S. 236 (L 182 u. 183; O H, S. 48).

Dieienigen nun, so bey dieser facultät zu promoviren und den gradum licentiaturae oder doctoratus anzunehmen gesinnet sind und sich, wie obgemelt, einschreiben laßen und dem decano angelobt, die sollen zufürderst, ehe ihnen solche gradus conferirt, in denen vorneinbsten (f. 86ᵇ) capitibus fidei und andern nothwendigen stückhen unßerer wahren christlichen religion, nach inhalt gottes wortts, den bewehrten hauptsymbolis und der Augspurgischen confeßion, wie die von den orthodoxis ecclesiis verstandten, examinirt werden, und soll deßwegen ein ieder promovendus in dieser und andern facultäten, er begehre, welchen gradum er wolle, zwey examina außzustehen und eine disputationem pro gradu, wie auch eine lectionem cursoriam zu halten schuldig sein.

Und damit die gradus nicht denen untauglichen und unwürdigen conferirt werden, in betrachtung, waß großen schadens und merckliche gefahr darauß künfftiglich entstehen möchte, sollen die profeßores theologiae diese nachgemelte verpflichtung dem decano facultatis und dieser hinwiderumb dem prodecano für angehenden examine zu erstatten schuldig sein.

(§ 60.) Statuta examinatorum bona fide promittenda.
F. 86ᵇ—87ª = JC f. 86ᵇ—87ª, § 63, S. 236 (= L, S. 183 = O II, S. 48 u. 49).

(§ 61.) Von der licentiatur.
F. 87ª—87ᵇ entspricht JC f. 88ᵇ—90ª, § 66, S. 237 (L, S. 182; O II, S. 50—52).

Welche zur licentiatur zugelaßen werden, sollen zum wenigsten ihres alters über die fünffundzwanzig iahr und zuvor von der facultät erbaren, züchtigen und redlichen lebens und wandels erkandt, darzue auf derselben erwegung mit gnugsamer lehr zu annehmung deß begehrten gradus tüchlich und würdig geachtet und erfunden sein: doch, was das gesetzte alter der 25 iahr anlangt, soll es damit den verstandt haben, daß, wofern einer erbaren (f. 87ᵇ) und frommen lebens, auch sonderer geschicklichkeit halben der facultät gnugsamb bekandt, darauff so hefftig und stricte nicht zu dringen und zu sehen.

Sodann iemand begehret, zur licentiatur zugelaßen und promovirt zu werden, soll er für der facultät erscheinen, daselbst seine petition und begehren fürtragen und umb die praesentation anhalten, uff welches, so er von der facultät hierzu tauglich und würdig angesehen und geachtet worden, soll, wie gebräuchlich, mit ihme verfahren werden: aber ehe alß er der licentiandus den titul und grad empfahet, sollen ihme diese puncten und iurament fürgehalten werden.

(§ 62.) Juramentum licentiandorum corporaliter praestandum.
F. 87ᵇ—88ª = JC f. 90ᵇ—91ª, § 67, S. 237.

Die lateinischen §§ stimmen überein, der deutsche Schlusssatz lautet (f. 88ª): So nun der licentiand solche puncten oder articul geschworen und dem fisco, wie auch dem pedellen, die gebühr entrichtet hat, soll ihme die licentia, das ist die macht, doctor zu werden, nach alter ordnung und gewohnheit gegeben werden.

(§ 63.) Vom doctorat.

F. 88ª—88ᵇ entspricht JC f. 91, § 68, S. 237 (L, S. 184; OH, S. 52).

Soviel nun ferner den doctorat belangt, soll es damit also gehalten werden, wie albereit in dem ersten theil dieser statuten verordnet worden [1]).

Man hat aber in dieser facultät insonderheit ein fleißig ufsehen uf die gelegenheit der persohn zu haben und niemand leichtlich zum doctorat zuzulaßen, er habe dann eine solche vocation, worzu er deß doctorats oder (f. 88ᵇ) licentiatur benöthiget, und seye eines gestandtenen alters, verstandts und geschicklichkeit, auch sonsten seines lebens, herkommens und wandels ehrlich, unverleumbt und unsträflich, und so iemand von unßern kirchen- oder schuldienern in theologia zu promoviren gemeinet, soll ihme bedeutet werden, daß er weder wegen deß rangs, noch sonsten einige praerogatio vor andern, alß die ihme ratione officii zukompt, zu praetendiren.

(§ 64.) Gemeine puncten, das ampt dieser facultät belangendt.

F. 88ᵇ- 89ᵇ = JC f. 91ª—91ᵇ, § 69, S. 237 (L, S. 185; OH, S. 55).

Hinzugefügt ist zu der aufgenommenen Bestimmung aus JC (f. 89ª):

Vornehmlich aber sollen dieser facultät profeßores nicht allein unßerm kirchenregiment, wie es in unßerer kirchenordnung verfast, vor sich selbsten unterworffen, sondern auch gehalten sein, wann es von iemand angefochten werden solte, sowohl schrifft- alß mündlich zu vertheidigen, keine demselben zuwiderlauffende lehr weder privatim, noch publice proponiren, fortpflantzen oder defendiren, auch, wann sie etwa denen studiosis were anderwerts beygebracht worden, selbige ihnen zu benehmen suchen, iedoch dieses alles mit der bescheidenheit, daß sie die anderstwo übliche form deß kirchenregiments an denen außwertigen nicht tadlen oder condemniren, sondern, solang niemand mit selbiger einige neuerung dieser orthen erweckhen und die kirch dardurch zu turbiren unterstehen wird, in seinem werth und unwerth beruhen laßen.

Und soviel dieienige theologische strittpuncte antrifft, so vor diesem albereit (f. 89ᵇ) unter denen reformirten verhandelt worden, und bey welchen die theologische facultät schon hievebor, und zwar vor dem allgemeinen teutschen krieg anno 1618 einer gewiesen meinung beigepflichtet, sollen sie selbige lehr, doch ohne verdammung derienigen, die ein anderes statuiren, behalten und darauf bestehen; in die neue controversias aber, so fast alle tag auf die bahn kommen und allem ansehen nach noch mehr und weiters entstehen werden, sich durchauß nicht einmischen, sondern entweder gar darvon abstrahiren und in generalibus bleiben, oder aber beider sententias mit beiderseits rationibus gleichsamb nur historice vortragen, ohne daß sie etwas darinn decidiren oder determiniren; im übrigen sonderlich dahin sehen, daß die unter dem geistlichen nahmen bedeckte weltliche regiersucht bey denen theologis in gebührenden schranckhen gehalten, auch die ihnen anständige moderation soviret werden möge.

---

1) S. oben S. 271, § 39.

(§ 65.) Statuta ac leges facultatis theologicae, singulis annis in auditorio theologico a decano promulganda¹).

F. 90b—91b = JC f. 91b—92b, § 70, S. 237 (L, S. 185; OH, S. 56 u. 57). Bei JC 15 §§, von welchen §§ 10, 11, 12 bei KL fehlen; also sind hier: §§ 1—9 = JC 1—9; 10—12 = JC 13—15.

B. De facultate iuridica separatim.

Von der iuristen facultät (ohne Einleitung).

(§ 66.) Wieviel und waß für professores in dieser facultät sollen erhalten werden und von den lectionibus.

F. 92a—95b entspricht: JC f. 94a—95b, § 71, S. 237—238 (L, S. 186; OH, S. 59 u. 60).

Wiewohl bey unßern vorfahren diese facultät sonderlichs fleiß bedacht und mit vielen profeßoribus oder besondern persohnen versehen worden, der meinung, alß solten hierdurch die studiosi und iunge iuristen desto mehr gefördert und die universität in größern flor und ruhm kommen und gebracht werden: so befinden wir doch, daß viel und unterschiedliche profeßores einander nur hinterlich sein und der universität mehr damit geholffen wird, daß wenig profeßores fleißig lesen, alß daß unter vielen der eine auf den andern die arbeit schiebet.

Setzen, ordnen und wollen demnach, daß hinfüro in facultate iuridica vier ordinarii profeßores sein und ein iedweder derselben wochentlich viermahl, alß montags, dienstags, donnerstags und freytags, zu solchen stunden, deren man in senatu academico sich vergleichen wird, lesen sollen (f. 72b). Der erste soll profeßor codicis und dißfalls gehalten sein, nicht allein die fürnembste leges und constitutiones codicis Justinianei zu ercklären, sondern auch res iudicatas in camera imperiali und an andern hohen gerichten in seinen lectionibus bey einer iedwedern materi seinen zuhörern vorzutragen; über daß soll er auch neben dem codice daß im heiligen römischen reich übliche ius publicum dergestalt lehren, daß er, was in denen reichssatzungen enthalten und beständigen herkommens, anweiße, auch eine iedwedere gerechtsame mit guten gründten und rationibus ziehe, nicht aber den statum praesentem tadele und der iugend allerhand widerliche impreßiones beybringe.

Der ander soll profeßor secundi libri decretalium sein, auch sonsten andere bücher und titul, so dieser zeit dienlich und unßerer wahren christlichen religion nicht zuwider, lesen, doch wo er ein anders lesen wolte, alß secundum librum decretalium, daß er solches zuvor facultati iuridicae die sach zu erwegen und zu bedencklken, ob es nutzlich und ohne verletzung unßerer christlichen religion beschehen möge, fürbringe, auch ohne derselben facultät wißen und rath außerhalb deß secundi libri decretalium für sich selbsten nichts fürnehme; (f. 93a)

---

1) Im Cod. Heid. 358, 61¹ (Akten der theol. Fak.) findet sich in der Abschrift (s. oben S. 282, Anm. 1) der theol. Statuten ein Zettel eingefügt folgenden Inhalts: Ne quis collegia practica, quae vocant concionatoria, suscipiat, nisi brevi saltem cursu theologico absoluto et iactis in theoria fundamentis, cuius rei testimonium, si extra collegium sapientiae sint, a facultate, si in collegio sint, ab ephoro, priusquam ad praxin admittantur, ferent. — In vestitu modestos sese praebebunt et tales, quales theologiae studiosos esse decet; quare, quos in vestes non necessarias impenderent sumtus, iu coemendos libros potius conferant.

iedoch alzeit zu unß und unßerer nachkommen mit zuthun der universität ermeßigung stehen, anstatt berührten secundi libri decretalium dem secundo profeßori iuris nach gelegenheit der zeit und auditorum etwas anders zu profitiren aufzuerlegen, so soll auch diesem profeßori obliegen, den proceßum indiciarium zwar nicht publice, sondern in lectionibus privatis denen studiosis fleißig zu lesen, sie darin zu unterrichten und zu üben.

Der dritte soll profeßor pandectarum oder digestorum sein und die digesta corporis Justinianei dergestalt lesen, daß er die vornembste leges eines ieden tituls kurz erclüre und, die zeit zu gewinnen, seine zuhörer lieber zu den besten auctoribus verweise, alß dieselben mit gesuchter weitleufftigkeit aufhalte.

Der vierte und letzte soll profeßor institutionum imperalium sein und dieselbe sowohl offentlich zu gewöhnlichen stunden, als in privatis collegiis lehren, expliciren und die fundamenta iuris civilis Justinianei denen studiosis alles fleißes anweißen.

So soll auch die facultas iuridica daran sein, daß von demienigen profeßore iuris, welcher es am füglichsten verrichten kan, weniger nicht das ius feudale wochentlich einmahl publice gelesen, auch sonst auf der studiosorum begehren collegia privata von demselben gehalten werden und in alle wege (f. 93 b) sein absehen auff einen kurzen und methodicum authorem richten, welchen er seinen auditoribus kundt zu machen hat.

Solten auch doctores oder gelehrte candidati iuris bey unßerer facultät sich finden, welche institutionum oder andere collegia iuris halten wolten, soll ihnen solches auff beschehene gebührende anmeldung von der iuristen facultät ohne erhebliche große und wichtige ursachen nicht geweigert werden; ia es mag auch einer und ander zum profeßore extraordinario bestellet, mit einem leidemlichen salario, nachdem der fiscus academicus es leiden kan, versehen, zu relationibus bey der facultät gezogen und zu denen von responsis, consiliis und urtheilen fallenden abnutzungen gelaßen werden, damit gleichsamb ein stetiges seminarium geübter und fleißiger iuristen zur hand seye, deren wir bey unßerer universität auch verfolglich zu unßern diensten unß zu gebrauchen haben mögen.

Demnach wir auch berichtet werden, daß wegen der vielen guten bücher und auctoren, so täglich ans liecht und zum druckh kommen, das studium iuris sehr erleichtert und die hinternuß und beschwerung, so in vorigen zeiten der iugendt im wege gestandten, weggeraumet werden: alß wollen wir, daß unßere profeßores nicht allein in lectionibus publicis, sondern (f. 94 a) auch in privatunterredungen die beste und nützlichste bücher denen studiosis bekandt machen, und in welchem authore dasienige, so sie anbefohlener kürtze halben übergehen müßen, zu finden und nachzulesen seye, anzeigen.

So sollen auch die profeßores dieser facultät mit nichten die iunge studenten von den artibus humanioribus, griechischer und lateinischer sprache, historien, philosophia morali et civili, auch mathematicis disciplinis ab- und gantz unzeitig, allein auff das studium iuris ziehen, sondern vielmehr dieselben alles möglichsten fleißes ermahnen, daß sie vorher oder zugleich neben dem studio iuris obigen wißenschafften und studiis obliegen und sich dergestalt perfectioniren, daß sie vor tapffere gelährte männer zu ehren bestehen können.

Deßgleichen soll ein iedweder profeßor bey dem schluß seiner lection iezuweilen die studiosos vermahnen, da einer unter ihnen etwas nicht gnug verstandten oder sonsten deßienigen halber, so er gelesen, einig bedencklen und darwider zu urgiren hette, daß er solches ungescheuet und kühnlich fürbringen soll, und da es geschehe, soll er es mit gutem glimpff aufnehmen, darauß mit ihme freundtlich conferiren und denselben weiter nach seinen besten verstandt (f. 94b) informiren; es were dann, daß er durch sonderbahre zufälle, solches zu thun, verhindert würde, welches er seinen zuhörern zu seiner entschuldigung anzuzeigen hette.

So sich aber folgendts begeben solte, daß der vorermelten lecturen eine vaciren und ledig sein würde, soll alßdann mit der wehlung eines andern lectoris anstatt deß abgangenen, wie hievor in dein ersten theil dieser ordination und nachmahls von den theologen¹) befohlen und gebotten ist, gehandelt werden, nemblich: daß zu iederzeit gefragt und betrachtet werde, ob einer derselben lecturen seiner geschicklichkeit nach würdig, auch seines lebens und deßelben ehrbarkeit halben darzu tüglich und annehmblich seye, außgeschloßen und hindan gesetzt aller successsion und praerogativen, so hiebevor gebraucht und fürgewendet oder auch ins künfftig möchten aufgebracht und fürgewendet werden.

Und so alßdann solcher obgemelter persohnen eine oder mehr vorhanden, soll dieselbe oder derselben die zwey fürnehmbste nominirt und angezeigt und fürter durch unß dieienige, so wir für die beste und tüglichste erachten, darzu angenommen werden.

Wo aber zur selben zeit bey unßerer universität (f. 95a) keine solche persohn, wie obsteht, gefunden würde, damit dann obgenante universität in abgang oder verkleinerung ihres nahmens und ruffs nicht gerathe, soll anstatt deß abgangenen profeßoris eine andere und frembde hierzu geschickte und tügliche persohn von außenhero gesucht und mit unßerem rath beruffen werden.

Welches wir hiemit dem allem getreues ernstes fleißes nachzusetzen ernstlich wollen befohlen und beydes dem decano und dem rectori diesen puncten die election betreffend iederzeit vor der wahl im consilio und rath offentlich vorlesen zu laßen auferlegt haben, damit sich ein ieder in dem votiren darnach wiße zu richten.

Ferners haben wir zu beßerm nutzen und aufkommen dieser facultät, damit auch deren professores sich desto mehr in praxi üben, und die studirende iugend, bevorab aber unßere landtskinder in lectionibus ad cognitionem unßers landtrechtens, alß auch unßers churfürstenthumbs gewohnheiten und alt herkommen desto füglicher und bequemer mögen angeführt werden, wie nicht weniger unßern unterthanen, was rechtens ist, widerfahren, verordnet, verordnen, setzen und wollen auch, gleichwie solches in andern fürstenthumben und bey allen iuristen facultäten bräuchlich (f. 96b), daß hinfüro unßere untergerichter die gerichtssachen und acta, sowohl criminalia alß civilia, darin sie selbsten zu sprechen bedenckhens tragen, nicht außländischen oder privatis d. d., sondern unßerer hiesigen iuristen facultät zu abfaßung der urtheil zusenden oder sich sonsten bey ihnen rechtens belernen sollen, es were dann sach, daß die partheyen oder eine unter denselben die facultät auß gnugsamen und bewegenden ursachen excludirte oder für suspect hielte; und wollen wir an die ämpter und sämbtliche untergerichter dißfalls nothwendige befehl ergehen laßen und die verordnung thun, damit es ins künfftig also gehalten und observirt werde.

(§ 67.) Von besoldung der professorn dieser facultät.

F. 95b–97a entspricht JC f. 97a–98b, § 73, S. 238 (L, S. 186; OII, S. 62–64).

Und für solche arbeit und mühe, soviel den profeßorem codicis et iuris

---

1) S. oben S. 266 § 31 und die Verweisungen, ferner S. 282 § 53.

publici belanget, wollen wir, daß demselben zu iährlicher besoldung gereicht werden sollen zwey hundert und siebenzig gülden nebenst einer freyen behaußung. Wie dann auch der profeßor decretalium ordinarie gleichsfalls zu iährlicher besoldung (f. 96ᵃ) zweyhundert und siebenzig gülden nebenst einer freyen behaußung; weniger nicht der profeßor pandectarum zweyhundert und siebenzig gülden nebenst einer freyen behaußung zu iährlicher besoldung haben solle.

Soviel aber den professorem institutionum imperialium betrifft, soll derselbe zu iährlicher besoldung haben einhundert und siebenzig gülden nebenst einer freyen behaußung.

Doch in alle weg unß und unßern nachkommen vorbehalten, wo etwan ein besonder berühmbter gelährter mau were, deßelben besoldung, nach gelegenheit der persohn und zeiten, iedesmahl zu beßern und zu vermehren..

Darzu soll auch ieder obgemelter vier profeßorn iährlich haben ein fuder wein oder, da soviel weins bey der universität nicht vorhanden were, deßen werth nach kauff und lauf ex fisco universitatis, und zwölff malter korn.

Von da an Übereinstimmung mit JC.

(§ 68.) Von der intitulation und folgendts von den promotionibus der iuristen.

F. 97ᵃ entspricht JC f. 98ᵇ—99ᵃ, § 74, S. 238 (L, S. 187; OH, S. 67).

Soviel den punctum intitulationis betrifft, befinden wir zwar, welcher gestalten von unßern vorfahren höchstseeligen andenckhens außtrückblich dabey verordnet, daß alle dieienigen, so in einem oder beyden rechten zu studiren gesinnet, sieh zuförderst bey dieser facultät decano einschreiben und intituliren laßen sollen.

Dieweil aber solches bißhero nicht so genau hat können observirt werden, sonsten auch verschiedene schwürigkeiten mit sich führet, alß haben wir dieser facultät studiosos (dieienige, so einen gradum anzunehmen gewillet, außgeschloßen) der nothwendigkeit benanter intitulation erlaßen und selbige zu eines ieden willkühr stellen wollen.

Dafern aber noch einige dieselbe begehrten, sollen sie gratis und ohne einigen entgelt eingeschrieben werden, und soll derienige, so die intitulation begehrt, weiters nichts angeloben, alß was hernach folgt.

(§ 69.) Capita quaedam ab iis, qui nomen suum decano facultatis iuridicae dant, bona fide promittenda.

F. 97ᵇ = JC f. 99ᵃ, § 75, S. 238 (= L, S. 187 = OH, S. 68).

(§ 70.) Von dem examine und examinatoribus.

F. 97ᵇ entspricht JC f. 99ᵇ, § 76, S. 238 (= L, S. 187 = OH, S. 68).

Eß ist billig und nothwendig, daß man die gradus niemands conferire, man habe dann eines geschickliehkeit per examen privatum gnugsamb erlernet und erfahren, derhalben ist unßer ernstliche meinung, daß in allen gradibus dieser facultät iederzeit ein examen, und zwar dergestalt gehalten werden, daß man etwa die facultät nicht völlig bestellt, iedesmahl der decanus soviel von unßern graduirten räthen darzu erbitten solle, damit benebst dem rectore iederzeit vier oder zum wenigsten drey examinatores dabey seyen, darüber auch die professores facultatis iuridicae angeloben sollen, wie folgt:

(§ 71.) Capita ab examinatoribus bona fide promittenda.
F. 98ª = JC f. 99b, § 77, S. 238 (= L, S. 187 = OH, S. 68).

(§ 72.) Von der licentiatur.
F. 98a—99b entspricht JC f. 100b—102ª, § 79, S. 238 (L, S. 187 u. 188; OH, S. 69—71).

Dießen gradum anreichend, befinden wir zwar, was maßen in den vorigen statutis von unßern vorfahren höhstseeligen andenckhens außtrücklich verordnet, daß keiner hierzu gelaßen oder angenommen werden soll, er habe dann sein quinquennium Justinianeum entweder allhier oder bey einer andern iuristen facultät vorgeschriebener maßen (f. 98b) complirt; dieweil aber die erfahrenheit gnugsam bezeugt, daß nicht so sehr auff die zeit, alß der studirenden fleiß und verstand zu sehen, der methodus docendi auch seithero zimblich verendert und alles in beßere und kürzere form gebracht worden, solcher gestalt, daß auch in dem reichs-abschiedt de anno 1654: § (28) Sintemahlen aber circa personas praesentatas ad assessoratum camerae imperialis „nicht so starckh das studium iuridicum quinquennale, alß die qualitäten, geschicklichkeit und experienz erfordert werde" [1]): so haben wir auch dißfalls einige veränderung fürzunehmen nicht undienlich zu sein erachtet und auß benanten ursachen das praescriptum quinquennale tempus aufheben und dabey verordnen wollen, daß, wofern der promovendus sonsten tüchtig und capable, derselbe alßdann ob non completum quinquennium keines weges soll abgewiesen oder aufgehalten werden, iedoch soll derselbe entweder alhier oder anderwerts in iure eine publicam disputationem gehalten haben, welches doch nach gelegenheit und der profeßoren gutdünckhen bißweilen zu moderiren.

In allweg aber soll kein promovendus in dieser facultät zu einigem gradu, er begehre gleich die licentiatur oder doctoratum, zugelaßen werden, er habe dann zuvor zwey examina (f. 99ª) außgestandten und eine disputationem pro gradu gehalten, zudem soll auch ein licentiandus oder doctorandus noch eine lectionem publicam halten und die vom decano ihm fürgeschriebene materiam oder legem darin außlegen und erclären.

Damit auch die promovendi in ihrem fürhaben nicht gehindert oder aufgehalten werden, so setzen, ordnen und wollen wir, ernstlich befehlend, daß hinfüro, so offt einer alhier zu promoviren begehret und sich derhalben dem examini zu unterwerffen, auch die gebührende costen deß examinis und der promotion, darvon droben im ersten theil gehandelt worden, zu erlegen und außzurichten bey dem decano facultatis sich erbieten thut, soll derselbe ohn allen eintrag und aufzug der ordinarien und profeßoren, sofern er sonsten seiner lehr und lebens halber ehrlich und tüglich, gefördert, und es seye in diesem oder andern gradu alßbald promovirt und die sache mit ihm wider seinen willen nicht, biß noch andere darzukommen, gerichtet und verzogen werden.

Dafern auch einer oder der ander candidatus, er habe dann gleich alhier oder anderwerts studirt, vor dem examine oder sonsten einige privat repetition oder information (f. 99b) begehren würde, damit er in seinen bevorstehenden speciminibus desto beßer bestehen möge, soll ihme solches auch nicht verwaigert, sondern von der facultät einer ex professoribus darzu ernennet werden, und derselbe gehalten sein, die angeregte repetition gegen eine zimbliche recompens

---

1) Die Nummer des § findet sich nicht in den Statuten; die Anführungszeichen ergeben die wörtlich angeführte Stelle. Vgl. Sammlung der Reichsabschiede, Frankf. a/M.; Koch 1747 III, p. 647.

(deßen mäßigung, dafern einiger mißverstandt darauß endtstünde, bey der facultät stehen soll), ohn allen aufenthalt und vergebliches aufziehen zu verrichten.

(§ 73.) Vom doctorat.

F. 99b—100a = JC f. 102a, § 80, S. 238 (L, S. 188 u. 189; OH, S. 71 u. 72). Nur der erste Absatz (JC f. 102a) ist beibehalten bis: zu beyden samenthafft zugelaßen und promovirt werden.

(§ 74.) Juramentum licentiandorum facultatis iuridicae corporaliter praestandum¹).

F. 100a = JC f. 103a, § 82, S. 239 (= L, S. 189 = OH, S. 72 u. 73).

C. De medica facultate separatim.
Von der facultät der medicorum insonderheit.

Einleitung: F. 102a = JC f. 106a, S. 239 (= L, S. 190 = OH, S. 76).

(§ 75.) Wie viel und waß für professores in dieser facultät sollen gehalten werden.

F. 102a—104a entspricht JC f. 106a 107b, § 84, S. 239 (= L, S. 190 = OH, S. 78—80).

Die Fassung ist eine ganz andere:

Weilen diese facultät, nicht minder alß der iuristen, weitläuftig und groß, alß laßen wir es auch noch bey den dreyen professoribus verbleiben, ordnen und setzen hiebeneben, weilen die gantze rationalis oder dogmatica medicina, sonsten gewöhnlich die leib- und wundtarzney genant, in dreyen stückhen (f. 102b) vornehmblich begriffen, deren das erste, in welchem das fundament und grundtfest der gantzen kunst sich enthaltet, physiologica, das andere pathologica, das dritte und fürnembste therapeutica genennet, auch diese facultät mit dreyen unterschiedlichen lectoribus oder professoribus, welche alle doctores iederzeit versehen sein und dieselbe erstgemelte drey partes medicinae zu den gewöhnlichen stundten, gleich andere professores, ordentlich tractiren und publice dociren, dafern aber nur zween professores medicinae bestellt sein würden, nichts destoweniger solche drey partes unter sich dergestalt vertheilen sollen, daß selbige eben sowohl, alß wann die facultät mit dreyen professoribus bestellt were, publice und privatim, nach eines iedwedern gelegenheit, tractirt und docirt werden, in alle weg aber der materiae medicae, botanices und der chymiae, insoweit dieselbe praeparationes medicamentorum angeht, entweder in publicis lectionibus oder, da solches zu weitläuftig, in privatis collegiis und ocularibus demonstrationibus et herbationibus darbey nicht vergeßen.

Insonderheit sollen sie auch anatomiam und in derselben naturam corporis humani, et (f. 103a) singularum eius partium ac facultatum, weniger nicht die chirurgiam in allen ihren theilen nicht allein lehren, sondern auch die hand fleißig anlegen und die operationes manuales denen studiosis zeigen, auch was hin und wider von neuem erfunden wird (wie zu unßerer zeit häuffig geschiehet) in erfahrung bringen und seinen auditoribus bekandt machen.

---
1) Statuta facultatis iuridicae sind nicht besonders aufgenommen (s. JC § 83, S. 239).

Worbey wir auch dieses befehlen, daß, wie alle andere professores, also auch die medici allewegen uff einen compendiosen authorem ihr absehen haben, nach deßen ordnung und methodo nicht allein ihre lectiones anstellen, sondern denselben auch ihren zuhörern, umb ihre intention darauff zu richten und, was docirt wird, dahin zu referiren, anzeigen sollen.

Doch soll alle weg pro captu auditorum et ratione temporum und in erwegung anderer umbstände facultas medica macht haben, hierinnen, was am nutzlichsten mag, zu statuiren.

Und sodann dieser lecturen eine oder mehr ledig stehen und vaciren würde, soll es allerdings mit derselben bestellung und den neuen lectoribus hie auß unßerer universität anzunehmen oder, so (f. 103 b) die alhier zu finden nicht weren, anderstwoher zu beruffen, wie hievor von den theologen und iuristen geordnet[1]), gehalten werden, abgeschnitten und hindangesetzet aller succeßion und praerogativen, so derhalben möchten aufgebracht und fürgewendet werden, und nicht allein angesehen und betrachtet zu ieder election zwey stückh, das ist, ob derienige geschickt genug und darneben erbar und from seye, so angenommen zu werden begehrt. Hierneben, diewcilen auch die fürnembsten und ältesten dieser kunst scriptores und lehrer, alß Hippocrates, Galenus und andere, in griechischer sprach geschrieben, und die nachkommende gemeinlich alle ihre gründ und anfäng auß denselben alten gezogen und genommen haben, derhalben dann der griechischen sprach erkäntnus und verstandt einem medico, sonderlich aber einem professori und legenten vonnöthen: hierumb so wollen wir und ordnen, daß hinfüro keiner leichtlich zu dieser profeßion und einiger in dieser facultät lecturen angenommen und aufgestellt werden soll, er seye dann der griechischen sprach gelehrt und erfahren, damit deren ein ieder seiner lehr ursprung und ersten anfang (f. 104 a) gründlich verstehen und dargeben, unßere universität hiedurch mit rechtschaffenen gelehrten professoribus iederzeit versehen und darnach bey den außwendigen und frembden in einen nahmen und ruff gebracht werden möge.

(§ 76.) Von besoldung obgenanter professoren.

F. 104ᵃ 104ᵇ = JC f. 108ᵃ–108ᵇ, § 86, S. 239 (= L, S. 191 = OH, S. 81 u. 82).

Völlige Übereinstimmung mit JC, nur daß die Dienstwohnungen nicht genau, sondern nur im allgemeinen bezeichnet sind; auch ist ein Preis für den Wein, der als Besoldungsteil gilt und sich etwa in den Kellern der Universität nicht findet, nicht angesetzt.

(§ 77.) Von etlichen anderen stücken, so zur underweisung und übung der studiosorum dieser facultät gehörig.

F. 104ᵇ–106ᵃ = JC f. 108ᵇ–110¹ᵃ, § 87, S. 239 (= L, S. 191 = OH, S. 83 u. 84).

Nur der Absatz über das Botanisieren ist hier geändert; er lautet: So sollen auch von demienigen professore medicinae, der botanicam profitiret, im früehling und sommer zu gethaner zeit in dem darzu, wie hievor[2]) bey den universitätsgärten gemeldet, bestelten horto medico lectiones und demonstrationes botanicae denen studiosis medicinae, auch andern, so zu dergleichen wissenschafft lust und lieb tragen, gehalten, weniger nicht die studiosi angewiesen werden, daß

---

1) Siehe oben S. 289, auch ebendaselbst Anm. 1.
2) Siehe oben S. 279, § 49.

sie iedes iahrs zu gelegener zeit herbatum, daß ist, kräuter und derselben blüth, samen und wurtzeln zu colligiren und zu erlernen selber ins feldt und auf den augenschein zu gehen, sich befleißen. — Die descriptio anatomiae porci et cophonae ist hier weggelassen. — Am Schlusse ist hinzugefügt (f. 106): Daneben wollen wir zu denen droben angeregten operationibus chymicis denen professoribus medicinae orth und gelegenheit anweißen, auch nach befindung vorschub leisten laßen.

(§ 78.) Von der intitulation und promotion dieser facultät persohnen.

F. 106ᵃ—107ᵃ entspricht JC f. 110¹ᵃ—110⁸ᵇ, § 88, S. 239 (L, S. 191 u. 192; O II, S. 85—87).

Mannigfach geändert: Mit der intitulation soll es gleicher gestalt, wie oben[1]) in iuridica facultate geordnet ist, gehalten werden. Weiter, auff das in diser facultät die persohnen und auditores, dieweil menschlichen lebens uffenthaltung und zeitlicher wohlfarth daran gelegen und große gefahr darauff stehet, nicht liederlich promoviret, sondern zu gnugsamer lehr und geschicklichkeit uffwachßen mögen, so ordnen und wollen wir, daß keiner hinführo ad gradum doctoratus in dieser facultät zugelaßen werde, er seye denn 1) eines erbaren guten wandels und lebens, 2) bey der facultät, wie droben gemelt, eingeschrieben, 3) in philosophicis, sonderlich in physicis wohlgeübt, 4) habe vier iahr in studio medico zugebracht, worinnen gleichwohl in beysein deß rectoris von der facultät könte dispensirt und die vier iahr uff drey gerichtet werden, wann notorium, daß der candidat ein guter physicus, hurtigen verstandts und guten iudicii, selbiges durch unverdroßenen fleiß und stetige arbeit wohl angelegt, auch etlichmahl so hier, so anderstwo publice respondirt, welches alles zu deß collegii medici erkanntnuß stehen solle.

Es geschehe nun, wie es wolle, so soll ein ieder candidatus, so summos in arte medica honores praetendirt, verbunden sein, zwey examina, alß 1) tentamen, 2) severum vel rigorosum examen außzustehen und dann 3) eine disputationem inauguralem, wie auch 4) eine lectionem cursoriam (f. 107ᵃ) zu halten; dann in alle wege billig, daß die privaterforschungen vor den publicis hergehen, damit, so einer nicht tüchtig erfunden und mit einer repulsa abgefertiget würde, es zu seinem glimpf privatim geschehe und nicht cum dispendio famae seine unwürdigkeit in theatro publico vorgestellet werde.

Und soll es in obgedachten examinibus alßo gehalten, daß nicht nur die professores medicinae den candidatum examinieren, sondern auch andere doctores practici zu dem examine beruffen und admittirt werden, dergestalt, daß bey iedwederm examine vier oder zum wenigsten drey examinatores sein sollen.

(§ 79.) Capita ab examinatoribus bona fide promittenda.

F. 107ᵃ—107ᵇ = JC f. 99ᵇ, § 77, S. 238, also gleich dem entsprechenden Eid bei den Theologen und Juristen (s. oben § 60)²).

(§ 80.) Capita seu statuta licentiandorum in facultate medica corporaliter iuranda.

F. 107ᵇ—108ᵃ = JC f. 111ᵃ—111ᵇ, § 90, S. 239 (L, S. 193; O II, S. 87 u. 88).

---

1) S. 290, § 68.
2) E f. 73 verweist auf die Juristen und schreibt die capita nicht noch einmal aus.

Völlige Übereinstimmung, nur dass in Nr. 3 der Zusatz zu metallica venenata: „qualia etiam sunt pleraque ex illis, quae ex mercurio et stibio vi ignium aliterve praeparari solent" weggelassen ist. Die oben S. 239 A. 3 angeführte Randnotiz in JC f. 111ᵃ weist darauf hin[1]).

(§ 81.) Etliche gemeine dieser facultät stückh oder puncten, und erstlich von den apothecken.

F. 108ᵃ—109ᵃ = JC f. 111ᵃ - 112ᵃ, § 91, S. 240 (L, S. 193 = OH, S. 89).

Zu der bei JC sich findenden, wörtlich beibehaltenen Bestimmung über die Apotheken und deren Beaufsichtigung ist hinzugefügt: Auch sollen die professores medicinae auffsicht haben, damit die apothecker zufolge unßerer publicirten landtsordnung, es seye gleich herr oder bedienter, sich nicht gelüsten laßen, einige menses moventia, purgantia und andere dergleichen treibende sachen ohne ordination eines ordentlichen medici wegzugeben. Hergegen sollen die medici die apothecker, wie an sich selbsten billig und der nutz deß nechsten erleiden mag, mit treuen meinen und vor schaden warnen.

Auch sollen sie nicht auß freundschafft oder feindschafft oder ihres eigenen nutzens halben einem apothecker mehr zu thun zuschicken alß dem andern (welches factiones und zänckhändel zu verursachen [f. 109ᵃ] pfleget), sondern hierinnen den nutzen der kranckhen ansehen, dieselbe in die apotheckhen, welche mit artzneyen am besten versehen, oder zu welcher der patient am besten lust hat, verweißen. Nicht weniger sollen auch die medici keine composita oder simplicia in den apotheckhen kauffen und dieselbe nachmals den kranckhen in höherm werth und für viel cöstlicher (alß von ihnen selbst bereit) in alia forma aufdringen und verhandlen, noch auch einige medicamenta, so in den apotheckhen pflegen praeparirt zu werden, zu hauß bereiten und damit marquetentern, außerhalb was etwan besondere specifica und arcana seind, welche kein medicus schuldig sein soll, offenbar und gemein zu machen.

D. De facultate philosophica separatim.

Von der artisten facultät insonderheit.

(Die einleitenden Worte beschränken sich auf den ersten Satz bei JC.)

(§ 82.) Von den lecturen und professoren dieser facultät.

F. 121ᵃ—118ᵃ = JC f. 115ᵃ—117ᵇ, § 94, S. 240 (L, S. 198 u. 199; OH, S. 96—98).

Statt der beiden ersten Absätze bei JC heisst es hier: Zu dieser facultät werden billig alle und iede professiones in sprachen, alß da seind die hebraeische sambt allen orientalischen, die griechische und lateinische sambt denen humanioribus artibus (wie man sie insgemein nennet), sodann die gantze philosophia sambt darzu gehörigen wißenschafften, mathesis, poetica, rhetorica, historia, auch ius naturae et gentium gerechnet, darinnen nach befindenden umbständten, in-

---

[1] Das betreffende Aktenstück ist angeführt Annales univers. XXXI, 401: uf die von herrn decano und professoribus facultatis medicae alhier des iuramenti halber beschehener erinnerung ist von churpfaltz gnädigst bewilligt, daß die parenthesis, welche in den zweyen letzten und jüngeren reformationibus enthalten, hinfüro außgelaßen werden solle. So der facultät zur nachricht hiemit abgedeuttet wirdt. 10/4 1654. Churpf. Cantzley. Am 12 1655 wurde diese Änderung zum ersten Male bei der Promotion von zwei Kandidaten angewendet.

sonderheit aber nach beschaffenheit (f. 111b) und vermögen deß fisci academici, also daß nicht wegen unterhaltung vieler philosophischen professorn die höhere facultäten nothwendiger leuthe entbehren müßen, und wie man iederzeit geschickte und erfahrne männer zur handt hat, professores sollen bestellt werden.

Dann wird der dritte Absatz mit Kürzung des ersten Satzes aufgenommen und gleichlautend mit JC f. 116a—117a bis „mit ihrem nahmen und zunahmen bekandt gemacht werden" fortgefahren; daran schliesst sich (abweichend von JC): damit wir unßern etwa führenden dissensum bey zeit der universität eröffnen können und die vorgeschlagene persohn unbeschimpffet bleibe.

Diesen also angenomenen professoren soll nicht frey stehen, zu lesen oder zu unterlaßen, was ihnen gelüstet, sondern der senatus academicus soll alle halbe iahr einem iedwedern nicht allein sein pensum aufgeben, sondern auch nach verlauff solcher zeit, ob er dasienige, so ihm anbefohlen gewesen, außgerichtet habe, erkundigen, die saumbhafften mit einer willkührlichen straff belegen, und wann sie solches zwey- oder dreymahl verächtlich in den windt geschlagen, die sache an unß bringen, alßdann wir ein schärpffer einsehen haben und sothane contumaces ihrer dienste nach befindung gar entsetzen und die in müßiggang genoßene besoldungen von ihnen wider erfordern laßen wollen.

So sollen auch diese sowohl, alß anderer facultäten professores nicht meinen, daß sie mit lesen allein ihrem ampt ein gentigen thun, sondern sie sollen ihren auditoribus und discipulis die beste bücher und authores, ein iedwederer in seiner wissenschafft, bekant machen und dieselbe (f. 113a) fleißig zu lesen ermahnen, auch darzu anleitung geben.

Ferners soll auch die vor dem dreyßigiährigen teutschen krieg alhier über der pursch gewesene specula mathematica wider zugerichtet und mit nöthigen büchern und instrumentis astronomicis versehen, auch die observationes astronomicae denen studiosis angewiesen werden. Weniger nicht sollen in mathesi die exercitia geodetica, scenographica, munitoria et chorographica etc. da fleißig geübet und gehalten werden.

(§ 83.) Von besoldung obgemelter lecturen.

F. 113b—114a = JC f. 119a—120b, § 96, S. 241 (L, S. 201; OH, S. 104).

(§ 84.) Von der deposition.

F. 114a entspricht JC f. 121a—122b, § 98, S.241 (L, S. 201; OH, S. 104).

Im ganzen übereinstimmend, doch vielfach gekürzt:

Anstatt der deposition und was bey derselben gemeinlich ungereümtes und mehr zum gelächter alß nutzen dienlich fürgehet und bey außländischen berühmbten universitäten auch abgethan worden, solle es mit den angehenden studenten bey nachfolgender ordnung gelaßen und dieienige, so ein testimonium depositionis begehren (welches wir zu eines iedweden freyer willkühr stellen), pro depositis gehalten werden, wann sie sich zuvor bey dem rector haben immatriculiren und von dem decano facultatis philosophicae examiniren laßen, auch lectiones publicas zu hören richtig befunden sein.

So dann einer, wie obstehet, examinirt und in die zahl der studenten aufgenommen, soll er für die gehabte mühe examinis einen reichsthaler denen examinatoribus außzurichten schuldig sein. Dafern gleichwohl jemand den alten ritum depositionis erforderte, soll demselben damit geholffen sein.

(§ 85.) Von den promotionibus und ehren tituln, so diese facultas philosophica zu conferiren pflegt.

F. 114b–115a = JC f. 122b–124b, § 99, S. 242 (L, S. 204–206).

(§ 86.) Von den privato und publico examine der magistrandorum.

F. 115a–115b = JC f. 125b–127b, § 101, S. 242 (L, S. 206).

Der Paragraph stimmt ganz mit den beiden Absätzen des angeführten von JC, nur dass als Ersatz eines Hutes statt 20 Batzen 1 Reichsthaler angesetzt ist.

(§ 87.) Capita ab examinatoribus bona fide promittenda[1]).

F. 115b–117b = JC

Unter diesem Titel ist der ganze weitere Verlauf des Examens zusammengestellt. Die capita ab examinatoribus promittenda sind dieselben, welche oben für die Theologen (§ 60 S. 285) und Juristen (§ 71 S. 290) festgesetzt waren und für die Mediziner nicht wiederholt wurden. Daran schliesst sich der § 101 von JC, soweit er nicht in § 86 enthalten ist; nur an Stelle des letzten Absatzes (JC f. 127b) ist hier getreten: Gleichwohl (f. 117b) ist bey obigem diß in acht zu nehmen, daß, so offt unsere alumni und stipendiaten auff unßer, unßeres kirchenraths oder ihrer vorgesetzten gutfinden den gradum magisterii begehren, dieselben zwar daß examen außstehen, aber aller uncosten befreyet sein, und nichts desto weniger, wann ihr nur zween vorhanden, ohne verzug promovirt werden sollen.

(§ 88.) Wie es mit frembden magistris, so in philosophia dociren wollen, zu halten.

F. 118a–118b entspricht JC f. 127b–128a, § 102, S. 243 (= L, S. 243 = OH, S. 123).

Grösstenteils veränderte Fassung: Wo ein frembder und anderstwo promovirter magister hieher zur universität käme und von der facultät urlaub, privatim oder publice zu dociren und collegia zu halten, begehrte, soll ihm solches nicht abgeschlagen werden, jedoch daß er dem decano zuförderst von seiner condition in der oder denen wißenschafften, welche er lehren will, nachricht zu geben, folgenden eydt zu leisten, in fiscum zween gülden und dem pedellen ein ort eines gulden außzurichten und zu erlegen schuldig sein soll und sich gradum magistri, wo nicht publice, jedoch in senatu academico ohne ceremonien conferiren laßen, oder doch vom senatu auß erheblichen ursachen davon dispensirt werden, und in irem dociren sich dergestalt verhalten, daß sie die stunden, darinn selbiger wißenschafft professor lieset, zu ihrem lesen und disputiren nicht gebrauchen, auch sonst die professores nicht verkleinern (f. 118b) oder ihnen hinderlich sein.

(§ 89.) Juramentum adventitiorum magistrorum.

F. 118b–119a = JC f. 128a, § 103, S. 243 (= L, S. 208 = OH, S. 130).

---

1) Die in diesem Paragraph sich findenden capita promittenda für die Magistranden sind in C f. 116b später mit der Überschrift versehen: Capita sive statuta a supremae laureae philosophicae candidatis corporali iuramento firmanda; auf einem in die genannte Handschrift eingelegten Bogen sind diese capita mit Weglassung von Punkt 1 u. 2 wiederholt; offenbar war die so erhaltene Form später im 18. Jahrhundert die gewöhnliche.

Nur im § 2 des Eides ist die erste Hälfte weggelassen, sonst Übereinstimmung zwischen KL und JC.

(§ 90.) Etliche gemeine puncten dieser facultät.
F. 119a 120a = JC f. 128b—129b; § 105, S. 243 (L, S. 209 = O II. S. 132). Die beiden ersten Absätze (JC f. 128b—129a) sind festgehalten, dann ist fortgefahren: Jedoch behalten wir unß und unßern nachkommen bevor, mehrgemelte statuta nach befindung zu vermindern, zu vermehren, zu verändern und darüber zu dispensiren.

Zur urkhundt haben wir dieselbe eigenhändig unterschrieben und mit unßerm anhangenden gewöhnlichen cantzley insigel becrätfftigen laßen. So geschehen auff unserer churfürstlichen residenz zu Heydelberg, Donnerstag den eilfften des monats iulii, nach Christi unßers lieben herrn und seeligmachers geburth 1672.

Ihre[1]) churfürstliche durchlaucht placidiren die durch dero deputirte räthe endtlich eingerichtete und approbirte (f. 120a) statuta academica, ob sie schon solche wegen obhabender anderer hohen geschäfften nicht ganß durchlesen, deren publication sie gleichwohl gerne befördert sehen, hiemitt gnädigst, iedoch mit dem austrücklichen beding, daß dafern über kurtz oder lang in denenselben sich etwas befinden solte, so dem instrumento pacis, religionsfrieden oder churpfalz regiment und hoher landtsfürstlicher obrigkeit in ecclesiasticis et politicis zuwiederliefe, sie dero consens darein nicht gegeben, noch an daßelbe iemanden gebunden, auch solches iederzeit zu remediren ihro vorbehalten haben wollen.

Heydelberg den 1 septembris 1672.

Carl Ludwig.

---

1) Dieser Zusatz findet sich nicht in B.

Die Statuten des Kurfürsten Karl Theodor

vom

14. Oktober 1786.

Die Originale und deren Abschriften in Heidelberg, Karlsruhe und München zeigen keine textlichen Verschiedenheiten.
Dem Drucke ist zu Grunde gelegt das Original, welches der Universität Heidelberg eingebändigt wurde: ietzt Codex Heidelb. 358, 98.

(Einleitung.)

(F. 2.) Wir Karl Theodor von Gottes Gnaden, Pfalzgraf bei Rhein, Herzog in ober und nieder Baiern, des H. R. R. Erztruchseß und Churfürst, zu Gülich, Cleve und Berg Herzog, Landgraf zu Leuchtenberg, Fürst zu Mörß, Marquis zu Bergen op Zoom, Graf zu Veldenz, Sponheim, der Mark und Ravensberg, Herr zu Ravenstein etc.

Machen hiemit kund und offenbar Jedermann für Uns, Unsere Erben und Nachkommen an der Chur und Pfalzgrafschaft bei Rhein und übrigen Ländern: Nachdem in allen wohl bestellten Regierungen sich geziemet über die Schulen insgemein, vorzüglich aber über die Aufnahme und Fortpflanzung solcher Wissenschaften, wodurch dem Staat und der Kirche brauchbare Männer und nützliche Diener, auch gute Bürger gebildet werden, am meisten Sorge zu tragen, indem die Bildung der Jugend den Zustand des gemeinen Weesens zur Folge zu haben pflegt, sofort das allgemeine Wohl hierdurch begründet wird, um deswillen auch die Durchlauchtigste Fürsten, Herr Ruprecht der alte, Herr Ruprecht der ältere, Pfalzgrafen bei Rhein, des heil. Röm. Reichs Obersttruchsessen und Herzogen in Baiern, und der allerdurchlauchtigste Fürst und Herr, Herr Ruprecht Römischer König, zu allen Zeiten Mehrer des Reichs u. s. w., auch nach Ihnen der Durchlauchtigste Fürst Ludwig der alte die Hohe Schule und das General Studium in Unserer Haupt- und alten Residenz-Stadt Heidelberg erworben, gestiftet und begründet, dieselbe Hohe Schule für sich alle (f. 2b) Ihre Erben und Nachkommen mit sondern Gnaden und Freiheiten nach Innhalt ietzt gedachter Unserer Herren Vorfahren seeligen Gedächtnisses darüber erteilten Briefen und Urkunden begabet und befreiet, desgleichen auch wailand die Durchlauchtigsten Fürsten Pfalzgraf Otto Heinrich, Pfalzgraf Friederich der Dritte, Pfalzgraf Ludwig, alle drei Churfürsten, Herzog Johann Casimir Pfalzgraf, der Churfürstlichen Pfalz Vormund und Administrator, Herzog in Baiern, Pfalzgraf Friederich Churfürst der vierte dieses Nahmens, Herzog Johann, Pfalzgraf bei Rhein, Vormund und der Churpfalz Administrator, Herzog in Baiern, Pfalzgraf Friederich Churfürst der fünfte dieses Nahmens, dann die Pfalzgrafen Carl Ludwig und Carl, beide Churfürsten, wie nicht weniger die Durchlauchtigste Fürsten Herr Philipp Wilhelm, Herr Johann Wilhelm und Herr Carl Philipp, Pfalzgrafen, Churfürsten, alle Christmildester Gedächtniß, ernannte Hohe Schule nacheinander durch mildreiche Begnadigungen, mehreres Einkommen, weise Ordnungen und gedeihliche Einrichtungen gnädiglich versehen, vermehrt, auch respective bestättiget haben, Wir sofort gleich nach angetrettener Unserer Regierung nicht nur ernannten Unserer Universität Privilegien bestättiget und erweitert[1]), sondern immerhin auf

---

[1]) Am 22. Aug. 1746; s. die bei Winkelmann I, 419 nr. 286 gedruckte Urkunde, dazu a. a. O. I, 423 nr. 287.

ihren Flor und Aufnahme das gnädigste Augenmerk durch Anordnung neuer Lehrstühle, Stift- und Begründung mehrerer Einkünfte, Verbindung der Lehre (f. 3a) Staatswirtschaftlicher Wissenschaften genommen, auch durch viele Verordnungen und Anstalten den Ruhm gedachter Hohen Schule zu vermehren Uns gnädigst angelegen sein lassen; damit aber all dieses für die Zukunft desto dauerhafter bestehen möge, so haben Wir auch in Rücksicht des Alters und mehrfältiger Unanwendbarkeit der Statuten Unserer Universität zur Verherrlichung der durch Gottes allwaltende Vorsorg unter Unserem mildtätigen höchsten Schuz begehenden vierhundertjährigen Jubelfeier neue Gesetze und Statuten zu geben gnädigst gut befunden, welche den gegenwärtigen Zeiten mehr angemessen sind, die Pflichten und Gerechtsame der Lehrer und Lernenden, auch sämtlich sonstiger Universitätsverwandten deutlicher bestimmen, wonach sich Rector, Professoren und alle der Universität Angehörige auf das genaueste zu achten haben.

§ 1.
Ober-Kuratel[1]).

Damit die Universität Unseres höchsten Schuzes, Huld und Gnade immerhin versicheret sein möge, so haben Wir Unsere jedesmalige Churpfälzische Regierungspräsidenten und Regierungs-Vicecanzlern zu beständigen Obercuratoren huldreichest ausersehen und ernennet.

Diese Obercuratel soll vorzüglich über die Statuten (f. 3b) und Privilegien festhalten, über das oeconomicum nebst dem Senat die Oberaufsicht tragen, die Handhabung der academischen Disciplin unterstüzen helfen, sonderlich die Professoren zu fleißiger Haltung der Lectionen, auch die Exercitienmeister zu obliegender Schuldigkeit anweisen, all anderes, so zum Bästen und Aufnahme der Universität überhaupt und im einzeln, auch der Studien nur immer dienlich und vorträglich sein mag, geziemend besorgen und vorkehren, alle halbe Jahre über den Zustand gutachtliche Berichte an Uns erstatten, und am Ende jeden Schuljahres die von den Professoren einzureichende Verzeichnisse der Candidaten einschicken; bei diesen Verrichtungen hat Unsere Churpfälzische Regierung auf Erfordern den Obercuratoren hülfliche Hand zu bieten.

§ 2.

Die vom Senat an die Obercuratel erlassende Vorstellungen und Berichten sollen per extractum protocolli mit alleiniger Unterschrift des zeitlichen Rectors und im Context gebrauchender Benamsung: „Churfürstliche gnädigst angeordnete Hochlöbliche Obercuratel" gefertiget, die Antworten der Obercuratel in forma communicati und Stylo humaniore mit vorgesetzten Titularausdruck: „Wohllöbliche Universität" unter Unterschrift per formalia: „Churfürstliche gnädigst angeordnete Obercuratel" erlassen werden (f. 4a).

§ 3.
Wahl des Rectoris.

Da einem jeden Senat ein Vorsteher und Richter vonnöten, durch welchen die Sachen, wie sich gebühret, vorgetragen und zu endlicher Vollstreckung gebracht werden, so sezen, ordnen und wollen wir, daß hinführo jedes Jahr den 20ten Tag des Christmonats ein Rector der Universität Unseres Generalstudiums

---

1) Vgl. kurfürstl. Erlasse vom 5. Okt. 1757 (Winkelmann a. a. O. II, 267 nr. 2148), vom 30. Mai 1760, 28. Aug. 1775.

aus Mittlen der alleinigen Senatoren mit Ausschluß aller Professoren, die nicht im Senat sind, zu gewöhnlicher Zeit und Statt dergestallten bestimmet werde, daß das Rector-Amt nach Ordnung der vier aufeinander folgenden Facultäten abwechsle, in jeder Facultät aber unter den Professoren nach dem Alter und Rang, wie sie im Senat sitzen, die Folge beobachtet werde.

§ 4.

Der abgehende Rector soll die im neuen Rectorat gefaßt werdende Expeditionen zur Miteinsicht nehmen und denselben das „legit" nebst seiner Nahmensunterschrift beisezen, in Abwesenheit oder Verhinderungsfalle des Rectoris gänzlich vertretten und besorgen. Wenn die Ordnung einen Lehrer der Staatswirthschaftlichen Wissenschaften zum Rectorat rufet, so soll unter Vorsiz des Prorectoris alles in die Justizpflege¹) über die Universitätische Ortschaften und oeconomicum (f. 4ᵇ) der Universität einschlagende vorgenommen, berathschlaget und expediret, sohin nur die auf die allgemeine Aufsicht über die Studien, Policei und Justiz über Lehrer und Lernende Bezug habende Gegenstände in einem Rath, welchem der aus Mittel ersagter Staatswirthschaftlichen Lehrern genommene Rector vorsizt, behandelt, all übriges aber nach dem in der Vereinigung der Universität mit der ehemaligen Cammeral hohen Schule gemachten Unterschied vor den Prorector gebracht, von ihm erbrochen, dem Senat vorgetragen und vollzogen werden.

§ 5.

Es mögen auch Fürsten, Grafen und Herren, so der Universität Glieder und verwandt, zu Rectoren gewählt werden, wenn sie zur Verwaltung solchen Amts hinlänglich geschickt geachtet werden, doch soll einem solchen Fürsten, Grafen und Herrn, sobald er das Rectorat angenommen, ein Adjunctus, und zwar jener Professor, den ohne derlei Wahl die Ordnung zum Rectorat rufen würde, gegeben werden, welcher die wirkliche Function verrichten und das gewöhnliche Jurament ablegen soll.

§ 6.
Amt des Rectoris.

Durch den zeitlichen Rectoren sollen alle Sachen, wie es sich geziemet, dem Rath vorgetragen, die Stimmen gesammelt, Conclusa formirt, Urtel, Bescheide und (f. 5ᵃ) Verordnungen zur redlichen Vollstreckung gebracht, Commissionen und Commissarien ernennet werden. Durch ihn soll den Gehorsamen gebührlicher Schuz und Schirm angedeihen, den Ungehorsamen aber ordentliche rechtmäsige Straf auferlegt werden; ingleichem ist ihm verstattet, geringere Klagen über Academicos abzuthuen, provisorische Vorkehrungen zu treffen, den Studiosis geringere, auch mehrtägige Carcerstrafe anzusezen; er hat sich aber dabei und überhaupt so zu benehmen, daß er seine aufhabende Pflichten nie außer Augen seze, des Beifalls des Senats sich versichert halten, und sein Unternehmen gegen Uns und den academischen Rath verantworten könne, widrigenfalls er nach vorgängiger fruchtlosen Ermahnung, auch ziemlicher auferlegten Strafe ehehafter Ursachen willen vom academischen Senat seines Amtes entsezet werden mag.

§ 7.

Gleichwie ihm Amtshalber das Immatriculieren zustehet, so soll er nur jene aufnehmen und einschreiben, welche sich Studierens halber dahin begeben,

---

1) Vgl. kurf. Reskr. v. 9. Aug. 1784 (Winkelmann a. a. O. I, 431; II, 291, nr. 2315).

und entweder von andern Universitäten gute Zeugnisse mitbringen, oder durch die That als wahre Studierende sich bezeigen, so sollen auch alle wirkliche Professoren, der Universität ordinarii ministri (f. 5b), Exercitienmeister, Pedellen, von der Universität zu Diensten angenommene befreite Bürger, als Buchführer, Buchdruker, Buchbinder u. s. w. immatrikuliret werden, alle andere aber zur Universität nicht gehörige von der Matricul und den daher zuständigen Freiheiten und Privilegien ausgeschlossen bleiben.

§ 8.

Wenn sich ein gelehrter, wohl verdienter Mann, um mit Einwilligung der Universität etwas nützliches in den Stunden, in welchen er andere Lehrer nicht störet, vorzutragen hieher begeben sollte, so soll auch derselbe während solcher Lehr, nachdeme er behörend immatriculieret, unter der Universität Jurisdiction stehen; der absterbenden Professoren und anderer unmittelbaren Universitäts-Verwandten hinterlassene Kinder und Wittwen, so lang sie das forum academicum nicht verlassen oder verändern, sollen von der Universitäts-Jurisdiction nicht eximiret werden; sollte wegen dem Einschreiben ein billigmäsiger Anstand oder Zweifel entstehen, so soll selben der Rector dem versammelten Rath gebührend vortragen und diesfalls nach dessen Schluß sich benehmen.

§ 9.

Ein Jeder, der immatrikuliret wird, soll die in den legibus enthaltene Handtreue an Eides Statt dem zeitlichen Rector abgeben, und so hat jeder Studiosus beim (f. 6a) Immatriculieren, wenn er nicht titulo paupertatis aufgenommen werden will und kann, dem Rector fünf Gulden, wovon drei fl. zum Behuf der Universitätsbibliothec ad fiscum academicum vom Rectori abzuliefern sind, dem Pedellen aber beim Empfang der academischen Gesezzen 15 Kreuzer zu bezalen.

§ 10.
Besoldung des Rectoris.

Dem zeitlichen Rectorn sollen zu einiger Ergözlichkeit für das tragende beschwerliche Amt jährlich ex fisco academico fünfzig Gulden als Besoldung verreichet werden. Sollte sich aber ein Professor dieses Amts und der Arbeit, wenn ihn die Ordnung ruft, weigern, so soll er, falls der Senat ihn aus gegründeten Ursachen nicht freisprechen würde, die Summe von fünfzig Gulden als eine Strafe ad fiscum academicum zu erlegen schuldig sein.

§ 11.

Der vom Amt abgehende Rector soll dem neu erwählten die Sigillen der Universität, deren Scepter, das Matricul-Buch und was einem Rector weiters zugehöret, alsogleich zustellen und überliefern.

§ 12.
Eid des Rectors.

Quod velit officium suum, quoad poterit et sciet, fideliter (f. 6b) persequi. omnia ad utilitatem et laudem eum universae scholae, tum singularum facultatum sine dolo ac fraude administrare, neque in praejudicium aut damnum ullius facultatis per se vel per alios aperte vel occulte quidquam moliri, sed pari favore ac studio omnes et singulos illos fovere, et quod ius cuiuscunque est, id integrum et illaesum pro virili sua parte servare, leges praeterea et constitutiones universitatis, privilegia item et immunitates, quoad fieri poterit, tueri, audentes contra aliquid, pro eo atque facti ratio postulabit, coercere, bonos provehere, nocentes punire, denique quidquid ad profectum et incrementum scholae totius et singulorum eidem scholae coniunctorum pertinere videbitur, in universum adcurate atque sedulo facere conari.

Item quod velit intra primum mensem magistratus sui statuta ac leges universitatis convocatis ad hoc sub fide data omnibus ac singulis scholae discipulis, auditoribus ac membris pro suggestu publice recitare, bibliothecam ac libros universitatis mense Majo recognoscere et recensere, mense Februario domus quoque et aedificia universitatis, adhibitis ad hoc aedili et architectis sive opificibus, inspicere, postremo peracto iam magistratu ad rationes accepti impensique reddendas primo quoque tempore paratus instructusque esse, et si quid fisco debebit, id omne in eundem sine aliqua procrastinatione ac mora referre.

§ 13.
Von den Professoren, ihrem Amt, Rang, Privilegien und Freiheiten überhaupt.

Da das kostbarste Kleinod des Staats dessen hoffnungsvolle Jugend (f. 7a) dem Unterricht und Obsorge der Lehrer anvertrauet wird, so gehet die Hauptpflicht derenselben dahin, dem Staat und der Kirche brauchbare Männer und rechtschaffene Bürger zu bilden, mithin Religion, Tugend und anwendbare Wissenschaften, da nicht für die Schule, sondern für das Leben gelernt werden muß, einzuflößen. Sofort sind alle Professoren schuldig, für das gemeine Bäste, Flor und Aufnahme der Universität, für die gute Art zu lehren, für die Erhaltung vernünftiger Disciplin und Subordination vorzügliche Sorge zu tragen, ihren Lehrämtern mit ununterbrochen anhaltendem Fleiße vorzustehen, die zu behandelnde Wissenschaften in bündige Systeme zu bringen, die büste und faßlichste Methode zum Vortheil ihrer Zuhörer zu wählen, die der Wahrheit widerstrebende Irrtümer und Vorurteile zu widerlegen, die Beweise aus den Urquellen zu schöpfen und dadurch der Würde und Wichtigkeit ihres aufhabenden Amtes auf die möglichste Art zu entsprechen. Es sollen sofort zu wirklichen ordentlichen Lehrern, welche aus allen dreien im Heil. Röm. Reich bestehenden Religionen genommen werden mögen, jedoch mit der unten bei der theologischen Facultät bestimmten Vorschrift, keine andere Personen als solche, von deren guten Wandel, Wissenschaft und Geschicklichkeit, auch Fleiß bereits hinlängliche Proben abgeleget und angestellet worden, zu deren Erforschung wir den Vorschlag jedesmal vor der Anstellung vom academischen Senat erwärtigen wollen, gleichwie auch keiner (f. 7b), als der in einer Facultät, zu welcher er aspiriret, bereits das Doctorat erhalten oder in kurzer Zeit annehmen wird, angestellt werden solle[1]).

---
[1]) Ursprünglich stand nach § 13 folgender Paragraph:
„Und damit auch der äußere Rang unserer Professorum ordinariorum im Verhältnis gegen unsre andere Dienerschaft mehr bestimmt sein möge, so haben wir den katholischen geistlichen Professoren den Rang der Churpfälzischen geistlichen Räthen nach dem Alter der Aufnahme, den reformirten Theologen den Rang mit den Churpfälzischen Kirchenräthen gleichfalß nach dem Dienstalter, sämtlichen weltlichen Professoribus ordinariis aller Facultäten den Rang ohnmittelbar nach den wirklichen Churpfälzischen Hofgerichts Räthen gnädigst angewiesen, wobei wir uns vorbehalten, einzelnen auch ferner diesfallsige Begnadigung nach Befund mildest angedeihen zu lassen."
Randnotiz: Wollen Ihre Ch. D. sich die deßfallsige gnädigste Bestimmung annoch vor-

§ 14.

Wir gestatten auch sämtlichen Professoren die besondere Gnade, einen jeden Unserer Churfürstlichen Untertanen mit Umgehung der unteren Instanzen sogleich bei Unserem Hofgerichte belangen zu mögen [1]).

§ 15.

Und so sind selbe von Uns in Ansehung der Schazung von ihren eigentümlichen zum Selbstgebrauche besitzenden Wohnhäußern, wie auch in Ansehung aller habenden oder künftig quocunque titulo in Unseren Landen erwerbenden liegenden Gütern samt dazu gehörigen Häußern, Hofraithen, Scheuern, Stallungen in unumschränkter Schazungsfreiheit vor wie nach zufolg althabender Privilegien dergestallt mildest zu belassen [2]), wofern nicht die Erhebung der Türkensteuer und die allgemeine Landesnöten einen proportionierten Beitrag erforderten, wo benebst wegen künftig erkauft werdenden Gütern jedesmal die gnädigste Genehmigung zu deren Befreiung nachgesucht werden solle. Nicht minder soll die Universität schuldig sein, ein getreues Verzeichniß derlei Besitzungen jährlich, am gewissesten aber, so oft mit denselben Besizungen eine Veränderung vorgeht, an Unsere Churfürstliche Hofkammer einzusenden. Eben diese Schazungsfreiheit ist dem Syndico, Bibliothecario, Provisori Fisci und dem Heidelberger (f. 8a) Collectori gnädigst vergönnet; die Wittwen und Kinder, bis sie respektive den Wittwenstuhl vorrücken und die Kinder versorgt sind, sollen gleiche Freiheit genießen.

§ 16.

Alle so eben genannte Persohnen und die zwei Pedellen sind von aller Gattung der sogenannten Landsfundi-Gebührnissen frei, nur mit Ausnahme jener Abgaben, die auf ein fiscalisches Verbrechen in der Landsfundi Verordnung bestimmt sind.

§ 17.

Gleiche Freiheit erstrecken Wir auf jene Erbschaften, welche den unversorgten Kindern der Professoren und übrigen eben genannten Persuhnen anerfallen, und so sind die Professores ordinarii weder mit der sogenannten Abzugsgebühr, noch mit Entrichtung des zehenden Pfennings von ihren anerfallenden Erbschaften in Gefolg hebender Privilegien zu beschwehren.

§ 18.

Wir belassen es bei der jedem Professori ordinario zustehenden Befugniß eines sogenannten Pfaffenschanks, das ist: zwischen Ostern und Pfingsten zwei Fuder Wein ohne Abgaben verzapfen zu mögen, worüber der Universität in corpore aber ein unbeschränktes Recht zukömmt, und diese Befugniß kann auch an andere abgegeben werden.

---

behalten, bleibt dieser Paragraphus gänzlich aus, und ist der Numerus dem folgenden vorzusetzen und solchergestalt bis zum Ende zu continuiren.

1) Das Recht (d. sog. privilegium fori) hatte Karl Theodor schon bei der Bestätigung der Universitätsprivilegien vom 22. Aug. 1746 „extendirt und vermehrt". S. Winkelmann a. a. O. I, 421.
2) Die folgende Limitation erfolgte durch Reskript vom 21. Aug. 1786.

§ 19.

Wir bestättigen ferner sowohl den Professoribus als (f. 8b) academicis ihre habende Zollfreiheit, welche Wir dahin besonders in Ansehung des Weins bestimmen, daß jeder Professor jährlich drei Fuder, Syndicus, Provisor fisci und Collector zu Heidelberg nur zwei Fuder zollfrei haben soll, und auch sofern er mehrere Jahre hindurch keinen Wein kaufen würde, ihm in einem Jahr die Zollfreiheit, insofern er solche in vorhergegangenen Jahren nicht genossen, für selbe auf einmal angedeihen soll.

§ 20.

Ingleichen haben Wir obgenannte Persohnen von dem sonst bei Ausfertigung eines Zollpatentes zu zalenden vierten Theil des Taxes huldreichest befreiet, und soll auf vorgelegtes Zeugniß der Universität das nachsuchende Zollfreipatent ohne die mindeste Erschwehrung oder Abgabe unaufhaltlich ausgefertiget werden.

§ 21.

Ebenmäßig sind die obengenannte Persohnen und alle academici frei von Zalung des Brukengelds sowohl in Heidelberg, als Mannheim, wie auch von der gewöhnlichen Holzabgabe auf dem Lauer, wenn sie anderswo Holz herkommen und an den Lauer verbringen lassen. Wir gestatten ferner dem academischen Senat sich über alle Polizei-Gegenstände mit dem zeitlichen Vorstand unserer Stadt Heidelberg zum Bästen der Universität zu benehmen und überhaupt das in solchen Fällen Dienliche zu gesinnen, worüber Wir nach Unseren Verordnungen inbetref der Policei sich zu befassen die gnädigste Weisung (f. 9a) an den städtischen Vorstand gegeben haben, gleichwie überhaupt Unsere gnädigste Willensmeinung dahin gehet, daß für die Universität und deren sämtliche Mitglieder immerhin in Policei-Sachen, auch namentlich bei Holz- und Victualien-Kauf, Hauß- und Zimmer-Miethe und dergleichen vorzügliche Sorge getragen werden solle.

§ 22.

Wenn ein Professor oder auch das ganze Corpus Universitatis von Jemand belangt wird, so solle solches bei Uns vorerst angebracht[1]) und demnächst die Sache ihrer Eigenschaft nach an Unsere nachgesezte Churpfälzische Regierung oder an Unser Churpfälzisches Hofgericht zur summarischen Erkenntniß verwiesen werden, wobei jedoch Unserer Universität das forum primae instantiae in applicablen Fällen ungekränkt vermög ihrer Privilegien verbleibet.

§ 23.

Alle sowohl die Universität in Corpore, als singulos Professores betreffende bei Unsern höchsten Gerichtern, Corporibus und Stellen befangene Gegenstände sollen summarisch behandelt und vorzüglich schleunig beendet werden.

§ 24.
Von Besoldungen.

Da durch den am 22. August 1746 von Uns gnädigst bestimmten Besol-

---

1) S. oben § 14, S. 306 und das dort angeführte Privileg vom 22. Aug. 1746.

dungsstatum[1]) einem jeden Lehrer, auch Syndico, Collectoribus (f. 9b) und Exercitienmeister ihre auf die Cathedern eingerichtete Besoldungen sowohl an Geld als Naturalien gnädigst angewiesen sind, so lassen Wir es hiebei bewenden, jedoch mit der weiteren gnädigsten Erklärung, daß wir Wir wegen einem Professori zu gleicher Zeit anvertrauenden mehreren Lehrfächern, oder um außerordentlichen Fleiß und Geschiklichkeit mehreres zu belohnen, nach Gestallt ergiebiger Anweisungen und Zulagen nach gnädigstem Gutfinden zu machen, inngleichen, wenn wir neue Lehrer anstellen, selben eine Besoldung gnädigst anzuweißen Uns vorbehalten, und da in den älteren Statuten versehen, daß den professoribus bei allzu geringer Qualität ihres Weinwachstums oder auch bei zu bestreittender Weinbesoldung nicht hinlänglichen Vorrath jedem nach Kauf und Lauf selben Jahres statt des Weins der Werth ex fisco bezalet werden soll, so hat es hiebei sein Bewenden.

§ 25.

Wir bestättigen auch die Einrichtung, daß statt der in natura zu beziehenden Fruchtbesoldung das Geld nach dem jedesmaligen Werth an die Salarianden verreichet werden möge, weilen die Universität keine so starke Frucht-Einnahme inn und um Heidelberg hat, daß daraus die Naturalbesoldung bestritten werden köne, somit zur Natural-Prästation die Früchten mit Kösten und Abgang aus entlegenen Collecturen beigeschafft werden müssen (f. 50a).

§ 26.

Von der ganzen Universität Gubernation, Consilio und Rath.

Da sowohl Lehrer als Studiosi, die Universitätsdienerschaft, auch die auf den Universität-Dörfern und Höfen befindliche Untertanen, wie ingleichen die der Universität zukommende eigene Verwaltung ihrer Güter und sämtlicher Einkünften eine bestimmte Gubernation erfordern, mithin diesfalls ein Rath oder Consilium bestehen muß, so gehet Unsere höchste Willensmeinung dahin, daß statt der ehehin übersezt gewesenen Senatsversammlung künftig ein sogenannter Ausschuß[2]) aus samtlichen Faecultäten in dem Maas sein soll, daß selber nur aus 13 Persohnen bestehe, so zwar: daß aus der theologischen Facultät immerhin die zwei Seniores, der catholische und reformirte, und diese oben unter sich nach ihrem Senio Siz und Stimme haben sollen, aus der Juristenfacultät sollen immerhin fünf Persohnen, worunter einer das Amt eines Juridici begleitet, Senatoren sein; aus der medicinischen Facultät sollen Senior und Subsenior und so aus der philosophischen gleichfalls Senior und Subsenior immerhin Senatores sein, gleichwie Oeconomus Professor, ohne Rücksicht aus welcher Facültät dieser ist, und endlich ein Lehrer der Staatswirthschaftlichen Wissenschaften den Senat ausmachen, und unter diesen 13 Persohnen soll immer einer nach der oben unter dem Titel von der Wahl eines Rectors gemachten Bestimmung das Rectorat haben.

§ 27.

Es bleibt aber von den gewöhnlichen Sizungen, welche wegen (f. 10b) Verwaltung universitätischer Einkünfte und der Gerichtsbarkeit über die der

---

1) Vgl. Hautz u. a. O. II, 279 Anm. 18; Winkelmann a. a. O. II, 262 nr. 2109 (genauer den 29. August).
2) Vgl. Erlaß vom 9. Aug. 1784: Winkelmann a. a. O. I, 431.

Universität zugehörigen Dörfer gehalten werden, der aus Mittel der Lehrer der Staatswissenschaftlichen Wissenschaft bestimmte Senatsassessor darum ausgeschlossen, weil diese Lehrer an den Einkünften und Untertanen der hohen Schule ebensowenig Anteil haben, als die Professoren der Universität an den Fundationsstüken, so für die Camerallehrer bestimmt sind, teilnehmen, und so fern aus der Congregation der damaligen Sendungspriestern keiner nach der bestimmten Einrichtung dem Senat beizuwohnen hätte, so soll in diesem Fall ein catholischer Theolog oder Philosoph geistlichen Standes einem Mitglied der Congregation Siz und Stimme zu überlassen schuldig sein.

§ 28.
Zusammenberufung des Senats.

Dieser Rath soll wochentlich einmal, gemeiniglich Mittwoch morgends und bei erheischenden Umständen mehrmalen durch den rectorem versammelt und die Ansage bei sämtlichen Gliedern beschehen. Kein Senator, besonders wann er sub iuramento berufen wird, darf ohne erhebliche dem rectori anzuzeigende Ursache aus demselben bleiben oder vor dessen Ende davon abgehen. In diesem Senat soll nach Ordnung der Facultäten und in jeder nach dem Rang der Professoren unter sich votieret und nach Mehrheit der Stimmen, welche bei sonstiger Parität durch das dem rectori zukommende votum decisivum zu bewirken ist, concludirt werden. Im übrigen ist Unsere gnädigste Willensmeinung und Befehl, daß es in diesem Rath gleichwie (f. 11ª) in den übrigen wohl geordneten Dicasterien und Corporibus besonders Unserer Lande durchaus gehalten werden soll.

§ 29.

In dieser Versammlung soll ein förmliches ordentliches Protocoll geführet, von dem Vorstande revidiret, und nach selbem sollen die Expeditionen gefertiget, von dem zeitlichen rectori unterschrieben und von dem Syndico zu mehrerer Verlässigung contrasigniret werden.

§ 30.
Gegenstand der Beratschlagung.

Alle Unsere an die Universität ergehende Verordnungen, dahin gerichtete Schreiben und Vorstellungen sollen diesem Senat vorgeleget und in demselben durch den zeitlichen rectorem verlesen, sohin das Behörige berathschlaget werden. Dieser Rath hat die Jurisdiction in causis civilibus et criminalibus derer der Universität angehörigen Persohnen zu verwalten, und zwar die Criminalien dergestallt, daß Wir uns in Fällen, wo eine Todesstrafe erkannt werden mögte, die Abforderung der Acten an Unsere höchste Persohn darum vorbehalten, um gnädigst zu ermessen, ob Wir nicht aus höchster Milde eine Begnadigung gestatten mögten. Übrigens aber soll es in Criminalibus bei dem Ausspruche der Universität ohne fernere Revocation sein Bewenden haben, und der Delinquent zur Execution an den städtischen Magistrat abgegeben werden (f. 11ᵇ).

§ 31.

Zur Handhabung der universitätischen Jurisdiction soll auf Ansuchen des Rectoris oder Senatus academici Unser zeitlicher Commandant zu Heidelberg demselben in vorkommenden Fällen soviel Soldaten, als zur Apprehendirung oder

Verfolg der unter der universitätischen Jurisdiction stehenden Delinquenten und Frevlern nötig sind, unweigerlich und unentgeltlich hergeben, ein gleiches soll, wenn keine Garnison vorhanden, vom Stadtrath in Ansehung der Stadtwächtern und gemeinen Dienern geschehen.

§ 32.

Wir wollen auch zu mehrerem der Universität Ansehen, gleichwie dieses bis anhero in beständiger Übung war, in causis disciplinaribus academicorum keine Appellation oder Provocation gestatten. Wenn Unsere Churpfälzische nachgesezte Landesregierung oder andere Dicasteria wider einige cives academicos etwas zu denunciren haben oder sonst der Universität Assistenz benötigt sein sollten, so sollen sie gehalten sein, Unsere Universität schriftlich oder mündlich deshalben in subsidium zu requiriren.

§ 33.

Die causae civiles sämtlicher Universitäts-Anverwandten gehören in ersterer Instanz vor den Senat und können sofort, wenn Summa appellabilis vorhanden ist, in ulteriore instantia an Unsere höchste Gerichte devolviret werden.

§ 34.

Nicht minder gehöret vor diesen Senat die Erkanntniß über (f. 12a) die universitätische Bauern und Untertanen, und zwar dergestallten, daß in geringen Civilsachen die Universitätscollectores judicieren sollen, von deren Ausspruch die Provocation an den Senat und sofort an das Churfürstliche Hofgericht gehen mag; in größeren Sachen soll der Universitätscollector das Protocoll instruiren, der Senat sprechen, und sodann die Provocation an Unsere höchsten Dicasterien, falls Summa appellabilis vorhanden, Plaz greifen.

§ 35.

Dieser Senat hat ferner über die universitätischen Untertanen Geldstrafen, auch geringere poenas corporis afflictivas zu verhängen, die Befugniß in causis criminalibus maioribus aber soll der Delinquent mit dem von dem Collectore abgehaltenen Informativ-Protocoll auf vorher vom Senat an die Schafner nach erstattetem Bericht ergangener Weisung, respective an das Oberamt Alzei oder Neustadt, auch allenfalls an sonstige Behörde ausgeliefert werden; jedoch gehören alle Geldstrafen und so auch, wenn poena corporis afflictiva mit Geld abgelöst wird, die bezahlt werdende Summen der Universität.

§ 36 [1]).

Durch eben diesen Senat sollen Unsere Gesecze und Verordnungen, sobald sie ihm durch Unsere Regierung zugeschiket sind, an die Collectores zur schuldigsten Publication (f. 12b) befördert werden, [2]) wovon sie den jedesmaligen Erfolg bei Unserer Landesregierung zu beurkunden, oder falls sie sich dawider beschwert zu sein erachtete, ihre desfallsige unterthänigste Vorstellung entweder bei Uns selbsten oder Unserer nachgesezten Landesregierung einzureichen und die billigmäsige Abänder- oder Erläuterung nachzusuchen gehalten sein sollen. Eben

---

1) Nach Übereinkunft ad gravamen 3, nach Reskr. vom 12. Mai 1773.
2) Zusatz zu dem ursprünglichen Entwurf.

diesem Rath kömmt zu, in universitätischen Ortschaften Dorfordnungen, auch sonstige Verordnungen, jedoch nicht wider die Pfälzische Geseze zu machen.

§ 37 [1]).

Nicht minder sollen ins künftige von dem academischen Senat Syndicus, Bibliothecarius, Provisor fisci, die Collectores, die Exercitienmeister, die Pedellen, Buchdruker und Buchhändler, Prosector anatomiae, Botanische Gärtner und die wegen der Universität leistenden Diensten die Personalfreiheit genießenden zwölf Heidelberger Bürger durch die Mehrheit der Stimmen angenommen, und respective ihrer Fähigkeit halber zuvor von der juridischen oder, soviel den Prosector betrift, medicinischen Facultät nach Pflichten geprüfet werden, [2]) wobei Wir zu mehrerer Behutsamkeit der Universität in Auswählung tüchtiger Subjecten zu ihren Schaffnereien aufgeben, daß dieselbe für die etwa durch Ordnungs- und rechtswidriges Verfahren ihren Schaffnern den Parteien (f. 13 a) zuwachsenden Schaden und Kösten zu haften habe. Der Bereuter und Rentknecht hingegen werden von Uns selbsten, jedoch daß sie sich der Annahm wegen bei der Universität melden und die Suppliquen von daher ad manus befördert werden, angenommen.

§ 38.

Es kömmt eröftertem Senat von Alters her das Recht zu, die Pfarrer zu Zell, St. Lamprecht, Dannstadt und Monsheim zu sezen, jedoch soll die Anzeige des Subjects Unserer Regierung vom Senat geschehen, und wenn an solchem keine erhebliche Ausstellung zu machen, so soll das Placet von dorther erfolgen, über die allenfallsige Ausstellungen aber mit dem Senat Communication gepflogen, die Pfarrvorstellungen in universitätischen Ortschaften aber sollen in Unserem höchsten Nahmen mit Ausschliesung der Oberämter jedesmal dem Senat dergestallten aufgetragen sein und bleiben, daß selbiger den genehmigten Pfarrer mit einer anpassenden Rede in der Kirche vorzustellen und ihn zum unterthänigst schuldiger Verehrung und Gehorsam gegen den höchsten Landesherrn jedesmal anzuweisen habe.

§ 39.

Schlieslich gehört zur Beschäftigung des mehrgemelten Senats all dasjenige, was die Verwaltung der Universitäts- (f. 13 b) Einkünften in sich begreift und erfordert; er hat somit über die Oekonomie mitzuwachen, die Abhör und Berichtigung aller universitätischen Rechnungen und was dahin einschlägig ist, auf das genaueste zu besorgen, wie sich dann von selbsten ergiebt, daß hierunter Anlag- und Aufkündigung der Capitalien, Zehend- und sonstige Bestandsbegebung begriffen sind, jedoch soll der Senat ohne Unsere höchste Einwilligung keine Güter von neuen in Erbbestand begeben, noch ohne Consens der Obercuratel einige Capitalien aufnehmen, in welch sich ergeben mögenden Fällen vordersamst respective die unterthänigste Anzeige ad Manus, respective der geziemende Antrag bei der Obercuratel mit angefügten Gründen gemacht werden soll.

§ 40.

Puncten, worauf ein Jeder, so in den Rath der Universität aufgenommen wird, soll beeidigt werden.

Quod ad concilium universitatis iussu rectoris, praesertim autem sub fide

---

1) Übereinkunft ad gravamen 28.
2) Von da bis zum Ende des Satzes Zusatz zum Entwurf.

et religione iurisiurandi vocatus adesse, rogatusque sententiam et illud dicere velit, quod ad commodum et utilitatem rei publicae pertinere videbitur, eidemque ratio atque animus ab omni cupiditate atque affectu alienus quovis tempore subministrabit.

Quod quae in senatu secrete tractata fuerint, eadem illa secreta habere, neque foras, praesertim si detrimentum aut damnum aliquod inde metuendum sit, evulgare velit (f. 14ª).

§ 41.
Oeconomie-Commission.

Um die in das Oeconomie-Weesen einschlagende Gegenstände reiflicher zu erwägen, genauer zu untersuchen und immerdar das Sachdienlichste dem Senat an Handen geben zu mögen, haben Wir eine besondere oeconomische Deputation[1]) in der Maas angeordnet, daß solche aus einigen Senatoren, dem Oeconomo und Syndico als actuario bestehen soll. Diese sollen sich alle Woche Dienstag, als dem Tag vor dem Senat, in der nachmittägigen dritten Stunde versammeln, insofern aber gar kein Vorwurf zur Beratschlagung vorhanden, oder ein Beisizer rechtmäsig behindert wäre, so soll dieses dem rectori und übrigen Commissariis durch den Pedellen wissend gemacht werden. Von einem Commissario allein sollen die Geschäfte keineswegs vorgenommen werden. Die in den Sessionen zu behandelnden Gegenstände sind: Ob diesem oder jenem Capitalien können geborgt werden, ob der Schuldbrief mit nötigen Cautelen verfaßt, was für Steigungs-Conditionen zu entwerfen, die Aufsicht über Keller und Speicher, Rechnungs- und Renovationssachen, Erb- und Temporal-Verleihungen, Pachtzinnsen, Zehenden, Kauf- und Verkauf der Naturalien, Baulichkeiten, Revisions- und Liquidationsweesen, Verbesserung des fisci und der Einkünfte überhaupt, Aufsehen über die Haußhaltung der Bedienten mit den Einkünften.

§ 42.

Über alle Vorkomnußen soll in den oeconomischen Sessionen ein ordentliches Protocoll gehalten und nach Mehrheit der Stimmen (f. 14b) Schluß gefaßt werden. Dieses Protocoll soll dem Senat im nächsten Rath darauf zur Genehmigung vorgeleget, somit dem Senatsprotocoll einverleibt werden. Falls aber die Schlüsse des Senats und der Oeconomie-Commission nicht zu vereinbaren sind, so sollen die dieserhalb abgehaltene Protocolla und darin enthaltene verschiedene Abstimmungen an die Obercuratel der weiteren Bemeß- und Verfügung halber eingeschikt werden.

§ 43.

Dem Oeconomo, welcher kein Professor ist, kömmt in der oeconomischen Session nur ein votum consultativum zu, welches aber doch in vorzügliche Erwägung und Rücksicht zu nehmen ist.

§ 44.

Dieser Commission soll endlich ein zeitlicher Rector mit beiwohnen, gleichwie ihr die in oben bestimmte Gegenstände einschlagende Geschäfte von dem Senat durch besondere Decreta zuzustellen sind.

---

1) S. Reskripte vom 5. Mai 1762, 16. Sept. 1772 (Winkelmann u. a. O. II, 279 nr. 2224), 10. Nov. 1775.

§ 45.
Von dem syndico oder notario universitatis.

Dieser soll entweder wirklich promovirter licentiatus iuris oder doch den gradum licentiae zu überkommen würdig sein und soll von dem academischen Senat gegen Bezug jährlicher Besoldung bestellt und mit gebührlichen Pflichten und Eide belegt werden; er soll in allen sowohl gerichtlichen als außergerichtlichen Handlungen des Rectoris und Senats das (f. 15ª) Protocoll führen, die Decreta und respective Suffragia et Sententias verfassen, daraus die Expeditionen entwerfen, jährlich das Protokoll und zwar beim Ende eines jeden Rectorats schliesen, mundieren und über jedes Jahrprotocoll ein förmliches Register, so daß die in jedem Protocoll enthaltene Gegenstände leicht zu finden sind, verfertigen. Gleich wie das universitätische Archiv und Registratur auch ihm anvertraut ist, so soll er die Urkunden, Acten und Handlungen in gehörige Ordnung bringen und richten dergestallten, daß man ohne besondere Mühe und Arbeit die unverlangende Stüke in dem Archiv auffinden und erhalten möge.

§ 46.

Er soll sich auch auf gegebenen Befehl oder sonst seines bästen Vermögens und Wissens, so gerichtliche als andere Universitäts-Angelegenheiten zu verteidigen und zu verrichten, gebrauchen lassen; sofort soll er die extractus protocollares und sonstige litteras testimoniales, jedoch mit Vorwissen des zeitlichen rectoris und respective academischen Senats, so oft solches begehrt wird, gegen billigmäsige Belohnung, denen es zustehet, hingeben und folgen lassen, und so soll der von ihm vidimirten Abschriften über Gegenstände, welche in sein Amt einschlagen, vollkommner Glauben beigelegt werden; so soll er

§ 47.

Endlich alle unter des zeitlichen rectoris oder prorectoris (f. 15b) Unterschrift ergehende Fertigungen durch seines Nahmens Unterschrift contrasigniren und für die Beförderung derselben an ihre Behörde Sorge tragen.

§ 48.
Juramentum syndici sive notarii.
F. 15b—17ª = KL § 43, S. 274—275.

§ 49.
Von der Universitäts-Bibliothec.

Da eine recht ausgesuchte und geordnete, offene Bibliothec einer Hohen Schule vorderstamst nötig, so soll auch die Vermehrung der schon bestehenden gemeinen Universitäts-Büchersammlung auf Bestimmung des academischen Senats nach jedesmaligen Kräften des academischen fisci das immerwährende sorgfältigste Augenmerk, selbe von Jahr zu Jahr zu mehren und in einen vollkommnen Stand zu bringen, genommen werden, wobei auch dahin zu sehen, damit nicht in einem Fach der Wissenschaften das billigmäsige Verhältniß gegen die übrigen Facultäten verlegt werde.

§ 50.

Und so wollen Wir zu mehrerer Bereicherung derselben, daß von allen Werken, die in unseren Churpfälzischen Staaten gedruckt werden, von den Verlegern dahin ein Exemplar unentgeltlich abgeliefert werden wolle.

§ 51.

Von den über die Bücher gefertigten Catalogen sollen immerhin zwei Exemplaria, wovon das eine in der Bibliothec, das andere in dem Universitätischen Archiv aufbewahret werden soll, vorfindlich sein (f. 17b).

§ 52.

Zum Bibliothecario soll vom academischen Senat immer eine taugliche Persohn bestellet und ex fisco academico besoldet werden, welcher auf nachstehende Puncten verpflichtet werden soll:

§ 53.

Instruction für den Universitäts-Bibliothecarien.

Erstens: Solle er nicht nur das, was ihm der Rector und academische Senat in Anschung seines Amts befehlen wird, genau verrichten, sondern er soll auch selbst das Bäste der Bibliothec auf alle Art zu befördern ernstlich bedacht sein und deswegen beim academischen Senat die notwendige Erinnerungen und Vorschläge fleißig machen.

Zweitens: hat er Sorge zu tragen, damit die Bücher, welche noch nicht registriret sind, und alle, welche in Zukunft für die Bibliothec gekauft, derselben geschenkt oder auf sonstige Art für dieselbe erworben werden, in gehörige Ordnung gebracht und darinn erhalten werden; auch liegt ihm ob, zu wachen, damit die Bücher gegen Feuchtigkeit, Staub und Ungeziefer verwahret bleiben, und das Bibliothec-Zimmer rein gehalten werde, und überhaupt nichts von denselben entwendet oder ein sonstiger Schaden ihnen zugefügt werden könne.

Drittens: Er soll alle Bücher in den Catalog eintragen und davon drei Exemplare verfertigen, wovon einer in dem Archiv, der andere in der Bibliothec, der dritte aber bei ihm (f. 18a) selbst zu Hauß hinterlegt wird. In den ersten können jährlich bei der Visitation, in den leztigen aber alle Quartal die neu angeschafte Bücher aufgezeichnet werden.

Viertens: Er soll ein Manual halten, in welchem aber nur Bücher, die zur Bibliothec kommen, aufgezeichnet werden, und worinn das Datum wann, die Art wie und von wem sie erworben worden sind, besonders bemerket sind. Von diesem Manual soll jährlich eine Abschrift bei der Visitation zur Registratur geliefert werden, damit dieselbe demnach untersuchen könne, ob alle neue Bücher in das Manual und daraus in die Catalogos richtig eingetragen worden seien, und ob solche sich in der Bibliothec vorfinden; über alle diese Puncten hat

Fünftens: der Bibliothecarius der jedesmaligen Visitationscommission oder, wann solches auch sonsten nötig gefunden wird, dem Rector und dem Senat allezeit Rechenschaft zu geben.

Sechstens: liegt ihm die Verfertigung eines Catalogi universalis materiarum ob, wovon er den Plan dem academischen Senat vorlegen und desselben Genehmigung erwarten solle; sobald er aber dieselbe erhalten hat, so soll er fleißig an demselben arbeiten und alle Quartal Bericht erstatten, wie weit er in seinem Geschäft fortgerüket sei; es soll ihm jedoch (f. 18ᵇ)

Siebentens: erlaubt sein, sich einen oder nach Erforderniß mehrere Gehülfen zu seiner Erleichterung zu wählen, mit welchen der Senat wegen einem billigen honorarium übereinkommen wird; für die Redlichkeit dieser Gehülfen hat er aber zu stehen und alle Gefahr einer Entwendung zu haften.

Achtens: Soll er wöchentlich zweimal, nemlich Dienstags und Mittwochs im Winter von 2 bis 4 Uhr und im Sommer von 2—5 Nachmittags zum Gebrauch der academicorum und anderer Personen aus der Stadt die Bibliothec öffnen, einem jeden die Einsicht des Catalogi verstatten und dasjenige Buch reichen, so er verlangen wird; dabei soll er aber die Nahmen derjenigen aufzeichnen, welche Bücher erhalten, und bei der Zurückgab derselben darauf sehen, ob nichts verdorben, und besonders, wann Kupfer in den Büchern sind, ob keine zerrissen oder herausgeschnitten worden seien; den fremden Gelehrten oder andern von Stand soll er auch zu andern Zeiten die Oeffnung der Bibliothec, wann er darum ersucht wird, nicht versagen. Es ist aber

Neuntens: niemalen erlaubt, einem Studenten oder sonst Jemand aus der Stadt ein Buch mit nach Hauß zu geben, es habe sich dann ein Lehrer Unsrer Hohen Schule schriftlich für denselben verbürget, weswegen er genau zu wachen hat, daß keiner von den Besizern abgehe, er habe ihm dann zuvor das empfangene Buch zurückgestellet.

Zehntens: den Professoren soll er auf jedesmaliges Begehren jedes Buch gegen einen von ihm unterschriebenen Schein (f. 19ᵃ), worin das Buch und der Tag des Empfangs bemerket ist, verabfolgen lassen; damit dieser Schein nicht verloren gehe, so soll

Eilftens: in dem Nebenzimmer der Bibliothec in einem Schrank soviel besondere Fächer zubereitet werden, als Professoren vorhanden sind. Ein Jeder soll mit dem Anfangsbuchstaben des Namens eines jeden Professoris bezeichnet und in dasselbe alle seine für sich oder für andere unterschriebene Billets gelegt und daraus nach der Zurückgab des Werks wieder überliefert werden, nebst diesem

Zwölftens: soll er in einem eigenen Buche die Namen derjenigen verzeichnen, welche Bücher geliehen haben, und genau dabei den Titel des Buchs, den Tag des Ausleihens und der Rükerstattung bemerken und sorgfältig acht haben, damit allen Unordnungen und Verlust der Bücher vorgebeuget werde.

Dreizehentens: Soll kein Student oder Jemand aus der Stadt, der nicht zur Academie gehöret, länger als vierzehn Täge und kein Lehrer länger als sechs Wochen ein Buch behalten, ohne es wieder eingeliefert zu haben; wann es einige Wochen wieder in der Bibliothec gewesen, darf es gegen einen neuen Schein der nemlichen Persohn wieder geliehen werden.

Vierzehentens: Er soll alle periodische Schriften, welche die Universität hält, in Umlauf sezen, dabei aber wachen, daß sie nicht verloren gehen, dieselben also fleißig ein (f. 19ᵇ) sammeln und die Jahrgänge ordentlich binden lassen und dem Catalogo eintragen.

Fünfzehentens: Ist er gehalten, alle Disputationen und Programmata zu sammeln, auch von sonstigen Werken, welche in Churpfalz gedruckt werden, ein Exemplar für die Bibliothec zu begehren und, falls der Verleger sich weigern sollte, solches dem Senat anzuzeigen.

Sechszehentens: Da er für alle Bücher, welche ihm aufgeliefert und jährlich angeschaffet werden, zu haften hat, so soll es auch lediglich von ihm abhangen, wem er, die Professoren und Reißenden ausgenommen, den Zutritt in den Büchersaal gestatten will, letztern ist dasselbe aber auch nur in seiner Gegenwart vergönnet.

Siebenzehentens: Endlich soll er das bäste und die Vermehrung der Bibliothec auf alle Art sich angelegen sein lassen, die Gelegenheit und Mittel, wodurch gute Bücher zum Beispiel bei Auctionen für die Bibliothec erworben werden können, inzeiten dem Senat anzeigen, und wenn er deshalben Aufträge erhalten hat, dieselbe getreu zu erfüllen suchen.

§ 54.
Von dem Provisore fisci.

In den fiscum universitatis werden die bei sämtlichen Recepturen eingehende Gelder, welche nicht entweder als ständige oder auf besondere des academischen Senats Befehl zu bestreittende (f. 20 a) Ausgaben verwendet werden, immerhin unverzüglich dergestalt geliefert, daß der fiscus gleichsam eine Art von Obereinnahm vorstellig macht und die Collectores ihre dahin abgehende Lieferungen durch des Provisoris Quittungen bescheinigen, somit die Collectur-Rechnungen durch die vom Provisore erhaltende Quittungen und so die untere Rechnungen durch jene des fisci und vice-versa justificiert werden; damit der academische Senat von dem in cassa sein sollenden Vorrath sich verlässigen möge, so stehet ihm jedesmal frei, die cassam zu stürzen und die Baarschaft sich vorzählen zu lassen, wie inngleichen, wann der Geldvorrath gegen die ex fisco zu bestreittende Ausgaben übermäsig sein sollte, das Geld in dem universitätischen Archiv oder an einem sonstig sicheren Ort aufzubewahren, in welchem Fall dem Provisori Fisci zu seiner Sicherheit ein von dem Rectore und vier Senatoribus auszustellender Empfangschein einzuhändigen ist. Damit auch der Senat von dem jedesmaligen Zustand des Fisci beständige Nachricht haben möge, so hat der Provisor Fisci nicht nur in dem Anfange eines jeden Monats einen Statum an den Senat einzureichen, sondern ist auch schuldig, neben den gewöhnlichen Statibus auf jedesmaligen Befehl einen pflichtmässigen Statum über den ganzen Zustand der Einnahm und Ausgab zu fertigen und ad Senatum abzugeben (f. 20 b).

§ 55.

Der Provisor Fisci soll von dem Senat bestellt und zu diesem Amt keiner der Professoren, sondern eine andere taugliche Persohn gewählt und besoldet werden. Er soll eine Caution von wenigstens 1000 Gulden an liegenden Gütern oder ad archivum einznliefernden gerichtlichen Obligationen stellen und auf folgende Puncten verpflichtet werden.

§ 56.

Instruction, nach welcher sich der Provisor Fisci und Oeconomus zu verhalten.

Erstens: Soll er eine gerichtliche Caution ad 1000 Gulden leisten und angeloben,

Zweitens: daß er den oeconomischen Nuzen mitbefördern und handhaben, alles Geld, so ihm nicht allein aus dem fisco privative zuständigen, sondern auch ihm aus denen der Universität zugehörigen Stifftern, Klöstern, Schaffnereien,

Collecturen und sonst geliefert wird, getreulich empfangen, gezählt nehmen, aufheben und zum Büsten verwahren, einem jeden, der ihm Geld liefert, Quittungen erteilen und solches in sein Manual eintragen wolle; auch

Drittens: außer den nach des fisci Rechnung ständigen Besoldungen oder sonstigen Ausgaben ohne der (f. 21ᵃ) Universität besondere Befehle, welche nebst den Quittungen der Rechnung beizulegen sind, einiges Geld nicht auszalen wolle.

Viertens: Soll er bei allen und jeden Schaffnerei- und Collectur-Rechnungen, wenn sie abgehört oder die Bedienten zur Justification ihrer von Jahr zu Jahr gehabten Einnahmen und Ausgaben zur Universität berufen werden, zugegen sein, dieselbe samt den zugeordneten Professoren fleißig anhören und, so dieselbe richtig, den receß gegen Quittungen beziehen und in sein Manual einführen, im Fall aber der Bediente zu liquidiren hätte, soll er besorgen, daß der Senat den andern oder folgenden Tag zu solcher Liquidation Zeit und Stund anberaume, nicht weniger, ob die Entscheidung des Bedienten über seinen zur Liquidation und Ausstand gestellten Posten erheblich, mithin ob zu passiren oder von dem Rechner zu bezalen seie, Information und Gutachten erteilen, fort darüber den Schluß des Senats zu erwirken suchen, demnächst den darnach ausgefallenen Passivreceß gegen Quittung empfangen und sich selbsten zur Rechnungseinnahm stellen.

Fünftens: Soll er alle Monat einen Statum über die im vorhergehenden eingenommenen und verausgabten Gelder an den Senat einschiken, welcher sofort in selbem (f. 21ᵇ) vom Rectore abzulesen, um sich zu erinnern, ob alle in selbem zu verzeichnende Posten darin enthalten.

Sechstens: Diese von dem Syndico in Verwahr zu nehmende Status sind bei Ablag des Fisci Rechnung, welche jedesmal im versammelten Senat jährlich unfehlbar abzuhören, nochmalen, um daraus die Übereinkunft mit der Rechnung entnehmen zu können, vorzulegen.

Siebentens: Die von den Collectoren ebenmäßig einzuschickenden Monatsstatus soll nebst dem Syndico er Provisor Fisci nötigen Falls in Errinnerung bringen, selbe jedesmal mit behörigem Fleiß durchsehen, über die vornehmsten darin befindliche Posten, ob nicht allenfalls geirret oder etwas verschrieben, die Probe machen, die befindende Mängel wohl bemerken, und selbe dem academischen Senat, um fernere Vorkehre zutreffen, anzeigen.

Achtens: Sollte er Provisor Fisci selbsten einige Einnahm in dem Monat Statu verschweigen, so hat er hierüber vom Senat die Ahndung zu gewärtigen.

Neuntens: Was bei jeder Receptur an Wein und Früchten in Vorrath vorhanden, in was für einem Preiß solche zu jeder Zeit stehen, ob, wann und wieviel davon öffentlich zu versteigen, oder mit einem Vorrath sich zu versehen, räthlich sein, insonderheit ob ein (f. 22ᵃ) Bedienter Wein und Früchten zu seinem Vorteil ohne des Senats Befehl angreife, verkaufe oder damit handle, fleißig beobachten, und dem Senat sowohl wegen der Bestrafung, als auch darum anzuzeigen, damit

Zehentens: von Senats wegen die zu receß ausgefallene entbährliche Wein und Früchten durch einen Professoren sogleich versteigert oder aber, dafern selbe länger aufzubehalten für ratsamer erachtet würde, die Speicher und Keller sowohl wegen der Quantität als Qualität des Vorraths bei erheischenden Umständen visitiren zu mögen.

Eilftens: Sollte sich der vorhanden sein müssende Vorrath aus Schuld des Receptoris nicht vorfinden, so soll der Receptor nicht nur das ermangelnde im höchsten Preiß, sondern auch die zur Untersuchung aufgegangene Kösten und nach Befund noch eine arbitrarische Straf zu zahlen angehalten werden; überhaupt soll er Provisor Fisci

Zwölftens: sich zu allen oeconomischen Verrichtungen gebrauchen lassen und so zum Beispiel fleißig acht haben, wann die Zeit der Temporalbestände exspiriret, welches er dem Senat jedesmal im vorhinaus zeitlich anzuzeigen hat, damit solche Güter von neuem wieder begeben werden mögen, und so hat er schriftlich zu errinnern, was bei Zehend- und sonstigen Versteigungen nuzbar einzudingen sein mögte; damit

Dreizehentens: (f. 22b) Zinßen, Gülten, Güter und Gefälle an ihrer Giebigkeit, noch die Temporal- und Erbbestandsgüter an Grundstüken oder Gerechtigkeiten nicht abnehmen, so soll er Oeconomus die Universitäts-, Erb- und Temporal-Bestandsgüter zu renovieren den schuldigen Bedacht nehmen, auch dahin sehen, daß die aus Gelegenheit einer Renovation ihm bekannt werdende Rukstände sogleich besorget und eingebracht werden, vor welche Erneuerung der Güter jedannoch

Vierzehentens: außer seinen täglich mit 2 fl. 20 Kr. zu bezalenden Diäten er keine fructus meliorationis zu gewärtigen haben soll. Und da

Fünfzehentens: eines zeitlichen Oeconomi und Provisoris fisci Gegenwart wegen fast täglichen und unausstelligen Geschäften höchstnötig, so soll selbiger ohne vorher von dem Rectore erhaltener Erlaubniß außer der Stadt sich zu begeben nicht befugt sein. Er soll

Sechszehentens: die ihm vom Senat zukommende Conclusa und Decreta auf das genaueste und eilfertigste befolgen, widrigenfalls man sich wegen dem aus dem Verzug entstandenen Schaden an ihn zu halten hat. Wie ingleichen, wenn er

Siebenzehentens: wider alles Verhoffen pflichtwidrig die universitätische Gelder ausleihen oder verwechslen würde.

Achtzehentens: Soll er dem zeitlichen rectori und samtlichen (f. 23a) Professoribus den gebührenden erforderlichen Respekt erzeigen, sich als einen Subalternen erweisen, sohin

Neunzehentens: mit Bescheidenheit und auf anständige Art jenes, was er allenfalls anzubringen oder zu errinnern hat, vortragen. Vor welche Bemühungen, wie auch seine bei der Oeconomie Deputation habende Arbeiten ihm die bestimmte Besoldung verabreicht werden soll.

§ 57.
Von collectoribus.

Damit die Universitätische Gefälle wohl verwaltet werden, soll Senatus Academicus hiezu geschikte, redliche, vertraute und fleißige Persohnen als Collectores und Schaffner bestellen, welche die Gefälle einnehmen und das Geld ohne allen Verzug dem Provisor fisci zustellen und überantworten, die eingenommene Wein und Früchten zum Universitätischen Keller und Speicher behörend liefern lassen; und soviel die Collectoren von Neustadt und Zell betrifft, so soll, wie bereits oben verordnet worden, bei deren Bestellung auch dahin gesehen werden, daß zu diesen Ämtern, weilen sie zugleich über die Universitätischen Ortschaften, Höfe und Untertanen Jurisdiction verwalten, keine andere als in den Rechten wohl erfahrne, in Praxi geübte, und in dem von der Juridischen Facultät vorzunehmenden Examine tüchtig befundene verordnet werden; diese Schaffner sollen sich in ihren Dienstverrichtungen und sonsten (f. 23b) auf das genaueste nach den hier folgenden Instructionen zu achten und zu verhalten schuldig sein, und zwar soll dem Universitäts-Collector zu Heidelberg vorgehalten werden:

§ 58.

Eid, welchen collector universitatis leiblich schwören soll.

Erstens: Soll er, so lang er sein Amt versehen wird, dem rectori und gemeinen Rath der Universität alle gebührende Ehr und Gehorsam erweisen, denselben treu und hold sein, gemeiner Universität Schaden warnen und Bästes, so viel an ihm ist, befördern, auch

Zweitens: nach seinen Kräften der Universität besondere Gerechtsame, Freiheiten, Prärogativen und sonstige Vorzüge suchen zu handhaben, dieselbe gegen andere zu vertretten und nicht zu gestatten, daß dagegen von Jemand gehandelt werde; er soll auch

Drittens: wegen der ihm anvertrauten Collectur Bedienung eine sufficiente und ohnehin gewöhnliche Caution von Eintausend Gulden zu stellen gehalten sein.

Viertens: Solle er alle Gefälle, Gülten und Zinnsen, wie auch Extantien, Schulden an Geld, Wein und Früchten, Hüner, Kappen und all anderes, woher daßelbige rührt und fallend ist, mit größtem Fleiße erheben, einbringen und sammeln mit der weitern Obliegenheit, daß, falls (f. 24 a) sich jemand seine Gebühr zu leisten weigern würde, die Obrigkeit eines jeden Orts um Verhelfung bescheidentlich ersuchen, auf die Execution eifrigst und bestmöglich schriftlich und mündlich treiben und alle Mittel anwenden solle; und so dann

Fünftens: seine Vorstellung nichts helfen sollte, als dann solches zur dasigen Universität berichten und von derselben näheren Bescheid erwarten, dann auch alles anderes, so zur Einbringung und Erhaltung solchen Einkommens nützlich, treulich verrichten.

Sechstens: Soll er die eingebrachte Geldgefälle dem Provisori Fisci auf vorgängige Anzeige ad Senatum und von daher erhaltenen Befehl einliefern, die Wein- und Fruchtgefälle aber mit Vorwissen des Senatus academici neben Vorzeigung eines schriftlichen Verzeichnisses, wie viel ein jedes, woher es und mit was Maas oder Eich empfangen, ob es die vollkommene Gefälle oder ein Teil derselben, was noch hinterständig und von welchem Jahr es herrührig, mit Heidelberger Maas zu Keller oder Speicher liefern, den Abgang oder Vorschuß fleißig bemerken und künftig in Rechnung beibringen.

Siebentens: Solle er auch von solchen Gefällen nichts in seinem eigenen Nuzen verwenden, sondern das eingegangene Geld ad Fiscum zu liefern schuldig und gehalten sein (f. 24 b).

Achtens: Soll er die Schlüssel zum Keller und Speicher in seinem Verwahr halten und mit dem Kiefer und Mitterer ein fleißiges Aufsehen haben, daß Wein und Frucht, so zu Keller und Speicher gebracht, wohl versorget und denselben ordentlichen Fleißes gewartet werde, und da er das Gegenteil befinden würde, solches an Ort und End, da es sich gebühret, um Schaden abzuwenden, anzeigen, auch sonsten daran sein, daß denen Professoribus und andern ihre Besoldung an Wein und Frucht zu seiner Zeit unklagbar abgereicht und bezalt und die gebührende Gleichheit gehalten werde; nicht minder

Neuntens: Soll er ohne Vorwissen eines zeitlichen Curatoris rei vinariae keinen Wein in den Kellern einschläuchen lassen, noch von denen zu Keller gebrachten Weinen an Besoldung oder sonsten was abgeben, dahingegen selbigen in solchen Fällen die behörige Anzeige thun, und die von jenem bei dem Senatu academico nachhin der Besoldungsabgab halber und, wie die Austeilung zu machen es gefällig sein wolle, einzuholende Verhaltungsbefehle lediglich abwarten.

Zehntens: Solle er über Faß, Zuber, Säck und sonstige der Universität zustehende Mobilien fleißiges Aufsehen haben, darüber ein ordentliches Inventarium halten, auch ohne Vorwissen und Einwilligung der Universität weder (f. 25ᵃ) von den untauglichen Füssern etwas veräussern, noch neue verfertigen lassen.

Eilftens: Soll er sich selbsten nicht bezalt machen, sondern seine Besoldund Bezalung, wie die Professores, von dem Provisore Fisci erhalten.

Zwölftens: Soll er besorgt sein, daß die zur Collectur gehörige abgelegt werdende Capitalien sogleich gegen hinlängliche gerichtliche Verschreibung nach diesfalls dem academischen Senat übergebener Taxation der verlegt werden wollenden Unterpfänder wieder angelegt, die nach dem einen in Unserer Churpfalz eingeführten Formular eingerichteten Obligationen sogleich zum universitätischen Archiv gegen von daher erhaltenden Schein eingeliefert werden; nicht weniger

Dreizehentens: darf er gestatten, daß ein Capital unter mehrere Erben oder Debenten zergliedert, weniger, daß ein Capital von einem auf einen andern übertragen, und das so nachteilige modo nachgeführet werde; sondern in Fällen, wo dieser schädliche Gebrauch sonsten üblich gewesen, soll nur einer der Erben das Capital übernehmen, und wenn ein Capital übertragen wird, ein neuer Brief ausgestellet werden; sollte sich dessen der Debent weigern, so ist die Abtragung des Capitals und neue derselben Anlegung zu bewirken.

Vierzehentens: Er soll aller Einkommen, auch aller seiner (f. 25ᵇ) Verrichtungen halber, item, wie die Laager- und Zinnß-bücher ausweisen, dem Gebrauch nach der Universität ordentliche Rechnung pflegen, den sich ergebenden Geld-, Wein- und Frucht-Receß, so durch sein Verschulden erwachsen, sogleich baar ausliefern, gleich wie er seinen in Eintreibung gedachter Gefälle verwendeten nötigen Fleiß mittelst Vorlegung der gerichtlichen Attestaten bei Straf des Einsazes in die Rechnung nachzuweisen hat; weiters soll er

Fünfzehentens: bei sich ergebenden Mißwachs oder merklichen Schaden eigenmächtig nichts erlassen, sondern den von den Debenten angezeigten Schaden Ordnungs- und Pflichtsmäßig besichtigen und demnächst nach seinem Gewissen und Gutdünken, ob und wie viel zu erlassen seie, gutachtlich an den Senat berichten.

Sechszehentens: So sollen auch die in Ausgab gebrachte Summen nicht anderst in Rechnung passieren, es sei dann, daß er hierunter des Senats Befehl, Ratification und die nötige Quittungen produciren köne. Die aus versteigten oder verkauften Früchten und Wein erlößte, auch sonsten für die Universität einnehmende Gelder soll er

Siebenzehentens: dem Provisori fisci gegen von (f. 26ᵃ) selbigem zu empfangende Quittungen einzuhändigen schuldig und mittelst dieser Quittungen in Ausgab zu bringen befugt sein, wobei ihm nachdruksamst befohlen ist, jedesmal durch Einlieferung eines Sortenzettels ad Senatum von der Abgab ad fiscum die schleunigste Anzeig zu thun. Er soll

Achtzehentens: von Monat zu Monat und zwar jedesmal in den ersten 5 Tägen den statum über Geld-, Frucht- und Wein-Einnahm und Ausgab ungemahnt einzubringen schuldig und verbunden sein und leztlich

Neunzehentens: soll er sich bei seiner Bedienung also verhalten, und werktätig alles dasjenige erweisen, wie von einem aufrichtigen, redlichen, treuen, fleißigen und geschikten Receptor erfordert werden mag.

§ 59.
Schaffner zu St. Lamprecht und Collector zu Zell.

Diese sollen, da ihnen neben der Receptur auch Jurisdiction anvertrauet ist, auf nachstehende Bestellungspuncten verpflichtet werden:

Erstens: Daß er seinem ihm anvertrauten Schafnerei-Amt getreulich und redlich vorstehen, die über die Untertanen in den Universitäts-Ortschaften und Höfen (f. 26^b) hiemit aufgetragene Jurisdiction gerechtest handhaben, nach Unserm Churpfälzischen Landrecht, guten Ordnungen, Statuten, Gewohnheiten, Universitäts-Verordnungen, auch gemeinen Rechten nach urteilen und handlen wolle, sich weder durch Lob, Gab, Freundschaft, Feindschaft, noch keinerlei Ursach darwider bewegen lassen, von den Parteien, so vor ihm zu handeln haben, kein Geschenk, Gab, Nuzung, weder durch sich selbst, weder durch einen andern in seinen Nuzen nehmen und in allem sich so verhalten wolle, wie es einem frommen Richter und Beamten geziemet und gebühret.

Zweitens: Soll er, so lange er solches Amt versehen wird, dem Rectori und Senat der Universität allen gebührenden Respect und Gehorsam erweisen, denselben treu und hold sein, gemeiner Universität Schaden warnen, Frommes und Bästes, so viel an ihm ist, befördern.

Drittens: Soll er nach seinen Kräfften der Universität besondere Gerechtsamen, Freiheiten und Privilegien, auch sonstige Vorzüge handhaben, gegen andere vertretten und nicht gestatten, daß von Jemand darwieder gehandelt werde. Er soll auch

Viertens: wegen der ihm anvertrauten Receptur eine Caution von Eintausend Gulden zu stellen (f. 27^a) gehalten sein.

Fünftens: Soll er alle Gefälle, Zinnß und Gülten, wie auch Ausstände und Schulden, woher dieselbe immer rührend und fallend, mit gröstem Fleiß und Genauigkeit erheben, sammeln und einbringen, mit der weitern Obliegenheit, daß, falls sich jemand die Gebühr zu leisten weigern würde, nach Gelegenheit eines jeden Orts die Obrigkeit um Hilfe bescheidentlich ersuchen, auf die Execution bästmöglichst treiben und alle Mittel anwenden solle; wo sodann

Sechstens: durch seine Vorstellungen nichts zu erwirken wäre, so soll er solches der Universität zeitlich anzeigen und derselben näheru Bescheid erwarten.

Siebentens: Soll er beim Empfang Frucht und Wein die Maas und Eich in der Rechnung beisezen, was und von welchen Jahren etwas rükständig fleißig aufzeichnen, hauptsächlich aber darauf bedacht sein, daß die Rückstände auf thunlichst und geschwindeste Weise angebracht und erhoben, von solchen Gefällen aber nicht das mindeste in seinen eigenen Nuzen verwendet werde.

Achtens: Soll er die Schlüssel zum Keller und Speicher in sorgfältigster Verwahrung haben, mit dem Kiefer und Mitterer dafür sorgen, daß Wein und Frucht zu Keller und Speicher gebracht und darüber möglichster (f. 27^b) Fleiß angewendet werde. Falls er das Gegenteil vormerken oder vernehmen würde, so soll er solches beim academischen Senat, um in Zeiten Schaden verhüten zu mögen, allsogleich anzuzeigen verbunden sein.

Neuntens: Soll er über Fäßer, Zuber, Säke und sonstige der Universität zuständige Gerätschaften und Mobilien fleißiges Aufsehen haben, darüber ein ordentliches Inventarium halten, auch ohne Vorwissen des Senats weder etwas untaugliches verausern, noch etwas verfertigen lassen.

Zehentens: Soll er besorgt sein, daß die zur Schafnerei gehörige und abgelegt werdende Capitalien sogleich wieder gegen hinlängliche gerichtliche

Verschreibung, wenn die über die zu verlegende Güter gerichtlich verfertigte Taxationen, die er einzuschiken hat, genehmiget sind, angelegt, die neue Obligationes unverweilt gegen zu empfangenden Archivschein eingeliefert werden.

Eilftens: Soll er nicht gestatten, daß ein Capital unter mehrere Erben und Debenten zergliederet, noch weniger, daß ein solches von einem Schuldner auf einen andern übertragen werde, und ist sofort das gefährliche Nachführen in Rechnungen durch modo keineswegs gestattet, sondern es soll in Fällen, wo dieses ehehin geschehen, das Capital von einem der Erben allein übernommen, (f. 28ᵃ) ein neuer Capitalbrief gefertiget, bei Weigerung des Schuldners aber das Capital aufgekündiget und an einen andern sicher angeleget werden.

Zwölftens: Er soll annebens über alles Einkommen alter Gewohnheit nach, und so wie die Lager- und Zinßbücher ausweisen, vor der Universität ordentliche Rechnung pflegen, den sich ergebenden Geld-, Wein- und Fruchtreceß, so durch sein Verschulden erwachsen, sogleich baar bezalen, fort in Eintreibung gedachter Gefällen bei Straf des Einsazes seinen erforderlichen Fleiß mittelst Vorweisung gerichtlicher Zeugnissen bewähren.

Dreizehentens: Bei sich ergebendem Mißwachs oder sonstig merklichen Schaden soll er eigenmächtig Nichts erlassen, sondern den von dem Debenten angezeigten Schaden Ordnungs- und Pflichtsmäsig betrachten, demnächst nach seinem Gewissen und Gutfinden, ob- und wie viel unvorschreiblich zu erlassen, gutachtlich an den Senat berichten.

Vierzehentens: Sollen die Ausgaben nicht anderst in Rechnung passieren, es seie denn, daß hierüber Befehle und Ratification des Senats, auch die erforderliche Quittungen vorgewiesen werden könnten.

Fünfzehentens: Die aus Früchten oder Wein erlößte Gelder, auch sonstigen Vorrath soll er durch vertraute und angesehene Untertanen, so oft er eine nahmhafte Summe (f. 28ᵇ) beisammen hat, an den Provisorem fisci gegen Quittung abliefern, den Sorten-Zettul aber der übermachenden Summen zugleich an den Senat gelangen lassen, die unter die Professores und Syndicum auszuzalende Strafgelder und Accidentien soll er ebenfalls mit Anmerkung, von wem und wie viel gezalt worden, ad fiscum einzusenden und gegen die zu empfangende Quittung in Ausgab zu bringen gehalten sein.

Sechszehentens: Soll er jeden Monat und zware in den ersten 5 Tagen den erforderlichen Statum über Geld, Frucht und Wein, sowohl was die Ausgab, als was die Einnahm betrift, ungemahnt einzusenden schuldig und verbunden sein.

Siebenzehentens: Soll er auch für sich keinem in die ihm untergebenen Universitäts-Ortschaften ziehen und bürgerlich oder häußlich sich niederlassen wollenden einigen Aufenthalt gestatten, sondern immer zuvor, wie hoch eines solchen Vermögen, wessen Handtierung, ob er freizügig oder nicht, mit einer Leibeigenschaft beladen, auch von was für Sitten und Leimuth er seie, vordersamst einberichten, und in betref der Annahm näheren Bescheid erwärtigen, demnächst die von den neuerlich angenommenen Bürgern und Untertanen zu bezalende Einzugs- und Annahmsgelder gebührend einnehmen.

Achtzehentens: In gleichem soll er für sich keinen (f. 29ᵃ) Proclamationsschein erteilen, es seie denn, daß von ihm zuvor in betref der im vorhergehenden Abschnitt erwähnten Umständen ausführlicher Bericht an den Senat erstattet worden und von daher Bescheid erfolget seie.

Neunzehentens: Ist er nachdruksamst angewiesen, auf die Festhaltung der erlassenen Policei- und sonstigen Ordnungen, damit solchen auf das genaueste gelebt werde, immerhin das wachsamste Aug zu halten.

Schließlich und leztens: Soll er sich in seinem Amt dermasen verhalten und all jenes erfüllen, was von einem aufrichtig-treuen und fleißigen Beamten und Receptor erfordert werden mag.

§ 60.

Wir verstatten anbei dem academischen Senat, diese Instructionen zu mehren, zu mindern und nach Gestalt zu verändern, sowie eben diesem Senat die Befugniß zukömmt, bei Vermehrung der academischen Gütern nach Erforderniß auch mehrere Schafner und Verwalter anzunehmen und aufzustellen, wie in gleichem, wo dieses räthlich befunden würde, durch Vereinigung zweier Ämter zu mindern, diese sofort auf ihre Dienstverrichtung nach Gutfinden mit Pflichten zu belegen (f. 29b).

§ 61.
Von Exercitien-Meistern.

Zur Erlernung der lebenden Sprachen, freien Künsten und andern anständigen Exercitien sind einer wohl eingerichteten Universität geschikte Sprach- und Exercitien-Meister allerdings nötig. Wir verordnen somit, daß es in Anstell- und Besoldung eines französischen Sprachmeisters, Bereuters, Tanz- und Fechtmeisters, wie bis daher, allso auch in Zukunft gehalten werden soll, daß nemlich alle diese, jedoch mit Ausnahm des Bereuters und zu solchem gehörigen Reitknechts, von dem academischen Senat angenommen, die ihnen bestimmten Salarien ausgeworfen und verreicht werden sollen. Dem academischen Senat ist ferner anheim gegeben, auch andere Lehrer, als Zeichenmeister, Mahler und dergleichen, besonders Lehrer der Englischen und Italienischen Sprache nach Gutfinden anzunehmen, ihnen auch bei mehrerer des fisci academici Ergiebigkeit verhältnißmäsige Belohnung zu bestimmen, wobei überhaupt Unsere gnädigste Vorsorge dahin gehet, daß der academische Senat, soviel immer möglich, sich bestreben möge, damit in derlei Anweisungen den Lehrbegierigen Gelegenheit verschaft und diesfalls kein Mangel erfunden werde. Alle diese Lehrer stehen unter der Universitätischen Jurisdiction und geniesen, da sie immatriculiert sind, gleiche Freiheiten mit den Studiosis, sind aber auch gehalten, ihre Lehrstunden so einzuteilen, daß niemalen ein Academicus die (f. 30a) anverlangende Lehre, darum daß sich ein solcher mit Instruction der Heidelberger der Universität nicht angehörigen Innwohnerschaft zuviel beschäftige, entbehren müsse.

§ 62.

Und so sollen sich diese Exercitienmeister und Lehrer mit dem von der Universität ihnen bestimmt werdenden Tax für die gebende Lehrstunden in alle Weege begnügen, wobei ihnen aber frei bleibet, mit andern zur Universität nicht gehörigen Personen wegen dem Lehrgeld sich zu vergleichen.

§ 63.
Von den Pedellen.

Zum Amt eines Pedellen soll ein ehrbarer und treuer Mann, dem der Dienst des rectoris und die bei solennen actibus nötige Aufwartung anvertraut werden kann, von dem academischen Senat angenommen, und dieser auf folgende Puncten beeidigt werden, daß er

Erstens: der Universität, dessen Vorstand alle Treu und Gehorsam, den übrigen Professoribus die schuldige Ehrerbietung und Unterthänigkeit leisten wolle; daß er

Zweitens: die ihm anvertraute Heimlichkeiten Niemandem offenbaren;

Drittens: Jedes Tags wenigstens einmal in der Behaußung des Rectoris zu der ihm gegebenen Zeit sich einfinden (f. 30b), die zuerteilende Befehle erwärtigen und auf das genaueste befolgen wolle;

Viertens: ohne Erlaubniß des Rectoris außer der Stadt nicht verreißen oder übernachten wolle;

Fünftens: in allen öffentlichen feierlichen Auftritten soll er, wenn ihm dazu der Befehl gegeben wird, den Scepter vortragen, bei Promotionen, Disputationen und sonstigen actibus publicis immer gegenwärtig sein, den dabei erscheinenden Standspersohnen ihren nach Gewohnheit gebührenden Ort geziemend durch Entgegengehen und Begleitung anweisen;

Sechstens: soll er die Programmata, Theses und dergleichen den Professoribus, Syndico und übrigen Unseren Räthen und Standspersohnen, welche zu Heidelberg wohnen, ein oder mehrere Täg vor den zu haltenden actibus publicis zustellen und dadurch zu solchen behörend einladen; ingleichen soll er

Siebentens: die ihm vom Rectore, auch einzeln Professoribus zukommende Anschläge ad valvas gehörig anheften;

Achtens: zu den Senats-, auch der Facultäten Versammlungen auf ihm gegebenen Befehl ansagen;

Neuntens: die Rathsstube, die Auditorien und überhaupt das Universitäts-Gebäude, wie inngleichen Böden, Fenster, Tisch, Stühl und Bänke immerhin rein und sauber halten; so hat er

Zehntens: gleiche Sorgfalt für die Reinigkeit der Bibliothec (f. 31a) und des Lesezimmers zu tragen; wo ihm

Eilftens: befohlen würde, Jemand in den academischen Kerker oder sonstige Gewahrsam zu bringen, hat er solchen fleißig zu beobachten und zu sorgen, damit ein solcher nicht entkomme, und darum hat er wegen Verwahrung, Schlösser und anderen Umständen, wie in gleichem über das Betragen des Arrestirten dem Rector zeitige Anzeige zu thun;

Zwölftens: sollte er bei etwa zu haltenden solennen Convivien Rectori und Professoribus aufzuwarten erfordert werden, so ist er auch dabei Diensten zu leisten gehalten; er ist

Dreizehentens: auch vorzüglich verbunden, wenn ihm von unsittigen Betragen, Schwärmereien und sonstigen Tumult unter den Academicis etwas bekannt wird, davon dem Rectori die ungesäumte Anzeige zu machen, folglich auch sich zu Erkundigung wegen begangenen Freveln gebrauchen zu lassen;

Schlüßlichens endlich soll er all jenes, was einem getreuen Pedellen zustehen mag, auf das fleißigste jederzeit in Obacht nehmen.

§ 64.

Und da die Universität immerhin noch einen sogenannten zweiteren oder substituirten Pedellen hat, so ist es nicht nötig (f. 31b), von dessen Amt, als welcher überhaupt, so oft man seiner zu einzeln Verrichtungen benötiget ist, nach obiger Vorschrift und des Rectoris Befehl sich zu richten hat, besondere Erwähnung zu thun.

§ 65.
Von andern Persohnen, welche der Universität Dienste leisten und darum die Personalfreiheit genießen.

Unserer Universität ist durch Privilegien und Observanz gestattet, zwölf Heidelberger Bürger, welche ihr Diensten leisten mögen, z. B. einen Apotheker als Chymisten, Buchführer, Buchdruker, Buchbinder, Werkmeister zu Führung der Gebäuden und dergleichen anzunehmen; diese genießen durch die Annahm die sogenannte Personalfreiheit, wie solche den Heidelberger Stadtofficieren und andern persönlich Gefreiten zuständig ist, und so hat in Personalklagen wider dieselbe die Universität mit dem Heidelberger Stadtrath concurrentem Iurisdictionem, sohin diesfalls praeventio fori Plaz; von diesen Gefreiten sind einige auf besondere Puncten zu verpflichten; und zwar soll der Buchdruker folgendes geloben:

§ 66.
Instruction für den Buchdruker.

Erstens hat er die sowohl in denen allgemeinen Reichs- als (f. 32ª) Churpfälzischen Geseczen und Verordnungen enthaltene, die Buchdrucker betreffende Vorschriften und Verordnungen auf das genaueste zu befolgen;

Zweitens: kein neues Buch oder sonstige Abhandlung ohne vorgängige schriftliche der Censoren Erlaubniß in Druk nehmen, auch jedesmal seinen Nahmen darunter zu seczen. Er soll

Drittens: eine besondere Verschwiegenheit von dem, was er unter dem Druk hat, beobachten;

Viertens: sollen die bei dasiger Universität herauskommende Dissertationes, Theses, Programmata und dergleichen nirgens als in seiner Drukerei gedrukt werden, dagegen wird ihm

Fünftens: die Stell- und jedesmalige Unterhaltung sauberer, nicht abgeschliffener Buchstaben von aller Gattung gebräuchlicher Schriften, auch schiklicher Vignetten und Zierarten, allsonstiger Werkzeugen und Geräthschaften in hinlänglicher Menge anbefohlen; gleichwie er auch

Sechstens: die von der Universität, einzeln Facultäten oder Professoren ihm zum Druk gegebene Arbeiten vorzüglich vor allen andern zu befördern, ferner

Siebentens: den ihm von der Universität gebilligten Tax niemal zu überschreitten, überhaupt von allen bei ihm gedrukten Sachen jedesmal ein Exemplar unentgeltlich zur Universitäts-Bibliothec zu liefern, auch

Achtens: die Ge- und Verbotte dortiger Universität zu befolgen, derselben jedesmal auf erfordern Antwort und Rechenschaft zu geben schuldig und gehalten, auch (f. 32 b) endlich

Neuntens: alles, was einem fleißigen, redlichen Buchdruker und getreuen Universitäts-Untergebenen zu thun oblieget, bei Verlust des Privilegiums und sonstigen schweren Ahndungen zu erfüllen pflichtig und gehalten.

§ 67.
Puncten, auf welche der Universitäts-Buchhändler zu verpflichten.

Erstens: Hat sich derselbe jederzeit mit einem ansehnlichen Bücher-Vorrath besonders jenen, worüber auf dieser Universität Vorlesungen gehalten werden, und zwar in Zeiten zu versehen;

Zweitens: solche und überhaupt alle Bücher in billigen und nicht zu hohen Preißen zu verkaufen und dahero

Drittens: seinen gedrukten Verzeichnissen den Preiß beizusezen;

Viertens: sich vorzüglich zu bestreben, daß man die neu herauskommende Werke gleich bald bei ihm haben kann;

Fünftens: soll er auch vordersamst jene kleine academische und sonstige Schriften, welche von dasigen Professoribus und andern dasigen Gelehrten herausgegeben werden, in seine Verzeichnisse einrüken; ferner

Sechstens: liegt ihm ob, von den Büchern, so er etwa selbst (f. 33a) verlegt, ein Exemplar zur Hof- und das andere zur Universitäts-Bibliothec unentgeltlich abzuliefern;

Siebentens: soll er ein eigenes Buch, in welches er alle verkaufende Bücher mit Bemerkung, an wen der Kauf geschehen, verzeichnen, dergestalt führen, daß er beschwören kann und muß, Nichts anderes, als so darinn enthalten, verkauft oder auf sonstige Art abgegeben zu haben. Gleichwie man hierdurch dem Verkauf schädlicher und verbottener Bücher vorzubeugen sucht, als soll er Buchhändler diesfalls zu haften gehalten sein. Er soll ferner

Achtens: keine neue verdächtige bücher verkaufen, welche nicht zuvor an jene Professoren, die ihm Buchführern von Senats wegen angewiesen werden sollen, zur Einsicht und Censur überschiket, auch derselben Verkauf schriftlich erlaubt worden. Annebens soll

Nountens: der Buchführer, seinen Buchladen durch Universitäts-Commission jedesmal visitiren zu lassen, schuldig sein und endlich

Zehentens: all jenes, was sowohl in Reichs- als Unseren Pfälzischen Gesezen des Buchhandels wegen verordnet und redlichen Buchhändlern zustehet, getreulich nachzukommen pflichtig und verbunden sein.

§ 68.

Die übrigen Gefreiten aber sollen zu Diensten der (f. 33b) Universität nicht nur in Feuers- und sonstigen Nöthen bereit sein, sondern auf des Rectoris Befehl das ihnen aufgetragene überhaupt treu, fleißig, ohne Wiederrede ausrichten und vollziehen, damit für die durch die Universität genießende Freiheit auch wirklich Dienst und Nuzen geleistet werde.

§ 69.
Von den Gärten der Universität.

Wir sezen, ordnen und wollen, daß die der Universität zuständige Gärten folgender Gestallt angewiesen und benuzt werden sollen:

Erstens: Gehört der theologische Garten den beiden primariis dieser Facultät, jedem zur Hälfte, in der Maas, daß der Primarius Catholicorum und der Primarius Reformatorum daran gleiche Teile haben; dieser Garten-Genuß aber steht den Primariis nur so lang zu, als sie ihrer Lectur vorstehen.

Zweitens: Der sogenannte grose, der Juristen-Facultät zugeteilte Garten ist auf gleiche Art dem Professori Iuris Publici und dem Professori Canonum zum Gebrauche angewiesen.

Drittens: Der hortus Botanicus ist immerhin mit den zum Studio Medico nötigen Gewächsen und Kräutern (f. 34a) gänzlich wohl zu bestellen, wofür dem Professori Botanices eine jährlich zu verwendende und sofort zu berechnende Summa ex fisco Universitatis angewiesen ist. Es soll auch nach dem Vermögen des fisci zu Unterhalt- und Verbesserung des Botanischen Studii von dem Senat nach und nach eine größere Summe verwendet werden. Statt des dem Professori Botanices zu seinem Privat-Genusse zuständig gewesenen Teils dieses Gartens werden ihm jährlich zur Entschädigung fünfzehn Gulden ex fisco bezalet.

Viertens: Weilen der philosophische Garten in vorigen Zeiten verkauft worden ist, so hat zur Vergeltung des gehabten Genusses der Senior der philosophischen Facultät jährlich fünfzehn ex fisco zu beziehen.

Fünftens: Dem Provisor Fisci soll der ihm angewiesene Garten ebenmäßig verbleiben. Ein Jeder

Sechstens: soll seinen im Genuß habenden Garten in gutem Weesen und Bau erhalten, nicht in Abgang kommen lassen, sofort die kleine reparationen, inngleichen, da einige Läste auf den Gärten stünden, soll der niesende Inuhaber selbige ausrichten und bestreitten, beträchtliche reparationen aber an Mauern, Gartenhäußern u. s. w. sollen aus dem fisco universitatis bestritten werden (f. 34b).

§ 70.
Von Bauführung der Universität.

Alle der Universität zugehörige, in Heidelberg liegende Gebäude soll im Monat Februario der Rector mit Zuziehung zweier Occonomie Commissarien und den Werkleuten genau besichtigen, von dem, was zu bauen oder zu bässern nötig ist, dem Senat die Anzeige machen, darüber Überschläge fertigen, und somit das in Bauweesen genehmigte ins Werk bringen lassen. Es soll

Zweitens: die Aufsicht über das Bauweesen selbst einem in der Occonomie-Commission bestehenden Professorn aufgetragen werden, und diese folgende Pflichten auf sich haben:

1. dahin zu sehen, daß er den an Gebäuden zu befahrenden Schaden dem Rectori allsogleich berichte, daß,
2. soviel immer möglich, die Baukösten vermieden und bei anbefohlener Bauführung verringert werden, daß er
3. ohne Senats Befehl Nichts bauen oder machen lassen, und wo die Sach keinen Verzug leidet, soll zum wenigsten dem Rector zuvor die Anzeige geschehen, und alsdann nur eines, was die äußerste Notdurft erforderet, bis zur Einholung der Senats Entschließung fertigen lassen. Er hat (f. 35a)
4. dahin den Bedacht zu nehmen, daß im Bauen, was sich immer thun läst, überhaupt verdungen, nach gefertigten pünktlichen Rissen und genauen Accorden gut und dauerhaft verfertiget werde, daß
5. die vollbrachte Arbeit vordersamst genau besichtiget und untersucht, sodann erst die Zettel der Arbeitsleute nach Befund attestiret und moderiret werden, welche Zettel demnächst dem academischen Senat, um Zalung anzuweisen, vorzulegen sind. Er hat
6. dafür zu sorgen, daß die allenfalls nötige Materialien in Zeiten um einen wohlfeilen Preiß angeschaffet werden, damit man selbe im Notfall sogleich gebrauchen könne. Über diese Materialien hat er ein Register und Rechnung, wohin selbe verwendet worden, zu führen und dem Senat jedesmal vorzulegen.

§ 71.
Von den Lehr-Cursen und Vacanzien.

Die ununterbrochene Fortsezung angefangener Lehre ist nicht nur zur zusammenhängenden Erlernung der Wissenschaften, sondern auch zur Ersparniß der Zeit und Kosten für einen Lehrbeflissenen das gedeihlichste Mittel. Hierum verordnen Wir, daß in allen Facultäten alle Tage außer dem Mittwoch und den in Unsern Landen zu feiern gebottenen Festtägen unausgesezt gelehrt werden soll (f. 35 b), wogegen der Mittwoch teils zu Senats- und Nebengeschäften, teils Nachhohlung in privat Studieren, teils auch zu einiger Erholung von den zu haltenden Vorlesungen frei sein sollen. Sollte ein Professor Unpäßlichkeits oder sonstiger Geschäfte halber über drei Tage seine Vorlesungen auszusezen gezwungen sein, so soll statt seiner ein anderer Professor der nemlichen Facultät, gestallter Sachen nach auch ein Professor Extraordinarius oder Assessor für den so behinderten dessen Vorlesung fortzusezen schuldig sein, und so von der Facultät dermasen beauftraget werden, daß den Lehrbegierigen hierunter so wenig als möglich entgehet, bei anhaltender langwieriger Verhinderung aber soll auf Bericht des academischen Senats von Uns Selbsten die gnädigste Vorkehr in nötig seiender diesfallsiger Anordnung getroffen werden.

§ 72.

Aus eben dieser Ursach soll während dem Lehrcurs kein Professor über drei Tage abwesend sein, sollte aber die Noth eine längere Abwesenheit erfordern, so soll nach beschehener Anzeig an den rectorem und decanum wegen der Fortsetzung der Vorlesungen, wie hieroben verordnet worden, das nötige besorgt, auch zu solcher (f. 36 a) Abwesenheit die Erlaubniß des Senats begehret werden. Sollte ein Lehrer sich außer Landes längere Zeit aufhalten müssen, so soll dazu die Erlaubniß bei Unserer höchsten Persohn untertänigst nachgesucht werden. In allen Facultäten soll in betref des Anfangs und der Beendigung der Vorlesungen eine völlige durchgängige Gleichheit und zwar dergestallt beobachtet werden, daß das Lehrjahr in zwei Teile geteilet werde, somit der sogenannte Winter-Curs den 10. Novembris seinen Anfang nehmen und sich in der Mitte des Aprils dergestallt beschließen, daß eine Ruhezeit von vierzehn Tagen zwischen diesem und dem folgenden Curs bleibe, und so soll der Sommer-Curs mit dem 11. May seinen Anfang nehmen und Anfangs Octobris beschlossen werden in der Maas, daß auch hier eine Vacanz von vierzehn Tägen gehalten werde.

§ 73.

Vor Beendigung eines jeden Curses soll das Verzeichniß der Vorlesungen bereits gedrukt sein, so daß man solches den allenfalls in die Vacanz reißenden Studiosis schon mitgeben und hiernach jeder auf den folgenden Curs seine Einrichtung machen könne (f. 26 b).

§ 74.

Sollte sich ein Professor, es seie aus welcher Facultät es wolle, dieser Unserer ernstgemessenen Verordnung nicht fügen, sondern durch frühere Beendigung seiner ordentlichen Vorlesungen gegen diese Verordnung handeln, so soll der jedesmalige Decanus der Facultät hiervon die unausbleibliche Anzeig an die Ober-Curatel zu machen auf seinen Pflichten haben, und soll im Entstehungsfall sowohl wider den contravenirenden Professor, als die Anzeige unterlassenden Decanum mit schärfester Ahndung und bei öfterer diesfallsiger Vergehung mit Straf-Verhängniß verfahren werden, damit der diesfallsige zu vieler Unordnung Anlas gebende Unfug unterbleibe, es wäre dann, daß der Lehrgegenstand seiner Ausdehnung wegen in kürzerer Zeit vollständig behandelt werden könne.

§ 75.
Der Academicorum Privilegien, Pflichten und Disciplin.

Da die Stiftung einer hohen Schule und die darauf gelehrt werdende Wissenschaften vorzüglich das Wohl der eingebohrenen Landeskinder bezielen, so könnten Wir zwar nach dem Beispiel anderer Landesherrn Unseren Untertanen die Besuchung fremder Universitäten gänzlich verbieten, um da mehr als durch (f. 37ª) Unsere gnädigste Vorsorge auf hiesiger Universität solche Einrichtungen getroffen, daß jenes, was ein Studiosus auswärts zu erlernen sucht, durch alle Lehrgegenstände auf Unserer Universität erlangt werden kann[1]). Wir wollen jedoch ein solches Verbot, um die Freiheit so wenig als möglich zu beschränken, keineswegs erteilen, bestehen aber desto ernstgemessener darauf, daß alle Landeskinder sowohl der Chur-Pfalz, als der Gülich- und Bergischen Herzogtümern, welche sich dem Studieren zu widmen gedenken, wenigstens zwei Jahre auf Unserer hohen Schule mit Erlernung der höhern Wissenschaften zubringen und nach vollendetem diesem Curs von der Facultät, worunter sie sich vorzüglich verwendet haben, ein Zeugniß ihres Fleißes sowohl, als der Zeit ihres Aufenthalts beibringen sollen, widrigens selbige keine Hofnung haben, in Unsern Staaten einige Versorgung zu erhalten. Wir haben sofort befohlen, daß nicht nur samtliche Unsere Dicasterien und Corpora, auch untere Stellen auf dieses immerwährende Gesez in einzeln Fällen, wo jemand wider dasselbige etwas zu erschleichen suchen würde oder wirklich erschlichen hätte, das genaueste Augenmerk nehmen und davon die untertänigst berichtliche Anzeige machen sollen, sondern ermächtigen auch den academischen Senat in oben bemerkten, nicht verhoffenden Fällen diesfalls die untertänigste beschwehrende Anzeige (f. 37ᵇ) ad Manus gelangen zu lassen, und dies wollen Wir um da mehr, als in Festhaltung dieses Puncts ein wesentliches Stük des beständigen Flor und Zugangs zu Unserer Universität bestehet, auch hiedurch Unsere Landes-Kinder zu ihrem eigenen und des Staats Bästen Unserer väterlichen Obsorge sich nicht entziehen mögten.

§ 76.

Sowohl die einzeln Professoren, als der Senat hat vordersamst auf die Tugend, gute Aufführung, Fleiß und Ordnung der gesammten academischen Angehörigen immer wachsames Aug zu halten, derowegen die scheinbare Gelegenheit zum Laster, zur Verschwend- und Ausschweifung, zum Müßiggang und Unordnung selbst zeitlich abzuschneiden, solchemnach der Rector und Senat aus eigener Jurisdictionsbefugniß nach Maasgab vorhandener Verordnungen die erhaschende Übertretter nach Befund der Umstände praevia summaria cognitione causae geziemend respective mit Verweiß, Einkerkern, Consilio abeundi oder Relegation unnachsichtlich zu bestrafen.

Zweitens: hat jeder Professor bei einschikendem Verzeichniß seiner gehabten Zuhörer die Bestraften und ihre erfolgte Bässerung zu bemerken (f. 38ª); zu Handhabung der guten Ordnung hat der Senat

---
[1]) Vgl. z. B. Winkelmann a. a. O. II, 286 nr. 2272 u. 2273 (Reskr. vom 16. Sept. 1773).

§ 77.

Drittens: mittelst requisition an die Garnison oder den Stadtrath die gutfindenden Ankehrungen zu treffen, und so ist der Universität verstattet, eigne Männer zur Erhaltung der Policei als Wächter und Häscher anzuordnen und zu bestellen.

§ 78.

Viertens: alle öffentliche, Lärmen und Aufsehen veranlassende Lustbarkeiten sind den academicis verboten, wofern nicht hiezu eine schriftliche Bewilligung des Rectoris zuvor erhalten und solche dem zeitlichen Stadt-Directori vorgezeiget worden ist. Es soll auch

§ 79.

Fünftens: von Unserer nachgesezten Churpfälzischen Regierung zu Haltung öffentlicher Schauspiele in Heidelberg keine Erlaubniß erteilet werden, ohne daß der academische Senat in einem Bericht über dabei befindende Bedenklichkeiten gehöret, und darauf geachtet werden. Ebenmäßig sollen keine öffentliche Balls ohne Mitbewilligung des academischen Senats gehalten werden, und so sind

§ 80.

Sechstens: die masquirten Schlittenfahrten, wie ingleichen (f. 38b) die masquirte Bälle durchaus untersagt.

§ 81.

Siebentens: den Hauswirthen ist bei 20 Rthlr. Straf verboten, den bei ihnen wohnenden academicis eigene Haußschlüssel zu verstatten.

§ 82.

Achtens: Die über Nacht aus dem Hauß bleibende, vier Stund nach der Policeizeit nach Hauß kommende oder einen Schlafkameraden mitbringende, durch lermende Musique, Schreien, Singen und dergleichen zur Störung der Nachbarschaft gereichende Unordnungen in den Häußern überlästig werdende academici sollen unter eben dieser Straf dem zeitlichen rectori angezeiget und bekannt gemacht werden; wenn sich

§ 83.

Neuntens: außer der Vacanz-Zeit ein academicus einige Täge aus seinem Quartier abwesend befindet oder öfters andere zum Spielen auf seinem Zimmer hält, ingleichen durch öfteres Fahren, Reuten und Jagen die kostbare Zeit unnütz zubringt, so soll unter ebengesezter Straf von dem Hauswirth die ungesäumte Anzeige gemacht werden.

§ 84.

Zehntens: Die Sonn- und Feiertäge sollen morgens von (f. 39a) neun bis eilf Uhr die Kaffeehäußer geschlossen sein, auf jene Täge aber, wo Collegien sind, ist den academicis nicht ehender als Mittags von 1 bis 2 und abends nach 5 Uhr ein erlaubtes Spiel in den Kaffee-, Wirths- und Bierhäußern gestattet. Hiebei ist

§ 85.

Eilftens: der Rector angewiesen, die Pedellen oder sonst Jemand, den er hierzu bestellen wird, unvermerkt in die Kaffee- und Wirths-Häußer zu schiken, um die Übertretter in Erfahrung zu bringen, wobei dem Anbringer jedesmal ein Dritteil der durch den Stadtrath von den Contravenienten Kaffee- und sonstigen Wirthen beizutreibenden Strafen zugewendet werden soll.

§ 86.

Zwölftens: Jene, welche des Abends in Wirths- und Kaffee-Häußern über die Policei-Stund sich aufhalten, sind das erstemal von den visitirenden Patrouillien zum Fortgehen zu warnen, und, wenn die Warnung fruchtlos, zu arretiren, auf die Hauptwache zu bringen, die Nacht über dort zu halten, wonach morgens der Vorgang dem rectori anzuzeigen und nach dessen Gesinnung das fernere zu vollziehen.

§ 87.

Dreizehentens: Damit auch der Verschwendung der (f. 39 b) academicorum immer heilsam vorgebogen werde, so haben Wir in betref der von ihnen gemachten Schulden gnädigst verordnet und wollen, daß

a) Alle des Studierens wegen auf der Universität sich aufhaltende die Gelegenheit zu wohllüstigen vergeblichen Geldverzehren, Schwelchen und Spielen vermeiden, dahero

b) keinem derselben ohne Vorwissen und ausdrükliche, auf die Summo bestimmte seiner Eltern oder Vormündern und Vorgesetzten Einwilligung und Geheiß baares Geld, es seie von wem, auch so viel oder wenig als es wolle, vorgestrekt oder geliehen werden soll, widrigenfalls der academicus keineswegs zur Zalung anzuhalten, noch einige Klage verstattet ist, gleichergestallt

c) darf Niemand, es seie Christ oder Jud, einem academico auf Bücher, Kleider, moubles und andere Sachen einiges Geld vorschiesen oder dergleichen pfandweiß oder käuflich an sich bringen, als in welchem Fall die Sach ohne Erstattung des Pfand- oder Kaufschillings unentgeltlich vom Innhaber wider herauszugeben; der contravenirende Gläubiger oder Käufer, wie auch einer, so sich als Unterhändler dabei gebrauchen lassen, sollen mit merklicher Straf von ihrer Obrigkeit auf diesfallsig bescheinigte Anzeige belegt werden. Annebens

d) unter gleichmäsig auch mehrgeschärfter Straf sollen weder von Christen, noch Juden den Academicis einige (f. 40 a) Waaren in der Absicht, daß ihnen durch derselben Versilberung zu Geld geholfen werde, gegeben werden, und

e) Sachen, die lediglich zu Wollust und Üppigkeit gehören, als Cafféé, Thée, Chocolade u. d. g., gebrannte Wässer, Essen und Trinken auf Spaziergängen, Billiard-, Pferd-, Chaissen-, Capriolet- und Schlitten-Miethgeld, auch alle Gattungen von Galanterie-Waaren sollen bei Verlust des credidirten, und unter Bestrafung des den Ertrag beizuzutreiben sich unterfangenden Richters keineswegs geborgt werden. Damit aber

f) in Absicht jener Sachen, die einem ohne baares Geld sich findenden academico zum Lebens-Unterhalt und seiner Studien Fortsetzung nötig sind, der Academicus nicht ganz creditlos gemacht werde, verordnen Wir, daß die Honorarien der Privat-Collegien, Salarien der Medicorum, Chirurgorum und Exercitien-Meister, auch was an Bücher und Medicamenten nötig, auf Anmelden und Liquidation, minder nicht

g) das Quartiergeld auf ein halbes Jahr, für den Tisch auf vier Monat, für Kleidung bis auf 20 fl., worunter jedoch Nichts zur Üppigkeit sein darf, für Schneider, Schuster, Peruquen-Macher, Wascherlohn und andere notwendige Handwerks-Arbeit bis auf 12 fl. richterlich (f. 40b) beigetrieben werden soll, auf eine diese Bestimmung übersteigende Summe aber, oder wenn sich der geringste Unterschleif veroffenbaret, ist alle richterliche Hilfe zu entziehen; um aber

h) derlei Unterschleif desto ehender zu verhüten, sind die Kostgeber, Hauswirth, Krämer und Handwerksleute zur Erkundigung, ob nicht der academicus, welcher dermalen zu ihnen oder ihrer Kundschaft kömmt, bereits bei andern Wirthen etc. zuvor Schulden gemacht und selbe nicht bezalet hat, andurch ernstlich ermahnet, als in welchem Fall der sonst gnädigst belassene Credit ohne Bürgschaft nicht verstattet werden mag.

i) Die Klagen wider die academicos sollen von Zeit der contrahirten Schuld innerhalb 6 Monat bei dem Rector und Senat erhoben werden, widrigenfalls der Kläger lediglich abzuweisen, wobei den Gläubigern nachdruksamst bedeutet wird, ihre Klage vor der Reiße eines academici von der Universität anzubringen, damit ihnen schleunigere Hilfe verschaffet werden möge. Und da Wir

§ 88.

Vierzehentens: Wegen Ungültigkeit der Spielschulden ein bestimmtes Gesez und Edict wider die hazard und andere hohe Spiele, dann das darüber angestellte Wetten, auch hierauf gefertigte Schuldschein und Wechsel den 31 10bris 1772 in (f. 41a) Unsere gesamte Landen gnädigst erlassen haben, so ist dessen ganzer Innhalt den academicis auf das schärfeste vorzuhalten und das darinn verordnete mit Nachdruk zu betreiben, wornach sowohl in öffentlichen, als Privathäusern alle Hazard-Spielen mit Karten, Würfeln oder wie sonst erfunden werden mögen, als da sind das sogenannte Trischak, Bassette, Lansquenet, Tredeci, Quindeci, Trenta à Quaranta, Pharao, Banco-Cassa, Dieci, Biribi, Vingt et un, Zwiken etc. und alle übrige Spiel, welche von Glük und Zufall hauptsächlich abhangen und darinn den nun erwähnten gleichkommen, nebst dem Wetten darüber zu keiner Zeit unter Verlust dessen, was auf ein dergleichen Hazard-Spiel ausgesezt wird, mit 20 Rthlr. Straf, so von jenem, der die Spieler nicht anzeigt, erhoben werden sollen, auch unter einer Geldbuß von 50 bis 100 Rthlr. oder respective 3monatlicher Gefängniß-Straf erlaubt sein sollen. Jene academici

§ 89.

Fünfzehentens: welche sich durch ihr Betragen der Straf schuldig machen, sollen nach Verschiedenheit des begangenen delicti auf Erkanntniß des academischen Senats mit einer arbitrairen Geldstraf, consilio abeundi und relegation bestrafet werden, wobei Wir (f. 41b) gnädigst verordnen, daß jene, so relegirt worden sind, weder in der Stadt, noch Oberamt Heidelberg zu dulden, sondern auf vorgängige requisition des academischen Senats allsogleich durch die Orts-

Obrigkeit fortgeschaffet werden sollen; wie ingleichen keiner von der Universität Relegirter weder in Unsere Civil- noch Militair-Dienste, bevor die Relegation aufgehoben und darüber schriftliche Urkunde erteilet worden, angenommen werden kann.

§ 90.

Sechszehentens[1]): Kein Academicus kann ohne Vorlegung eines von der Universität erhaltenen Erlaubnißschein ausgerufen, copulirt, noch ihm dimissoriales erteilet werden, wenn gleich von dem Vicariat selbst super proclamationibus aliove impedimento dispensiret worden wäre.

Sollte sich ein Academicus mit seiner Sponsa den Pfarrer zu überraschen vor demselben mit Zuziehung zweier Zeugen wechselseitige Eheerklärungen, ohne daß es der Pfarrer verhindern könnte, abzugeben unterfangen, so ist die Straf des Interdicti Personalis und Excommunicationis vom Vicariat hierauf gesezt und von Uns bestättiget. Inbetref der Augsburgischen Confessions-Verwandten sind die unternehmende und vollziehende Eheverlöbniß deren Academicorum ohne der Universität (f. 42b) schriftliche Erlaubniß, wessen Religion dieselbe zugethan sein mögen, die vor dem Pfarrer Augustaneae Confessionis geschehen, für nichtig erklärt.

§ 91.

Siebenzehentens: Es sollen diejenigen, so sich zum wenigstens zwei Jahre zu Heidelberg Studierens halber aufgehalten und ihres Fleißes, Aufführung und erworbener Geschicklichkeit halber von derjenigen Facultät, darinn sie studieret, ein rühmliches Zeugniß aufzuweisen haben, sonderbar aber diejenigen, welche auf Unserer Universität den Gradum Doctoratus vel Licentiae erlangt haben, in Unserm Churfürstentum und übrigen Landen zu den Ehrenämtern und Bedienungen, wozu sie fähig sind, vor andern befördert werden, und so sollen bei den von des reformirten Kirchenraths Praesentationen abhangenden Pfarreien vorzüglich diejenigen, so ihr Studium zu Heidelberg wenigstens zwei Jahre absolviret haben, an die Churfürstliche Regierung in Vorschlag gestellet und allda proferentialiter ernennet werden. Wir verordnen

§ 92.

Achtzehentens: daß die Academici sowohl in allen Civil-, als Criminalsachen einig und allein unter der Jurisdiction (f. 42b) des academischen Senats stehen, und ihre Causae daselbst summariter verhandelt werden sollen. So haben selbe

§ 93.

Neunzehentens: das besondere Vorrecht, mit Umgehung aller untern Instanzien einen jeden sogleich bei Unseren höchsten Dicasterien zu belangen. Inngleichen ist ihnen

§ 94.

Zwanzigstens: verstattet, jenseits des Neckars in denen zwischen dem Waldgraben und den in Ladenburger Feld gesezten Pfälen oder Hasenstöken

---

1) Vgl. Vicariats-circular von Worms v. 31/6, Reg.-Verordn. v. 7/7, Kirchenraths-Verordn. v. 3/8 1778 (Winkelmann a. a. O. II, 287 nr. 2278 u. 2279; Karlsruhe, Gen.-Landes-Archiv, Univ. Heid. nr. 225 passim).

abgezeichneten Bezirk zu ihrer Ergözlichkeit mit Rohren das kleine Waidwerk zu treiben und zu schiesen, jedoch daß sie dabei die Fassel- und Hegzeit beobachten, sich auch einiger Hunden, Garn oder Striken dazu nicht bedienen, und darum ist auch die Jagd- oder Hüner-Hund zu halten keinem academico erlaubt. Wir haben ferner

§ 95.

Ein und zwanzigstens: die gnädigste Weisung dahin erteilet, daß die academici vorzüglich mit Holz-Ankauf und überhaupt in allem, was sie anzuschaffen nötig haben, fordersamst durch die einschlagende Behörde, auch in Vergleich gegen die übrige Heidelberger Innwohnerschaft begünstiget werden sollen. So haben wir ebenmäßig (f. 43a)

§ 96.

Zwei und zwanzigstens: in Anbetracht der durch alt hergebrachte Privilegien ihnen zustehenden Zollfreiheit die gnädigste Weisungen zu Aufrechthaltung dieses Vorzugs, inngleichen auch

§ 97.

Drei und zwanzigstens: wegen der zustehenden Befreiung und Ansehung des Brükengelds ergehen lassen.

§ 98.

Vier und zwanzigstens: Kranke und arme Studenten sollen auf Verlangen in die Hospitäler Unserer Haupt- und und Residenz-Stadt Heidelberg vorzüglich mit auf- und angenommen werden.

§ 99.

Endlich verordnen Wir

Fünf und zwanzigstens: daß die academici, wofern sie sich von Jemand, der kein Universitäts-Verwandter ist, beleidiget oder gedrukt glauben und diesfalls Klage zu erheben gemeinet sind, hievon dem zeitlichen rectori zuvor die gewissenhafte Anzeige mit getreuer Vorlegung aller Umständen machen sollen, damit hierdurch unsere Ordnung erhalten und nach Befund ihnen wirksamer Beistand geleistet werden möge.

Jedes Jahr und zwar in dem ersten Monat nach der Wahl des Rectoris sollen in dem großen academischen Saal den Studiosis und anderen Universitäts-Verwandten öffentlich vorgelesen werden:

§ 100.

Leges et Statuta Universitatis Heidelbergensis[1]).

Lex I^{ma}.

Ad universitatem studiorum bonarumve artium venientes intra mensem apud rectorem nomina sua profitentor dataque manu iuramenti loco promittunto, se verae pietatis ac virtutis amantes, disciplinae academicae iuxta normam specialiter praescriptam studiosos et legum universitatis observantes futuros, Sere-

---

1) Eine Abschrift dieser leges findet sich auch in der Handschrift C der Statuten Karl Ludwigs (Cod. Heid. 358, 96) f. 130—133.

nissimo Electori fidem et subjectionem, rectori universitatis obedientiam, professoribus et praeceptoribus observantiam, civibus humanitatem praestituros; secus qui fecerit, a nemine universitati conjuncto habitatione mensave impune recipitor aut clam fovetor.

Lex II^da.

Nemo sibi ipsi ius dicere aut se ipsum vindicare praesumito, sed iure experitor, nec ad pugnam provocato, nec provocanti pareto, nec ministeria accommodet congredientibus provocantium sive parariorum pugnae arbitrorum partes (f. 44a) sustinento; hi omnes poena in edictis Serenissimi Electoris Nostri definita vindicantor, nec quidquam, quo tranquillitas aut disciplina laeditur, facito, quisque se verum virtutis et scientiae studiosum comprobato.

Lex III^tia.

A rectore per pedellum vocati prorupte adsunto, rectorem, senatum aut commissarios armati non accedunto, nec tabulas iussu rectoris et professorum affixas quovis modo violanto, decano facultatis suae caeterisque eiusdem professoribus vitae ac studiorum suorum vocati rationem reddunto, nec poenam, quam meruerint, detrectanto; qui secus fecerit et ius dicenti non obtemperaverit, poenam pro gravitate delicti luito.

Lex IV^ta.

Ex hac academia et urbe nisi aere alieno, si quod contraxerint, iuxta normam a Serenissimo statutam extincto non discedunto; arrestum a rectore impositum tum personae, tum rebus sancte observator; qui sine venia discesserit vel aes asportarit, relegationis poenam, praeeunte citatione publica, sustineto. Qui arrestum ad domum aut conclave restrictum non servaverit, sine mora in carcerem publicum ducitor ibique pro arbitrio rectoris et senatus coercetor.

Lex V^ta.

Qui huc noviter accesserint, nec exagitantor nec indignius habentor ab iis, qui diutius hic versati sunt. Pennalismus (f. 44b) et Nationalismus prorsus interdicti sunto; qui eo nomine symposia, compotationes, servitia extorserit, sodalitia aut factiones contractus peculiaribus signis vel vestitu prodiderit, relegationis poenam sustineto.

Lex VI^ta.

Famosis libellis nemo alterius famam proscindito, neque ii, in quorum manus forte delatae fuerint eius generis scriptiones, eas ulterius spargunto: et qui autor fuerit et qui illos sparserit, relegatione, etiam cum infamia pro ratione delicti punitor.

Lex VII^ma.

Lectiones et disputationes studiosi diligenter frequentanto, in studiis suae quisquis facultatis instituta servato et professorum tum consilio, tum opera in praelectionibus, disputationibus et exerciciis publicis privatisque libenter utitor. Qui tempus otio aut rebus studioso indignis transigunt, ni ad frugem redierint, admoniti abire iubentor.

Lex VIII^va.

Qui inscripto matriculae professorum nomine se collegio privato interfuturum obligavit, honorarium statim solvito.

Lex IX.

Oborto in urbe hac incendio alioque quocunque excitato tumultu, quod Deus clementer avertat, in suis se tantisper aedibus continento; quos periculum proprius contingit, (f. 45ª) eos manus admovere, suppetiasque ferre decet; qui se domi suae continere noluerint, atrium universitatis, rectoris iussum exspectaturi, adeunto; qui de tumultu quid resciverint, id sine mora rectori referunto.

§ 101.
Von den theologischen Studien insbesondere.

Diese Facultät ist in zwei Teile nach Verschiedenheit der Religion geteilet, da sowohl für die catholische, als reformirte die theologische Lehrsätze vorzutragen sind, sohin diese Facultät mit catholischen und reformirten Lehrern besezet ist. Solche Einrichtung folglich unterschiedliche Vorschriften erheischt, so haben Wir von der theologischen Facultät catholischen Teils, sohin reformirten Teils besondere Verfügungen zu machen gnädigst gut gefunden; befehlen, ordnen und wollen aber, daß bei der Religion Lehrer und Lernende mit Beseitig- und Verbannung alles Religions-Hasses in wahrer christlicher Duldung, aufrichtig friedfertigen Betragen, Liebe und Freundschaft miteinander umgehen, sich benehmen, einander ehren, der erhabenen Bestimmung, nach welcher sie trachten, sich immer mehr zu nähern suchen sollen.

§ 102.
Von der theologischen Facultät catholischen Teils[1]).

Da wir die Lehre der theologischen Wissenschaften durch (f. 45b) Anordnung neuer Cathedern, nämlich eines Lehrstuhls für die Kirchengeschichte, eines für die Morgenländischen Sprachen, eines für die Auslegung der heiligen Schrift, und endlich eines Catheders für die geistliche Beredsamkeit und Pastoral-Theologie zu erweitern die gnädigste Vorsorge getroffen, so wollen Wir, daß diese auf Unserer Universität neu gestifte Lehren neben einer der Dogmatic und Moral-Theologie ferner bestehen sollen.

§ 103.

Wir behalten Uns jedoch bevor, bei sich ergebenden Umständen eines der benannten Lehrfächern mit einem andern schicklich nach gnädigstem Gutachten zu verbinden.

§ 104.

Alle mit keinem eigenen Lehrer versehene Gegenstände, z. B. gelehrte theologische Geschichte, Patristic, Exegetic, Homiletic u. d. g. sollen die bestehenden Lehrer mit und neben ihrem gewöhnlichen Lehrvortrag auf möglichste Art zu behandeln sich angelegen sein lassen, damit den Lehrbegierigen nicht die mindeste Gelegenheit mangle.

---

1) In dem Statuten-Exemplar der Oberkuratel (Karlsruhe, Gen.-Landes-Archiv a. a. O. N. 776, f. 459) ist am Rande bemerkt: Die §§ 103—119 sind nach vorgängiger Bewilligung und geäussertem Wunsch des Vorstandes der Kongregation der Priestersendung, auch der ältesten Glieder der theologischen Facultät a senatu also abgefasst worden.

§ 105.

Der Anfang und das Ende der Lehr-Cursen soll in dieser, wie in allen Facultäten, mithin auch die Vacanz und (f. 46a) Ruhezeit auf die nämliche Art beobachtet werden, wie diesfalls bereits oben Unsere gnädigste Saz und Ordnung gegeben worden.

§ 106.

Damit die studiosi theologiae nicht die verschiedene Teile ohne alle Ordnung untereinander, folglich zum Nachteil des Fortgangs erlernen müssen, noch mit unnöthigen Wiederholungen zweckwidrig in den Vorlesungen aufgehalten, sondern systematisch geführet, somit ihnen immer Lehrgegenstände vorgetragen werden, wozu sie bereits die nötige Subsidiar-Kenntnisse inne haben, so sezen und wollen Wir, daß statt der bisherigen Lehrart für die Zukunft zu Erlernung der theologischen Wissenschaften zwar noch vier Jahre, jedoch dergestallt bestimmt bleiben sollen, daß alle und jede Teile in zwey Jahren von allen Professoribus absolviret werden sollen, sohin der Candidat hiedurch in vier Jahren seine Laufbahne zurücklege.

§ 107.

Es sollen somit die Candidati Theologiae frequentieren, in den zwei ersteren Jahren ihres Studii morgens von 8 biß 9 Uhr die Dogmatic, und zwar so, daß dieser Professor sie lehren soll: 1^{tens} den Tractat von der Religion, 2^{tens} von der Kirche, 3^{tens} die locos theologicos und dieser (f. 46b) Lehrer soll auch die gelehrte theologische Geschichte und Patristic in seinen Vortrag einschalten. Dann von 9 bis 10 Uhr soll ihnen die Kirchengeschichte mit schiklicher Auswahl der Gegenstände, Umgehung aller Weitläufigkeit vorgetragen werden; wobei der Lehrer hauptsächlich dahin zu sehen, daß die Candidaten mit den Quellen, welche jedesmal nach einer gesunden Critique zu beurteilen sind, genau bekannt werden, sohin überhaupt ein gelehrter und pragmatischer Vortrag zum beständigen Augenmerk gewonnen werde.

§ 108.

Nachmittags von 2 bis 3 Uhr sollen die orientalischen Sprachen gelehrt werden, und zwar nach vorgetragener Grammatic soll der Lehrer sich bearbeiten eine litterarische Erklärung des Pentateuchi und der Psalmen, als welche eine große Kenntniß der hebräischen Sprache erfordert, und zwar so zu geben, daß er die critischen und grammaticalischen Antworten, auch die wider die Bücher des alten Testaments von den Ungläubigen und Widersachern gemacht werdende Einwürfe dadurch aufzulösen sich bestrebe. Hierdurch wird der Vortrag dieses Lehrfachs eben so nüzlich als angenehm und auf die Folge der Lehre anwendbar. Von 3 bis 4 Uhr soll die sogenannte Moraltheologie gelehret werden, und in dieser sollen vorzüglich die Abhandlungen de actibus (f. 47a) humanis, de conscientia, de legibus, de jure et justitia, de contractibus und endlich de decalogo, jedoch mit Umgehung alles dessen, was über diese Materien von andern Lehrern zu bearbeiten ist, betrieben worden.

§ 109.

In dem 3ten und 4ten Jahre soll den Candidaten von 8 biß 9 Uhr wiederum von einem Professore Theologiae dogmaticae gelehret werden, aus diesem Teile die Tractaten de Deo uno, de Deo trino, de Deo incarnato, de Gratia, die Dogmata von allen Sacramenten, wobei sich von selbsten verstehet, daß jene, so in den zwei ersteren Jahren über diese Materie bereits von andern Lehrern abgehandelt sein muß, von ihm als bekannt vorausgesezt werden soll. Von 9 biß 10 Uhr soll von dem Lehrer der geistlichen Beredsamkeit und Pastoraltheologie die geistliche Beredsamkeit und die Pastoraltheologie, wozu die Direction für künftige Beichtväter, die Entscheidung schwerer Gewissensfragen, über die Buß, die Ehe, über Censuren und Irregularitäten gehörig ist, abgehandelt werden. Nur muß eine schikliche Abwechslung unter diesen zwei Lehrfächern von dem Professore beobachtet werden.

§ 110.

Von 2 biß 3 soll die heil. Schrift sowohl alten als neuen Testaments mit Beseitigung aller in andere angewiesene Lehrfächer einschlagende Gegenstände critisch und mit (f. 47b) Bemerkung auch der Auflösung der in neuern Zeiten gemacht werdenden Einwürfen vorgetragen werden. Von 3 bis 4 soll das geistliche Recht gelehrt werden. Da dieses in das Jus Ecclesiasticum publicum und privatum geteilet ist, so soll bei Abhandlung des ersten vorzüglich das Verhältniß der Kirche gegen den Staat, sohin die Einrichtung der Hierarchie, folglich die sogenannte Statistica Ecclesiastica den Candidaten pünktlich und genau erkläret werden; bei dem Vortrage des Juris ecclesiastici privati soll auch vordersamst auf das sogenannte Jus parochiale Rücksicht genommen werden, damit die Candidaten auch hierinn genugsame Kenntniß erlangen.

§ 111.

Da alle und jede Professores täglich mit Ausnahm des Mittwochs und der Festtagen (wie oben überhaupt verordnet ist) ihre Vorlesungen halten, alle bis daher üblich gewesene kleine Vacanzien aufhören; da keiner der Lehrer in die Lehrgegenstände des andern eingreifen soll, mehr auf schikliche Auswahl und systematische Ordnung als auf weit ausgedehnten Vortrag gesehen werden muß, so können in obbestimmten Fristen sämtliche Collegien mit Nuzen gehalten und beendet werden (f. 48a).

§ 112.

Da die Dogmatic noch zur Zeit mit zwei Lehrern besezet ist, so verordnen Wir, daß sich diese über den nämlichen Authorem, worüber sie zu lesen haben, vergleichen sollen. Bei entstehender diesfallsiger Mißhelligkeit soll von höheren Orten und nach Gestalt von Unsrer Höchsten Persohn Selbsten diesetwegen die bestimmliche Weisung erholet werden.

§ 113.

Wir verordnen, daß in jeder Lection täglich allenfalls eine Viertel-Stunde zum examiniren und disputieren, auch zum Vortrag der Zweifel verwendet werden soll, als welches nicht nur den Lehrer in Stand sezet, die Zeugnisse von dem Fortgange eines jeden studierenden abgeben zu können, sondern auch zu mehrerer Befähigung der Candidaten besonders vortrüglich ist.

§ 114.

Auf die von der Facultät sowohl in betref der Sitten und Wissenschaften abzugebenden und von dem Decano auszufertigenden Zeugnisse werden Wir sowohl bei Erteilung des sogenannten tituli mensae, als auch bei Aufnahm in das Alumnat beständig die gnädigste Rüksicht nehmen.

§ 115.

Wir befehlen ferner zur Aufnahme des theologischen Studii gnädigst und ernstgemessenst, daß ein jeder Unserer alumnorum während der Zeit seines Alumnats öffentlich und, wenn er dazu fähig erachtet wird, pro Baccalaureatu defendiren soll, damit er durch Betätigung erworbener Wissenschaft der geniesenden höchsten Grade nicht unwürdig zu sein erprobe.

§ 116.

Bei Befolgung dieser zur Aufnahm des theologischen Studii gereichenden gnädigsten Verordnung erwürtigen Wir, daß die Lehrer zu solchen Disputationen schikliche Materien ausarbeiten, auch allenfalls den nemlichen Gegenstand durch mehrere aufeinander folgende Dissertationen, weilen keiner derselben weitläufig sein mag, ausführen werden.

§ 117.

Damit aber auch die Candidaten noch neben dem ihnen aus Erlernung der Wissenschaft selbst zufließenden Vorteil wirkliche Belohnung erhalten, so werden Wir bey Begebung der einträglichen Pfarreien und sonstigen beneficien auf jene, welche gradum academicum erhalten haben, vorzüglich den gnädigsten Bedacht nehmen, auch daß ein gleiches von den Patronis, welche in Unsern Churpfälzischen (f. 49ᵃ) Landen das Jus praesentandi haben, geschehe, die gnädigste Sorge tragen.

§ 118.
Vom Gradu Baccalaureatus und Doctoratus.

Wer in dieser Facultät gradum verlangt, muß Magister Philosophiae sein und soll, um das Baccalaureat zu erhalten, von allen Professoren der Facultät aus jenem theologischen Teil, woraus er zu defendiren gedenkt, durch zwei Stunde geprüfet und bewähret befunden sein, wornach er zwei Stunden öffentlich zu defendiren hat.

§ 119.

Jener aber, der ad gradum Doctoris nach zuvor erlangtem Baccalaureat aspiriret, soll zwei scharfe examina aus der ganzen Theologie, jedes wenigstens von zwei Stunden, ausstehen, sohin ex universa theologia zwei Stunden lang öffentlich disputieren. Wir verweisen übrigens in Erteilung des gradus auf die diesfallsige Päbstliche und Kaiserlichen Privilegien, auch anderer theologischen Facultäten Gewohnheiten in wohl eingerichteten hohen Schulen.

§ 120.

Capita[1] sive Statuta Doctorum Theologiae corporali juramento firmanda.

1ᵐᵒ. Quod singulis sacrae facultatis professoribus reverentiam, debitumque

---

[1] Abschrift dieser capita in Handschrift C der Statuten von Karl Ludwig (C. Heid. 358, 96 f. 124ᵃ—125ᵃ).

honorem exhibere, sacrae facultatis theologicae totiusque universitatis iura, libertates ac consuetudines (f. 49b), laudabiles ad quemcunque statum pervenerit, pro viribus promovere velit.

2do. Quod si contingat eum a quocunque audire aliquid, quod sit contra sanam doctrinam aut bonos mores aut determinationem ecclesiae catholicae, hunc intra decem dies facultati sacrae aut eius decano manifestare velit.

3tio. Quod iuxta Summorum Pontificum Pauli 5ti, Gregorii 15ti, Alexandri 7mi constitutiones publice et privatim Beatissimam Virginem Mariam absque originalis peccati macula conceptam esse adserere, tenere et propugnare velit.

4to. Quod dogmata ab ecc'esia damnata, suspecta vel cum bonis moribus pugnantia aut piorum aurium offensiva non defendere et quodsi aliquem in eo genere peccasse cognoverit, decano aut facultati super ea re interroganti fideliter respondere velit.

5to. Quod specialiter non modo quinque propositiones Cornelii Jansenii Iprensis a Summis Pontificibus tamquam haereticas damnatas, sed etiam eiusdem Jansenii Pseudo-Augustinum a Sede Apostolica proscriptum pariter rejicere ac damnare velit, rejiciat ac damnet.

6to. Quod Constitutionem Unigenitus a Clemente Undecimo contra propositiones Quesnelli editam sincero animo reaccipere, Jansenii et Quesnelli dogmata in eo sensu, quo a Sancta Sede Apostolica damnata sunt, rejicere velit et rejiciat.

7mo. Quod pacem et tranquillitatem inter saeculares ecclesiasticos et religiosos ac praecipue consensionem mutuam universitatis et quatuor facultatum promovere velit.

8vo. Quod denique gradum hic susceptum alibi reiterare nolit.

§ 121.

Von der theologischen Facultät Reformirten Teils[1]).

In Ansehung der theologischen Facultät reformirten Teils wollen und verordnen Wir gnädigst, daß dieselbe nach § 44 der von Unserem Herrn Churvorfahren Johann Wilhelm Höchstseeligen Gedächtniß im J. 1705 emanirten Religionsdeclaration[2]) immer mit zwei geschikten, in Lehre und Leben untadelhaften Lehrern, welche Unser Churpfälzischer Kirchenrath von Zeit zu Zeit in unterthänigsten Vorschlag zu bringen hat, bestellet sein soll.

§ 122.

Diese zwei Lehrer sollen ihre Arbeit jährlich dergestallten untereinander verteilen, damit die jungen Leute, die auf dieser Unserer Universität zum Dienst der vaterländisch reformirten Kirche gebildet und zubereitet werden sollen, längstens in einem Zeitraum von 4 Jahren in allen einem zukünftigen Religionslehrer unentbehrlichen Wissenschaften den nötigen Unterricht erlangen können.

---

1) Handschrift der Oberkuratel a. a. O. f. 470 am Rande: A § 122—128 ist den älteren Statuten gemäss. — In den Acta facult. Theolog. (Cod. Heid. 358, 61²) II, 101ᵃ—103ᵇ findet sich eine Abschrift; derselben geht folgende Bemerkung voraus (f. 100ᵇ): Statuta facultatis theologicae reformatae a me ipso (sc. Heddaeo) concinnata et a serenissimo electore confirmata sunt, unico tantum articulo excepto, quo serenissimum electorem promittentem induxeram professionem eloqu. et historiae ecclesiasticae nunquam in alium, nisi religioni reformatae addictum, collaturum esse, qui omissus est.
2) Dieser Paragraph ist abgedruckt bei Winkelmann a. a. O. I, 407.

§ 123.

Zu dem Ende soll immer einer derselben die christliche Glaubenslehre in ihrem Zusammenhange ausführlich vortragen und darneben exegetische Vorlesungen über das alte und neue Testament halten, der andere aber die christliche Sittenlehre ebenfalls in ihrem systematischen Zusammenhange erklären und nebenher abwechselnde Catechetic (f. 50b), Pastoraltheologie und Homiletique lehren und, um diesen Unterricht recht practisch zu machen, bisweilen Cathechetische und Rednerische Übungen mit seinen Zuhörern anzustellen, sowie auch derjenige, welcher die Dogmatic lehrt, gehalten sein soll, von Zeit zu Zeit Prüfungen und auf Verlangen auch Disputirübungen mit seinen Zuhörern anzustellen.

§ 124.

Zu dem Vortrage der Christlichen Glaubens- und Sittenlehre verstatten Wir diesen Lehrern gnädigst den Raum eines academischen Jahres vom Anfange des Novembers bis zum Ende des Septembers, die übrigen Vorlesungen aber sollen alle längstens in einem halben Jahre beendigt werden. Gleichwie auch zur Bildung eines gründlichen Gottesgelehrten das Studium der Grundsprache, in welchem die Bücher des alten und neuen Testaments verfasset sind, unumgänglich notwendig ist, so wollen Wir gnädigst, daß, so lange die Zahl der Lehrer dieser Facultät auf zwei beschränkt sein wird, derjenige unter denselben, welcher nach der unter ihnen getroffenen Übereinkunft die exegetischen Vorlesungen zu halten hat, die Bücher der heil. Schrift, die er zu erklären übernimmt, in der Grundsprache vorlese und seinen Zuhörern die nötige Anleitung zum Verstande der Hebräischen sowohl, als der Griechischen Sprache des neuen Testaments gebe, wobei Wir Uns doch gnädigst vorbehalten, bei (f. 51a) verbesserten Umständen des fisci academici, wenn es für nötig erachtet werden sollte, noch einen dritten Lehrer in dieser Facultät zu bestellen, welchem zur Erleuchtigung der beiden andern das Fach der orientalischen und griechischen Litteratur besonders übertragen werden könnte.

§ 125.

Gegen das Ende eines jeden academischen Jahres sollen sich die Lehrer dieser Facultät in Ansehung der Wahl und schiklichen Verteilung der in dem folgenden Lehrjahre von ihnen zu haltenden Vorlesungen sowohl, als auch in Ansehung der Stunden gütlich und freundschaftlich untereinander zu vergleichen suchen, damit niemals einige unangenehme Collisionen unter ihnen entstehen mögen; wenn sie aber auf diese Art nicht übereinkommen könnten, die Sache an Unsern academischen Senat und, falls von diesem keine gütliche Übereinkunft bewirket werden könnte, an Unsere gnädigst angeordnete Ober-Curatel, oder nach Erforderniß der Umständen an Unsere eigene höchste Persohn gelangen lassen und Unsern gnädigsten Bescheid erwarten. Inbetref der Ferien gehet Unsere gnädigste Willensmeinung dahin, daß in allen Facultäten eine durchgängige Gleichförmigkeit beobachtet werde, und allso die Lehrer dieser Facultät ihre Vorlesungen nicht (f. 51b) früher, als die übrigen schließen sollen; wobei Wir jedoch aus besonderen Uns unterthänigst vorgelegten Ursachen gestatten, daß sie von dem Mittwoche in der Charwoche an biß auf den Mittwoch nach dem Osterfeste inclus. Ferien machen mögen.

§ 126.

Das Haupt-Collegium, welches ein Jeder der Professoren dieser Facultät nach getroffener Übereinkunft in jedem Jahre zu lesen hat, soll derselbe das ganze Jahr hindurch gratis halten, für die übrigen Privatlectionen aber sollen dieselben berechtiget sein, von einem jeden ihrer Zuhörer für jedes halbe Jahr ein honorarium von 4 fl. zu fordern, wobei Wir uns jedoch gnädigst zu ihnen versehen, daß sie dasselbe nicht von allen ohne Unterschied mit der äußersten Strenge eintreiben, sondern den sehr bedürftigen Studiosis, deren Eltern die Bezahlung dieses honorarii zu schwer fallen mögte, die unentgeltliche Besuchung derselben gestatten werden.

§ 127.

Falls auch unter den reformirten Predigern in Unserer Stadt Heidelberg einer oder der andere sein sollte, der von den Lehrern dieser Facultät für tüchtig erkannt würde, den theologiae studiosis in einem oder dem andern Teile der theologischen Wissenschaft nützlichen Unterricht zu geben und dadurch den Flor dieses Studiums auf Unserer (f. 52a) Universität befördern zu helfen, so soll ihm dieses, wenn er auch keinen gradum academicum in dieser Facultät erlangt hat, jedoch nie ohne Vorwissen und Genehmigung dieser Facultät gestattet werden, doch so, daß derselbe in der Wahl der Stunden sich nach den Stunden, welche die ordentlich bestallten Lehrer dieser Facultät zu ihren Vorlesungen gewählt haben, richten und keinem derselben hierinn vorzugreifen bescheiden soll[1]).

§ 128.

Von den Promotionen in der theologischen Facultät Reformirten Teils.

Wer zu dem academischen Grad aspiriret, soll eines unsträflichen Wandels sein und seine durch 4jähriges Studium erworbene vorzügliche Wissenschaft vordersamst durch zwei Prüfungen, auch Ausarbeitungen eines Textes aus dem alten und eines aus dem neuen Testament der Facultät bewähren; er soll sofort, wenn er genug gethan, öffentlich disputiren, und noch überdies im theologischen Auditorio eine dogmatische und eine moralische Vorlesung, wozu ihm die Materie von der Facultät vorzuschreiben ist, halten, wornächst ihm nach Ermessen der

---

1) Nach § 127 (genauer § 128) war von reformierter Seite ursprünglich noch ein Zusatz vorgesehen und in den Entwurf aufgenommen, wurde aber nach Bericht der Oberkuratel und Regierung vom Kurfürsten unter dem 14. Okt. 1786 abgelehnt mit den Worten: „Dieser Paragraph bleibt noch zur Zeit und biß zur näheren höchsten Bestimmung ausgesetzet." (Vgl. Akten der Univ. Heid. Nr. 776 im Gen.-Land.-Archiv in Karlsruhe.) Jener Zusatz lautete (als § 129):

„Endlich da das studium der Gottes-Gelahrtheit eben sowohl, als die gründliche Erlernung der übrigen höheren Wissenschaften gewisse Vorbereitungs- und Hilfswissenschaften, insbesondere die Weltweisheit und Kirchengeschichte, nothwendig voraussezet, so haben wir uns, damit unsere Churpfälzischen reformierten Landeskinder, welche sich dem theologischen studio widmen, dasselbe auf ihrer vaterländischen Universität anfangen und glücklich vollenden können und nicht genöthigt werden, wegen Abgang dieses Lehrfaches ausländische Universitäten zu besuchen, durch des Churpfälzischen Kirchenraths und unserer reformierten Professoren unterthänigstes Bitten mildest bewegen lassen, unsere gnädigste Willensmeinung dahin zu äußern, daß Wir die Professur der Beredsamkeit und Kirchengeschichte für den reformirten Religionstheil, welche bisher immer mit reformirten Subjectis besezet gewesen ist, auch fernerhin bei sich ereignenden Vacaturen mit einem dieser Religion zugethanen geschickten Subjecto, mit der Auflage, zugleich die Weltweisheit für die Reformirten studiosos zu lesen, zu besezen gnädigst entschlossen sind." (Siehe Karlsruhe, G.-L.-Archiv a. a. O. f. 477 u. 478.)

Facultät die verlangende Licenciaten- oder Doctoren-Würde erteilet werden (f. 52ᵇ) mag; bei diesen actibus, sowie bei allen Facultäts-Versammlungen hat der jedesmalige Decanus nach dem bestehenden Wechsel die Direction, folglich auch alle davon abhangende Verrichtungen im Proponieren, Stimmensammeln, Formirung des conclusi, Führung und Expedition des Protokolls, Aufbewahrung des Facultäts-Insigels, auch allenfalsigen Geld-Vorraths, wie ihm auch die Censur über theologische Schriften, welche von den der Facultät untergebenen Persohnen verfertiget werden, zuständig ist.

§ 129.
Juramentum Licentiandorum corporaliter praestandum.

1ᵐᵒ· Quod licentiam alibi non repetere, nec insignia doctoralia invita facultate alibi quam in hac universitate et a doctore iuxta consuetudinem et morem facultatis accipere velit.

2ᵈᵒ· Quod accepto titulo nihil a scriptis Propheticis et Apostolicis, veteribus Ecclesiae Symbolis Oecumenicis et ab Augustana Confessione secundum normam Sacrae Scripturae, superiora illa symbola et ecclesiarum orthodoxarum consensum intellecta alienum neque ipse docere aut spargere, neque aliis docentibus consentire aut provehere fuerique velit.

3ᵗⁱᵒ· Quod denique statuta, jura et consuetudines facultatis hujus tenere atque defendere, commodum et utilitatem eiusdem promovere, decano in quibus honestum est ac licet obedire, magistros ac professores ceteros reverentia debita prosequi, concordiamque ac pacem inter eosdem servare atque colere velit.

§ 130.
Juramentum Doctorum.

1ᵐᵒ· Quod hunc gradum alibi repetere nolit.

2ᵈᵒ· Quod gradus hujus dignitatem, quocunque locorum pervenerit, eximia morum probitate atque gravitate, sartam tectamque tueri velit.

3ᵗⁱᵒ· Quod nihil a scriptis Propheticis etc. ut supra.

§ 131.
Von der Juristen Facultät.

In dieser Facultät haben wir nebst den bereits von Alters her bestandenen Cathedern des teutschen Staatsrechts, des geistlichen Rechts, der Pandecten, der Institutionen nachfolgende gnädigst angeordnet: Eine für den Praxin, Eine für das Natur- und Völker-Recht und eine für das Deutsche und besonders Pfälzische Privat-Recht. Unter diesen hat bishero immerhin die Catheder des teutschen Staatsrechts den ersten, und jene des geistlichen Rechts den zweiten Rang und Ort gehabt, die übrigen Professoren (f. 53ᵇ) dieser Facultät sind ohne Rüksicht der behandelnden Lehren nach dem Alter ihrer Annahm auf einander gefolgt, wobei es auch fernerhin zu belassen ist, jedoch dergestallt, daß, um die Zahl der Professoren nicht ohne Noth zu vermehren und dadurch zur Belästigung des fisci, auch sonsten bedenklichen Folgen Anlaß zu geben, wohl zwei der obgemelten Lehrfächern einer und der neulichen Persohn nach Maas besizender vorzüglicher Geschiklichkeit, wie bereits auch schon von Uns verfüget worden, anvertraut werden können. Und da die Rechtsgelehrtheit gleichwie andere Wissenschaften in mehrere Fächer verteilet ist, so soll von den angestellten Ordinariis jedesmahl der Bedacht dahin genommen werden, daß alle auf anderen Universitäten vorgetragen werdende Toile, soviel die Rechtswissenschaft belangt, auch von ihnen, wenigstens in collegiis privatis gelehret werden, worüber Wir dieser Facultät schikliche Einrichtung zu treffen, und jene, welche hierüber von Uns selbst schon gemacht worden sind, auf das genaueste zu befolgen, ernstgemessenst anbefehlen.

§ 132.

Alle juristische Vorlesungen sollen jedes halbe Jahr geendet, zum Vortrag der Pandecten, um dieses zu bewirken, täglich zwei Stunden, zu den übrigen collegiis publicis aber nur eine verstattet sein (f. 54 a).

Jeder Professor ordinarius soll ein Lehrbuch, dessen Catheder ihm anvertraut ist, weilen er dafür seinen Sold beziehet, vorzüglich fleißig und nützlich alle Tage, wie bereits überhaupt von den Lehrcursen bestimmt ist, vortragen und zu Haltung der Privatcollegien bei ziemlicher Anzahl der Zuhörer gegen Bezug eines billigmäsigen in vier Wochen zu pränumerirenden honorarii bereit sein.

§ 133.

Wir behalten uns bevor, die jezo auf 5 Ordinarien bestehende Zahl gestellten Umständen nach zu mehren, auch zu extraordinariis Professoribus einen oder andern nach Notdurft und Unserm gnädigsten Ermessen anzuordnen.

§ 134.

Damit auch in dieser Facultät öftere Disputationen und Promotionen gehalten werden, als wodurch nicht nur die erworbene vorzügliche Gelehrtheit erprobet und bestätiget wird, sondern auch die Studierenden zu mehrerem Fleiß ermuntert werden, den Professoribus, aber auch Candidaten gelehrte Werke ausgehen zu lassen Gelegenheit gegeben wird, so ist Unsere beharrliche, gnädigste Verordnung, daß bei Unsern Churpfälzischen Höchsten Gerichten keiner als Advocat angestellet werden soll, er habe sich denn durch bei der Heidelberger Juristen-Facultät erhaltenen gradum licentiae hierzu qualificieret, und jene wirkliche (f. 54 b) Advocaten, welche noch nicht graduiret sind, sollen diesen gradum nachzuholen bei sonsten unausbleiblich folgewerdender Suspension und Ausstreichung ex numero advocatorum angehalten werden.

§ 135.

Von dem Gradu Licentiae und Doctoratu.

Da die academische Würden eine Belohnung und Zeugniß gründlich und vorzüglich besizender höherer Wissenschaften sind, auch mit solchen im Heil. Röm. Reich und Unsern Staaten besonderer Rang und Vorteile verknüpfet sind, so können solche Niemand anderst, als welcher derselben würdig und darum hinlänglich bewährt befunden ist, erteilet werden. Hierum soll jener, der gradum Licentiae begehret, in versammleter Facultät durch zwei Examina scharf geprüft, auch durch Ausarbeitung respective eines canonis und legis, falls er utriusque iuris licentiatus werden will, oder nur eines Canonis, wofern er allein in geistlichen Rechten gewürdigt zu werden verlangt, seine Geschiklichkeit der Facultät bewähren, worunächst er zu einer öffentlich zu haltenden Disputation, und nachdem er sich auch durch diese bewährt gezeigt hat, ad gradum Licentiae angenommen werden, wobei Wir überhaupt die Facultät auf die habenden Privilegien und anderer Juridischen Facultäten Gewohnheiten gnädigst verweisen (f. 54 b).

§ 136.

Wer die Licenciatur bereits schon zuvor erhalten, kann ohne fernere Prüfung nur durch Ausarbeitung einer Inaugural-Frage den gradum Doctoris überkommen.

§ 137.

Juramentum Licentiandorum Facultatis Juridicae corporaliter praestandum.

1mo. Quod licentiam alibi repetere et reiterare nolint.
2do. Quod invita facultate insignia doctoralia alibi quam in hac universitate idque iuxta consuetudinem et morem facultatis accipere nolint.
3tio. Quod neque legere aliquid publice, neque disputare, neque alio quovis modo facere velint, quod ad praeiudicium et damnum facultatis eiusdemque collegii pertinere videbitur.
4to. Quod denique commodum et dignitatem facultatis promovere, decano, in quibus honestum est, obedire, ceteros doctores et professores reverentia debita prosequi velint.

§ 138.

Von den Responsis dieser Facultät.

Da die juridischen Facultäten als eine Art von Gerichten anzusehen und wahre Spruchs-Collegien sind, welchen teils um sich Raths zu erholen, teils zur Entscheidung beträchtlicher Rechtssachen (f. 55b) anvertraut werden, so verordnen Wir in dieser Rücksicht ferner gnädigst, daß

1mo. die zu Rechtssprüchen bei Unserer Facultät anzustellende Versammlung jedesmal nur aus fünf in Rang auf einander folgenden Professoribus ordinariis bestehen soll, damit durch unnötig vermehrte Zahl die sich Raths erholende Parteien nicht durch Abfoderung ergrößerter honorarien beschwehret und die Beratschlagungen selbsten erschwehret werden. Sollten Wir aber
2do. diese Versammlung mit einem oder anderen Beisitzer aus Zahl der Professorum iuris ordinariorum zu vermehren gnädigst gutfinden, so soll ein solcher Supernumerarius nicht anderst als nach erstattetem untertänigsten Vorschlag der Facultät angenommen werden, keineswegs aber an den honorariis Teil nehmen. Diesem Spruchscollegio soll
3tio. der jedesmalige Decanus, falls er aus den fünfen ist, sonst aber der Prodecanus vorstehen; dieser soll die Acten, soviel tunlich, in turno distribuiren, jedoch dabei die Bescheidenheit beobachten, daß er besonders wichtigere Sachen einem Professori, der in dem Fach, wohin die Frage einschlägt, vorzüglich stark ist, zum Ausarbeiten gebe, damit hierdurch mehrerer Ruhm erworben werde; in dem Collegio selbsten soll
4to. (f. 56a) der Decanus und respective Prodecanus dirigiren, mithin die an die Facultäten kommenden Schreiben eröffnen, alles proponiren, die vota sammeln, nach Mehrheit der Stimmen das conclusum formiren und somit sorgen, daß nach demselben die Expedition bewirkt wird; er hat darum
5to. über alle Facultäts-Geschäften ein kurzes ordentliches Protocoll zu

führen, die Correspondenz zu besorgen, die Postauslagen vorzuschiesen, die honoraria zu distribuiren, für die Beschleunigung der Sachen zu sorgen, das Facultäts-Sigill zu verwahren, zu den Versammlungen ansagen zu lassen, für die Erhaltung der Facultätsacten auf Aufbehalt der gefertigten responsorum Sorge zu tragen, und überhaupt alles zu thun, was dem Directori eines collegii zukömmt, und genießt ein jemaliger Decanus die Ehre, daß er Sacri Imperialis Palatii Comes ist; sohin hat er die einem solchen nach der Comitive zuständigen Befugnissen auszuüben.

Wir verordnen und wollen auch

6to. daß hinführo Unsere Untergerichter die Gerichtssachen und acta sowohl in peinlichen als civilsachen, darinn sie selbst zu sprechen Bedenken tragen, nicht ausländischen oder Privat-Doctoribus, sondern Unserer Heidelberger Juristen-Facultät zu Abfassung der Urteilen oder um Rechts-Rath einzuholen (f. 56b), versendet werden sollen, es wäre dann, daß eine der streitenden Parteien diese Facultät aus genugsamen und bewegenden Ursachen excipirte oder suspect hielte, und hierum haben Wir die an sämtliche Oberämter und Untergerichte mehrfältig ergangene Befehle nicht nur erneuert, sondern wollen auch darauf in Zukunft auf das strengste gehalten wissen. Wir befehlen aber der Juridischen Facultät aus dieser Gelegenheit auf das nachdruksamste, daß sie durch gründliche und schleunige Ausarbeitung sowohl dieserlei, als aller anderer ihr anvertrauter Rechtssachen vorzüglichen Ruhm zu erhalten sich möglichst beeifern soll.

§ 139.
Von der Medicinischen Facultät[1]).

Als Cathedrae Ordinariae sind in dieser Facultät aufgestellt eine für die Medicinische Praxis, welcher auch die Botanic und die Lehre von den Arznei-Mitteln zugeteilet ist, eine für die Medicinische Policei und gerichtliche Arznei-Gelehrtheit, eine für die Zergliederungs- und Wundarznei Kunst, eine für die Chimie und Pharmacie, eine für die Physiologie und Pathologie, sonst Institutiones Medicae genannt, welcher auch noch die Lehre der Hebammenkunst zugegeben worden; Wir haben jedoch diese Einteilung der Lehrfächer keineswegs so fest bestimmet, daß auf gnädigstes Gutfinden nicht auch andere Verbindungen in Zukunft getroffen werden sollen (f. 57a).

§ 140.

Die Professoren dieser Facultät sollen ohne Rücksicht der abhandelnden Lehre nach dem Alter ihrer Aufnahme im Rang auf einander folgen.

§ 141.

Um die Zahl der Professoren nicht ohne Noth zu vermehren und dadurch zu Beschwehrung des Fisci, auch sonstigen Bedenklichkeiten Anlaß zu geben, soll von den Ordinariis Professoribus immer der Bedacht dahin genommen werden, daß alle auf andern berühmten Universitäten bestehende Medicinische Lehrfächer auch von ihnen wenigstens in Collegiis privatis vorgetragen und schiklich eingeteilet werden.

---

[1]) Die Bestimmungen über die med. Fak. sind gedruckt von O. Becker a. a. O. 26—?
nach einer Abschrift im Univ.-Arch. III, 4′ 3 (früher C. Heid. 396, 38′ A.).

§ 142.

Dem Professori Botanices ist ein Gärtner, jenem der Anatomie der Prosector, und dem Professori Chymiae der Universitäts Chymicus untergeordnet.

§ 143.

Damit die Lehre der Anatomie behörend vorgetragen werden könne, und dazu nicht leichtlich ein Mangel an zu zergliedernden Subjecten erscheinen möge, so haben Wir verordnet, daß
1. die todten Körper gemeiner Soldaten der zu Heidelberg (f. 57ᵇ) garnisonirenden Regimentern, daß
2. jene der in den Hospitälern der drei Religionen zu Heidelberg verstorbenen armen Persohnen, wovon jedoch die Pfründer ausgenommen sind, auf das anatomische Theater verbracht werden sollen, daß
3. jene Arme, welche ohne genugsame Mittel zur Beerdigung versterben, ingleichen
4. alle zu Mannheim, Heidelberg, und in nächstgelegenen Oberämtern justificirte Maleficanten, so wie
5. die in dem Zuchthauß zu Mannheim im Winter sterbende Züchtlinge, nicht minder
6. die zu Schwezingen und Dilsberg versterbenden Invaliden, und endlich
7. alle zu Heidelberg versterbende uneheliche Kinder unter gleichmäßiger Verordnung begriffen sein sollen.

Wobei Wir mildest befehlen, daß die Lieferung der außer Heidelberg befindlicher obspecificirten Subjecten jedesmalen in der Frohnd geschehen soll.

§ 144.

Wir behalten Uns gnädigst bevor, bei bässern des Fisci Academici Umständen oder auch andern ergiebigen Mittlen zu mehrerer Aufnahm des medicinischen Studii solche Einrichtungen mildest zu treffen, daß der Botanische Garten mit einem Glaßhauß versehen, zu Errichtung eines Laboratorii chymici und zu Bestreittung (f. 58ᵃ) des Aufwandes für die zu machenden chymischen Versuche hinlängliche Summen bestimmet werden sollen, daß ingleichem ein sogenanntes Collegium Clinicum, wo geschikte junge Ärzte von ihrem Lehrer an dem Krankenbette zur practischen Ausübung ihrer erlernten Wissenschaft angewiesen werden, errichtet werden könne, nicht minder auch öffentliche Anstallten zu Erlernung der Geburtshilfe errichtet werden sollen, auch endlich durch die bei dem Amt eines Prosectoris Anatomiae zu veranstalltende Einrichtungen und darauf zu verwendende mehrere Kösten das Theatrum Anatomicum mit sogenannten Praeparatis versorgt und geziert werden möge.

§ 145.
Von dem Doctoratu Medico.

Der weite Umfang von medicinischen Wissenschaften erforderet allerdings, daß Niemand, der nicht denselben vier Jahr hindurch fleißig obgelegen, zum medicinischen Doctorat zugelassen werden möge, da aber bei besonderen Eigenschaften, auch außerordentlichem Fleiß in kürzerer Zeit die erforderliche (f. 58ᵇ) Wissenschaft erworben werden mag, so verstatten Wir der Facultät, daß selbe hierinn um ein Jahr in besonderen Fällen dispensieren könne.

§ 146.

Niemand aber soll als Candidatus Medicinae angenommen werden dörfen, er habe dann die ganze Philosophie, besonders aber die physicalischen Studien zuvor mit besonderem Fleiß getrieben.

Weilen dem Arzt das kostbare menschliche Leben allerdings anvertrauet ist, so verordnen Wir, daß Facultas Medica mit Erteilung des Gradus sehr behutsam verfahren solle, sofort die gewöhnliche Prüfungen mit geziemender Strenge aus allen Teilen der Arznei-Wissenschaft mit den Candidaten vornehmen, sofort nach abgelegten hinlänglichen Proben erlangter Wissenschaften und vorgängig erforderlichen gewöhnlichen Ausarbeitungen, auch gehaltener Disputation der Gradus Doctoris erteilet werden solle.

§ 147.
Capita seu Statuta Doctorandorum.

1. Quod in arte medica titulum et honorem morum (f. 59ª) gravitate et studiorum assiduitate tueri, nec acceptum doctoris nomen alibi ex occasione alia repetere ac iterare, neque facultate invita insignia doctoralia alibi recipere velit.
2. Quod recepta medicorum dogmata nullis sophisticis et seditiosis disputationibus vel actionibus petulanter perturbare, sed artem puram servare et canonice exercere velit.
3. Quod in curationibus nihil properanter et temere, sed praemeditate et consulto omnia agere, nec metallica venenosa nec alias exitiosa ulli intra contra corpus sumenda, nisi ante usu et experientia approbata et confirmata exhibere velit.
4. Quod paratus ad reddendam rationem esse velit omnium eorum, quae praesertim in difficilibus aegrotantium casibus consulat et ministret, ubi super hoc legitime a doctis et exercitatis requisitus fuerit.
5. Quod denique commodum ac dignitatem facultatis medicae totiusque academiae hujus pro virili tueri velit.

§ 148.
Von der Philosophischen Facultät.

Die philosophische Facultät, die ihrem Innbegrif nach die weitschichtigste und in Rüksicht auf ihren (f. 59ᵇ) Nuzen und Notwendigkeit die erste ist, erfordert Unser besonders gnädigstes Augenmerk. Da sich die übrigen Facultäten in der Philosophie gründen und von daraus der Haupt-Übergang zu höheren Wissenschaften geschiehet, dahero in das Gebiet der Philosophie nicht nur die eigentliche philosophische Wissenschaften, sondern auch alle iene Kenntnisse und Wissenschaften aufgenommen werden, welche andern zur Hilfe dienen, oder mit ihnen in Verbindung stehen. In dieser Facultät wird demnach den Lehrbegierigen erklärt die Logic, Metaphysic, praktische Philosophie, Naturgeschichte, Physic, reine und angewandte Mathematic, Aestetic, Erdbeschreibung, Heraldic, Numismatic, Diplomatic, neuere Statistic, allgemeine Weltgeschichte, dann sämtliche Cammeral- und Policei-Wissenschaften.

§ 149.

Wir verordnen, daß zur Logic die Zeit des ersten halben Jahres und zur Metaphysic das andere halbe Jahr verwendet werden solle. Sowohl in der Logic, als Physic soll die lozte Viertelstunde der (f. 60ᵃ) zu haltenden Vorlesung täglich ein Examen über die im vorhergegangenen Collegio abgehandelten Lehrgegenstände, dann die Woche dreimal Montags, Dienstags und Donnerstags ein Collegium disputatorium angestellet und die Lehrlinge im Disputieren fleißig geübt werden.

§ 150.

Die theoretische Physic soll mit der Erfahrungslehre dergestallt verbunden werden, daß die vorkommende theoretischen Lehrsätze durch angestellte Versuche dem Lehrbegierigen erklärt und bestättiget werden.

§ 151.

Nicht weniger sollen die Candidaten in das Naturalien-Cabinet geführet und bei Erklärung der Naturgeschichte die dort vorfindliche Naturproducte vorgezeigt werden.

§ 152.

Bei den zeithero fortgesezten Lehrstunden soll es ferner sein Verbleiben haben.

§ 153.

Die vier gewöhnliche sogenannte Disputationes menstruae, als welche der Jugend vorzüglich zur Übung dienen, sollen in der Logic und Physic fortgesezt, die erste im Jänner, die zweite im Februar, die dritte im Merz, die (f. 60ᵇ) vierte im May über die von Zeit zu Zeit abgehandelten Lehrgegenstände angestellet werden.

§ 154.

Die allgemeine Prüfungen am Ende des Schuljahres sowohl pro Gradu als Primatu sollen beibehalten, die Lehrlinge geprüfet und dann vier Defendenten in Logica, und vier oder sechs in Physica ernannt werden; von diesen sollen aber jene ausgeschlossen sein, welche die Collegia mathematica nicht fleißig besucht oder geringen Fortgang darinn gemacht haben.

§ 155.

Damit der bei den Candidaten in der Logic zu Erlangung des Primats lobwürdige Eifer auch in der Physic erhalten werde, soll der in logica ernannte Primat in Physica aufgehoben sein, und nach einer scharfen Prüfung ein neuer aufgestellet werden.

§ 156.

Damit die Ehre und Achtung der Magisterwürde erhalten werden, soll das Magisterium Philosophiae nur den würdigen, und zwar denen erteilet werden, welche nach einer genauen Prüfung zur öffentlichen Disputation aus der ganzen Philosophia von der (f. 61ᵃ) Facultät für tüchtig befunden worden, und in einer öffentlichen Disputation statthafte Proben erworbener Philosophischer Kenntniß gegeben haben.

§ 157.

Von Unsern Landskindern sollen auf Unserer Hohen Schule keiner zu höhern Facultäten angenommen werden, er habe denn die Logic und Metaphysic durch ein ganzes Jahr gehört und absolvirt, auch ein schriftliches Zeugniß seines Fleißes und Wohlverhaltens vorgelegt.

§ 158.

Da schlüßlich die Jahre der Philosophischen Lehre die ersten sind, wo junge Leute von Eltern, Vormündern, Verwandten entfernt und zum erstenmal frei auch sich selbst überlassen sind, so ist dieser Gegenstand von äußerster Wichtigkeit, und eine besondere Pflicht der Professoren, daß sie auf Religion, gute Sitten und Erziehung ein sorgfältiges Aug haben, ihre Candidaten von Verführungen und Ausschweifungen abhalten und zu allem Guten anleiten.

§ 159.

Capita sive Statuta a Supremae Laureae Philosophiae Candidatis corporali juramento firmanda.

1mo. Quod ordine et loco assignato contenti esse velint.

2do. (f. 61 b) Quod ea, quae inter examinandum privatim atque secreto dicta factaque fuerint, nullo modo foras efferre atque evulgari velint.

3tio. Quod ubi hanc gradum atque titulum magisterii ab eo, quem decanus et facultas ad hoc delegerint, in hac universitate acceperint, eundem alibi repetere atque iterare nolint.

4to. Quod in hac universitate deinceps nihil publici, nisi cum consensu decani et totius collegii philosophici et temporibus a facultate hac concessis, profiteri, docere atque disputare velint.

5to. Quod artes honestas ac liberales pro suo quisque ingenio ac facultate provehere, ornare ac tueri velint, nullius generis disciplinae dogmata recepta, vera et usitata odiose ac petulanter labefactare, ab iis, qui pacem ac tranquillitatem studiorum sophisticis ac seditiosis disputationibus perturbant, abstinere, honorem et dignitatem magisterii accepti neque prostituere, neque moribus improbis ac pravis deformare velint.

6to. Quod decreta sive statuta facultatis artium, quoad scient ac poterunt, servare facultatemque ipsam, ad quemcunque statum pervenerint, pro virili sua parte tueri ac promovere velint.

Endlich befehlen Wir nochmal ernstgemessenst, alle und jede in diesen statutis enthaltene Verordnungen auf das genaueste zu befolgen, darwider nicht zu (f. 62a) thun, noch etwas zu lassen bei Vermeidung Unserer höchsten Ungnade und erfolgen sollender schwehrer Ahndung, behalten jedoch Uns mit Unseren Nachkommen ausdrüklich bevor, selbe zu mehren, zu mindern, zu ändern und darinn zu dispensiren.

Zu Urkund haben Wir diese Statuten Eigenhändig unterschrieben und mit Unserem anhangenden größeren Canzlei-Innsiegel bestättigen lassen. So geschehen München am 14ten October 1786.

Carl Theodor, Churf.

vt. Freih. von Oberndorff.

Bestättig- und Erweiterung der Heidelberger Universitäts-Statuten.

Ad Mandatum Serenissimi Domini Electoris proprium Schloesser.

Beilagen.

I.
Die Reformation Ludwigs V.

Die Ordination Ludwigs V., wie sie gewöhnlich genannt wird, welche Ende 1522 (nach A. u. V, 32b am 11. Dez., s. auch Winkelmann II, 78, Nr. 719) der Universität mitgeteilt wurde, viel später und nur allmählich zu wirklicher Anwendung kam, in einzelnen Punkten immer auf Widerstand stieß, ist im Heidelberger Universitätsarchiv nicht mehr vorhanden, scheint sich nach angestellten Nachforschungen auch nicht in Rom unter den dorthin gebrachten palatinischen Handschriften zu finden. Es kann dies auffallen, weil sie in mehrfachen Abschriften vorhanden gewesen sein muß, denn nach einer zum 7. Februar 1527 angeführten Bestimmung (A. u. V, 170b) hatte der Pedell den Auftrag erhalten, sie mehrfach abzuschreiben und diese Abschriften den Dekanen der Fakultäten einzuhändigen. Sie stellte, wie aus häufigen Erwähnungen in den Annalen der Universität hervorgeht, ein umfangreiches, meist in deutscher Sprache abgefaßtes Aktenstück dar, von welchem öfter die Nummern der Einzelabschnitte (puncta, numeri) genannt werden, unter welchen 379 als höchste Zahl erscheint (A. u. VI. 197 u. 399). Die Vermutung, daß Original und Fakultätsabschriften im französischen Kriege, in welchem das Archiv nicht so vollständig in Sicherheit gebracht werden konnte, wie im Jahre 1622, zu Grunde gingen, scheint mir aus folgenden Gründen nahe gelegt. Als im Jahre 1620 die Kriegsgefahr Heidelberg näher rückte, und die Urkunden, Akten und Wertgegenstände der Universität verpackt und zur Flucht bereit gestellt wurden, nahm der Universitätssyndikus W. H. Beyer am 5. September ein freilich nur summarisches Verzeichnis derselben (A. u. XXIX, 98—106b) auf; in diesem werden die verschiedenen Reformationen zwar nicht einzeln und namentlich aufgeführt, doch geht aus einem anderen Aktenstück, welches sich im Cod. Heid. 358, 68, jetzt Univ.-Arch. I, 1, 1 findet, hervor, daß sie unter dem geretteten Besitze der Universität nicht fehlten. Am 1. September (neuen Stils) 1638 inventarisierte nämlich danach in Frankenthal der kaiserliche Notar und spätere Universitätssyndikus Brinck auf Requisition des Dr. med. Jak. Hugo und im Beisein geladener Zeugen der Universität Heidelberg zustehende Dokumente, Briefe und Bücher, unter welchen (f. 18b) die Reformation Ludwigs VI. (siehe oben S. 157—216) und f. 19 item ordinatio Ludovici electoris genannt ist, mit welcher nur die Ludwigs V. gemeint sein kann. Dieselbe erscheint dann wieder unter den von Peter von Spina am 17. Juli 1651 der Universität zurückgegebenen Archivalien, wo sie unter Nr. 5 als ordinatio Ludovici electoris in weißem Pergament bezeichnet wird (a. a. O. f. 21b) neben der Reformation Ludwigs VI. (als Nr. 4) in rotem Pergament, welche noch heute den gleichen Einband trägt (siehe Beschreibung der Handschriften in der Einleitung: Ludwig VI. A). Es war also, so ist wohl mit Sicherheit anzunehmen, die Ordination Ludwigs V. nach der Wiederaufrichtung der Universität durch Karl Ludwig (1651) noch vorhanden; heute ist sie verloren. Wenn nun unter den Urkunden, welche nach der Zerstörung Heidelbergs (1693) Prof. Leunenschloß am 9. Januar 1697 dem damals in Frankfurt a M. tagenden Senate einlieferte (A. u. XXXIX, 4b, s. auch Winkelmann II, 230 Nr. 1866), sich auch Ludovici statuta erwähnt finden, so zweifle ich nicht, daß damit das Original der Statuten Ludwigs VI. (Handschr. A) gemeint ist, wie ich auch nicht anstehe, anzunehmen, daß die in einer Zusammenstellung von Urkunden (vom 6. Januar 1689, Univ.-Arch. I, 4, 9), welche dem Syndikus Cloeter zur Vorlage an den Kurfürsten nach Düsseldorf mitgegeben werden sollen, angeführte „Ordinatio Ludovici von der Artistenfakultät" mit Handschrift B übereinstimmend sein wird.

Die Ordinatio Ludwigs V., welche nominell bis zum Jahre 1558 in Kraft blieb, wird in den Annalen der Universität natürlich in einzelnen Bestimmungen vielfach erwähnt; doch genügen diese Anführungen nicht, um etwa eine Rekonstruktion der verlorenen Gesetze zu versuchen, zumal die Erwähnungen meist durch Abweichungen von den Statuten hervorgerufen werden. Nur die Einführung des jährigen Wechsels im Rektorat hat der Kurfürst sofort mit dem 20. Dezember 1522 durchgesetzt (s. Toepke I, 533, A. u. V, 35b) und auch die Nachfolge für den Dekan der Artistenfakultät (Toepke II, 441, Acta fac. art. III, 110 quod rectoris magistratus tantundem temporis duraret) veranlaßt, im übrigen ist er auf wiederkehrende Renitenz in vielen Fällen gestoßen. Größere Bruchstücke haben sich nur in einer Handschrift der Juristenfakultät (Cod. Heid. 358, 51c, jetzt Univ.-Arch. I, 2, 4), über welche Toepke II, 478 Anm. 1 das Nötige bemerkt hat, erhalten. Es sind dies 1) eine Bestimmung über die Intitulation der Juristen in ihre Fakultät, welche aber erst vom Jahre 1527 an stattfand. Die Stelle (f. 39b) ist gedruckt bei Toepke II, 478. 2) Puncta per licenciandos iuranda ac saltem bona fide loco iuramenti affirmanda (f. 6—7 auf zwei eingehefteten Blättern). Dieser Passus ist abgedruckt bei Hautz II, 407 Anm. 77 mit dem irrtümlichen Zusatze, daß diese Bestimmungen nur eine einzelne Veränderung der juristischen Statuten von 1492 (s. Thorbecke a. a. O. S. 103) seien, zwischen welche sie eingeklebt sind, und welche nach seiner Meinung bis auf Otto Heinrich in Kraft geblieben seien; ihn hätte, abgesehen von dem letzteren Irrtum, die Notiz f. 7b leiten sollen: A tempore reformacionis Ludovici co(mitis) pal. elect. 3) De impensis prandii post publicum repeticionis actum persolvendis (ib. f. 7b), am 3. Juli 1524 in die Gesetze aufgenommen, von Adam Wernher von Themar auf einem Zettel abgeschrieben, von Conr. Dym 1551 1 6 eingefügt, ne deperderetur. Die Stelle lautet: ut ipse dominus repetens post repeticionis actum disponat prandium honestum in loco congruo dandam, ad quod per bidellum invitentur omnes recepti doctores et iuris et medicinae facultatum Heidelbergae residentes, quibus adnumeretur ipse dominus repetens et universitatis bidellus, et id impensis domini repetentis fiat, qui in hoc relevetur, ut nihil domino praesidenti eiusque culinae (ut hactenus) prestare teneatur.

II.
Der Reformationsentwurf des Dr. Johannes Lange vom 22. November 1545.

Die Handschrift, aus 47 Bll. (22×32 cm.) bestehend (Cod. Heid. 359, 67b, jetzt Univ.-Arch. I, 10, 1, s. auch Winkelmann II, 100, Nr. 906), ist nur ein Bruchstück. Sie trägt auf dem ersten Blatt die Aufschrift: ordnung der capiteln von lit. A biß G, womit die Seiten des Index gemeint sind; nach diesem, der auf f. 2—4 sich findet, enthielt das Ganze 3 Teile, die mit Unterabteilungen zusammen in 87 Kapitel zerfielen. Vom Text fehlen die ersten 40 Blätter (= Teil 1, und vom zweiten die erste Unterabteilung und 6 Kapitel der zweiten, welche von der ordenung in septem artibus liberalibus handelt); erhalten sind f. 41—83; sie umfassen den Rest der Bestimmungen über die Artistenfakultät (Kap. 7—13 = f. 41—46), diejenigen über die medizinische (f. 47—58), die juristische (f. 59—72), die theologische Fakultät (f. 73—82) und statutum generale: von den lectoren in allen faculteten erwelunge (f. 82—83). Dr. Joh. Lange, der, abgesehen von der Einladung zu seinem Leichenbegängnis (A. u. VIII, 92) nur einmal in den Akten (und zwar facult. artium IV, 12) als medicus und amplissimus vir erwähnt wird, wo er neben dem Kanzler Hartmann einen gewissen Joh. Kednitt zur besonderen Berücksichtigung der Fakultät empfiehlt, auch dem Universitätskörper weder als Schüler, noch als Lehrer angehört hat, nimmt eine hochangesehene Stellung unter den praktischen und zugleich philologisch gebildeten Ärzten des 16. Jahrhunderts ein. (Vgl. Adam, Vitae German. medicorum Haidelb. 1620, p. 140—144.) Seine Briefe (Epistolarum medicinalium libri III Bas. 1554, Hanov. 1605 u. öfter; Opera Lips. 1704) haben besonders viel zum Verständnisse der griechischen Ärzte beigetragen (vgl. Häser, Gesch. d. Med. I, 17, 144). Er diente den pfälzischen Kurfürsten von Ludwig V. bis Friedrich III. und starb Juni 1565. Unter dem 22. November 1545 überreicht er Friedrich II. mit folgendem Schreiben seinen Entwurf:

Durchleuchtigster hochgeporner furst, gnedigster herre, Euwern Churfurstlichen Gnaden seyen mein underthenig willig geflissene dinste in ieder zait berait. Gnedigster Churfurst und herre. Wiewol ich mit sorgeltiger der kranckhen cura und muheseligen geschefften anfs höchst beladen, hab ich doch uff E. Ch. Gn. gnedigen benelch, die zu allen eerlichen kunsten ein furstliche ernliebende gunst und neygung tregt, nicht underlassen, E. Ch. Gn. zu undertheniger gefallen, der gemeynen chur und furstlicher Pfaltz landschafft zu eren, wolfart und guttem der universitet Heydelberg reformation schrifftlichen zu verfassen, welche ich hiemit E. Ch. Gn. auff derselben hochberumbter rethe verpesserung will underthenig uberantwort haben; und so darin in eyll die notturft nicht aufs scherpfist bedacht, E. Ch. Gn. wolle sollichs auß angeborner furstlicher senfftmutigkeit nicht meynem unfleiß, sonder den manigfeltigen geschefften gnediglich zulegen. (Datum.) E. Ch. Gn. undertheniger diener und medicus Johannes Lange von Lemberg (= Löwenberg in Schlesien), der freyen Kunst und bei der artzeney doctor.

Einzelne bezeichnende Vorschläge, die wohl die Ansichten der Kreise um Friedrich II. wiedergeben, und bei der hervorragenden wissenschaftlichen Stellung Langes ihr besonderes Interesse haben, seien im Auszug hervorgehoben; zunächst aus den erhaltenen Vorschlägen für die philosophische Fakultät: Wer Baccalaureus werden will, soll 2 Jahre das Pädagogium besuchen (das Friedrich II. einsetzte) und 1½ Jahre folgende Vorlesungen extra paedagogium hören: Aristotelem aut paraphrases Stapulensis de generatione et corruptione, ysagogas Porphirii de quinque predicabilibus, predicamenta Aristotelis, particiones Ciceronis et Quintilianum, officia Ciceronis, Suetonium aut aliquem decadem Liuii, spheram materialem Joh. de Sacrobusco, rudimenta arithmetices et lectiones poeticas: Georgica Virgilii, libros fastorum Ouidii; mehr als höchstens 4 lectiones soll keiner hören: dan weniger lection, vleissige repetirung viel uher erspriesst, dan viel lectiones, welche den verstandt und gedechtnus der discipulen mher beschweren und zerrutten, dan furdern. Ein Baccal., der Magister werden will, soll noch 1½ Jahre weiter Vorlesungen hören und mindestens sechsmal disputieren. — Über die **facultas medica**, die bei der Stellung Langes besondere Berücksichtigung fand, heißt es (f. 47) im allgemeinen: Wir mussen bekhennen, das der heilwertigen und notturftigen kunst der artzenei rechte bestendige grundtfeste und anfang sey auß der philosophia der naturlichen ursachen mit sambt irer wurkung, erkentnus und erfarnus, derhalben billich der freyen kunsten facultet die artzenei, als die vor andern allen ursprünglich darauß fleußt, nachvolget; welche gott der almechtig mit dem artzet und naturlichen mitteln dem menschen zu trost und hülffe geschaffen hat; darum auch Jesus Syrach meniglich besonderlich hern, fursten und konige die ertzt zu vereren ermanet. Dan gott hatt solche kunst den menschen gegeben, das er in seinen wunderthaten gepreißet wurde u. s. w. Statt der üblichen 3 sind, dieweill die lectores der patienten halber offtermals verreiten mussen, 4 Professoren vorgesehen: 1: lectio Galeni: dieser Professor, der gleichzeitig Dekan ist, soll in 4 Semestern lesen (im Sommer um 5, im Winter um 6): Galeni mythrotechnium, de morborum differentiis, causis et symptom., de locis affectis, de differentiis febrium oder methodum curandi ad Glauconem. Sein Gehalt beträgt 120 fl. 2: lectio medicine Arabum: er soll gegen einen Gehalt von 90 fl. in vier Semestern lesen: primam primi canonis Anicenne fen. (s. oben S. 78 Anm. 3), quartam primi, primam quarti et nonum Rasoris ad Almansorem librum. 3: lectio Hyppocratica: aphorismi, de ratione victus in morbis acutis, libri 3 presagiorum, de aeris, aquarum et locorum natura, de natura humana; dieser lector soll der gestifft medicis in collegio sein, er erhält ausser dem tische und habitation in collegio noch 70 fl.; ist er verheiratet, so kann er seine Rechte im Kollegium einem andern gegen Entschädigung abtreten. 4: lectio in cyrurgia: dieweill auch die theill der artzenei also mit einander verhefft, das ein theill on das ander onvolkomblichen, auch des andern nicht emperen kan, und dan in teutscher nation auch gantz wenig erfarne und auß rechtem grundt der artzenei gelerte cyrurgici erfunden werden, haben wir den 4ten lectorem verordnet; er soll lesen in 4 Mutationen oder Semestern: Galeni de methodo curandi solutae continuitatis morbos l. 4, 5, 6; de aposteinatum curatione l. 13 u. 14, Hippocratis de fracturis, Pauli Aeginetae l. 6 oder Cornelii Celsii de cyrurgia l. 7 u. 8. Dieweill es onmüglich ist, on des menschen corpers innerlicher glidder eingeweide und gebeyn erkentnuß des menschen kranckheit zu indiciren, erkhennen und curiren, on welches sonderlich auch die cyrurgia in kleinen wege kan gelernt, noch solche anathomia durch lesen, sonder uff augenscheinliche demonstration muß gelert werden, so orden und schaffen wir, das alle iare winterzeit, als ferr man kan subiectum anathomiae haben, der lector cyrurgiae anathomiam publice demonstrire und zuvor compendium anathomiae Allexandri, Benedicti oder Cornarii lese. Dieser lector soll 96 fl. erhalten. Neben den Vorlesungen sollen im Jahre 6 ordentliche Disputationen stattfinden; für die dabei Thätigen sind Entschädigungen (2 albus bis ½ fl.) in Aussicht genommen. Weil wegen der Patienten viele lectiones ausfallen, sollen, die im Bisthum Worms verordneten Feiertage ausgenommen, keine Vacantzen statthaben; nur an den Tagen, an welchen actus promotionum, prandii und anathomiae demonstrationes gehalten werden, treten sie ein. Für die Promotionen werden folgende Vorschläge gemacht: wer Baccal. werden will und schon mag. artium ist, hat 2, fehlt ihm diese Würde, 3 Jahre zu studieren, 2-, bez. 5mal zu disputieren; wer Licenciat werden will, hat, wenn er Magister ist, 2, sonst 2½ Jahre Vorlesungen zu hören und 4-, bez. 5mal zu disputieren; die doctoralia insignia sind auch ohne den ersten Grad beim Besitz der Würde eines mag. artium durch 5jähriges Studium und 10 ordentliche Disputationen zu erreichen; in beiden Fällen sind vorher auch 2 Jahre lang Krankenbesuche eum aliquo doctore zu machen. Iuramentum in promotione licenciandorum et doctorandorum: Ego N. iureiurando vobis huius almae uniuersitatis Heidelbergensis rectori ac inclitae facultatis medicae decano, doctoribus et lectoribus ordinariis meam fidem astringo, omne praesidium et honorem, quem parentibus debeo, praeceptoribus meis tributurum, quos et eorum liberos in aduersis consilio et auxilio non deseram. Praecepta medicinae ob salutem hominum fideliter edocebo, consilia egris, prius explorata acri iuditio egritudine, fideliter communicabo, nec toxica vel abortiua suadebo aut quemquam docebo, vel pharmaca exoleta ob pharmacopolae foenus aut fauorem conscius alicui tradam. Ac quaecunque in dinoscenda vel curanda viri aut mulieris egritudine obscena vel secreta cognouero aut michi concredita fuerint, quae patientis honori vel estimationi derogare possint, ea fido et perpetuo silentio celabo. Postremo honorem et incrementum studiorum medicne facultatis pro viribus promouebo. Nec insignia michi modo conferenda in ulla alia uniuersitate repetam vel acceptabo. Ut haec me obseruaturum sacrosancta testor euangelia, ita quoque me deus adiuuet. — Die prandia cum clinodiis bleiben, doch können sich zur Ermäßigung der Unkosten 4 doctores medic. et iuris zusammenthun. — Indem de doctoribus advenis gehandelt wird, ist bezeichnend, daß medicus principis, so ferr er nicht lector ordinarius ist und der gefell collegii facultatis entperen will, von allen Anforderungen, die an den advena sonst gestellt werden, befreit sein soll. — Es ist dann wohl der Erfahrung entnommen, wenn de apothecarum visitatione bestimmt ist, daß 2mal im Jahre die 4 professores in beywesen deß cantzlers und burgermeister Visitation halten, daß der Apotheker composita nicht mache, es hab dan zuvor einer auß den doctoribus die zugehörende materialia und apothecaria ordenlich dispensirt und alles besichtiget, dass dann aber der doctor sollich compositum, auff welchen tag das volkomentlich preparirt ist, mit seiner verpetschirten hantschrifft oben in oder auff dem deckhell der buchsen oder kandten verzeichne; daß weiterhin die Fakultät ein register simplicium und compositorum zum Zwecke der Visitation und im Einverstandnis mit Worms und Speier auch eine Taxe der Arzneien aufstelle. Vermerkt werden darf, wie eigentümlich die Entschädigung aller Mühen für Visitatoren und Apotheker gedacht ist: wir wollen den visitatoribus mitsambt den apothecariis nach einer iglichen visitation auff unserm schloß in einer sondern stuben ein nachtmal reychlich verorden und die visitatores im iunio mit einem hirschen, im october mit einer wilden sawe vereren, die sie under sich zu gleich theilen sollen. — Für die praktische Ausbildung wird vorgesehen, daß ieder Scholar, der 2 Jahre in medicinis studiert hat, frey zugelassen werde, mit den doctoribus alle ire patienten zu visitiren, außgeschlossen namhafftige hern und fursten, auch weibsbilder, die sollichs uberlaufs beschwerdt hetten und darvor betten. — Das Kapitel: „Von iuden, ungelerten ärtzet und landtfarern" hat fast wörtliche Aufnahme in OII (s. oben S. 89—90) gefunden.

Die Bestimmungen über die Juristenfakultät sind vielleicht mit Beihülfe des Kanzlers Hartmann entstanden, der einmal mit Heinr. Stoll als Führer der Univers.-Reformation genannt wird (Acta fac. artium IV, 22b); jedenfalls bieten auch sie manches Eigenthümliche. Zur Einleitung heißt es (f. 59): Nicht allein warhaftige, durch die vernunft wolgegründete ursachen, sonder auch aller nation erfarnus bezenget, das durch fridde, eynigkeit, gehorsame alle konigreich, keiserthum, lande und stette mit grosser herlichkeit, dignitet und vermogen reichlich auffgewachßen sein, welches one schwerdt und glychmessigs beschrieben rechtens satzung zu erhalten unmuglich; also ist der Lacedemonier imperium durch die gesatz Lycurgi, der Athenieuser pollicey und das Römisch reich durch die leges Solonis und duodecim tabularum, darauß zum theile geflossen, stadtlichen uffgewachßen und erhalten: derhalben und damit unser land und leut nicht allein durchs schwert, sonder auch durch gleichmessige schrifftliche recht bey fridden, eynigkeit und gehorsame möge durch rechtmessige regierung stadtlich erhalten, beschützt und beschirmbt werden: so wollen wir, als des heiligen römischen reichs churfurst, das die keyserliche recht in unser universitet auch stadtlich gelernt werden, und dieweill im römischen reiche nicht allein weltliche, sonder auch geistliche iurisdiction gepraucht wirdet, sollen zugleich beide, geistlich und weltlich recht, gelesen werden. Für das kanonische Recht werden vorgesehen: lectio decretalium und nouorum iurium, dagegen soll lectio decreti wegfallen, dieweill des decreti bebstliche ordinationes materiam mixtam, zum theill mit der heiligen schrifft strittig, in sich halten; in den Gehältern werden sie auf bestimmte Pfründen angewiesen und erhalten Dienstwohnungen (das Eckhaus oben in der Judengassen [s. OII S. 62] und das Haus hinter dem collegium neben dem Haus zum großen Spiegel). Für das weltliche Recht sollen eingerichtet werden: lectio digesti veteris (150 fl. und das Haus am Hirschhorner Hof), lectio in digesto nouo et infortiato (130 fl.), l. in codice (140 fl. und Eckhaus an der Augustinergassen [s. OII S. 63]), l. institutionum (freier Tisch und Wohnung in collegio artistarum und 60 fl.). — Disputationes ordinariae sollen in iure canonico 6, in iure einili 5 im Jahre stattfinden; Versäumnisse werden für den Lehrer mit 14 albus bis zu 1 fl. gebüßt. Die Vacantzen sind wie bei den Medizinern auf die üblichen Feiertage und Fakultätsakte beschränkt. — Besondere Vorschriften sind de ordine legendi et docendi gegeben (f. 64—65a): Noch auff diesen tage ist in ratione studii teutscher nation ingeniis und discipulis nichts verfürlichers und khein beswerlicher zerruttung ires studirens, dan das sie auff ein zeit mit allerley kunsten lernung und uberfluß der lectionen sich beladen, derhalben sie der lection repetitiones und alle ubnng der gedechtnus underlassen und allein der gehorten kunst schrifftlicher verzeichnuß ersettiget sein. Dadurch beschicht, weyll sie eins lernen, haben sie das ander vergessen, und wan uns das buch entpfelt, so ist die kunst auch verlorn. Herumb damit den auditoribus gnugsame zeit, ire lectiones zu preuidiren und ubersehen, auch mit empssigem vleis die gehörte lectiones zu repetiren; und das die lectores (welches sonderlich diesse facultet vor allem andern erfordert) ire lectiones mit guttem synreichem bedacht kunstlich interpretiren und dest stadtlicher leßen mögen, so wollen wir, das furtan in iure cinili et canonico alternis diebus, nemblich in yeder wochen den montag, mittwoch und freitag in weltlichen, die andern tage im geistlichen recht vleissig geleßen werden, und soll ein discipulus iuris nicht mer dan zwo lectiones oder aufs meiste drei nuß obgemelter ursach zu horen ermanet werden;

wenn er dan uber beider lection uberige musse hat, mag er darneben auf etwas in rethorica, historiis oder andere lustige kunste wenden. — Und auff das nicht die auditores stetigs eynerley durch ein gantzes iare zu horen damit verseumbt und aufgehalten, sonder daß sie durch verneuwerung der lection zum studiern mit grossem lust gereitzt werden, so wollen und orden wir, das ein iglicher lector seyne in digesto veteri, nouo vel infortiato oder codicis alle mutationes andere titulos oder legem iuris in seiner lecture soll anfangen zu lesen, und so offt das im anfang oder mittel der mutation geschicht, soll der lector sollichs in valuis ecclesiae et lectorii inrisconsultorum pro honore facultatis et uniuersitatis publiciren. — Bei der Erledigung einer Stelle soll der älteste oder, der den größten Beruf hat, succediren. — Von den Geschäften des Hofgerichts und der Cantzlei sind die Lehrer befreit; in fürstlichen Angelegenheiten haben sie iedoch umsonst, in anderen um billiche Belohnung Rat zu erteilen. — Zu Prokuratoren oder Advokaten am Hofgericht sind nur Doktoren oder Licent. iuris und Baccal., wenn sie mag. artium sind, zuzulassen. — Besondere Intitulation hat beim Dekan (= der Älteste) gegen eine Gebühr von 10 alb. an diesen, und 2 alb. an den Pedell zu erfolgen. — Erwerbung der Grade: das Baccal. ist geblieben; wer es in altero iure erwerben will, hat 2 Jahre zu studieren, 4 Disputationen zu machen, 4 fl. zu zahlen; in utroque sind 3 Jahre, 6 Disp., 6 fl. verlangt; prandia sollen wegfallen. Wer Licenciat werden will, ohne Baccal. zu sein, hat 4 Jahre und 6 Disp. nachzuweisen, einen Curs zu halten, 10 fl. zu zahlen; in utroque erhöhen sich diese Zahlen auf 6, 10, 24; ist der Betreffende Baccal., so ermäßigen sie sich auf 2 Jahre und 14 fl., bez. auf 3 Jahre und 18 fl. Wer dann insignia doctoralia hinzuerwirbt, zahlt noch 20, bez. 30 fl. Will iemand unmittelbar die Doktorwürde erwerben, so hat er, wenn in canon. iure, 4, wenn in civili, 5, wenn in utroque, 7 Jahre nachzuweisen, in den beiden ersten Fällen sind 30, sonst 50 fl. zu entrichten. Gebühren an famuli, prandia und clinodia bleiben, doch mit den Erleichterungen wie bei den Medizinern. — Die Vorschläge de ratione studii facultatis theologiae zeigen, daß der Verfasser eine Mittelstellung zwischen der alten und neuen Kirche einnehmen will; hier sind vielleicht Einwirkungen Stolls vorauszusetzen. Wir mußen, so lautet die Einleitung, bekhennen, das alles erbar, gottforchtigs, tugenthafftigs leben der underthanen, gehorsam und eynigkeit auß der forcht gottes, christlicher liebe, vertrawe und glauben in Christum, unsern heylandt, entspringt und in aller christlicher pollicey mit diesen benanten tugenden erhalten werden; welche durch das heillwertige wort gottes gehört und erlernt mitsambt den gaben des heiligen geists und erkendtniß gottes, in welchen unser selen beruhen, in unsern hertzen werden gepflantzt und auffwachssen, dardurch nicht weniger dan durch keiserlicher recht satzunge der schuldig unser underthanen gehorsam erhalten wirdet, den das wort gottes auffs getrewlichast lernet, schafft u. ernstlich gepeut. Derhalben orden und wollen wir, das auch in unser uniuersitet die gottliche beider testament schrifft und wortt mit dem hochsten vleis, wie nachvolgt, geleßen u. gelernt werde, darinn auch unsers furstenthumbs underthon mögen aufferwachssen u. gelernt werden, damit wir sie, wie wir dan zu thon geneigt, vor andern frembden zu der kirchen christlichen emptern und besetzung der beneficien gepranchen mögen. — Professuren: 1) primus ordinarius, lector epistolarum Pauli, furnemblich die ad Romanos u. Colossenses, in welche der gantzen christlichen lere methodus und grundtfeste ist begriffen; 2) l. veteris legis Mosaicae soll ex libris Moisis lesen furnemblich Genesim, Exodi u. Deutheronomion und stat Numeri n. Levitici aliquos ex Prophetis minoribus (beide erhalten den Ertrag bestimmter Präbenden und Dienstwohnung); 3) lector euangeliorum: euang. Johannis et Mathei, epistolae Petri u. Johannis, besonders primam Joh.; er soll dabei locos communes aus des heil. Augustin Lehre behandeln (Gehalt: 110 fl.); 4) l. prophetarum: pr. maiores, psalmen u. Esaias (Gehalt 120 fl.). Besonders bemerkt ist noch, nachdem auch hier hervorgehoben, daß keiner mehr als 3 lectionen höre: Und auff das auch schlennig und stadtlich in lectionibus procedirt u. die discipuli theologiae mit menschlicher spitzfundigkeit nicht auffgehalten werden, wollen wir das alle Thomae u. Scoti dyalecticae disputationes (welche auch den heiligen Augustinum in Manicheum errorem verfurdt haben) underlassen werden, u. sollen sich diße lectores ordinarii bevleissigen, ire verordente lectiones auß des Augustini, Hyeronimi, Ambrosii, Gregorii, Origenis, Chrisostomi, Hylarii, Theophilacti, Cipriani, Bede presbiteri commentariis zu declariren, wo die schrift sich selbs nicht erkleret. — Die Zahl der verbindlichen Disputationen ist 6, die Teilnehmer erhalten Entschädigungen von 2 albus bis zu einem Gulden. — Die lateinischen Predigten bleiben für bestimmte Tage und werden von der ganzen Universität besucht. — Die Ferien sind im allgemeinen wie bei den andern Fakultäten, doch sind 8—10 Tage intervallum zwischen den beiden Mutationen zulässig. — Zu den Promotionen soll niemand zugelassen werden, er sey dan zuvor magister, oder wie es von den religiosen genent wirdet, determinator oder lector in artibus liberalibus promouirt. Ein Baccalaureand soll 3 Jahre lectiones gehört und 3mal disputiert haben, soll 5 fl. zahlen und ein prandium mit seinen Genossen geben; ein Licenciand bedarf 3 weiterer Jahre und 6 Disputationen und muß einen Curs nach Anweisung des Dekans vollendet haben; er hat 10 fl. und 1 fl. für die praesentatio zu entrichten; wer doctor werden will, zahlt 25 fl., hält prandium und giebt clinodia. Bezeichnend ist iuramentum für alle Grade: Ego iuro sanctae catholicae et apostolicae ecclesiae obedientiam et praeceptoribus perinde ac parentibus meis honorem et decus sacrosancti verbi dei et incrementum huius inclitae uniuersitatis et facultatis theologiae pro viribus ingenii mei opere et doctrina promouebo. Hereses, schysmata et quaecunque ydolatriam redolent, clipeo sanctae scripturae armatus oppugnabo, nec id ecclesiae antistites celabo ac statuta et statucnda huius facultatis fideliter obseruabo, ut deus et unigenitus filius eius Christus me adiuuet. Noch sei bemerkt, daß im consilium facultatis keine Ordenspersonen sitzen können, und daß bei Besetzung von Stellen diejenigen, welche in Heidelberg studiert haben, den Vorrang genießen sollen. — In einem statutum generale von der lectoren erwelunge wird endlich bestimmt, daß bei einer Erledigung die Universität zwei Kandidaten vorschlage, von denen der Fürst einen auswähle; sind keine Einheimischen zu nennen, so soll man auf Fremde denken, damit die lection nicht hinderstellig bleibe; die lecturae digesti veteris und noui verleiht nur der Fürst. Entsetzung eines unwürdigen Professors und Versorgung eines in langjährigem Dienste erkrankten wird vorbehalten.

III.
Otto Heinrich giebt Zusätze und Ausführungsbestimmungen zu seiner Reform am 19. Dezember 1588. (A. u. VII, 319—320.)

Des Pfaltzgrauen Churfursten etc. Gnedigst erbitten, auch erclerung auff ettliche puncten, so die verordente auß den vier faculteten erinnert, neben publicirung der neuen reformation zu ubergeben.

Zum ersten: Nachdem sein Churf. Gnaden in dieser reformation die vorige besoldung der professoren und anderer personen zimlich gebessert, auch entschlossen sein und hiemit gnediglich bewilliget, ierlich bis in zwölffhundert gulden auff ein anzal gewachsene personen, die theologiam studiren, zu wenden; deßgleichen dem Dioniß 320 gulden einkommens mehr zu machen, und aber aus allerley furgefallen mengeln und verhinderungen mit solcher verordnung und gebürender versicherung daruber von itziger publication nicht allenthalb fertig werden können, und doch die lenger einzustellen bedencken getragen: so wollen sein Churf. Gnaden zu erster gelegenheyt one verzug gemelter uniuersitet gnedigste anweysung thun, wie und welcher (f. 319b) enden obberurte additiones und underhalttung gefallen sollen, auch derwegen nottwendige vergwiessung und verschreybung uffrichten lassen.

Zum andern: Ist seiner Churf. Gnaden meinung, das doctori Tilemannio Heßhusio sowol, als doctori Balduino und dem decretalisten an itziger irer habenden besoldung durch diesse reformation nichts abgeschnitten, auch mit doctore Thoma Erasto, ob er gleich darum nit angesucht, uff die wege gehandelt, damit er als gar ein frembder, der sunst keinen zugang hat, auch der schulen zu nutz sich der practiken uff dem land eussert, und alhie in der stat von seinen patienten nichts verdienth, auß mangel notturfftiger underhalttung nicht getrungen werde, sich hinweg zu wenden.

Zum dritten: Mugen die 5 professores iuris, ungeachtet das ir sunst nur vier sein sollten, pleyben, bis deren einer abgeet.

Zum vierdten: Wie es mit der uniuersitet verwantten, so irer verwirckung nach peinlich angeclagt und verurtheilt werden sollen, zu halten, darauff wollen sein Churf. Gnaden sich ferner bedencken und alsdan erclerung thun.

Zum funfften: Soll den amptleutten zu Heydelberg, schultoysen und burgermeistern bey iren ampts-, diensts- und rathspflichten eingebunden sein, mehr genannter universitet an iren priuilegien, freyheytten und herkomen keinen eintrag, noch verhinderung zuzufugen, sonder sie dabey treulich beschutzen und schirmen zu helffen.

Zum sechsten: bewilligen sein Churf. Gn., das alt auditorium medicorum zu uerkauffen und das gelt, so darauß gelöset, an instrumenta zur anatomia gehorig, die alwegen bey der facultate medica bleyben, anzulegen (f. 320).

Zum sibenden: was von wegen erlassung etlicher onera und beschwerungen, so uff den incorporirten clostern der churfurstlichen pfaltz furgehalten sein, im namen der universitet gebetten worden, solchs haben sein Churf. Gn. zu weytterm bedacht gezogen. Item die professores, welchen in iren heusern mit stallung auff ein anzal pferde gefast sein, sollen des unangesehen mit einfurrirung frembder geste, so fern es mit ichte zu umgehn, unbeschwerdt bleyben.

Die ubrigen artikel vom paedagogio und anderm, so alhie nicht gemeldet, achten sein Churf. Gn. fur unrathsam.

Und ob offtgedachte uniuersitet nach verlesung gegenwurtiger reformation ettwas guts und nutzes wolte erinnern, das sol freystehen; und doch nicht desto weniger solche reformation mittlerweyl, innmassen sie itzo gestellet und in vorsteenden artickel erclert ist, bey wurden und krefften unverendert bleyben, als lang sein Ch. Gn. auff angeregte erinnerung ein anders nit verordnen. Actum Heydelberg Montags den 19. December 1588.

IV.
Statuten der Medizinischen Fakultät vom 30. Oktober 1743.

Original: Cod. Heid. 386,38' (Kasten 164) A, jetzt Univ.-Arch. III, 4ª, 1. — Abschriften: im Generallandesarchiv zu Karlsruhe, Un Heid. 606; im Besitz des Herrn Albert Mays. — (Gedr. von O. Becker in der Prorektoratsred. v. Jahre 1876, S. 38—41; s. Winkelmann II, 260, Nr. 2093.

Von Gottes gnaden Wir Carl Theodor, Pfaltzgraf bey Rhein, des heiligen Römischen Reichs Ertz-Schatzmeister und Churfürst in Bayern, zu Gülich, Cleve und Berg Hertzog, Fürst zu Mörss, Marquis zu Bergen op zoom, Graff zu Veldentz, Sponheim, der Mark und Ravensperg, Herr zu Ravenstein etc.

Demnach die nutzliche und heylsame Kunst der Medicin, so durch sonderliche Begnadigung des Allmächtigen zu Frist-, Wiederbring- und Verlängerung menschlicher Gesundheit erfunden und außgebreitet worden, auf unserer Universitaet zu Heydelberg mit Nutzen und Fleiß gelehrt, gepflantzet und mitgetheilet werde, setzen und ordnen Wir, dass es in derselben auf nachfolgende Weiß und Maaß solle gehalten werden, und zwar

1. Was den Numerum oder die Zahl deren Professorum anbelanget, es bey denen dreyen dermahlen bestelten Professoribus, alß Lectoribus publicis, verbleibe, und hierüber noch ein anderer Medicinae Doctor, alß Visitator bey der Medicinischen Facultaet die Visitation nach Anweisung der ihme specialiter zugestelter Instruction vornehme.

2. Solte aber ein Lectur oder Professur vacierend werden, so verordnen Wir, dass derjenige, so umb solche stelle competiret und dahin aufgenohmen zu werden verlanget, die erforderliche Gelehrsamkeit, Erudition, Erfahrnuß und Capacitaet besitze, insonderheit die studia humaniora, philosophica und medica rühmblich absolviret und den gradum Doctoratus erlanget, auch in praxi Medica sich nahmhafften Ruhm erworben, und jederzeit einen ehrbahren und frommen Lebens Wandel geführet und über das so wohl in Eloquentia sich geübet, alß auch in Erlehrnung deren zur Medicin dienlicher Sprachen, sonderheitlich in der lateinischen, ut lingua eruditorum, habilitiert gemacht habe, damit er nicht nur in dieser Sprach die lectiones tradiren, sondern auch disputando und examinando dieselbe geschickt reden, dissertationes oder auch andere Medicinische Bücher darin schreiben und verfassen könne, und obwohlen zwarn andere Sprachen nicht ad esse, sondern nur ad bene esse eines Professoris erforderlich, so ist jedoch sehr rühmblich, mehrere Sprachen, absonderlich graecam zu verstehen, zumahlen die mehriste Medicinische termini technici von letzterer deriviret werden.

3. Dannenhero damit mann versichert seye, daß künfftighin kein ohntangliches Subjectum zu einer Medicinischer Professur gelange, so soll ein jeder

Candidat specimen doctrinae per modum dissertationis von dem nemblichen Theil der Medicin, welchen er zu dociren verlanget, oder nach gut finden der Medicinischen Facultaet schriftlich aufsetzen und derselben vor seiner aufnahm übergeben, worauf derjenige, welcher der Beste aus denen Candidatis zu seyn scheinet, in Vorschlag soll gebracht, und ihme, im Fall er von Uns angenohmen zu werden die gnad erhaltete, zwölff Theses, nemblich sechß von demjenigen Theil der Medicin, welchen er alß zukünfftiger Professor lehren solle, von denen übrigen Theilen auch sechß Theses gesetzet, und darwieder von denen zwey noch anwesenden Professoribus, wie auch Visitatore opponiret, und an Uns der wahre Bericht mit Beysetzung deren votorum gemacht werden.

4. Insgemein aber sollen alle Professores ihrem Amt fleißig vorstehen und die Lectiones jedesmahlen eine stund lang auf die bestimmte Zeit halten, und im fall einer wegen erheblicher ursach verhindert wurde, ein solches beym jeweiligen Decano Facultatis, der Decanus aber bey dem Rectore Universitatis anzeigen. Solte aber einer aus nachlässigkeit die Lectiones publicas unterlassen, oder sonsten in seinem Amt fahrloß seyn, so soll jedesmahl das Ratum von seiner Besoldung abgezogen werden.

5. Wann aber einer in eine schwehre und langwierige Krankheit verfiele, oder sonsten wegen einer andern erheblichen Ursache ad docendum verhindert oder gar ohntüchtig würde, so sollen die andern zwei Professores die Lectiones dergestalt unter sich vertheilen, daß selbige eben so wohl, alß wann alle drey Professores ihrem Amt vorstünden, publice nach eines jeden Gelegenheit dociret werden.

Sie sollen 6. auch bestens bedacht seyn, ihre Lectiones deutlich und nutzlich denen Auditoribus vorzutragen, und alles, was hin und wieder von neuem erfunden wird, (wie ein solches zu Unseren zeiten häuffig geschiehet) denselben bekannt zu machen, sonderheitlich notitiam librorum zu geben.

7. Alle Monath sollen sie einmahl zusammen kommen und de re literaria, praesertim Medica collegialiter conferiren und (wann ein Schuljahr zum End gehet) deliberiren und wohl überlegen, welche Bücher in dem folgenden Jahr denen Studiosis vorzulesen seyen, sonderheitlich auf gute, bewehrte, und compendios Auctores ihr absehen richten und nach der Ordnung ihre Lectiones anstellen und in alle Weege pro captu auditorum et ratione temporum und in Erwegung anderer Umbständen Macht haben, hierinnen, was am nützlichsten seyn mag, zu statuiren und zu ändern. Indessen soll keiner über diejenige Materien, welche er publice zu dociren verbunden, collegia privata halten, viel weniger tractiren, was einem anderen Professori zu lehren vorgeschrieben. Die collegia repetitoria sollen jedoch hierdurch nicht verbotten seyn.

8. Gleichwie aber die Professores obligirt seynd, die Lectiones publicas fleißig zu geben, also sollen sie auch die studiosos, sonderheitlich diejenige, so in Unseren Landen gebürthig, anhalten, fleißig in collegiis zu erscheinen.

9. Anbey aber ordnen und wollen Wir, daß kein Studiosus hinführo ad Lectiones publicas facultatis Medicae gelassen werde, er habe vorhero Philosophiam absolviret, in physicis sich wohl geübet, eines ehrbaren guten Lebens Wandels sich jederzeit befliessen.

10. Der gradus Doctoratus soll keinem Medicinae Candidato conferiret werden, er habe dann Vier Jahr in Studio Medico ordentlich zugebracht, worinnen gleichwohlen in Beyseyn des Rectoris von der Medicinischen Facultaet könnte dispensiret und die vier Jahr auf drey Jahr gerichtet werden, wann es notorium, daß der Candidat ein guter absolvirter physicus, hurtigen Verstandts und guten

judicii, selbiges durch ohnverdrossenen Fleiß und stethige Arbeit wohl angelegt und etlichmahl so hier, alß anderstwo publice respondirt, welches alles zu des Collegii Medici Erkanntnus stehen solle.

11. Es geschehe nun, wie es wolle, so solle ein jeder Candidatus, welcher summos in arte honores praetendiret, verbunden seyn, zwei examina, alß erstlich tentamen, 2do examen severum et rigorosum außzustehen, dann 3^{tio} eine Disputationem inauguralem, wie auch 4to eine Lectionem cursoriam zu halten, zumahlen in alle Weege billig, daß die Privat-Erforschungen vor denen publicis hergehen, damit, so einer nicht tüchtig erfunden und mit einer repulsa abgefertiget würde, es zu seinem Glimpf privatim geschehe, auch nicht cum dispendio famae seine Unwürdigkeit in Theatro publico vorgestellt werde, und solle es in obgedachten examinibus also gehalten werden, daß nicht nur die Professores Medicinae den Candidatum examiniren, sondern auch der Visitator Facultatis Medicae, wann es füglich geschehen kann, ad examen berufen und admittiret werde, dergestalten, daß bey jedwederem examine 4 oder zum wenigsten 3 examinatores gegenwärtig seyen.

12. Gleichwie dem publico sehr viel daran gelegen, daß die Medicinae Doctores in ihrer kunst gelehrt und wohl erfahren seyen, da sonderheitlich der Menschen Lebens Aufenthaltung und zeitliche Wohlfahrt davon abhanget, und grosse gefahr darauf stehet, so soll keinem Medicinae Candidato gradus Doctoratus oder auch nur Licentia conferiret, so in examinibus nicht wohl bestanden, sondern vielmehr derselbe auf eine längere zeit, umb sich besser in arte medica vermittels eines collegii privati, jedoch auf seine Kosten, zu qualificiren, ad studia angehalten werden.

13. Was aber die Intitulationem et Promotionem ferners anbelanget, soll es mit derselben gleicher gestalten, wie in facultate juridia geordnet ist, gehalten werden, wobey folgende capita ab examinatoribus bona fide promittenda: A: quod officium suum velint fideliter prosequi, B: neminem indignum admittere, C: aut e contra idoneum ac dignum gratia vel odio vel alio aliquo privato animi affectu rejicere. D: aut iisdem de causis alios aliis anteferre, sed pariter ad eruditionem, capacitatem morumque compositionem uniuscujusque respicere, E: Sententiam a Decano rogati libero et sine haesitatione dicere, pari voluntate atque animo erga omnes affecti esse, F: secreta examinis, quoad candidati eruditionem aut progressus non aliis, quam quibus ex officio tenentur, patefacere et caetera omnia cum ratione et modestia agere.

14. Capita seu statuta doctorandorum, licentiandorum: 1mo quod Doctoratus, Licentiatus in arte Medica titulum et honorem morum gravitate et studiorum assiduitate tueri, nec acceptum doctoris, licentiati nomen alibi ex occasione alia repetere ac iterare, neque facultate invita insignia doctoralia alibi recipere velit; 2do quod recepta medicorum dogmata nullis sophisticis et seditiosis disputationibus vel actionibus petulanter perturbare, sed artem puram servare et canonice exercere velit; 3^{tio}: quod in curationibus nihil properanter et temere, sed praemeditate et consulto omnia agere, nec metallica, venenosa, nec alias exitiosa ulli intra corpus sumenda exhibere velit; 4to: quod paratus ad reddendam rationem esse velit omnium eorum, quae praesertim in difficilibus aegrotantium casibus consulat et ministret, ubi super hoc legitime a doctis et exercitatis requisitus fuerit; 5to: quod denique commodum ac dignitatem facultatis medicae totiusque academiae hujus pro virili tueri velit.

De Professoribus Medicinae in specie.

Damit die weitläuffige Kunst der Artzney nach ihren Theilen ordentlich dociret und fundamentaliter gelehret werde, so sollen die Professores ihre Lectiones publicas dergestalten eintheilen und halten, daß das ganze Medicinische Weesen unter vorgeschriebener und bestimbter zeit denen Auditoribus güntzlich beygebracht und vorgelesen werde; dahero 1mo a) umb die Theoriam Medicam auch wohl nach ihren Theilen zu dociren, soll der jüngste Professor schuldig seyn, die Institutiones Medicas, alß nemblich Physiologiam, Pathologiam, Semioticam, Hygienem et Therapeuticam zu bestimmbten Stunden, alß Montag, Dienstag, Donnerstag jederzeit Vormittag von 8 bis 9 Uhr vorzulesen und in zeit zwey Jahren vollkommen zum Schluss zu bringen, am Freitag aber Pharmaciam und Chymiam zu dociren; b) über das wenigst monathlich einmahl an denen Recreationstägen die Studiosos in eine Apothecken zu führen und die Apothecker dahin anzuhalten, daß sie alle zur Artzeney gebräuchliche Simplicia, alß Kräuter, Saamen, Früchten, Blummen, Wurzeln, Süffte, Gummata und alle andere materialia, fürnemblich auch die Composita vorweisen, doch aber dergestalten, daß auf einen Tag nicht die ganze Apothecke, mithin alles vorgezeiget, sondern nach ihren Classen die Besichtigung vorgenohmen und in einem Jahr geendiget werden, wobey der Professor denen Studiosis die nöthige Explication, nicht weniger die Verfügung thun solle, daß die Apothecker zu gewissen Zeiten, da sie grosse compositiones magistrales, in Specie Theriae: Andr.: Mithrid: Domacrat: oder andere Chymische Artzeneyen verfertigen, ihme davon Nachricht geben, damit er mit seinen Discipulen dabey erscheinen, denen Praeparationibus zusehen und die nützliche Unterweisung ihnen geben könne. c) Umb aber desto besser gelegenheit zu haben, soll er auch obligirt seyn, die Special-Visitation wenigst in der Universitaets-Apothecken vorzunehmen, neben deme solle er auch selber in dem laboratorio Chymico zu bestimbten Zeiten Chymische Operationes machen, wenigstens alle Monath einmahl ein Subjectum Chymieum entweders ex regno minerali, vegetabili oder animali vornehmen, darüber experimenta chymica instituiren, und nicht nur seinen Discipulis die nöthige Handgrieff lehren, sondern auch naturam et indolem productorum expliciren.

2do a) Soll der andere Professor die Obligation haben, die Anatomiam nach allen ihren Theilen denen Studiosis wochentlich dreimahl, alß nemblich am Montag, Dienstag und Donnerstag Nachmittag von 2 bis 3 Uhr aus einem bewehrten Auctore Anatomico vorzutragen und alle Freytag ein Lectionem Medicoforensem zu halten, beynebens auch zu Winterszeit sectiones anatomicas an menschlichen Cörpern, so viel deren pro singulis Anatomiae partibus demonstrandis nöthig und zu haben seynd, eigenhändig in Theatro Anatomico vorzunehmen; b) den Sommer hindurch Chyrurgiam neben der Anatomie zu dociren, zu deme auch Sceleta und andere nutzliche anatomische praeparata entweders selbsten verfertigen oder anderwärths herbringen zu lassen. c) Auf das aber kein Mangel an cadaveribus in dem Theatro Anatomico sich eraigne, so soll der Professor Anatomiae aller derjenigen menschlichen Cörperen, so in Unseren Churfürstl. Landen zum Todt verurtheilet und mit dem Schwerd oder Strang, besonders an Orthen, so nicht weit von Heydelberg entlegen, hingerichtet werden, oder anderer armen Personen, so in Lazarethen, oder auch in der Statt an Krankheiten, deren Ursachen ohne innerliche Inspection nicht wohl zu erkennen, umkommen und sterben, zur Anatomie ohne weitere Anfrag abzufordern die Freyheit und den Gewalt haben, damit nichts, was zu Erlehrnung dieser heylsamen Kunst dienlich, unterlassen und hinterhalten bleibe. Die nach der Anatomie überbleibende Theile soll er in einen Kasten auf dem Kirchhoff ehrlich und nach gebrauch der Religion des Anatomirten begraben lassen, endlich den völligen Cursum Anatomicum, et Chyrurgicum innerhalb zwey Jahren vollkommen absolviren.

3tio. Gleichwie man bey Aufrichtung der Medicinischen facultaet haubtsächlich dahin abgeziehlet, dass die Studiosi Medicinae sowohl in Theoria, alß auch in praxi Medica gründlich unterrichtet werden, so solle der dritte und älteste Professor die Medicinische practique aus einem bewehrten compendiosen auctore mit beygesezten notis propriae scientiae, et experientiae denen Zuhöreren zu bestimbten Zeiten, nemblich am Montag, Dienstag, Donnerstag, Morgens frühe von 9 bis 10 Uhr ohnverhalten, getreu und fleißig vortragen und darüber die umständliche Explication machen und also ihnen den Methodum medendi fideliter beybringen, und in Zeit 3 oder 4 Jahren den ganzen cursum practicum absolviren; zu deme alle Freytag eine Lectionem Botanicam, nach anweisung der besten authorum halten, und die Fundamenta Studii Botanici nach der neuesten Methode lehren und anzeigen, wie man nach denen recipirten characteribus die genera und species deren bekannten und unbekannten frembden Pflantzen erforschen könne, sonderheitlich den usum Medicum der meisten sogenannten officinalischen Kräutheren getreulich communiciren und dieselbe in horto Medico nach der besten Method einrichten; beynebens in der nemblichen Lection jedesmahlen auch von der Mineralogia und Zoologia, was denen Discipulen davon zu wissen nöthig, nach und nach beybringe und also Materiam Medicam innerhalb 3 oder 4 Jahren gänzlich tradire. An denen Vacanz-Tägen oder auch zu anderen gelegenen Zeiten soll er wochentlich wenigst einmahl denen Studiosis in dem horto Botanico die lebendige Kräutere, wie auch die in Seminacio aufbehaltene Saamen vorweisen und demonstriren, den Frühling, Sommer und Herbst hindurch alle Monath ein bis zweymahl oder auch öffters herbatum gehen, die Kräuter außer der Statt auf denen Wiesen, Bergen und Thälern aufsuchen und denen Studiosis davon die nöthige Unterricht geben, oder anstatt seiner einen in Botanicis schon wohl erfahrenen Studiosum bestellen, wann er wegen hohen Alter oder auch kränklicher Leibs Disposition soweith zu gehen nicht vermögend wäre. b) Weilen dann höchstnöthig, daß der hortus Medicus zu deren Studiosorum Information im guten Stand unterhalten werde, so solle der Professor Praxeos dahin verbunden seyn, nicht nur die fleißige Obsicht über den Botanischen Garten zu tragen, sonderen auch denselben mit denen zu erlehrnung der Botanie benöthigten Kräuteren und Gewächsen, sowohl usualibus indigenis, alß auch exoticis, so viel durch fleißige Correspondenz und Commercium Botanicum zu erhalten, auf aigene kösten in ansehung der ihme gnädigst ertheilter Addition zu versehen. Damit auch die Studiosi practice unterwiesen und angeführet werden, so soll er diejenige, so im dritten und vierten Jahr die Studia Medica hören, mit sich in die Spithäler oder auch zu anderen Kranken, da man solches leyden mag, führen und ihnen die nutzliche Manuduction ad praxin clinicam mit getreuem Fleiß geben, absonderlich denen Armen in gegenwarth deren Studiosen zu einer gewissen Stund des Tags in seinem Hauß die Medicamenta umbsonst verordnen, welches füglich nachmittag von zwey bis drey Uhr geschehen könnte, diejenige arme Kranke aber, so nicht selber kommen können, durch die Practicanten besuchen und darüber sich Bericht abstatten lassen. Damit aber dergleichen Patiente umb so ehender zu ihme kommen, so soll er ihnen die Medicamenta, so in laboratorio

Chymico verfertiget oder in horto Botanico wachsen, gratis mittheilen und auch noch darzu einen hinlänglichen fundum außmachen, welches aber man des Professoris Praxeos Dexteritaet überlasset. Urkund Unserer aignen Hand-Unterschrifft und beygetruckten Geheimer Canzley-Secret-Insiegels. Mannheim den 30. Octob: 1743.

Carl Theodor, Churfürst (Siegel)

vt. Halbergh.

Statuta pro facultate Medica Universitatis Heidelbergensis.

Ad Mandatum Serenissimi Domini Electoris proprium Fabris.

Berichtigungen und Zusätze.

S. 10 § 7: der zweite Absatz ist gedruckt bei Toepke I, XVIII.
S. 11 § 7 zum Teil gedruckt ebenda I, XXI A 4 u. XLIV A 2.
S. 42 Z. 4 statt unvollnendt lies unvollendt.
S. 50 § 51 Anfang gedr. bei Toepke II, 587 A.
S. 54 § 55 „   „   „   „   I, XLVI.
S. 68 § 71 „   „   „   „   II, 523 A 1.
S. 81 § 85 in der vorletzten Zeile des ersten Absatzes lies undern statt andern.
S. 82 A 5 muß es heißen 141 u. 142 statt 142 u. 143.
S. 150 § 153 die Statuten finden sich auch Cod. Heid. 358, 52ª, f. 67.
S. 163 § 9 Anfang gedr. bei Toepke I, XXX A 4.
S. 174 § 40 Auszug in A. u. XXXVII, f. 224 (s. Winkelmann II, 216 nr. 1753).
S. 177 A 1 Ich habe von dem Abdruck der 1579 zusammengestellten, 1584 (nicht 1586) erneuerten Statuten abgesehen, weil sie sich bei Hautz II, 421—425 schon finden.
S. 182 § 50 Anfang s. S. 173.
S. 211 § 136: Abschrift in Cod. Heid. 386, 26 (K. 138) D, ietzt Un.-Archiv IV, 1, 3 (s. Winkelmann II, 143 nr. 1241).
S. 219 Ende des ersten Absatzes: Kurprinz Friedrich hatte 2. Dez. 1587 seinen Vormund um Beschleunigung der Reform gebeten s. Pithopoei annales (Cod. Pal. 1854) f. 21[b].
S. 226 § 24 s. A. u. XXVIII, 216.
S. 229 A.: im vorletzten Absatz muß es heißen 23, 15 statt 158.
S. 232 § 44 im Citat muß es heißen OH 135 statt 141.
S. 232 § 45: OH 136 statt 142.
S. 232 § 48: OH 34 u. 35 statt 345.
S. 236 § 63: L 183 statt 189.
S. 239 A 1: probe statt probi.
    A 3: findet statt findst.
S. 280 § 51: Statuta sind gedruckt in Harrer, oratio de laudibus disciplinarum omnium almae atque antiquissimae academiae Heidelb., habita a. 1770. Heid. typis J. Harrer 70 f. B a u. b, ein Beweis, daß die Statuten KL's noch unverändert in Gebrauch waren.
S. 280 A 1 Z. 2: D statt C.

I. Namensverzeichnis.

(A = Anmerkung; die lat. Ziffern beziehen sich auf die Einleitung, die arabischen auf den Text.)

Accursius 62.
Adami apographum 63 A., vitao medicorum 355, vitae philosophorum VII A. 26.
Aeschines 200.
Aesopus 103, 108.
Alexander VII. (Papst 1655—1667) 340.
Alexander von Aphrodisias 106.
Alexander (röm. Kaiser 222—235) Mammaeue filius 23.
Alexander v. Tralles 79, 79 A. 3, 356.
Alexandria 3, 159.
Almasor 78 A 3, 79 A, 356.
Alzei 310.
Ambrosius 39, 360.
Andreas (Tag 30. Nov.) 44, 181.
Antiochia 3. 159.
Aphthonios aus Antiochia 102; 102 A 3; 108.
Apollonius (Rhodius) 98.
Apollonius Dyskolos 99, 99 A 3.
Aposteltag (29/6) 173.
Aratus (Dichter) 98; 99 A 11.
Aristophanes 98.
Aristoteles 99, 100, 101, 106, 199, 200, 201, 206, 207, 209, 356.
Athener 358.
Augspurgische Konfession, Augustana confessio 37, 41, 49, 51, 55, 148, 160, 161, 177, 179, 183, 215, 220, 227, 236, 237, 245, 285, 333, 343 — apologia 41, 183.
Augustinergasse s. Heidelberg.
Augustinus 39, 360.
Avenarius 201, 201 A 4.
Avicenna 78 A 3, 79 A, 86, 356.
Azo 62.

Bacharach 43, 62 A 3, 63, 175, 258.
Baiern, Bayern, Beyern 219, 249, 301, 362.
Balduinus 361.
Bartholomaeus (Tag: 24. August) 186.
Beatus Rhenanus 102 A 5.

Thorbecke, Statuten.

Becker, Otto, 76 A 1, 83 A 2, 316 A 1, 362.
Beda 360.
Benedictus 356.
Berg (Herzogtum) 301, 329, 362.
Bergen op Zoom 301, 362.
Beyer 353.
Blum XXII.
Böckelmann XXII.
Boquin, Peter VI.
Brinck XXI, XXII 353.
Bucherus, Joh. XIX.
Büttinghausen VII A 28—30. XVI.
Burchardus XXII.
Busche, Herm. III.
Busto (Busco), Joh. de Sacro B., 99, 99 A 12, 200, 356.

Caesar 100, 200.
Calphurnius Nemesianus 104 A.
Carion 200.
Carl V. (Kaiser 1518—1556) 183, 211.
Carl Friedrich (v. Baden) XV.
Carl (Kurfürst 1680—1685) 300.
Carl Ludwig (Kurfürst 1632—1680), XI—XIII, XXI, XXII, XXV, 220, 233 A 1, 249 A 3, 282 A 1, 298, 301, 324 A 1, 339 A 1, 354 — seine Statuten 247—298. Handschr. ders. XXII—XXIV.
Carl Philipp (Kurfürst 1716—1742) 301.
Carl Theodor (Kurfürst 1742—1799) XIII, XIV, 299, 301, 308 A 1, 350; 362, 367 — seine Statuten 299—350. Handschr. ders. XXIV—XXV.
Carré XXII.
Catharina (Tag: 25. Nov.) 186.
Celsius 356.
Cevallerius 201.
Charondas 212.
Chilianus (Kilianus, Tag: 8. Juli) 65, 186.
Chrysolorus (Manuel) 99, 99 A 1.

47

Chrysostomus 360.
Cicero 99, 101, 102, 104 A, 199, 201, 356.
Cireumcisiouis dies 45.
Classen VII A 26.
Clemens XI. (Papst 1700—1721) 340.
Clemin X.
Clenardus 201.
Cleve 201, 362.
Collimitius s. Tannstätter 99 A. 11.
Colossenses 178, 359.
Copho 83 A 2, 191, 294.
Cornarius 356.
Curio, Jakob (sonst Hoffmann oder Hofenius von Hoffheim oder Hasfurt) IV A 16, VII, XVIII, 78 A 2, 81 A 1.
Cyprianus 360.

Danckelmann XXII.
Dannstadt 311.
David 100 A 5.
Demetrius Chalkokondyles 99, 99 A 1.
Demosthenes 98, 200.
Deuteronomium 41, 359.
Dilsberg 347.
Diodor 212 A 3.
Dionysius (Tag: 9. Oktober) 46, 65, 174, 186.
Dove XII A 47.
Dozler, Johann Leontorius 118 A 1.
Düsseldorf 354.
Dym, Conrad 354.

Eckhardus (Bischof v. Worms 1370—1405) 89 A 2.
Eichholz XXV.
Eickel XXII.
Empfinger, Johann 63 A. 3.
Ephesus 3, 159.
Epiphania (Tag = 6/I) 45, 65, 74, 173, 196, 206, 242.
Erasmus, Desiderius 102, 102 A 5.
Erast = Liebler, Thomas (1523—1583, Mediziner u. Theologe) VII, XVIII, 55 A, 73 A 1, 78 A 2 u. 3; 81 A 1, 102 A 7, 149 A 3, 153 A 2, 154 A 1, 361.
Erhardus s. Eckhardus.
Esaias 41, 360.
Esto mihi 46.
Euclides 100, 200, 201.
Euripides 98, 200.
Evander 96.
Exodus 359.

Fabius 108 s. Quintilianus.
Fabricius J. L. (1632—1696, berühmter Theologe) XXII 202 A 1.
Fabris 367.
Fagius, Paul. 111.
Fick XIV, XXV.
Fladung Georg (von Gotha, kam 1380 nach

Heidelberg als prof. pocseos et historiarum) 202 A 3.
Florus 200.
Frankenthal 353.
Frankfurther fasten oder ostermessen 89, 134.
Frankfurt a/M. 354.
Freher P. 131 A 5.
Friedrich I. (Kurfürst 1449, bez. 1451—1476) II, VIII, XVII A 64, 69.
Friedrich II. (Kurfürst 1544—1556) III—V, 4, 92, 92 A 1, 120, 219, 355.
Friedrich III. (Kurfürst 1559—1576) IX, 220, 220 A 1, 301, 355.
Friedrich IV. (Kurfürst 1592—1610) X A 40, XI, XIX, XXI, 219, 229 A, 235 A 1, 246, 301.
Friedrich V. (Kurfürst 1610—1632) XI, 223 A 3, 301.
Friedrich Wilhelm (v. Brandenburg) XI.
Frisingensis episcopus 63 A 3.

Galatae 178.
Galenus 78, 78 A 3, 79, 79 A 1, 8, 12, 18; 80, 86, 293, 356.
Gallia 176.
Gaza, Theodorus 99, 99 A 3.
Geiger 201 A 1.
Genesis 41, 359.
Georg Johann, Pfalzgraf VII.
Gerlach XXII.
Glauco 78 A 3, 79 A, 356.
Glöckner XXII.
Gregorius 360.
Gregor XV. (Papst 1621—3) 340.
Grynaeus, Simon III.
Gülich (Jülich) 301, 329, 362.
Günther 100 A, 100 A 2.
Guntheim 43.

Häser 83 A 2, 355.
Halbergh 367.
Hartfelder IV A 10, 99 A 1, 6; 100 A, 101 A 3, 102 A 8, 200 A 3.
Hartmann, Kanzler III, 355, 358.
Hasfurt 78 A 2.
Hautz, Friedrich, I A 1, IV A 14, VII A 26, X A 40, XV, XVI, XVII, XVIII A 65, XIX, XX, 52 A 2, 92 A 1, 220 A 2, 250 A 1, 253 A 1, 280 A 1, 308 A 1, 354.
Heddäus, Dominikus Theophilus, (geb. 1744, 1771—1795 Prof. der Theologie, seit 1786 Ephorus der Sapienz) 340 A 1.
Heidelberg, Heydelberg, auch Haidelberg I, II, VI, XI, XII, XVIII, XXIV, XXVI, 2, 3, 4, 7, 8, 10, 11, 14, 16, 33, 43, 53, 55, 62 A 4, 76 A 1, 89 A 2, 90, 127, 156, 159, 174, 189, 216, 218, 229 A 1, 232 A 1, 235, 246, 254, 255, 283, 298, 299, 301, 307, 308, 309, 318, 323, 324, 325, 327, 330, 332—334, 339, 344, 346, 347, 350, 353, 354, 355, 357, 360, 361, 362, 365. — Heidelbergensis academia 195. — Heydel-

bergensis universitas 280. — Heydelberger Muß 259, 319. — Straßen und Häuser in H.: Augustinergasse 63, 358. — Hirschhorner Hof s. das. Judengasse 62, 81 A I, 358. — Obere Straße 42, 63 A 3, 81 A 1. — Pflöekh 148, 240. — Schwabenbursch 64, 81, 81 A 1, 191. — Haus zum großen Spiegel 358. — Undere Straße 63, 81. — uff der brucken, in ponte 148, 152. — Pfarrhaus 81, 81 A 1. — fur den apotekhen, ad pharmacopolia 148, 152. — Lauer 307. -- Marstall 174.
Heiliggeistkirche in Heidelberg IV, 25, 35, 62 A 3, 63.
Heilmann, Wendalin VII, 62 A 4.
Heinze XXII.
Henneberg, comes de 78 A 2.
Herennius (ad H., Ciceronis partitiones oratoriae) 199.
Hermogenes aus Tarsus 102, 102 A 4.
Herodotus 98, 200.
Hertling XIV.
Hesiodus 90, 200.
Hesshusius, Tilemann (1557—1559 Prof. d. Theologie und Kirchenrat in Heidelberg) 43.
Hieronimus 360.
Hilarius 360.
Himmelfahrt Christi, ascensio 45, 116, 204, 230, 242, 361.
Hippocrates, Hypocrates 50, 78, 78 A 3, 79, 79 A 4, 10, 11, 12; 80, 86, 293, 356.
Hirschhorner Hof iu Heidelberg XVII A 64, 42, 43, 180, 358.
Hofenius, Hoffmann, Hofheim s. Curio.
Holywood s. Busto.
Homerus 98, 103, 200.
Horatius 100, 104 A, 200.
Hottinger XXII.
Hugo, Jok 353.

Jansenius (Cornelis, Bischof von Ypern, 1585—1638), Iprensis 340.
Ingolstadensis 62 A 3.
Invocavit 46, 48.
Jena, Godofr. XXII.
Johannes, apostolus 3, 360.
Johannes Baptista (Tag: 24. Juni) 20, 42, 45, 46, 141, 173.
Johann von Zweibrücken (Pfalzgraf u. Administrator 1610—1614) 301.
Johann Casimir (Pfalzgraf, geb. 1543, Administrator 1583—1592) IX, X, XII, XXV, 160 A 1, 178 A 1, 197 A 1, 220, 223, 223 A 3, 233, 234, 235 A 1, 241 A 2, 244 A 1, 245, 246, 250, 301. — Statuten 219—246. — Handschriften derselben XIX—XXII.
Johann Casimir (Pfalzgraf von Zweibrücken, Rektor 1605—1606) 229.
Johann Wilhelm (Kurfürst 1690—1716) 340.
Isokrates 103, 200.
Israel XXII

Italia 176.
Jülich s. Gülich.
Justinian 69 A 2.

Kalstatt (in der Pfalz) 43.
Karl s. Carl.
Karlsruhe XXIV, 300, 333 A 1, 342 A 1.
Kednitt, Joh. 355.
Keuler, Mathius XVII A 64.
Kheiserswerd, Kysserswörth 43, 62 A 3, 63, 258.
Kluckhohn 220.
Krieg, bayrischer Erbfolgekr. II.
Krieg, 30jähriger 286, 296.
Krieg, Orleansscher II, XIII, 353. Krieg, Schmalkaldischer IV.

Lacedaemonier 358.
Ladenburg 333.
Lamprecht St. (in der Pfalz) 311, 321.
Lange Joh. IV, 355, Reformat.-Entwurf 355—360.
Laurentius (Tag: 12. August) 46, 173.
Lecapenus, Georgius 90, 90 A 3.
Lehmann XVII.
Leodius Thomas III.
Leuchtenberg 301.
Leviticus 359.
Livius 100, 102, 200, 356.
Lotichius, Peter VI.
Lucanus (M. Annaeus) 200.
Lucas ap. (Tag: 18. Oktober, 46.
Lucianus 103, dialogus L. 200.
Lucretius 200.
Ludwig III. (Kurfürst von der Pfalz, 1410—1437) 301.
Ludwig V. (Kurfürst von der Pfalz, 1508—1544) II, III, XVII A 64, 4. 26, 28, 44, 69, 80, 81, 92, 96, 120, 131, 160, 211 A 2, 240 A 2, 353, 354, 355.
Ludwig VI. (Kurfürst von der Pfalz, 1576—1583) IX—XI, 157, 159, 161, 174, 211 A 2, 216, 219, 232 A 2, 233, 234, 240 A 1, 241 A 1, 242 A 3, 243 A 1, 3; 251, 301, 353. 354. — seine Reformation der Universität 157—216. — Handschriften derselben XVII—XIX.
Ludwig XIV. (v. Frankr.) XIII.
Lüneschloß, Lennenschloß XXII, 354.
Luther V, 110, 159, 161, 177, 179, 183, 215, 219.
Lycurgus (der griechische Redner) 200, der Gesetzgeber 358.
Lysias 200.

Mainz 78 A 2.
Mammaea (Mutter des römischen Kaisers Alexander Severus) 23.
Manichaeus error 360.
Mannheim XII, XXV, 8 A 1, 307, 347, 367.
Marbach, Joh. IX.
Margarethe (Tag: 13. Juli) 46, 173.

Maria s.: Tage: annunciatio, verkhundigung 45, 46, 116, 173 — assumptio 82. — purificatio, lichtmeß 45, 173. — visitatio 45, 46, 173, 206.
Mariae capella, lieben frauen capelle, sacellum divae virginis (in Heid.): 42, 43, 52, 81, 98.
Mark (in Westphalen) 301, 362.
Martialis 212 A 1.
Martinus (Tag: 10. Nov.) 116, 204.
Mathaens, evang., apost. (Tag: 21. Sept.) 152, 360.
Mathias apost. (Tag: 24. Febr.) 152.
Maximilian I. (deutscher Kaiser 1493—1519) 211.
Maximilian (von Bayern) XI.
Mays, Albert XVI, XXVI, 2, 362.
Meckelburgense examen 110, 110 A 2.
Melanchthon, Melanthon, Philipp III, VI, IX, XX, XVIII, 51 A 1, 52 A 2, 55 A, 59 A 5, 99, 99 A 1. 2; 100 A, 101, 101 A 1. 3. 6; 102, 102 A 1. 2. 5. 6; 103 A 5, 104 A, 108 A 1. 3; 199 A 1. 2. 3. 4; 110, 110 A 1, 139 A 1, 140 A 1, 200 A 5.
Michael, archangelus (Tag: 29. Sept.) 46, 173, 199.
Micyllus, Jakob(1503—1558, Professor in Heidelberg, 1533—2537, 1547—1558) III, V, XVII 42 A 2, 51 A 1, 55 A, 56 A 1, 59 A 3, 74 A 6, 77 A 4, 87 A 2. 3; 88 A 2, 99 A 2, 118 A 1.
Mieg, Fr. XXII.
Minckwitz, Erasmus VII.
Monsheim (in der Pfalz) 311.
Mörss (Rheinprovinz) 301, 362.
Moses 159, 359.
Mossbach 43.
München XIV, XXIV, XXV, 300, 350.
Münster, Sebastian III, 201, 201 A 1.

Nativitas Christi 42, 45, 173, 181.
Nebel, Daniel (Jurist, Prof. in Heidelberg 1598—1626) 229 A.
Neckargemünd 20.
Neustatt (in der Pfalz) 43, 62 A 3, 63, 310, 318.
Nicomachus (Ethik des Aristoteles) 200.
Nikolaus, Simon XIX.
Nortan (Northan), Johann 148, 148 A 2.
Numeri 359.

Oberndorff, von, XIV, XXIV, 350.
Origenes 360.
Otto Heinrich (Kurfürst von der Pfalz 1556—1559) V—X, XXV, 1, 3, 156, 160, 169, 180, 188, 195 A 1, 198, 208 A 2, 219, 232, 240 A 2, 242 A 2, 4; 301, 354, 361. — seine Universitätsreform 1—156. — deren Handschriften XV—XVIII.
Ovidius 104 A, 200, 356.

Papius, Bonifacius XIX.
Paterculus, Velleins 200.
Patiens, Joh. XIX.

Paul V. (Papst 1605—1621) 340.
Pascha (= Ostertag) 45, 173, 181, 230.
Paulus apost. 40, 178, 282, 359.
Paulus von Aegina (Aegineta) 78 A 3, 79, 79 A 3, 356.
Pentateuch 337.
Pentecoste (Pfingsttag) 45, 173, 181, 230.
Peter St. (Kirche in Heidelberg) 63 A.
Petrus ap. 360.
Petri cathedra (Tag: 22/II) 269.
Peuerbach, Georg 100 A 2.
Pfalz-Neuburg XIII.
Pfeffingen (in der Pfalz) 43.
Pflöckh (Strasse in Heidelberg, jetzt Plöck) s. Heidelberg.
Philipp (Kurfürst von der Pfalz, 1476—1508) II, 211 A 2.
Philipp Wilhelm (Kurfürst von der Pfalz 1685—1690) 301.
Pichaelius (Pichel) Sebastian 202 A 3.
Pindar 98, 200.
Plato 98, 200.
Plautus 100, 104 A, 200.
Plinius 99.
Plutarch 106, 200.
Polycarpus 3.
Pontanus 99, 99 A 8.
Porphyrius 101, 101 A 2, 356.
Priamus 96.
Priscian 102 A 4, 108, 108 A 4.
Proclus Diadochus 99, 99 A 11, 200.
Propheten maiores 360, minores 41, 178, 359.
Proverbia Salomonis 41.
Pufendorff XXII.
Psalmen 41, 178, 337, 360.
Ptolemaeus 200, 201.
Puschmann 83 A 2.
Pythagoras 128.

Quasimodogeniti 65.
Quesnellus (Paschasius, 1634—1719) 340.
Quintilian 108, 201, 356.

Ramspeck XXII.
Rasor 356.
Ravensberg (in Westfalen) 301, 362.
Ravenstein (in Holland) 301, 362.
Richter 110 A 2.
Rom 353.
Rudolph, Caspar 101, 101 A 5.
Ruprecht I. (Kurfürst v. d. Pfalz, 1353—1390) I, XI, 301.
Ruprecht II. (Kurfürst v. d. Pfalz, 1390—1398) 301.
Ruprecht III. (Kurfürst v. d. Pfalz, 1398—1410) 301.
Ruthelius, Lud. XIX.

Saitz, Hans 43 A 1.
Sallustius 100 A 4, 200.

Salomonis proverbia 100 A 5.
Schaussius, Laurentius 240 A.
Schlick X.
Schlosser 350.
Schmalkaldische Artikel 161, 177, 179, 183, 215.
Schmitt XXV.
Schönau, Kloster (bei Heidelberg) 165.
Schönmetzel (Franz Gabriel, 1757—1785 Prof. der Medizin in Heidelberg) 89 A 2).
Schütten XXII.
Schulin 69 A 2.
Schwab XI A 45.
Schwetzingen 347.
Scotus 360.
Seneca 200.
Sirach 211, 356.
Smyrna 3, 159.
Sohn G. XXII.
Solon 358.
Sophocles 98, 200.
Spanhemius XXII.
Speier XVII A 64,43, 62 A 3, 357.
Spiegel II.
Spina, Peter von XV, XVI A 63, 353.
Spinoza XII.
Sponheim 301, 362.
Stapulensis 356.
Stoll, Stolo, Heinr. III, 358, 359.
Straßburg IX.
Sturmius, Joh. II, 101, 101 A 4.
Suetonius 100 A 4, 200, 356.
Suter 100 A.

Tacitus 100 A 4, 200.
Tannstätter (s. Collimitius) 99 A 11.
Terentius 104 A.
Themar 354.
Theocritus 98, 200.
Theon, Aelius 108, 108 A 5.
Theophilactus 360.
Thomas ap. (Tag: 20. Dezemb.) 7, 45, 93, 173.
Thomas v. Aquino 360.
Thucidides 98, 200.
Thurienses 212.
Timotheus epist. I. 178.

Toepke, G. I A 1, XI A, XIX, 11 A, 78 A 2, 202 A 3, 222 A 1. 4. 6; 223 A 2. 3; 253 A 1. 2. 3; 354.
Tres reges (uff trium regum: 6 I) 116.
Trigel, Joh. (Notar u. Univ.-Syndikus) 229 A.

Unigenitus (Bulle von Clemens XI. vom 8.Sept. 1713 gegen Quesnel) 340.
Unterpfalz 174.
Urbanus Bolzanius Belluncnsis 99, 99 A 1.

Veldenz VII, 301, 362.
Venningen v., Florenz (Kanzler) II.
Venningen (Oberkurator) XIV, XXV.
Virgilius, Vergilius 104 A, 200, 356.
Voegelin, Joh. v. Heilbronn 100, 100 A 1.

Walder 99 A 11.
Wedenhopf XXII.
Wedekind XIV.
Weech v. XXVI.
Weissenberger, J. St. XLX.
Werner, Adam 354.
Wilken 232.
Wimpfeling II.
Wimpffen 43.
Winkelmann I A 1; II A 2, 3; III A 3; IV A 15, 16; V A 17, 18, 19; VI A 23; IX—XII in A, XV—IXI, XXI—XXV. 50 A, 52 A 2, 63 A 3, 78 A 2, 161 A 1, 229 A, 235 A 1, 241 A 2, 281 A 1, 302 A 1, 303)A 1, 306 A 1, 308 A 1 u. 2, 312 A 1, 329 A 1, 333 A 1, 340 A 2, 353, 354, 355, 362.
Wittenberg IX, 159, 219.
Wormbß, Worms, XVII A 64, 43, 89 A2, 90, 357.
Wund, C. C. XVI, XVII, 97 A 1, 103 A 2.
Wund, F. P. XVI 8 A 1, 30 A 1, 37 A 1, 150 A 2.

Xenophon 98, 200.

Zangemeister XVII, XXVI.
Zell (in der Pfalz) 311, 318, 321.
Zentner XIV, XV, XXV.

II. Wörter- und Sachverzeichnis.

Abzugsgebühr (Erbschaftssteuer) 176, 306.
actio comoediarum et tragoediarum 203.
actorum libri 196, 197 — in acta refere 78, 178.
actus solennes s. declamationes, disputationes, orationes, promotiones, sermones.
addition (= auction, contributio, donatio) 4, 161, 174, 214, 361.
adiunctio (aetatis) 23, 97, 198.
adiunctus (eines fürstlichen oder hochadligen Rektors = prorector) 8, 97, 252, 303.
adscripticii, advenae, adventicii s. fremde.
aedilis = Baumeister 305.
aerarium s. fiscus.
Aesthetik 348.
album civium academicorum (= Matrikel) 253.
albus (passim): 26 alb. = 1 fl., so 21, 42; 27 = 1 fl., so 201.
Almosen-bux (nosocomii) 272.
alphabetarii 103.
alumnus (= stipendiatus) 270, 297, 339.
Ampelgelt 28.
analogia scripturarum et fidei 282.
Andriae 365.
annales (liber annalium, vom Bibliothekar zu führen) 172, 278.
anatomia 83, 292, 356, 365. — s. descriptio, tabula, Zergliederungskunst.
Anschlag s. tabula.
Apotheken, apothekken, apotheker 83, 89, 193, 240, 295, 325, 357, 365. — Platz bei der Apotheke: fur der apotekken 148 oder ad pharmacopolia 152.
Appellation (auch provocatio) 17, 165, 224—225, 255, 310 (Kompetenz des Rektors u. seiner Assessoren bis 20, der Universität bis 80 fl., dann Hofgericht).
architecti, opifices 252, 305.
archivum 233, 256, 275, 276, 281, 313, 314, 316, 320.
argumentare, argumentiren = disputare (s. Übung).
argumentum 44, 82, 90, 91, 106, 107, 109, 118, 180, 185, 190, 194, 202, 209, 210, 266 u. ö.; auch in etwas anderer Bedeutung wie 205 arg. exercendi styli ex tempore.
arithmetic 99, 200.
Armenburs s. Dionysianum.
ars benedicendi = eloquentia 199.
artes humaniores 30, 288, 295.
Artistenfacultät: 91—236, 194—210, 240—243, 295—298, 348—350.
arx 30, 280.
assumieren (s. Übung) 107, 202, 210.
astronomia 99, 205.
astronomica instrumenta 296.
astronomicae observationes 296.
ataxia (= Unordnung) 6, 113.
aucupium 31, 280.
auditorium, lectorium: in facultate artium: aud. philosophicum, schola artium 92, 93, 170, 196, 199, 200, 201, 202, 206, 208, 209, 210, 231, 233, 243, 274; — in facult. iuridica: aud. iuridicum, iuristenschul: 60, 81, 189, 239, 271, 280. — in fac. med.: aud. der medicin, collegium medicum 80, 81, 191, 194, 240, 361. — aud. theologicum: 42 (in der Kirchen zur sapienz gehörig, ausserhalb des Chors), 81, 174, 179 (bei der sapienz), 181, 185, 237, 283, 287, 342.
Aufnahme, Immatrikulation, Intitulation, inscriptio: in die Universität (Allgemeines, Eid, Termin, Gebühren) 10—13, 29, 163—164, 170, 222—224, 233, 252—254, 280, 313—314, 334—335; in die oberen Fakultäten: in die juristische: 29, 67, 74, 187, 189, 218, 290, 359: Eid: 68, 187, 218, 290 — in die medizinische: 29, 85, 90, 191, 194, 239, 294, 354 — in die theologische: 29, 39, 48, 56, 182, 226, 285; Eid: 48, 187, 285.
Aufnahme: Gültigkeit derselben 234—235, 353.
Aufsicht: Inspektion der Prediger durch die theolog. Fakultät: 55, 185.
Auslegung der heiligen Schrift, Lehrstuhl dafür 336.
aupicatio librorum (in fac. theol.) 50.
Ausschliefsung s. relegatio.
assessor = prof. extraordinarius 328.
Assessoren, beisitzer s. consistorium.
außtrünnig = flüchtig 255.

Baccalaureat, baculariat: Erwerbung in fac. artist. 114—115, 117—122, 204—206, 242, 297, 355—356 — in fac. iur. 68—69, 72, 187, 189, 238—239, 290, 359 — in fac. med. 87, 193, 293, 357 — in fac. theol. 48—49, 50, 56, 182—183, 185, 236, 285, 360.
bacularius cursor, currens (in theol. fac.) 50, 237 A 4. — formatus 50, 237 A 4; sententiarius 50.
baculus, s. sceptrum.
badernägdt 108.
Banco—Cassa (Spiel) 332.

Barfusser 81.
Bassette (Spiel) 332.
battellarii = bacularii 128.
Baumeister, = aufseher, = führer, aedilis 6, 20, 21, 22, 29, 168, 169—170, 226, 252, 260, 262—265, 279, 305, 327.
beanalia 147.
Beisitzer s. consistorium.
Beistendor (beisdändter, zugegebene, consiliarii des Dekans der Artistenfakultät: 95, 198, 226, 228, 266.
Bender, pendter (Käfer) 22, 167, 168, 259.
Beredsamkeit geistliche, Lehrstuhl dafür (Kath. Theol.) 336—338.
Bereuter 311, 323.
Besoldung s. lectur.
Bestandtbrief = Inventar 260.
Bibliothek (bibliothekh, bibliotheca, offene, gemeine, librari, liberey) 1) universitatis 34—: 35, 171—172, 232, 272, 275—276, 313—316, 324, 326. — bibliothecarius 172, 232, 271, 276—278, 281, 306, 311, 314-316 — recensio, Besichtigung: 8, 35, 172, 265, 269, 276—277, 305, 314. — Pflicktexemplare an die Bibliothek: 276, 314, 315, 325, 326. — 2) facultatis artiam, camera inferior: 94, 131- 135, 197 —.
3) Dionysiani: 155, 215, 245 — s. catalogus.
Birreth (pyret, piret, paret, huet): 125, 127, 184, 207, 208, 231, 271.
Biribi (Spiel) 332.
Botanik (botanice) 292, 293, 326, 327, 346, 366.
brabenterinm 271, 280.
Brnchschneiden 90.
Brückengeld (Befreiung davon für Universitätsangehörige) 307, 334.
Buchbinder, bibliopega 222, 233, 281, 304, 325.
Buchführer, Buchhändler, bibliopola 222, 233, 281, 304, 311, 325—326.
Buchdrucker 222, 304, 311, 325.
Bürger, befreite 304, s. Universitäts-Verwandte.
bullatus doctor 54, 74.
Burgemeister (beide) 14, 127, 175, 208, 231, 357, 361.
Bursa (bursch, pursch, communitet, collegium, contubernium): Einrichtung im allgemeinen, ausgenommen Dionysianum: 136—147, 211—214, 243—244 — im einzelnen: lectioues u. exercitia 137, 138, regentes 118—110, 141—142, 213, 244. — Zucht u. Disciplin: 137—142, 211—213, 243-244. — Oeconomie u. Haushaltung: 142—147, 214, 244. — s. Dionysianum, visitation.
Bursa nova, renlinm, suevica 148. — Zusammenziehen aller Bursen in eine 92, 143, 194.

Camera imperialis 287, 291.
Cameralwissenschaft 348.
Cammeral — hohe Schule 303.
Cammermeister 270.

Cancellarius 51, 52, 57, 71, 75, 123, 124, 125, 184, 224, 231, 271, 357.
Canicnlares dies (kundstag) 46, 108, 115, 173.
Canonum professor, canonist 62, 326, ius canonicum (geistlich Recht) 57, 71, 343, 358 s. decretales, ius ecclesiasticum.
Cappen, cappaus (Capaunen, Zinshübner): 259, 261 (1672 à 5 Batzen) 319.
carcer, Kerker 14, 31, 139, 140, 324 u. öfter.
carceres perpetui 165.
Casimirianum 233, 234, 281 (s. Dionysianum).
catalogus librorum 276, 277, 311. — c. alphabeticus universalis 277; c. universalis materiarum 277, 314.
catalogus peculiaris der Studenten der Artistenfakultät 197.
catechismus Lutheri 161, 179, 183, 215.
cathedra, Katheder s. lectura.
Ceusur 325, 326.
censura oder examen neglectarum lectionum 269 s. Strafe dor versäumten Lektur.
chirurgia, cyrurgia χειρουργική 78 A, 83, 84, 292, 356, 365. — chyrurgus 90.
chorea publica 30.
chorographica exercitia 296.
chria 102.
chymia 292, 365. — Chymist 325. — Professor für Chimie u. Pharmacie 346, 347.
cista s. fiscus.
clareth 50, 52, 124, 125.
clavis adulterina, dietherich 31, 139.
clinodia in promotione doctorum (nämlich: Schwert, Dolch, Barret, Handschuhe, Buch) 53, 75, 76, 91, 125, 127, 184, 188, 192, 207, 208, 231—232, 271—272, 357, 359, 360.
coadministratio 23, coadministrant 97.
codex, codicis professor, codicista 60, 62, 63, 69 A 2, 238, 287, 289, 358 s. digestum.
cocna, nachtinabs, nachtmahl: 53, 119, 122, 123, 125, 127, 184, 208, 231.
collector (einsammler, receptor, uffheber, Schaffner) universitatis: 19, 21, 166, 226, 233, 251, 258, 263, 264, 272, 279, 281, 306, 307, 311, 316, 318—323. — Besoldung: 20, 262, 308. — Eid: 19, 20, 166—167, 226, 258—262. — collector von Heidelberg 306, 319—320. — collector von St. Lamprecht u. Zell 321—323.
colleginm artistarnm 17, 25, 29, 62, 63, 81, 106, 358, philosophicum 205.
collegium principis 118 A 1, 127, 136, 142, 148, 165, 166, 183, 229, 262 s. bursa, contubernium.
collegium practicum concionatorium 287 A 1.
collegium practicum (der Theol.) 283.
collegium clinicum 347, medicum 294.
conas sacri imperialis palatii (dec. fac. inrid. 346.
Commandant von Heidelberg 254, 309.
commessatio paganorum (= Kirchweih) 30.

compendium 62, 99, 101, 200.
compliren studia = vollenden passim z. B. 48, 50, 85, 86, 99 u. s. w. — e. biennium — Probezeit des Magisters z. B. 92, 93.
composita (Arznei) 295, 365.
compositio magistralis 365.
confect (e. saccarum) 50, 52, 57, 75, 183.
Congregation der Priestersendung 309, 336.
conservator (der Universität) 176.
consilium, Rath, Senat: 1) der Universität: Zusammensetzung u. Thätigkeit: 5—7, 162, 220—221, 250, 303, 308—311, 312. — Eid beim Eintritt in denselben: XXII, 7, 162, 221, 252, 311—312. — Jurisdiktion in causis civilibus et criminalibus 309—311, — 2) der Fakultäten: der Artisten 92—93, 195, 226—227, 265; der Juristen 57—58, 185, 226—227, 265; der Mediziner: 76, 77, 190, 226—227, 265; der Theologen: 36—38, 42, 177, 226—227, 265.
consilium abeundi 332.
consistorium (= assessoren, beisitzer): Erkiesung: 9—10, 31, 162—163, 165, 223—224, 254 - 255, Vergütung, honorarium 10, 162—163, 223, 255.
contubernium gemeine 107, grosse oder mains 113, 136, 148, 149, 154, novum 63 A 3; ohne Zusatz: 111, 161, 165, 174, 175, 194, 195, 199, 204, 211—214, 241, 242, 262.
contubernii area, quae ducit ad hortum 253.
contumaces oder Ungehorsame 15—16, 31, 164, 224, 255, 303.
convocatio, congregatio: Formen: sub fide et religione iuris iurandi 7. — sub iuramento 6. — sub poena statuti simpliciter 6; sub religione iuris iurandi 93.
corpora (= Einkommen) 19, 259, 262.
Credit der Studenten, erlaubter 331—332.
creticus (Wein) 57, 75, 91.
Criminalgerichtsbarkeit der Universität 16, 164—165, 224, 255.
curator rei vinariae 319 s. Weinmeister.

Decanus (auch dechan, decbant, decurio, uffscher, vorsteer) in fac. artium: Erwählung u. Thätigkeit: 93—94, 195—196, 227—228, 265, 354. — Eid: 94—95, 196—197, 265 - 266. — Bezahlung: 95, 197. — in fac. iurid.: 58—59, 185—186, 227, 265, 364. — Eid: 59 186, 227, 265. — in fac. med.: 77, 190, 227, 265. — Eid: 77—78, 190, 227, 265. — in fac. theol.: 38, 42—44, 45, 178, 227, 265. — Eid: 38—39, 178, 227, 265.
declamatio bei Theologen s. sermo.
declamatio (privata ac contubernalis): 109, 199, 202, 205, 209, 212, 213. — declamiren: 115, 133, 202, 268 u. ö. s. Übung.
decretales, secundus liber decretalium, decretalist, prof. decretalium: 59, 60, 64. 75, 237,
287, 288, 290, 358, 361, s. ius canonum, ecclesiasticum; geistliches Recht.
decretum 358.
deduciren (auch in utramque rem) 107, 202.
demonstratio anathomiae ocularis 292, 357.
demonstrationes 101.
Deposition 112—114, 204, 241—242, 296—297.
descriptio anatomiae 191.
descriptio anatomiae porci et cophonae 83, 83 A 2, 191, 294.
designatio der versäumten Lectionen 269 s. Strafe der vers. lectura.
determinator — mag. artium 360.
deutsche Schule 110.
διαιτητική 78 A.
dialectica, profess. der dial.: 67, 69, 97, 100, 101, 105, 106, 109, 114, 118, 123, 124, 132, 148, 201, 205, 241.
Dieci (Spiel) 332.
dichteriche s. clav. adult.
digestum (auch infortiatum, novum, vetus) 61, 63 A 3, 75, 288, 358 s. codex.
Dionysianum (das Dionys, Dionysianerhaus, domus s. Dionysii, Casimirianum, colleg. Casimirianum, domus pauperum, Armenburs): im allgemeinen IV, 147—156, 214—216, 244—245, 361; im einzelnen: Zucht und Lehre, Thätigkeit der Regenten: 147—149, 214, 244. — Eid der stipendiati: 150, 215, 244; Thätigkeit und Eid des oeconomus: 149—150, 215, 244; des provisor 19, 28, 151—154, 166, 215, 245; von Probst u. tisch: 154, 215, 245; von betten u. hausrath 154, 215, 245. S. Bibliothek, fiscus, Garten, visitatio.
Diplomatie, Professur 348.
disputationes, das ist gelehrter leute frag u. antwort (44): ordinariae: in fac. art.: 106—108, 110, 196, 201—203, 209—210, 230, 267—268, 349. — in fac. iur.: 64—66, 74, 186—187, 189, 229—230, 266—277, 344, 358. — in fac. med.: 82—83, 191, 194, 229—230, 266—267, 356—357. — in fac. theol.: 44—45, 56, 180—181, 229—230, 266 - 267, 360. — extraordinariae: in fac. art.: 106—107, 110, 230, 267, 268. — in fac. iur: 65, 189, 230, 268. — in fac. med.: 82, 194, 230, 268. — in fac. theol.: 45, 230, 268. - disput. extra ordinem pro gradu oft z. B. 45, 65, 68, 69, 75, 82, 85, 86, 90, 91, 115, 183, 188, 189, 190, 192, 194, 267, 285, 291. — disp. quodlibetica, d. de quolibet, das quodlibet genannt, 108, 108 A 1, 202.
Doctorat: in fac. iur.: 71—72, 75—76, 188—189, 190, 230—232, 258, 271—72, 292, 344—345, 359. — in fac. med. 86—87, 91, 192, 194, 230 - 232, 271—272, 347—348, 357, 363—364. — in fac. theol.: 52, 57, 184, 185, 230—232, 237, 271 - 272, 286, 339—340 (kath.) 342—343 (ref.), 360.

Dogmatik, Lehrstuhl für (kath. Theol., 336—337, (ref. Theol.) 341.
Dolch (s. clinodia) 184, 231.
Domnerat 365.
domus pauperum s. Dionysianum.
Donatisten 103.
Duell 280.
Duldung anderer Lehren 286.

Eid s. Aufnahme, Baccalaureat, Licenciat, Doktorat, consilium, die einzelnen Beamten.
Einigkeit der Univers.-Verwandten, Strafe der Störer 28, 170.
Einquartierung (einfurierung der frembden gest, einlosierung) 176.
eloquentiae prof. 268, 340 A 1.
eloquentia = ars bene dicendi 199.
empirici 89, 193, 240.
eucenia paganorum s. commessatio 30.
ephorus sapientiae 283.
epichereuma 102.
epigramma 109.
epitaphium 109.
Erbbestand 311.
Erbbestandsgüter 318.
Erdbeschreibung 348.
Erzschatzmeister 249.
Erztruchsess 3, 159, 301.
ethica, prof. der eth. 5, 67, 69, 95, 96, 99, 106, 109, 123, 124, 131, 198, 202, 267. — ethicus 162, 195.
ethologie 102.
ethymologie, etymologi 99, 112.
evangelium (zum Schwur) 119.
examen s. die einzelnen Grade.
examinatores, tentatores: 48, 68, 116, 118, 122, 123, 124, 125, 126, 183, 187, 205, 206, 207, 236, 271, 285, 290. — Eid: 48 - 49, 68, 116—117, 195, 236, 285, 291, 294, 297, 364.
excommunicatio 333.
Exegetik (kath.) 336, (ref.) 341.
exercitia s. Übungen.
Exercitienmeister 302, 304, 308, 311, 323.

Faber 234.
fabula 100, 108.
Fakultäten: Einteilung überhaupt 36; fac. inferiores 221; fac. höhere: 221, 251, 268, 279, 296 u. ö.; obere: 12, 22, 28, 32, 35, 46, 96, 105, 207, 266 u. ö.; superiores 29, 202, 275 u. ö.; s. die einzelnen Fak.
famuli der Bursen od. contubernales: 124, 145, 146—147, 204, 213, 214, 242.
fatzwerekh 52 A 2, 112, 127.
faut 14, 175.
Fechtmeister 323; Fechtschulen (ludi gladiatorum, lanistae) 30, 152.
Feiertage, ferine s. vacanzen.
ferula 164.

Thorbecke, Statuten.

festa collegii 46, 111; f. privata 46; festum Jovis 46, 60.
Feuersnöthen, wie sich in ihnen studiosi zu verhalten 174, 232, 279, 281.
Fiscus (aerarium gemeines, behalter, behaltnus, cassa, cista, seckhel gemeiner, truhe): universitatis, und zwar alter: 9, 20, 24, 33, 42, 43, 63, 64, 81, 105; neuer: 9, 20, 33, 43, 63, 64, 81, 91 A 1, 105, 149; ohne diese Unterscheidung, welche mit L. wegfiel: Hauptstellen: 18—19, 165—166, 225, 256, 316 u. ö. — der Fakultäten: Art: 131—132, 209, 225—226 256. — Jur.: 73—74, 189, 225—226, 256. — med.: 88—89, 193, 235—236, 256. — theol.: 38, 47, 52, 53—54, 178, 184, 225—226, 256; contubernii: 147, 175, 213; Dionysiani: 154—155, 215, 245.
forma patens 266.
formula communicati 302.
forum primae instantiae 307.
Frembde, zukommende doctores (advenae, adscripticii baccalaurei, adventicii magistri, alibi promoti) in fac. artium: baccal: 130, 208, 243; mag. 129—130, 208, 243, 297—298. — in fac. iur: 74, 189. — in fac. med.: 88, 193, 357. — in fac. theol. 54—55, 184.
fronvasten 17, 152.
Fruchtmeister s. Kornmeister.
furkauf (praerogativa) 21.

Garten, botanischer 326, 347, 366.
Gärten der Universität (der theol., iur, med., phil. Fakultät und dem Provisor Dion. zukommend) 28, 153, 170, 232—233, 279—280, 293, 326—327.
Gärtner, botanischer 311.
gallicinium (— Hahuenkampf) 52.
ganeu 30.
Garnison 330.
Geldstrafe: wegen willkürlicher feriae 66, 182; wegen Friedensstörung 28; wegen Nichterscheinen im Rat 6, 251; wegen Nichtpräsidierens bei den Disput. 45, 65, 107, 267, 268.
genus demonstrativum, deliberativum, indiciale 109.
geodeticum exercitium 296.
geometria 99, 200.
Geschichte, gelehrte, theologische (kath.) 336—337.
gespeie 52 A 2, 112, 127.
Glaubenslehre, christl. (ref.) 341 s. Dogmatik.
gnome 102.
gradus u. titel s. baccal., licentiat., doct.
grammatica 97, 100, 102, 106, 114, 118, 132, 148, 201, 205, 241. — grammaticus 105.
griechische Sprache, graeca lingua 40, 80, 96, 99, 178, 198, 200, 205, 209, 240, 288, 293, 295, 341, 362. — Prof. der griech. Sprache, graecus: 5, 100, 114, 132, 162, 195, 203.

48

Grosshofmeister 17, 184, 224, 231.
Gubernation der ganzen Univ. — oeconomie u. administration der ganzen Univ. in Gegens. zu den Fakult. 5 - 36, 162—172, 220—235, 251—281, 308, 338.
Gulden ad cathedram oder cathedralis 120, 121, 126, 131.

Häuser und Bäue der Universität: 21, 26—27, 168, 169—170, 232, 262-265, 279, 327. — Besichtigung, Visitation derselben: 8, 26—27, 169, 262, 279, 305, 327.
Handschuh (chirodia bei den Promotionen) 184, 231, 271.
handttrew, handgebende trew 10, 11, 38, 59, 78, 124, 126, 204, 241, 304 u. öfter = promissio stipulata manu statt iuramentum 265, 281, data manus 334.
harmonia evangelistarum 282.
Hasenstöcke (Studentenjagd) 332.
Hausschlüssel, Verbot solcher für Studenten 330.
Hebammenkunst, Lehre 346.
hebräische Sprache und Grammatik, lingua saneta: 40, 41, 96, 100 A. 5, 179, 198, 201, 240, 295, 341.
Heraldik 348.
herbationes (herbatum gehen) 83, 292, 293.
hinderstellig 121, 360.
historia (et poesis) 100, 198, 200, 240, 295.
historia ecclesiastica, prof. 340 A. 1.
Hofbibliothek 326.
Hofgericht 17, 163, 224, 225, 255, 306, 307, 310, 359.
Hofgerichtsprocuratoren 163, 255, 358.
Hofmarschall 231.
Holzabgabe 307.
Homiletie (kath.) 336, (ref.) 341.
Hospital, Siechhaus 36, 172—173, 232, 278, 334.
Hospitäler der drei Religionen 347.
Hygiene 365.
hypocras 50, 50 A 2.

Immatrikulation s. Aufnahme.
Injurien = Stichelworte 283, 284.
index od. registerlein argumentautium 107, 267.
inscriptio s. Aufnahme.
Instanzenzug (Rektor, Konsistorium, Universität, kurfürstl. Räte) s. Appellation, Criminaljustiz.
institutiones imperiales 60, 62, 64, 67, 70, 187, 288, 343, 358. — Institutist, prof. inst. imp. 64, 66, 186, 238, 290.
interdictum personale 333.
Intulation s. Aufnahme.
introitus (Einstand der in das Dyonisianum eintretenden Stipendiaten) 153, 215.
inventarium (Bestandtbrief) 260, 263, 320, 321.
inventio medii 101.
isagogae = gemeine compendia 205.

Jubelfeier, 400jährige XIV, 302.
Juden 89, 90, 159, 193, 240, 358.
iuramentum calumniae = Eid für geverde 17, iuramentum Hippocratis 77.
iuridicus (jurist. Beistand des Senats) 308.
Jurisdiktion des Rektors s. Rektor.
Juristenfakultät 57—76, 185—190, 237—239, 287—292, 343—346, 358—359.
ius civile, kaiserliches, weltliches Recht 57, 59, 71, 288, 358.
ius ecclesiasticum publicum et privatum 338, 343. — i. feudale 288. — i. naturae et gentium 295 s. Natur- u. Völkerrecht. — iura nova 358. — i. parochiale 338. — i. praesentandi 339. — i. publicum 287, 290, 326 s. Staatsrecht.
Justizpflege der Universitätsortschaften 303, 310, 318, 331.

Kärcher 264, 268.
Kaffeehäuser-Besuch 330—331.
καγχαλία 212.
Kalkmesser 264.
Katechetie (ref.) 341.
Kerbholz-Verzeichnuß 264.
Kirchengeschichte, Lehrstuhl für, 336—337.
Kirchenrat, kurpfälzischer 333, 340.
Kirchenordnung: von Otto Heinrich V, 47, 111; von Friedr. III. 220; von Ludwig VI. 173, 179, 183, 215; von Karl Ludwig 286.
Kirchweihung 111.
Kleidung der Studenten 13, 30, 151, 152, 170, 211, 253; — der theol. Prof. 253, 254, 287 A 1. — der Baccal. 130.
Kornkasten = Speicher 22.
Kornmesser (s. Mutter) 168.
Korn- u. Weinmeister, Fruchtmeister, quaestor. praef. rei frumentariae 7, 19, 20, 21, 22, 27, 167, 168, 226, 262.
Kornspeicher 281.
Kroppschneiden 90.
Kummer (= Weingartenholz) 265.

Laboratorium chymicum 347.
Landeskinder, auf 2 Jahre zum Studieren in Heidelberg verpflichtet 329.
Landeskinder sollen in Lecturen u. Stipendien bedacht werden 229 A.
Landführer, Landfahrer 89, 90, 193, 240, 358.
Landsfundi-Gebührnisse 306.
Landsrecht, churpf. 321.
Lansquenet (Spiel) 332.
Lateinischreden (sermone latino uti) 110, 133, 140, 151, 211. — latina lingua, sprache 96, 198, 199, 205, 209, 240, 295, 362.
Lectio, Pflichtzahl zu hören 90; nicht zu viele 357, 358—359, 360.
lectio cursoria (Theol.) 285, 294.
lectiones extraordinariae et privatae: aller Fakult. 230, 268. — der fac. art. 112, 129,

203, 208. — der fac. iur. 67, 187. — der fac. med. 85, 191. — der fac. theol. 47, 182.
lectorium s. auditorium.
lectura, cathedra, professura:
I. welche, wie vil u. was für: in fac. art.:
96—98, 198—199, 240, 295—296, 348—349.
— in fac. iur.: 59—60, 186, 237, 287—289,
343—344. — in fac. med.: 78—80, 190,
239, 292—293, 346, 356—357, 362. — in
fac. theol.: 39—41, 178—179, 235, 282 -
283, 336—338 (kath.), 340—341 (ref.),
359—360.
II. wann, zu welcher stund u. wo: in fac.
art. 98—103, 199—201, 240—241, 349. —
in fac. inr. 60—62, 186, 238, 287—289,
343—344. — in fac. med. 80—81, 191,
239, 293, 341—347. — in fac. theol. 41,
179—180, 235, 283—284.
III. Besoldung: in fac. art. 104—106, 201,
240, 296. — in fac. iur. 62—64, 186, 238,
282, 290, 358. — in fac. med. 81—82,
191, 239, 293, 356. — in fac. theol. 42—43,
180, 236, 284, 359—360.
IV. Welche perpetuirt, welche wandelbar: 24—26, 168 - 169, 229, 266.
V. Verleihung (electio, nominatio): 22—23, 168, 228, 266.
Leges incendiariae 233, 336.
Lehrcurs 328—329.
Leichenbeschaffung für med. Zwecke 83—84, 347, 365—366.
lepra 83. — leprosi 88.
Lex omnium facultatum professoribus et ministris communis 161. — l. generalis 220.
Lex generalis pro facultatis iuridicae, medicae et philosophicae lectoribus, professoribus et ministris 251.
Lex singularis pro fac. theologicae doctoribus et professoribus 250—251.
Liberey, librari s. Bibliothek.
Lincentiatura: in fac. iur.: 69—71, 75, 187—188, 190, 231, 238, 271, 291—292, 344, 359. — Eid: 72 - 73, 189, 239, 292, 345, 354. — in fac. med. 86, 91, 192, 194, 231, 271, 294, 357. — Eid: 87 - 88, 193, 239, 294—295. — in fac. theol.: 50 51, 57, 183 - 185, 231, 237, 271, 285, 342—343 (ref.). Eid: 51—52, 237, 285—286. 343 (ref.), 366.
lignarius 234.
linguae s. griechische, lateinische, hebräische, orient. Sprache.
loci dialectici 101. — praecipui s. communes: 39, 102, 108, 178, 181, 282, 260. — sophistici 101.
logica 198, 199, 205, 209, 267, 348. — logicns 162, 195.
lucubratio vespertina 212.
ludi publici gladiatorum , et laniatarum 30 s. Fechtschulen.
lytae 69.

Magisterwürde: Erwerbung: Gang oder processus 122—129, 206—208, 230—232, 242, 271—272, 297, 350, 356. — in einzelnen: Eid ante privatum examen: 122—123. — examen 123, 207. — Eid nach priv. ex. 123—124. — publ. examen 124, 207. — Eid ante locacionem 124. — locacio, praesentatio 125. — Eid coram cancellario 125. — Eid apud decanum 127, 207. — promotio 127, 208 — prandium 127—129, 208. — K Th: Statuta a supremae laureae philosophiae candidatis corporali iuramento firmanda 350. — Gebühren XX.
Malvaticum 57, 75, 91.
manuale 257.
marquetenter 295.
Mars suus 207. — proprius 201.
marschalckh 184.
materia medica 292, 346, 366.
Mathematic reine u. angewandte 348.
mathematica 92, 96, 99, 106, 123, 124, 133, 200, 202, 206. — mathesis 295, 296. — mathematicus 5, 95, 105, 115, 162, 195.
Matricnl-Buch 304.
Medicinische Fakultät (fac. der artzet, medicorum, medica): 76—91, 190—194, 239—240, 292—295, 346—348, 356 - 358, 362—367.
medicina rationalis s. dogmatica 78, 292, 346.
mercurium 193, 240 A, 295.
Metaphysik 124, 267, 348.
methodus Aristotelis 99.
methodus simplicium 101.
Mineralogia 366.
minerval 30, 133, 170.
ministri ordinarii univers. 222.
Mithridat 365.
modales et mixtiones syllogismorum 101.
moderari, moderator s. praesidere, praesidens.
Moraltheologie, Lehrstuhl 336—337.
Morgenländische Sprachen, Lehrstuhl 336—337.
moventia menses 295.
Mutter, muedter — Kornmesser: 22, 168, 259, 319, 321.
munitoria exercitia 296.
museum — Wohnung 223.
mnsie 100, 104 A, 200.
Mutation (= Semester) 356.

Nachfeier 46, 66, 182.
Nachtag 47, 66, 182.
nachtfarer 13.
Nationalismus 335.
Naturgeschichte 348—349.
Natur- u. Völkerrecht 343 s. ius naturae et gentium.
Neckarschule 115.
nosocomium 166, 272. — procurator nos. 165. notarius, syndicus, gemeiner registrator: Amt: 15, 27, 33, 171, 232, 274, 279, 281, 306—307.

309, 311—313, 317, 322. — Eid: 34, 171, 232, 274—275, 313. — Gehalt: 275, 308.
Numismatic 348.

Oberkuratel 302, 311, 312, 328, 340 A 1, 342 A 1.
Oberattruchsess 301.
obiectiones dissolvere 107. — praeoccupiren u. ableinen 107, 202.
Oeconomi u. administration der ganzen Univers. s. Gubernation.
Oeconomi-Commission u. = Deputation 312.
Oeconomus prof. 308, 312.
operatio manualis 292. — op. chymica 294.
opponere: 180, 209, 267, 268 u. öfter.
oratoriae prof. 96, 240.
Ordnung in sessione qualiscumque facultatis 224, 266.
organum Aristotelis 199. — prof. organi 202.
orientalische Sprachen 295, 341 s. morgenländische Sprachen.
orth eines gulden: 47, 49, 68, 111, 122, 125, 129, 132, 135, 140, 184, 202, 203, 231 u. öfter.

Paedagogium: IV, VI A., 24, 103, 103 A 5, 104, 110 A 1, 114 A 1, 164, 181, 201, 204, 205, 209, 213, 241, 361. — paedagogus 105 A 1, 114 A 2.
pandoctae 60, 61, 69 A 2, 186, 238, 288, 343, 344. — pandectarius, pandectist, prof. pandectarum: 60, 63, 64, 81, 238, 290, 343.
past — honorarium: 114 A 2, 115, 142 (s. minerval).
Pastoraltheologie (ref.) 341, (kath.) 316—318.
pathologica: 78, 79, 80, 292, 346, 362.
Patristic 336—337.
patzen (vielfach): 15 auf 1 fl. z. B. 201.
Pedell, apparitor, gemeiner Diener: I. rectoris, universitatis. Hauptstellen 31—33, 171, 231, 272—273, 323—324. II. fac. artium: 135 - 136. 210, 232, 272—274; beide 127; der zweite 324.
pennas ad lesen — dictieren 62.
Pennalismus 315.
peripatetica methodus 207 (s. Aristot.).
Personalfreiheit 325.
Pfaffenschank 175, 176, 306 (freier Weinschank für Professoren).
Pfaltz churfürstliche = Churfürst 184, 231.
Pfarrherr zu Heydelberg 283.
Pflichtexemplare zur Bibliothek s. Bibliothek.
Pharao (Spiel) 332.
φαρμακευτική 78, pharmacia 265.
philosophia moralis et civilis 288.
Philosophie, praktische 348.
philosophus 115, 295.
physica 96, 99, 106, 109, 123, 124, 133, 198, 200, 202, 267, 348. — physicus, prof. der phys.: 5, 95, 102, 195, 294.
physiologica: 78, 78 A 3, 79, 80, 292, 346, 365.
piscatio 31, 280.

pleiblich 10,
poena corporis afflictiva 310.
poetica (n. oratoria, auch poesis u. historiae) 92, 96, 100, 198, 203, 240, 295. — poeta, prof. p.: 5, 95, 105, 114, 132, 162, 195.
Polizeiwissenschaft 348.
Polizei mediz. u. gerichtliche Arzneigelehrtheit, Prof. 346.
Polizeistunde 331.
positio: z. B. 109, 130, 181, 266, 267.
Praebenden (Pfründen, beneficia) 24—26, 43.
praefectus rei frumentariae s. Kornmeister.
praerogativa (senii s. aetatis) z. B.: 22, 23, 58, 60, 97, 198, 293 u. öfter.
praesidere, praeses, praesidens: häufig, z. B. 44, 64, 75, 82, 85, 90, 91, 106, 107, 118, 128, 133, 180, 181, 184, 189, 201, 202, 209, 266, 267 u. öfter.
praeventio fori 325.
prandium (honestum et liberale) oft z. B.: 49, 50, 52—53, 69, 70, 72, 73, 75, 76, 86, 87, 90, 91, 107, 121—122, 125, 126, 127—129, 184, 187, 188, 192, 208, 231—232, 272, 354, 357, 359, 360.
Praxis, Prof. (jur.) 343.
Praxis, Einführung der Mediz. in dieselbe 83, 87, 88, 357—358, 366.
Praxis, mediz. Prof. 346, 366.
principium 50, 74, 90.
Privatrecht, deutsches u. pfälzisches, Prof. 343.
privilegium fori 306.
privilegia, Verkündigung ders. in der Kirche u. auf der Zunftstube 175 (s. Verlesung).
privilegia, Dauer ihrer Geltung 176.
processus iudiciarius 288.
procurator fisci (fiscalis, oeconomus, provisor, Schaffner): 6, 19, 20, 21, 34, 116, 167—168, 226, 256, 259, 267, 306, 308, 311, 316—318, 319, 320. — Eid: 21, 168, 226, 256—258, 316—318.
prodecanus 285, 341.
Professoren (publici, ordinarii; primarius, secundus, tertius, senior): von fahrlessigkeit u. üblem Leben 17--18, 165, 230, 271. — für ihre Hinterblichenen: 25, 222, 304. — Stellung u. Rechte 305 - 307.
Professores extraordinarii, auch assessores: 47, 222, 328.
Professuren s. lecturen.
proficiat 123—124.
programma academicum 268, 272.
progymnasma 108.
prolytae 69,
promotiones: in fac. art.: 112—129, 204—208, 230—232, 241, 271—272, 297, 349—350. — in fac. iur.: 68—73, 187—189, 230—232, 238, 271—272, 290—292, 343—345, 359. — in fac. med. 85—87, 191—192, 230—232, 294, 347—348, 357. — in fac. theol. 48—52, 182—184, 230—232, 236, 284—286, 360.

— 381 —

propinare mutuo 211.
proponere, propositio z. B. 44, 65, 82, 106, 118, 173, 201, 202, 208, 210, 266 u. öfter.
proportiones harmonicae 100.
prorector 252, 253, 303, 313.
prosector anatomiae 311, 347.
proscriptio (= relegatio) 31.
prosodi 100.
prothonotarius 184, 231, 271.
prytaneum 262, 272.
puffert = Pistolen 254,
pulsus campanae (= Polizeistunde) 151.
purgantia (Mittel) 295.

Quaestio, problema, fragestuckh z. B. 44, 106, 124, 130, 208.
quaestor s. Kornmeister.
Quartalextract (Rechnung) 167, 251, 257, 261.
Quindici (Spiel) 332.
quinquennium Justinianeum 291.

Rabbaten 253.
Rappyr (clinodin) 230.
Rat s. consilium.
Rathstube (Senatsstube): 272, 281, 324.
ratio vitae et studii, de profectu studiorum et vitae ratione inquisitio (der Studenten): 132, 163, 171, 178, 185, 190, 194, 197, 210, 227.
Rechnungsablage des Rektors 8, 18, 46, 256, 269, 305; der Dekane: 18, 94, 197, 256.
Recht s. ius.
recognitio = Handschrift 278.
Rektor: Erwühlung: 7—8, 162, 221, 252, 302— 303, 354. — Thätigkeit: 5, 6, 18, 27, 251, 279, 303—304, 312 und Eid: 8—9, 162, 221, 252, 304—305. -- Besoldung und Einnahmen: 9, 11, 12, 18, 162, 163, 221, 252, 304. — Jurisdiktion und Kompetenz: 15—17, 164— 165, 223—224, 254—255. Welche Personen unter des Rektors Stab gehörig: 16, 255. — Strafe der Nichtannahme des Amts: 8, 304. — Fürstliche und adlige Rektoren: 8, 251, 303.
refectio vespertina 50.
refectio (= Erfrischung) z. B. 56, 75, 126.
Regenten (in bursa, contubernio, Dionys.: primarius = obrist; secundus = dialecticus) 5, 25, 95, 97, 98, 101, 102—104, 108—110, 139, 140, 142, 146, 213, 229 n. ö. s. bursa.
Regierungsrath (= Regierung) 269, 270.
Registerle bei der Rechnungsablage: 54, 73; bei der Disputation 107 s. index.
Register = inventarium 272.
Reichsabschied 176, 211 A 2, 291.
Reichsanlagen (Steuer) 176.
relegatio (auch Ausschliessung, exclusio, proscriptio) 14, 31, 112, 140, 165, 170, 332— 333 u. ö.
Religionsdeclaration von 1705. 340.
Religions- u. Glaubenssachen 161, 220, 250.

repetitio (ad gradus) z. B. 45, 46, 65, 66, 68, 69, 70, 74, 86, 90, 130, 182, 184, 211, 354 s. Übung.
repositorium craniorum 84.
Reitknecht 311, 323.
respondens, respondere: 44, 50, 56, 65, 68, 75, 82, 86, 87, 91, 106, 107, 109, 114, 115, 118, 130, 133, 182, 192, 194, 201, 202, 266, 268, 299 u. ö. (s. Übungen).
rhetorica 97, 100, 101, 102, 106, 108, 114, 118, 123, 124, 132, 148, 198, 199, 201, 203, 205, 209, 241, 295 u. ö.
rhetoricus, rhetor 105, 162, 195.
rotati solidi 127.

Saccarum (s. confectum) 74, 75.
Sapienz (domus, collegium, contubernium, haus sapientiae): 95, 107, 113, 114, 131, 174, 175, 183, 227, 233, 283. — Kirche zur Sapienz 42, 81. — Sapientist 113, 155, 120, 126.
scansion 100.
sceletos 83.
scenographica exercitia 296.
Scepter (sceptrum, baculus, stab) der Universität: 8, 32, 304, 324. — der Art.-Fac.: 93, 136, 191, 273.
Schauspiel, öffentliches in Heidelberg 330.
Scherhäuser, tonstrinae 148, 152.
Schlittenfahrten, masquirte 330.
schola classica (= Gymnasium) 265.
Schulden der Studenten (aes alienum) 11, 171, 281, 331—332. — Schuldklagen 332.
Schultheiss: 14, 16, 127, 175, 208, 222, 231, 254, 361.
Schwert (als clinodia) 184.
scibile omne = alle zufelligen fragstuckhe 124.
sectio anatomica 365.
seminacium 366.
Semiotica 365.
Senat s. consilium.
Senatstube s. Rathstube.
sermones (= lat. Predigten) 45, 49, 50, 56, 181, 236, 284, 360.
Siegel, sigillum, der Universität: 8, 304; der Artisten 196, Jur. 57, 59, 346; der Mediz. 76, 78; der Theol. 37, 38, 178. — Siegelgeld 33.
Signet 222.
simplicia 83, 295, 365.
sindicus s. notarius.
Sittenlehre, christliche 341.
Sommercurs 11. Mai — Oktob. 328.
span (= Irrtum) 5, 10, 15, 58, 95, 146.
specula mathematica 296.
spherica doctrina 109.
Spiele, Hazardspiele 332.
Spielschulden 332.
Sprache s. graeca, griechische Sp., hebräische, latein. Sp.

Sprachmeister 323.
Sprachkolleg der Juristen 289, 345—346.
Staatsrecht, teutsches Recht 343.
Staatswirtschaftliche Wissenschaften 302, 303; Lehre ders. 308, 309.
Stab, Rektor, s. sceptrum.
stabulum centaurorum (soll bursa nicht sein) 212.
Starrenstechen 90.
Stadtdirektor 330.
Stadtrat 53, 330, 331.
Stadtschule 103.
statistica ecclesiastica 338.
Statistic, neuere 348.
Statuten: Otto Heinrichs 1—156; Ludwigs VI. 157—216; Johann Casimirs 217—246; Karl Ludwigs 247—298; Karl Theodors 298—350.— Gemeine der Universität, statuta ne leges univ. Heid., so järlichs öffentlich recitirt u. allen der Univ. Verwandten ingemein sollen fürgelesen werden: 29—31, 170—171, 283—234, 280—281, 334—336. Copie ders. 29; Statuten der Fakultäten (auch zu verlesen): fac. art. 132—133, 209—210, 243; iur. fac. 74—76, 189—190, 239; med. fac. 90—91, 194, 240; theol. fac. 56—57, 185, 237, 287.
Steinschneiden 90.
stibium 193, 240 A, 295.
stipendiati: z. B. 10, 25, 175, 191, 213 (auch alumnus).
stillet, Dolch (s. clinodia) 254.
Strafe deren, so gerichtlich uberwunden u. damnirt werden 16, 164, 224, 255 — der Übertretter gegen Univ. Gesetze 13—15, 164, 223, 254 — für versäumte disputatio u. lectur in allen Fac.: 173, 230, 269—271, 328—329; in fac. art. 111, 203; iur. 66—67, 187; 358; med. 84—85, 191; theol. 47, 182.
Studenten, academici: Zucht 30—31, 170—171, 185, 280—281; s. allgem. Statuten; Privilegien, Pflichten, Disciplin 329—334.
Studentenjagd 333—334.
Stüffel 260.
stylus humanior 302.
subsenior 308.
substitutio: passim, z. B. 22, 230, 269.
successsion: 22, 58, 60, 77, 80, 97, 198, 289, 293 u. ö.
summa doctrinae christianae 282.
supellex fac. art. 196.
syssitium (in bursa) 212.

tabernirer 13.
tabula — Anschlag (pro foribus auditorii, scholae, pro valvis templi) 31, 35, 233; anschlagen, publicieren, afligieren: 109, 202, 266.
tabula anatomica 83.
Tanzmeister, dantzmeister 252, 323.
tapetia 127.
Temporalbestände 318.

tempus poti 30.
tentatores s. examinatores.
terminus satisfactionis 16.
testimonium depositionis 296, disputationis 107.
theatrum anatomicum 347, 365, publicum 294, 364.
thema (= thesis) 124, 133, 210, 268 s. Übungen.
Theologische Fak.: 36—57, 177—185, 235—237, 282—287, 336—340 (kath.), 340—343 (ref.), 359—360.
theoricae planetarum 200.
therapeutica (theropeutica) 70, 79, 80, 292, 365. therinae 365.
thesis 106, 180, 201, 202, 209, 266 u. ö.; s. Übungen.
Turnoss (tournus, tournoss, thurnessen): 43, 175, 176, 258.
Tredeci (Spiel) 332.
Trenta a Quaranta (Spiel) 332.
Trischak (Spiel) 332.
triviales scholae 114, 209.
trivium 103.
trader 260.
Türkensteuer, -schatzung 175, 306.

Übungen, excercitia, actus facultatis et contubernales s. disputatio ordinaria, extraordinaria, pro gradu, principium, repetitio: ferner: argumentum, argumentieren, assumieren, assumptio, deducere, obiectiones dissolvere, praeocenpieren, opponere, positio, praeses, praesidens, präsidieren, proponere, propositio, puncten (44), quaestio, respondens, respondere, thema, thesis.
Undergerichtsprocess 223.
Unterzechen (Schlaftrunk, compotationes) 119, 125, 141.
ungelt 175, 176.
universalia praedicamenta 101.
Universität, passim, dafür auch academia (161, 206, 213), gymnasium (171), hohe schule (160, 249, 301, 302), offene, gemeine schule (94), studium gemeines, öffentliches, freies (3), universität unseres studiumbs (7), studium generale (159, 160, 301), studium universale u. privilegiatum (159).
Universitäts-Unterthanen auf Dörfern u. Höfen 308.
Universitäts-Wächter u. Häscher 330.
Unmündige als Studenten 11.
Urlaub 173, 270, 328.
ursatus (= ort eines Gulden) 119.
usus et ratio disputandi 101.

Vacantzen, Vacantien, ferine, feirtäge, feste, gefreite Tage: 45—47, 66, 84, 88, 111, 173, 182, 187, 191, 193, 203, 230, 268—269, 328 § 72, 357, 358, 360 — für die bursae 111. grosse (13 7—12 8) 46, herbst (28 9—10 10) 69.
venatio 31, 280.

venia (s. Urlaub) 230, 233, 269.
Verheiratung der Studenten 333.
Verlesung der Statuten (furlesen, publicare, publiciren, recitare) der univers.: 8, 9, 29, 170, 175, 252, 280, 305, 334 — der Fakult.: 39, 59, 74, 77, 93, 94, 178, 196, 243.
Versäumnisse s. Strafe.
Verschwendung der Stud. 331.
Verwandte universitatis: 4, 233, 235, 252, 263, 280, 281, 302, 304, 310, 311. 325, 326.
Verzeichnis der Vorlesungen 328.
via s. Wege.
vesperiae 52 A 2.
Vicerector 9, 252.
vindemalia 173.
Vingt-et-un (Spiel) 332.
visitatio, Besichtigung aedium: 169, 263, 269, 305, — des Dionysianums u. der Bursen 17, 155—156, 165, 225.
Vorlesungsanzeige 270.
Wächterglocke 139.
Waffentragen: Verbot: 13. 30, 140, 151, 280; Degentragen 254.

Waldgraben (Studentenjagd) 333.
Wege, vine der lehr, weite seete (realium et nominalium) II, IV, 7. 91—92, 119, 162, 194.
Weiber (als Ärzte) 89, 90.
Weinmeister 6, 19, 20—22, 167, 226, 262.
Weinschank s. Pfaffenschank.
Weltgeschichte, allgemeine 348.
Werkleute der Univ.: 21, 27. 169, 263, 264 327 — Werkmeister 325.
Winterkurs 10 11—15 4: 328.
Wochenpredig 179, 216.

Zauberei 89.
zehender Pfennig (Erbsteuer) 306.
Zeichenmeister 323.
Zergliederungskunst s. Anatomia 346.
Ziegler 264.
Zoll-freiheit, -freyung, -freipatent, -patent 176, 307.
Zoologia 366.
Zucklier 50, 52, 57, 74, 123, 125.
Zugegebene s. Beistäuder.
Zwicken (Spielen) 332.

Inhaltsverzeichnis.

		Seite
Einleitung:	I. Geschichtliche Vorbemerkungen	I—XV
	II. Die Handschriften der Reformationen und Statuten	XV—XXVI
Texte:	1. Die Reformation des Kurfürsten Otto Heinrich vom 19. Dez. 1559	1—156
	2. Die Reformation des Kurfürsten Ludwigs VI. vom 11. April 1580	157—216
	3. Die Statuten des Pfalzgrafen und Administrators Johann Casimir vom 2. Dez. 1588	216—246
	4. Die Statuten des Kurfürsten Karl Ludwig vom 11. Juli und 1. September 1672	247—298
	5. Die Statuten des Kurfürsten Karl Theodor vom 14. Okt. 1786	299—350
	6. Beilagen	351—367
	I. Die Reformation Ludwigs V.	353—354
	II. Der Reformationsentwurf des Dr. Joh. Lange vom 22. Nov. 1545	355—360
	III. Zusätze zu der Reformation Otto Heinrichs	361—362
	IV. Die medizinischen Statuten von 1743	362—367
Berichtigungen und Zusätze		368
Register:	1. Namensverzeichnis	369—373
	2. Sach- und Wortverzeichnis	374—383

Pierer'sche Hofbuchdruckerei. Stephan Geibel & Co. in Altenburg.